近世史研究とアーカイブズ学

高埜利彦 編著

青史出版

はじめに

高埜利彦

本書は、いくつかの性格の合わさった書籍である。高埜利彦という一人の人間の論文集の性格を持つが、他の研究者による多くの論評も掲載されており、しかも小論・エッセイや著作目録が収録されるところなどは、遺稿集(まだ生きていますが)のようにも見える。

珍しい書籍を上梓することに至った理由は、次のいきさつが関係している。私が七〇歳になり定年退職するこの機会に、次の世代の研究者が、批評を報告するシンポジウムを開催しようとの計画が持ち上がり、あわせて出版をしてはどうかということになった。私が取り組んできた研究は、近世の商品流通や朝幕関係、さらに宗教・身分制のほかにアーカイブズ学と、いくつかの分野にわたっており、四人が各分野の批評を報告し、他の三人がコメントを加えるシンポジウムが計画された。二〇一七(平成二九)年七月一日、シンポジウムはおよそ一四〇人の参加者によって、フロアからの発言も多様になされた。その記録は本書第Ⅱ部に収められる。

二〇一八(平成三〇)年三月三日に、最終講義の機会を与えられ、本書のタイトルともなった「近世史研究とアーカイブズ学」を約五〇〇人の関係者(研究者・ゼミ生・教職員など)に話させていただいた。本書第Ⅰ部に収めた内容である。これは七月一日のシンポジウムにおいて即座に適切な回答ができなかったことから、いくつかの分野にわたる自分の研究について、あらためて連関を付ける意味合いも込められていた。しかし何といっても、現代の政治・社会の諸課題に歴史学がどう応えられるか、と言う意図を持って取り組まれたものである。

既刊の論文集に採録できなかった、今では入手しにくい論考をも本書に収録したのは、それらがいずれも現代的課題に応えることのできるものであったからである。天皇の代替わり、相撲の女人禁制、公文書の隠蔽や廃棄などの社会的問題が引き続いて起こる現在(二〇一八年)、私の論考がこれらの問題と、いずれもつながりを持つことから、上梓させていただくことにした。

これに加えて、シンポジウムでいわば丸裸にされたついでに、過去に綴った小論やエッセイ、著作目録も収録させていただき、近世史研究とアーカイブズ研究に取り組んできた軌跡が判るようにしたものである。今後の近世史研究とアーカイブズ研究に、わずかなりとも裨益するところがあれば幸いです。

目次

目次

I

最終講義　近世史研究とアーカイブズ学

はじめに

〈内田吉左衛門家史料の整理〉

学部生の頃、文書所蔵者の内田讓吉先生のお宅にお邪魔して資料整理を始めた。内田先生は富山大学の教授から県立奈良短期大学の学長になられ、奈良市登大路の官舎に住まわれていた。庭に奈良公園から鹿がやってきて、夏場であったので我々が食べた西瓜の皮をバケツに入れて食べさせたところ、バクバクと音を立ててうまそうに食べたのが忘れられない。

文書は、東京教育大学の梶西光速（かじにしみつはや）先生と助手の加藤幸三郎さんが、研究関心に基づいて例えば借金証文・質地証文を村ごとにまとめて紙袋に入れるような整理がなされていた。つまり原状保存はなされず、一紙物の一部が袋詰めされ、大部分が未整理状態だった。その後、内田家は奈良市法蓮町の官舎に移り、そちらでも未整理史料の整理を行なわせていただいた。卒業論文は、内田家と紙の生産者である瀧家との問屋前貸し制度について、手書き一〇〇枚を提出した。

〈福井県今立郡岩本村区有文書の整理〉

現地福井県五箇村（越前市）にも大学院修士課程の時に伺い、岩本区有文書の整理を行なった。現地で酒屋を営む、かつての内田家の番頭さんの家のお世話になり、酒屋の倉庫の板敷に数枚の畳を敷いて一週間余り生活を送り、資料整理を行なわせていただき、「岩本区有文書目録」を作成した。目録は現在も私の手元に一点残り、現地にも文書と一緒に残っているはずである。目録作成に当たっては、簿冊と一紙物に分け、一点ごと紙袋（まだ中性紙はない）に入れ、一紙物は時期ごとにまとめて袋に入れ、編年方式で目録を作成した。そのため、年号のわからないものは目録番号の終わりにまとめて雑集とした。史料整理の知識を持たないままに、まず史料を散逸させないことを目的に、目録と文書入り紙袋とを対応させ、住民が管理できることを目標にした。

つまり、半世紀近く前の学生・院生時代に行なった二つの史料整理は、その当時よく見られた内容分類や編年方式を取っていたことを記憶する。さて、これらの史料整理の上で、内田家の経営の分析を行なうことで、成果を得た。

一 近世中期の対外関係

近世中期には平和と安定が訪れた。国内では、島原の乱（一六三七・八年）を最後に、幕府が軍事動員した戦乱はなく、北方の蝦夷地で一六六九年にシャクシャインの戦いが起こったものの、江戸幕府が震撼するような危機とはならず、松前藩による局地的な戦いと鎮圧で治まった。

国外では、朝鮮との関係が安定に向かった。文禄・慶長の役と呼ばれた一五九二年と一五九七年の二度にわたる豊臣政権による朝鮮侵略は、「壬辰・丁酉倭乱」と朝鮮で呼ばれたように、日本による乱で、その被害は甚大なものであった。日本に対する警戒心が強まるのは当然のことであり、その傷も簡単に癒えるものではなかろう。

これは余談であるが、一九四五年の敗戦から四〇年余り過ぎた一九八〇年代後半に、私は初めて沖縄に行く機会があった。政府やマスコミは、「戦後はもう終わった」と繰り返していた頃だが、沖縄のあちこちや、人の心に戦争の影は残っていた。「沖縄の戦後はまだ続いていた」という印象を強く抱いた。

朝鮮では、豊臣政権による二回の侵略を受けた後、戦争の記憶はいつまで残っていたのであろうか。慶長の役で一五九七年に日本軍が引き上げてから一〇年たった一六〇七（慶長一二）年、朝鮮から日本へ四六七名の使節が派遣された。朝鮮との交易による収入を、財政の基盤にしていた対馬藩が、日朝の国交回復のために、独自に国書を作成して日本から先に朝鮮に対して国書を提出したように謀り、朝鮮は外交儀礼としてこれに回答する形式で使節を送ったのである。朝鮮使節の目的は、文禄・慶長の役で大量に日本に連行された朝鮮人捕虜を刷還（連れ帰る）することと、豊臣政権に代わった徳川政権が、再び朝鮮侵略をする危険な権力かどうかを確かめることにもあった。この一回目の朝鮮使節（回答兼刷還使）は一二四〇人の朝鮮人捕虜を帰国させた。

二回目の朝鮮使節も「回答兼刷還使」であった。一六一七（元和三）年四二八名の使節が送られ、三二一人の朝鮮人捕虜を帰国させた。同じく三回目も「回答兼刷還使」で、一六二四(寛永元)年に三〇〇名の使節が日本に派遣され、一四六人の捕虜を連れ帰った。

朝鮮から見た時、南側の日本に対する警戒に加え、新たに北側からの女真族に対する警戒が必要となった。一六一六年女真族のヌルハチが後金を建国し、明(漢民族)と戦争状態になった。明王朝の冊封を受けてきた朝鮮は、女真族に対抗する立場を取り、後金(清)軍と戦争になった。一六二七年、後金軍は三万の兵力で鴨緑江を越えて朝鮮に侵入し、平壌を攻めた(丁卯胡乱)。朝鮮は敗れて和議を結び、いったん後金軍は撤退した。

一六三六年、後金は国号を清と改め、親明の姿勢を取り続けた朝鮮に圧力をかけ臣従を迫った。これに抗した朝鮮に、清軍は一二万の軍勢で侵攻し、南下して漢城(ソウル)を責めたて(丙子胡乱)、王子などの人質を取り、清に臣下としての礼儀を取ることなどを誓約させたのである。以後、清朝に対して朝鮮は使節「燕行使」を北京に送り続ける。

折しも、一六三六年の清軍による南下侵攻の前、危機感を持った朝鮮は日本に四回目の使節を派遣した。これは日本から朝鮮使節派遣の要請を受け、これに答えたものであったが、「回答兼刷還使」ではなく「通信使」と呼ばれた。朝鮮は日本に対し「信(よしみ)」を「通」じる友好を目的にした使節を派遣した。南方の安全を確保し、北方の清軍に集中して備える態勢づくりをするために、外交的に友好目的の「朝鮮通信使」を送ったのである。朝鮮通信使四七五名が江戸や日光にまで参り、任務を終えて再び釜山に戻った時、清軍はすでに漢城の都を攻め落とした後であった。

かつて、一九八四年九月の全斗煥韓国大統領訪日前後の、日韓友好キャンペーンの中で、朝鮮通信使を日韓友好の象徴のように評価したことがあった。そのような評価は現在も継続しているように見えるが、しかし、東アジアの外交関係の中で朝鮮が、中国における明清動乱に対処するために、対日外交政策を転換し友好関係を求めざるを得なくなった状況の変化に着目する必要があろう。日本ではなく、朝鮮側に視点を置くことによって見えてくる関係である。いずれにしても日本と朝鮮との友好関係は保たれ、その後も一八一一(文化八)年の一二回目の使節派遣まで、朝鮮通信使は徳川将軍代替わりの祝賀を名目に派遣され続けた。

中国大陸での一六一六年からの明清交替の動乱は、朝鮮のみならず台湾・琉球・日本に大きな影響をもたらした。台湾には、明を支援した鄭成功が割拠しており、また琉球には清から冊封使が訪れるに際し、薩摩藩島津家との間に戦端を開くかとの緊張が高まった。これらの情報は、江戸幕府につぶさに伝えられ、徳川家綱政権が戦闘を回避する政策を取ったことから、明清動乱に巻き込まれることなく、一六六二（寛文二）年の南明政権の滅亡と鄭成功の死亡によって落着した。すなわち東アジアの平和と安定が現出したのである。

これ以降、東アジア世界には、清朝を中心にした冊封体制が形成され、その中に朝鮮も琉球も含まれた。同時に、日本を中心に「日本型華夷秩序」と呼ばれる外交秩序が形成された。対馬藩を介在した朝鮮との関係、薩摩藩を介在した琉球との関係、松前藩を介在したアイヌ社会との関係、それに加えて長崎において長崎奉行の下でのオランダ・中国民間商人との関係、以上四つの口での異国・異民族との交流がもたれた。この時期、「日本型華夷秩序」と清朝中心の冊封体制とが、両者併存する形で東アジアの外交秩序は安定した。たとえば、琉球から見れば北京にも江戸にも使節を派遣し、両属する形での二元外交を取っていた。朝鮮は、北京に燕行使を、江戸に通信使を派遣したのであった。この東アジアの秩序は、一九世紀初頭のロシアの南下から始まる、欧米の脅威まで持続する。

古代から現代にいたるまで、東アジアの国際関係の中に日本が存在したことの視点が重要で、国際関係と国内体制とはいつも密接に連動していた。近世中期の東アジアの安定は、国内の平和と安定をもたらすものであった。

二　近世中期の経済

国内の平和と安定により、戦争を前提にした体制に変化がもたらされた。戦争を遂行するために、農民を動員して戦場に駆り立てる必要がなくなったのである。たとえば、一〇万人の軍隊が戦争に向かう時、武器を持ち戦う将兵は五万人で、荷物運びや食事の世話など、野営のための人員が五万人必要と、大雑把に想定される。戦争に徴発されれば、農業に従事できなくなる。農業の妨げになるのを防ぐために、農家は兄弟夫婦や下人家族などが同居する大家族にし、戦争などに徴発されても困らないように、余剰労働力を確保していた。

やがて平和になり戦争が無くなると、弟夫婦や下人たちは新田開発に励み大家族を離れて自立していった。その結果、一夫婦単位の単婚小家族が一般的になり、そこから現在に至る日本の小家族が出発した。一六五〇～六〇年代に、現在につながる小家族が多数生れ、檀那寺を持ち先祖墓が作られた。それより古いお墓が存在するとすれば、地侍や名主などの有力者に限られる。農民の自立のための開発努力によって耕地面積は拡大し、全国的に生産力が上昇していった。

耕地面積の拡大に加えて、農業技術の進歩などにより、耕地の質的な生産性も上昇したことから、農産物や木綿など加工商品の生産と流通が全国的に活発になっていった。

越前国今立郡岩本村の内田吉左衛門家の商業経営は、近世中期（一八世紀初頭）を境に、それまでの多品種（紙・布・真綿・木綿・蠟・鉄・塩・たばこ・薬種等）商品取扱い金額を減じ、紙・布の地域特産品に特化した経営に変質していった。前期の商売の一例として塩について説明すると、塩を三国や敦賀の商人に購入させ、そのまま蔵に預け置き、塩の価格が上昇したところで、販売する。購入価格と販売価格の価格差が蔵敷料や委託料を上回ることが前提になるが、それほどに季節間の価格差が大きかったのである。しかし、塩の生産が瀬戸内を中心にして増加し、全国流通するようになると、季節間の価格差は減少し、このような商売は成り立たなくなる。また地域間の価格差に狙いをつけた事例では、内田家は大坂の商人を介して摂津国平野の商人から繰綿を購入し、大坂から直に江戸に送り販売して利潤を出していた。内田家の居住する越前国とはいっさい関係なく商売を行なっている。

このような商売の方式を切り替えて、内田家の地元で生産が行なわれていた紙と布を中心に、生産者に問屋制前貸しの関係を結び、集荷を確実にし、三都の専業問屋に、商品を恒常的に販売する態勢を作り、紙・布の取扱金額を増加させ、経営の中に占める比重を高くしたのであった。繰り返しになるが、この経営変質の理由は、商品量増大と交通の発達によって、同一商品の地域間・季節間の価格差が減少したことによってもたらされたものであり、そのことに敏感に反応した商人資本が経営を転換させたものであった。

内田吉左衛門家史料を整理し解読することによって、小さな、一地方の商人の経営分析から、近世中期の全国の市場構造と流通機構の変化を読み解いた研究になった。

三　近世の身分制――相撲渡世集団から考える――

近世中期は生産力の上昇によって、経済と社会が大きく変化した。身分制についても、近世初頭から続いてきたものが変容していった。経済力の上昇や人口増加が要因で、近世初頭に制度設計したものが変容を迫られたものであった。

近世の身分制は、初期（豊臣政権から徳川三代）には戦時体制を維持するために、まず生産力の把握のために検地を行ない、年貢負担者である百姓の確定を行なった。また兵力や陣夫（百姓）・水主（かこ）などがどこにどれほどいるかの調査を行なった。人掃い令（一五九二年）という戸口調査によって、百姓や水主などの人数を全国的に調べ上げ、文禄・慶長の役に備えた。身分を掛け持ちすることを認めず、身分の移動も原則的に禁止した。こうして、基幹となるいわゆる「士農工商」の身分の編成を進めた。

近世中期に東アジア全体に戦争がなくなり、平和と安定がもたらされると、将軍権力は戦争を前提に軍事指揮権を発動して諸大名を編成する方式を改め、儀礼を通して、身分や家格の上下秩序を重視する考え方に転換した。これに加えて、生産力上昇や人口の増加によって、社会で活動する宗教者などの身分編成も必要となった。生産力の低い頃は、数か村に一人の宗教者が、祈禱も占いも地固めも一手に引き受け、村人である檀家の依頼に答えた。生産力が高まり地域にゆとりが生まれると、祈禱は修験者に、日取りの占いは陰陽師に、春秋の祭りは神社神職に依存するようになる。それぞれの宗教者を抱えるだけの経済力が地域に生まれたのである。幕府は、仏教僧侶については、一七世紀前半から本山や本寺に権限を与えて末寺の編成に当たらせ、宗派ごとの教団が形成された。幕府にとって、寺院僧侶は人びとの信仰統制（キリスト教などの禁教統制）のために初期から身分掌握する必要があった。神社神職については、一六六五（寛文五）年に「諸社禰宜神主法度」を発して、全国の中小の神社神職を公家の吉田家に掌握させた。陰陽師については、一六八三(天和三)年に公家の土御門家が霊元天皇から諸国陰陽道支配の綸旨を受けたのを、将軍綱吉の朱印状でこれを容認した。土御門家は以後諸国の陰陽師支配に乗り出す。このように「士農工商」の周縁の身分も集団化していった。

また、幕府は江戸の日用(主に土木作業に当たった鳶や流通を担った車力・軽子など)なども身分集団化しようとした。これらは幕府の要請で、上から法令を作って命じたものであった。これに対し相撲渡世集団の場合は、幕府の側が政策として、法度や触れを出して上から身分編成を図るというものとは異なり、社会の経済力の発展に照応して集団を下から立ち上げていき、身分集団としての実態を形成していった。

そもそも相撲は、大名屋敷などで武士だけが楽しめたものであった。これが経済発展の中で、庶民にも勧進相撲興行の場で楽しめるようになった。勧進相撲とは、寺社の再建費用や橋の修復費など公的な目的で許可を受け興行を行なうというもので、なかなか許可はおりなかった。庶民は、止む無く広小路など道路で辻相撲を取り見物を楽しむようになったが、人びとが道路に群参するのを、治安上から幕府は禁止を命じた。

辻相撲の禁止が繰り返されても、庶民のエネルギーが相撲を求めるという、いわば「いたちごっこ」となった。九尺二間の裏長屋居住の日用は、かつては土木普請に従事することが多く、江戸城や市街地の普請工事や、一六五七年の明暦大火後の再建なども一通り終わった一七〇〇年頃までに普請は減少した。土木普請にたずさわっていた日用の仕事が乏しくなった、ちょうどその頃、これに代わって二で述べた、増加した商品流通(物流)の担い手になっていったと思われる。つまり日用労働市場の変質で、これに伴い、それまで普請現場の頭支配や日用座の統制に従ってきた日用たちに対する統制が、流通の担い手に代わったことで、利かなくなる状況となった。夏の夜、狭い裏長屋から辻に出て相撲見物を繰り返す日用などの庶民に対し、幕府は辻相撲を禁止する代わりに、せめて勧進相撲を許可するようになった。こうして勧進相撲がしばしば許可されるようになると、相撲で渡世する者たちが勧進興行収入で身を立てるようになっていき、生業となった。さらには身分集団化して存在を主張するようになる。

この相撲渡世集団が自分たちの利害のために自主的に、下から身分集団化を求め、生きていくための形を作り上げる姿は、他の身分集団にもみられるものであった。たとえば座頭たちの当道座に対抗して生きようとした盲僧が、比叡山や青蓮院門跡をたよって集団化を図り、幕府から存立を認められようとしたのと共通している。

相撲渡世集団にとって、八代徳川吉宗政権の末期(一七四四年)に、四季勧進相撲が公認されたことは、生業の基盤となった。春夏秋冬の一季に一度の勧進相撲興行は申請すれば必ず許可されるようになり、冬・春に二回江戸で大相撲を行なうと、夏に京都、冬に大坂で晴天一〇日の合同興行を行ない、それ以外の季節は師匠と弟子の単位で地方巡業をすることで収入を得た。現在の日本相撲協会の相撲興行の原型ができたといえる。合同興行は、三都の相撲の者たちの他、北は東北、南は九州の相撲取り達までもが集められ、一七七八年の番付には一五八名にのぼる相撲取りの数があった。

江戸の相撲渡世集団は、興行を軌道に乗せた上で、集団としての権威つくりに務めた。もともと牢人から興行に携わっていた中立庄之助と、相撲取りから師匠(年寄)になっていた伊勢海五太夫の、集団の二人のリーダーが、熊本藩細川家に抱えられていた行司吉田善左衛門(追風)に一七四九年に入門して、吉田家に伝わる相撲故実を伝授された。相撲故実には、古代の朝廷の相撲節会とのつながりなどが示されていた。

相撲渡世集団が地方巡業した時に、二つの事件が発生した。一つは武蔵国多摩郡八王子で、もう一つは越後国蒲原郡でのことであった。一七五八年八王子で、相撲年寄玉垣額之助が勧進元になり晴天五日の相撲興行を打ったところ、八王子近辺の長吏が見物に来て、相撲側がこれを拒み、口論となって興行を中止とした事件である。江戸の町奉行のもとで吟味がなされ、えた頭弾左衛門と相撲側代表が呼ばれ、相撲側は禁廷相撲節会の故実などを上申し、町奉行から今後津々浦々に至るまでえた頭弾左衛門配下の者たちの相撲興行への出入りを禁じた。それ以前は、えた側に興行権が存在し、各地で櫓銭や木戸札が納められていたものの、次第に興行側はえた側を排除し、各地で争論が起こったうえに、今回の町奉行の裁許となったものである。相撲側にとって有利に働くものであったことは言うまでもない。

越後国の事件は、一七七二年相撲年寄井筒万五郎の弟子たちが蒲原郡で相撲興行を行なっていたところ、近辺の村方で寺院修復費用捻出のために木戸銭を取って素人相撲を行なっていた場所に、二人の相撲取りが興行の邪魔であると押しかけ、素人相撲を打ち負かし、木戸銭を取り上げようとして、双方が乱闘になった事件である。相撲取りの一人は村人たちに打ち殺され、もう一人が江戸まで逃げ帰り、町奉行の下で吟味がなされた。ここでも相撲側は相撲故実を披瀝し、素人相撲とは異なることを主張した。幕府は翌一七七三年、全国に触れて素人が木戸銭を取って相撲興行することを禁止、ただし相撲渡世集団に金銭を払って許可を受ければよいとした。相撲渡世集団に、地方での興行特権が幕府から保証されたものである。

相撲故実を身にまとうことで、権限を強固にした相撲渡世集団にとって、一七九一年の一一代将軍徳川家斉による将軍上覧相撲は、大きな後ろ盾となった。江戸時代の最高権力者であり権威者である将軍の上覧というのは、これ以前に先例はなく、相撲渡世集団と吉田追風の願いが叶い実現した。吉田追風は、上覧相撲に向けて、番付最高位が大関の当時、関脇であった谷風と小野川に横綱(四手を垂らし白麻を縒った太い綱)を免許しており、将軍上覧相撲で横綱を腰に巻かせた二人に四股を踏ませるパフォーマンスを行なわせた。四股を踏むのは、地固めの神事との意が込められていた。将軍家斉はその後も上覧相撲を、一七九四・一八〇二・一八二三年と都合四回行なわせた。次の一二代将軍家慶も一八三〇(天保元)・一八四四(弘化元)・一八四九(嘉永二)年に上覧相撲を行なわせた。一八三〇年の将軍上覧に合わせて、阿武(おうの)松(まつ)緑之助・稲妻雷五郎に、横綱が吉田追風から免許された。稲妻には五条家からも免許された。

将軍にならい大名たちも、人気相撲取りを抱えて、国元の城内や城下で相撲を取らせた。たとえば雷電為右衛門は信濃国の百姓出身であったが、出雲国松江藩松平家の水主として一〇石三人扶持で抱えられた。雷電ら抱え相撲は短期間のみ、松江にある水主の狭い長屋に居住して大名の御前相撲や城下で稽古相撲(木戸銭を取る)を行なって過ごし、江戸・京・大坂三都での四季勧進大相撲に呼ばれ出場するが、三都に向かう途中では各地で相撲渡世集団とつながりを持つ勧進元の相撲興行に出場してお金を稼いでいた。抱え相撲が武士身分となることから、抱えられない多数の相撲取りたちは、浪人身分とするというのが幕府の判断であった。辻相撲から出発し、ついには武士身分・浪人身分まで獲得したのであった。前述したように、盲僧が身分集団として認知されるために、天台宗山門派の天台座主にもなる青蓮院門跡を頼って、幕府により公認されたのに比べても、将軍上覧相撲の権威は絶大であった。

相撲渡世集団にとって将軍上覧相撲はこの上ない権威付けとなったが、これに加えて、朝廷の相撲節会とのつながりを深める効果を持つ、公家との結びつきを求めた。木村庄之助は、遅くも一八二七(文政一〇)年には、相撲取りの旅行の際の絵符帳面を京都桑原家・飛鳥井家・五条家の三家から発行してもらっている。また自らの肩書に、一八一三(文化一〇)年「本朝相撲司御行司吉田豊後守追風十九代　藪二位左中将殿家木村若狭守正規　日本角力行司目附　五条殿家木村庄之助正武」と記しており、新たな権威として、文化期以降諸公家に接近し、朝廷権威を希求するようになっていった。時の権威が武家から天皇・朝廷に移りつつあることを見抜いて、新たな権威に接近していったものと考えられる。柔軟な判断力を、相撲渡世集団は備えていたということになろう。

四　天皇・朝廷の権威を求めて

公家たちの側も、家領(知行)を将軍から宛がわれ、年貢米で生活をする封建領主であったから、武家と同様に「米価安・諸色高値」で財政窮乏に陥っていった。収入を得るため公家家業(吉田・白川・土御門・飛鳥井など)を駆使して、吉田家に加えて白川家が神職に免許状を発行し免許料を稼いだほか、土御門家は陰陽師からの貢納料を、また飛鳥井家であれば蹴鞠の免許状を発行することで財政の立て直しを図った。五条家は後期になって、野見宿禰末裔として相撲の家を主張し始めた。これら公家たちの活動と対応するように、相撲渡世集団のほかにたとえば菓子職人が受領名や国名を用いて権威がましくするために、門跡など各所から天皇・朝廷の権威を求め、格式の上昇を図ろうとした。このような社会の状況が広がり、結果的に天皇・朝廷をますます権威あるものにしていったのである。

いま近世後期の公家家業の話しに、いきなり入ったが、改めて近世初期からの天皇・朝廷と幕府の関係について述べていこう。そもそも近世の天皇・朝廷は、徳川家康・秀忠・家光三代の将軍の下で、幕府の統制下におかれた。しかるに、一六二九(寛永六)年、後水尾天皇の突然の譲位に際しては、幕府による統制機構が機能しなかったことから、譲位後、明正女帝即位時に再度引き締めを図った。

幕府による統制機構とは、五摂家がなる関白や左・右・内大臣と二人の武家伝奏（てんそう）、四～五人の議奏が朝廷を運営し、外側から京都所司代（大名）・京都町奉行・禁裏付（旗本）などの武士が統制する、内外二重構造をもっていた。後水尾天皇譲位では武家伝奏の一人が役割を果たさなかった。武家伝奏を交代させて後、幕末まで、統制機構は尊号事件を除いて基本的に機能した。こうして天皇朝廷は幕府の統制下におかれた。

その結果、例えば皇位継承にあたり、自分の意思を通した後水尾天皇以外の一二人の天皇は、すべて幕府の承認の下で行なわれた。健康に生前譲位した八人の天皇の場合も、四人の天皇が急な崩御で後継天皇が践祚した場合も、いずれも幕府の承認が必要であった。とくに先帝崩御の場合は、四人とも江戸の幕府の回答を待つため、先帝の崩御を秘し（秘喪）、存生の如く振舞うほどであった。

健康に生前譲位した八人の天皇について、桜町天皇譲位の際に事前に幕府に内慮を伺った事例をあげる。一七四六（延享三）年三月、関白一条兼香は桜町天皇の譲位の希望を幕府に対し伺いを立てた。その伺いの内容は、桜町天皇は一七三五年からの在位中に、朝廷政務や儀式の再興を幕府の丁寧な沙汰によって多くなされ、歴代の天皇を越えている、これ以上在位しては神慮も恐れるゆえ譲位したい、というものであった。幕府に対する配慮が見られる内容で、こののち翌年五月に桜町天皇は譲位し、桃園天皇が受禅したのである。

天皇の崩御にともなう皇位継承は、幕府の意向を伺うために、京都・江戸間の距離が速やかな継承の妨げになった。具体的には、一六五四（承応三）年後光明天皇が二二歳で崩御したあと、花町宮を後継天皇とするため幕府に伺いを立てたのが最初の例となる。疱瘡を発症していたとはいえ急な後光明天皇の若い死去に、関白ら周辺では後継天皇を誰にするかの大問題に戸惑った。後光明天皇の弟であり後継者と見られた識仁親王（後の霊元天皇）は、生後五か月に満たない赤児であった。そこで後光明天皇のすぐ下の弟で、すでに一六四七（正保四）年に高松宮好仁親王の継嗣となって、花町宮と改めていた良仁親王（一七歳）を後継天皇とする案を最善策とした。関白二条康道が主導して、赤子であった識仁親王を後光明天皇の養子としたうえで、一四〜五歳になったら譲位することを前提に、花町宮に践祚することの方針を、仙洞（後水尾上皇）の同意を得た上で、江戸幕府の将軍家綱と酒井忠清ら四人の老中あてに消息を遣わした。それから一〇日余りたった一〇月九日幕府から高家品川高如が上洛し、同意したことが伝えられた。この後、後光明天皇の葬儀などが挙行された後、吉田兼起が清祓いを内侍所前庭で修し、一一月二八日に禁裏において践祚の議が執り行なわれた。先帝の死去から二か月後の、後西天皇の誕生であった。

二例目は一七六二（宝暦一二）年七月一二日桃園天皇が同じく二二歳で崩御した時、姉の智子内親王が践祚して後桜町女帝が誕生した事例である。皇子である英仁親王（後の後桃園天皇）が践祚すべきところ、親王は幼稚（三歳）であるため、英仁親王が一〇歳になるまで桃園天皇の姉の智子内親王に皇位をついでもらう、との合意を関白近衛内前と摂家周辺で形成し、幕府に伺いを立て容認を得るまで、桃園天皇の喪を秘密（秘喪）にした。京都所司代を禁裏に招き、関白から幕府宛の文書を渡し、所司代は直ちに飛脚を江戸に遣わした。七月二〇日、所司代に江戸からの飛脚便が届けられ、幕府の同意が関白に伝えられた。関白は九日間の秘喪を解いて、桃園天皇崩御を発表した。七月二七日に践祚の儀式が行なわれ、後桜町女帝の誕生となった。

三例目は後桜町天皇から譲位された後桃園天皇が、父と同じ二二歳で一七七九（安永八）年一〇月二九日に崩御した時であった。そこには生後九か月の女一宮（欣子内親王）が残されるだけであったから、崩御した天皇の喪を秘して、幕府に後継天皇についての伺いを立てることになった。まず朝廷内の方針を固める必要があり、前太政大臣近衛内前と関白九条尚実が中心になり、宮家（世襲親王家）の中から候補者を人選した。伏見宮の王子一人と、有栖川宮にはまだ子供が無く、閑院宮には当主典仁親王の王子でまだ仏門に入っていなかった二人が候補となり、閑院宮の王子祐宮（九歳）が選ばれた。京都所司代から江戸の幕府に急ぎ伝えてもらい、返答を待った。一一月八日に同意の書付が届き、翌日天皇の崩御が発表された。一一月八日、閑院宮祐宮は後桃園天皇の養子として禁裏に参内し、二五日、剱璽渡御が為され践祚の儀式が行なわれ、光格天皇となった。

四例目は、仁孝天皇から孝明天皇への皇位継承の事例である。一八四六(弘化三)年一月二六日に仁孝天皇が四七歳で崩御した時、後継者として皇太子(後の孝明天皇)が東宮御所に居た。次期の天皇となる皇太子を定めた時(一八四〇年)に、すでに幕府は承認しており、仁孝天皇崩御に際し朝廷内には、幕府への伺いをすることなく皇太子が践祚すればよいのではないか、という意見もあった。しかし時の関白鷹司政通(五八歳)は幕府に伺いを立てるべきと、行動をとった。これまでと同様に京都所司代酒井忠義を通して江戸幕府の承認を得て、二月六日に仁孝天皇崩御が発表された。同日午後、内々に剣璽が東宮御所に渡御され、二月一三日に江戸時代最後の孝明天皇の践祚の儀式が行なわれた。

以上のように、天皇の皇位継承時に、後水尾天皇の事例を除き、その後の一二人は幕末の孝明天皇に至るまで、すべて江戸幕府の承認を求めていたことを述べた。このように、江戸時代の天皇・朝廷は幕府の統制下に置かれていたのであった。これに対し、王政復古後の天皇の位置は異なる。

明治・大正・昭和二〇年八月までの天皇は、軍隊の頂点に立つ大元帥であったように、国家の最高権力者であった。このような位置にある天皇の存在は、日本の歴史上においては異例で、後醍醐天皇(在位一三一八〜一三三九)以来の事であった。一九四五年の敗戦後、現在の「日本国憲法」に規定される天皇のような、権威はあっても権力を持たない姿が、圧倒的に数多くみられ、一般的であったといえる。ところで、「日本国憲法」第一条で定める象徴天皇とは何か、歴史上にその先例はなく、現天皇・皇后が行動によって、象徴天皇の実態を創り上げていったものと考えることができる。

五　アーカイブズ学

先例のなかった象徴天皇制がいわば創造されたように、「日本国憲法」で規定された不戦や民主主義的な優れた条文を、われわれ国民が実体化する努力を、これまでにどれほど傾けてきたであろうか。自覚的かつ主体的な努力を、戦後から今日までどれほど行なってきたのか、反省とともに自問せざるを得ない。

ＧＨＱ(連合国軍総司令部)によって、非軍事化や財閥解体、婦人参政権の付与や教育制度の自由主義的改革など、上からの指令によって一連の民主化が進められた。しかしながら、敗戦時に日本の軍隊が文書を廃棄したり、政府も機密に関わる文書を焼却するよう通達を出したりしたことに象徴的なように、記録文書やアーカイブズを国民のために保存・管理する考え方は存在しなかった。明治以来続く、天皇と天皇の政府に奉仕する役人としての意識は、戦後、国民のために奉仕する意識へ、容易には変化できなかったことは、今現在（二〇一八年）の財務省の役人が、文書を改竄した実態を見ても窺えることである。

日本のアーカイブズ制度（記録を保存・管理し、国民に公開する制度）は、近代以降に存在してこなかった。一九八八年に多くの人たちの努力によって「公文書館法」が施行され、近年二〇一一年に「公文書管理法」が施行され、やっと法制面で整いだした段階にありながら、この法律さえもが遵守されない実態にある。

戦後一九四九年、野村兼太郎ら九六名の歴史学者によって「史料館設置に関する請願」がなされ、その後の運動によって国立公文書館・全国自治体のアーカイブズ機関の設立につながった。そこからもう一歩次元を高めた目標をもって、その後の日本のアーカイブズ制度の方向を見定められるようになったのは、一九八六年に来日したマイケル・ローパー（ICA国際標準化担当委員）の勧告書によるところが大きい。「世界に学ぶ」ことを目指し、アーカイブズ制度の長い伝統を持つ国々の制度に学び、現実的諸課題に学ぶことの重要性に気づいて、取り組みだしたのである。

日本アーカイブズ学会が設立され、世界のアーカイブズと共通の研究課題や、日本独自の研究課題に取り組み、成果を共有する学問的基盤ができた。また学習院大学大学院人文科学研究科にアーカイブズ学専攻が二〇〇八年四月に開設され、アーカイブズ学の基礎を学び、専門的な諸研究に取り組み、やがて各方面でアーキビストや研究者としての活躍が期待される環境となった。

ところで現在の日本経済は、グローバル化の波の中で大きく変容し、人びとの価値観も含めてこの二〇年間の日本社会の変化は激しい。近世中期の経済成長と社会変化は、町人・百姓などが主体となる「元禄文化」を生み出したように、プラス評価する材料を見出しやすい。これに対して、現在の「悪しき資本主義」とでも呼べる社会は、偏った利益追求のために「バレなきゃ誤魔化せ」の考え方や、金融資本などや外国のファンドを含む株主への配当のために、働く者に多大な犠牲を強いることが当たり前になっている。プラス評価できることは、法令順守（コンプライアンス）や社会的説明責任（アカウンタビリティ）が、皮肉なことに大株主である外国のファンドから世界の常識として日本に伝えられたことであろう。

説明責任や法令順守のためには証拠となるアーカイブズが必要となる。世界の常識が皮肉な形で伝えられるのではなく、本来民主主義の土台のためにアーカイブズ制度は不可欠であるから、遅れた日本のアーカイブズ制度を充実させていかなければならない。換言すれば、アーカイブズ制度充実のための努力は、民主主義社会の土台を作ることにつながる。アーカイブズ学は、学問のための学問となることなく、民主主義社会の基盤を作ることに寄与していくことが求められる。

おわりに

現在から未来へアーカイブズを伝えるためのアーカイブズ制度充実を図るとともに、内田家史料や高田専修寺史料・石山寺史料など、過去から現在に伝えられた歴史的な史料を、未来に伝える努力を、これからも甲州史料調査会などの若い世代とともに続けていきたい。

冒頭で述べた内田吉左衛門家史料は、内田譲吉先生から私に託され、学習院大学史料館に保管され、そのご尽力で原状保存の原則で目録が作られた。その後学習院大学大学院人文科学研究科アーカイブズ学専攻の書庫に納められ、アーカイブズ学の教材に用いられてきた。私の退職にともなって、この（二〇一八年）二月一六日に福井県立文書館に移管し、現在の当主内田宗吉氏から寄贈された。六〇数年ぶりの里帰りとなり、現地に保存され、公開される予定である。

最後に、一つエピソードを紹介して、話を終えたい。三日前二月二八日（二〇一八年）に広島平和記念資料館での研究会を終え、新幹線で帰京する際、私の勘違いで岡山駅に途中下車することになった。時間つぶしのために、やむなく駅の売店で地ビールを購入して飲んだ。これが大当たり、味わいのある、水の良いためか、すっきりとした後味だった。先ほど、「元禄文化」をプラス評価できるのに対し、現代社会を否定的にばかり捉えたが、さにあらず。若い世代による映画やアニメ作品の文化発信などが注目されるが、これに加え、見事な岡山の地ビールは、精神科医が代表を務める「ＮＰＯ法人岡山マインドこころ」が生産したものであった。心の病を抱えている人たちが製造に当たったもので、こういう文化は戦前にはなかったように思う。現代社会が誇れる、優しい文化です。

以上で私の最終講義を終えます。ご清聴に感謝申し上げます。

〔二〇一八年三月三日〕

Ⅱ

〈シンポジウム〉 日本近世史研究とアーカイブズ学

――高埜利彦氏の仕事に学び、進む

第一報告

高埜利彦氏の天皇・朝廷研究、政治史、国家論について

山口和夫

はじめに

本稿では、標題についての研究経過・到達点・論点整理と課題提起とを意図する。天皇・朝廷・神社に関する高埜氏の仕事は、「高埜利彦著述一覧」の通り多数あるが、二つの論文集を中心に絞り込んだ。西田かほる氏の宗教史・身分制報告とはシンポジウム前の調整を尽くせず、重複もあることをお断りしておく。今後の議論・研究進展の一助となれば幸いである。

一　研究経過

ここでは、氏の軌跡と仕事について概観する。一九四七年、東京に生れる。七二年、東京大学文学部国史学科を卒業。卒業論文の題目は、「近世問屋制家内工業の一形態―越前国五箇村奉書荷主内田氏を中心にして」。大学院人文科学研究科に進み暁星高校専任講師を兼ねた後、七四年から八一年まで東京大学史料編纂所に勤務。維新史料部（室）で研究と『大日本維新史料　類纂之部　井伊家史料』・『大日本古文書　幕末外国関係文書』の編纂・出版の協業に従事した。

『近世日本の国家権力と宗教』（東京大学出版会、一九八九年）「あとがき」、「二重の転機」（石井進編『歴史家の読書案内』、吉川弘文館、一九九八年。本書Ⅳの第一に収載）に自ら記している通り、卒論・院生時代は社会経済史を専攻したが、『大月市史』

編纂に参加し修験本山派聖護院門跡の本末関係史料と取り組み、七九年度歴史学研究会大会近世史部会報告をする等、幕藩制国家論、天皇や宗教の研究へと転じた。同時期、史料編纂所の山口啓二・高木昭作・宮地正人氏と伝統的国家の枠組論を交わしたことも大きかったという。

一九八一年、学習院大学文学部史学科に移った。八三年から朝幕研究会を発足させ、右大臣一条「兼輝公記」延宝七年（一六七九）輪読を続けるなか、近世中期の研究と近世摂家論を深化させていった。八四年から九八年頃にかけて『小山町史』編纂に、八四年から現在まで石山寺調査団に参加している。

一九八八年、「近世中・後期の朝幕関係」（『日本歴史大系3近世』山川出版社）を発表、同年から九七年までＮＨＫ教育テレビ「高校日本の歴史」、「歴史でみる日本」の近世を主担。

同じく一九八八年、日本史研究会大会「安定期の国家秩序と天皇」で「江戸幕府の朝廷支配」を報告した（翌年会誌掲載）。八九年最初の論文集『近世日本の国家権力と宗教』（東京大学出版会）を刊行。同年から九八年にかけ宗教と国家研究会を組織。また『講座・前近代の天皇』（青木書店）ほか天皇代替前後の企画・取り組みに活躍した。

一九九一年、甲州史料調査会の設立に参加。九二年、『元禄・享保の時代』（集英社）を刊行。九四年から山川出版社の高等学校用日本史教科書執筆に参加。一九九九年から近世の宗教と社会研究会の活動を続けている。

二〇〇一年、『日本史リブレット　江戸幕府と朝廷』（山川出版社）を刊行した。その構成は、姿の見えない天皇、①幕府による封じ込め、②朝廷の統制機構、③朝廷を構成する人びと、④朝幕協調の時代、⑤朝幕関係の破綻、⑥朝廷権威の浮上、である。〇三年、編著『日本の時代史15　元禄の社会と文化』（吉川弘文館）を刊行。〇四年、日本アーカイブズ学会初代会長となった。〇六年、共編『新体系日本史1国家史』（山川出版社）の「近世の国家」を幕藩制国家成立期、安定期、解体期の構成で執筆した。〇八年、大学院アーカイブズ学専攻開設を実現させた。〇九年から一二年、日本歴史学協会委員長。一一年から一七年まで日本学術会議会員を務めた。

二〇一四年、第二の論文集、『近世の朝廷と宗教』（吉川弘文館）を出版（本書は翌年角川源義賞を受賞）。同年九月の「江戸幕府と朝廷」(『シリーズ日本人と宗教 近世から近代へ1』序章、春秋社)では、一 幕府による朝廷統制(行幸の禁止、大名と遮断、法度支配、後水尾天皇譲位)、二 朝廷と公家の役割(公家の役儀、秘喪、天皇・朝廷の役割(独占、機能利用))、三 近世から近代へ—宗教の諸相(宗教政策、国家祭祀、明治国家になって)の構成で、次のように記している。

本章は、江戸時代に幕府の統制の下にあり、歴史上最も力を失った天皇・朝廷が、しかしながら神道・仏教を通して国家の祭祀や祈願の担い手としては機能し続けたことなどを明らかにした。明治維新後は、それまでとは異なり、天皇は最高の権力者となり、国家祭祀のあり方も大きく変化した。さらに一九四五年八月の敗戦後、現在に至る新たな天皇制の下で、皇室祭祀は内々に維持、継続されている。その姿はあたかも、国家祭祀を続けることが、天皇の存在証明であるかのようにも見える。

二〇一五年、『シリーズ日本近世史③天下泰平の時代』(岩波書店)を出版。二〇一七年六月三〇日古希を迎え、七月一日にシンポジウムを開催するにいたっている。以下、二つの論文集を中心に成果と課題を検証する。

二 『近世日本の国家権力と宗教』(一九八九年五月)について

まず同書の構成と概要を記す。

序　新稿(「江戸幕府の朝廷支配」一九八九年参看)

初出一覧(原題)

一章 「幕藩体制における家職と権威」一九八七年、「近世国家における家職と権威」と改題、権威の幕府・将軍から天皇・朝廷への移行を論じる。

二章 「近世奉幣使考」一九八二年、甲子改元について、関白一条「兼香公記」を素材に桜町天皇等の朝儀再興の意と沿道での排仏排穢措置について論じる。

三章 「江戸幕府と寺社」一九八五年、本末関係、諸社禰宜神主法度、神社伝奏について論じる。

四章　「幕藩制国家と本末体制」一九七九年、「近世国家と本末体制」と改題。
五章　「近世の僧位僧官」一九八〇年、近世の永宣旨について論じ、「京都御所東山御文庫記録」を素材にした。
六章　「修験本山派院家勝仙院について」一九八〇年。
七章　「江戸触頭についての一考察」一九八二年。
八章　「修験本山派の本末体制」一九七八年。
九章　「近世陰陽道の編成と組織」一九八四年、土御門家とその組織についての先駆的体系的な仕事である。
補説１「前近代日本の宗教と国家―近世を中心にして」一九八一年、「近世の祈禱系宗教」と改題。一九八〇年の東京歴史科学研究会大会報告で習合喪失の前後が主題。
補説２「村と宗教」一九七八年、「近世の村と寺社」(『大月市史』)を改題。
あとがき

同書の主意は、「近世宗教の実態はわれわれのイメージとはまったく異なる。本書は、仏教中心の近世宗教史研究で軽視されてきた修験道・陰陽道・神道の実態を明らかにする。そして、宗教界の近世的秩序化に果たした天皇の役割と権限を明らかにすることにより、近世国家権力論を再検討する。」とされる(「今月の新刊」『ＵＰ』一九九、一九八九年五月)。おもな書評に、大橋幸泰氏(『論集きんせい』一二)、山口(同)、深谷克己氏(『史学雑誌』九九―九)等があり、著者自身の位置づけもなされている(高埜利彦「高埜利彦(一九四七―)近世日本の国家権力と宗教」東京大学出版会、一九八九、黒田日出男ほか編『日本史文献事典』弘文堂、二〇〇三年)。次に引用する。

それ以前、近世の国家権力とはすなわち幕藩領主権力と考えられており、宗教とは弾圧されたキリスト教や仏教寺院による寺請制や寺壇関係を主に研究するものと考えられていた。本書の近世権力とは、幕藩権力のみならず、天皇・公家・門跡などによる朝廷をも含みこませた構造を示したもので、公家や門跡の家職が僧侶・神職・修験者・陰陽師などの宗教者や万歳・易者・相撲取などの芸能者たちの身分編成に果たした役割についても言及した。すなわち公家の吉田家や白川家による神職の編成、土御門家による陰陽師・万歳・易者の編成、聖護院門跡による修験本山派山伏たちの編成などであるが、いずれも村落や町方での宗教者・芸能者の活動と人々による支持を財源として、身分集団化がなされ、共通した組織(家職)構造を持っていたことを明らかにした。この後の朝幕研究・身分制研究の進展に一定の意味を持った。

また本書で対象とした宗教とは、明治維新政府による神仏分離・神道国教化政策により、特に戦前期過大に偏重評価された神社・神道に対し、近世期の実態をいかに明らかにするかを課題とし、その逆に明治維新後廃絶され、今では思い浮かべることも難しくなった修験者・陰陽師や猿引き・盲僧・万歳・梓神子などの宗教者を対象にして、かつて仏教とともに近世に生きた人びとの心を捉えていた宗教・信仰について考察を加えた。

現代日本の宗教・信仰は複雑な様相を呈しているが、その前提となる近世の宗教・信仰の多様で複雑な実態を明らかにするとともに、明治期から戦前期の神道国教化状態が日本の歴史上異例のものであることを照射した。

小括すると、同書で高埜氏は日本近世の天皇「権威」組織者を分析し、近代天皇制・国家神道成立への転換契機を究明し、かつ近世の独自性の究明を期したと位置づけることができる。

三 『近世の朝廷と宗教』(吉川弘文館、二〇一四年一月)について

まず同書の構成と概要を記す。

はじめに
初出一覧(原題)
Ⅰ「近世の天皇と朝廷」

1　「江戸幕府の朝廷支配」一九八九年を一部改稿。
2　「後期幕藩制と天皇」一九九三年、初出は『講座・前近代の天皇』2。
3　「「禁中並公家諸法度」についての一考察―公家の家格をめぐって」一九八九年。
補説「史料紹介「禁中並公家諸法度」」一九九三・一九九四年を一部改稿。
4　「近世門跡の格式」二〇〇八年、近世の准門跡論を展開。
付説「朝廷をとりまく人びと―江戸幕府の統制の下で」二〇〇七年、初出は『身分的周縁と近世社会』8。
Ⅱ「近世の宗教・地域社会・身分」
1　「江戸時代の神社制度」二〇〇三年、初出は『日本の時代史』15。三重の祭祀構造論を提唱し、天皇の毎朝「御拝」や新嘗祭について論じる。
2　「神社をとりまく人々」一九九八年を一部改稿、「近世の神社と地域社会」。
3　「富士山参詣」一九九八年を一部改稿、「富士参詣と御師」。
4　「私の身分的周縁論」二〇〇七年を一部改稿。
付説「幕藩制社会の解体と身分的周縁」二〇〇〇年を一部改稿、「幕藩制社会の解体と宗教者」。
5　「近世石山寺の開帳」二〇〇二年。
Ⅲ「近世通史における朝廷と宗教」
1　「元禄の社会と文化」（『日本の時代史』15、二〇〇三年）を大幅に改稿、「十七世紀後半の日本―社会と文化」。
2　「十八世紀前半の日本―泰平のなかの転換」（『岩波講座日本通史』13、一九九四年）
おわりに
あとがき

その主意は、「江戸幕府は天皇・朝廷をいかに統制していたのか。幕府の政策転換、古代先例への回帰指向など、朝幕関係の実態を解き明かし、身分編成への影響も考察。祈禱や祭祀など、天皇・朝廷の機能を、幕藩制国家のなかに位置づける。」とされる(「新刊」『本郷』一一〇、二〇一四年三月)。

おもな書評に、間瀬久美子氏(『日本歴史』七九八)、井上智勝氏(『日本史研究』六四二)があり、評言に藤井譲治「角川源義賞[歴史研究部門]選考委員会より　近世天皇・宗教史研究を主導」(二〇一五年一二月)がある。

著者自身の位置づけは、角川賞「受賞のことば」(二〇一五年一二月。本書Ⅳの一に収載)にみることができる。

同書について小括すると、「江戸幕府の朝廷支配」(一九八九年)の実証深化として摂家の家格、平和な時代の政策転換、将軍権力の一層の権威化のため朝廷権威を協調的に補完させる体制(Ⅲ2、四三六頁)等について論を進めている(Ⅰ)。さらに三重の祭祀構造を提起し、天皇の祭祀祈禱とそれを支えた白川家の家職に論及し、身分的周縁論に通時的・編年的視点を導入・展開するとともに吉田家等による神職編成の実態を小山町域で解明し(Ⅱ)、近世中期の通史叙述の体系化、全体像提示が期されてもいる(Ⅲ)。

おわりに

高埜氏の天皇・朝廷研究、政治史、国家論の到達点を五つに整理する。

第一には、近世朝幕関係の通時変化を二つの画期で区分して提唱したことにある。一九八八年の「近世中・後期の朝幕関係」(『日本歴史大系3近世』山川出版社)が初出の論で、変容、秩序解体、天皇朝廷権威浮上への道筋を江戸幕府成立以降から展開し、近世中期以降に厚い。摂家・伝奏制を提唱し、後期の朝廷秩序弛緩に公家の経済的要因を組み込んだ点も特徴的である。

第二は、天皇論。「崩御」による代替、「秘喪」など幕府による統制を重視しつつ、祭祀・祈禱・宗教性について展開している(「近世の神社制度」二〇〇三年等)。

第三に、近世中期の通史の体系化。早く栗田元次氏が提起した文治政治論を刷新する政治史、天皇朝廷、宗教史、身分制、経済史、地域史（越前・大月市・小山町）、文化史の統合が期され、「十七世紀の文学研究への提言」（二〇一七年）等でも国際的契機、明清交替が重視されている。この点は、塚本学氏の日本型華夷秩序論（「江戸時代における「夷」観念について」『日本歴史』三七一、一九七九年）の影響かとも推測するが、公武の黄檗宗受容等への目配りもなされ、周到である。

第四に、近代天皇制・神道国教化・国家神道を相対化する実証的な仕事を積み重ねている。

第五に、研究基盤形成への意、先駆性と次世代への期待を挙げたい（「受賞のことば」二〇一五年一二月、「学成り難し」『学習院大学新聞』四九二、二〇一七年六月一九日参照）。同氏の仕事は、陰陽道（林淳・梅田千尋氏等）、本所吉田家（井上智勝氏等）、宇佐奉幣使（桜井成昭氏）、朝廷（山口も）等その後の研究の立脚点となっている。

次に論点・疑問点を記す。

第一に、朝廷の近世的秩序化について、豊臣政権期から説く要がある。天皇・朝廷は江戸時代が最弱とされるが（「江戸幕府と朝廷」『シリーズ日本人と宗教　近世から近代へ1』二〇一四年九月）、応仁の乱後の窮乏を経、豊臣期ではなく江戸幕府支援下に料所・知行・構成員とも倍増した事実を踏まえ（山口『近世日本政治史と朝廷』、吉川弘文館、二〇一七年）、より丁寧な議論が必要であろう。

第二は、天皇の生前譲位が通例の近世においては、院を加味した朝廷機構組織編制論の要がある（山口「天皇・院と公家集団」一九九八年他）。近世の公家の増加（「江戸幕府の朝廷支配」一九八九年）も一七世紀の院御所群立と院参衆充足の結果である。

第三に、江戸幕府の支配統制対象としての天皇・朝廷論。朝廷は「まったくの非権力」（『近世日本の国家権力と宗教』一九八九年、ⅲ頁）、「朝廷には一切の行政能力がなかった」とされる（「江戸幕府と朝廷」二〇一四年九月、一六頁）。天皇・朝廷過大視抑制の意だろうが、天皇・院は編成された集団の頭として集団内権力、主従制的編成の人事権を持ち、給恩主体でもあった（山口、前掲書）。氏は将軍権力・天皇権威（『近世日本の国家権力と宗教』一九八九年・『日本史リブレット　江戸幕府と朝廷』二〇〇一年)、将軍権威(『近世の朝廷と宗教』二〇一四年)とは表現しても、天皇権力という表記・表現には慎重である。なお、諸国陰陽師支配認可の霊元天皇綸旨の限界性を叙述するが(『近世の朝廷と宗教』二四頁)、同時に将軍綱吉も朱印状を発給している。これを加味した評価も必要である。

第四に、一九八〇年代後半以降の研究史反映と位置づけの要を指摘したい(特に『近世の朝廷と宗教』二〇一四年)。この点は、角川賞選考委員、藤井譲治氏の選評(二〇一五年)でも指摘されたところでもある。

第五に、幕藩体制=近世国家=幕藩制国家なのか。論文集収録に際して改題されているが、三者は等式で結べるのか。定義・概念について記述が必要であろう。

本稿の最後に、今後の学界の課題について記す。その一は、江戸幕府・朝廷の政策意図と立案・決定・実行過程把握の深化である。史料と方法、両者の開拓が必要となる。その二は、思想史、幕末維新史・近代史との接続である。近世史という学問分野の確立(朝尾直弘『日本近世史の自立』校倉書房、一九八八年)、高埜氏等が企画した『シリーズ日本人と宗教 近世から近代へ』(二〇一四 - 二〇一五年)の構想とも関わるが、宮地正人氏の近業や幕末維新史とどう議論を交わすのか。その三には、近世朝廷の組織とアーカイブズについての研究を挙げたい。これらをどのように進めるかは、近世史研究とアーカイブズ学のこれからの課題といえよう。

(東京大学史料編纂所)

第二報告

宗教史・身分制・宗教社会史研究

西田かほる

ここでは高埜氏の研究のうち、宗教史・身分制・宗教社会史研究について考える。シンポジウムの副題に沿って「学び、進む」こととする。

一　学び

1　高埜研究の目的と成果

高埜氏の研究の目的と成果について、氏の二冊の単著『近世日本の国家権力と宗教』(東京大学出版会、一九八九年)と『近世の朝廷と宗教』(吉川弘文館、二〇一四年)から見ていきたい。『近世日本の国家権力と宗教』の目的は、以下の三点であった。①近世の国家権力を幕藩領主権力にとどめず、広い意味での朝廷を含めて、その特質を明らかにする。②非農業民とくに宗教者・芸能者たちを、近世国家権力は身分的にいかに編成していたのかを明らかにする。③近代に変質する以前の神社や近代に途絶えた宗教者の実態を明らかにすることで、近世に生きた人々の心を捉えていた宗教・信仰について考える。『近世の朝廷と宗教』の目的は、以下の三点である。①江戸時代の天皇・朝廷の祭祀構造を近世国家全体の中に位置づける。②江戸幕府がいかに天皇・朝廷を統制していたのか、その実態を明らかにする。③東アジア世界も含めた社会動向の中で、朝廷・幕府の関係、身分制の変容を考える。

これらの二つの著書の成果は、次の六点にまとめることができる。①天皇・朝廷をも含めた近世国家の枠組みの中に、宗教を位置づけた。門跡の役割や公家の家職に着目し、宗教者や芸能者の本所として機能したことを明らかにしたのである。②本末制度、触頭制度、本所による宗教者・祈禱系宗教者の統制と組織化の実態を明らかにした。例えば、神職の本所である神祇管領長上吉田家について、近代的評価や教義的解釈から脱却し、近世社会の中に正しく位置づけた。③山伏、陰陽師、万歳、盲僧、梓巫女、猿引、御師などを「広い意味での勧進を行う巡歴する宗教者（祈禱系宗教者）」とし、公家の家職や本所という論点を通じて近世史研究の中に位置付けた。④家職間争論を通じて宗教者の職分が明確化するという論点を提示した。これは近世における宗教者身分の確立をめぐる問題であり、近代を見通したプレ神仏分離であるとの見方も示した。さらに祈禱系宗教者の賤視に対抗する職分獲得の動きから、被差別民との関係を見通した。⑤朝廷祭祀の三重構造を示した。朝廷祭祀を内（内侍所）、表（禁裏年中行事・臨時行事）、外（二十二社）の三重構造とし、さらにその外に全国大小神社を置くことで、朝廷祭祀から全国の諸社に至るまでを体系的に理解しようとした。⑥江戸時代を三期に区分し（一期―一五八〇年代～一六五〇年頃、二期―一六六〇年代～一七八〇年代、三期―一七九〇年代～一八六七年）、身分制の成立から身分制解体の課程を考察した。東アジア世界の動きの中における日本の社会変容をもとに、朝幕関係と身分制の変容を連動させたのである。

高埜氏の研究は、身分としては支配者であるところの幕府・朝廷を構成する人々から、被差別民やこれまで曖昧に位置づけられていた祈禱系宗教者をも含む被支配者全体、地域としては日本のみならず東アジアに至るまで、時期としては近世全体にわたるという、広大な視野を持つものである。

2　研究史と高埜研究

戦後の近世宗教史研究の中で、高埜研究はどのように位置づけられるのであろうか。林淳氏[1]によれば、戦後の近世宗教史研究は三つの動きがあったという。その一つが、僧籍を持った日本史学者や仏教学者による日本仏教史研究である。

それは辻善之助氏が打ち出した近世仏教堕落論の克服を目指していたとする。主な対象は一七世紀であり、近世仏教研究に多大な成果を生み出したが、日本史学の中では一つの特殊分野として位置づけられたとした。二つ目は民俗学・宗教学からのアプローチによる民間信仰研究である。それは超歴史的な世界への関心と、信仰を受容する側の解明が中心であった。さらに三つ目は民衆宗教研究である。その方法論は講座派歴史学を宗教史へ応用したものであり、一九世紀を対象として天皇制国家と民衆という大枠を保持していたとする。いずれの潮流も一九六〇~八〇年代に開花したが、相互の関連性を持ち得なかった中で、「近世宗教史の舞台に颯爽とあらわれた」のが、高埜利彦『近世日本の国家権力と宗教』であったとする。朝廷を含む近世国家権力論、民間宗教者の組織化の解明、そして近世中期を含む宗教史全体の語りであったと評価した。

戦後の近世史研究を考えた場合、高埜氏は一九七〇年が転換点であったとする。[2] 幕藩制構造論の成果が体系化され、その上に幕藩制国家論が提起されたのであり、「国郡制の枠組み」をキーワードとして、山口啓二・高木昭作・宮地正人氏らをはじめとする研究者が国家論を議論していった。同時に中世史においては網野善彦氏らによる社会史研究が進展していた。これらの動向のなかで、高埜氏は一九七八年『大月市史』において「修験本山派の本末体制」「村と神社」を執筆し、[3] そこを起点に本山派修験や地方中小社の研究を構築していった。高埜氏の研究は、幕藩制国家論としての宗教研究であり、幕領・譜代藩における地方中小社や修験の研究が原点であった。

では、一九六四年から二〇一〇年までの『史学雑誌』「回顧と展望」[4] の項目から、近世史研究における宗教史と高埜研究を確認してみたい。項目は執筆者の専門分野や関心に大きく左右される欠点を持つが、時々の研究動向をみるには無意味ではないだろう。一九六〇年代までは全体の項目自体が少ないこともあり、宗教は「思想」「文化」の中に位置づけられていた。この頃、神職の地域組織に関する重要な成果もあったが、それが大きな潮流となることはなかった。一九七〇年代は研究対象の多様化に伴って項目が増加し、一九七五年にはじめて「宗教史」が立項されたが一時的なものであった。一九八〇年の高埜「幕藩制国家と本末制度」は、「制度成立以前の法統・師資の関係や寺檀関係と、権力

『回顧と展望』にみる「宗教」項目

刊行	項目数	宗教を含む項目番号・項目名	高埜論文タイトル・項目・評価ほか
1964	5	4.思想(神道史、民間宗教)	(参考:全項目 1.制度、2.土地制度・村落構造、3.対外関係、4.思想、5.美術)
1965	4	3.思想・文化(宗教関係)	
1966	5	—	
1970	2	—	
1971	5	—	
1972	5	4.思想・文化(仏教、復古神道、民衆宗教)	相互に無関係、トータルな把握を(玉懸博之)
1973	4	3.	
1974	8	思想史関係(仏教関係)	
1975	6	**5.宗教史**(民俗・教育・思想)	
1976	7	6.思想史(宗教史)	
1977	9	—	
1978	6	**4.**米価・貨幣金融構造…身分制・**宗教史**	①幕藩権力による宗教統制、②本末制度・教団機構、③村落民・都市民にとっての宗教、④民衆信仰、⑤修験宗(高埜)
1979	7	6.思想(仏教、神道)	
1980	8	7.思想(宗教)	「幕藩制国家と本末制度」権力の宗教による人民支配の本質は明らかにならない(頼祺一)
1981	11	**10.**思想・**宗教**・美術	身分・賤民制、文化史、女性史…思想・宗教・美術は別枠(深谷克己)「僧位僧官」3.織豊・幕藩権力
1982	11	—	「宗教と国家」—
1983	3	2.思想(幕藩制国家イデオロギー支配)	「江戸触頭」・「奉幣使」2
1984	22	19.思想・文化史(民衆宗教)、**21.近世仏教**	
1985	13	12.思想史(仏教、民衆宗教)	「近世陰陽道」12
1986	8	6.文化史(思想史、宗教史)	「江戸幕府と寺社」2幕藩制成立期
1987	10	思想・文化(宗教・神道)	
1988	11	文化・生活(宗教)	「家職と権威」2幕藩制前期
1989	13	**10.**生活史・災害・**宗教**等	
1990	11	**10.宗教史**	『近世日本の国家権力と宗教』国家論を視野、近世宗教史研究に多角的な視点の必要性を訴える(船岡誠)
1991	9	7.(歴史学の立場からの宗教研究)	(曽根原理)
1992	13	**12.宗教史**	
1993	13	**11.宗教**	
1994	13	11.社会史(宗教社会史)	(藪田貫)
1995	12	**9.**思想・**宗教**・文化(宗教社会史)	
1996	14	**11.**文化と**宗教**	
1997	12	**7.**社会史における**宗教研究**	
1998	14	**11.宗教**・思想	
1999	14	**11.宗教史**	
2000	10	**6.宗教**・思想・文化	
2001	6	**4.宗教**、**信仰**と思想	
2002	7	5.文化・思想(宗教)	
2003	18	**12.宗教**・身分・ジェンダー	
2004	17	**14.宗教**	
2005	16	**12.宗教史**	
2006	18	**15.**思想・**宗教**	
2007	14	**6.宗教**	
2008	14	**6.宗教**	
2009	16	**12.宗教**	
2010	14	**6.宗教**	
参考:2017	18	総論、1.織田・豊臣期、2.幕政史、3.藩政史、4.朝幕関係・朝廷・公家、5.幕末政治史、6.産業・流通、7.貨幣・金融、8.地方・村方、9.環境論、10.対外関係、11.都市、12.交通、13.文化(祭礼・リテラシー)、14.思想・教育・学問、**15.宗教**、16.史料論、17.身分、18.美術	

(注)項目にタイトルがない場合には、一行目の文章などからタイトルとした。

による編成以後の質的変化を総体的に明らかにしなければ、権力の宗教による人民支配の本質は明らかにならない」と、民衆宗教研究の見知から厳しい評価が加えられている。一九八一年には研究の多様化に対応し、「身分・賤民制、文化史、女性史」などの項目が自覚的に追加された。ただし宗教史研究は「思想・宗教、美術は編集方針により別枠」とされ、思想や文化の項目に置かれ続けたのである。この間、高埜氏のいくつかの論文は「幕藩制」の項目で取り上げられている。一九九〇年『近世日本の国家権力と宗教』は、「国家論を視野に入れた二つの研究成果」のうちの一つと紹介され、「近世宗教史研究に多角的な視点の必要性を訴える」と評価された。九〇年以降、分野横断的な研究が多くなる中、「宗教」の項目は思想から分離し、かつ継続して立項されていくようになる。近世史研究の中に宗教史が確固たる位置を占めるようになったといえよう。この頃から使われる「宗教社会史」という用語は、従来の宗教史との違いを模索したものであり、宗教研究が新しい段階に入ったことを示すものでもあった。九〇年を画期とした変化は、一人高埜氏によるものとは言えないが、『近世日本の国家権力と宗教』が大きな影響を与えたことは確かであろう。

ところで、高埜氏は「本所論」「家職論」を展開し、「国家論」を推進した。あるいは「身分的周縁論」の構築に関わった。ただし、高埜氏自身は論考の中で「・・論」という表現を使うことはほぼない。これは宮地正人氏が「歴史学研究者は実証科学研究者であり、国家論という歴史理論そのものを論ずることには得手ではないという以上に、実証から遊離することからくる強い警戒感をいだいている」と述べていること⑤に共通するのであろうか。また高埜氏の著書には、研究史への言及がほとんどない。高埜氏自身がどのように研究史を考えているのか、伺ってみたいところである。

3　宗教史研究の深化

「回顧と展望」に見たように、宗教を研究する者が増え問題意識を共有することによって、さらに研究が進展した。『中近世の宗教と国家』や、『シリーズ近世の身分的周縁』『近世の宗教と社会』などは、その代表的な論文集といえよう⑥。あるいは、神職の本所吉田家の分析を通じ「近世社会における朝廷権威の展開過程を解明」した井上智勝『近世の神社と朝廷権威』[7]は、高埜研究を最も理解し深化させている。

一九九〇年以降の宗教史研究の進展により、寺社史料は自治体史などでも取り上げられるようになった。戦後の在地史料調査は村方文書が中心であり、寺社文書は対象外となることが多かった。また大寺社の場合には史料点数も多いことから、中世までしか調査の対象とならない場合も多い。近世史研究の中で宗教に関する研究が一般化するに従い、近世の寺社史料が調査の対象として認められたのである。研究の根幹である史料の発掘・調査・公刊の増加は、さらなる研究の深化をもたらす。高埜研究の効果を、ここにみたい。

二 進む

1 批判と課題から

高埜氏の研究は、しばしば「編成論」であると批判される。例えば陰陽道の本所である土御門家が諸国の陰陽師に免許状を与えて組織化を図ることは、「上からの」組織化であり、それは陰陽師の意識や実態と乖離しているといった類いの批判である。高埜氏の論考を読む限り、地域・時期・階層などを含め、本所の編成の限界に常に言及しており、編成を第一義に考えてはいない。

高埜氏の「編成論」は、「物差し」である。言葉を変えれば、座標軸であり、近世社会における研究対象の位置づけを明確化するための装置である。村上紀夫氏は高埜氏の研究について、「近世の本山、本所による宗教者の組織化や公家家職論などを踏まえ…政治史や制度史につなげることが可能になり、個別事例研究が単なる事例紹介に終わらず、国家や支配構造といった「大きな歴史」に言及しうる回路を開いたことが広く受け入れられた理由であろう[8]」と述べている。高埜氏の「編成論」を得たことによって、個別事例研究が近世史研究の中に容易に位置づけられるようになったのである。本所に編成されているか否か、どの本所にいつどのように編成されたのかを明らかにすることで、その対象の独自性や対象の置かれた地域の特質などが明らかになる。編成されていない者も多いとか、編成されても実態は編成前と変わらないといった主張は、「編成」という座標軸があってこそ有効なものとなり得る。

ただし高埜氏が三〇年近く前に提示した座標軸が、そのままで良いかについては検討する必要がある。今日の宗教者に関する研究は、朝廷から幕府・藩との関係へ、中小社から大寺社（一山組織）へ、宗教を取り巻く外的要因から教えといった教義へと、その対象や問題関心を移している。それらをも組み込んだ方法論が求められている。同時に、座標空間にこれまで蓄積された研究成果を分析していくことが、今求められていることであろう。

高埜氏の研究に対するもう一つの批判は、国家、本所といった支配者との関係が強く意識されているために、神社と村落（町）との関係分析が薄いという点である。高埜氏自身、「社会経済的分析と神社と共同体の関わりを総合的に分析して村や地域の特性を描くことは課題として残されたままである」としている[9]。これについては、宗教史に関わる研究者全体の課題でもあろう。

2　自らの関心から

高埜氏は公家の家職について、各地の宗教者がその家職を分有することによって職分を確立するとした。その上で、例えば神職の場合、吉田家からの許状取得が進まない理由を神職や氏子の経済的な問題としたが、個々の宗教者が職分を世襲する状況を要因として考えたい。身分制社会の中で、仏教の擬制的なイエをはじめとして、修験・神職・大寺社配下の俗人・民間宗教者においてイエ（家名・家業・家産）が大きな意味を持つからである。特に民間宗教者において、家業（家職）を保証する家産としての旦那場に着目する必要があると考えている。旦那場は、被差別民研究や民間宗教者の身分を考える上で重要な論点であると同時に[10]、中世史との議論を深めることもできる。中田薫氏は、中世には「職と称せられ且其行使が知行領掌と呼ばれ、而も不動産物権と同一の方法に依て、売買質入された特種の権利が存在して居た。中世の准不動産物権中最興味多きもの」は、「先達職・旦那職である。…此中世の旦那職・先達職も亦徳川時代迄或地方に存続して居た」というように、[11] 旦那職に関わって中近世の問題を提起している。『身分的周縁を考える』において三枝暁子氏が中世寺社権門における「職」に言及した際に、吉田伸之氏が「「職」や役に伴う得分、権益…そうしたそれぞれの、身分固有所有に関わる側面に焦点を絞りながら、中近世の差異・同質性などを議論するといった方向があるかと思います」と呼応している。高埜氏は（所有形態のテリトリー所有として）「権限保障のときに三枝さんが言われている、たとえば山伏の霞場の問題で言えば、これは中世以来の職の体系になる」と述べているが、それ以上の議論はなされていない。[12]

かつて山口啓二氏が「えた非人の旦那場・勧進場の問題でも、身分と職分、職分と権域のあり方全体から見るべきですね。…旦那場という形で権域支配をしています。…国制的な枠組みや伝統を幕藩制の中で再生産し、旦那場の村や百姓に当然のこととして勧進を求める。旦那場すなわち勧進場なのです」と述べているように、[13] 高埜氏がすすめてきた本所論の根幹であり、宗教史、被差別部落史、身分論そして中世史などが交差する論点の一つとして、旦那場を再度検討する必要があると感じている。

最後に、高埜氏の著書を読んで感じるのは、現代社会へのまなざしと行動である。歴史学研究が単なる机上のものではないことを常に意識し行動していることこそが、高埜研究なのだと思う。

注

（1）林淳「勧進と霊場」（島薗進他編『勧進・参詣・祝祭』『シリーズ日本人と宗教』四、春秋社、二〇一五年）。

（2）高埜利彦「解説―幕藩制構造論から国家論へ」（『幕藩制社会の構造』『山口啓二著作集』三、校倉書房、二〇〇三年）。

（3）大月市史編纂室編『大月市史』通史編（大月市史編纂委員会、一九七八年）。

（4）「回顧と展望」『史学雑誌』一九六四年〜二〇一〇年。

(5) 宮地正人「序」(宮地正人他編『国家史』山川出版社、二〇〇六年)。
(6) 今谷明他編『中近世の宗教と国家』(岩田書院、一九九八年)。久留島浩他編『民間に生きる宗教者』(『シリーズ近世の身分的周縁』一、吉川弘文館、二〇〇〇年)。青柳周一他編『近世の宗教と社会』一～三(吉川弘文館、二〇〇八年)。
(7) 井上智勝『近世の神社と朝廷権威』(吉川弘文館、二〇〇七年)。
(8) 村上紀夫『近世勧進の研究』(法蔵館、二〇一一年)。
(9) 高埜利彦「近世の神社と地域社会」(『近世の朝廷と宗教』吉川弘文館、二〇一四年)。
(10) 梅田千尋は、陰陽師の旦那場を「職分的所有」と述べている(『近世陰陽道組織の研究』吉川弘文館、二〇〇九年)。近年の旦那場研究としては大熊哲雄他編『旦那場』(現代書館、二〇一一年)がある。
(11) 中田薫「徳川時代の物権法雑考」(『法制史論集』二、岩波書店、一九三六年)。
(12)『身分的周縁を考える』(後藤雅知他編『身分的周縁と近世社会』九、吉川弘文館、二〇〇八年)。
(13)『幕藩制社会の構造』(『山口啓二著作集』三、校倉書房、二〇〇三年)。

(静岡文化芸術大学文化政策学部)

第三報告

習作からの飛躍
——調査・研究・史料保存、そして教育——

野尻泰弘

はじめに

高埜利彦氏は、近世の宗教・朝廷などに関する研究者として認識されている。だが、氏の近世史研究は、卒業論文「近世問屋制家内工業の一形態—越前国五箇村奉書荷主内田氏を中心にして—」（東京大学文学部国史学専修課程卒業論文、一九七二年一月一〇日提出）に始まる。村落に軸足を置いた社会経済史研究である。この初期の研究は、高埜氏にとってどのような意味があったのか。それは氏の研究・教育にその後どのように影響したのかを考えてみたい。

一　初期の研究——内田家文書への取り組み——

高埜氏が卒業論文で取り組んだのは、越前国今立郡岩本村の在村商人内田吉左衛門家文書を用いた研究である。岩本村は越前和紙の生産地である五箇村（大滝・岩本・不老・定友・新在家）の一つであり、内田家はそこに居住し、紙・布などを扱う商人であった。高埜氏は内田家文書を分析し、本書収録の三本の論文を発表した。まずこの三論文を簡単に紹介する。

「**幕藩制中期における生産者支配の一形態**」（『日本歴史』三五四、一九七七年。本書Ⅲの一に収載）　本論文は、在方荷主による集荷過程での合理化と、それにともなう生産者支配の位置づけを検討するもので、内田家の問屋前貸制による生産者（漉屋）支配を分析している。一八世紀後半、内田家は問屋前貸制の展開により生産者を下請化し、問屋主導の下、安価で確実な製品の集荷を可能にした。それは紙商売が不況の際、問屋の意志で製品の購入を停止（生産を停止）できるといった利点となった。一方、問屋前貸制に組み込まれた漉屋たちは、わずかな期間で年賦関係へ変質した。回収の見込みがない年賦関係は、問屋資本への食い込みでもあった。結論として、商人が一方的に生産者を支配していくのではなく、潰れ同然の漉屋たちは商人に吸着し、商人によって再生産を保証されたと述べる。

一九六〇年代末から七〇年代にかけて、近世史研究では佐々木潤之介による豪農と半プロ層の先鋭的な対立を描く研究が登場し、大きな研究潮流となった。だが、本論文はこの潮流に迎合しない。問屋商人の小生産者支配の「強さ」を強調するのではなく、問屋商人が小生産者たちの再生産を保証した（保証せざるを得なかった）と述べている点が特徴である。つまり、本論文は、佐々木が主導した研究潮流にのらず、別のモデルを提示することで佐々木を批判しているのである。

「**近世中期おける商業経営の変質**」（『学習院大学文学部研究年報』二九、一九八三年。本書Ⅳの一に収載）　本論文は、一八世紀を中心に、内田家の商業経営の変質を分析し、市場構造の変化を考察する。一八世紀前半ごろまでに全国的な特産物生産が展開し、遠隔地間の価格差による利潤追求が難しくなったことで、内田家は越前国内と三都での商業を次のように変化させた。ひとつは、元禄～宝永期には多品目を扱い、有利な時期にそれを販売していたが、正徳・享保期には紙・布に商品を集中させ、恒常的に大量販売する方式へ変化したこと。もうひとつは、内田家が各地の支配人に金を預け、その支配人の裁量に任せて商業・金融業を行う方式から、内田家が指示を出し、商いを主導する経営方式に変わったことである。そして、内田家が問屋前貸制により生産者（漉屋）を支配下に置き、出荷量を調整するという先述の分析結果も組み込まれている。

一九六〇年代から七〇年代にかけ、近世の流通・経済に関する研究では、一八世紀後半、商品生産の展開により問屋商人の経営が動揺すると、彼らは権力を後ろ盾とする特権を獲得し、商業の独占化を図るという構図が提出された。しかし、本論文はこの構図にのらない。内田家という一個の商人の経営転換を詳細に追究することで、一八世紀前半ごろの全国的な特産物生産の展開と、市場構造の変化を説明している点が特徴である。

「和紙」(永原慶二ほか編『講座日本技術の社会史1　農業・農産加工』日本評論社、一九八三年。本書Ⅲの一に収載）本論文は「幕藩制中期における生産者支配の一形態」をベースとした一般向けのものだが、次の点が加えられている。①一七世紀中の五箇村における紙座の崩壊。②一八世紀後半以降、飢饉による漉屋の疲弊、市場構造の変化による紙業の不振、三都紙問屋の潰れや事故による紙荷損分、漉屋への前貸し未返済の累積などによる内田家の経営悪化。③一九世紀、福井藩による村方への貸付、さらに商人に代わった福井藩(物産会所)が下請生産者を統制し、紙販売を行ったこと。以上から、五箇村の和紙について、近世全期にわたる生産構造・商業経営を俯瞰している。一事例を追う形で、地域の動向や領主権力のあり方にも目配りした通史的な叙述である。

本論文では、内田家文書や岩本区有文書のほか、大滝神社文書、三田村貢氏所蔵文書、紙の里会館所蔵文書が使用され、卒業論文以後の調査成果が反映されている。

内田家文書に関係する三論文は、その原型である卒業論文とあわせて、高埜氏の習作と位置づけられる。ただし、それらは単なる研究のための練習ではなく、史料所蔵者と対話し、史料整理やフィールドワークを行うなど、村に沈潜している点が重要である。村落史研究のベーシックな手法を実践していたとみることができる。

なお、この三論文は福井県にとっても貴重な研究成果である。越前和紙の産地である当該地域は、和紙に関する史料保存や小葉田淳編著『岡本村史』(岡本村史刊行会、一九五六年)などの研究で注目された。しかし、その後、著しく研究が進展したわけではない。福井県における近世史研究の活発化は、一九七〇年ごろからの『福井県地域史研究』の発刊と、一九七八年に開始された福井県史編纂事業を待たねばならなかった。そんな中、高埜氏の三論文は、内田家文書の重要性や、近世の商業流通史と越前の関連について再認識を迫るものであった。

二　自治体史への関与

次に高埜氏が関与した自治体史についてみてみよう。高埜氏が関与した主な自治体史は、一九七〇年代の『大月市史』と『東松山市史』、一九八〇年代の『壬生町史』、一九九〇年代の『小山町史』である。

『大月市史　通史篇』（大月市史編纂室編、一九七八年）には、高埜氏の初期の宗教史研究である「村と宗教」（のち「近世の村と寺社」と改題し『近世日本の国家権力と宗教』〈東京大学出版会、一九八九年〉所収）がある。そこでは村人の負担などに目配りがなされており、村落史ベースの研究としてみることができる。これは高埜氏が責任者を務めた『小山町史』第七巻・近世通史編（小山町史編さん専門委員会編、一九九八年）にも通じている。

一九九〇年代以降の自治体史編纂では、単に研究成果を公表するだけではなく、地域住民との対話や編纂過程で収集された史料の保存・活用を視野に入れていた。また一九九〇年代初めには甲州史料調査会が本格的な活動を開始しており、高埜氏自身もこれに参加する中で影響を受けたようである。この頃、高埜氏は史料保存やアーカイブズについて積極的に発言・行動している。九〇年代半ば、国文学研究資料館主催の史料管理学研修会（現アーカイブズ・カレッジ）への参加を学習院大学大学院で単位認定するように尽力したことや、地方史研究協議会主催の卒業論文報告会における講演「歴史研究者はまずアーキビストたれ」（『地方史研究』二七五、一九九八年。本書Ⅲの五に収載）はその一端である。

卒業論文以来の研究とフィールドワークが下敷きになり、自治体史編纂や史料調査会への関与を通じて、高埜氏は史料の保存・公開・利用、そしてアーカイブズについて関心を高めた。学問として近世史研究を追究するだけではなく、歴史学と現実社会との関連をみる目、それ自体もさらに磨いていったといえる。

三　研究と教育

二一世紀も二〇年近く経過した現在、近世史における問題関心は多様化・細分化しており、研究への取り組み方も様々である。しかし、高埜氏が学生時代を過ごした一九六〇年代から一九七〇年代の近世史研究では、村落史や村での史料調査に関わらないほうが困難であったように思う。この点を踏まえながら、高埜氏の研究と教育について考えてみたい。

(1)最初の研究と近世社会をイメージすること

研究者にとって最初の研究は、研究の仕方を学ぶ習作であり、近世社会のイメージを作る重要な作業だろう。高埜氏は内田家文書を研究する過程で近世社会のイメージを形成していったと思われる。内田家文書が生成した越前国(現福井県)の村は、東京に生まれ育った高埜氏にとって、一九七〇年代においても相当異質なものだったに違いない(「史料を読む眼」『福井県史しおり』通史編4近世二、一九九六年。本書Ⅲの一に収載)。だが、史料を解釈するには、史料が生成した環境とそこに住む人びとの生活について学ぶ必要がある。くずし字を読み、史料調査・整理の手順を学ぶほか、村を訪ね、史料所蔵者の話を聞き、村人と対話することも求められる。こうして近世社会のイメージを自分なりに作らなければ、史料の表面的な文字情報に振り回され、近世の人びとのあり方を見誤る恐れがある。

高埜氏の談話や論文などからみて、氏は一九七〇年代初頭、奈良に住む内田家文書所蔵者である内田穰吉氏のもとで史料を閲覧した。この時、史料群はすでに所蔵者による整理や、一九五〇年代、東京教育大学に一時史料が寄託されていたため楫西光速や加藤幸三郎による整理を経ていた。そのうえで、高埜氏は史料所蔵者と対話しながら、自分なりに史料群と向き合ったようである。史料整理が終了し、完成された目録の中から自分が研究で使う史料だけをピンポイントにみるのではなく、史料群全体を眺め、史料所蔵者からその家の歴史を聞き、内容を吟味していく。手間のかかったやり方で近世史研究の第一歩を踏み出したといえる。その後、越前国今立郡岩本村に行き、岩本区有文書の整理・閲覧にかかっている。現地に出向き、村を歩き、村の暮らしを体験する。それは村の環境と歴史を感じ、近世社会のイメージを形成することにつながったはずである。これらの作業は特別なことではなく、かつての近世史研究では当たり前であった。ところが、最近は様子が一変した。

現在、大学における学位請求論文はかつてのそれと位置づけがかわり、時間的に早い成果の提出を求められている。個人の業績における論文数の提示もそれと同一の傾向である。整理された史料群と目録の完備、刊行史料集、デジタルカメラの普及、ウェブ上での史料閲覧や充実した検索システムなど、研究環境が整備された今日では、先述の傾向への対応が可能になっている。しかし、近世史研究をするためには、成果を上げる「早さ」や研究的に「詳しい」だけでは足りない部分がある。それが地域と史料への関わり方ではないだろうか。地域住民と対話し、史料調査を繰り返し、未整理文書群と格闘する。時間はかかるが、いつまでたっても色あせることのない大事な経験である。時代とともに研究内容が変わるのは不思議なことではないが、積むべき経験というのは変わらず存在するように思う。

(2)大学での教育

先述した高埜氏の経験は、大学での教育にどう影響しているのか。ここでは私の感想を交えながら考えてみたい。

私が学習院大学の史学科一年生の時に印象深かったのは、研修旅行の準備として地図や自治体史で行き先の概要を調べたり、基礎演習で学習院大学のキャンパスを歩くといったことだった。二・三年合同の高埜ゼミは、史料と研究論文を読み、考察・発表するというシンプルな内容であった。夏のゼミ合宿では、合宿先の自治体史史料集を読み、考察・発表し、史料中に記された用水路や寺社・墓地などを訪ねた。学生の発表に対して、高埜氏から技術的な細かな指導はあまりなかったが、手間をかけない皮相な発表には厳しい叱りが入った。

合宿の巡見において高埜氏は、大規模資本が入り込み地域特有の商店が姿を消したり、かつての宿場町が観光地化し、地域の暮らしがマイナス面で変貌していくことについて、苦言を呈することがあった。その当否は別にして、地域の暮らしに対する高埜氏自身の考えや眼差しは、史料や歴史をどう伝えていくのかという思想や哲学といえ、氏自身の学問でもあり、運動でもあると私には思われた。

こういった高埜氏の史料や地域への接し方は、卒業論文以来の研究への取り組み、自治体史編纂や史料調査会への参加などを通じて鍛え上げられたものである。そして、それは大学での教育に反映された。史料の調査・保存・活用・研究と地域へ注がれる視線。これが一体となった所に高埜ゼミの長所があった。学習院大学史学科閲覧室では高埜ゼミの院生が勉強しており、学部生の相談にも気安く応じた。だから調査の誘いも学生にとって身近であった。このような環境であったから、ゼミを越え、様々な所属の人たちが集う研究の広がりもまた近い距離にあった。それらは高埜氏を軸にするつながりではあったが、集った者たちによる自主的な活動である。高埜氏自身も参加者の一人であり、そこで学んだ者の一人であった。

おわりに

高埜氏や私が学生時代を過ごした二〇世紀と現在とでは学生の雰囲気や大学のあり方、社会自体も大きく変化しており、かつて通用したことがそのまま現在も通用するわけではない。効率の良さやコストパフォーマンスを重視する風潮が強まり、史料を整理し地域の人と対話しながら研究すること、史料と地域に深く入り込むこと自体が無駄と考えるような向きもあるのかもしれない。だがそれは、近世史研究として優れているか否かよりも困った問題である。地域・人・暮らしをみようとしないのは、人間社会に対する無関心であり、実は歴史学からもっとも外れたことではないだろうか。

史料調査・整理、フィールドワーク、史料所蔵者・地域住民との対話。まさに「昔ながらの研究」は、歴史学の基礎として、なお重要視されるべきものなのだろう。学生の中にはそれに魅力を感じる者が必ずいる。学生たちにそういった機会を準備しておくことが大事なのだと思う。

高埜ゼミでは、調査・研究と等しく酒宴に力が注がれた。深更に及び、誰もが痛飲するなかで発せられた「教育には時間がかかる」という高埜氏の一言は、酩酊の戯言ではなく、研究者・教育者としての矜持であると私は聞いていた。

（明治大学文学部）

第四報告

文書に命を吹き込むアーカイブズ制度のために

保坂裕興

はじめに

日本近世史研究が近代・現代の歴史学研究の基礎の上に築かれ、その批判と継承によって発展させてきたこととは異なり、日本におけるアーカイブズ学研究は、学術研究分野としては必ずしも認知されず、つまり、ほぼ認知が存在しない状態からそれを存在させ、成り立たせることに取り組んできたと言える。歴史学者や自治体史編さん関係者等を含め、この分野の充実に貢献した多くの先駆者・団体が存在した。高埜利彦氏のアーカイブズ学に関わる活動はそれらを継承しつつも、この課題状況に先鋭的かつ計画的に取り組むものであったと見ることがゆるされるであろう。その問題意識、関係者の協力体制、取り組みの論理、社会との対話のあり方等々を問うことは、今のアーカイブズ学の特質の一端を明らかにするばかりではなく、次なる発展を期するためにも欠くことができないと考える。

アーカイブズ学と氏の関わりは、短くみても、一九九三年四月の学習院大学史料館長就任から現在まで、およそ二五年に及ぶ。論者の目から見たその要所になると思われる事績を略年譜に表すと表のようになる。これらを整序して述べることはできないが、重奏するいくつかの筋道を探ることはできる。

第一はその初期から懸案とされてきたアーキビスト養成という課題を背負い、取り組んできたこと、第二は、二〇〇三年にはじまる科学研究費による幅広い研究のなかでグローバル・スタンダードとも言える世界のアーカイブズ学に接

アーカイブズ学と高埜利彦氏の関係略年譜

年月日	事　　績
1993年4月1日	学習院大学史料館長就任(〜1996年3月31日)
1994年9月19日	全史料協 第2次専門職問題特別委員会結成(委員長)
1995年7月8日	全史料協・日本歴史学協会ほか主催シンポジウム「アーキビスト問題を考える」開催(会場：学習院大学)
1995年12月18日	第2次専門職問題特別委員会報告書『アーキビスト制度への提言』を全史料協会長へ提出。以後専門職問題委員会として2008年度まで継続。
1996年度-	総合基礎科目「記録保存と現代」(4単位)開始
1996年4月20日	第1回 日本歴史学協会 史料保存利用特別委員会シンポジウム「『史料学・史料館員』シンポジウム」開催、以後継続開催。
1998年3月19日	専門職養成問題大学関係者懇談会結成。アーキビスト養成カリキュラム検討、2002年まで継続。
2003年度	大学院人文科学研究科共通科目「史料管理学」関連3コマ増設
2003〜2006年度	科研基盤研究(A)「歴史情報資源活用システムと国際的アーカイブズネットワーク基盤構築に向けての研究」(研究代表者)
2004年度	文学部史学科専門科目「史料管理学特殊講義」(4単位)開始
2004年4月24日	日本アーカイブズ学会創設(会長、2009年度まで6年間)
2004〜2006年度	文部科学省 科学官
2006年1月14日	日本歴史学協会「除籍簿保存管理についての要望書」(同史料保存利用特別委員会委員長)
2006年10月17-20日	第2回アジア太平洋アーカイブズ学教育国際会議開催(実行委員会委員)
2008年度-	大学院人文科学研究科にアーカイブズ学専攻開設
2010年7月	第34回野口賞受賞「甲州史料調査会 富士山御師の実像調査」(顧問)
2010年11月2日	第1回ユネスコ「世界の記憶」選考委員会(委員)
2011年度-	総合基礎科目(基礎教養科目)「記録管理と組織」(2単位)開始 学習院アーカイブズ開設
2012年度-	日本アーカイブズ学会「登録アーキビスト」認定開始
2015年7月19日	『「公文書等の管理に関する法律」施行後5年見直しに関する共同提言書』を三権の長、政府機関等、全政党代表に提出(主催4団体による)

※授業科目の開設・増設や専攻(大学院教育課程)開設はいずれも学習院大学におけるものである。

するとともに、自身の歴史学研究に立脚して日本のアーカイブズ制度に関する歴史的理解を形成したであろうことである。第三は、二〇〇四年の日本アーカイブズ学会創設以降に顕著となるが、歴史学とは異なるものとしてのアーカイブズ学を多角的に充実させ、自立と発展に導こうとする活動である。本稿はこのような見通しのもとに、その基本的な事績を跡づけて紹介し、批判と新たな展望が生み出されることを願うものである。

一　アーキビスト養成を前進させる

大学各学部から適任者が選出され順次館長となる学習院大学史料館に、氏が館長として着任した一九九三年度より、全国歴史資料保存利用機関連絡協議会（以後、全史料協とする）に集った地方文書館関係者、自治体史・大学史等編さん担当者、企業史料関係者との本格的な交流がはじまったと見られる。翌年九月、全史料協の第二次専門職問題特別委員会の設置にあたっては委員長となり、一九九五年七月には、全史料協、企業史料協議会、地方史研究協議会、日本歴史学協会史料保存利用特別委員会、東日本大学史連絡協議会の五団体が主催となって、大規模なシンポジウム「アーキビスト（文書館専門職）問題を考える」を学習院大学において開催した。報告には、全史料協、大学史、企業史、大学教育、史料管理学研修会それぞれの立場を代表する者が立ち、各方面からアーキビスト養成の重要性を説くこととなった(1)。同年一二月、全史料協会長に答申した第二次専門職問題特別委員会報告書『アーキビスト制度への提言』(2)では、このシンポジウムの成果等をふまえつつ、多様化する社会の情報ニーズに応えるためにも、広範な分野で記録史料の保存・利用を担うアーキビストを養成すること、大学院レベルと大学学部レベルで階層性をもつ資格制度を早期に実現することを提言している。

この特別委員会はこののち専門職問題委員会となり、アーキビスト養成を論じる一つの拠点となるが、先のシンポジウムを引き継いで行われることとなった日本歴史学協会史料保存利用特別委員会シンポジウム（以後、日歴協シンポとする）は以後毎年開催され、もう一つの拠点となる。毎年の登壇者は二名から四名であり、史料保存利用に関わる歴史研究者や文書館等専門職員が時々の、あるいは特定の地域や分野の課題を紹介し、研究討議を行ってきた。そしてその際にはアーキビスト養成問題やアーカイブズ制度に関わる法整備問題がしばしば論じられ、その理解者が増え、研究交流の輪が広げられてきた(3)。

これに加え、大学教育においても若者たちにアーカイブズの課題を伝え始めた。学習院大学は一九九六年度より総合基礎科目「記録保存と現代」という通年の授業科目を立ち上げるが、オーガナイザーである高埜氏はシラバスの中で次のように語っている。

大学卒業後、民間企業に務める人、国や地方の公務員になる人、皆さんは職場において、これから色々の記録や文書に囲まれて生活をします。この記録・文書のうち何を捨て、何を残せばよいのか、迷うでしょうね。これらの記録や文書の残し方をどのようにしたら、次の時代によい歴史遺産を残せるのか、世界の各国では以前からこの問題に取り組んできました。(中略)では我が日本は。国の機関や都道府県や市町村、つまり社会や地域では、どのように文書を保存し、管理し、公開しているのでしょう。企業や大学はどうでしょう。できれば秘密にし、隠滅したいと考えてきたのではないでしょうか。こんなことを色々な立場の方々に紹介していただき、皆さんと一緒に考えていこうとするのがこの授業です。

ここにみられる通りこの授業は、やがて社会人となる大学生に、記録保存の現況とあるべき姿を常識として身に着けてもらい、同時にアーカイブズ制度の理解者となってもらうことを先駆けて開始するものであった。実際の授業は、のちにアーカイブズ学専攻教授となる安藤正人氏(国文学研究資料館史料館)を含む八名の講師が集められ、世界のアーカイブズの歴史と現状、日本における歴史と現状、企業アーカイブズ、大学アーカイブズ、大学史、アーキビストの役割、保存及び災害対策等が講じられた(4)。

自らが勤務する大学におけるアーキビスト養成に向けた基盤作りと拡充は、そののちも後述する取り組みと重なりをもちながら進められた。要所のみ触れれば、二〇〇三年度には大学院人文科学研究科の共通科目として、「史料管理学」

（本稿で言うアーカイブズ学）の「特殊研究」が通年二コマ、「演習」が通年一コマ新設され、大学院レベルにおけるアーカイブズ学教育が試みられた。そして二〇〇八年度には、人文科学研究科にアーカイブズ学専攻という日本ではじめてのアーカイブズ学大学院教育課程（博士前期課程及び博士後期課程）が開設された。同年度における教員は五名、副手一名――翌年度に助教一名が増員となる――であり、博士前期課程に八名、後期課程に四名の大学院生を迎え入れた。高埜氏は史学科を本籍としながら自ら兼担教授として加わり、専攻主任は安藤正人氏が務めた。(5)

なお氏は一九九九年度から二〇〇一年度、そして二〇〇七年度から二〇〇九年度の間、文学部長兼人文科学研究科委員長を務めたが、その前後期を含め、関係授業科目の増設及び専攻の開設に取り組んできたこととなる。教育研究の一層の充実と発展を期するものとして中長期的計画の中に位置付け、ねばり強く押し進めてきたことが想像されなければなるまい。また先に述べた二つの拠点に集った有志の多くが、この教育活動に参画したことも、取り組み実現の特徴として注目に値しよう。

このようなかたちで、学部教育・大学院教育がアーキビスト養成のエポックを画した。

二　グローバル・スタンダードとアーカイブズ制度の歴史的理解

ではなぜ、どのようにこれらの活動を推進してきたのであろうか。高埜氏の問題意識や取り組みの論理の一端を探ってみたい。

よく知られた「歴史研究者はまずアーキビストたれ」(6)は、地方史研究協議会が主催する日本史関係卒業論文発表会で行われた公開講演の講演録である。高埜氏は、〈原史料→解読→一部の活字史料化→個別歴史像→全体像〉を歴史研究の「生産過程」、〈全体像のエッセンス：研究書・概説書・教科書等→歴史小説・ドラマ→読者・消費者〉を歴史研究の「販売過程」と位置づけた上で、戦前に「皇国史観一辺倒」になった反省から、この両過程が政治権力に振り回されることなく、「実証的、客観的」でなければならず、それは「原史料の存在によって保証される」として、アーカイブズに眼を向けさせる。そして、アーキビストという職業が「過去の史料の保存」を行うだけでなく、「未来に向けて、たえず発生する現用の文書・記録」を評価選別して保存するなど、アーカイブズの保存管理に関する学問体系を築き、研究努力を重ねてきたものであること、また、日本では公文書館法（一九八七年公布）施行後においても専門職員が適切に配置されず、文書館等の設置数も少ない状況にあり、市民の史料保存・利用意識の未成熟さを含め、アーカイブズ制度が未整備であることを説く。

氏の主張は、このような状況であるからこそ、歴史研究者が「自らアーキビストの意識と学識」を身に着け、史料保存に取り組むべきだとするのである。また「原史料」、つまりアーカイブズが「個人や家や地域の自己確認（アイデンティティー）に不可欠な貴重な財産」であり、それゆえ保護することが大切であるとする。歴史研究におけるアーカイブズ保存意識の不足、アーキビストの不在、アーカイブズ学の未成立を見据え、それを解決に導くために歴史学の立場から、歴史学研究者に発したメッセージであった。

ここにみられる問題意識や取り組みの論理は、先に見た二つの拠点における活動や大学教育における取り組みと整合していたと考えられる。しかしさらに、二〇〇三年度にはじまる科研費研究「歴史情報資源活用システムと国際的アーカイブズネットワーク基盤構築に向けての研究」の時期には、世界のアーカイブズ学との交流をもち、また日本のアーカイブズ制度に関する歴史的理解を深めることになったと考える。二つの局面を紹介しよう。

一つは、科研費による研究会：アーカイバル・サイエンス研究会が、二〇〇三年にアン・ペダーソン氏（オーストラリア）、二〇〇四年にエリック・ケテラール博士（オランダ）、二〇〇五年にジョーコ・ウトモ氏（インドネシア共和国）を招聘して研究討議をする機会があり[7]、そして二〇〇六年度には、様々な団体からの有志により実行委員会を結成して一〇月に第二回アジア太平洋アーカイブズ学教育国際会議（APCAE 2）を開催した――主会場は学習院大学であった――ことである[8]。これらの招聘者・参加者はいずれも世界のアーカイブズ学の最前線にいるアーカイブズ学者／実践家であった。国際会議のセミナーでは「電子時代におけるアーカイブズ学研究とアーカイブズ学教育」をテーマとし、欧米諸国はもちろん中国・韓国からの参加アーキビストがその対応策に真剣に取り組んでいる現状に関し、氏は「現代の日本は、伝統的なアーカイブズ学という青銅器と、電子情報化時代のアーカイブズ学という鉄器とを、同時に導入する難しさを味わっている」と評し、強いインパクトを受けたことを語っている。[9] グローバルなアーカイブズ学と交流をもつことを通して、あらためて自国のアーカイブズ学を問い直すとともに、その研究教育拠点の整備の必要性を痛感したのではないかと推察する。

もう一つは、この時期における総括の一つとなるもので、二〇〇五年度の日歴協シンポにおいて報告されたアーカイブズ制度についての理解である。そこでは、歴史研究者とアーカイブズ(制度)の関係が現状と歴史に分けて体系的に考察されている。明確な見定めが示されたという意味で特に注目されるのは、(一)歴史研究者にとってアーカイブズは不可欠であって、「歴史研究者はまずアーキビスト」たることを訴えなければならないのはもちろんだが、アーカイブズは「証拠能力」をもつことに意味があり、それゆえ利用者は歴史研究者のみではなく、「市民であり、団体・県・国」などであるとしたことである。また(二)日本のアーカイブズ制度の遅れた状況について、明治期に「国史(日本史)編纂を主にして、公文書保存に目を向けず、限られた歴史編纂のためにのみ史料を集めるという意識に転換し」たことにより、「国民自ら個人・家・地域の歴史を持つという発想は育たなくなっていった」とする見解を示す。現状に関しては、(三)一九五一年に文部省史料館が設立され、また一九七一年には国立公文書館が設置されたが、それらは少なくとも当初は「歴史研究者や学術団体による歴史研究のための史料保存の段階」にあったこと、(四)一九七六年の全史料協設立、一九八六年のマイケル・ローパー視察・勧告、一九八七年の公文書館法制定等の動きは、「国際的な基準などを参考にしながら日本のアーカイブズ制度」が確立に向かったもので、「新しいアーカイブズ運動」であり、グローバルスタンダードであるとした。[10] 以上が氏のアーカイブズ制度理解の骨格原形であり、それは以後の様々な活動に理論的根拠を与えるとともに、その後も大枠として維持され、機会あるごとに敷衍されていったと考える。[11]

三　アーカイブズ学の自立と発展に向けて

時は遡り二〇〇四年四月、日本アーカイブズ学会が創設され、高埜氏が会長となる。副会長には青山英幸氏（北海道立文書館）・高橋実氏（国文学研究資料館史料館）が就き、二〇名ほどの委員とともに意思決定機関である委員会を構成した。これは、一九九〇年代中頃にはじまる先の二つの拠点の活動成果の一部を継承する面をもったが、その本質は〈アーカイブズ学という学問を立て、発展させる〉という新しい使命にある。

同会会則によれば、「アーカイブズ」とは「団体、家及び個人が作成し、収受し、保存されてきた記録からなり、手書きや印刷された紙媒体のもの、電磁的記録のもの、そしてオーラルヒストリーなど」からなるとされ、「アーカイブズ学」は、「アーカイブズに関する科学的研究」と「アーカイブズの保存及び関連する諸課題に対する実践」を担うとした。特にその「科学的研究」は、アーカイブズの、①管理、②成立・伝来・構造、③教育・普及に関する研究から構成されるとした。⑿ このように基本的な概念と構成を定置すること等により、その科学的研究と実践を進展させる場としての学会が日本ではじめて誕生した。

〈教育〉と〈資格制度〉が専門職：アーキビストを生み出し、〈学会〉活動を通して研究を深め、〈現場の実践〉に貢献するということが、いわば〈アーカイブズ制度〉充実の基本形であるとすれば、最後に宿願となる〈資格制度〉が残ったこととなる。

氏は同学会会長を退いた二〇一〇年、学会内に特設されたアーキビスト資格認定制度検討委員会の座長となり、翌春に答申書をまとめる。その要点は、①従来、アーキビスト資格認定機構のような第三者機関を設置するモデルを追求してきたが、二〇〇九年に公文書管理法が制定されて以降も政府等による動きがないことから、学会が「起点となり、アーキビスト資格制度を創設する」こと、②「そのような原形となる制度を先ず構築し運用することにより、アーキビストの存在、基本要件、人材、教育・研修における共通基盤を明示」し、「アーカイブズ学の研究教育をより一層推進する」としたこと、③資格の要件は、多様な申請者が資格取得できるようにしつつも、基本は大学院でのアーカイブズ学関連七分野合計一四単位及び学位の取得としたことである。[13]二〇一二年度には、この答申に基づいた規程が承認・制定され、以後、登録アーキビストの認定がはじめられた。[14]

おわりに

アーキビスト養成という難題に取り組むことからはじまり、〈教育〉、〈学会〉及び〈資格制度〉を立ち上げ動かし、アーカイブズ制度を充実させようとしてきた活動をみた。二〇一七年度までを見る限り、学習院大学大学院アーカイブズ学専攻の修士号取得者四六名、博士号取得者五名、日本アーカイブズ学会の会員数は四五九名（別に賛助会員二〇団体）、同学会登録アーキビストは七二名となった。

本稿における氏の活動のふり返りは、私たちに何を考えさせ、次なる行動をとらせるのか。この卓抜した基盤構築の恩恵は様々な面に及ぶが、筆者の立場からはそれを基として新しい政策／運動が開かれつつあることを紹介し、謝意にかえたい。

公文書管理法が「施行後五年見直し」に入る二〇一五年、日本アーカイブズ学会、高埜氏を含む学習院大学研究プロジェクトほか二団体は、政府等に対して全一二項目の『共同提言書』を提出した。[15]同年九月には内閣府公文書管理委員会において取り上げられ、二〇一七年二月に見直し対応策が固められた。そこでは、各府省庁の公文書管理を「直接指導・助言を行う専門職員を各府省庁に配置することが必要」とし、また「国立公文書館などの公的機関による認証制度」の創設の検討が明記され、二〇一七年度から四年間のスケジュールも公表された。[16]またこの間、国立公文書館加藤丈夫館長は、二〇一五年度同学会大会講演で「国レベルの資格制度」を作るとし、[17]また二〇一七年度同学会大会企画研究会では職務基準書を用いた専門職制度の開発について研究報告し、学会に協力をあおいだ。[18]

ここにみる国の機関と日本アーカイブズ学会等との政策／運動の領域空間は新しく拓かれてきたものであり、上述の基盤構築による恩恵の一つであるというべきであろう。アーカイブズ制度が充実しなければ、文書に命を吹き込むことができない。次なる研究・実践、政策／運動を推進し、より大きく堅固な基盤とすることが私たちの使命であると考える。

注

(1) 全史料協『会報』第三四号、一九九五年九月
(2) 『アーキビスト制度への提言―第二次専門職問題特別委員会報告書―』、一九九五年一二月一八日、同委員会刊行、のち全国歴史資料保存利用機関連絡協議会専門職問題委員会編『アーキビスト制度関係資料集』(二〇〇九年三月)再録。
(3) 高埜利彦「日本歴史学協会の活動」、独立行政法人国立公文書館『アーカイブズ』第四二号、二〇一〇年一二月
(4) 本報告を行ったシンポジウムでは、高埜氏より「記録保存と現代」という授業名は当時学習院大学文学部史学科に在任された笹山晴生教授の発案によるものであったとの説明がなされた。
(5) 同専攻の開設等については『記録を守り、記憶を伝える：学習院大学大学院アーカイブズ学専攻開設記念誌』(二〇一〇年)があるので、参照されたい。
(6) 『地方史研究』第二七六号、一九九八年一〇月。本書Ⅲの第五に収載。
(7) 注(5)に同じ。
(8) この詳細は青山英幸編『電子時代のアーカイブズ学教育―第二回アジア太平洋アーカイブズ学教育国際会議報告集―』、岩田書院、二〇〇八年により詳しく知ることができるので、ぜひとも参照されたい。
(9) 高埜利彦「総括―わが国のアーカイブズ学を考える」、『記録と史料』第一七号、二〇〇七年三月。
(10) 高埜利彦「史料保存問題とアーカイブズ制度」、『日本歴史学協会年報』第二一号、二〇〇六年。
(11) 高埜利彦「日本の修史事業とアーカイブズ制度」、『日本歴史学協会年報』第三一号、二〇一六年、同「日本のアーカイブズ制度を回顧する」、『アーカイブズ学研究』第二七号、二〇一七年などがある。

（12）「日本アーカイブズ学会会則」、二〇〇四年、二〇一六年最終改正。
（13）アーキビスト資格認定制度検討委員会座長高埜利彦ほか「アーキビスト資格認定制度」に関する答申について」、二〇一一年三月、オンライン版アドレスは次の通り。
http://www.jsas.info/modules/soukai04/archivistaikaku2011.pdf（二〇一七年一二月閲覧）
（14）これについては日本アーカイブズ学会の関連サイトに詳しい資料がある。参照されたい。
http://www.jsas.info/modules/aboutJSAS/index.php?id=13（二〇一七年一二月閲覧）
（15）ARMA International 東京支部、記録管理学会、日本アーカイブズ学会及び学習院大学人文科学研究所プロジェクト編著『公文書等の管理に関する法律』施行後5年見直しに関する共同提言書」、二〇一五年七月一九日、
http://www8.cao.go.jp/koubuniinkai/iinkaisai/2015/20150928/20150928haifu1-4.pdf（二〇一七年一二月閲覧）
（16）内閣府公文書管理委員会における配布資料および議事録による。
http://www8.cao.go.jp/koubuniinkai/iinkaisai/2016.html（二〇一七年一二月閲覧）
（17）加藤丈夫「時を貫く記憶を守る―これからのアーカイブズの課題」、『アーカイブズ学研究』第二三号、二〇一五年一二月
（18）加藤丈夫「わが国におけるアーキビスト育成の取り組み―職務基準書を用いたアーカイブズ専門職制」、『アーカイブズ学研究』第二七号、二〇一七年一二月

（学習院大学文学部）

コメント1

時間・空間を越える――実証史学を受け継いで――

井上智勝

一　歴史的存在としての歴史研究者

一九九〇年代以降、天皇・朝廷、宗教に対する研究が日本近世史研究の主潮流の一つとなり、大きな成果を挙げてきた。それは、時を前後して立ち現れた身分的周縁研究や、都市史研究の新展開とも相俟って、日本近世史像を豊かに変えていった。その中心には、常に高埜利彦氏の仕事が在った。

高埜氏は、第一著書『近世日本の国家権力と宗教』において「戦後生まれの私は、天皇や神社を研究対象にすることに、さほど抵抗を感じない」と述べている[1]。氏は、戦前の天皇制下の社会を実体験してきた世代とは異なり、天皇や神社を研究対象化し得る戦後生まれの世代であった。そんな世代の登場が、先述した日本近世史における潮流の淵源に在った。近年の天皇の生前退位をめぐる議論において、高埜氏が象徴天皇制に対して発言していることも[2]、天皇をめぐる議論が戦後のそれとは様相を異にしてきたことを物語る。歴史研究者もまた、歴史に規定される歴史的存在であることを再認識させられる。

氏の研究は、近世の政治主体を「天皇・朝廷を除いた幕府と藩権力に限定し[3]」て検討してきた戦後の近世政治史研究に転換を迫るものとなり、所謂「徳川王権論」を後退させることにも寄与した。研究の前提には、山口報告で提示された「天皇・朝廷や神社が国家上の重要な存在となったとき、ではなぜ幕末に天皇が突然浮上するのかの問いに、近世史研究者は答えられなかった[4]」という、従来の日本近世史研究への反省がある。言外には、野尻報告で示唆された、理論に規定された戦後歴史学界への批判もあるように思う。

とはいえ、高埜氏の研究は日本近世社会の中心に天皇や朝廷を据えるものではない。近世日本の統治者の位置に徳川政権を定位し、当該政権が天皇・朝廷を統制し、その権能を利用することで国家権力を完全ならしめている、とみる。それは、天皇は東照宮・将軍を荘厳する「権威」としての役割を、公家はそれぞれの家職を果たすことで間接的に幕府に奉仕することになる、という「役」の体系論からの天皇・朝廷存在の理解である。氏のかかる理解は、山口報告にあったように、近代の天皇制を近世に投影することから生じる天皇・朝廷の過大視を抑制しようとする意図の反映と取ることもできる。

天皇・朝廷が江戸幕府に「権威」、換言すれば正当性を付与する役割を果たしているとすれば、その源泉は何処に求められるのか。山口報告は、天皇は江戸幕府の統制下で国家祭祀や祈願の担い手として機能し、現在の状況も踏まえれば国家祭祀の遂行が「天皇の存在証明」と見なし得るとする高埜氏の認識を紹介した。天皇・朝廷の主要な役割は国家祭祀であり、それが徳川政権に正当性を与える天皇「権威」の中核にあることが予想される。

二　国家祭祀の位置取り

国家規模の利益を祈念する共同祈願である国家祭祀は、日本においては古代に令によって天皇・朝廷が担う神祇祭祀として規定された。それらは時代を経る中で縮小・変容・断絶したが、近世武家政権の経費負担によってその幾つかが「再興」された。国家祭祀を含む朝儀の再興は、国内秩序の回復者として徳川政権の正当性を高める点で、幕府による天皇・朝廷利用の一形態といえる。また、東アジア国際社会への復帰に有効な儒教の積極的な導入は、神儒一致の思想的立場を産み出した。前代に仏教に従属していた神道の位置は上昇し、天皇・朝廷が担う国家祭祀の意義は高まった。

だが、近世日本において、国家祭祀がどの程度まで政権の正当化に寄与したかという点は、なお検討を要する。この点について東アジア諸王朝との比較検討を試みれば、諸王朝では斉しく豊穣祈報と攘災を願目とした国家祭祀が催行された。殊に豊穣を祈報する社稷祭祀は最重要祭祀の一つで、皇帝や王のみならず地方の城市においても地方官が担う、東アジアの統治者の責務であった。日本では令制に社稷祭祀は採用されなかったが、代わりに豊穣を祈る祈年祭が、収穫祭である新嘗祭・大嘗祭とともに重要な国家祭祀として位置付けられた。ただ、高埜氏が指摘するとおり、それらは室町期に途絶し、大嘗祭・新嘗祭は江戸幕府によって回復されたが、祈年祭は復活されなかった。かかる事実は、近世日本では政権の正当化や荘厳に国家祭祀が果たす役割が、東アジアの諸王朝に較べて小さかったことを表すと理解される。なお、祈年祭復活を阻む要因としては、班幣制の実態喪失のほか、幕府財政の負担増が想定される。

国家祭祀の対象について見ても、同様の理解が導かれる。比較対象は、朝廷が直接統治する中華や朝鮮ではなく、近世日本と同時期に、覇王が皇帝を傀儡化して執政していた後黎朝大越国後期（元和元（一五三三）—昭統三（一七八九））[5]が妥当であろう。当該王朝は、祭祀権が皇帝黎氏の手中にあり、祭祀施設の修造などを覇王鄭氏が行った点でも近世日本に似る。大越では、各地の村々に所在する雑多な国家祭祀対象の台帳『南越神祇會錄』[6]が編まれたほか、神霊の格を上昇させるための勅書「神敕」が多くの村邑の祭祀施設に発給された。朝廷の官人撰とされ、「禮部正本」に依拠した由緒書「神蹟」も各地に夥しく残る。大越では形式的であれ、国家祭祀は村々の祭祀施設までを覆い尽くしていた。

一方、近世日本の国家権力には、村々の祭祀施設に至るまでを統一的な国家祭祀の体系に組み込もうとする志向は認められない。領主の中には神社帳などを編纂して領内の宗教施設を把握する者もあったが、全国を網羅する台帳は製作されなかった。大越の鄭氏と異なり、徳川将軍家は国家祭祀を摂行する姿勢も見せなかった。近世日本において国家祭祀は、政権の正当化との関係でいかなる位置に在るのか。高埜氏の研究を起点に、広く東アジア諸王朝を視野に入れ、検討を重ねていかねばならない課題である。

三　「本所論」について

日本において、大越の神敕に相当するものは神位記である。ただ、神位記が近世にほとんど発給されなかったことを考えると、実際にその機能を担ったのは吉田家の宗源宣旨ということになる。神祇道を家職とする吉田家は、神職の「本所」として近世の神社界に大きな勢力を誇った。かかる「本所」を幕府による公家家職の利用形態として、近世日本の国家権力構造の中に位置付けたのも高埜氏であった。寺院本末制度・触頭制度、そして「本所」による宗教者・芸能者の統制と組織化の実態を明らかにした氏の一連の成果を起点に、当該分野の研究が進展したことは山口・西田報告に詳しい。

かかる研究分野は、西田報告に見えていたように「本所論」と呼ばれることがある。この語は『戦後歴史学用語辞典』にも立項があり(7)、研究者間に一定程度流布している。だが、高埜氏自身が理論的枠組みとして「本所論」という語を使用したことは、恐らくあるまい。

西田報告では、高埜氏が「歴史学研究者は実証科学研究者であり、(略)歴史理論そのものを論ずることに得手ではないという以上に、実証から遊離することからくる強い警戒心をいだいている(8)」という宮地正人氏の認識を共有していることが示唆された。安易に「論」を弄玩することは避ける。それは、戦後日本の歴史学界を実体験し、皇国史観の蹉跌を念頭に置く高埜氏が、理論を与件に展開される歴史研究の限界と危険性を熟知し、史料に基づく実証こそが歴史を解明するための根本的かつ最善の方法であることを後進に伝えるための姿勢と理解し得る。

ただ、「本所論」が独り歩きを始める現在、「本所」や類似する存在の整理を行う地点には達しているようである。かかる作業は、実証研究の成果からの帰納によってなされなければならない。実証から乖離したいかなる「論」も、空論に過ぎないからである。中世の芸能・商業の座や「官司請負制」・「知行官司制」などを視野に入れた、中世史研究との議論の共有も要請されてくる(9)。中世史と連関した実証研究に基づく「本所論」の錬磨が、後学に課された使命の一つとなる。

四　グローバル化の中で

高埜氏の研究から学び、如何に進んでゆくべきか。ここまでは、主に山口・西田報告に即していくつかの論点を示してきた。最後に、日本史研究という分野にも否応なく押し寄せるグローバル化の時代において、高埜氏の姿勢と提言が有する意義を、野尻報告と保坂報告に即して述べておく。野尻報告で強調された現場と一次史料の重要性、保坂報告で説かれたアーカイブズ制度・アーカイブズ学の充実の必要性、そして両報告で引用された「歴史研究者はまずアーキビストたれ」という高埜氏の呼びかけは、全球化時代の歴史研究者が常に念頭に置くべきことであると考える。

近年、日本史研究の分野でも、外国人留学生を受け入れる機会が多い。また、グローバル化の旗印の下、日本の大学において外国人教員が外国語、就中英語で行う日本史や日本文化の授業も増えている。それは、相互理解の進展と、多様な学びを担保することには寄与しよう。ただ、外国の歴史研究・日本研究の中には、「歴史学研究者は、（略）歴史理論そのものを論ずること」を使命と考える学風もある。伝統的な文字認識体系から断絶し、当該国の現代語に翻訳された「史料」に依拠して歴史を綴ることに違和感を抱かなくなりつつある国もある。

このような状況下、敢えて「論」を論ぜずに、一次史料に即した「論より証拠」の実証研究に徹するという姿勢の意味は重い。日本の日本史研究者の多くは一次史料の調査・整理に携わった「アーキビスト」としての素養を具えており、緻密な実証研究者として世界を牽引してゆく水準にある。かかる素養は、海外での文書調査・整理にも大いに活用し得るものである。全球化の時代であるからこそ、一次史料に依拠した精度の高い実証という研究姿勢と調査方法を含む実践例を広く発信してゆくこともまた、歴史研究者が高埜氏から学び、推し進めて行くべき責務であると考える。

注

（1）　東京大学出版会、一九八九年、三一六頁。

(2)「普遍的な形　創るための退位」『朝日新聞』二〇一六年八月九日号。
(3)(4)　角川源義賞「受賞のことば」本書Ⅳの第一に収載。
(5)鄭松による河内(ハノイ)奪還は光興十五年(一五九二)。鄭松は同二十二年(一五九九)に皇帝黎氏より平安王に冊封され、王府を開設し国政を担う。時期的にも徳川政権の成立に近い。
(6)漢喃研究院蔵。
(7)歴史科学協議会編、東京堂出版、二〇一二年、二六七頁、梅田千尋執筆。
(8)宮地・高埜ほか編『新体系日本史1　国家史』山川出版社、二〇〇六年、ⅰ頁。
(9)前掲(7)。

(埼玉大学教養学部)

コメント2

近世日本を理解するための、七つのキーワード——コメントにかえて

小　野　　将

一　長期の「静かな転換」——「犬を食べますか?」

高埜利彦氏の著作は、戦国末や幕末といった動乱期ではなく、社会の常識や価値観の長期的な変化を取りあげて「静かな転換」として述べ、それを通史叙述のなかで追究しているのが特徴的である（例えば、日本国内で犬を嗜食しなくなったのは歴史的な大転換である、といったように）[1]。従来の近世日本を扱ってきた通史叙述には、なおも豊富であるとは言いがたいものがある。研究の対象時期には顕著な偏りが認められるし、一七世紀および一九世紀段階の叙述に比して、一八世紀は手薄なままであった。高埜氏の仕事はこの状況を打開するものであったが、今後は元禄享保期以降の時代を対象とする研究を、さらに深化させる必要があろう。

こうした歴史的転換の事例を高埜氏はいくつも挙げているが（「近世の曲がり角」、朝幕関係の「第二の変容」など）、「身分制を解体する力が内在的に人びとの力によって形成されてきた」、「…目に見えた形よりはもっと静かに社会を変えていく力となった」[2]という発言についても、いっそう注意しておく必要があるのではないだろうか（後述）。

二　明清交替後の「平和」——東アジアの平和と日本

高埜氏は、《清朝樹立で「平和」が戻り、そこに中国中心の秩序と、それとは別個に、日本中心の外交秩序とが形成された》と述べている[3]。近世期の東アジアは、「清朝の平和」すなわち清朝中心の秩序に規定されていたことへの注目で

あるが、自由貿易帝国主義段階に入ってのアヘン戦争後にはこのような「清朝の平和」が後退・崩壊し、全般的にも東アジア地域の「平和」が終焉したことを考え併せれば、その重要性が改めて理解されよう。「徳川の平和」などという標語は所詮、一国主義的かつ近視眼的なものにすぎない。

高埜氏はまた、隠元隆琦のもたらした黄檗宗のほか、東皐心越（とうこうしんえつ）や朱舜水といった、渡来僧や渡来明人の存在についても注目し、その意義を評価している(4)。近世前期の対外関係史研究の現状においてはなお肉づけが不足しているところであり、こうした明清交替後の状況についての論述からも、氏の目配りの広さを窺うことができる。

三　国家的統制――「山口史学」を継承する幕藩制国家論の初志

これはまさしく私的な所感でしかないのだが、高埜氏の最初の論文集『近世日本の国家権力と宗教』(5)に接したときの印象には、まことに強烈なものがあった。研究者の性分として、まだ駆け出しの時分というのは、先達が序文やあとがき等で表明した問題意識に対しても、往々にして過剰に反応しがちなものではあろう。しかし昭和戦前・戦中期の日本における「天皇や神社」の強圧的なプレゼンスを理解するうえでも、その歴史的な前提として、近世以来引き継がれてきた国家権力の特質をおさえておくことが不可欠である、と切り出すその問題設定の仕方からは、実に初学の者であっても圧倒させられたと告白しおおせねばならない。

この第一論集に結実した高埜氏の仕事には、戦後歴史学を継承し、その裡にあって構築されていった幕藩制国家論の影響が色濃く現れており、なかでも当然のことながら、師たる山口啓二の示した研究視角を受け継いで展開されたところがたいへんに大きかった、と評価できよう。高埜氏自身が回想して述べているように(6)、往年の山口が率いていた東京大学史料編纂所維新史料部の研究室は、当時日本史研究者のジャーゴンとして「国郡制の部屋」とも呼ばれており、そこに参集した同時期の所員である高木昭作や宮地正人らと共に、高埜氏もその議論の一角に参加していた当事者だったのである。いまさら再説の必要性もなかろうが、山口学説は幕藩制国家の「正統性」にかかわる「天下」・「公儀」の問題を扱って、「国家の枠組としての国郡制」という著名な視角に説き及んでいる。武家政権による統治権掌握には、先行した国家から伝統的な支配の枠組を継受するという条件が必須だったので、天皇家や朝廷・公家衆、寺社といった前代以来の旧勢力を近世的に改編して、公儀レヴェルの国家体制に組み込む必要があったということが述べられており、これも「山口史学」の骨組として知らない者はないであろう。この大がかりなフレームとともに、近世宗教者の組織化と身分編成、支配の実現過程をも組みこんだ、高埜氏による近世国家論の成果が現れるのである。それは、強力な国家権力による統制の局面を主として照射しているものだが、その背景には、近代の天皇制と国家神道に対するアレルギー的拒絶や抵抗からは距離を置いて観ることを可能としたような、同氏による如上の問題意識が存在していた。

近世の宗教世界や民間信仰を対象とする近年の研究からは、高埜氏のそれとは些か異なる視角を示すものも登場してきている。例えば大橋幸泰による近世「潜伏宗教」論[7]は、幕藩権力による宗教統制は確かに酷薄なものであったが、他方で民間における宗教活動や信仰の在り方は実に多様であって、近代以降の国家神道を基軸として再編された信教の在り方とは全く異なっていた、と問題を提起するものである。世俗の権力秩序に当の民衆が表面上恭順している限りでは、宗教上の異端性も特段に指弾されはしなかったという指摘は、近世から近代にかけての転換を考える上でも、多角的に検証してゆかなければならないものだろう。国家権力の統制による支配の強圧的な一面と、実態として周縁的・民俗的な信仰世界もが幅広く展開している宗教世界の在り様とが、転換期の社会的実態に即して統一的に捉えられる必要性があるものと考える[8]。

四　家職の構造――近世的権威による組織化

「家職の構造」論とは、第一論集所収論文の「近世国家における家職と権威」(初出一九八七年)において提起された分析概念である。すなわち近世の宗教者などの社会集団においては、組織化された末端の者に至るまでの職分や諸特権についても、それら組織の頂点にある家々、すなわち公家たる「本所」や、門跡寺院など「本山」といった上位の権威にもとづき、それら本所・諸本山の「家職」を分有するものとして個々の存立も保証されていた、というような社会構造を指していったものであり、このような構造にもとづく本所・本山による身分支配・編成はまた、本来的には幕府権力によって保証されかつ利用されるものでもあった、という指摘もなされている。僧侶集団などまで含めてこのような在り方として概念化されているため、あるいはいっそう精密な論じ方が必要なのかもしれないが、諸宗派の頂点に位置する門跡クラスの地位が、貴種の家々によって占められているという現実からして、仏教諸寺院のこうしたケースについても、右の「家職の構造」に類するものとして包括的に捉えることは、まずもって充分に可能といえるであろう⑨。

高埜氏によるこの提起に対しては、宗教者集団についてその組織化や支配方式を重視する議論であり、上からの編成の側面に偏した理解である、といったタイプの批判に、折にふれて接することがあったが、実のところ的を外した論難ではないだろうか。塚田孝は、近世大坂の下層社会を構成する一要素として、市中で勧進する下級宗教者たちの存在に光を当て、「勧進の併存」という論点を提起した⑩。そこでは生活単位のユニットとして存在していた同一の集団がそれぞれに流動しており、ある時点では土御門家配下陰陽師、別の時点では白川家配下神職として史料上に登場してくる、との事例などが挙げられている。組織編成は異なるものの、それぞれが流動的かつ近似的な存在形態をとっていた、という指摘であるが、こうした都市社会での勧進をめぐっての併存と競合という局面について附言するならば、こうしたケースは、確かに組織化の動向への着眼のみからは検出しがたい社会的実態ではあるものの、それ故にこそ、身分制的社会編成における「擬制」(後述)の類例として理解できるものではないのだろうか。一体それぞれの主体が、どの集団に所属することとなったのかについてみれば、その契機には偶然的なものも多かったのであろう、と想定しておかねばなるまい⑪。

またほかに、公家家業などを考察するにあたっては、天皇・朝廷の権威を安易に自明化してかかるべきではない、といったタイプの批判もみられ、そもそも公家家職の一端については組織化や身分編成といった論点から切り離して理解し得る、という提起もなされている⑫。しかし挑戦的な懐疑こそ発せられているものの、所詮はこれも各事例の相違にもしない。

とづく議論にすぎず、果たして上述の高埜シェーマ全体に対する有効性の検証となっているかについては、疑問なしと

五 プレ神仏分離――中世から近代までをみる眼

高埜氏は以前より、神祇道の本所・吉田家による、唯一神道を標榜しての神社神職組織化の動向については、「プレ神仏分離」という独自の用語によって性格規定をおこなってきた[13]。中世以来続いてきた神仏習合の状況を排そうとし、ゆるやかではあるがその分離を推進しようとした動向を、明治期の神仏分離以前での、歴史的前提として着目した訳である。これは前代より引き継がれた、仏教界を中心とする寺社の統合的な在りようとは異なり、近世期には神祇・神道の領域が、全面化はしないものの仏教より距離を置いて展開する現象の歴史的意義について、注意を促すものともいえる。その意味で、氏の第一論集における主要テーマである「天皇や神社」についての通時的な把握を、いっそう豊富化する鍵語でもあった。

しかし逆にいうならば、この「分離」以前の状況に関しては、神仏未分離の状態を直視することが重要であろう。例えば近年、近世都市史研究で論じられている「神社社会」という視角についてみれば、これは寺院と神社とをア・プリオリに二分するごとき範疇を前提としており、果たして充分に一般化し得るものかどうかは、相当に疑わしい[14]。多くの仏寺優位の事例を考慮に入れれば、「神社社会論」というものを機械的に適用するなど、ナンセンスとさえ評価できるだろう。都市社会の分析にあたっても、従来の宗教史研究における到達点をふまえた着実な検討が必要なのである。

六 勧進の体制化と否定――近世の入口と出口

高埜氏は、第一論集に収録された歴史学研究会の大会報告原稿「幕藩制国家と本末体制」(一九七九年)において、「勧進の体制化」という大きな論点を提起した。近世では諸勧進の許認可についての権能は公儀に握られており、私的な勧

進は禁止されていた。かくして様々な勧進行為は社会的な特権として定位されていたので、身分制論でいうところの、特権の体系の一部として全社会的に位置づいていたとも評価できる。さらに、第二論集所収の論考（同書Ⅱ付説「幕藩制社会の解体と宗教者」）においては、近世から近代にかけての動向をみるにあたり、特に明治初年の時期において、宗教者集団の諸特権が破棄され、諸集団が解体した（された）ことへの注意喚起がなされている。

私的な勧進が禁圧され、その意味で勧進の諸行為・実践が幕藩体制に適合的な体制化を遂げてから、これらが体制的に全否定されるまでの時代が、「近世」であると、上記の見地からは規定できるのではあるまいか。高埜氏の宗教者集団研究、および近世国家論の拠って立つところから導出されるのは、このような大局的な見地であると言えるように思われる。

七　擬制――身分的周縁論と身分制の克服

かつて筆者は、高埜氏の論考についての書評をおこなった際に、次のように記しておいたことがある⑮。

高埜の仕事から学ぶべき視角として、身分制社会をみていく上での基本的な鍵概念としての「擬制」という問題があると考える。もちろん社会的実態に即した「実質」とは相違をみせるものの、表向きの名目を立てることのもつ意味や社会的機能を再考する必要もあるのではないだろうか。（…）高埜によれば、大名と抱え相撲との関係は擬制的な主従関係であり、大部分百姓出身の相撲取を浪人身分としたのもまた擬制的「フィクション」であるが、渡世集団の単位をなすグループ内部の秩序もまた、擬制的な「師弟関係」によって律せられていたのである（…）。身分制社会の編成を成り立たせる上で、当時必要とされていた様々な擬制の在り様を、多様な局面において発見していくことが必要なのではないか。

以上については、規範と実践、法的な枠組と社会的実態との落差やずれゆき、といった広汎な論点ともリンクさせることができる。しかし、こうした近世の身分編成におけるフィクションという観点については、さらに踏み込んで考察を深める必要があるだろう。

ここで参考にすべきは、横山百合子による研究史の把握である。横山は、身分論の近年の展開を検証した論考において高埜氏の仕事を取りあげ、次のように述べている[16]。

高埜利彦は、社会の基本構造から疎外された人々の周縁に向かう動きと、それらを集団化・組織化しようとする権力とのせめぎ合いのなかで身分秩序の形骸化・解体がもたらされるとし、身分制を解体させる力を明らかにするものが身分的周縁論であるとする(…)

身分形成の動きを社会の側からとらえようとする場合、それが解体の方向に向かうことをどう説明するのか。(…)近世社会のなかに解体の要因を見出していくことが重要だと考えるが、それを中間層に限った動きとしてみるのではなく下層部分まで含めた動向のなかで考えるという点で、高埜の指摘は示唆的だと考える。

的確な評言であろう。近世的な身分編成についての、高埜氏による捉え方を敷衍すれば、権力的な身分編成の方式には、支配上で身分集団ごとの分化を把握したもの、官位や儀礼格式のごとく伝統的権威や階層序列を利用したもの、また家職の構造に依ったもの等々がある訳だが、これらの何れもが擬制的すなわちフィクショナルな性格のもの、権威をかさに着た目眩ましやマヤカシとして、氏の史眼には映じているのではないだろうか、と思われる。

こうした一連の擬制的かつ政治的な仕掛けや諸装置が掘り崩されてゆき、人びとの生存要求に根ざした諸活動こそが身分制の桎梏を変容させてゆく、そうした歴史過程を高埜氏は追究しようとしている。そしてさらにその先に、幕藩体制や身分制の解体以降にもなお残された歴史的諸課題を展望する必要があり、さまざまな問題点をいっそう明晰に剔抉していかなければならないだろう[17]。

注

(1)　高埜利彦『元禄・享保の時代』(集英社、一九九二年)。

（2）後藤雅知ほか編『身分的周縁を考える』（吉川弘文館、二〇〇八年）、一三八頁。
（3）前掲『元禄・享保の時代』、三二五頁。
（4）高埜『近世の朝廷と宗教』（吉川弘文館、二〇一四年）、Ⅲ―一「十七世紀後半の日本」。同「十七世紀の文学研究への提言」（『近世文学史研究』一、二〇一七年）。なお黄檗宗万福寺についての執奏は幕府取次が担っていたのは特異な事実であり、ここでも独自の位置づけが求められよう。
（5）以下、「第一論集」と略記する（東京大学出版会、一九八九年）。また、前掲『近世の天皇と宗教』についても、「第二論集」と略記することにする。
（6）高埜「解説――幕藩制構造論から国家論へ」（『山口啓二著作集　三　幕藩制社会の構造』校倉書房、二〇〇九年）。
（7）大橋『近世潜伏宗教論』（校倉書房、二〇一七年）。なお引野亨輔による同書の書評は、イデオロギー研究の上でも有益である（『史学雑誌』第一二六編第一二号、二〇一七年）。
（8）このてんにおいて、安丸良夫の仕事が検討に付される必要がある。安丸『文明化の経験』（岩波書店、二〇〇七年）など。なお古くはあるが、関説するものとして小野将「身分制社会論という視角」（『歴史評論』五六四号、一九九七年）もある。
（9）あるいは門跡寺院を頂点に戴かない諸宗派の場合については、改めて検討が必要であるかもしれない。
（10）『近世大坂の非人と身分的周縁』（部落問題研究所、二〇〇七年）・『大坂　民衆の近世史』（筑摩書房、二〇一七年）。
（11）高埜「本山・本所・頭支配の勧進の宗教者」（島薗進他編『勧進・参詣・祝祭』、春秋社、二〇一五年）で取り上げられている、「たまたま山伏に弟子入りした事例」（同五〇頁）など。
（12）西村慎太郎「近世天皇研究の地平」（『人民の歴史学』一八八、二〇一一年）・同「近世公家家職研究の展望」（『国文学研究資料館調査研究報告』三二、二〇一二年）など。「歴史の終焉」論で著名なアレクサンドル・コジェーヴによる、エゾテリックなヘーゲル哲学解釈にもとづく権威論までも援用されており、容易に従いがたい。
（13）早い時期の論考としては、高埜「江戸幕府の神道統制」（別冊宝島編集部編『神道を知る本』、宝島社、二〇〇九年）、初出は一九九三年。
（14）その例として、竹ノ内雅人『江戸の神社と都市社会』（校倉書房、二〇一六年）。塚田孝・吉田伸之編『身分的周縁と地域社会』(山川出版社、二〇一三年)での論じ方にも、同様の問題があろう。

(15) 前掲『身分的周縁を考える』、八九～九〇頁。この書評において、高埜「抱え相撲」(森下徹編『武士の周縁に生きる』吉川弘文館、二〇〇七年所収)についてのコメントを記した。やや変則的ながら、このシリーズ『身分的周縁と近世社会』全九巻(二〇〇六～八年)での最終巻刊行にあたっては、既刊の同シリーズに書評を加えて総括したものとして編集されたという経緯がある。

(16) 横山「身分論の新展開」(歴史学研究会編『第4次現代歴史学の成果と課題2 世界史像の再構成』、績文堂出版、二〇一七年)、一一六頁。

(17) 「生存の歴史学」をはじめ、現代の諸課題とかかわらせての研究動向について批判的検証を試みたものとして、小野将「新自由主義の時代と歴史学の課題 II」(歴史学研究会編『第4次現代歴史学の成果と課題1 新自由主義時代の歴史学』、績文堂出版、二〇一七年)を参照されたい。

(東京大学史料編纂所)

コメント３

近世朝廷研究とアーカイブズ学をめぐって

西村慎太郎

本稿は、二〇一七年七月一日に開催されたシンポジウム「日本近世史研究とアーカイブズ学―高埜利彦氏の仕事に学び、進む―」におけるパネラーの報告を受けて、当該研究を深化させるために、高埜利彦の研究と高埜の研究に影響を受けた分野について、粗い問題提起を成稿したものである。特に、筆者の能力と紙幅の都合から、シンポジウム当日の各報告を受けて、主に近世朝幕関係研究および近世天皇朝廷研究（いずれもまとめて近世朝廷研究と略す）、地域歴史資料の保全に関わるアーカイブズ学にのみ言及し、次の四点にコメントをまとめた。なお、本稿で高埜の研究に対する批判をすることは生産的ではなく、むしろ高埜の研究成果を踏まえて、どのような問題提起ができるかに主眼を置きたい。

第一に、現代社会の状況を受けて、近世国家史をどのように位置付けるか、という点。この点は、高埜の研究成果に関するというよりも、近年の、これからの、朝幕関係研究および天皇朝廷研究に関わる問題提起として理解頂きたい。周知のとおり、一九六〇年代・七〇年代は、安保闘争・ベトナム戦争・明治維新百年・家永三郎教科書裁判など、現実的な課題の中で、近世の天皇・朝廷に関する議論が生まれ、やがて、朝尾直弘・深谷克己・宮地正人らによって、近世朝廷研究が近世国家史の中で位置づけられるようになっていった。幕藩制国家論が席捲していた時期の近世史研究において登場したのが、高埜利彦である。近世国家における宗教者集団ないしは宗教者の身分に切り込み（一九七九歴史学研究会大会報告を見よ）[1]、そこから公儀の一翼を（権力集団ではなく）担った天皇・朝廷と幕府との関係を明確にし（一九八八年日本史研究会大会報告を見よ）[2]、東アジア史の中に位置付けた（『集英社版日本の歴史　元禄・享保の時代』を見よ）[3]業績は計り知れない。天皇裕仁の死に伴う諸動向などの要因が突き動かしていたものと評価できるが、現代の国家・社会において、近世天皇・朝廷を論じる目的はどこにあるか、いま問われる必要があろう。天皇明仁が位から退き、新たな天皇の誕生することとなったが、二〇〇〇年代以降新自由主義が横行し、歴史認識が捻じ曲げられている時代、ややもすると、目的意識のない近世朝廷研究は、歴史捏造主義（いわゆる歴史修正主義者）にとって都合の良い解釈を贈呈することになりかねない。高埜のみならず我々自身が現代歴史学（いわゆる「新自由主義時代の歴史学」）の中で、近世朝廷研究をどのように位置付けて行くか、改めて議論する必要があるのではなかろうか。

第二に、朝幕関係の「第二の変容」以降の位置づけをどのように考えるか、という点。高埜の一九八八年日本史研究会大会報告は、「江戸幕府の朝廷支配」として『日本史研究』三一九号に掲載された。これは近世朝廷研究の金字塔であり、この枠組みは現在でも有効である。近世初頭および幕末で盛んに議論されていた天皇・朝廷と将軍・幕府との関係研究の架橋として十八世紀（ここでは十七世紀後半・十九世紀前半を含む「長い十八世紀」として捉える）を描くだけでなく、国家史の中に十八世紀の天皇・朝廷を位置付けた意義は大きい。

一方で、「第二の変容」以降については課題が多いものと思われる。高埜は「第二の変容」以降を「朝廷権威の自立と浮上」として捉えた。[4] それは朝廷側による権威自立を進める動向と社会（一般農民ではなく、「いわば上層をなす部分」）が希求するふたつの動向があると論じ、幕末明治維新史研究へ結び付けている。高埜が報告・成稿した一九八〇年代末の時代状況を考えれば、リニアーな評価で近世朝幕関係を理解できたが、現代においてこの評価は問題ないだろうか。権威という用語の利用を慎重にする必要があることは当然ながら、歴史的非拘束性という視角を念頭に置いた場合、幕末へと単線的、右肩上がり的につながらない、十九世紀前半固有の問題として議論する必要があるものと思われる。

第三に、朝廷をとりまく身分的周縁をどのように考えていくか、という点。近世身分論における身分的周縁研究の位置づけについては横山百合子の丁寧なまとめがあり、本書でも小野将のコメントで触れられているが、高埜の身分的周縁論を横山の論稿から引用すると、「高埜利彦は、社会の基礎構造から疎外された人々の周縁に向かう動きと、それらを集団化・組織化しようとする権力とのせめぎ合いの中で身分秩序の解体がもたらされるとし、身分制を解体させる力を明らかにするものが身分的周縁論である」と述べている[5]。本書西田かほるの論稿でも高埜の身分的周縁論について宗教者を対象とした議論を展開しており、これまでも別の論者によって上からの編成論でしかないという批判はあるが、身分秩序解体を考える上で身分的周縁研究が重要であることは間違いないであろう。

問題は、身分的周縁研究において、「朝廷をとりまく人びと」を扱った場合、どのような意義があるのかを検討する必要が遺されているのではなかろうか。筆者も執筆した高埜利彦編『身分的周縁と近世社会８　朝廷をとりまく人びと』（吉川弘文館、二〇〇七年）では、多くの執筆者によって「朝廷をとりまく人びと」が描かれているが、近世身分論として、身分的周縁研究としてどれほどの意義があったか。自戒を込めて述べれば、「朝廷をとりまく人びと」を漫然と描いたことは否定できず、身分論としての視角が課題として遺されていると言えよう。近年では近世身分論が身分的周縁論のような視角とは別に、改めて個人に照射した議論も生まれており[6]、朝廷をとりまく身分論の深化が求められよう。

第四に、アーカイブズ学と地域歴史資料保全の問題をどのように結び付けていくか、という点。アーカイブズ学やアーキビスト制度の確立を高埜が目指したことは、保坂裕興の論稿の中でも述べられている通りである。歴史研究者の社会的な関わり、謂わば歴史実践として[7]、高埜は地域資料、あるいは民間所在資料などと称される歴史資料の保全を率先して行い、山梨県内の歴史資料保全団体である甲州史料調査会顧問を設立以来務めている。筆者は、高埜が民間所在資料の保全を、アーカイブズという視角のもとに論じた一九九八年の地方史研究協議会卒業論文発表会の場に立ち会い、その後の論稿にも触れている[8]。一部の皮相上滑りな論者が高埜の発言（おそらく表題のみでしか判断していないであろう）に対して否定的な見解を述べているが、歴史研究者が歴史資料保全を行う視角を「アーキビスト」として表現したものであり、批判や否定的な見解は、生産的でもなく、的外れである。

重要なのは、ここまで研究や社会との関わりの広がりを見せたアーカイブズ学をどのように地域の人びととの生活と結び付けていくかである。アーカイブズ学それ自体、人びとの生存に密接に関わるものであることは（アーキビストを標榜する人びとが意識するとせざると）論を俟たない。むしろ、歴史研究者が日常的に行っている地域歴史像の構築をどのようにアーカイブズ学や地域のアーカイブズと結び付けていくかが大きな課題であろう。他方、飛躍的に述べれば、本稿執筆段階で大きな議論となっている改正文化財保護法の問題は少なからずアーカイブズ学へと影響を及ぼすものと思われ、今後、新自由主義的な言説に蔓延る金儲け主義的な地域歴史資料の利用が懸念される。利用者である歴史研究者は、(意図しようとしまいと)それらの片棒を担ぐようなことは全身全霊で否定すべきであり、同時にアーカイブズ学に対しても注視していく必要がある。

以上、非常に粗い問題提起をした。本稿の射程における課題は次である。高埜が築いた近世朝廷研究はいまだに有効であり、筆者も含め、われわれは、この申し子であることは間違いない。但し、天皇裕仁が死に、平成が終わろうとしている現代社会、近世朝廷研究の意義を新たに構築する必要があろう。また、高埜は地域歴史資料保全とアーカイブズを融合させてきたが、市町村合併や公務員削減、アベノミクスによる文化資源の上辺だけの活用など、数え上げればきりがない地域の衰退の要因の中で、次世代の地域歴史資料保全をどのように展開させるかを検討しなくてはならない。

注

(1) 高埜利彦「幕藩制国家と本末体制」(『歴史学研究別冊(一九七九年度)』、一九七九年)。その後、「近世国家と本末体制」と改題して、同『近世日本の国家権力と宗教』(東京大学出版会、一九八九年)所収。
(2) 高埜利彦「江戸幕府の朝廷支配」(『日本史研究』三一九、一九八九年)。その後、同『近世の朝廷と宗教』(吉川弘文館、二〇一四年)所収。
(3) 高埜利彦『集英社版日本の歴史　13　元禄・享保の時代』(集英社、一九九二年)など。
(4) 前掲註2高埜利彦「江戸幕府の朝廷支配」(同『近世の朝廷と宗教』吉川弘文館、二〇一四年)五〇〜五二頁など。
(5) 横山百合子「身分論の新展開」(『第4次現代歴史学の成果と課題』績文堂出版、二〇一七年)一一六頁。
(6) 『〈江戸〉の人と身分』全六巻、吉川弘文館、二〇一〇年。

（7）　歴史実践は、保苅実『ラディカル・オーラルヒストリー―オーストラリア先住民アボリジニの歴史実践―』（御茶の水書房、二〇〇四年）による概念。現在、日本近世史でどの程度意識化されているかは不明だが、『第4次現代歴史学の成果と課題3　歴史実践の現在』（績文堂出版、二〇一七年）の刊行に伴い、近世史研究における手法として展開するものと思われる。

（8）　高埜利彦「歴史研究者はまずアーキビストたれ」（『地方史研究』四八―五、一九九八年）。本書Ⅲの第五に収載。

（国文学研究資料館）

シンポジウム開催の趣旨ならびにフロアからの発言要旨

谷本晃久

一 シンポジウム開催の趣旨

日本近世史研究・アーカイブズ学を御専門とされる高埜利彦氏は、三五年以上にわたり東京・目白の学習院大学で教鞭を執られてこられたが、二〇一八年三月に御退職の定年を迎えられる。これを機に、何らかの企画を持ちたい。教え子有志によるこうした相談が、その数年前から持ち上がった。シンポジウム開催の契機は、この相談に端を発している。相談は、目白の史学専攻博士後期課程で学んだ教え子を中心に具体化し、「高埜利彦先生の古稀をお祝いする準備会」(以下、準備会)が立ち上げられた。二〇一五年七月のことである。準備会の世話人には、大友一雄・保坂裕興・山口和夫の三氏にお引き受けいただいた。また、事務局には、野尻泰弘氏を中心とし、小宮山敏和・西村慎太郎・長坂良宏・吉成香澄の各氏があたることになった。

準備会で重ねられた企画内容についての検討の過程で、高埜氏のこれまでの仕事に学びなおす学術的な公開シンポジウムを開催することが話し合われ、併せてその内容を世に問うべく、学術書の刊行も計画された。いずれも、高埜氏ご本人の了承を得て、実行の運びとなった。刊行の企画については、出版事情の厳しいなか、青史出版に快くお引き受けいただき、本書の刊行がなった。改めて、感謝申し上げたい。また、準備会では山口氏・野尻氏を中心に高埜氏のビブリオグラフィの作成も進められた。その成果は、本書第Ⅱ部・第Ⅴ部に反映されている。

学術的な公開シンポジウムの開催が検討されたのは、高埜氏の仕事は目白の学窓に留まるものではなく、広く日本近世史研究やアーカイブズ学の学界のなかで位置づけられるべきとの認識が共有されたことによる。次に掲げる、シンポジウム当日に配布された「シンポジウムの趣旨」は、準備会によるこうした議論を反映している。

日本近世史研究・アーカイブズ学で発信を続けている高埜利彦さんは、二〇一七年六月に七〇歳を迎えられます。同氏の古希を記念し、さらなるご活躍を願うとともに、これからの近世史研究やアーカイブズ学の発展を期すため、シンポジウムを企画しました。シンポジウムでは、高埜さんの研究・教育の歩みに学び、成果と課題を検証します。さらに皆さまと質疑・議論を交わし、ご本人からも回答頂き、日本近世史研究とアーカイブズ学の進展を期します。高埜さんの仕事は、一つの大学の枠に限られるものではありません。私たちは所属等を超え、多くの皆様と学問に向き合い、活発な議論をし、それぞれに進みたいと考えます。

こうして、二〇一七年七月一日(土)の午後、学習院大学中央教育研究棟三〇一教室を会場に、シンポジウム「日本近世史研究とアーカイブズ学——高埜利彦氏の仕事に学び、進む」が開催された。当日は、高埜氏が主体的にかかわってこられた「近世の宗教と社会研究会」の例会の一部としても位置付けられた。

シンポジウムには一四一名の参加者があり、会場は熱気に包まれた。報告とコメントならびに高埜氏の応答の詳細は、本書第I部所載の通りである。当日ご登壇頂いたのは、報告者として山口和夫・西田かほる・野尻泰弘・保坂裕興、コメンテータとして井上智勝・小野将・西村慎太郎の各氏である。

また、フロアからの発言の時間も設け、準備会の小宮山敏和氏ならびに谷本が司会を務めた。これについては、抄録を次に掲げる(起稿に際しては、小宮山氏に御確認いただいた)。当日の雰囲気を感じていただけると幸いである。

二　フロアからの発言、ならびにそれへの応答抄録

フロアからの発言は、報告ならびにコメントのあと、高埜氏の応答の前、のタイミングで行われた。従って発言は、

報告・コメントで示された高埜氏の仕事の整理を踏まえてなされたものである。

まず、**青柳周一**氏が、野尻報告を受けるかたちで、高埜氏の仕事のうち、本山・本所を介し国家による編成をうけた宗教者集団をささえた村社会＝地域社会の姿を比較的早い時期に描いたことの重要性を指摘した。これに対し野尻氏は、高埜氏の仕事が村落史研究の盛んだった時期に始められたことの同時代性を意識すべき、との認識を示した。この問題について高埜氏は後の応答のなかで、近現代の資本主義社会のなかで共同体を離れた人々が示した心性を考察するには、例えばこうした人々を包摂した新宗教・新新宗教の果たした役割を考えるうえでも、近世村落社会で機能した宗教的環境を分析することは重要であるとコメントした。

次に、**林淳**氏が司会（谷本）の慫慂を受けて発言した。氏は、高埜氏の研究スタイルにつき、西田報告を受けるかたちで、高埜氏の仕事の特徴として、日本近世史研究の全体像もしくは宗教社会史研究の構図に関して、共通の物差しや座標軸、あるいはシェーマを提示した点が、自らのような他分野の研究者から見ても貴重であるとの見方を示した。そのうえで、高埜氏の学問の特徴として、ある種の〝広場性〟（異分野の研究者の集う場としても）という概念で括ることのできる魅力があると提起した。これに対し西田氏は、林氏の示した〝広場性〟という観点に同意し、そこにはおおらかに興味・問題意識・批判を持ち合わせる場としての意義が認められることが重要であると応じた。

これに関して、司会ならびに山口氏の慫慂を受け、朝幕研究会で高埜氏と〝広場〟をともにしてこられた**間瀬久美子**氏が発言した。氏は、朝幕研究会設立当時の研究状況を振り返り、当時天皇・朝廷や神社をテーマとした研究が避けられる雰囲気があったことを指摘、そのなかで氏や高埜氏が中心となった朝幕研究会から次世代の研究者が育っていったことは、高埜氏の研究姿勢や求心力によるところが大きかったと述べた。これを受け山口氏は、自らもそうした場で学んできた一人であったと振り返った。

小野氏・井上氏のコメントに関連しては、東アジアの歴史のなかでの高埜氏の仕事の位置づけにつき、司会の慫慂を受け、**武内房司**氏が発言した。氏は、ベトナム近世史研究を例に挙げ、同僚として高埜氏の日本近世史研究やアーカイブズ学研究に示唆されたことが少なくなかったことを指摘。井上コメントで取り上げられた比較史的な祭祀研究を含め、近世東アジアの各地域における共通性と固有性とを意識して個別具体的な研究を進めていくことが、相互理解を深めていくことにもつながっていくと提起した。

次に、保坂報告・西村コメントに関連し、アーカイブズ学の分野における高埜氏の仕事につき、司会（小宮山氏）の慫慂を受け、**冨善一敏**氏が発言した。氏は、高埜氏への質問という形で、一九九〇年代以降おもに民間所在史料を対象に実践されてきた史料調査の方法である現状記録方式に接した際、違和感を持たなかったか、と問うた。高埜氏は後の応答のなかで、かつて自らが内容分類を行った内田吉左衛門家文書の再整理の経験を振り返り、内容分類の復元が可能であることを認識しつつも違和感は拭えなかったとコメントした。民間所在史料に関連しては保坂氏が、法制度に基づく公文書のアーカイブズ化の努力と連動するかたちで、民間所在史料についても公的アーカイブズ化の途を考えていくべき、と秋田県大仙市の事例をひきつつ発言した。

右については**針谷武志**氏が発言し、民間所在史料の保全と行政組織における公文書のアーカイブズ化の両立とは困難を伴う場合が多い印象を持つが、それに関する見解を問うた。これを受け保坂氏は、段階的に、各自治体が文書館・公文書館・アーカイブズ制度を持つように促していき、そのうえで民間所在史料の保全に公的に取り組む途を開いていくべき、との展望を示した。

また、**早川和宏**氏は公文書管理に関する法制度の問題について発言し、「公文書管理法施行5年後見直しの対応案」（内閣府）に示されるアーキビストの役割の是非につき、高埜氏の見解を問うた。これについて保坂氏は、アーキビストの各府省庁への配置については、同体制の充実に向け、どのようなアーキビストを育成し如何に体制を強化していくのか、今後の課題として検討していく必要があると発言した。高埜氏も後の応答において、保坂氏に同意するとコメントした。

（北海道大学文学研究科）

Ⅲ 論考編

第一　日本近世の経済

一　近世中期における商業経営の変質

はじめに

近世中期（小稿では享保期を中心に、その前後の元禄期から宝暦期（一六九〇年頃から一七六〇年頃）までを主な時期対象としている）の商品流通史研究は、これ迄、この時期に特徴的な幾つかの諸特質を明らかにしてきた。一つは、生産力の上昇にともなう商品流通量の増大したことである[1]。二つは、「初期豪商」やその後の「のこぎり商い」に共通した地域間・季節間価格差に利潤抽出を求めるいわゆる「遠隔地間商業」が衰退したことである[2]。三つは、三都の問屋が、多商品を扱う荷受問屋から単品を扱う専業問屋にその中心が代わったことである[3]。四つは、在地荷主や都市問屋の資本による生産地支配や、在地荷主の都市仕入問屋の買宿化が行なわれ始めたことである[4]。以上の四点などは、特に主だった研究成果として確認されるところである。

ところで、近世中期に見られた以上の諸特質は、果して偶然に同じ時期に起った現象であろうか。従来の研究では、右の諸点すべてを総体的に関連づけて把握する試みには欠けるきらいがあったように思える[5]。小稿では、一個の商業経営の変質を分析し、その特質を理解することから、なぜ、近世中期にそうした変質を必要としたのか、言いかえれば、この時期、近世中期の市場構造は、一個の商人資本になぜ経営の変質をせまったのであろうか、という問題を考察する。このことが、右に述べた近世中期の諸特質を有機的に総体的に把握する試みにつながると思うからである。

さて、小稿で分析の対象とする商人資本とは、越前国今立郡五箇村[6]（現在の福井県越前市岩本）の内田吉左衛門（善四郎と名乗る代もある）家である。[7]初代内田吉左衛門宗寿から二代吉左衛門宗敬（景林）へ、元禄五（一六九二）年春、金四三一八両の相続が行なわれたが、その年以降を対象時期に、越前国領域市場と三都市場の商人たちと、いかなる関係をもち、また経営を展開させていったのか、以下、具体的に検討を進めていくことにする。

一　流通機構の変質――越前国を中心に――

ここでは、近世中期において、内田氏の商品集荷・販売の方法が大きく変化したことを、越前国内の諸商人との関係を分析することで明らかにする。内田氏は、越前の特産品を集荷し、かつまた、他国産品を越前国領域市場に販売するために、福井（福居）・府中（武生）・三国・粟田部という領域市場の中心である町々の商人と特定の関係を結んでいた。特定の関係の内容については、後でまとめるとして、まず内田氏と諸商人との具体的な関係例を、以下に紹介する。

a　福　井

福井の木田鍛冶町に住む木屋吉右衛門は、遅くとも元禄十二（一六九九）年には、内田氏から「支配金」の名目で金を請取っており、その金額は宝永四（一七〇七）年までに四六八両に至っている。「支配金」の内容は、以下に示す史料から、金融（「質物御取候金」）と商業（「商物御買置之金子」）とに大きく分けられる。木屋吉右衛門は内田氏の「支配金」を請取って、福井において金融業を取り行ない、あるいは仕入金を託されて商品購入にあたっていた様子である。

年賦金證文之事

合金　百五拾六両壱歩ハ
但卯年（元禄十二）ゟ段々請取支配金三ケ一之分也

右ハ去ル卯年ゟ我等方ニ而質物御取候金子幷商物御買置之金子、彼是取合金高四百六拾八両三歩我等支配仕候所、[8]自分勝手不如意ニ罷成、我儘ニ過半引負申候、然所ニ今度弟彦右衛門引負之内も少々私方へ引請申事ニ御座候へハ、私身体も立兼申ニ付、内々ニ而身上之損仕御詫申候義願之通御聞届被下、支配金高ゟ三ケ弐御捨、三ケ一之分年賦ニ被成被下忝存候、然ハ当年ゟ来々亥之年(享保十六)迄弐拾五年之間、壱ケ年ニ金六両壱歩ツヽ毎年十一月中ニ相立可申候、万一壱ケ年ニ而も相滞義候ハヽ、土蔵并質物貸方商物共ニ壱銭も不残帳面共ニ相渡、猶又我々兄弟三人之身命共ニ相渡可申候間、いか様共貴殿ノ思召次第ニ可被成候、其節何様ニ被成候而も少も異儀無御座候、且又只今外之借金も御座候、若其方ゟ何角被仰六ケ敷義厳候ハヽ、先年之通之金高を以可被成候、為其別證文目録共ニ相渡置申候、為後日年符證文仍如件、

十一月　　　吉右衛門
　　　　　　伊兵衛
　　　　　　半七

これは宝永四年十一月付で内田氏に差出された年賦金證文であるが、負債の三分の二を帳消にすることで優先権を得た内田氏の債権が他の債権者に脅かされないように、同時に別證文目録として木屋吉右衛門の負債のすべてが書上げられ差出されている。

覚

一金三十五両　　大津屋
一金三十両　　出蔵
一金拾両　　還作
一金百五両　　岩本矢部小左衛門
一金三十三両壱分五匁　　内田吉右衛門
一金弐拾両　　内田宗寿
一金十両　　善右衛門

一金四百両ハ　　但質物取置候金子之分
一金四拾八両ハ　　但仲間商物買置申金子
一金五両ハ　　利付證文ニ而預り金
一金三両ハ　　油かす買金ニ而預り
〆　六百九拾九両壱歩五匁
右之通我等借金只今相改有之候、此外壱両も無之候、後日右之外ニ貸有之由申出候共、割賦之人数へハ入不申候、
為其只今借金高書立相渡申者也、
　宝永四
　　　　吉右衛門
　　　　伊兵衛
　　　　半　七

表1　木屋吉右衛門関係略年表(1)

元禄 11	金　36 両	ふくい仲間商ニ
〃　12	〃 300 〃	福居質
	〃　60 〃	福居仲間
〃　13	〃 400 〃	ふくい質ニ有
	〃　80 〃	同仲間物ニ有
〃　14	〃 400 〃	ふくい質ニ有
	〃　80 〃	同仲間物有
〃　15	〃 500 〃	福居質
	〃　70 〃	福居仲間
	〃　90 〃	木田へ渡有
〃　16	〃 500 〃	木田
〃　17	〃 430 〃	木田
宝永 2	〃 400 〃	木屋
〃　3	〃 400 〃	木屋
〃　4	〃 400 〃	木屋
	〃 450 〃	木や吉右衛門不埒
〃　7	家二軒代	福井木や吉右衛門

元禄５年〜宝永８年『内証覚帳』から作成。

合計六九九両余の木屋吉右衛門の全負債のうち、内田吉左衛門の父親宗寿分も含めた四六八両が、内田氏からの負債であり、全体の六七%に相当する。また、内田吉左衛門の同族の矢部(野辺)小左衛門・内田吉右衛門・(中条)善右衛門[9]の分を含めると、全体の八八%に相当する。右の木屋の負債状態から見て、木屋の経営に占める内田氏の出資金(「支配金」)は大きな比重を持っていたものと考えられる。

　ところで「支配金」とは、いかなる性格を有していたのであろうか。内田氏から引請けた木屋は「我等支配仕候」もので、勝手不如意になったことから、「我儘ニ過半引負申」す

表２　木屋吉右衛門関係略年表(2)

正徳 6	金	40 両	木屋ニ布有
享保 3	〃	25 〃	布木屋ニ渡シ有
	銀	900 匁	らう、木屋
〃 8	〃	3,600 〃	木屋ニ布代内渡シ有
	〃	1,010 〃	菜種・漆実木屋
〃 9	〃	2,460 〃	冬買布代渡し木屋ニ
	〃	1,440 〃	木屋ニらううり代３月切かし有
	〃	2,800 〃	くり綿、福井木屋ニ
	〃	600	漆実　〃
〃 10	〃	3,420 〃	冬かい布木屋渡シ
〃 11	〃	3,596 〃	木屋ニ晒地布代渡有
	〃	315 〃	油、ふくい木屋ニ
	〃	1,800 〃	漆実木屋ニ
〃 13	〃	7,306 〃	漆実木屋ニ
	〃	3,090 〃	〃
〃 14	〃	10,500 〃	雑、木屋

『毎春勘定覚』から文言をそのまま抜き出して作成。後掲表についても同様である。

ことのできるほど、木屋に裁量権があったということである。内田氏は「支配金」に関してその運用・管理を木屋に委ねていたと見ることができよう。もっとも、木屋は「支配金」によって購入した商品から売買差益による商業利潤を得られるものではなく、恐らく、商品の蔵敷や口銭を含めた支配賃を得たものと思われる。木屋に関する史料から支配賃を直接に示すものは見出せないが、後述する三国の蠟燭屋理右衛門の支配賃の例から推定されるものである。

さて、右の宝永四年の証文二通は木屋の立場からの内田氏との関係を示したものだが、これに対して内田氏の立場からは、木屋との関係を、「木や吉右衛門　不埒」(宝永四年)と書き記している。元禄五年から内田吉左衛門宗敬によって毎春の店卸しが記帳された『内証覚帳』に見出せる木屋吉右衛門に関する事項だけを文言そのままに抜き出して整理したのが表1である。この宝永四年の木屋吉右衛門不埒をさかいにして、内田氏と木屋との関係は変化し、それまでの「支配金」と呼ばれる方式はその後は行なわれなくなり、正徳六(一七一六)年から享保十四(一七二九)年の間、表2のごとく、例えば享保九年「冬買布代渡し木屋ニ」とあるように、内田氏の直接の指示によって特定商品の購入のための出資が行なわれるようになった。特にこの時期の、福井における布の集荷の中心的役割を木屋が担っていたものと考えられる。また、漆実(蠟の原料)も同様にして内田氏の指示によって集荷されたものであろう。他方、販売に関しては、木屋は菜種・繰綿・油という他国産品の販売を内田氏から委任されていたことがわかる。

福井の商人では、内田氏は木屋吉右衛門のあと、塩屋善兵衛と丸屋次良兵衛の二人と密接な関係をもつことになった。享保十四年で、内田氏の史料から木屋の名前は消え、享保十八年から塩屋、享保二十一年から丸屋の名前が頻出し始める。恐らく、福井におけるこれまでの木屋の役割りは、塩屋・丸屋にとって代わられたものと推定できる。勿論、新たな二商人に対して、宝永四(一七〇七)年迄木屋に行なった「支配金」委任の方式は行なわれず、内田氏の直接指示にもとづいた商品(布が中心)の売買が担わされている。

預り申證文之事

一現蠟四駄　印物
　正目百六拾四貫匁
一平木布　七百反
一菜種　弐叺
〆
右之通預り申候、何時ニ而も御用次第相渡し可申候、為後日如此御座候、以上、

寛保三年亥極月廿八日

塩屋善兵衛㊞
受人　宇兵衛㊞

内田吉左衛門様

塩屋は右の史料のごとく、内田氏の所有する商品を「何時ニ而も御用次第相渡」す条件で預っており、塩屋からの他の同種の証文では、「我等蔵へ入慥預り申処実正也、則御指図次第売払可申上候、為後日蔵預り證文仍如件」と記され、蔵に預っている商品は、内田氏の指図次第で売払うことが確約されている。かつての「支配金」の方式に比べ、この「蔵預り」の方式は内田氏の意図が自在に働き、塩屋は内田氏の商品について蔵敷料とその間の手数料を得るのみで、売買差益に基く商業利潤を得るものではなかった。自己資本によって商業利潤を得ることをしない塩屋は、内田氏に対

して一定の従属性を持っていたと見ることができるが、その従属性の原因は何であったのか。もう一人の丸屋次良兵衛の場合には、丸屋が潰れるところを内田氏の資金で持ち直した、ということからその従属性が始まったと見ることができる。次の史料の如くである。

借用仕候銀子之事

一銀合　壱貫五百匁也

右者当夏私手前不仕合ニ付身上相仕廻可申之所、御願申上候得ハ御聞届之上右之銀子御かし被遊被下、諸方指引等首尾能相調難有忝奉存候、（後略）

寛保元年酉極月

丸屋　次良兵衛㊞

同　長兵衛㊞

請人いなつ屋伝右衛門㊞

内田吉左衛門様

右のように内田氏から大きく借金をして、他からの借金返済を済ませた丸屋は、内田氏の資金を受けて商品購入をし、その商品を蔵預りする業務を行なっていた。

蔵預り一札之事

一木布弐千百五拾三反也

右者御買入之木布、我等蔵に預り置申候、何時成共御差図次第ニ相渡シ可申候、為後日蔵預り證文仍而如件、

延享二年丑閏極月

丸屋　次良兵衛㊞

同　長兵衛㊞

内田吉左衛門様

ほとんど同様な性格をもつ塩屋善兵衛・丸屋次良兵衛に対する内田氏側の指示の内容は、「冬買代　木布福井ニ有」・

「冬木布六三七七反代　三五貫六二六匁　丸屋・塩屋・加藤三軒ニ有」というように『毎春勘定覚』に記されており、つまり布仕入を担当させる買付問屋としての業務を内田氏は丸屋・塩屋に担わせていたのであった。

しかるに、この両者はともに宝暦年間に至り、さらに内田氏に多大な借金をすることになった。まず塩屋善兵衛は、宝暦五(一七五五)年十二月付で、内田吉左衛門から文銀二貫八〇五匁、矢部小左衛門から七〇五匁、あわせて三貫一〇匁の借金の十五年賦返済を願って聞き入れられた。この借金額は「御売物代銀幷御預ケ物代銀指引勘定仕候処、私今年不仕合ニ付当銀を以相済申義難仕ニ付」生じたものである。つまり、内田氏等より預かっていた商品の販売代銀の決算時に欠損が生じたものである。さらに塩屋は、宝暦八年二月付で、銀四七五匁七分を、これまた十五年賦返済を願っている。この銀高は、「木綿代・酒代・蠟・利足取ちん」を「現銀を以御勘定可仕様御約束申上候」ところ、「不如意之私故御算用可申上手立無御座候」と、現銀で内田氏に納入すべきところが不能になり、十五年賦返済を願ったものである。先の宝暦五年からの年賦関係は毎年の業務を続けていく中で、手数料や蔵敷を宛てて返賦(毎年銀二三四匁)する予定のところ、三年を経ずして、毎年の商い決算に不足分を生じ、先の借金額の上に、さらに借金を重ねたものである。この宝暦八年二月付の証文を最後に、塩屋善兵衛と内田氏との関係は絶たれた。

一方、丸屋次良兵衛は、先述の如く寛保元(一七四一)年に一度内田氏から借金をして身代の潰れるのをくいとめ、商いを続けてきたが、宝暦四(一七五四)年再び不如意になった。丸屋は宝暦四年の不如意によって、内田氏からの預かり物を「不埒仕、過分御損料」を掛けたために其後、内田氏の御用は差し止めになった。しかし、すでに丸屋は内田氏と矢部氏の買付商人としてのみ身代を維持してきたのに、これも差しとめとなっては潰れることが必然となる。そこで宝暦六年、丸屋は内田氏等に願入って、「前之通布問屋御用等被仰付被下候様ニ達而御頼申上」たところ、両氏に聞入れられ、「白布之分御買口」を委ねられた。そこで丸屋は「吟味仕候而御買物随分念入、麁末之取扱無之様ニ」はげむ、と一札書き入れている。しかし丸屋の身代は間もなく潰れた模様である。

塩屋・丸屋がこの宝暦期に時を同じくして身代不如意に陥った原因が何か、興味深いが詳びらかにはなし得ない。し

表3　たばこ屋清兵衛関係略年表

宝暦 10	銀　198　匁	塩屋買残り木綿 44 反たはこ屋ニ有
〃　14	〃 1,209.2 〃	巳7月たはこ屋かい種 50 表買元ニテ
明和　7	〃　412　〃	ろうたはこ屋に敷銀出し
安永　4	〃 5,427.6 〃	午冬買木布之分、尤た清、茶㐂、清七ゟ買候分
〃　6	〃　396.5 〃	蠟た清方敷銀渡し
	〃 1,500　〃	同人方繰綿2本質ニ取置
	〃 1,000　〃	生蠟2駄質ニ
	〃 2,000　〃	白布 514 反質ニ
〃　8	〃 1,000　〃	生蠟2駄た清方
	〃 4,789.8 〃	晒地 1,061 反、た清、茶㐂幷七左ェ門方へ渡銀
〃　9	〃 4,746.5 〃	た清方ニて生布
〃　10	〃 2,215　〃	た清方ニて晒地買候分た清預ケ 500 反
	〃　252　〃	同所ニて生作 60 反買候分此方ニ有
天明　2	〃　720　〃	た清方ニ下白 180 反預ケ有
	〃 1,200　〃	塩た清
〃　3	〃 1,194.5 〃	※爰ニ買白 228 反、た清ゟ来分
〃　4	〃 4,461.4 〃	爰ニ買白 828 反、た清ゟ来ル

『毎春勘定覚』から作成。※爰(ここ)は越前国五箇村内田氏の手元を意味する。

かし、いずれにしても、この時期を最後にして塩屋・丸屋の福井における内田氏の布買付問屋の機能は終わった。

次に、塩屋・丸屋との関係が絶たれた後、引き続くように宝暦十年には内田氏はたばこ屋清兵衛と福井における中心的な取引きを開始した。『毎春勘定覚』に見出せるたばこ屋清兵衛関係の事項を抜き出したのが表3である。木綿・種・蠟・冬買木布・晒地・塩などの商品を、内田氏がたばこ屋清兵衛本人やたばこ屋を介して購入し、これら商品をたばこ屋に置いていることがわかる。『万覚書』に記された明和四(一七六七)年三月改の「たばこ屋清兵衛方ニ而大坂行布作懸物覚」によれば、布一三二反入一固を二固一駄として、一駄に懸る費用合計七四匁三分七厘(商品代金そのものは含まれず作人足代・縄・菰代など)のうち四五匁は「福井ゟ伏見迄駄ちん」と記され、福井のたばこ屋清兵衛方で荷造り後、大坂迄荷送りしていることが判る。特に安永四(一七七五)年以降、内田氏は「た清方ニて晒地買候分　た清預ケ」の如く、たばこ屋から布を購入してそのまま預けておくか、「た清ゟ来候」如く、福井のたばこ屋から布を五箇村の内田氏に運ばせるかしている。

b　府中

表4　津田与次右衛門関係略年表

元禄 5	金　　15両	繰綿貸与次右衛門
宝永 5	〃　　320〃	府中与次右衛門
〃　7	〃　　40〃	府中与次右衛門へかし
〃　8	家2軒代	府中与次右衛門
享保 8	銀 11,100匁	爰、府中に有布
〃　10	〃　　880〃	府中ニ晒地有
〃　11	〃　1,087〃	府中ニ晒地残り布、手前作り残り
〃　12	〃　4,790〃	府中冬買布代渡し有
〃　13	〃　4,740〃	布、津田方冬買布代渡し置
〃　14	〃　　600〃	府中へ布代渡し有
〃　15	〃　　600〃	津田ニ布代渡し有
〃　16	〃　4,200〃	福い府中平木かい代
〃　17	〃　4,800〃	福い府中冬買布代嶋布共ニ
〃　18	〃　14,301〃	福い府中冬買布代
元文 2	〃　1,298〃	府中平木330反代有
〃　4	〃　2,381〃	晒地嶋330反、生嶋57反代　津田ニテ
寛保 4	〃　　129〃	亥年津田ニテかい申候糸代、糸目527匁
延享 5	〃　1,844〃	津田ニ晒嶋有、但丑冬買ノ内卯年江戸へ遣候残370反代、尤かい元ニ晒ちん損と立て
寛延 4	〃　1,076〃	午3月買晒地200反　津田ニ有
	〃　　408〃	午冬買染地100反　津田ニ有

『内証覚帳』・『毎春勘定覚』より作成。

府中（現在の武生市）の商人では、宿明町に存した津田与次右衛門と、内田氏は元禄～宝暦の期間、密接な関係を持った。表4を通して判ることは、津田氏は享保十（一七二五）年から寛延四（一七五一）年までの二七年間は、内田氏の布集荷のための、府中における買付問屋であったと判断できる。特に「津田に布代渡し有」という記述からすれば、これは自己資金で津田氏が既に集荷していた布を、内田氏が津田氏から購入するというのではなく、はじめから内田氏の資金で津田氏が布集荷にあたっていたことを示している。しかも「冬買ノ内卯年江戸へ遣候残三七〇反代」（延享五年）とあるように、内田氏の資金で購入した布は、津田氏のもとにあり、そこから江戸へ送荷されたことがわかる。

では、なぜ津田氏は独自の資本で布購入をなし得なかったのか、また、内田氏はなにゆえ津田氏を介さずに独自に直接、布を集荷しなかったのであろうか。津田氏は既に元禄十六（一七〇三）年には、内田氏から銀一貫二〇〇匁を借り受け、「右者我等為御合力御貸被下忝慥ニ借用申商物仕込仕候処実正也」と証文を残しており、この段階で商物仕込の資金援助を受けている。しかし、さらに津田氏はそれから二年後の宝永二年に、内田氏から大きく累積した借金を年賦で返済したいと、次の証文を書き入れている。

　　年賦銀証文之事

　銀合五貫七百五拾匁也

右者私分限ニ不応商物買置大分損銀仕、可致様無御座候ニ付、貴殿ゟ御預ケ被置候糸質幷御買置之布引明、私商損領之方へ入込ニ仕、我儘成仕方申分も無御座、就夫、御公儀様江可被仰上旨御尤至極ニ奉存候、然共只今左様ニ被仰上候へハ、私義如何様之難儀成可申も不存、迷惑至極ニ奉存ニ付、年符相願一門中共ニ御詫言申上候處、親与次右衛門全相勤申筋目を以御不便被加、早速御承引被成被下候段、忝奉存候、左候へハ壱ケ年ニ銀子弐百参拾匁宛、当年ゟ来酉ノ年迄弐拾五年ノ間、毎年十一月中ニ相立可申候、（後略）

　宝永弐年酉四月　　　　　　　本人宿明町　津田与次右衛門㊞

　　　　　　　　　　　　　　　　同　　同　　与兵衛㊞

　　　　　　　　　　　　　　　　　　　　　　（請人六名略）

内田氏が津田氏から購入して預けておいた布や糸を、津田氏の独自の商いの失敗の穴埋めに流用したことを右の史料は示している。この犯罪行為を詫びるとともに、あわせて借金を二十五ケ年賦で返済するよう願っている。この際、津田氏は府中本町の家屋敷と宿明町の居屋敷・土蔵を担保として、別紙証文二通を内田氏に差し出している。

　内田氏と津田氏との関係において、元禄五（一六九二）年に「金十五両計　繰綿貸　与次右衛門」の如く、既に行なわれていた取引は、宝永二年の年賦証文までは、津田氏が独自の資本で買置いていた布を内田氏が購入したものであろうが、宝永二年の借金をさかいにして変化があったものと考えられ、享保十二（一七二七）年からは「府中　冬買布代渡し有」のように、内田氏が自己の布購入の意図のもとに資金を津田氏に前渡しして購入させるようになったことが判る。この宝永二年の借財が津田氏の経営を内田氏の前貸しを受ける布買付商人へと変質させた大きな要因であったことは否定できまい。

では、内田氏はなにゆえ津田氏を介して布購入せざるを得なかったのであろう。享保十七年九月二七日付で、津田与次右衛門・与兵衛の父子は岩本村吉左衛門・粟田部村次左衛門に宛てて、さらに銀六〇〇匁の借銀証文を差出している。この借銀は津田与次右衛門の甥が他商人の下で引負をしたのに対して弁銀を命じられたものである。しかし、津田氏自身も既に負債を持つ身であるから「私、共ニ相潰レ申事ニ罷成、左候へハとい屋職も相勤リ不申」と、甥ともども潰れて問屋職が勤まらなくなる。これではこまるので、甥の負債分を内田氏等から新たに重ねて借銀させてもらい、そうすれば「当分問屋職も不相替相勤」ることが出来る、と願入っている。津田氏は問屋職を勤めていたがゆえに、それをもたない内田氏は、津田氏を介することによってしか布集荷が出来なかったものであろう。

その後、津田氏は宝暦元(一七五一)年十一月付で銀一二〇匁の十ケ年賦証文を内田氏に差出しているのを最後に、史料上からは、内田氏との関係を絶った様子である。

c　三　国

三国では、松ケ下町の蠟燭屋理右衛門との関係が密であった。内田氏と蠟燭屋との関係を端的に示す史料を二点、まず掲げることにする。

預り支配申金子之事

合金弐百両ハ　但小判也

右ハ慥ニ預り質物請払支配仕候所実正也、尤別紙時々ニ蔵預状何通も遣候へ共過不足御座候間、紛無之様ニ金高都合如此壱紙ニ認め相渡申候、就夫支配賃として壱ケ月金拾両ニ付銀五分ツヽ可申請筈、利足之義ハ先方ゟ取申通ニ急度算用可申候、若遅滞御座候ハヽ如何様ニも可被仰付候、其時少も異議申間敷候、為後日質物金預り支配申證文、仍而如件、

元禄十四年巳ノ霜月八日　　　　　　三国蠟燭屋理右衛門㊞

右之内百両ハ午三月ニ請取申候

（懸紙）「利月ニ三拾三匁ツ、申ノ五月六日本銀壱貫九百八拾匁」

預り申塩之事

一初塩九百五拾表　　但六貫匁塩也

一同　三百弐拾五表　但三貫匁塩也

〆千弐百七拾五表

右者鍋屋徳兵衛と申者之塩、其方へ質物ニ御取被成候を、我等蔵ニ入置慥ニ預り申所実正ニ御座候、何時成共其方御用次第ニ急度相渡し可申候、為後日之塩蔵預り手形、仍而如件、

元禄十七年　　　　　　三国らうそくや

申ノ五月六日　　　　　　理右衛門㊞

内田吉左衛門様

蠟燭屋理右衛門は、右の後の史料「預り申塩之事」の如く、鍋屋徳兵衛が内田氏から塩を質物として銀一貫九八〇匁を借り受けたあと、その質物である塩（一二七五俵）を蠟燭屋の蔵に預り、鍋屋から利子（月三三匁＝利月約一分七厘）を内田氏に代わって取り立てることを業務としていた。蠟燭屋は、このような蔵預り証文を何通も内田氏に宛てて遣わしているが、過不足もあるので、すべての合計を一紙としてあらためて証文を差し出したものが、前の史料「預り支配申金子之事」である。前の史料の如く、「預り質物請払支配仕」る業務によって、蠟燭屋は内田氏から「支配賃として壱ケ月金拾両ニ付銀五分ツ、」、すなわちこの場合ならば支配金が二〇〇両であるから、月に銀一〇匁づつ受取る契約であった。この支配賃は、質物を保管する蔵敷料と利子取立ての業務にもとづくものと言える。

内田氏は元禄十四（一七〇一）年頃から三国において、蠟燭屋を通して右に述べた方式で金融を中心にした活動を行なった。もっともそれは金融のためだけではなく、質物にとった商品や、三国で購入した商品を、販売の時宜にかなった時に「何時成共」売捌く商業活動も行なっていた。いずれにしても、蠟燭屋の性格は、福井の木屋吉右衛門の支配金方式（元禄十二年から宝永四年の間）と同様、内田氏から支配金を委託され、金融・商業を行ない、その業務に見合った代償としての支配賃を受け取る、という内田氏の出店的性格を強く持っていたものであったと言える。

この支配金方式がいつまで続いたかは不明だが、表5のごとく、享保十七（一七三二）年に三国に繰綿・塩が置かれているのを最後に、この頃、取引関係そのものが絶たれた模様である。もっとも、支配金方式はあるいは宝永年間まであったろうか。この点については具体的な素材に恵まれない。蠟燭屋は、享保二十年三月、三国の大火で類焼し、この際銀三〇〇匁の借金（年賦返済）を内田氏から受けているが、これを最後に三国蠟燭屋理右衛門の名前は、内田氏の史料に現われなくなる。

その他の三国商人とは、その後、ごくまれに（延享五年・寛延二年の二回）取引が行なわれたことが『毎春勘定覚』に見出し得るのみである。

表5　蠟燭屋理右衛門関係略年表

元禄 15	金　100 両	三国有
〃 16	〃　160 〃	三国
〃 17	〃　160 〃	三国
宝永 2	〃　160 〃	三国
〃 3	〃　30 〃	三国
〃 4	〃　30 〃	三国
〃 7	〃　113 〃	三国米
〃 8		三国利右衛門いろいろ有
享保 15	銀　369 〃	大豆三国ニ
〃 17	〃 4,647 〃	繰綿福井三国ニ
	〃　700 〃	塩三国ニ

『内証覚帳』・『毎春勘定覚』から作成。

d　粟田部

内田氏の居住する五箇村に最も近接した粟田部には定期市が立っていたと考えられている。この粟田部には、内田氏と婚姻関係を持つ木津作左衛門と灰谷徳右衛門とが存在し、内田氏と商品取引や当座帳を通じて金の貸借もごく親しい関係で取り行なわれていた。灰谷氏については不明だが、木津氏については『毎春勘定覚』の処々に散見し得る。木津氏は、福井・府中・三国の商人の場合と異なり、内田氏からの資金繰りを受けるというような商人ではなく、いわば内田氏に匹敵する商人として布商いを行なったり、あるいはまた、内田氏が木津氏より絹糸や蠟を購入している例も見られる。

ところでこれ迄、藩領域の主だった町々である福井・府中・三国・粟田部の内田氏と関係をもっていた商人たちの性格を検討してきたが、それらは主に布の集荷と、他国産品を中心にした種々の商品の自国内販売を通じての内田氏との関係であったと要約することができよう。この集荷した布を、内田氏は晒しに出していたのだが、次に、付随して内田氏の布晒しに関する内容と、さらに、布以外の自国特産品である蠟の集荷について、ここで簡単に触れておきたい。

請取相定申晒布連判証文之事

一晒布面々請取申処実正御座候、然上者随分吟味上晒仕、出来次第御差図方迄相渡可申候、若晒気入不申候ハヽ、幾度ニ而も御返シ可被成候、急度上晒ニ仕相渡可申候、万一水損火難盗難ハ不及申、連判之内分失(紛)仕候ハヽ、布代銀を以相済可申候、自然本人相滞候ハヽ、連判中ゟ相弁、少も御損懸申間敷、第一布晒申儀ハ御納所方江助力ニ罷成候ニ付、庄屋長百姓致連判、如此証文相渡申上ハ毛頭違変無御座候、然者当年ゟ何年ニ而も晒布請取申間ハ此証文御用可被成候、為後日仍而連判証文、如件、

享保十四年
酉ノ三月十七日

荒木村庄屋　利兵衛㊞
長百姓　利右衛門㊞
与　助㊞
（以下二二名連印略）

岩本村　矢部小左衛門殿
同所　内田吉左衛門殿
粟田部村　木津作左衛門殿
同所　灰谷徳右衛門殿

右と同文言・同日付で、他に稲津村庄屋長百姓四二名連印・上稲津村七名連印・松成村一六名連印の証文一通と、栂野村庄屋長百姓三七名連印の証文一通とが差出されており、合わせて三通が上包に入れられている。上包表書には「享保十四年頃いつ迄も用候筈ノ文言書入有　稲津栂野荒木三ケ村晒布請合庄屋長百生物晒屋連判証文三通有」と記されている。

右の史料の宛名書きからも、本津氏・灰谷氏は矢部氏とともに、内田氏と並び立つ商人であったことがわかる。さて、右の史料は三ケ村(現在福井市域で足羽川沿岸)の晒屋と村役人が連印で、四商人から請負った布を晒す際の証文である。請負の条件は、四商人から預った布を失った場合には布代銀を個人で弁償する、個人で負えない場合には連印の者どもや、さらには村として弁済する、というもので晒賃についてはここでは記されていない。また、今後布晒し請負の節は、この条件で続けられることが約されている。

この後、時代は下るが天保四(一八三三)年にほとんど同内容の契約で、西左衛門・孫助・七郎兵衛(何村かは不明)より内田吉左衛門宛てに「請合相定預り申晒布証文之事」が差出されている。この場合には、「其御村太良兵衛殿以取次晒布預り申候」となっており、内田氏と晒職人との間に取次が介在していたことがわかる。

さらに天保十二年には、村国村(現在武生市域で日野川東岸)源右衛門という晒職人は「私儀先前ゟ晒布職幷小商内仕来候」ところ、晒布は五ケ村・粟田部・府中等より年来晒方引受てきた。とくに岩本村内田善四郎からは多分の事であった。しかるに、去ル、天保九年、内田氏より晒方ニ預っていた布弐百七拾反余を、府中表の質屋共方へ預けて銀子借受け、拠ない要用に用いたあと程なく受戻す積りであった。しかし、商内方で不時之損失仕り、其上、近来之年柄極難渋之事共追重り、質流れしてしまったので、弁済については、「以前之通り同人方ゟ布遣し呉候ハヽ、右布代方へ晒賃六歩指入候而急度皆済可仕候、猶又残り四歩ニ而何様ニも露命相繋忍耐仕度奉願上候」と、二七〇反余の布代の弁償は、今後の晒賃で返済したいと嘆願している。

享保期と天保期とに布晒を内田氏がさせていたことは明らかだが、では、その両期間内についても継続して行なわれていたのであろうか。『毎春勘定覚』の検討から、「爰ニ有晒地」と同内容の記載を抽出すると、享保十一・二十年、延享四・五年、寛延四年、明和七・九年、安永五・八年、天明二・八年に見出され、例えば「爰ニ手晒」・「爰ニ作置手白」などと記されおり、爰、すなわち内田氏の蔵に手晒が置かれていたことがわかる。これらは、「買白」(＝晒した布を購入したもの)とは区別されている。史料の制約から天明八年から天保四年まで約五〇年間のへだたりがあるが、恐らく、享保期から天保期の間において、毎年々々恒常的に布晒しを行なわせていたというよりも、手間賃とのかねあいで晒させることが有利な年に、行なわせていたと考えられそうである。

次に蠟であるが、蠟は会津・肥前などの他国産品については江戸・大坂などで購入するが、これについては後述する。自国産蠟は、府中・福井の蠟問屋商人を通して購入する方法と、内田氏が直接、生産地から購入する方法とが存在した。前者については、前述した木屋・丸屋・塩屋・津田に蠟を預け置かせたり『毎春勘定覚』に、福井・府中に蠟を買い置いている年の多くあることや、寛保元(一七四一)年、府中・福井の蠟問屋商人名と商品印とを知らせてきていることからも明らかである。⑩

後者について、すなわち内田氏が蠟生産地から直接集荷する例を次に示そう。

預り申蠟之事

蠟合七拾五貫目ハ　但上々打貫蠟也

右者其方御買置蠟、我々蔵ニ入慥預申処実所也、何時成共御差図次第急度相渡可申候、為後日蠟預状相渡申所、如件、

宝永三年戌十二月二六日

文室村　勘左衛門㊞

同村　勘兵衛㊞

同村　仁兵衛㊞

右之方ニ銀子壱貫七百匁慥請取申候、来亥五月切ニ月壱歩三宛加利足元利共ニ急度返済可申候、以上、

勘左衛門㊞
勘兵衛㊞
仁兵衛㊞

右の史料は、内田氏が銀一貫七〇〇匁を貸し付け、その担保として蠟七五貫目を押えたとも理解できなくはないが、商品を「何時成共」渡すということからすれば、実質的には蠟を購入して蔵預りにしていた、と内田氏の意図を理解すべきであろう。しかるにその後、「何時成共」渡される筈の蠟は、一向に内田氏に渡されず、ついに訴訟になっている。ところで、右の史料の二年前の宝永元(一七〇四)年、文室村勘左衛門ら三名から内田氏に差出された証文の反古が残されている。その証文は「預り申漆実之叓」の表題で漆実合二一〇貫目を銀三貫五〇〇匁で勘左衛門らが売り、これを蔵に預り置くという内容のものである。山間部の文室村の三名は、漆実(蠟原料)・蠟を実質的には内田氏に販売し、商品を蔵預りしていたという関係にあったと捉えられよう。[11]

小括

これまでの検討にもとづき、以下の諸点を確認しておきたい。

①元禄~宝永期、福井の木屋吉右衛門と三国の蠟燭屋理右衛門は、内田氏より「支配金」を預っていた。「支配金」とは、金融と商業とに関して内田氏に代わって福井・三国で質物管理・利子の取り立てや、託された仕入金で商品購入にあたったものである。この「支配金」は託された商人の個人の裁量で運用され、木屋の場合には我儘に過半引負いをしている。蠟燭屋は「支配金」を委任され、金融・商業の業務の代償として内田氏から支配賃(預り支配金の一定率)を受け取っていた。この両者は、内田氏の出店とは言えない(木屋の場合、他からも借金をしているなど)までも、かなりそれに近い代理人的状態にあったと考えられる。

ところで、宝永期で「支配金」方式が終わったと考えられるが、それはなぜであろうか。単に木屋らの裁量にまかせ、引負いを受けることの危険性からばかりではなさそうである。元禄期以前の史料が乏しいので精確さを欠くが、実は、この期間まではそうした方式が市場構造に適応し、有利であったからこそ取られた方式であったと考えられる。福井・三国は五箇村内田氏から見れば府中・粟田部よりも地理的に隔たり、かつ商品流通も多様であったと見られ、その地での金融活動は、その地の人間に託される必要があったことである。さらに重要な点は、当時の商品流通が固定した生産地から固定した市場に恒常的に送られる性格のものではなく、時宜に応じて安価な商品を購入し、その商品をより高い価格の市場ないし時季に、臨機に販売することで売買差益を生み商業利潤を得ることを重視していた時期であると考えるからである。こうした商いのためには、商品の多様に流通し、相場の変動する地、すなわち越前国では三国・福井・敦賀のような地域に居ることが必要条件となる。五箇村の内田氏が、宝永期まで越前国において福井・三国に木屋・蠟燭屋という右の性格の商人とかかる関係を保持していたことは、換言すれば、宝永期を最後にして、そのような商いの方法をとることができなくなったことを示しているとも言えよう。②享保～宝暦期、宝永期までの「支配金」方式を止めて、内田氏は、布購入にあたって享保期以降、福井の木屋吉右衛門、府中の津田与次右衛門に、その冬に購入すべき布代を前渡しをして購入させ始める。木屋は勿論、津田氏もともに自己資金で布を購入した上で内田氏に販売するというのではなく、内田氏から資金を渡され、内田氏の指示に基いて購入するという、いわゆる買付商人となっていたことが注目される。

享保十四年を最後に、木屋と内田氏との関係が絶たれた後、塩屋善兵衛・丸屋次良兵衛が津田氏とともに、その後、宝暦年間まで布の買付を行なう。これらの布の買付商人は、本来は布問屋であったものの、身代潰れるところを内田氏より借金を受け、買付としての業務を続けていたものである。

また、享保期以降、内田氏は晒地を購入し、布の晒しを晒職人(晒屋)に請負わせ、商品価値を高めることも行ない始めている。なお、木屋・丸屋・塩屋・津田氏らの商人は、布の買付以外に、越前産の蠟を購入したり、内田氏の購入した他国産品の販売も行なっていた。

二　流通機構の変質――三都を中心に――

越前国の特産品を販売し、かつまた他国産品を購入するため、内田氏は、江戸・京都・大坂などの商人たちと特定の関係をもった。ここでも、各地についていくつかの具体的な例を示しながら検討していくことにする。

a　江　戸

内田氏の元禄五(一六九二)年から宝永八(一七一一)年に至る『内証覚帳』には、金融業・商業に関する諸項目についての金額が記されているが、その中に「江戸ニ有」という項目がある。連年の「江戸ニ有」る金額と、「惣〆合計」金額と、「惣〆合計」金額に対する「江戸ニ有」る金額の占める比率を示した表6に明らかなように、この期間、江戸に有った金額は、内田氏の経営にとって量的にかなり重要なものであり、特に元禄十三～十五年は惣〆合計金額の過半を越えるほどの中心的なものであった。内田氏には、江戸に出店があったという記録は一切ない。ではこの「江戸ニ有」る金額は、どのような内容をもち、誰の手によって運営されたものであろうか。

この金額の性格を検討する史料としては、宝永五～七年の『店卸帳』(これは、右の『内証覚帳』と異った書式で、この三ケ年のみ重複して存在している)がある。表7は、その「江戸ニ有」る金額

表6　「江戸ニ有」金額と惣〆合計金額

	「江戸ニ有」金額	惣〆合計金額	江戸ニ有/惣〆合計×%
元禄 5	1,700 両	4,318 両	39.4%
6		4,268	
7	1,800	4,580	39.3
8	2,100	4,902	42.8
9	2,190	4,845	45.2
10	2,339	5,228	43.9
11	2,210	5,640	39.2
12	2,210	6,025	36.7
13	3,480	6,440	54.0
14	3,720	7,092	52.5
15	4,110	7,489	54.9
16	2,950	7,745	38.1
17	3,415	8,265	41.3
宝永 2	2,850	8,851	32.2
3	3,140	8,975	35.0
4	3,200	5,226	32.8
5	1,528	5,231	29.2
6	1,316	5,596	23.5
7	1,442.3	5,686.1	25.4
8	1,502.2	5,421	25.8

『内証覚帳』から作成。

表7 「江戸ニ有」金額の細目

	宝永5年	宝永6年	宝永7年
ろう	金　13両	金　12両	
真綿	〃　50〃	〃　49〃	金128両1分
布		〃　45〃	〃　69.1
繰綿			〃　40.3
紙			〃　274.2
判元	〃　535〃		
西村殿	〃　70〃		
津村殿	〃　110〃		
大膳様	〃　30〃		
山本		〃　200〃	
久保寺		〃　200〃	
中岡		〃　300〃	
金貸			〃　630〃
しほ丁	〃　350〃	〃　300〃	〃　300〃
和泉丁	〃　270〃		
葺屋丁	〃　100〃		
小計	〃1,528〃	〃1,206〃	〃1,442.3〃

『店卸帳』から作成。

表8　内田氏判元出資金額

	判元貸付	判元時貸し	判元出資合計
元禄16	1,650両	0両	1,650両
17	2,310	150	2,460
宝永2	2,590	150	2,740
3	2,590	300	2,890
4	2,590	300	2,890
5	*1,840	450	2,290
6	2,000	0	2,000
7	900	0	900
8	0	0	0

*「判元ニテ740両不足」と記されている。
拙稿「幕藩制中期における生産者支配の一形態」(『日本歴史』354号)から引用。

の細目を示したものである。

宝永五～七年は、「惣〆合計」の中で二〇%台におちこんだ時期であり、表6の全期間中、あるいはそれ以前から存在していたであろう「江戸ニ有」る金額の内容を等しく伝えているかどうかは判断がつきかねるが、およその性格を伝えていると考えてよかろう。表7のうち、取扱い商品の中で布・紙は越前国から送荷されたものであろう。内田氏が奉書生産地五箇村に在りながら、宝永五・六年に江戸に紙を持たなかったことの理由は、同年まで五箇村における福井藩紙会所(専売)制度の判元出資を行なっており、内田氏個人として紙の自由販売を行なえなかったためである。また宝永五年の「判元」五三五両は、判元として出資した金額(紙)を示すと考えられる。しかし、表8の如く、内田氏は事実上、宝永七年から紙会所への判元出資を引き抜き、翌年にはゼロになっている。その宝永七年には、江戸に内田氏個人の紙の項目として二七四両余が書き上げられている。紙・布以外の取扱い商品である蠟は、越前産か他国産かは判断できない。しかし、真綿・くり綿は他国産の商品であり、真綿・くり綿生産地の買問屋から購入・送荷したもので、江戸の売問屋に託したものであろう。

次に貸金であるが、「大膳様」は旗本本多大膳[13]に対するものである。本多大膳に対しては元禄五年以来、貸金や為替を行なってきたが、宝永四年に「金四百六拾五両　大膳様不埒」と記される如く、内田氏の貸付金は本多氏によって切り捨てられたものと考えられ、表7の金三〇両は前年までのこうした関係を背景にした数字である。

「山本、久保寺、中岡」に対する金貸し、あるいはまた「西村殿、津村殿」に対する金額についてはその性格を判断しかねる。ただし「久保寺」、「西村殿」が江戸の紙問屋西村や布問屋久保寺であるならば、商品の仕切り残金額かも知れない。また、「志ほ丁、和泉丁、葺屋丁」とは何であろうか。江戸の日本橋塩丁、和泉丁、葺屋丁の住人に対する金貸しとも考えられなくはないが、それよりも、『内証覚帳』の宝永八年・正徳二〜六年に「江戸家質有り」の事項があることからして、各丁に内田氏が町屋敷ないしは家質を持っていた、と考える方が妥当であろう。

さて、表7の検討からわかる通り、「江戸ニ有」る金額とは、内田氏が江戸で商業・金融業を営んでいたことが判明するが、では誰が行なっていたのであろうか。それは、江戸に内田氏の出店がなかったと考えられることと、手代が現金を五箇村まで持参したとの記録が見出されることから、「江戸ニ有」る金の運用は五箇村より江戸に遣した手代を通じて行なわれたと判断される。しかも、この江戸の経営は、五箇村に在る内田氏から大枠での指示はあったにしても、比較的独立した形で手代が運営にあたっていたと考えられる。例えば宝永四年、江戸に遣していた手代(彦右衛門、福井木屋吉右衛門の弟)が二二五〇両もの損を出すが、かかる高額の損を、内田氏には「手代の引負い」であると認識されている事から、江戸を半ば別個の経営とみなし、五箇村からは細部の指示と管理は行なわなかったものと考えられる。地理的に、江戸が五箇村より遠隔であったことも一因しようが、何よりも、当時の商品流通が畿内や三河等の商品の生産・集積地域から、江戸や江戸を経由したその他の地域に向けて一本の大きな動脈が流れて[14]おり、その際、江戸荷受問屋を仲介とし、生産地買問屋を通じて商品を購入・輸送・販売にあたらせるには、越前国五箇村から時宜にかなった売買の指示を直接下すことは困難であり、手代を江戸に遣わして、手代の判断にある程度、委ねざるを得なかったためであろう。

右の内容をもった「江戸ニ有」で示される手代に託した経営は、表6のごとく、宝永四年以前三千両以上あり、惣〆合計の約三～五割を占める内田氏の経営全体の中心的な位置を占めていたが、宝永四年の手代の引負い後減少し、宝永五年以降は一千両代になり、惣〆合計の中でも二割余を占めるに過ぎなくなった。そして正徳六(一七一六)年からの『毎春勘定覚』では、単に「江戸ニ有」という漠然とした項目は無くなり、商品ごとに、あるいは問屋ごとに「江戸問屋奉書代」とか「江戸三軒布残り代」として金額が示されるようになる。

江戸に手代を置かなくなった内田氏は、自国特産品の紙・布の江戸販売を、紙問屋中里清左衛門・村田七右衛門・村田彦兵衛・西村清兵衛・小津次郎左衛門・片川彦右衛門らに、また布問屋升屋七左衛門・久保寺喜三郎らに託した。もっとも、手代を遣していた時期にも内田氏の出店があって販売を行なっていたわけではないので、その当時から商品は右の各問屋が取扱っていたことは否定できない。要は、手代が遣わされなくなってからは、手代の判断ではなく紙問屋・布問屋からの前年度の仕切り状態に応じて、越前国から直接送荷するようになった点が、大きな変化であった。

紙に関しては、『毎春勘定覚』を見る限り、その書式が整い、一定の恒常的な送荷を判断させるようになるのは、享保五(一七二〇)年の紙に関する次の記載からである。

一乾銀弐貫五拾匁　新紙代
一同拾六貫弐百匁　京残紙
一同拾弐貫六百匁　爰ニ有紙代
一同九貫八百四拾匁　京利足仕切残り金
一同七拾三貫四百五拾五匁六歩　江戸三軒残り紙

すなわち、爰（五箇村内田氏）の在庫品、この一年に新たに生産した紙、京都の仕切金と在庫品代、江戸問屋三軒の在庫品代が記されており、その年以降、毎年、同様な記載が取られている。この書式は、固定した紙問屋に毎年毎年仕切金額や在庫品量に応じて、紙生産地五箇村の内田氏が、手元の在庫品（新たに生産した新紙も含め）を江戸・京都に送荷していることを示している。もっとも、享保五年以前にも「京ニ有紙中買紙共ニ　二七五両三分、爰ニ在紙二九二両二分、江戸紙八〇〇両」（享保二年）、「奉書七八両、江戸両所紙二七四両二分」（宝永七年）と記されており、紙問屋に紙を販売させていたのは判断できる。しかし、この当時は江戸には手代、京都には後述の岐阜屋治兵衛の介在が推定され、生産地と販売地問屋との直接の関係（送荷）が行なわれていたとは断じ難いのである。

そこで、次に紙生産地五箇村と江戸・京都紙問屋との直接的な恒常的な送荷を端的に示す「紙算用留」を例示する。

巳年分奉書売代銀勘定留
中里分両印残り紙代共ニ如此
一銀百六貫百三拾九匁六分
但新荷弐百四十箇遣候
内
銀三拾七貫弐百九拾六匁五分入
右ハ両印残り紙代午ノ春へ越候分
銀七拾九貫五百六拾三匁入
此金千三百弐拾両三分
尤此ノ内正月売金百五拾九両ハ六十弐匁立　其餘ハ皆六拾匁立ニして如此賣代也
二口〆百拾六貫八百五拾九匁五分
残而拾貫七百拾九匁九分　利分

表9　安永9子年　内田氏布内勘定

	24貫933匁	4,320反	亥9月両家仕切残り布、此分には駄賃造用不入元代ニ而
	17.　328.　6	2,880	亥9月2日、10月22日両家行24箇、此分には駄賃造用ともニ如此
	37.　663.　6	6,312	子盆前両家行足〆如此、此分もたちん造用共ニ
小　計	79.　925.　2	13,512	
	13.　905.	2,514	升屋子盆前迄ニ遣候分之内同盆前迄ニ売残ニ成9月仕切残り布ニ相立候分如此
	13.　702.　8 (27.　607.　8)	2,382 (4,896)	久保寺右同断
	55.　887.　5	8,616	子年商高此金901両1分10匁　62立　但子3月9月両家仕切金之分
小　計	83.　495.　3		
指　引	3.　570.　1 830.7.5		利　反ニ4分1厘余 外ニ
	4.　400.8.5		徳

此賣箇高弐百六拾箇　内　新九十箇　古百七十箇
　壱箇ニ四十一匁壱分九厘宛ノ利　造用分指引卅八匁五
　分弐リンツ、引

これは江戸紙問屋中里清兵衛分について、紙問屋仕切(売上)金と翌年への繰り越残り紙代金の合計から、前年よりの繰り越残り紙代金と当年送り紙代金を差引いた利得を決算したものである。中里以外の江戸問屋と京都問屋(越後屋源助)分についても同様に決算され、その合計金額が毎年算出される。これなどは、明らかに単年度で決済する方式ではなく、毎年、同一問屋と関係を持ち続けることを前提にした決算方法であることは、くり返すまでもなかろう。

一方、布に関して見ると、『毎春勘定覚』から布の恒常的な送荷・取引を判断させるようになるのは、享保八年からである。すなわち「江戸三軒布代一五貫四三二匁、爰・府中ニ有布一一貫一〇〇匁、木屋ニ布代内渡し有三貫六〇〇匁」(享保八年)の記載や、「江戸長井・升屋ニ残り布有代五貫九九六匁、爰ニ五三二〇反、一六貫一八三匁、冬買布代渡し木屋ニ二貫四六〇匁」(享保九年)の記載に見られるように、江戸升屋七左衛門・長井庄兵衛の手元には残り布が置かれたままであり、内田氏は五箇村の手元や、府中(津田与次右衛門蔵)に在庫を持ち、購入には福井の木屋吉右衛門に

表10　江戸における真綿・繰綿・木綿・蠟販売

	真　　綿	繰　　綿	木　　　　綿	蠟
享保 7	金　90両			
〃 8	銀2,779匁			
〃 9	〃　280 (長井ニ有)	銀3,978匁 (長井ニ有)		
〃 10	〃 1,551	〃 1,788		
〃 11	〃 1,551			
〃 12	〃　742.5			
〃 13	〃　600			
〃 14	〃　500			
〃 15	〃 3,420 (江戸京ニ)			
〃 16	〃 2,500 (　〃　)			
〃 17	〃 1,000			
〃 18	〃 1,000			
〃 19	〃 1,000			
寛保 4				金350両3分
延享 2				〃 350.　3
〃 3			金 80両(　900反)	
〃 4		金210両(20駄)	〃 550	
〃 5		〃　94.2分	〃 420　(5,300反)	
寛延 2			〃 420　(5,300反)	
〃 3			〃 180　(2,800反)	
〃 4			〃 170　(2,800反)	
明和 8		〃　95　(10駄)		
〃 9			〃　56.3(升屋かし)	
安永 4			〃　50　(升屋ニテ 700反)	
〃 6			〃　85　(升屋取次1400反)	
〃 9			〃　55　(升屋七ニ)	

布代金を前渡しして購入にあたらせている。この享保八・九年以降、毎年同様な記載が続き、固定した江戸布問屋に毎年々々、前年の売上げと在庫品量に応じて内田氏から送荷し、同時に買付商人を通して布の購入をさせている姿が判断できる。

布についても「紙算用留」と同様に「布内勘定」がつけられ、例えば安永九年分について表にまとめたのが表9であるが、表9の如く各年の利得(徳)が計算されている。利得決算の方法は、まったく紙の場合と同様であり、固定した同一布問屋と関係を持ち続けることを前提にした決算方法である。

なお、江戸においては右の如く紙・布を中心に販売を行なったとは言え、その他の商品を取扱わなかったわけではない。表10のごとく真綿・繰綿・木綿・蠟の販売が江戸で行なわれていた。勿論、一見して判る通り、紙・布のような毎年の恒常的なものではなく、真綿・繰綿など、いずれも一〇年以内の期間、各商品を販売させていることがわかる。享保九年の長井庄兵衛や明和九年以降の升屋七左衛門のように、常々は布問屋として内田氏からの布を売り捌いている商人が、三河などの生産地木綿買問屋から商品を取継ぎ、販売も行なっていたものである。

b　京　都

京都に関しては、内田氏の史料上、元禄五（一六九二）年から登場する。元禄五年～十六年の『内証覚帳』に記された京都関係の事項（表11）を見ると、越前国特産品の紙・布の他に、蠟・絹・糸絹・繰綿がある。絹糸はこの当時、越前国では養蚕が余り行なわれていなかったと考えられているので繰綿とともに他国産品を京都で販売させていたものであろう。蠟については、下って寛延元（一七四八）年越前から京都に送荷した史料があることから、越前産の蠟である可能性は強い。

右の京都における商品販売が、この当時、誰によって営まれていたのかは不明である。しかしこの後、正徳六（一七一六）年から、京都における販売や購入にあたっていたのは岐阜屋治兵衛であったことは明白である。岐阜屋は、享保五年の質物証文の宛名に「越前岩本村内田吉左衛門様御店　岐阜屋治兵衛殿」と記されており、恐らく、内田氏の京都における出店的な性格をもつ商人であったのだろう。表12に示したように、内田氏は岐阜屋を仲介として、仕入銀を与え商品を購入させた。また、五箇村よりの紙や他国産品（真綿）を販売させたのであろう。特に紙の販売については、岐阜屋は紙を京都の仲買い商人に卸していたようである。

このように、多商品を取扱っていた他、岐阜屋は享保三年に「岐阜屋渡し銀并家屋敷代有　二一六〇両」とあるように家屋敷・道具代などの商品以外の金額を多額に託され、また、内田氏の出店としての岐阜屋宛の質物証文もあり、現に岐阜屋が金利取り立てをしていることから、先に見た元禄～宝永期の江戸における手代の役割と岐阜屋の性格は同種のものと考えられる。岐阜屋に渡した金額が内田氏の惣〆合計中に占める比率が高い（享保二年二六％、同三年三八％、同五年二三％）という点でも、岐阜屋の占める役割の重さは「江戸ニ有」金額で表わされる手代の役割りと共通している。また、岐阜屋は「治兵衛持参金　一七五両」（享保二年）のように、時折、決算をして内田氏のもとに現金を持参してもいたのであろう。

しかし、この岐阜屋治兵衛の文字は、享保七年以降、一切見出せなくなる。何らかの理由で、内田氏と岐阜屋治兵衛との関係が絶たれたものであろう。その後京都において、内田氏は紙の販売を紙問屋越後屋源助に委託しており、その関係は、江戸紙問屋中里清兵衛について検討したのと同様に、恒常的な毎年毎年の荷送り、仕切りの関係を続けるものとなった。

他方、布については、表13のようにたまに行なうだけで恒常的な送荷はなく、糸・真綿・蠟と同様に単期的に取扱われていた。

表11　京都関係事項

元禄 5	金 100 両計	京紙・絹・蠟・繰綿、大坂木綿
8	70 両	糸絹京爰
	100 両計	紙京爰ニ有
9	240 両	京爰蠟有
	20 両計	京爰絹糸ニ有
11	10 両	京ニ紙
12	20 両	京ニ紙
13	30 両	紙京爰
16	48 両	京ニ布
	32 両	京ニ紙

『内証覚帳』により作成。

表12　岐阜屋次兵衛関係事項

正徳 6	勘定覚	きふ屋喰込　20 両
享保 2	〃	京　1,100 両
〃	〃	治兵衛持参金 175 両
享保 3	〃	岐阜屋渡し銀幷家屋敷代有 2,160 両
〃	〃	同所有紙代　145 両
〃	〃	真綿代同所有　18 両
享保 5	〃	京きふ屋仕入銀家屋敷道具代乾金 1,200 両代 72 貫匁
〃	質物証文	越前岩本村内田吉左エ門様御店岐阜屋治兵衛
丑　年（享保 6）	覚	カミ屋五兵衛→きふ屋治兵衛

表13　京都における布・糸・真綿・蠟関係事項

	蠟	糸	真　　綿	布
享保 2		金　150両（京・爰）	金　30両	
〃 11				銀 1,280匁（京三軒ニ残り布）
〃 13		銀　350匁		
〃 14				銀 2,030匁（京いせ屋残り布）
〃 15	銀 6,011匁（京・大坂・越前）		銀 3,420匁（京・江戸）	
〃 16	銀 20,640匁（京・大坂・爰）		銀 2,500匁（京・江戸）	
〃 17	銀 48,230匁（京・大坂・爰・福井・粟田部）			
〃 18	銀 1,200			
元文 2	14駄（京・大坂）			
〃 6			銀 10,600匁（京・爰）	
寛保 2				銀 19,440匁（京・大坂・名古屋）
〃 3				金20両（京ミの屋八右衛門布うり金）
延享 2		銀 13,704匁（京・爰）		
宝暦 6	銀 5,878匁（京・大坂）			
〃 7	銀 3,583匁（京・大坂）			

『毎春勘定覚』により作成。

c　大　坂

享保十三年、大坂河内屋の手元に米沢蠟を銀にして一三貫一三〇匁、内田氏は所有していたのを手始めに、表14のごとく、蠟・薬種等を大坂商人を通して購入・販売していた。特に内田氏は、越前産蠟を福井などで購入したものを送荷して大坂などで販売させる一方、米沢蠟・会津蠟・肥前蠟を購入して大坂で販売させた。

会津蠟については、江戸にて購入し、大坂に登らせて販売するという流路をとるため、たえず江戸の会津蠟値段や運賃も含めた販売手数料の計算が関心をもたれていた。その際、越前蠟を送荷した場合との比較が考慮の前提となっており、その時期、どこ産の蠟を取扱うのが有利かを判断するための情報収集であったとも言える⑮。なお、寛延元（一七四八）年当時、大坂における蠟取扱いの問屋には河内屋又右衛門・日野屋甚右衛門・河内屋治兵衛があり、越前や江戸から大坂へ内田氏が送荷した蠟の販売を委託されていた。

これとは逆に、大坂にて購入し江戸に送って販売するという商品の流れもあった。例えば繰綿がそうである。

表14　大坂における取扱い商品

	貫　匁	
享保13	銀13,130	大坂(河内屋)ニ米沢らう代有
	〃　3,900	大坂ニ(越前蠟)
〃　14	〃　2,020	大坂布津らう
〃　15	〃 23,672	大坂買蠟代
	〃　6,011	京・大坂越前らう
〃　16	〃 20,640	京・大坂・爰ニ蠟
	〃　1,250	菜種大坂
〃　17	〃 48,230	蠟福井・京・大坂・粟田部ニ有
〃　18	〃　5,000	大坂ニ会津蠟
	〃　897	菜種大坂ニ
〃　19	〃　897	菜種大坂ニ
〃　20	〃　890	菜種大坂ニ
元文 2	〃	蠟14駄京・大坂ニ有
〃　3	〃　6,900	蠟、大坂ひの屋ニ三駄有
	〃　1,800	水銀、大坂河内屋
〃　4	〃 10,586	布　大坂近江屋・奈良屋残布代
〃　5	〃　5,400	布　大坂二軒残布　904反代但1反ニ6分歩引有
	〃	紙　大坂近江屋・奈良屋
寛保 2	〃　8,350	蠟　大坂5駄
	〃　2,850	菜種　大坂有
	〃 19,440	布　京・大坂・名古屋
延享 2	〃　9,854.4	播磨屋・奈良屋・白木屋残布1,662反代
〃　3	〃　2,826	奈良屋残布4箇代
寛延 2	〃　3,622	山茱萸　河又ニ有
	〃　1,815	黄　芪　河治ニ有
	〃　670	山帰来　日野屋ニ有
	〃　1,662	黄　芩　日野屋ニ有
	〃　2,520	蘇　木　日の屋ニ有
〃　3	〃　4,992	肉　桂　河又ニ有
	〃　1,392	肉　桂　日野屋ニ有
	〃　5,440	山茱萸　河文ニ有
	〃　1,815	黄　芪　河治ニ有
	〃　2,300	蘇　木　日の屋ニ有
	〃　3,325	黄　芩　　〃
	〃　2,644	山茱萸　河治ニ有
	〃　1,563	砂　糖　河治ニ有
〃　4	〃　6,864	肉　桂　河又ニ有
	〃　765	肉　桂　日野屋ニ有
	〃　1,815	黄　芪　河治ニ有
宝暦 5	〃　5,205	生　蠟　4駄大坂ニ
	〃　1,381	肥前蠟　5丸　申暮買河治ニ有
	〃　4,158	肥前蠟　14丸　申戌両年かい残り河又ニ有
	〃　3,440	木ノ実蠟　20丸　河治ニ有
〃　6	〃　1,381	肥前蠟　5丸　河治申暮かい
〃　7	〃　3,583	生　蠟　4駄　京・大坂ニ
	〃　2,307	肥前蠟　大坂両家ニ
〃　8	〃　7,500	生　蠟　大坂ニ
	〃　1,064	肥前蠟　6丸　子年買　河又ニ有
〃　9	〃　1,064	肥前蠟　河又ニ
〃　10	〃　3,720	越後ろう　15丸　河又ニ有
天明 2	〃　1,120	水　銀　日野作ニ

『毎春勘定覚』から作成。

大坂ニ而繰綿買候時掛り物覚書

一繰綿拾駄此立数三拾本　正め九貫三百目入
此貫目合弐百七拾九貫目
但百匁ニ付七貫九百目かへ
代三貫五百三拾壱匁六分三厘
内拾四匁壱分弐厘　四ノ引有
残而三貫五百拾七匁五分壱厘
又拾七匁五分八厘　とい屋半口せん
又六拾匁　縄莚包紙代荷作りちん
又拾壱匁　平野ゟ大坂迄たちん
〆三貫六百六匁九厘
此金六拾四両九匁九分弐厘　小判五拾六匁弐分かへ
又百弐拾匁　大坂ゟ江戸迄運賃
此金弐百九匁　小判六拾匁かへ　是ハ江戸ニ而渡候
惣〆六拾六両八匁九分弐厘　小判六拾匁ニシテ
右ハ享保八年辰十月廿四日大坂堺屋七左衛門殿ニ而買、直ニ江戸積ニ仕如此ニ江戸着申候、
但江戸ニ而売候時ノ掛りものハ、拾駄ニ金弐両懸リ申候、是ニ而蔵敷口せん何もかも済申候、

車屋久右衛門出

右の史料は享保八年十月二四日に、内田氏が大坂の堺屋七左衛門から摂州平野の車屋久右衛門出しの繰綿十駄を購入し、大坂から直に江戸送りをして販売するに至る原価と諸経費を算出したものである。この場合、内田氏が越前国とは一切

表15　名古屋における布と紙

	布		紙	
享保19	銀　1,758匁	名古屋ニ布有	銀1,200匁	なこ屋ニかミうり残り有
〃　20	〃　　600	なこ屋ニ有布300反余		
元文 6	〃　1,594.2	名古屋残り布代		
寛保 2	〃 19,440	京・大坂・名古屋		

無関係に、大坂で商品を購入して直に江戸送りしている点に注目される⑯。

以上のごとく、越前から大坂に向けて、あるいは江戸から大坂に向けて商品が運ばれたり、また大坂から江戸へという商品流通によって利潤抽出を内田氏が企図していたほかに、表14の寛延二～四年の薬種類や肥前蠟については、安価な際に河内屋などに購入させ、そのまま同一問屋に販売させるという、季節間の価格差に利潤抽出を見出すこともあった。

ところで、江戸・京に向けてと同様な大坂市場に向けての内田氏からの紙・布の恒常的な送荷はあったのであろうか。表14の元文～延享期に限って、近江屋・奈良屋に内田氏は布・紙を送荷した模様であるが、それは数年間のみで、恒常的な送荷とは言い難いものである。近江屋・奈良屋の側から紙・布を注文してきたものか、否かはわからぬが、いずれにしても内田氏は、この数ケ年の他に紙・布販売を大坂では一切行っていない。内田氏の商業経営にとって大坂は、固定した紙・布問屋に恒常的な紙・布を送荷・販売させる市場ではなく、いわゆる遠隔地間商業のための商品購入と販売を多種の商品を扱う荷受問屋に委ねた市場であったと位置づけることが出来よう。

d　その他

布の販売地として、一時期、名古屋の商人と内田氏は取引があったものの、表15の如く、それは短期間であり、かつ少額の商いに止まっていた。

以上の三都商人を介した商品流通の他に、内田氏が商品生産地において購入し、市場に送荷した繰綿・木綿について、ここで触れておきたい。繰綿については、『毎春勘定覚』に「八幡綿　江戸積八駄代買元　銀五貫四四六匁」(延享二年)、「繰綿　江戸二一〇両二〇駄、八幡二一〇〇両一〇駄、爰ニ四貫三四〇匁一四本」(延享四年)と記されているように、近江八幡で購入した繰綿は、越前国領域市場向けに送られたり、近江八幡から直接江戸積みされたことがわかる。

　　八幡ニ而繰綿買候掛リ物覚
口銭　銀百匁ニ五分ツヽ
荷作入用　壱箇ニ付弐匁五分計　享保十一午年ハ壱箇ニ弐匁六分ツヽ作りちん取申候
大津迄たちん　壱駄ニ付七匁計　是迄ハ八幡とい屋仕切ニ乗セ候
大津ゟ府中迄たちん　弐拾匁壱分
府中ゟふくい迄壱駄ニ付たちん　六匁計
〆
右之通享保八卯九月廿五日買候くりわたニ懸リ申候たちん之儀、時々少々ツヽ高下可在之候、又態々造リ人付候へハ此外に造用入可申者也、

右の史料は、近江八幡で購入した繰綿を大津・府中を経て福井に至るまでの諸経費を算出したもので、その間の繰綿の流通を裏付けている。

　木綿については、三河買問屋を通して内田氏は購入し、江戸に送って販売させていた。

　　三州ニて木綿買懸リ物覚
一木綿百反ニ付銀拾弐匁ツヽ、
　但江戸迄運賃共ニ、此外三州ニ而懸リ物無之候、小判ハ六拾匁立也
一木綿江戸ニ而売払候節懸リ物
　買引金壱両ニ付壱分ツヽ　蔵敷百反ニ付七匁宛
とりかへ金壱両ニ付三分五厘ツヽ　小判六拾弐匁立

右の史料は『万覚書』中の宝暦年中の記事と推定されるが、三河で購入した木綿の江戸販売までの諸経費が記されている。『毎春勘定覚』の延享三年分には「木綿江戸ニ九〇〇反　但林氏残金かり引而八〇両」と書かれ、三州岡崎矢作の林孫右衛門からの購入分が江戸に内田氏の在庫として八〇〇反計上されている。木綿買問屋には、林孫右衛門のほかに、三州岡崎の源谷半左衛門、天野左助、山本甚兵衛、寺部孫三郎や、尾州木綿の買問屋として名古屋の平野善兵衛・大橋源三右衛門、浜嶋源兵衛らが、働きの宜い買問屋として、江戸の問屋升屋七左衛門や長井庄兵衛から内田氏に知らされている。

小　括

ここまでの検討から、以下のことを確認しておきたい。

①元禄～宝永期、内田氏の惣〆合計の、多い時には過半を越え、少くとも三～四割を占める「江戸に有」る金額とは、内田氏に江戸出店が無いことからも、江戸に遣した手代によって、半ば独立した運用によって、商業、金融業を行なったものと理解される。金融業の中には、旗本などへの貸付の他、町屋敷経営が含まれていた可能性がある。商業については、越前国産品の紙・布・蠟の他、畿内・三河などの生産地で真綿・繰綿・木綿などを購入・送荷させて江戸問屋に販売させていた。この商業は、紙・布なども含めて、当時の江戸市場において有利と思われた商品を、遠隔地の生産地から買い付け、輸送・販売することで商業利潤を抽出する点に特色があった。しかし、この手代にまかせた経営は、宝永四年の高額(二二五〇両)な手代引負い以後、経営規模を縮少し、ついにはこの方式は廃止された。

②京都では、正徳六年から享保六年までの間、「内田吉左衛門様御店」と称せられた岐阜屋治兵衛に、多い時には二三二三両(惣〆合計の三割八分)もの金を託し、商品の仕入れや金融業を行なわせていた。丁度、江戸手代に委ねた経営と同様な性格であると言える。

③江戸手代や京都岐阜屋に、多額な金をまかせるという経営方式が享保初年を境として廃止された後、内田氏は、江

戸と京都の固定した紙・布専業問屋と恒常的な商品取引を行なうようになる。この新しい商品流通の方式は、前年度の江戸・京都での問屋仕切金と在庫品量に応じて、内田氏が商品を送荷したり、同時に新紙の集荷や買付商人を通して布の集荷をさせるというもので、単年度ではなく、毎年毎年の長期的な継続した決済方式が取られるようになる。

④大坂は、内田氏にとって、紙・布を恒常的に販売させる市場ではなく、遠隔地向けの商業のために、その時機に有利な商品購入と販売とを諸問屋(多品種を扱う荷受問屋)を介して行なう処であったと言える。遠隔地向けの商品(繰綿・木綿・蠟・薬種など)については、大坂の地に近江八幡や三河などの商品生産地買問屋からも購入され、大坂で販売される他、江戸・京都や越前国内に送荷された。これらの商品は、紙・布と違い、一貫して継続して商なわれ続けることはなく、多くは十年以内の期間でその商品の有利な時期にのみ取扱われ、享保期以降にも行なわれ続ける。

三　商業経営の変質

図1を参考にしつつ、まず、前章までの流通機構に関する検討を整理しておきたい。越前国領域市場における福井木屋吉右衛門、三国蠟燭屋理右衛門に行なわせた「支配金」方式と、江戸・京都における手代と岐阜屋治兵衛に行なわせた経営方式とは、元禄～享保初年の期間内において、いずれも内田氏から高額金を委託され、それぞれの地において内田氏に代わって経営を行なっていたものである。三国蠟燭屋と京都岐阜屋については明らかではないが、福井木屋と江戸手代とは、ともに高額の引負いをし、右期間以降、一切この経営方式は取られなくなった。明らかに、右の経営方式は、内田氏からみれば引負いなどの危険をともなうにも拘らず、享保初年まで内田氏が惣〆合計の過半を超えるほどに重視した理由は何であろうか。

内田氏の居住する五箇村から遠隔な各地で行なった金融活動は、その地の人間に託される必要があったことは言う迄もないが、何よりも、当時の商いが固定した生産地から固定した市場に向けて恒常的な商品流通を持つというものではなく、時宜に応じて有利な不特定の商品を購入し、その商品をより高い価格の市場や時期に、臨機に販売することで売

図１　内田氏の集荷・販売商人関係図

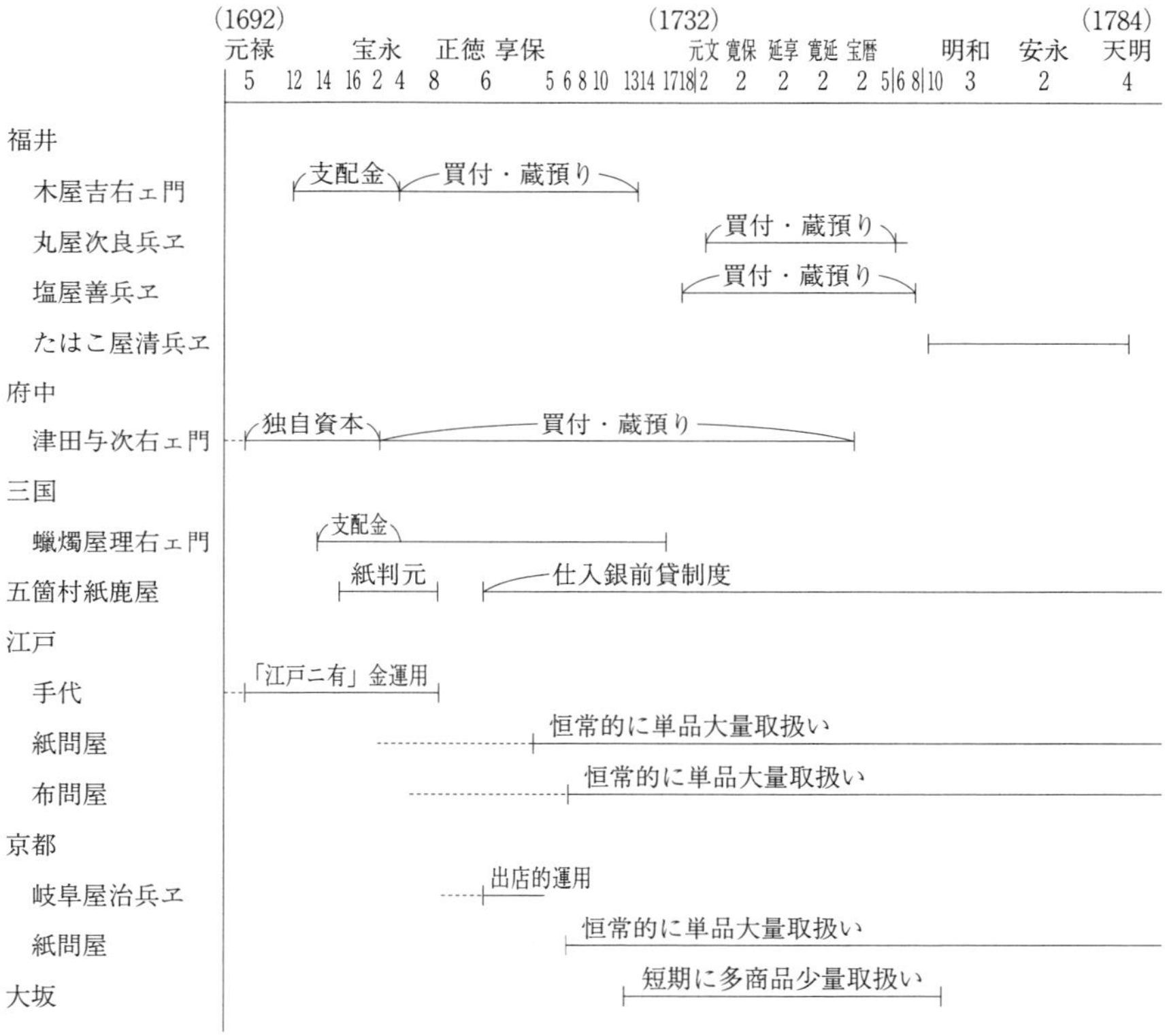

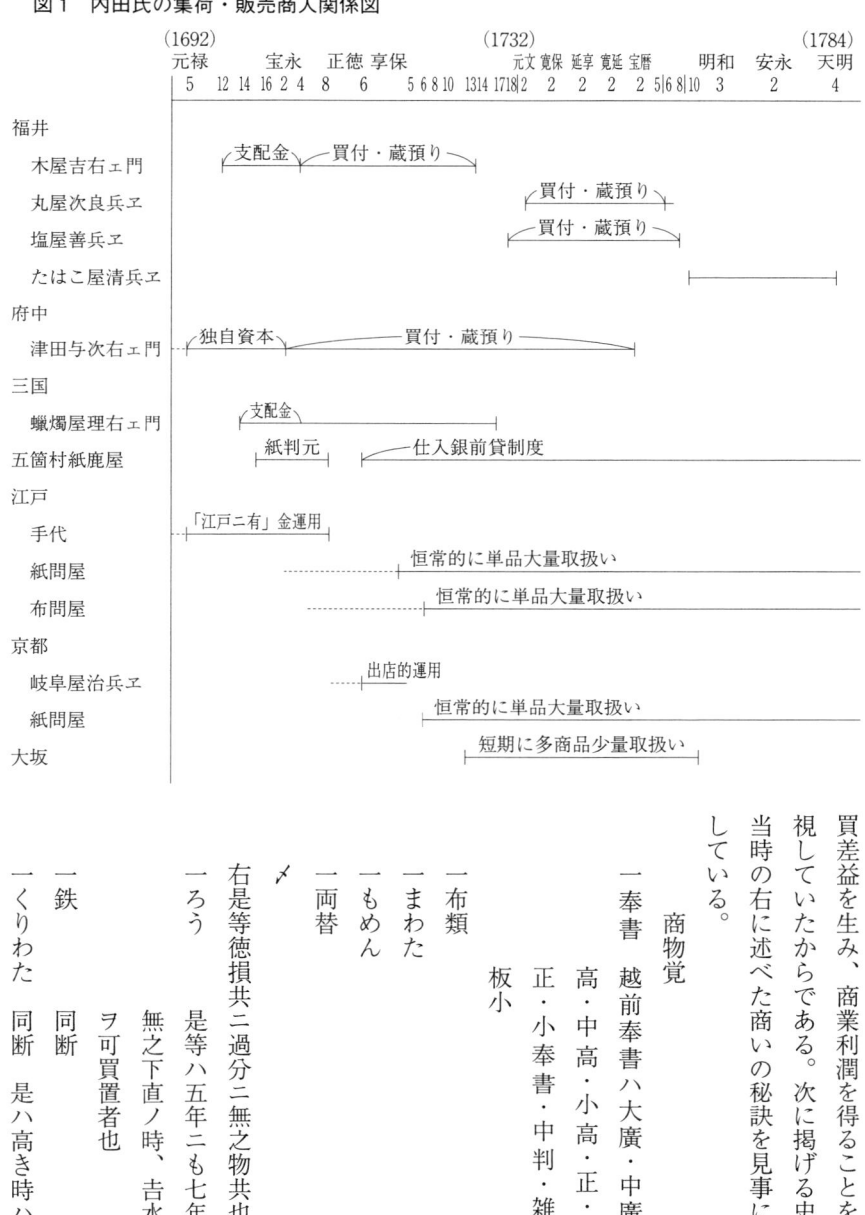

買差益を生み、商業利潤を得ることを、重視していたからである。次に掲げる史料は、当時の右に述べた商いの秘訣を見事に表現している。

　　商物覚

一奉書　越前奉書ハ大廣・中廣・大
　　　高・中高・小高・正・宗間
　　　正・小奉書・中判・雑紙・
　　　板小

一布類

一まわた

一もめん

一両替

〆

右是等徳損共ニ過分ニ無之物共也

一ろう　是等ハ五年ニも七年ニも
　　　無之下直ノ時、吉水上々
　　　ヲ可買置者也

一鉄　同断

一くりわた　同断　是ハ高き時ハ少可

　　　　　　買
一糸　　　同断　是も同断
〆
右是ハ格別高下在之物也、然共かこい候ても早速あしくハ不成物共也
一米其外(穀)石類
一たはこ
右是等之様成物少々たくわへも有者、米なと別而買置申間敷事也、尤作あしかれとハ不思物なれとも作なと能候時ハ心能もなき物也、然ハあしきやうニいのる心同前也、

右は宝永七(一七一〇)年書出しの『万覚書』の冒頭部分に記された家訓の最後の部分である。宝永七年当時の内田氏は右に列挙してある商品のすべてと砂糖・木材・苧などを取扱っており(元禄五年～正徳六年『内証覚帳』)、その経験から得られた各商品ごとの商いの秘訣である。そこには、奉書・布などの損得の小さい商品、蠟・鉄などの価格変動の激しいものでしかも貯蔵しても品質が落ちない商品、米・たばこなどの貯蔵してはならない商品の区別がつけられ、従って各商品の性質にふさわしい商い方法がおのずから考慮されてくる。

また、右の「商物覚」に先行する家訓箇条書きの中で、商いに関する一項目として、「第一商のひミつと言ふハ、高き物無用也、下直ニてたとへ半年壱年或ハ弐年かこひ候ても不苦物を可買調置、賣候時も十分ニ無之候とも少利分在之候ハヽ、賣可申、只様之者も夫ニて利ヲ取筈ニ候へハ十分と存候へハ買不申者也、其後ニハおのつから下ル物也」と記されている。すなわち、在庫になっても品質の悪化しない商品を安価な時に購入して、販売の時期は少しでも利得があれば売り捌くこと、また、たとえ只同然の安い商品でも必ず後で下落するので余分には購入しないことを商いの秘訣として家訓の一つにしている。

以上の宝永七年に記された商いの秘訣は、恒常的な商品流通をまったく想定しておらず、いかにして有利な不特定商

品を購入し、その商品を高い価格の市場や時期に販売すべきかを説いたものである。このような内田氏の商業経営のためには、商品の多様に移動し、相場の変動が早くわかる地、すなわち、越前国領域市場では三国・福井であり、販売市場では江戸・京都に居ることが必要条件となっていたからこそ、内田氏は江戸手代・京都岐阜屋・福井木屋・三国蠟燭屋を必要としたのであった。

しかるに、江戸・京都・福井・三国の右の経営方式が享保初年ですべて終ったことの意味は、最早、そのような経営方式を取ることが危険であり、かつ不利な市場構造に変質したと内田氏に判断されたからに他あるまい。換言すれば、もっと安全に、しかも新しい市場構造に適応した有利な商い方式を行ないうると考えたからに違いあるまい。すなわち、販売市場である江戸・京都に、単品を扱う専業問屋がその商いの信用を確立するという条件が整うなかで[17]、内田氏は、享保初年から紙・布を取扱い商品の中心にすえて毎年毎年、恒常的に固定した紙・布問屋に商品を送荷するようになった。つまり、江戸・京都の紙・布問屋の前年度の販売量・売れ残り商品量に応じて商品送荷をし、さらに送荷量に応じて商品集荷をするという恒常的な商品流通の間に利潤を生むという方式をとり始めたのである。

この、前年度の商品販売量に応じて商品輸送するためには、内田氏は、商品集荷を確実に、かつ有利な条件(より安価に)で集荷することが重要な課題になるのは必然であった。そのために、布については福井の木屋吉右衛門・塩屋善兵衛・丸屋次良兵衛や府中の津田与次右衛門という布問屋を買付商人にし、内田氏の前渡し金で指示通りに購入にあたらせるようになった。言うまでもなく、彼ら布買問屋が独自資本で布を内田氏に販売するのであれば、そこに布買問屋の主体的な商業利潤抽出の途が存在するのであろう。しかし、身代潰れのところを、内田氏の資金で救済されてから以降は、前渡し金を受けて内田氏に代わって商品購入にあたる買付商人となった以上、単に、内田氏から口銭、蔵敷を受け取るのみで、独自の主体的な商業利潤は生み出し得ないことになった。内田氏は、商品(布)購入過程の中間に介在した買問屋の利潤獲得を否定し、より直接的に布を集荷し始めたのであった。

他方、紙の集荷については、内田氏はいかなる方法を取ったのであろうか。

近世において越前奉書生産地として名高い五箇村は、すでに中世では和紙の産地として京都などで知られていた。近世初頭に至る迄は大滝村三田村氏を中心にした紙座が編成されており、領主の需要と他国に向けた紙生産が紙座構成員である紙屋たちによって特権的に行われてきた。しかし、領主―三田村氏によって統制されてきた紙座の秩序は小農民でもある漉屋[18]たちの広範な生産活動によって破られたのであった。五箇村新興漉屋たちによる生産は、寛永末年から元禄初年の半世紀に、隆盛を誇っていた。この繁栄は、全国的に見て、五箇村の紙生産が中世以来の伝統的な名声と技術とをふまえて、他の紙生産地に先がけて、特産品としての稀少性を保持していたことに起因していた。従って全国各地において、領主の生産奨励もあいまって、紙生産が盛んになり流通量も増加すると、次第に五箇村の紙の需要は減退していった[19]。大きくは、このような市場構造の変化に原因をもち、しかも、直接的な原因としては、漉屋に対する元禄十二（一六九九）年以来の福井藩紙会所（専売）制度に苦しめられ、かつ、小農民としては宝永五（一七〇八）年以来の高免率（岩本村では九割一分、大滝村は八割八分の年貢率）に苦しめられたことで、五箇村漉屋たちは、享保初年から零細なものから窮乏し始めたのであった。かかる窮乏期に、村を単位として藩に上訴して年貢減免・下行米要求をすることもあったが、しかし、一人一人の漉屋にとっては、或る年の年貢上納に差支えるか、ないしは紙原料仕入銀にこと欠くという状態に陥った時、とにもかくにも、身近な村内の富裕者より不足分を借り受けるほか再生産の途はなかったのである。

五箇村漉屋は、紙漉の主要な道具を質物に入れて、年貢上納時でありかつ紙草（楮）仕入時でもある十一月頃に、内田氏などから借銀をして翌春三月から五月迄に漉立てた製品で返済をするという関係を持ち始めた。そこに至る過程で諸原因によって再生産に不足を生じ、この関係を結び始めた漉屋は、借銀時から返済時までの紙の漉立期間に月一歩～一歩半の利足を付加される以上、その多くの漉屋にとっては次の年貢上納時、かつ原料仕入時に再び借銀をせざる得なくなり、結局、また借銀をして製品で返済するサイクルから抜け出ることが困難になってしまう。

内田氏に残された五箇村民よりの一紙証文（借銀・質物・年賦・本物返し証文など）四八〇通の中から、漉屋で内田氏から借銀をして右のような下請生産者として組み込まれ始める際の証文を抜き出し、整理をすると以下の諸点が指摘できる。

①享保元(一七一六)年から天保十一(一八四〇)年までの間に、五箇村全村にわたってのべ六六名の漉屋に対して、内田氏は前貸し銀を貸し付け、下請として組み込んだ。②漉屋が内田氏の下請けに組み込まれ始める時期は、延享～宝暦期(一七四五～一七五五)をピークに展開しているが、その始まりは享保期からであり、享保期の件数が二番目に多い。また、内田氏の『毎春勘定覚』には、「貸帳ニ有リ」・「質帳ニ」という項目は元禄以来毎年、一貫して記されているが、「紙仕入銀貸付帳ニ有リ」の項目は享保元(一七一六)年から始まり、以後連年記され続けることからも、内田氏が漉屋に対して前貸し金貸付を享保元年から開始していることがわかる。

ひとたび下請化した漉屋たちの多くは、その上に農業不作や紙の下落に見まわれると、それ迄以上に内田氏から借銀を重ね、より深い内田氏の下への従属(下請)を余儀なくされる。ついには、内田氏の商業経営に適応的に下請漉屋の紙生産量そのものが規定されるほどになる。具体的には、内田氏の三都における紙の販売が不振で、残り紙の多い宝暦九(一七五九)年の翌年には、新紙生産はゼロであったり、安永八年～天明八(一七七九～八八)年に利得が低下し残り紙が増加すると新紙のゼロは続いた。このことは、内田氏が前年度の三都の紙販売量に応じて荷送りを制限するのみならず、下請漉屋の生産量そのものを制限し得る迄に漉屋の下請化を強めたと言える。[20]

かくして内田氏は、布の集荷と同様に、紙についても、享保初年から生産者である漉屋を下請化して、確実に安価に集荷することができるようになった。換言すれば、漉屋たちには自分の都合の良い商人により高価に有利に製品を売捌くという主体性が失われたことを意味する。

右に見た如く、享保初年以降、紙・布の集荷過程における合理化が果され、江戸・京都の専業問屋に恒常的な荷送りをする商品流通機構が確立するのと、ほぼ時を同じくして内田氏は、それ迄各地において中心的に取り組まれていた商業、すなわち有利な不特定商品を購入してより高い価格の市場(遠隔地)や時期に販売する商業を整理した。この後者の商業は、専ら大坂の諸問屋(荷受問屋)のみを軸にして展開するように変えたのである。大坂商人を通じて時宜に応じた商品購入・取次・販売を委ねるこのような商業の方式を、内田氏は全く廃止したのではなく、幾分とも残していたこと

表 16　紙・布の経営に占める比率

	A　欄	B　欄	C　欄
	紙・布合計	紙・布合計／物〆合計	紙・布合計／商業合計
年	銀　匁	%	%
正徳 6	115,860	22.9	45.5
享保 2	86,085	28.3	43.7
〃 3	114,010	24.6	33.8
〃 4			
〃 5	119,195	30.2	52.0
〃 6			
〃 7	63,680	34.8	53.1
〃 8	63,880	36.0	59.3
〃 9	57,883	29.1	47.9
〃 10	73,232	39.6	68.6
〃 11	91,332	43.3	76.0
〃 12	86,477.5	41.2	68.6
〃 13	69,520	32.9	53.1
〃 14	58,450	28.2	49.4
〃 15	84,371	36.1	59.3
〃 16	98,250	45.6	67.8
〃 17	106,038	41.8	59.7
〃 18	115,400	45.4	69.8
〃 19	118,001	48.5	70.4
〃 20	119,834	48.5	70.3
〃 21	131,510	56.4	82.1
元文 2	223,010	59.1	75.6
〃 3	262,775	59.6	77.8
〃 4	257,443	56.7	78.1
〃 5	209,680	47.8	65.1
〃 6	210,159	45.7	69.9
寛保 2	240,136	54.3	84.1
〃 3	232,746	49.9	78.2
〃 4	227,021	54.2	72.9
延享 2	241,807	56.6	67.7
〃 3	305,240	61.9	83.0
〃 4	251,482	54.5	76.1
〃 5	275,066	58.2	70.6
寛延 2	268,818	55.4	73.1
〃 3	239,245	51.9	72.0
〃 4	226,221	49.6	66.0
宝暦 2	223,203	51.6	69.1
〃 3	207,257	49.4	70.9
〃 4	174,135	43.3	59.1
〃 5	208,745	48.4	67.7
〃 6	205,210	47.1	62.7
〃 7	211,991	49.8	67.0
〃 8	222,228	51.6	70.2
〃 9	190,816	49.3	73.0
〃 10	181,557	48.3	66.6
〃 11	134,713	38.9	62.6
〃 12			
〃 13			
〃 14	158,164	38.2	61.6
明和 2			
〃 3			
〃 4			
〃 5	168,616	39.7	62.9
〃 6	191,459	45.6	66.1
〃 7	180,551	43.0	63.8
〃 8	154,121	38.0	55.6
〃 9	174,722	38.3	65.0
安永 2	171,123	37.8	64.3
〃 3	174,611	38.2	62.9
〃 4	189,557	40.0	67.0
〃 5	176,122	37.4	62.4
〃 6	145,583	30.2	49.7
〃 7			
〃 8	175,279	35.5	63.1
〃 9	199,654	39.3	66.9
〃 10	198,443	39.1	67.5
天明 2	217,547	42.7	67.3
〃 3	214,694	41.1	70.9
〃 4	236,541	45.0	76.4
〃 5	219,461	41.2	73.4
〃 6	240,123	43.9	79.1
〃 7	234,201	40.8	81.6
〃 8	218,173	37.5	76.1
〃 9	238,107	40.8	79.9
寛政 2	241,423	40.6	62.4
〃 3	281,530	47.7	81.6

を、指摘しておく。

ところで、右に述べたような享保初年を画期とした内田氏の商業経営の変質が、ここまでの商品流通形態の検討から把握されたとしても、紙・布の取扱い金額が経営全体のごく一部を占めるに過ぎないのならば、商業経営の変質と敢えて言える程の意味を持ち得まい。そこで次に、内田氏の経営の中で、紙・布の商い金額が惣〆合計金額や商品取扱い合計金額に対して、どの程度の割合いを占めるのかを時期に応じて検討してみることにする。

表16は、正徳六(一七一六)年からの細目の判る『毎春勘定覚』によって作成した、(A)紙・布合計金額(「爰ニ有る紙・布」+「江戸・京仕切金」+「江戸・京残り紙・布」)と、それが惣〆合計金額の中で占める割合(B)と、さらに惣〆合計から金融業に関する金額を差引いた商品取扱い金額の中で紙・布合計金額の占める割合(C)を示したものである。また、表17は元禄五(一六九二)年から宝永八(一七一一)年までの『内証覚帳』にもとづいて、同様に、紙・布合計金額(A)とその比率(B)(C)を示したものである。但し、元禄五年~十五年と宝永八年は「江戸ニ有」る金額の細目が不明であるため、江戸を除いた分に対するそれぞれの比率を示している。「江戸ニ有」の性格は、前に検討した通りであり、江戸以外の商業・金融金額の比率と大きな差異はなかろうと思われるので、江戸を除いた比率はそれなりの根拠を持ち得よう。また、宝永五年~七年は「江戸ニ有」金額の細目はわかるものの、「判元出資」を行なっており、それが商品仕入れと金融との両性格を持つことから、宝永五年~七年の場合は判元出資金を除いた分の中での紙・

表17　紙・布の経営に占める比率

年	A　欄	B　欄	C　欄
	紙・布合計	紙・布合計 / 惣〆合計ー江戸金	紙・布合計 / 江戸を除いた商業合計
元禄 5	金 100 両	3.8%	33.3%
〃 6			
〃 7	170	6.1	16.1
〃 8	230	8.2	23.8
〃 9	310	11.7	27.4
〃 10	440	15.2	29.7
〃 11	200	5.8	10.8
〃 12	0	0	0
〃 13	0	0	0
〃 14	500	14.8	39.0
〃 15	170	5.0	19.5
宝永 5	115	4.0	14.7
〃 6	385	10.7	36.5
〃 7	601.3 分	12.1	24.7
〃 8	424.2	14.2	16.4

図２　紙・布の経営に占める比率

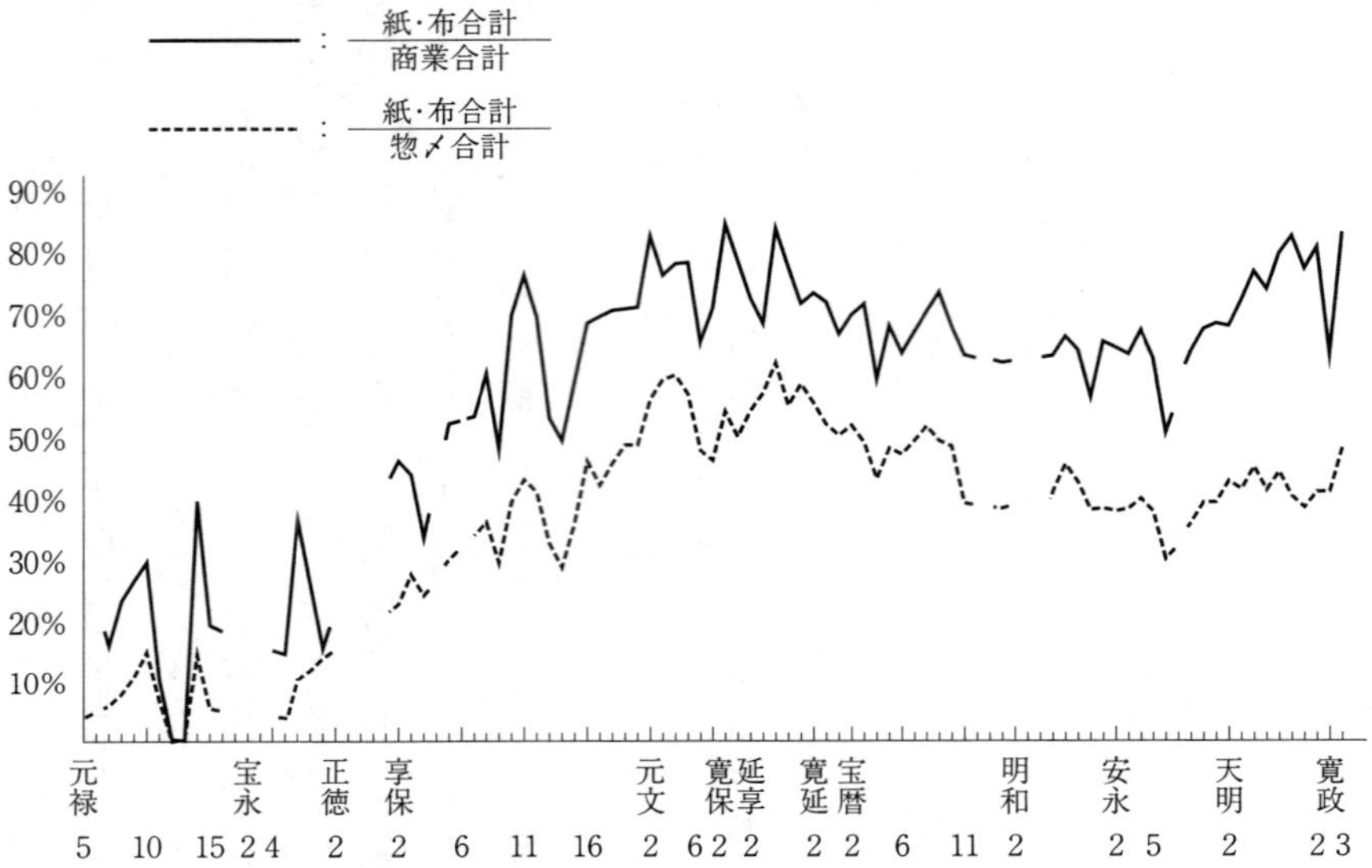

布取扱い金額の検討を行なった。さらに図２は、表16・17から作成した紙・布合計金額の惣〆合計・商業合計金額に占める比率をグラフに示したものである。

表16・17と図２から指摘できることは、紙・布合計金額が、金融業も含めた全体の内田氏の中で占める割合（Ⓑ・点線）は、元禄～宝永期には〇～一五％の幅を占め、正徳六年～享保五年に二〇％台を、ついで享保七～十五年に二〇～四〇％に増え、さらに享保十六年～宝暦十年には四〇～六〇％を占めるに至る。他方、商品取扱い金額の中で占める紙・布合計金額の割合（Ⓒ・実線）は、元禄～宝永期に一〇～四〇％、正徳六年～享保五年が四〇％前後、その後増加して、享保十六年以降、検討の可能な寛政期まで六〇～八〇％を占めていることがわかる。

右の分析結果から、次のことを確認することができよう。すなわち、元禄～宝永期には紙・布二品目は、他の多くの商品と同様に、有利な時に購入して高い価格の市場や時期に販売する商業の対象として、時宜にかなった際に取扱われる（現に元禄十二・十三年には取扱われていない）商品としての性格をもっていた。しかし、正徳～享保初年を過渡期として、享保十六年からは、紙・布二品目が金額の上で、内田氏の商業の大部分を占めるに至ったことを確認できよう[21]。

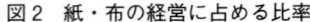

右の結果は、前述してきた商品流通形態の検討から把握された、内田氏の商業経営の変質の理解とまったく照応することは言うまでもない。ここにはっきりと、内田氏の商業経営は享保初年頃を画期として、その前後で大きく変質したと言うことができる。

おわりに

近世中期に一個の商人資本の経営が変質したことを検証してきた。では、商業経営が享保初年を画期として変質したことの意義を、どのように理解したらよいのであろうか。これ迄の行論ですでに述べてもいるが、小稿では商人資本が、いかにして商業利潤を獲得するのか、という分析視角を基本に据えてきた。近世における在村商人が、封建領主による村請制度支配の規定性から、村内農民に担保以上の借金をさせたり、あるいは領主から御用金・調達金を命じられたりというような近世封建社会に特徴的な規定性を受けながらも、しかし基本的には、全国的な市場構造の変化に敏感に反応しつつ、状況に最適な経営方式を求めようとしたことは疑いの無いところである。

一般的に、前近代の市場構造は、商品量の増大と交通の発達が進めば進むほど、同一商品の地域間・季節間の価格差は減少し、ついには単一の市場価格を持つ近代的な国内市場形成に向かう、と考えることができる㉒。この国内市場形成に向かう過程は、生産努力と照応して不断に進行するものではあるといえ、その中には、極めて停滞的な時期もあれば、逆に大きく飛躍的に隔地間の価格差をせばめた時期もある。小稿で対象にした近世中期とは、まさに、商品量の増大によって各商品の地域間・季節間の価格差を大幅に減少させ、それまでの市場構造に画期的な変化を与えた時期であったと言える。

近世中期の市場構造の変化によって、今や、不特定な稀少性のある商品を有利な時期に購入して、地域間や季節間の価格差を目あてに販売する商業利潤抽出の方法は、旨みのないしかも危険が伴うものとなった。ために、商人資本が商業利潤を獲得するには、これまで余りかえりみられることのなかった流通機構の夾雑物を合理化したり、取扱い商品量の小額で多品種に及ぶのを改めたり、あるいは特産物生産者の得分に吸着せざるを得なくなったのである。内田氏の経営に即して言えば、流通機構の合理化(江戸手代・京都岐阜屋・三国蠟燭屋・福井木屋への委託金方式を改め、布を中心にした集荷のために布問屋を買付商人にした)や取扱い商品を紙・布二品目に代表させ、恒常的にそれぞれ大量に販売することで利潤を抽出しようとはかり、さらには、越前国の特産品である奉書の生産者(漉屋)に仕入銀を前貸し、製品で返済させる間に、高利を得るという小生産者への吸着も、近世中期の市場構造の変化に柔軟に即応した商業経営の変質として統一的に理解できよう。

このように個別商人資本の経営変質の意義を、市場構造の変化から規定された商業利潤抽出方式の変質と理解する時、これを一人内田氏の特殊例とせずに、体制的・構造的性質へと普遍化させて考えるならば、はじめにで述べた「初期豪商」や「のこぎり商人」のいわゆる遠隔地間商業の衰退や全国的な流通機構の編成がこの近世中期に見られ、また同時期に、都市における多品種取扱いの荷受問屋から単品を大量に取扱う専業問屋への交代がなされたり、生産地荷主の買次化や前貸し支配をした都市仕入問屋に夥しい資産増大が見られたことなどを、相互に有機的に照応したものとして理解することが可能となろう。

注

(1)　古島敏雄『近世日本農業の構造』(日本評論社・一九四三、東京大学出版会・一九五七)を始め、最近の脇田修『元禄の社会』(塙書房・一九八〇)に至る、この点に関する研究蓄積は厚く、その成果は多くの概説書(例えば山口啓二・佐々木潤之介『体系・日本歴史4』日本評論社・一九七一)や教科書にも反映されている。

(2)　「初期豪商」に関する研究には、山口徹「小浜・敦賀における近世初期豪商の存在形態」(『歴史学研究』二四八号・一九六〇)、小野正雄「寛文期における中継商業都市の構造」(『歴史学研究』二四八号・一九六〇)、脇田修「近世都市の建設と豪商」(『岩波講座日本歴史9』一九七五)などがある。また「のこぎり商い」に関しては、林玲子『江戸問屋仲間の研究』(御茶の水書房・一九六七)、中井信彦『幕藩社会と商品流通』(塙書房・一九七一)、山田武麿「元禄・享保期における北関東在郷商人の成長」(『地方史研究』一一号・一九五四)、藤田覚「元禄・享保期東総の一在村商人の動向」(『地方史研究』一二一号・一九七三)などがある。林氏は、常陸国下館の中村兵左衛門家と同国真壁の中村作右衛門家を、中井氏・山田氏は上州甘楽郡富岡町の阪本治兵衛家を、藤田氏は下総国香取郡の平山家について、元禄期以前の資産増加に反して、享保期以降は経営不調になることを分析している。以上の研究成果もふまえた上で、松本四郎・林玲子「元禄の社会」(『講座日本史　4』東京大学出版会・一九七〇)は、遠隔地間商人と都市商人との照応関係を考察している。

(3)　安岡重明「江戸中期の大阪における取引組織」(『大阪の研究　2』清文堂出版・一九六八)、北島正元『江戸商業と伊勢店』(吉川弘文館・一九六二)の松本四郎氏執筆の第二章「大伝馬町木綿問屋の成立」、第三章「元禄・享保期における長谷川家の木綿問屋経営」・第四章「元禄・享保期の江戸商業と問屋仲間」、林玲子『江戸問屋仲間の研究』・同「元禄期の江戸町人」(『江戸町人の研究』第一巻、吉川弘文館・一九七二)、三浦俊明「近世都市論」(『日本史を学ぶ　3』有斐閣・一九七六)、松本四郎「元禄・享保期の政治と経済」(『講座日本近世史　(4)』有斐閣・一九八〇)。

(4)　林玲子『江戸問屋仲間の研究』、松本四郎・林玲子「元禄の社会」。

(5)　松本四郎・林玲子「元禄の社会」は、この時代・社会を総体的に理解するための貴重な成果を創り出した。とくに「寛文～元禄期における手作地主―遠隔地間商人―都市荷受問屋といった流通機構」がくずれる状況を相互に連関させつつ解明した点は説得力がある。この成果に学びつつ、小稿ではさらに、かかる流通機構がくずれた後の状況と、かかる流通機構がくずれた原因について商業利潤抽出のあり方をめぐって検討を加える。

(6)　和紙(越前奉書や鳥の子紙)生産地五箇村に関する研究には、小葉田淳編著『岡本村史』本篇・史料篇(岡本村史刊行会・一九五六)、楫西光速「近世越前製紙業の生産と流通」(『社会経済史学』一九―一)、牧野信之助「越前五箇の御留紙等製造記録」(『和紙研究』二)、前川新一「近世越前五箇の紙商人」(『百万塔』一六)などの他に、拙稿「幕藩制中期における生産者支配の一形態」(『日本歴史』三五四号、本書Ⅲ、第一の二に収載)・「和紙」(『講座技術の社会史　1』日本評論社・一九八三、本書Ⅲ、第一の三に収載)がある。

(7)　初代の内田吉左衛門宗寿は、内田氏系図から判る通り、中条満朝の子である。中条氏の系譜に見える最初は、中条豊房で

内田吉左衛門氏系図

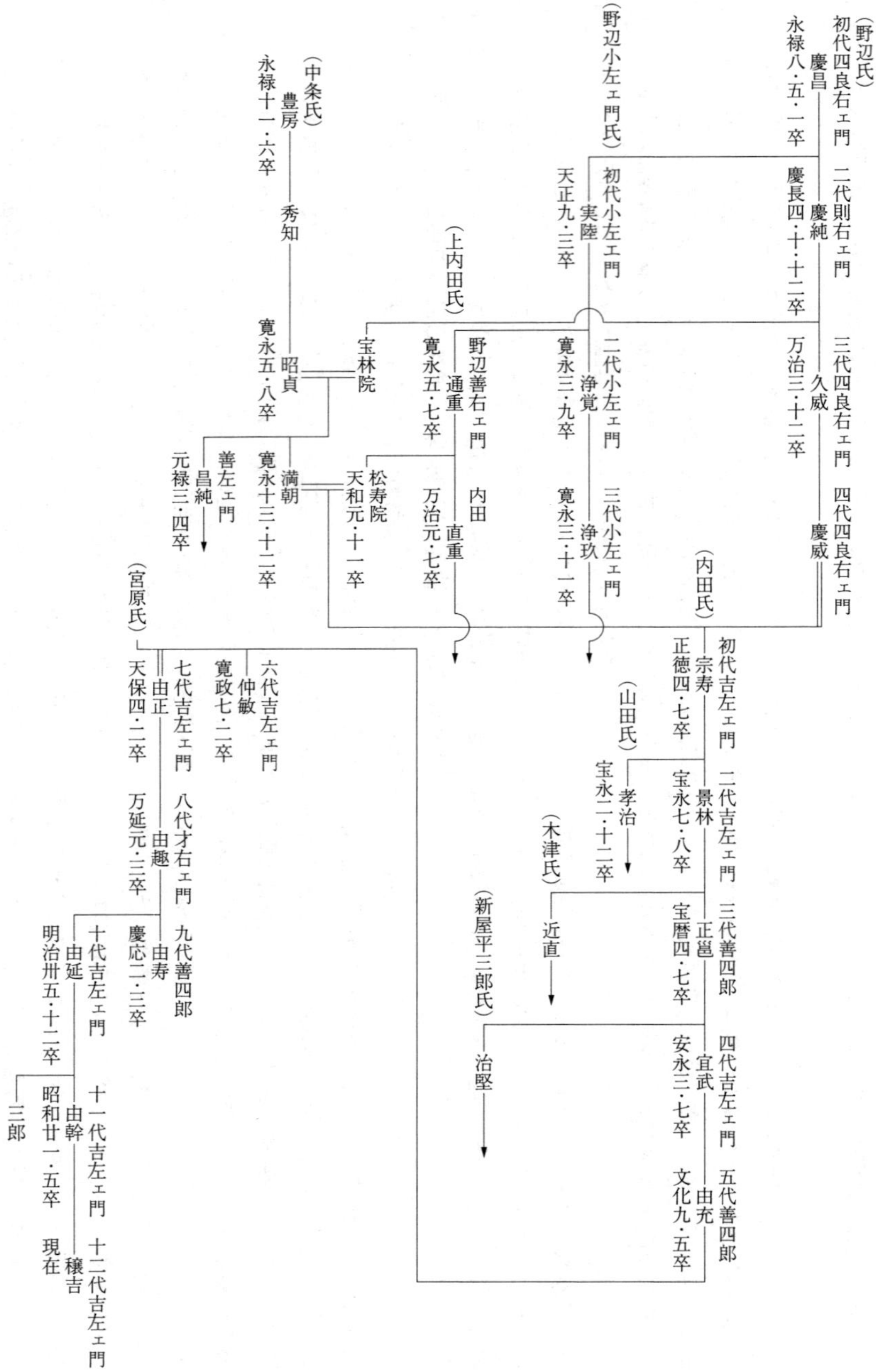
(野辺氏)
初代四良右ェ門
慶昌
永禄八・五・一卒
二代則右ェ門
慶純
慶長四・十・十二卒
三代四良右ェ門
久威
万治三・十二卒
四代四良右ェ門
慶威
(野辺小左ェ門氏)
初代小左ェ門
実陸
天正九・三卒
二代小左ェ門
浄覚
寛永三・九卒
三代小左ェ門
浄玖
寛永三・十一卒
(上内田氏)
野辺善右ェ門
通重
寛永五・七卒
内田
直重
万治元・七卒
宝林院
松寿院
天和元・十一卒
(中条氏)
豊房
永禄十一・六卒
秀知
昭貞
寛永五・八卒
満朝
寛永十三・十二卒
善左ェ門
昌純
元禄三・四卒
(内田氏)
初代吉左ェ門
宗寿
正徳四・七卒
二代吉左ェ門
景林
宝永七・八卒
(山田氏)
孝治
宝永二・十二卒
三代善四郎
正邕
宝暦四・七卒
(木津氏)
近直
四代吉左ェ門
宣武
安永三・七卒
(新屋平三郎氏)
治堅
五代善四郎
由充
文化九・五卒
(宮原氏)
六代吉左ェ門
仲敏
寛政七・二卒
七代吉左ェ門
由正
天保四・二卒
八代才右ェ門
由趣
万延元・三卒
九代善四郎
由寿
慶応二・三卒
十代吉左ェ門
由延
明治卅五・十二卒
十一代吉左ェ門
由幹
昭和廿一・五卒
十二代吉左ェ門
穣吉
現在
三郎

朝倉氏の家臣であったと伝えられているが、家系譜以外の確たる史料は無い。中条豊房の孫の昭貞は、野辺則右衛門慶純の娘を娶り、満朝をもうけた。中条満朝は初代野辺小左衛門の孫である松寿院を娶り、寛永十三(一六三六)年四月宗寿をもうけたが、その年の十二月に満朝は死んだ。このために、寛永九年当時で田畠合計四反七畝余を有していた中条氏の相続権をめぐって、中条満朝の弟昌純と、満朝の妻子松寿院・宗寿との間に争論が起った。宗寿の孫で、三代目の当主善四郎宋閑の遺書によれば、宗寿母子が訴え、役人三人が中条氏の「身上ヲ弐つニ割符いたし候様ニとの事ニ而銀子四貫匁計有之候ヲ弐つニわり弐貫匁計つヽ当り申候」。かくして中条氏は満朝の弟昌純が継ぎ、その後代々中条善左衛門を名乗った。一方、松寿院・宗寿の母子は中条氏を出て、松寿院の兄内田善右衛門直重の世話になった。この内田善右衛門家は野辺小左衛門家の分家で、寛永九年当時、六反八畝余の田畠を持っており、野辺四良右衛門・小左衛門に次ぐ家格を有していた。

先の「宋閑様御遺書」では、宗寿母子は「其時弐貫匁ノ銀子ハ善右衛門(内田直重)方へ預り、右の利足とシテ八ケ町の弐反おさの田を宗寿親子の飯米といたし、七・八表ノ所ヲ作り取ニ致候、扨松寿院ハ少キ宗寿ヲ相手ニシテどぶ酒ヲ作り渡世被成候所、宗寿廿才ノ時(明暦三年)百匁計ノ銀子弐貫匁計ニ成候ヲ宗寿へ相渡福寿院(善右衛門)ニ預ケ置候弐貫匁ノ銀子と を御渡シ都合四貫匁計ノ銀子ヲ元手と成、夫ゟ段々ニ伝来候身上ニ候」(注は高埜)と記されている。このようにして明暦三(一六五七)年の段階で、宗寿は銀四貫匁程を持ち、母方の内田氏の世話から離れた。それから五年後、即ち寛文二(一六六二)年には、野辺四良右衛門家の名称を継ぐことになる。

野辺氏の系譜に見える最初は、永禄八(一五六五)年没の四良右衛門慶昌である。慶長三(一五九八)年五月下旬から七月下旬にかけて越前国一国の検地が長束正家を惣検地奉行にして行なわれ、岩本村は服部土佐守が検地奉行を勤めた。この際の検地帳によれば、初代野辺四良右衛門の長男則右衛門・次男小左衛門・三男久蔵の持高を合わせると、六一石一斗七升九合になり、村高二六五石余り、村内登録人七三人、平均持高三石七斗と比較すると、いかにこの野辺氏の存在が大きいものであるかが判ろう。また、野辺氏三兄弟はそれぞれ屋敷地を朱印地とされて年貢免除となっていた。

慶長三年の検地の前、天正十三(一五八五)年には、豊臣秀吉は府中一二万石の大名に封じた木村隼人佐宛に、

越前国中蠟燭司之儀、野辺四良右衛門仁仰付候之条可成其意者也

天正十三閏八月十四日　　　　御朱印

木村隼人佐とのへ

との朱印状を送り、木村隼人佐は(越前)国中へその意を触れ、野辺氏の越前国蠟燭司としての特権を保証している。このような特権を持ち、別格の大高持である野辺四良右衛門慶昌の次男実陸は、分家独立して野辺小左衛門家の祖となり、その後、幕末に至り没落する迄、同族の内田吉左衛門家とともに、別格の大家として商業経営を行なった。

しかし、本家である野辺四良右衛門家は、次第に身上不如意になった様子で、四代四良右衛門慶威が寛文二年正月に死ぬと、四良右衛門後家は同年六月十三日付で大滝村野辺伊兵衛に屋敷一敷・蠟燭司の朱印状・田高二反を売渡し、代銀四百匁を受取った。ところが、三日後の同月十六日付で伊兵衛は、野辺氏と血縁のある宗寿に対して、同一権利を銀二貫匁で売渡している。

このような経緯で寛文二年に宗寿は野辺四良右衛門家の名跡を買い取ったのだが、これは養子として野辺氏を継いだのではなく、ために宗寿は野辺氏を名乗らず、また中条氏も名乗らず、母方の姓を取り、初代内田吉左衛門宗寿を名乗った。そのため、それ以降、宗寿の母方の内田善右衛門家は上内田と称されるようになった。

なお、小稿で引用する史料はすべて、内田穣吉氏(奈良県奈良市法蓮町在住)所蔵史料であり、以後の引用注は付さない。

(8)　宝永四年、内田氏の江戸手代彦右衛門の二二五〇両の引負い。

(9)　同族三氏については、(7)を参照ありたい。

(10)　『万覚書』によれば、

越府蠟印附覚

極印改印茶印✂六印

右寛保元年府中津田ゟ由来候

福井蠟ノ印附覚

新印　木田豆腐屋八兵衛印　　木印　木田木屋善五郎

吉印　毛屋丁吉右衛門　　生印　祐海町　六兵衛

𠀋印　神宮寺五郎兵衛　　松印　豆腐屋久左衛門

∞印　立屋丁七郎兵衛　　　勝印　勝見絹屋弥惣兵衛
右寛保元年酉ノ年　府中屋多兵衛ゟ書付来ル
と記されている。

(11) 内田氏の蠟・漆実集荷の権限は、天正十三(一五八五)年閏八月十四日付の野辺四良右衛門に対する豊臣秀吉朱印状による越前国中蠟燭司の特権附与にもとづく。野辺四良右衛門と内田氏との関係は、(7)を参照ありたい。

(12) 福井藩紙会所制度については、小葉田淳編著『岡本村史　本編』、拙稿「幕藩制中期における生産者支配の一形態」を参照されたい。

(13) 『福井縣史　藩政時代』(一九二一年刊)一六三頁に、
「本多領。寛永三年丸岡藩主本多成重の弟二子重春幕府の旗本に列せられ、坂井・吉田・南條三郡の内十箇村三千石を賜はり、坂北郡枯木高柳に陣屋を置き、子孫相傳へて廃藩置縣の際に至れり。」

と有る。また、内田氏史料に、「元禄五年　大膳様指引年々留」の表紙のみが残されている。

(14) 林玲子『江戸問屋仲間の研究』(御茶の水書房・一九六七)。

(15) 『万覚書』によれば、寛延二年十一月に、

江戸ニて会津蠟買候節掛リ物覚　但　大坂へ積登候時ノめへりとなし
一商人蠟ニてハ目欠五歩立申候、口銭両ニ壱匁ツ、　但両ニ四分ツ、持銀引、又両ニ壱匁五分ツ、日間引、但是ハ買方ゟ代銀之内引渡し申事と相見へ申候、
右大坂迄運賃壱丸ニ四匁宛大坂ニて水上蔵敷壱丸ニ三分五厘ツヽ
右之通之由、尤江戸ニて買大坂へ積登し時之掛り物造用也、ワキ会津蠟ニて如此ニ候、御蔵ニ候へハめかた立不申、正め拾弐貫匁入封之儘ニて大坂ニても賣仕候由、御蔵蠟ニ候へハ口銭・運賃・水上蔵敷・懸りめ欠立不申候、其代り両ニ弐口ニて壱匁九分ノ引ハ無之由、尤運賃口銭壱丸ニ金壱分ツ、ノ様ニも覚候由、扨大坂ニて右蠟直段ノ格ハ二つ引・三つ引取合候而ハ當国吉水ゟハ少々高直之由、尤蠟燭屋へ上かけニ望候故ノ由、尤荷数多候節ハ晒方へも揃直段吉水同格之由、三つ引ハ吉水ゟ少次之由、ワキ会津上之壱貫百五拾匁ゟ弐百五十・三百匁迄と申来候、但當国吉水一貫百五十と

申相場之節也、ワキ会津ニハ同印ニても蠟ニ不同有之由、

と、大坂河内屋又右衛門から申し送られてきた。会津蠟の蔵物の場合と脇蠟の場合の値段と諸経費とが記され、それらを江戸で買い、大坂へ積登した時の経費が書かれている。なお、吉水とは越前国産高級蠟の名柄であり、それとの比較がなされている。

同じく大坂の河内屋又右衛門からの元文二(一七三七)年二月六日書状によって、次のように知らされている。

元文元年丙辰十二月六日江戸會津御蔵蠟御張紙

津川上々　文金壱両ニ付蠟壱貫七百目

但シ上々と申ハ荷印〇印ニ而御座候。壱丸封之儘正目拾弐貫目と立取渡シ仕候、時々之目廻シニ〆壱丸正味掛切拾壱貫八百目有之年も、又百匁余慶欠立候年も、少々之不同年に或ハ時ノ出口ニて有之事ニ御座候、此有目ゟ弐百目はねめ、又弐百五拾匁計入目、引残り正味拾壱貫三百五拾匁、或ハ三百匁と立、さん用當り見申事ニ御座候、

津川上々荷印⦶印　壱貫八百目

同中　◍印　壱貫九百目

同下　◍印　弐貫目

同下々　◍印　弐貫百目

同下々ノ下　◍

右六段

福之内上々荷印右同格　壱貫八百目

同上　壱貫九百目

同中　弐貫目

同下　弐貫百目

同下々荷印◍印也　弐貫弐百目

〆五段

右之通辰十二月六日ゟ立直段ニ而御座候、津川と福之内と申ハ會津ニ而所々名目ニて直段先年ゟ同印ニ而百匁宛違申候、生蠟出来も津川ハ百匁方能筈ニ御座候へ共、是も年々不同有之、結句福之内押込取渡仕候、然ル時右之御張紙直段ニ而毎月六日宛出申候所、大方下印取合出申候故、時ニゟ取手無之と申事ニ御座候、古金割合ニ而當正月初出目ゟ文字金納ニ成り、此折高直故脇らう相庭ニ引合兼申ニ付、望手無数ニ候由、是も上中下之三印なと出候得ハ、相応ニ引合望手も可有御座候へ共、下々・下々ノ下なと取合出候故、望不申物と相聞候、右御張紙直段ニシテ大坂ノ立銀五拾匁ニ付津川中⦶⦷⦀取合壱貫七百匁ニ當り、此内登り運賃目相引ケ申候故、大坂着凡壱貫六百五拾匁ニ着申候、丸ニ〆右三印取合壱丸ノ代三百三拾壱匁ニ當り、此内登り運ちん目相七八匁も懸り申候、此引合ニ而ハ只今相庭ニ緩りと引合能、利分も懸り申候へ共、春ニ成下印多出申候故、下物ハ大坂も一入不揃カと相聞、江戸表望手無之様子ニ御座候、但文字小判相庭五拾弐匁五分かへト立、

右の会津蠟蔵物に関する張紙値段や、引合いの多少などの情報を知らせた河内屋又右衛門の書状を『万覚書』に留置いたあとで、内田氏は、「此時越前ろう上々、銀五拾匁ニ付壱貫六百匁かへ之由、会津壱丸ニ付三百六拾壱匁之由」を書き記し、ここでも越前蠟との比較を配慮している。

(16) 大坂繰綿買問屋で定評のあるものとして、以下の名前が内田氏の『万覚書』に記されている。

寛保三(一七四三)年春、江戸へ派遣した春木勘兵衛からの知らせとして、

「江戸積繰綿相調候而揃能買問屋名代之覚

一西国作玉嶋　大坂高麗橋　袴屋弥右衛門

一大和作西久　(貼紙)大坂道修町　袴屋仁右衛門

一西国作大天　大坂道修町　袴屋仁右衛門

一西国作極吟　大坂今橋　日野屋九兵衛

一西国作極天　大坂本町　井筒屋三右衛門

〆右之分ハ印物ニ而望手多、江戸表ニ而

能相揃候由」

宝暦十二年十月、升屋七佐衛門からの書状として、

「大坂ニて繰綿調候而宜問屋

大坂高麗橋　袴屋弥右衛門殿　江向名代物琉玖大入一ッ㊝
　　　　　　　　　　　　　　此節江戸賣直段八拾三両

大坂天満十一丁め　桑名屋七之助殿　同断　印ハ圞
　　　　　　　　　　　　　　　　　同断　八十弐両弐分

摂州平野　車屋久右衛門殿　同断　印ハ国車
　　　　　　　　　　　　　同断　八十弐両也

但車屋書状届ケ所ハ右袴屋桑名屋ゟ通用せし由申来ル

右之三軒當時はやり問屋之由、尤買注文相庭次第と申遣候而も毛頭女才無之由ニ候以上」

が記されている。

(17)（3）の諸論文。

(18) 漉屋の大部分が高持であったことを、左の表（大滝村高持漉屋の関係）は示している。

表　大滝村高持漉屋の関係

	寛保2年9月		延享3年8月	
	高持数	漉屋数	高持数	漉屋数
10石以上	3	2	3	2
8石以上—10石未満	0	0	0	0
6—8	3	3	2	2
4—6	4	4	4	4
2—4	28	21	28	20
0—2	25	13	25	13
雑家数	30	0	31	0

佐久高士編『越前国宗門人別御改帳』により作成。

(19) 紙座の解体過程については、拙稿「和紙」(『講座技術の社会史』第一巻・日本評論社・一九八三)で詳述している。

(20) 漉屋たちが、内田氏の前貸しを受け、下請化していく過程については、拙稿「幕藩制中期における生産者支配の一形態」(『日本歴史』三五四号)で詳述している。

(21) 内田氏の商業の中には、毎年惣〆合計金額の約一〇%前後の比率で酒造が行なわれている。当面の課題である紙・布合計金額と他の商品金額との比較をするさい、酒造分を控除して考えれば、紙・布合計金額の占める比率は、さらに高くなる。

(22) 山崎隆三「再び元禄・享保期の米価変動について(一)(二)」(『経済学雑誌』〈大阪市大〉七六—五・六)、岩橋勝「徳川期米価の地域間格差と市場形成」(『新しい江戸時代史像を求めて』東洋経済新報社・一九七七)は、米価の動向を基礎にして、近世の市場構造の検討を行なったが、両者の研究はともに地域間価格差消滅の過程を究明することが、すなわち単一の市場価格をもつ近代的な国内市場形成過程の解明につながるという視点をもっている。小稿はかかる視点に学んでいる。

(付記)

なお、小稿の一部は史学会第七一回大会(一九七三年)日本史部会で「近世中期の商業経営と村落」と題して報告された。また、小稿全体にわたって、歴史学研究会日本近世史部会例会(一九七八年十二月)において同題で報告された。両会において御意見を下さった方々や、また個別に貴重な御意見を下さった山口啓二氏・小野正雄氏に感謝の意を表します。末尾になりましたが、内田穣吉氏には史料閲覧を許され、その御好意に厚くお礼申し上げます。

〔『学習院大学文学部研究年報』第二九輯、一九八三年〕

二　幕藩制中期における生産者支配の一形態

はじめに

越前奉書の生産地で名高い、越前国今立郡五箇村は、[1] 岩本・大滝・不老(おいず)・新在家・定友の五ヶ村から成っていた。その一つ岩本村には、江戸時代を通じて盛んな商業活動を営んでいた内田吉左衛門・野辺小左衛門・小林清右衛門の三氏があった。[2] 五箇村全体では他に大滝村に幕府お抱え奉書紙所の三田村和泉氏がおり、合わせて四氏が有数の商人であった。小稿では、その一人、内田氏が問屋前貸制による生産者(漉屋)支配を、幕藩制中期以降に展開させていったことの検証を直接の目的としている。ただし、ここでは、問屋前貸制において剰余労働の搾取が行なわれたか否かという視点はとらないし、したがって、問屋前貸制下の小生産者がどういう質の賃労働者であったか、という点にも触れない。[3] というのは小稿では、幕藩制中期における商品流通の総合的な理解を目差すための一前提[4] として、在方荷主による集荷過程での合理化の一形態として、この生産者支配を位置づけ、検証しようとしているためである。

内田氏は、初代吉左衛門が、越前国蠟燭司の特権をもつ野辺四郎右衛門家[5] の名跡を、寛文二(一六六二)年に譲り受けて以来盛んになった。元禄五(一六九二)年には、資産が金四三一八両[6] となり、その後、宝永三(一七〇六)年の資産金八九七五両をピークに幕末に至って没落する迄、その経営を続けた。経営の内容は大別して商業と金融業とに分けられる。金融業の対象には、大名貸しと農民・小生産者への貸し付とがある。大名貸し・為替業は福井藩・丸岡藩・大野藩・鯖江藩などに対し、元禄期には既に行なっているが、享保十年以降は一切行なわなくなる。領主側による不埒が続いたためである。これに反し、享保期から農民に対する質貸し付が盛んになる。これらの金融業が資産中に占める割合いは時期により変動するが、おおよそ元禄～正徳期(一六八八～一七一六)に一〇～二〇%、享保期(一七一六～三六)に三〇～四〇%、元文～宝暦期(一七三六～六四)に二〇～三〇%、明和～天明期(一七六四～八九)に四〇%前後であった。

一方、商業に関しては越前国の特産品である紙・布の販売が一貫して行なわれており、商業の中心である。資産中に占める紙・布取扱い合計金額の割合いは、享保期に三〇～五〇％、元文～宝暦期に五〇～六〇％、明和～天明期に四〇％前後であった。また、他国産品の販売については多品種（木綿・繰綿・菜種・材木・たばこ・塩……）について定期的ではなく、商いになる時期に応じてこれらを取扱っている。その他に酒造業を営み、元禄以来幕末迄休みなく行なわれ、資産の約三～六％を占めている。

概略、右の如き経営を行なった内田氏の居住する五箇村の紙業は、延宝期段階では、商い奉書の他国売りを京都・江戸問屋に向け頻繁に行なっていた。また、他国の諸大名からの御用紙を誂えていた。延宝六（一六七八）年六月付の福井藩勘定所より五箇村紙屋宛に出された「御定之覚」(7)によって知ることができる。しかし、繁昌していた五箇村の紙業も享保期には不振に陥っていたようすである。

乍恐口上書を以申上候(8)

一府中御領分村国村渡船破損仕今度新船合申由ニ而私共村々ゟ与内銀過分相懸ケ申ゅ、村々小百生等困窮仕銀高多ゅ得ハ皆々与内之義難致（中略）五箇村之儀ハ西山中へ家業之紙草買調ニ罷越ゅニ付先年ハ紙商売繁昌仕江戸京大坂表へ荷物出シゅニ付其節之者共了簡を以無滞与内銀相渡シ申ゅ何方も困窮とは乍申紙商売必至と埒明不申年増ニ困窮相重リ家数茂村々大分減シ申ゅ得ハ過分之与内銀小百生へ割懸ケ申儀難仕ゅ（後略）

享保十八年癸丑十月日

右の史料は日野川（九頭竜川の支流）の流れる村国村（武生市の東）の渡船が破損した際、新船を造るにあたっての与内銀（渡船利用の村々に課した合力銀）要請に対しての答書である。それには、先年（いつかは不明だが、前回に渡船が破損した時である）は三都へ送荷し紙商売は繁昌していたが、享保十八（一七三三）年の頃には、年増に困窮を重ねて行き、家数も大分減ったとある。

小稿では享保期に至る村落の状況を第一節で、主に藩の政策との関連から追求する。次に、そうした状況を前提として、小生産者が問屋前貸制下に組み込まれていく過程と、さらに小生産者の隷属化が進行していく過程を後節で論述する。

一　紙会所制度と高免政策

越前守松平綱昌は、幕府により領国(四七万五〇〇〇石余)を召上げられ、同時に、松平昌親が二五万石を以って福井城に封ぜられた。貞享三(一六八六)年三月のことであった。この半知にともない、侍二八三人・与力二〇五人・歩士一五人・足軽五九七人が暇を与えられた。これを「貞享の大法」と藩は呼んだ。(9)

この年、藩は、上方商人に対し用金の返附し難きを述べ、これ迄の借財を切り捨てた。この大名貸しの切り捨ては、当然その後の上方商人による大名貸しの道を閉ざすことになる。(10)

かくして、福井藩は元禄十二(一六九九)年閏九月、福井町中以下、領分中に御用金一万両を課し、その後、享保十二年迄の三〇年間だけでも、『福井県史』に挙げられた限りで、一〇万両もの御用金を徴収している。

同じ元禄十二年閏九月、藩は、領内でも最も盛んに商売を行なっていた五箇村の紙業に目を向け、岩本村に紙会所を設置し、統制を加えるとともに運上を課し、藩の財源の一つとして位置づけた。次の史料は、その際に出された「定」の中心的な部分の抄出で、紙会所制度の性格を端的に示している。

定(11)

一大滝岩本新在家定友不老右五箇村漉立之諸紙改之判本京都三木権太夫吉野屋作右衛門山田道与右三人ゟ被仰付候ハ、五箇村紙漉方へ毎年判元ゟ仕入金貸出百姓共手廻能様ニ仕漉立之帋出来次第判元ゟ買取国中又者他国共ニ諸方手支無之様ニ売払其上運上金定之通可指上旨願之品書付指出聞届之上願之通右三人へ判元被仰付候権太夫名代者浦井彦右衛門ニ被仰付候事

一帋漉共方へ仕入之前金貸出候義四人之御紙屋共幷其所之庄屋長百姓吟味之上員数相計其分限ニ応可貸渡利足之儀

者紙出来相渡候節迄壱ヶ月壱歩弐宛紙漉方ゟ判元へ可出事
一仕入金指引之義（中略）若仕入之金子不相済内借り主如何様之儀も在之滞ニ成候ハハ庄屋長百姓急度取立可相済判元損料ニ不成様ニ可致事
一判元ニテ改判賃之義真草之紙壱貫匁ニ付銀壱匁宛刮草幷下草薄奉書之類者右之銀割ヲ以可取之但雑紙漉紙者判元改及間敷事
一御家中又者当国之御領主方同家中用紙之義判元へ申来次第判賃運上之積り程値段ニ仕込外ニ売徳取不申無手支可売渡其外売職之紙ニテも一国通用之紙之分者無売徳手支不申様ニ判元ゟ可売渡若通用之帋之内漉本へ直ニ誂申帋ニテも判元へ持参改判を取判賃運上を出判元之買帳ニ付又其主へ買取候様ニ可致他国へ出候売職之紙者判元幷買主相対之上可売買事

右之通判元へ申渡相定候間五箇村紙漉百姓商人末々至迄無相違可相守者也

元禄十二年卯閏九月

御勘定所

このように、五箇村で漉立てられた紙は、すべて一度は三人の判元へ買取らせ、その段階で運上を掛けて藩の財源とした。また零細な漉屋には、仕入金を判元より前貸しさせ、漉紙を以って返済させた。このように、藩から委任されて五箇村を統制した判元の利得には、判賃として、真草紙目方一貫につき銀一匁が与えられ、また、仕入金貸付には返済迄の間一ヶ月一歩二厘の利子を付けることが認められた。また、判元は一度買取った紙の一部（幕府・越前国諸藩の御用紙・売職《仲買》の扱う国内売り紙・他国売り紙は運上金・判賃を取ったら利を付けずに買戻される）を他国売りする訳だから、その際の商業利潤のことも考慮に入れてよかろう。

このような判元には、京都の三商人が申請し、藩は五ヶ村に了解を取り、その任にあたらせた。このうち、三木権太夫は「町人考見録」[12]（享保年中になる三井高房著）に記されており、長州紙の蔵元などをしている。

しかし、判元は必ずしも有利なものではなかったようだ。自他国売りの仲買商人の存在を容認したままであったし、仕入金貸付の返済にも滞りが出たからであった。そして、ついに元禄十六年六月には、正式に判元は交代し、岩本村の仲買商人の内田吉左衛門・野辺小左衛門・中条善左衛門・内田吉右衛門の四人となった。[13]

元禄十二年より同十六年迄の間、漉屋は仕入金に不足があれば、京都商人の判元より貸付を受けたが、その返済に滞りがある時、漉屋は次の史料の如く、内田氏などの在地有力商人から借金をして判元に返済した。

添証文之事

一我等永代買取置ゆ田畠本証文壱通質物ニ相渡シ現金五両慥ニ借請判元仕入之残金ニ相済申所実正也然ハ来ル巳ノ五月中切ニ右之金子相済本証文請出シ可申ゆ（後略）

元禄拾三年

辰ノ九月十五日　岩本村 本人左次兵衛　印

即ち、判元の京都商人に借金を残させないようにとの藩の定めは、実質的に、漉屋たちをして、次第に京都判元の資金下から離れさせ、内田氏等への依存度を強めることに結果した。そういう動きからも、判元の交代を把えることができよう。

元禄十五年の卯月中旬の仕切を区切りとして、京都商人は判元を辞したようで、その際、判元より仕入金を貸付けられ、未返済分を残す漉屋は、内田氏等より借金をして返済にあてた。表18の①・②欄は、内田氏から借金をした岩本村漉屋人別と借金額を示したものである。

こうして、翌、元禄十六年六月、福井藩は「定」[14]を出し、正式に内田吉左衛門等四氏を判元に任命した。

定

一大滝岩本新在家定友不老右五箇村漉立之諸帋本取判元相改リ岩本村吉左衛門小左衛門善左衛門吉右衛門四人ニ就被仰付ゆ諸紙之義判元致吟味五箇村紙漉共方へ毎年判元ゟ仕入金貸出百姓共手前致能様ニ漉立ゆ紙出来次第判元へ買取国中又者他国共ニ諸方手支無之様ニ売払其上運上金定之通リ可指上旨判元之者共へ被仰付ゆ事

表18

人　　名	借金額	石　　高		石　　高	
		石斗升合勺		石斗升合勺	
茂右衛門	金2両	2.2.7.5.0	高　持	2.2.7.5.0	
弥次右衛門	1	1.3.0.8.0	〃	1.3.0.8.0	
奥右衛門	1		〃		
勘右衛門	1	2.8.3.6.0	〃	2.8.3.6.0	
新兵衛	2	2.8.4.5.0	〃	―――	
惣左衛門	2	0.4.0.7.0	〃	―――	
長九郎	2	2.0.3.5.0	〃	―――	
重左衛門	1		〃		
惣右衛門	1	1.6.7.8.5	〃	―――	
太兵衛	0.2分	5.8.2.5.0	〃	―――	
左次兵衛	2	3.4.4.4.5	〃	4.0.8.9.5	潰　れ
清左衛門	1		〃	1.5.0.1.4	
甚右衛門	1.2	2.6.6.8.0	〃	2.6.6.8.0	
忠左衛門	1.2	3.5.0.2.0	〃	3.3.5.7.0	
小左衛門	3	4.9.1.4.0	〃	―――	
仁兵衛	1.2	0.3.7.6.7	〃	―――	
宇右衛門	2	0.6.1.8.4	〃	―――	
喜兵衛	3	7.8.1.5.0	〃	―――	
太左衛門	3		〃		
九右衛門	2		〃	0.6.0.9.7	
平右衛門	3	4.6.7.2.4	〃	―――	
久蔵	1		雑　家		
儀右衛門	1		高　持		
伊左衛門	2	2.4.6.8.0	〃	5.4.9.4.0	
弥右衛門	2	1.8.2.6.6	〃	6.3.1.9.5	潰　れ
合計25人	43両				
①元禄15年	②元禄15年	③元禄8年「岩本村水帳」	④元禄15年	⑤享保9年「岩本村水帳」	⑥享保18年

（以下、箇条書が続くが、元禄十二年の定と同様であり略す）

元禄十六年未六月

御勘定所

この元禄十六年の場合にも、四人の判元は漉屋に仕入金を貸付け、漉立った紙で返済させ、その間に月一歩二厘の利子を付けていた。

では、これら判元はどの程度の出資を行なっていたのであろうか。四氏の中で経済的に中心であった内田吉左衛門の「内証覚帳」から表19が作成される。この表19を通じてわかることは、（i）何

表19　内田氏判元資金額（「内証覚帳」から）

	判元貸付	判元時貸し	判元出資合計
元禄 16	1,650両	0両	1,650両
17	2,310	150	2,460
宝永 2	2,590	150	2,740
3	2,590	300	2,890
4	2,590	300	2,890
5	*1,840	450	2,290
6	2,000	0	2,000
7	900	0	900
8	0	0	0

（*）「判元ニテ740両不足」と記されている。

らかの理由で、判元として宝永四（一七〇七）年から五年にかけて七四〇両の不足が生じたこと。(ii)「判元貸付」と「判元時貸し」とを区別していること。(iii)判元出資は、元禄十六年から宝永七年迄であること。以上、三点をいい得よう。このうち、(i)についての詳細は不明である。(ii)に関しては、「判元貸付」金は判元としての業務（買取り・仕入金貸付）のための出資金であり、一方、「判元時貸し」金は仕入貸付金の漉屋未返済分であろう。

宝永六・七年の「判元時貸し」金額はゼロである。そこで、判元は宝永七年閏八月、漉屋の勝手よくなり、仕入金貸付や判元買取の必要は無くなったことを藩に申し出た。しかし藩は、漉屋の中で仲買を兼業するものが多く他国売が増加したとのことから、この申出を拒み判元を通じての統制（藩にとって運上金取立てのためには、判元制は極めて有効であった）を続行させようとした。然るに、(iii)の如く内田氏は宝永七年を最後に判元出資を取り止めている。このことは、紙の判元買取りや仕入金貸付けの判元業務は、実質的には宝永七年で終っていることを示している。少なくも判元四氏の中心である内田吉左衛門についてはそのことがいい得る。

その後、紙会所制度は次の史料のように享保八（一七二三）年に改まり、判元の買取り・仕入金貸付けは廃止され、漉紙は判元にて改判をうけ、運上金及び判賃を出すだけで漉屋が売買を行なえるようになった。

定(15)

一大滝岩本新在家定友不老右五箇村漉立之諸紙判元相改リ大滝村和泉方へ就被仰付ゆ五箇村紙漉共漉立之諸紙之儀出来次第判元へ差出相改国中又者他国共ニ諸方手支無之様ニ売払其上運上銀定之通可指上旨判元和泉方へ被仰付ゆ事

（以下略）

享保八年卯十一月　　　御勘定所

このように、判元は大滝村三田村和泉氏となり、また、判元による一括買取りが無くなった。藩としては、全ての紙を判元に買取らせた方が統制は行ない易いし、また、仕入金貸付によって生産量も保たれ、運上金賦課のためには望ましい形態であったろうが、しかし、判元出資を藩が直接行なったものではなく、有力商人に出資させ間接的に統制している以上、このような改編は止むを得なかったことなのであろう⑯。

以上、紙会所制の制度的な経緯を中心に述べてきたが、これ迄のところをまとめると以下の諸点を指摘できよう。一、五箇村農民は元禄十二年以来、漉紙について、藩に対し、運上金（六歩の分）を、判元に対し判賃（二歩の分）を納入せねばならなくなったこと。二、元禄十二年より宝永七年迄の一二年間には、判元による漉屋に対する「仕入金貸付―製品返済」の業務が行なわれてきたこと。三、その間、判元には京都の三商人が、次いで、内田氏を中心とした岩本村仲買四人があたったが、京都三商人の時でさえ、漉屋に対する影響力は内田氏には強いものがあったこと、などである。

ところで、宝永七年の内田氏等の申出の如く、果してその後も漉屋の勝手は、継続してよくなったのであろうか。前掲表18に記した岩本村漉屋のうち、④欄元禄十五年の「馬ゟ荷付ゆ証文⑰」の岩本村連名によれば、久蔵のみが雑家（無高百姓）であり、残り二四人は高持百姓であった。その中で元禄八年の「岩本村水帳」に記されている高持層の石高を示したものが③欄である。ところが、その中で享保九年の「水帳」に高持として記されているのが、一〇人減って、残り一〇人のみであり（⑤欄）、さらに、享保十八年の「潰者弁銀之内相立ゆ割賦帳⑱」によれば、残り一〇人中の二人、即ち左次兵衛・弥右衛門が潰れている（⑥欄）。かくして、元禄十五年に京都商人の判元への返済のため内田氏より借金をした岩本村の漉屋のうち、二四軒の高持は、その後享保十八年迄の約三〇年間に、わずかに八軒のみが高持として存続し得るに止まったのである。

また、右の漉屋も含めた岩本村の階層変化を把えたのが表20である。これによれば、元禄十五年から享保十六年迄に、

表20　岩本村の階層変化

階層＼年代	元禄15（1702）	享保16（1731）	寛政8（1796）	天保3（1832）
高　持	59	40	32	30
雑　家	14	24	50	61
後　家	6	4		
借　地		5		
計	79	73	82	91

寛政・天保には雑家のうちに後家・借地を含む。『岡本村史』本編190頁。

高持は岩本村全体で一九軒も減っていることがわかる。

では、この約三〇年間に何が原因でこのような高持層の没落がひきおこされたのであろうか。諸種の原因を考え併わさねばならないだろうが、恐らく、直接的には表21に見るごとく岩本村の宝永五年以来の高免率（九ツ一歩）に負うところが最も大であったろう。その高免率が岩本村にどういう影響を与えたのか、次の史料が如実に物語ってくれる。

　　領リ申金子之事

　合金九両也　但小判也

右之金子ハ当村子ノ御年貢米切レ申ニ付我々証文を以借用申御納所ニ指上申所実正也来丑ノ三月中切ニ返済可申候村中ニ而相滞候共我々手前ゟ引替定之通急度返済可申候為後日金子預リ状仍如件

岩本村長百姓
（四名連印略）
庄屋
理右衛門印

宝永五年子十二月廿六日

当村　吉左衛門殿

激しく免率が上昇したため、宝永五年の年貢上納時に「年貢米切レ申す」状態であり、村請制に基づく年貢皆済のためには岩本村として、内田吉左衛門より未納分を借金しなければならない程であったのである。

宝永五年以降の高免率は、もちろん余業としての紙業の裏付けを前提としているのではあろうが、その紙業とても、前述の如く元禄十二年以降は紙会所制度によって、運上金・判賃（合わせて八歩）を徴収されているのである。この様な福井藩の政策によって、「奉書御運上銀御定（元禄十二年）以前ハ村中ニテ上紙漉屋共五拾軒計在之候処其後年々困窮仕漉屋過半潰れ申」したのであった。そこで、「寅年（享保七年）御吟味之上下行米六拾俵被下置御百姓相続仕難有奉存候」というように享保七年より下行米六〇俵が与えられるようになったのである。

それにしても、六〇俵の下行米では充分な訳もなく、享保十一年六月、ついに年貢減免を要求する。

乍恐口上書を以奉願候

岩本村御高之義高免之御納所被為仰付候処紙職之類を以年々御納所相勤来候得共近年ハ諸色高直ニ罷成紙商売間ニ合不申段々困窮仕漉屋共之内弐拾年此来弐拾弐軒潰申候依之御高弐百六拾五石余之内百石余上リ高支配人無御座村惣高ニ罷成右困窮之所被為聞召上近年ハ下行米大分被下置難有奉存候然共年来困窮仕中々行届不申相残百生共之内又々拾四五軒潰者ニ罷成候只今ニ至候而ハ御納所米相勤リ不申ケ様ニ潰者出来仕候而ハ村給仕候様ニ罷成只今少々相残リ居リ申者共も段々潰申趣ニ罷成左候得ハ漸三四軒ならてハ無御座難義迷惑仕候御願ハ乍恐御吟味被為遊御慈悲之上御百生御免合ニ御納所被為仰付被下置候ハヽ難有忝可奉存候以上

午六月（享保十一年）

岩本村　百姓共

表 21　五箇村免率

村＼年号	慶長 19	元和 1	元和 2	宝永 5	享保 11	享保 16	寛政 1	天保の7み	文久 1
大　滝	8.27	5.80	8.30	8.8	8.8	8.8	6.7		6.7
岩　本	7.85	5.50	7.80	9.1	7.2	7.4	7.5	6.65	7.5
新在家	8.00	7.00	7.80				6.1		6.1
不　老	7.40	3.80	5.00	5.15			5.25		5.25
定　友		3.80	5.50				6.1		6.1

『岡本村史』本篇表 24.30.54.55.56 を合成。

表 22　岩本村の漉屋軒数の推移

元禄 12 年以前	50 余軒
享保 19(1734)	23
寛延 1 (1748)	15
明和 2 (1765)	21
安永 2 (1773)	19
寛政 1 (1789)	19
文化 10(1813)	9
天保 12(1841)	3

右の史料は、宝永～享保期における岩本村の困窮した様子を如実に示してくれるが、右の嘆願によって減免が聞届けられ、「九ツ三歩（この段階では九ツ一歩からさらに上がっていた）之御免合七ツ弐歩ニ被為仰付外ニ下行米六拾表ハ前々之通被下置候」となった。

ところで右の史料の傍線部分は、岩本村高二六五石余の内、一〇〇石余は村惣高に

表23　岩本村物高(組田)

	石斗升合勺
寛永9(1632)	8.0.3.2.0
元禄8(1695)	17.0.8.7.5
享保9(1724)	81.0.2.2.5
元文3(1738)	124.余
寛延3(1750)	90.9.9.8
安政6(1859)	80.0.3.6

寛永9は『岡本村史』資料篇、元禄・享保は内田文書、元文—安政は『岡本村史』本篇により作成。

なっていることを示している。表23からわかるように、元禄八(一六九五)年から元文三(一七三八)年迄の間に、高持百姓の潰れにともない、一〇〇石以上の田畠が村物高(組田)になっているのである。岩本村の場合、余りに高免率であったために、没落した高持の田畠を集積する地主は出現せず[19]、逆に、敢えて田畠を村方支配に差出す高持百姓が現われた程である。ために、右のような村物高の激増となって現われもしたのであろう。このことは、享保期を中心として、いかに農民が困難な状態に置かれ、没落していったのかということを判断させるに難くない。

以上、特に岩本村を中心に幕藩制中期の村落の状態を検討してきたが、これ迄のところをまとめるとすれば次の如くになろう。①元禄十二年の紙会所制度確立以前は、紙漉業は相当盛んであった。②紙会所制度確立後、漉屋は統制を受け、運上金・判賃を取られるようになった。③紙会所制度のみならず、宝永五年以来の藩による高免率政策によって困窮はつのり、享保末期迄に漉屋軒数は半減し、多くの高持は没落し、村物有高は夥しく増加した。

二　問屋前貸制度の成立

五箇村漉屋は、殆ど全てが高持百姓であった。表24は、寛保・延享期段階で大滝村漉屋の全てが高持であったことを示している。岩本村の漉屋の場合には、前掲表18の如く、同様にいえる。ために、小生産者(漉屋業)としては、元禄十二(一六九九)年以来の紙会所制度に苦しめられ、かつ、小農民としては、宝永五年以来の高免率に苦しめられた。このような状況におかれた五箇村漉屋は、享保期を中心として現出した窮乏期に際し、どのような対処の方法を見出したのであろうか。

享保七(一七二二)年に、岩本村百姓は要求して下行米六〇俵を、それ以降連年下されるようにし、享保十一年には、年貢減免を嘆願して免率を九ツ三歩から七ツ二歩に引下げることができた。五箇村の漉屋は、これらのように村を単位として藩に上訴するという方法を取ることもあった。しかし、一人一人の漉屋にとっては、或る年の年貢上納に差支えるか、ないしは、紙原料仕入銀にこと欠くという状態に陥った時、とにもかくにも身近な村内の富裕者より、不足分を借り受けるほかなかったのである。

ここでは、困難な状態に陥った漉屋が有力商人である内田氏の問屋前貸制度下に次第に組み込まれていく過程を検討する。

表24　大滝村高持漉屋の関係

	寛保2年9月		延享3年8月	
	高持数	漉屋数	高持数	漉屋数
10石以上	3	2	3	2
8石以上―10石未満	0	0	0	0
6――― 8	3	3	2	2
4――― 6	4	4	4	4
2――― 4	28	21	28	20
0――― 2	25	13	25	13
雑　家　数	30	0	31	0

佐久高士編『越前国宗門人別御改帳』により作成。

史料(i)　預り申紙仕入金之事

新金合弐両弐分也

右ハ奉書為前金慥請取申処実正也然上ハ来子ノ三月切ニ正壱箇相渡代銀ニ而指引算用可申候若紙御用ニ無御座候ハヽ金子を以相済可申候自然相滞申儀御座候ハヽ、請人方ゟ弁急度相済可申候為後日仍而如件

享保四年亥十二月十三日

岩本村 三左衛門印

史料(ii)　質物入借用申金子之事

一仏壇壱軒　但我等内仏也
一仏壱幅　但本寺裏書有
一正帋付板弐拾枚　但上々板也
一釜壱つ　但弐尺八寸平釜也
〆

右者当御年貢米不罷成候ニ付右之品々質物ニ入現新金弐両慥請取御年貢米ニ指上申所実正也然上者来子ノ三月切ニ壱ケ月壱歩半ツヽ加利足元利

共ニ相済右之質物不残請出シ可申候若定之通埒明不申候ハヽ、流落質ニ罷成候間其節質物不残相渡シ可申候（後略）

享保六年　　　　岩本村質預り主　九右衛門

丑十二月廿七日　　同村庄屋　利右衛門

右の二史料は共に内田氏に宛てた証文であるが、各々、高持である漉屋が十一月～十二月に年貢を上納すれば――それはまた紙原料仕入時期でもある――漉屋の手元には紙原料の仕入金は残されておらず、或いは、紙仕入金を残すためには年貢未進をきたすという状態において、史料(i)では、漉屋は年貢上納を独自で済ませ、従って、漉立て予定の奉書を引当として問屋から紙原料仕入金を借用するほかなかったことを示している。また史料(ii)では、漉屋は年貢上納を、諸道具を質に入れて借金して済せており、紙原料仕入金は独自のものを用い、従って製品の所有権を持つ漉屋は、それを売り捌いて質物を引き出そうと意図したことがわかる。[20]

ところが、右の二史料の段階より、さらに漉屋の窮乏した場合が現出してくる。即ち、年貢上納銀か（史料(iii)の場合）ないしは原料仕入銀か（史料(iv)の場合）いずれかを、諸道具を質入れして借用し、紙漉立て次第に製品で差引きをするという場合である。この場合、質入れした諸道具は差引きの際に不足が生じたり、滞ったりした時の担保となる。

史料(iii)　書入申質物之事

一紙屋壱軒　　但弐間四方也

一蒸釜壱口　　但弐尺九寸さしわたし也

〆

右者当御納所米手支申候ニ付右之通質物ニ書入現銀百五拾匁借用申所実正也然ル上ハ来午五月中迄ニ出来紙持参申代銀を以元利返済可申候若又遅滞候ハヽ、右書入之質物此判形之者共罷出相扱無相違急度相渡し可申候（後略）

寛延二年巳十一月　　　大滝村質主　覚蔵　印

（村役人連印略）

史料(iv)　書入申質物之事

一蒸釜壱つ

一𠮷付板拾五枚　但小奉書付上板也

〆

右之弐品質物ニ書入𠮷仕入銀借用仕候処実ニ御座候銀子高𠮷通表ニ御座候然上者来卯三月切紙漉立相渡シ差引可仕候若相滞候ハヽ右之質物相渡可申候為後日加判之証文相渡シ申処仍而如件

享保拾九年

寅極月

本人　大滝村　万　助印

同村受人　九右衛門印

およそ、右の史料(i)〜(iv)の四種のパターンをもって、それ迄自立していた漉屋はついに内田氏を問屋とする、問屋前貸制度のサイクルに組み込まれていくのである。[21]

ところで、借銀時(十一〜十二月)から返済時(三〜五月)迄の紙の漉立期間(約五ヶ月間程)に、月一歩〜一歩半の利足を新たに問屋商人より取られる以上、それ以前に諸原因によって再生産に不足を生じて問屋制支配下に組み込まれた小生産者の多くにとっては、ほぼ次の年貢上納時、且つ原料仕入時に再び借銀をせざるを得なくなり、結局、問屋前貸制度のサイクルから抜け出ることは困難となってしまう。

借用申仕入銀之事

合銀六百目也

右之銀子者為紙草仕込借用申処実正也然ル上ハ来亥ノ春紙出来次第段々致持参同五月切元利返済可申候(後略)

宝暦四年戌十一月

不老村借主　庄兵衛　印

同村受人　半左衛門印

岩本村

吉左衛門殿

図３　問屋前貸制度の年間サイクル

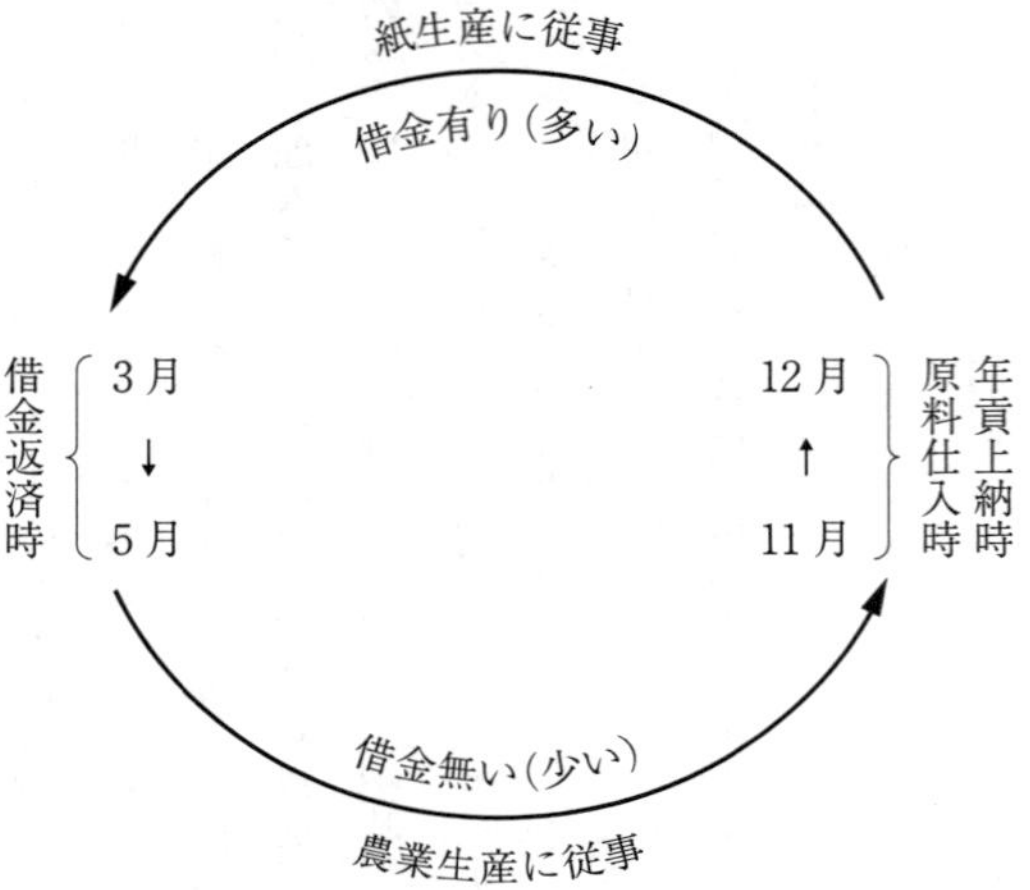

右銀子之儀紙草仕込銀之事ニ候へハ少々之多少ハ格別毎歳借用仕候儀ニ御座候間借用申間ハ幾年も此証文御用ひ置可被下候後日為念如此ニ候以上

庄兵衛　印
半左衛門印

この奥書に述べられている事は、およそ次の内容を意味すると考えられる。即ち、漉屋にとって、年貢上納を済ませれば紙草仕入銀に不足するという段階に置かれた時、右の証文の本文の如き内容を記し借銀をする。そして、冬から春にかけて紙を製造し、その製品で貸付仕入銀の返済をする。ところが、紙製造による剰余労働部分は、問屋商人からは元銀に対して月一歩～一歩五厘の利足という形で、また、福井藩からは紙会所を通じて、製品に対して六歩の運上銀と二歩の判賃という形で収奪されるから、漉屋の手元に残る自己労働の剰余部分は少ないものとなる。

こうして、問屋支配に組み込まれた当初は、引続く春～秋の農業従事期間に一応借銀は無い状態であるが、やがて年貢上納時には、極端な高免率のために農業生産物の大部分は搾取される事になる。何故なら、石高に対して例えば九ツ余の免率の本途物成の場合、それは他の山手米等の諸役[22]を合わせれば、原則的には農業生産物を殆ど上納する事に近いものになってしまうのである。従って、漉屋は、春に手元に残った紙製造による剰余部分によって、農業生産のための必要労働部分をまかない、結局、年貢上納時（紙草仕込時）には、再び紙草仕入銀を問屋より借りねばならず、それは毎年繰り返され、従って奥書に述べられている如く「毎歳借用仕候儀ニ御座候間」となるのであろう。

従って、問屋前貸制度に組み込まれる際の形態の相違は有っても、ほとんど図３と同様なサイクルを描くことになる。

ここ迄、五箇村漉屋が内田氏を問屋とした問屋前貸制支配下に組み込まれて行く経過を詳細にたどったが、内田氏に残された五箇村民よりの一紙証文(借金・質物・年賦・本物返し証文など)四八〇通の中から、漉屋で、内田氏を問屋として自らがその下請生産者として組み込まれ始める際の文書(史料(i)~(iv)の如き)を六六通選び出し、整理したのが次の表25である。また、次の図4「問屋前貸制度展開のグラフ」は、この六六通がどの時期に取り交されたかによって作成されたグラフである。

表25と図4から明らかなことは、以下の諸点である。(i)享保~天保期の間に、内田氏は五箇村全体にわたって、の

表25

年　　号	村　名	差出人	金　　額
享保 1 (1716)	岩　本	徳之助	金1両3分と銀8匁
2 (1717)	〃	惣左衛門	金2両2分
2 (〃)	新在家	小右衛門	
4 (1719)	岩　本	三左衛門	金2両2分
4 (〃)	大　滝	金兵衛	新金5両
4 (〃)	〃	忠左衛門	〃 3両
5 (1720)	岩　本	太良兵衛	〃 3両
5 (〃)	大　滝	五良右衛門	〃 2両2分
6 (1721)	岩　本	九右衛門	〃 2両
7 (1722)	定　友	長左衛門	銀164匁
7 (〃)	大　滝	六兵衛	新金3両2分
14 (1729)	〃	勘右衛門	〃 6両
14 (〃)	岩　本	甚左衛門	〃 7両
16 (1731)	〃	勘右衛門	銀180匁
19 (1734)	〃	三兵衛	〃 500匁
19 (〃)	大　滝	万助	(記載なし)
元文 5 (1740)	〃	次兵衛	銀220匁
寛保 1 (1741)	〃	道覚	〃 500匁
2 (1742)	不　老	久左衛門	〃 1貫匁
延享 1 (1744)	大　滝	平左衛門	〃 1貫匁
1 (〃)	定　友	弥平次	正2固
2 (1745)	大　滝	重兵衛	銀150匁
3 (1746)	不　老	長左衛門	〃 200匁
4 (1747)	岩　本	与左衛門	〃 300匁
寛延 1 (1748)	大　滝	勘右衛門	〃 300匁
1 (〃)	岩　本	太左衛門	〃 100匁
1 (〃)	新在家	伊右衛門	〃 300匁
2 (1749)	大　滝	覚蔵	〃 150匁
3 (1750)	岩　本	理兵衛	〃 300匁
4 (1751)	不　老	藤左衛門	〃 150匁
宝暦 2 (1752)	〃	与兵衛	〃 300匁
3 (1753)	〃	理兵衛	〃 150匁
4 (1754)	〃	庄兵衛	〃 600匁
4 (〃)	定　友	甚兵衛	〃 800匁
5 (1755)	不　老	伊右衛門	〃 600匁
5 (〃)	定　友	小左衛門	〃 400匁
6 (1756)	大　滝	市蔵	〃 60匁
6 (〃)	不　老	久太夫	〃 250匁
9 (1759)	大　滝	三右衛門	〃 740匁

宝暦 9(1759)	岩　本	甚次郎	銀 120 匁
10(1760)	〃	忠兵衛	〃 600 匁
11(1761)	不　老	十右衛門	〃 340 匁
12(1762)	岩　本	覚兵衛	〃 500 匁
明和 2(1765)	〃	市郎右衛門	〃 500 匁
3(1766)	大　滝	九右衛門	〃 600 匁
3(〃)	定　友	加兵衛	〃 400 匁
安永 1(1772)	不　老	伊助	〃 930 匁
2(1773)	岩　本	平太夫	〃 150 匁
4(1775)	定　友	与兵衛	〃 300 匁
6(1777)	〃	作右衛門	〃 2 貫匁
天明 3(1783)	大　滝	才三郎	〃 300 匁
8(1788)	定　友	弥平次	〃 300 匁
寛政 4(1792)	大　滝	喜右衛門	文銀 1 貫匁
9(1797)	定　友	周次郎	金 10 両
10(1798)	〃	弥平衛門	文銀 600 匁
12(1800)	〃	助左衛門	〃 3 貫匁
享和 1(1801)	〃	利右衛門	〃 1 貫匁
3(1803)	不　老	庄太夫	銀 500 匁
文化 4(1807)	新在家	山城	〃 300 匁
7(1810)	定　友	庄右衛門	〃 100 匁
8(1811)	〃	彦右衛門	〃 200 匁
12(1815)	大　滝	太良太夫	文銀 1 貫匁
文政 10(1827)	岩　本	弥三右衛門	〃 300 匁
12(1829)	新在家	善右衛門	銀 330 匁
13(1830)	大　滝	市右衛門	文銀 200 匁
天保 11(1840)	新在家	惣八	〃 300 匁

岩本：17 名　不老：11 名　新在家　：5 名
大滝：19 名　定友：14 名　五箇村合計：66 名

べ六六名の漉屋を問屋前貸制下に組み込んだ。(ii)その早い時期は圧倒的に岩本村・大滝村の漉屋が組み込まれた。両村の免率の高さが、それだけ漉屋の没落を早めたといえようか。(iii)漉屋が問屋前貸制度に組み込まれ始める時期は、延享〜宝暦期をピークに展開しているが、その始まりは享保期からであり、享保期の件数が二番目に多いことは注目される。

　ところで、これ迄のところは五箇村民より内田氏に出された一紙証文類の整理分析から、問屋前貸制度の形態や開始時期などを検討したが、問屋前貸制度の開始が享保期であることは内田氏の連年の『勘定覚』を通じても確かめられることである。『勘定覚』の項目には、「貸帳」・「質帳」などの他に「仕入帳」がある。「仕入帳」は「仕入銀貸付帳」とも「五箇村仕入紙代」とも呼ばれるもので、五箇村における紙の仕入銀貸付帳である。「貸帳」・「質帳」の項目は元禄以来一貫して『勘定覚』に記されているのに対し、「紙仕入銀貸付帳」の項目は享保元年から始まり、それ以降連年続いて記されていく。このことからも、内田氏が五箇村の紙漉屋に対し、享保期から紙仕入銀の貸付を、即ち、問屋前貸制度を開始していることを確かめることができる。

三　問屋前貸制度の展開

これまで述べてきた過程を経て、享保期より成立した問屋前貸制度は、その後、問屋商人と漉屋との関係においてどのような性格を持つことになるのであろうか。以下、検討を加えたい。

先に述べたような、図3で示される問屋前貸制度下の小生産者(漉屋)の再生産のサイクルは、単純再生産に近く、従って、余剰が手元に残ることは少ない故、例えば農業に不作が起った場合や、或いは紙漉による利益が減少した場合、たちどころに赤字を出すことになる。

前者の場合、それは直接年貢未進となって現われ、後者の場合には、春の紙漉立時に返済不足分が生じる。この両場合とも、小生産者は今迄の分以上に問屋商人に借金をするのである。この様に、既に借金を負って問屋制度に入った漉屋がさらに負債を生じさせると、これ迄と同様な問屋前貸制度下のサイクルを営み続け、且つ、この過程において少しでも余剰を生み出して、問屋制下に組み込まれた際以上に累積してしまった借金を、年賦で返済しようと意図するのである。

借用申年賦銀之事

銀合壱貫匁也

右之銀子者去辰冬為紙仕入銀と借用仕候処近年内証甚困窮仕尻引ニ罷成喰込出来仕候而商売難取続趣ニ御座候付相頼候者右之銀子何卒十ケ年利無シ年賦ニ而御取被下候様御頼申上候所私如在も無御座趣御聞届被成御承引被下忝存候然上者来午ノ年ゟ卯年迄十ケ年之間銀百匁宛帋代之内ニ而御引取可被下候若紙御望も無御座候而外ゟ売申候ハヽ其代銀之内ニ而持参仕急度百匁宛毎年相立可申候当年口過出来不仕候儀者私ニ不限紙相場近年相続下直ニて仕込釣合不申候事ハ五ケ村一統之儀ニ候得ハ其儀ハ彼是申上候儀ハ少も無御座仕入銀ニ借用仕候事ニ候得者家財等売払候而も元利指引返済可申事尤只今家財迄売払候ハヽ、右御難題不申候而も相済可申候得共今年切ニ商売相止メ候儀も至

図４　問屋前貸制度展開のグラフ

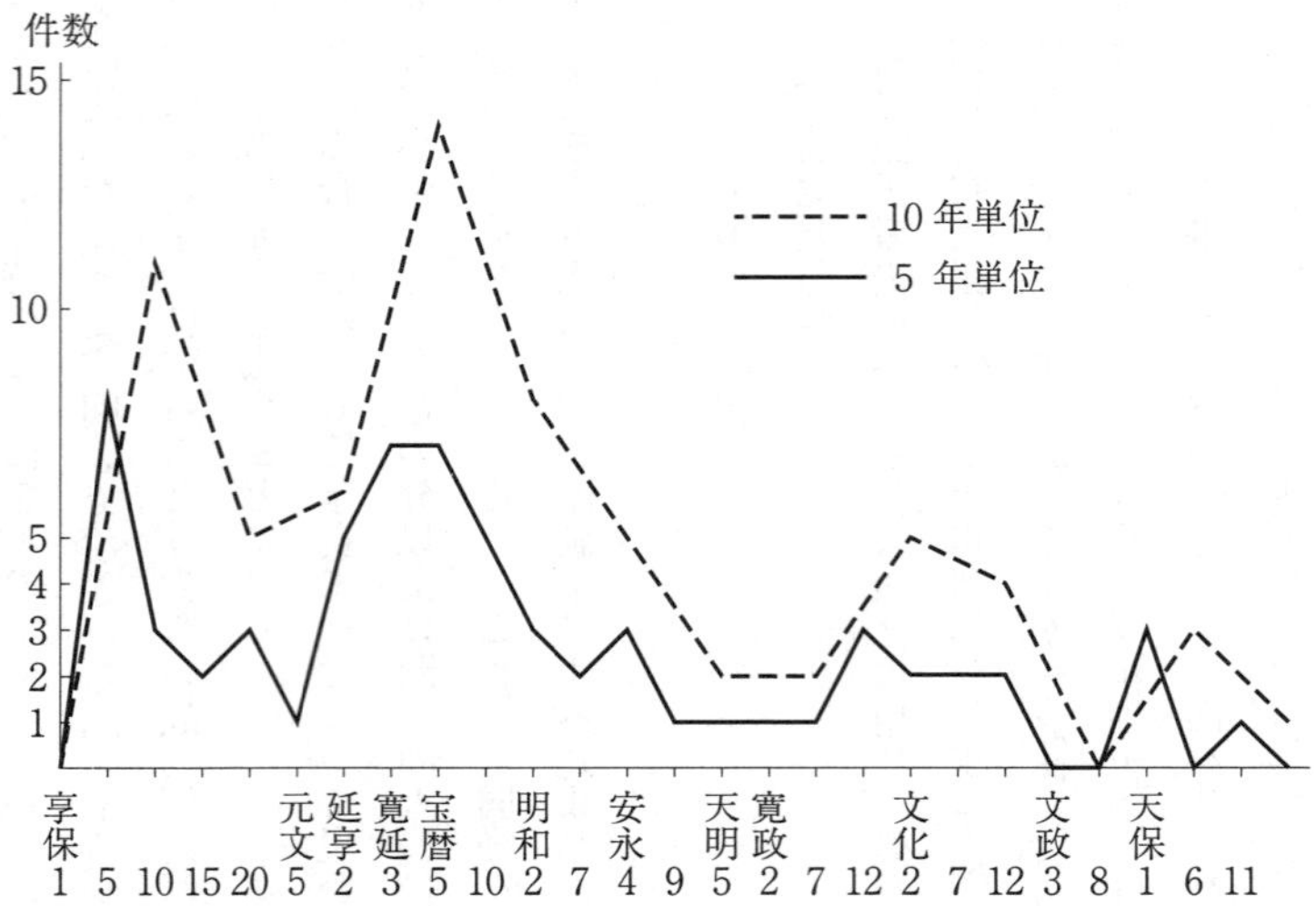

極残念ニ存右之通御頼申入ゆ所御聞届殊ニ新仕入銀も御頼申入ゆ所数年御出入仕御応意営ゆ我等事去冬之通御貸可被下旨此後別而入情紙職取続可申こと返々忝存ゆケ様御了簡被下ゆ上ハ新仕入銀之儀者不及申一銭も無滞元利皆済可仕猶右年賦銀之儀も如何様之儀御座ゆ共右定之通毛頭無相違急度相立可申ゆ為後日年賦銀借用状仍如件

安永二年巳十一月　　岩本村 忠右衛門印

内田善四郎殿㉓

この証文に述べられている事は、昨冬に借り受けた紙仕入銀が、紙相場下直続きで返済不能となった。その未返済分を、今後、毎年の「仕入銀貸付―製品返済」の過程で、利無し十年賦で返済していくことを取り決めたという事である。

ここで注意しなければならないのは、借銀を直ちに返済しようと思えば、諸道具・家財等を売払わねばならなく、若しそうすれば、今後、漉屋を営むことが出来なくなるという事である。その段階に於て、さらに紙仕入銀を借受けるという事は、およそ、新たな借銀分だけ、小生産者の保有する財産に匹敵する引当(担保)を上回る事になる。つまり、問屋商人側からすれば、今後、新しい貸付仕入銀の返済に不足が生じた場合、それは最早や問屋資本への喰い込みとなる訳である㉔。その事は、一方、潰れ同然の小生産者も、問屋前貸制のサイクルの下で労働に従事し続ける限りは、問屋資本に吸着し、かつかつの再生産は保証されるという側面をも物語っている㉕。

表 26

年　　次		村　名	差出人	銀　　額	年賦期間
1	元禄 16	岩　本	左次兵衛	銀 450 匁	5 年賦
2	正徳 1	新在家	徳兵衛	〃 617 匁 5 歩	年々返済
3	元文 3	岩　本	長兵衛	〃 398 匁 8 歩 8 厘	10 年賦
4	延享 2	定　友	加兵衛	〃 269 匁 8 歩	10　〃
5	3	大　滝	道覚	〃 147 匁 9 歩 9 匁	3　〃
6	寛延 1	〃	勘右衛門	〃 663 匁	10　〃
7	4	不　老	長左衛門	〃 621 匁 8 歩 7 厘	無　期
8	宝暦 2	定　友	九右衛門	〃 630 匁	10 年賦
9	7	不　老	伊右衛門	〃 180 匁	6　〃
10	10	大　滝	三右衛門	〃 700 匁	10　〃
11	明和 3	新在家	加藤河内	〃 1 貫 800 匁	15　〃
12	安永 2	岩　本	忠右衛門	〃 1 貫匁	10　〃
13	7	〃	平太夫	〃 200 匁	20　〃
14	8	定　友	加兵衛	〃 1 貫匁	毎年 150 匁宛返済
15	9	〃	作右衛門	〃 2 貫 200 匁	5 年賦
16	天明 1	大　滝	勘右衛門	〃 950 匁	8　〃
17	3	〃	才三郎	〃 900 匁	15　〃
18	4	〃	平兵衛	〃 1 貫匁	10　〃
19	4	〃	九右衛門	〃 350 匁	10　〃
20	4	定　友	卯右衛門	〃 500 匁	5　〃
21	4	岩　本	次兵衛	〃 4 貫匁	50　〃
22	7	〃	太良兵衛		毎年 6 匁
23	7	大　滝	新兵衛	銀 5 貫 900 匁	30 年賦
24	7	定　友	庄右衛門	〃 2 貫 340 匁	36　〃
25	寛政 6	不　老	太良右衛門	〃 750 匁	15　〃
26	6	〃	川端	〃 1 貫 800 匁	18　〃
27	8	定　友	利右衛門	〃 5 貫 325 匁	25　〃
28	10	〃	甚兵衛	〃 8 貫 320 匁	40　〃
29	10	〃	庄兵衛	〃 8 貫 500 匁	毎年 150 匁宛返済
30	12	〃	助左衛門	〃 4 貫 300 匁	20　〃
31	12	〃	弥平次	〃 2 貫 250 匁	20　〃
32	享和 2	大　滝	勘兵衛	〃 2 貫 570 匁	利年 5 歩半 10　〃
33	文化 12	〃	太良大夫	〃 1 貫匁	10　〃
34	天保 11	不　老	久右衛門	〃 7 貫匁	15　〃
35	12	定　友	加戸右衛門	〃 22 貫匁	22　〃
36	13	大　滝	覚兵衛	〃 3 貫 500 匁	7　〃
37	嘉永 3	定　友	宇右衛門	〃 17 貫 267 匁 3 歩	毎年銀 100 匁宛

＊　1・2 の場合は判元仕入銀の残銀の年賦証文であり、問屋前貸制度以前のものであるが、参考迄に記しておいた。

図５　年賦証文件数と銀高のグラフ

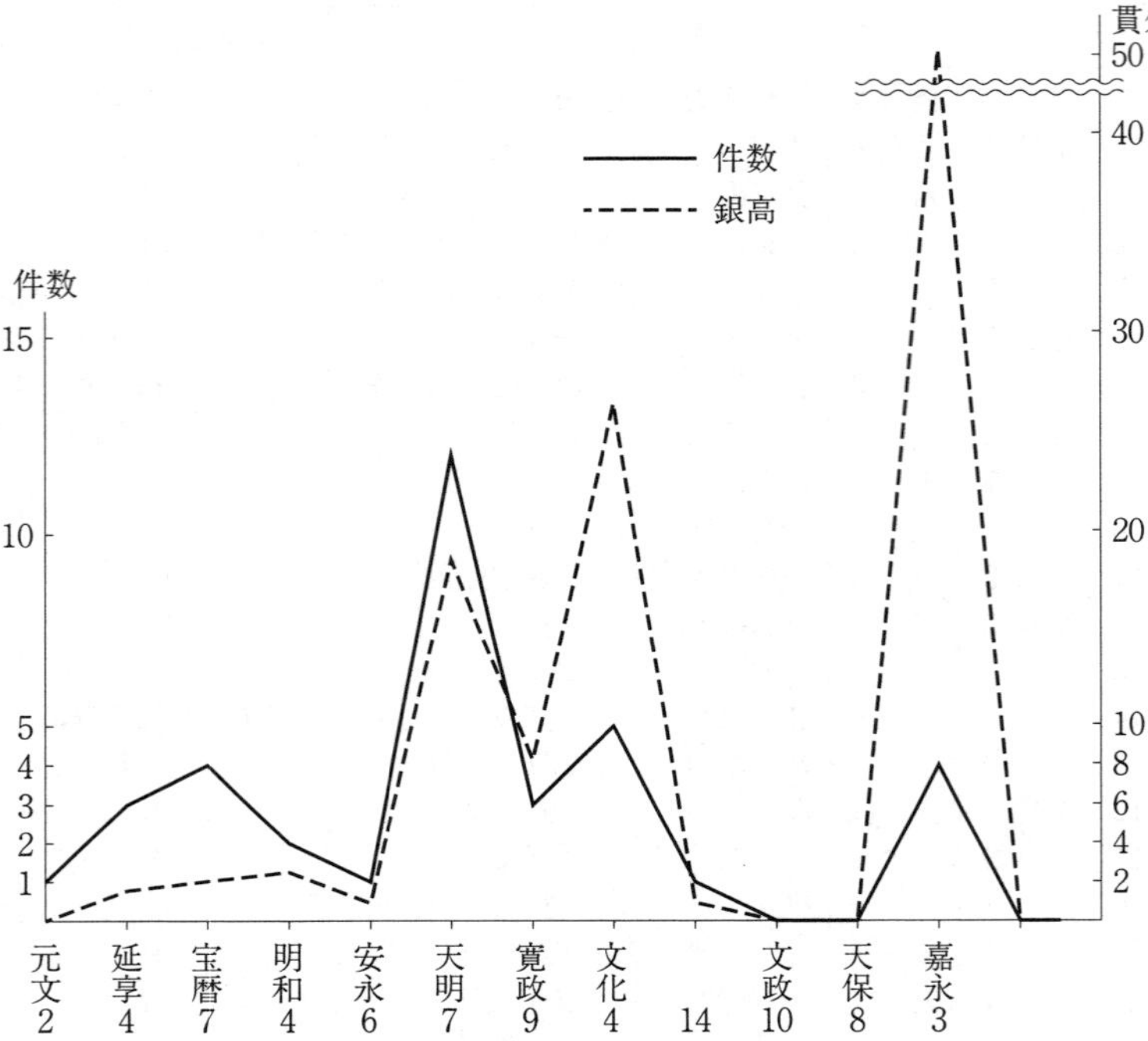

表26は、五箇村の漉屋より内田氏宛に出された、しかも右に述べた性質を満たす年賦証文を整理したものである。また、少なくとも、内田氏を問屋としていた漉屋に限り、問屋前貸制下に組み込まれていた事の判明しない場合や、その他の理由による借銀累積の年賦証文の場合は記載していない。

そこで、表26に記された例を、元文三年より十年単位に区切って、その件数と年賦金額とをグラフにすると図５の如くになる。表26と図５とから次の諸点を指摘することが出来よう。

(ⅰ)元文期以降からこのような年賦証文が取り交わされ始めたこと。(ⅱ)天明～寛政期を中心として数多く取交わされていること。(ⅲ)寛政期以降年賦額は高くなり、特に天保期以降は高額である㉖。これらの諸点と、前節の表25・図４から判断された、漉屋が問屋前貸制下に組み込まれ始めた際の特徴(享保期より始まり、件数で延享～宝暦期をピークとする)を考え併せると、他の条件を考慮する必要があるとはいえ、全体としては、問屋前貸制度に組み込まれた小生産者の大部分が、長い時間を要さないで年賦関係へ変質したと判断されよう。そのことは、問屋前貸制下の小生産者が再自立することの可能性の困難さを十分に示しているように思える。

概して、右のような特徴をもって問屋前貸制度は変質し年賦関係に見られる問屋と漉屋との関係になっていった。この年賦関係は問屋資本への喰い込みを意味すると同時に、漉屋側から見ればより深い問屋支配下への従属(下請化)を意味しよう。こうして下請化の傾向を強くした漉屋は、問屋商人である内田氏の商業経営に、その紙生産量そのものを規定される程になる。

表27は延享二(一七四五)年より天明八(一七八八)年迄の(A)「新紙束数(春に、問屋前貸制度に基づいて漉立てられた新紙数)」と、(B)「三都残り紙金額(仕切残り紙金額)」と、(C)「三都紙商売利得金額(売上金額そのものではなく利得金額である)[27]」を『勘定覚』から抽出し、(D)その利得金額が紙合計金額(「爰ニ有紙(その一部である新紙を含む)」・「三都残り紙」・「三都利得金」の合計額)の中で占める百分率を示したものである。

その表27から、例えば残り紙の多い宝暦九(一七五九)年の翌年には新紙束数はゼロであったり、安永八(一七七九)年〜天明[28]年間(一七八一〜八九)に利得が低下し、残り紙も増大すると新紙束数はゼロとなってしまうように、仕切残り紙の多少や利得金額の増減に応じて、その年やその翌年の新紙束数が規定されていることが判断できよう。このことは、問屋商人内田氏が前年度の三都における紙の販売量に応じて荷送りを制限するのみならず、生産量そのものを制限し得る迄に小生産者の下請化を強めるに至っていることを意味している。

おわりに

内田氏の経営にとって、問屋前貸制度を展開させ、小生産者を下請化したことは幾つかの利点を生じさせた。一に、問屋前貸制度のサイクルを通じて、高利子を貪ることができたこと。二に、製品を問屋の主導の下で確実に安価に集荷することができたこと。換言すれば、小生産者には、自分に都合の良い商人に、より高価に製品を売捌くという主体性

表 27

年号	A	B	C	D
	新紙束数	三都残り紙代	三都利得銀	$\frac{\text{C}}{\text{紙合計金額}}$%
延享 2	55 束	銀 79 貫 780 匁	銀 22 貫 559 匁	15.3%
3	185	67. 369.5	36. 540	24.0
4	143	80. 700	18. 153	12.9
5	99	95. 000	5. 625	3.7
寛延 2	140	91. 865	13. 779	8.7
3	53	79. 437.2	36. 825	23.2
4	47	73. 762	27. 975	19.1
宝暦 2	120	72. 452	32. 580	22.0
3	53	74. 746	31. 410	21.4
4	71	69. 093.5	25. 050	18.6
5	93	68. 655.2	30. 600	21.8
6	62	76. 580.5	19. 380	14.1
7	108	76. 649	21. 120	15.8
8	74	86. 952.7	13. 785	9.8
9	77	92. 796.7	9. 375	6.6
10	0	66. 138.9	13. 380	10.8
11	65	60. 209.2	15. 585	16.7
12				
13				
14	34	72. 520.2	22. 572	18.9
明和 2				
3				
4				
5	48	60. 292.1	21. 810	19.5
6	14	57. 052.6	15. 915	12.8
7	10	59. 493.1	15. 690	12.4
8	12	45. 346.5	8. 925	7.8
9	7	59. 721.9	22. 272	17.1
安永 2	14	67. 068.9	16. 380	11.9
3	0	60. 028.1	20. 775	14.6
4	21	69. 589.8	12. 210	8.3
5	64	72. 074	16. 185	11.7
6	21	58. 475.4	12. 300	10.2
7				
8	0	65. 263.5	12. 525	9.2
9	0	71. 238.2	20. 640	14.5
10	0	91. 800.8	14. 655	10.1
天明 2	0	80. 911.8	29. 670	17.6
3	0	83. 226.9	21. 240	12.9
4	9	124. 695.2	6. 930	3.6
5	0	77. 364.3	6. 600	4.0
6	0	109. 565.4	12. 225	6.5
7	0	102. 371	7. 425	4.2
8	0	105. 100.9	6. 465	3.9

が失われたこと。三に、紙商売が不況に陥った時期は、たとえ問屋前貸制度の関係を結んでいても、問屋の意志で製品の購入を停止し得たこと。それは実質的には漉屋の紙生産そのものを停止させるに等しかったといえる。

このような問屋前貸制度が享保期より展開され始めたということの原因としては、小生産者であり小農民である漉屋を取り巻く村落の状況からの説明を第一節で行なったが、しかし、直接的には紙業不景気による利潤低下の問題を原因として取り上げねばなるまい。遺憾ながら、ここでは全国的な範囲での、紙生産と市場の関連からの論証は行ない得ていない。ところで、在方荷主である内田氏が紙を集荷するのに有利な問屋前貸制度を展開させることになった契機は何であったろうか。集荷過程での合理化を促した要因は、内田氏の経営全体の分析から論じねばならぬ問題である。この課題は別稿を期したい。

注

（1）五箇村について従来の研究には、次のものなどがある。
小葉田淳編著『岡本村史』本篇・史料篇、棡西光速「近世越前製紙業の生産と流通」（『社会経済史学』一九ノ一）、牧野信之助「越前五箇の御留紙等製造記録」（『和紙研究』二）、小葉田亮「五箇製紙立地考」（『和紙研究』二）、前川新一「近世越前五箇の紙商人」（『百万塔』一六）・「近世越前五箇の紙商人―その取引先と取引―」（『百万塔』一七）・「紙漉技術と漉屋経営」（『百万塔』一八）・「近世越前五箇の製紙業経営―藩の紙業政策と漉屋の経営―」（『ＥＳＴＵＯＩＯ　富山大学経済学部学生研究論文集』四）など。

（2）このうち、三田村氏のみが奉書生産を行なっていた。

（3）問屋前貸制度について従来の研究の特徴は、マニュファクチュア論争における分散マニュの規定をめぐる問題や、レーニンの『ロシアにおける資本主義の発展』の隷属段階の規定の日本における具体的例示や、或いは、以上をも含めた剰余価値生産を視点として問屋前貸制度を把えるという研究であったといえる。従って、問屋前貸制度を、幕藩制社会との関連で把えようとする視点には乏しかった。この点、マニュファクチュア論争を、今後再現することの不毛性を指摘した海野福寿氏（『歴史学研究』三八二）論評に同意する。小稿は、後者の視点に立とうとするものであり、商品流通や村落との関連から生産者支配の実態を分析しようとしている。ために、剰余価値生産の有無をここでの評価規準とはせず、欠落させていることを最初に断っておく。

（4）初期豪商に顕著に見られた「遠隔地間商業」による利潤抽出方法が終焉すること。都市問屋の中心が荷受問屋から専業問屋に交代し、とくに、仕入問屋は夥しく資産を増大させたこと。或いは、商品生産地における、在地荷主の都市問屋資本による買宿化などは、すべて幕藩制中期を画期として現われる動向である。これらの歴史的な動向を、総合的に関連させて理解しようと努力することは急務であろう。小稿は、この総合的な理解のための一前提をなす。

(5) 越前国蠟燭司の特権は、豊臣秀吉の朱印状で認められて以来、代々の越前国領主によって認められた。ここに、天正十三年の秀吉朱印状と、それを受けた木村隼人佐の触れとを記しておく。ともに内田穣吉氏所蔵。

越前国中蠟燭司之儀野辺四良右衛門仁仰付ゆ之条可成其意者也

天正十三閏八月十四日　御朱印

木村隼人佐とのへ

国中蠟燭司之事以御朱印野辺四郎右衛門仁被仰付ゆ条可成其意ゆ自然蠟草等少茂自余ゟ売買仕於違乱之輩者急度可成敗之旨御意ゆ為其堅申触ゆ仍如件

天正拾三閏八月十四日　木村隼人佐印

国中在々所へ

(6) 元禄五年書き出しの『内証覚帳』(内田穣吉氏所蔵)。この年以降、経営の詳細が判明する。なお、今後引用史料のうち内田氏所蔵文書には注を付さずに用いる。

(7) 岩本区有文書(今立郡今立町岩本にある成願寺に保管中)。『岩本村紙会所定書写并月成蠟燭鳥子紙御朱印写』所収。

(8) 岩本区有文書。大滝・岩本・新在家・定友・不老・粟田部・樫尾の七ヶ村庄屋長百姓より御奉行様宛である。

(9) 『福井県史』藩政時代二四頁。『稿本 福井市史』上巻第三篇。松平綱昌は六代目藩主。松平昌親は五代目藩主であったものが、貞享の半知の際に七代目松平吉品として再封された。

(10) 森泰博「福井藩の大阪借金」(『商品流通の史的研究』所収)。

(11) 注(7)と同。

(12) 『徳川時代商業叢書』第一所収。

(13) 四氏は内田吉左衛門氏を中心に同族関係にあった。即ち、初代内田吉左衛門は中条氏に生まれ、その生母は内田吉右衛門氏の出身である。また、内田吉左衛門が跡を嗣いだ野辺四郎右衛門氏から、野辺小左衛門氏は分家した。
(14) 注(7)と同。
(15) 注(7)と同。
(16) 堀江保蔵氏(『国産奨励と国産専売』)のいう「間接的購入独占」の例である。全国的に見た場合、厳密な意味での藩専売制度(堀江氏のいう「直接的購入独占」)は、その例はきわめて少ないといえる(吉永昭「国産会所仕法の成立と展開　その一～六」『相模女子大学紀要』二三一～二七)。
(17) 岩本区有文書。
(18) 岩本区有文書。
(19) 内田氏の場合、五箇村の中では免率の低い不老村、定友村に土地を集積した。
(20) 小生産者が問屋前貸制下に組み込まれる際、これ迄の研究では原料貸付を契機とする視点はあったが、商人資本と小生産者との関係にのみ限定する余り、年貢未進を契機とする場合を欠いてきた傾向がある。石高制・村請制に規定された幕藩体制下の小生産者であるという視点に欠けていたためといえよう。
(21) 四つのパターンのどれかで、小生産者が問屋前貸制下に組み込まれ始めるというこの実例は、これ迄、小生産者の隷属化は(i)から(iv)の順序で進行するといわれてきた(レーニン・堀江英一氏等)のに反するかのようである。しかし、個々にはいきなり生産手段を担保として質入れする場合もあるように、隷属化の進行に順序をつけられないとしても、やはり総体として巨視的に見れば、隷属化に順序をつけることは妥当であると考える。
(22) 山手米・漆役・紙舟役・歩役月成等の小物成があった(『岡本村史』本篇表三〇)。
(23) 内田氏の当主は、代々、吉左衛門か善四郎を名乗った。
(24) 内田氏の場合、取立て不能な貸し付金額は実質のない見せかけの資産となって、幕末に没落する一因をなしている。
(25) 無為徒食にして保証されるということではさらさらなく、そこでは当然、労働(紙漉)を前提としてのことである。
(26) このことは、問屋資本への喰い込みが時代が下るにつれて大きくなっていったことを示している。なぜ、内田氏は自己資本への喰い込みを容認していかざるを得なかったのであろうか。難解な問題であり、容易に解答は見出せないが、理由の一つに、これ以上完全な潰れを輩出しては村落を維持しえなくなり、それを防いだということが考えられる。いずれにしても、今後、石高制に規定された村請制村落——封建領主支配における経済外強制を代位・補完する機能を負う——における問屋前貸制度のもつ意味を把え直していく必要があることは明白であろう。

(27)「紙代算用留」によると、これは、三都問屋仕切(売上金)に翌年繰り越残り紙代金(荷主元方値段)を加えたものから、前年よりの繰り越し残り紙代金と当年送り紙代金とを差引いたものである。なお、造用指引は行われていない。

(28) 表27から安永~天明期の紙商売が著しく不振であったことが判明する。その時期は、前述の如く年賦証文が最も多く取り交わされた時期と一致している。そのことは、三都の紙商売の好不況は、在方荷主を通じて、敏感に漉屋に反映されていたということの証明になろう。

〔『日本歴史』第三五四号、一九七七年、吉川弘文館刊〕

三　和　紙

麻　紙　『日本書紀』に残る推古天皇十八(六一〇)年の高麗僧曇徴による紙・墨の伝来以前、すでに渡来人によって伝えられていたと考えられる紙とその抄造技術とは、麻を原料にした麻紙(まし)であり、溜漉(ためずき)と呼ばれる後漢の蔡倫(?~一〇七)が創始した蔡倫法であった。今日に残されている天平時代の作になる写経の料紙の多くが麻紙であるように、麻紙は奈良時代までの紙の中心を占めていた。内藤湖南の依頼で、天平の麻紙の紙片を見本に漉き、今日に復活させた紙漉名人岩野平三郎(福井県今立郡今立町)によれば、麻紙は麻の繊維が極めて長いため、まず麻を截断して石臼で搗き、紙料を作って漉いたところ、光沢・強靱さともに雁皮(がんぴ)(斐紙(ひし))をしのぐものであったという(『紙漉平三郎手記』製紙博物館発行)。

光沢・強靱さに加え、堅牢さやさらには優雅さまで兼ねそなえた紙質をもつと評価される麻紙であったが、しかし、平安時代から衰退し、鎌倉時代を最後に抄造が途絶えることになった理由は何であろうか。

溜漉と呼ばれる当時の抄造法は、後の流漉のようなねり（助漉剤）を用いずに、充分に叩解した紙料を水の入った漉槽に入れ、これを簀と桁ですくい、水が漏出し終わるのをまって、湿紙と簀を離し、湿紙の上に紗をかぶせ、何枚も湿紙・紗を重ねあわせて重石で水分を切り、干板で天日に干すというものであった。この際、とくに繊維の長い麻の叩解が不充分であると、平均した一枚の紙にならないし、繊維の凝結による漉むらが生じるという技術的な問題を、麻紙の衰退理由の一つにあげることは可能であろう。

しかしそれ以上に、麻が当時の大多数の国民の衣料原料でもあったことから、麻の代わりに紙原料が見出されれば、これに代替されるという状況があったことが考えられる。すなわち、雁皮・楮が麻にかわる紙の原料として注目され、開発されたことで、麻の多くは衣料原料としての使用に専らあてられ、ために麻紙は限られた伝統的な写経の料紙としてのみに限定されるようになったと見られる。

斐紙　平安時代に入ると増えてきた雁皮を原料にする斐紙、たとえば中世における鳥の子紙（その色合が薄い茶色の鳥の卵に似たところからその名がついた）は、光沢もあり、質も堅く、しかも綺麗なものとの評価がなされ、京都の公家たちにも珍重されていた。その製法は、後述する楮のように蒸すことなく雁皮を生皮のまま一昼夜ぐらい良く水に浸したあと、よく煮る。煮たあと塵を取って叩解するのだが、雁皮の繊維は細く短かいので、麻のような手間もかからずに紙料となる。雁皮の繊維の細美なことが、製品の光沢・強靱さを生み、平安時代以来、楮紙とともに中心的に生産がなされ、しかも珍重されたが、しかしその後、斐紙は広範囲かつ大量の生産がなされるには至らなかった。なぜであろうか。

雁皮は、今日に至るまで人工の栽培が出来ず、自然の採集に委ねざるを得なかったことが、楮紙とは違い、生産拡大できなかったことの最大原因である（なお近世中期以降、斐紙原料として三椏が栽培され始めた）。しかも、雁皮を叩解して紙料として残る比率（歩留り）は、原料の二～三割と少なく、楮の五～六割と比べて劣ることも見逃せない。上質であり、大量の生産に不向きであることは、すなわち貴重品としての途を歩まざるを得なかったのである。

楮　紙　すでに大宝元(七〇一)年、正倉院蔵の美濃・筑前・豊前の戸籍用紙に楮紙(穀紙)が用いられており、平安時代に入ってからは斐紙とともに麻紙にとってかわった。楮を原料にする楮紙は、限られた生産に止まった斐紙をしのいで、中世以来、和紙生産の中心的な地位を築いてきた。原料である楮を容易に栽培することが可能であったことや、原料の六割が紙料として歩留ることなどの長所が、楮紙生産の拡大を招来したことは、これまで述べた通りだが、しかるに楮紙のもつ短所にも着目する必要があろう。

雁皮の繊維が細く細かいことが上質な製品を生んだのに比して、楮の繊維は非常に長くかつ不均等であり叩解しにくいという物理的性質を持つ。それにもかかわらず生産が拡大できたのはなぜであろうか。その前提には、抄造技術の創意工夫があったことを見逃してはならない。すなわち、九世紀の初めに、従来の中国からの蔡倫法を踏襲した溜漉のほかに、独自の新しい抄造法である流漉が完成されたのである。流漉は、助漉剤であるねり(黄蜀葵など)を漉槽の中で紙料に混ぜることで、紙料を平均化させ、漉き上げる際にも簀の上になめらかに均質に紙料を広げることを可能にした。溜漉では原料を充分に叩解させる必要があったが、流漉では、叩解に時間をかけずとも、ねりの力で抄造可能となったことから能率的になり、しかも、栽培は可能でも繊維の長く不均質な短所をもつ楮をも容易に抄造可能にしたことで流漉による楮紙は、中世以来、和紙生産の主流を占めるようになったのである(寿岳文章『和紙の旅』芸艸堂、『日本の紙』吉川弘文館、山田誠一「和紙の話」(越前和紙の歴史展解説総目録))。

本稿では、楮紙の代表品の一つである越前奉書の生産地、今立郡五箇村(岩本・大滝・不老・定友・新在家の五ヶ村、現在の福井県越前市)を舞台に、奉書生産者＝漉屋たちが、遅くも中世以来地域に継承された伝統的技術を承けて、近世において漉屋経営をいかに自立させ、どのような展開を見せたのちに、やがて衰退の途をたどっていったのか、という漉屋たちの歴史を中心に考察を進めることにする。

一　紙座の解体と新興漉屋の進出

古代から中世へ

正倉院文書として伝えられる多量の紙は、奈良時代、越前・播磨・美濃など二十数ヶ国にのぼる地方から、製品として、あるいは原料を貢進させ中央の図書寮で抄造させたものなどである。さらに、大同年間(八〇六〜八一〇)に、図書寮別所として京都に紙屋院が設けられ、公用紙が抄造されるようになった。紙屋院で造紙手によって漉かれる紙の原料は、多数の国々から貢納されたが、また越後から大隅に至る四二ヶ国で抄造された紙が中央に貢納されることもあった。

律令体制の崩壊とともに廃絶した図書寮紙屋院のあと、中世においては、京都図書寮上下宿上座の紙漉たちによって、禁裏への貢納紙が抄造された。その他、公家や僧侶、あるいは武家などの諸権門が用いた紙は、全国の紙の特産地から搬入されたものであった。たとえば、美濃国からは草子や扇の地紙に用いる厚手の美濃紙が、大和国からは奈良紙・吉野紙と呼ばれたやわらかな薄紙である雑紙が、あるいは播磨国からは檀紙とともに武家や公家に多用された杉原紙が、そして越前国からは鳥の子紙・奉書などが、中央で使用され、珍重された。

他方、全国の諸地方においても、その地域の需要にこたえた紙生産がなされていた。但馬・伊豆・甲斐・紀伊・土佐・阿波・石見などの近世に入ってから紙の生産をいっそう展開させた地域では、すでに中世において産紙が活発に行なわれていたことが知られている(小野晃嗣『日本産業発達史の研究』法政大学出版局)。

紙　座

ところで、中世における越前国の和紙生産が、どの地域で行なわれていたのか確定し得る史料は見出せないものの、しかし、すでに朝倉氏支配時代には五箇村では紙座を形成して和紙生産にあたっていたことは窺える。織田信長による越前国一向一揆討滅のあと越前国支配にあたったいわゆる府中三人衆の前田利家・佐々成政・不破光治は、天正三(一五七五）年十月十二日、連署して大滝神郷紙座の越前半国に及ぶ活動地域の認定と、諸役・地下夫役の免除とを大滝神郷紙屋衆にあてて行なっている。*(オ) これは前々の如き免除であるとの文言から、天正三年以前の権利を保障したものと見ることができる。大滝神郷紙屋衆とは、のちに太閤検地が行なわれ村切りされた後の大滝村一村の範囲だけではなく、かつての大滝権現別当大滝寺支配の五箇村全域で紙漉を行なっていた紙屋たちを指している。この紙屋は紙漉の道具である釜・漉舟・干板などの諸道具を所持して、後述する製法で和紙を生産していたが、紙座はこの道具、とくに漉舟を押さえることで座人の統制を行なっていた。すなわち、紙座の許可なく新規に漉舟を設けることを禁じていたのであった。

紙座の中心人物には、大滝村の三田村掃部がいた。天正九（一五八一）年正月十六日、五箇村その他の支配にあたった佐々成政（味真野村小丸城主）は、大滝掃部にあてて、「奉書帋之事、前々の如く申付候、自然拝領内似せ帋売買之者これ在らば、此方へ告知すべし、急度申付くべき者也、仍って件の如し(ミ)」との証状を与えた。三田村氏（大滝掃部）が申付られた「奉書帋之事」とはずいぶん漠然とした表現であるが、その他の史料などからその内容は次のように解釈できる。すなわち、紙座構成員の紙屋が生産した奉書は、すべて三田村氏の認可を受けて販売されたが、その際三田村氏は奉書一束五〇〇枚につき二〇枚ずつを収取して印判を捺していた。このような奉書生産と販売の統制システムが、三田村氏に申付けられた「奉書帋之事」の内容である。そして、三田村氏の印判を受けない奉書こそが、「似せ紙」として領主に統制されたのであった。この特権を三田村氏に与えることで、佐々成政は発給文書の料紙として支配に必需の奉書を確実に上納させることが可能になった。さて同年の翌二月十三日、佐々成政の代官（八郎左衛門尉直勝）は、不老村と岩本村の御百姓中にあてて、佐々成政から大滝村掃部（三田村氏）に「奉書之かみ之儀」が仰付けられたので「わき〳〵ニ少も仕候者」があったならば御成敗あるべきことを命じた(オ)。「わき〳〵」とは、領主の特権を受けた紙座の構成員ではない、その他の「御百姓」による座外の奉書生産のことを意味している。それから二年後の天正十一（一五八三）年四月二十六日、丹羽長秀（北ノ庄城主）も三田村氏に対して従来の奉書紙職を安堵しており(ミ)、三田村氏を中心にした紙屋の生産と販売とは、「似せ紙」を禁じ、「わき〳〵」の生産を統制することで秩序づけられていた模様である。

＊　史料出典については、岩本区有文書を(イ)、大滝神社文書を(オ)、三田村貢氏所蔵文書を(ミ)、紙の里会館所蔵文書を(カ)と記号のみで示し、頻出する内田穣吉氏所蔵文書には出典を明示しないことにする。(オ)(ミ)は東京大学史料編纂所撮影の写真版によった。

紙座内外からの動揺

しかし、天正十三(一五八五)年前後には、右に見た三田村氏を中心にした紙座の秩序に動揺のきざしが生じていた。三田村氏に奉書一束につき二〇枚を納めることで印判を捺してもらい、奉書を販売してきた紙屋の中に、三田村氏を通さずに販売するだけに止まらず、ついには三田村氏の印判を模造して、似せ判を捺して奉書販売を行なう者が現われだした。天正十三年から越前府中に入った木村常陸守は「向後帋印にせ候者」があったならば、糺明をとげて成敗を加えることを命じている。(ミ) それから約一〇年後の文禄四(一五九五)年前後、府中の領主青木一矩の場合も、「掃部(三田村)判之帋之儀、自余之帋すき印判相似」せることを禁じており、やはり似せ判の動きを前提にした統制となっている。(ミ) これら、三田村氏の印判を受けないどころか、三田村氏の印判を模造押印しての奉書販売は、三田村氏を中心にして成り立っていた紙座の秩序を、内側から動揺させる動きとなった。

これに対し、紙座の外側からも紙座の秩序を動揺させる動きが出てきた。すなわち、紙座構成員の紙屋ではない「わき〳〵」の者たちが、三田村氏を通さない「似せ紙」の奉書生産とその販売を行ない始めたことによって、紙座の特権をおびやかしたのである。たとえば、文禄三(一五九四)年十一月二日、大滝村のれう源・道円・弥次・左衛門尉太郎は自分たちに認められていなかった「あついかみ」＝奉書の生産を行なったことが発覚したため、今後は「判之奉書ニにせ、あついかミ」を生産しないことを三田村氏に誓約している。(ミ) また、その翌文禄四年十一月十五日、定友村与三郎はひそかに「はゝひろあつき紙」＝奉書の生産を行ない、これが発覚したため、本来ならば成敗されるべきところを定友村の弥右衛門尉ら四人を通して詫び入れ、今後、紙漉を行なわないことを、紙漉立ての道具である簀・桁を差し出して誓約している。(ミ) さらに、慶長三(一五九八)年十月十四日、大滝村竹内は「あつすいはら」＝奉書を漉立てたことが三田村氏に発覚したが、大滝村の「御百姓衆」八名の連印詫状で赦されている。(ミ)以上の三例は、紙座構成員外の者たちが、座内の紙屋にのみ認められてきた商品価値の高い奉書を「不法」に生産し、いずれもそれが発覚したものであった。紙座の外側から紙座を突きくずす動きと把えることができる。

紙座の秩序が、座内の似せ印と、「わき〳〵」＝座外の紙生産者の活動によって動揺し続けていた慶長四(一五九九)年十一月二十二日、府中に入った堀尾帯刀可晴は、従来通りの奉書紙職の特権を大滝掃部に安堵した。(ミ)さらに堀尾帯刀の代官稲垣七左衛門は、十月十七日付で、大滝村を除いた岩本・不老・新在家・貞友の四ヶ村にあてて、各村で生産された「紙」は他所へ売ることを禁じ、すべて掃部かたへ相渡すべきを命じている。(オ)そこでいう「紙」は、奉書のみを指すのか、あるいは奉書以外の雑紙なども含めてなのかは不明だが、いずれにしてもこの命令は、従来の紙座の制度では、もはや活発な座外の「似せ紙」を統制し切れなくなったことを示していよう。

慶長六(一六〇一)年九月十一日に、北の庄に入部した結城秀康から従来通りの奉書紙職を三田村掃部は安堵されたが、(ミ)この頃、安藤太郎左衛門から五箇村の「何も紙屋衆」に宛てられた書状によれば、前々の如く「長高正宗奉書之儀今以似判紙仕間敷候」ことが命じられている。たんに奉書とのみではなく、長高(たけたか)＝大広奉書、正宗＝大奉書、と紙の種類を限定して統制の対象を明確にした。そして、恐らく頻繁に行なわれていた「似せ判」や「似せ紙」による統制外の動向を、しかし依然として「今以」って禁止することを命じている。(オ)「今以」という言葉の放つ、現状にそぐわないとの響きを感じないではいられない。同様のことは、家老大町靭負の同時期の書状にも示されており、年不詳十一月二十四日付の奥川三斎へ宛てた書状によれば「五ヶ村ニ而似紙を漉候」ために三田村氏は迷惑をしているので、村の庄屋・百姓へ似せ紙をしないように堅く申付けるようにと命じている。もし似せ紙を発見した場合には、その道具を取り上げ、生産を停止させるようにとも指示している。(ミ)つまり、この時期には、紙屋に対して似せ判・似せ紙を禁じるだけではなく、紙屋以外の「わき〳〵」の一般の百姓に対して道具取上げをしてでも似せ紙を統制する必要があるほど、しかも、いわば村落の行政的ルートである村の庄屋を通して百姓に命じなければならないほどに、一般の百姓の中に紙生産が普及し始めていたことが想定される。

しかし、いかに紙座内外から広範にして活発な紙座を突きくずす動きが展開されたとしても、紙座を通じた統制が領主権力によって遂行され続けた以上、「今以」って依然として似せ判、似せ紙が発覚すれば咎めを受けることになった。秩序を突き破る動きには、いつの時代にも制裁が加えられるものなのであろう。

前述した文禄三年の大滝村のれう源ら、その翌年の定友村与三郎、さらには慶長三年の大滝村竹内の三例も同様であったが、慶長十三(一六〇八)年十一月十日、大滝村源右衛門は「向後においてたけたかまさむね判ノ奉書、にせ判之儀」は行なわないことを三田村和泉に誓約しているし、(三)慶長十五年十二月五日、大滝村新左衛門尉と清蔵の親子は、「似せ判」を行なったところ、発覚して咎められ、模造した似せの判を三個、三田村和泉に指し出して詫びている。

新興漉屋の進出

紙座を突きくずす動きとしての紙屋の似せ判や、主に座外の者による似せ紙生産の動向を述べてきたが、ところで、わきわきの紙座以外の者たちは、技術的に容易に紙の生産を行ない得たのであろうか。

奉書生産の漉立て工程は、まず原料である紙草＝楮を釜で蒸して皮を剝ぎ天日に干す。これを川水に浸して荒皮を落して白皮とする。さらに白皮を川水に浸してふくらませ、蓬灰汁で煮る。これを川小屋において屑や塵を取る。その上で木盤に乗せた皮を樫の棒でよく叩き、叩解したものを布に入れて洗う。布から出した繊維となった皮を、水の入った漉舟に入れ、米糊を加えてよくかきまぜ、さらにねり(奉書には黄蜀葵ではなく楡皮)を入れる。漉舟の中で白濁している繊維分を、桁に簀をはめたものですくい上げ、前後にゆすりながら水を落としつつ繊維をからみ合わせる。このように漉き上った濡紙(しとがみ)(湿紙)を、水を絞って板に張付け、干場に出して干す(『岡本村史』本篇)。この方法は、機械漉和紙が導入された明治四十三(一九一〇)年まで、大きな技術的変化もなく、継続されたものである。紙漉の工程でもとくに漉立てについては、錬磨された高度の技術が求められる。では、この漉立て技術の錬磨を、わきわきの座外の者たちは、どのように習得して紙漉を行ない、ひいては紙座を突きくずす動きとなったのであろうか。結論から言えば、恐らく、紙屋に奉公人として働き、技術を習得してやがて独立していくことで技術が拡散していったものと思われる。時代は下るが、享保三(一七一八)年五月晦日、三田村氏に紙漉の奉公に入る際、次兵衛・五左衛門・半兵衛・庄左衛門の四人は、三田村氏の家の秘密を他言しないこと、暇をもらっても三田村氏の御用紙(幕府御用紙)と同様な紙を漉立てないこと、紙屋(漉立て場所)にて穢しきことをしないことなどを血判をもって起請している。[ミ] 奉公人として技術を鍛えられた者たちが、小経営として自立していこうとする努力こそが、技術を拡散させ、さらには紙座の秩序を崩壊させるエネルギーになったものと理解できよう。

寛永八(一六三一)年十月二十二日、岩本村を除く四ヶ村惣中の代表である庄屋四名は次の定め[ミ]を取り極めている。

一岩本村に紙座をやぶり、新きに舟を立、過分ニ金銀を持、先年より座を持仕来候紙やノ紙草かい申所をおいおとし、かい付申ニ付て、先年ノかミやとも紙草かい申事罷成らず、たいてん仕候、岩本のもの理りなしに紙仕候間、前々ノ如しんきに少も紙舟立させ申間敷候事

一岩本のもの紙草を、在々又ハ粟田部ふ中ノ市にてもかい申候者、此四ヶ村之内にてたれニ而も見付次第ニおさへ可申候、其時何様之儀出来候共、四ヶ村として相さはき申べき事

右之通四ヶ村惣中立合相定申候間、たとへ何様之儀ニ罷成候共、此儀に於てハ一人も相違仕間敷候、若一人成共相違仕候ニおゐてハ、日本国中大小神之御罰を蒙り、白らいこくらいのやまいを請、所ノうふすなの御罰を蒙り申すべく候、後日の為、仍定一礼件の如し

寛永八

未十月廿二日

大滝村惣中代庄や　甚右衛門(印)

新在家村惣中代庄や　加兵衛(印)

定友村惣中代庄屋　甚右衛門(印)

不老村惣中代庄屋　か兵衛(印)

似せ紙・似せ印というのは、いわば紙座の存在を認めた上で、結果としてはこれを突きくずす動きとなったのに対して、右の史料の述べるところは、岩本村の中に、紙座の存在を無視して、無断で新たに漉舟を立てて紙の生産活動を始めた新興の漉屋＝百姓が存在してきたことを示している。しかも彼ら新興の漉屋は、これまで紙座を構成してきた紙屋の原料＝紙草購入に比して、高値で原料購入をするために、ついにはこれまでの紙屋は窮迫することとなり退転する者まで現われた。そこで、旧来の秩序を守るためにも、紙座に無断で漉屋を始める岩本村の百姓たちの動きを封じるよう、従来通り新規に漉舟を立てることを禁じた。さらに紙草購入に関わって、岩本村の新しい漉屋が、在々の楮生産農家や粟田部・府中の市に紙草を購入した場合は、見付次第に取り押さえることを四ヶ村で取り決めをした。これを守らせるために、大小神や土産神の神罰の上に、当時の皮膚感覚からくる恐怖心にうったえて起請をしている（黒田日出男「中世民衆の皮膚感覚と恐怖」（歴史学研究会一九八二年大会報告））。

岩本村のみに新しい波が起ったわけではあるまいが、しかしもっともその動きが活発であったがゆえであろう。新規の漉屋活動と、裕かな資金での原料購入の動きは、前者が紙座の存在を否定し、後者が現存する紙屋の再生産そのものを脅すことになった。この新しい、そして大きな波は、岩本村の他村とは違ういかなる条件のためであろうか。

岩本村には、天正十三（一五八五）年八月に豊臣秀吉より蠟燭司の特権を与えられた野辺四郎右衛門がおり、越前国内の蠟燭を一手に取扱うということからも、初期から商業活動にたずさわる条件が揃っていた。和紙の仲買活動も岩本村は盛んで、やや時代は下るが寛文七（一六六七）年、岩本村に三四人もの他国売仲買商人が存在している（『岡本村史』本篇）。恐らく高値で原料を購入する新興漉屋の活動の背景には、他国売仲買商人の手による他国市場への搬出があったものと想像されるのである。

やがて岩本村に限らず五箇村において、かつて織田政権以来代々の越前の領主によって編成され統制されてきた紙座のシステムは、存在するものの弱体化し、五箇村の大勢は新興の漉屋を先頭に、売らんがための活発な生産を始め出したものと見られる。旧来の秩序とその論理で、似せ紙・似せ印の理由で、たとえば慶安二（一六四九）年正月十三日、加藤伝左衛門が三田村和泉に咎められ一礼を入れて詫びたこともあるが、(ミ)しかし大勢は、他国の市場に向けた活発な紙生産に向かって進んでいった。明暦六(一六五五)年十月二十九日、三田村和泉は福井藩の奉行所に宛てて、望んでもなかなか下されない従来通りの奉書紙職特権の安堵を求めているが、(ミ)その頃すでに領主側は、現状にそぐわない紙座制度の改変の必要を感じていたのであろうか。ちなみに三田村氏には、これ以降の奉書紙職安堵状は伝存していない。

三都を対象に、中世以来の特産品である奉書などを販売していた岩本村の仲買商人たちの活動と連動して、岩本村の新興の漉屋から起った旧秩序を破壊する動きはやがて五箇村に行きわたり、旧来の紙屋も、数の上からは多数になった新興の漉屋も、こぞって最も繁栄の時期を送った。およそ一六五〇〜一六九〇年頃の五ヶ村の繁栄は、後世、衰退期に入った享保期(一七二〇年頃)の五箇村民からは古き良き隆盛の時代と懐古されている。(イ)

他国売りの統制

福井藩は、活発な五箇村の紙生産と他国売りに対して、すでに機能しなくなっていた旧来の三田村氏の奉書紙職の特権と紙座制度にかかわる、新たな販売統制策を、延宝六(一六七八)年六月、勘定所より発した。その内容は、他国輸出の商奉書は勘定所に届け出て関所通行手形をうけること、他国諸大名よりの誂の奉書も勘定所へ届けることなどであった。それらの内容は直接五箇村漉屋から運上金を取り立てるというようなものではなく、寛文元(一六六一)年から始まっていた福井藩藩札制度に対応した統制であった。藩札制度は領内での正金銀流通を認めずに藩札のみを流通させ、領内の商人が他国商いで獲得した正金銀を藩札に交換させ、藩は正金銀を確保するという制度であった。したがって五箇村和紙が、藩に知られず秘かに他国商いがなされ、藩札との交換を免れることこそが、この当時の藩の虞れるところであった。

ところで、五箇村繁栄の前提となった他国売りの盛況は、いかなる市場構造に起因するものであろうか。恐らくそれは、近世初頭以来、軍事・土木普請関係の商工業の領内自給体制は整えたものの、必ずしも、和紙の領内自給体制を整え切れていなかった多数の諸藩に対して、中世以来和紙の生産活動を続けて、その名声をもって他地域に先行して和紙の供給にあたったところに、五箇村奉書の他国売れ行きの盛況と、新興漉屋たちの繁栄があったものと考えられよう。

二　紙会所制度と問屋前貸制度

紙会所制度

一六五〇年頃から一七〇〇年頃にかけての全国的な農業生産の拡大と商品流通量の増大は、社会の構造を大きく変えることになったが、全国各地における和紙生産量の増大と和紙の普及は、国民の識字率を高めることに作用した。現在、各地において近世の村方史料を調査するに際して、一七〇〇年前後からの残存史料が、それ以前の時期のものにくらべて圧倒的に増加して伝存していることは、近世史研究者のみならずよく知られているところである。中世以来の和紙生産地、たとえば石見・播磨・美濃・甲斐などはもちろんその他の地域で、各藩による藩内自給体制の確立のためにも、生産が奨励され、広く紙が供給され始めたことは、国民の識字率・文化を高めることに有効ではあった。しかし、五箇村の紙生産農民＝漉屋たちにとっては、これまで三都市場において有利に販売を行なうことで続いてきた繁栄に、かげりが見え始めることにもなった。このような全国的な市場構造の変化に起因するかげりの見え始めた状況の中で、元禄十二(一六九九)年閏九月、福井藩は五箇村に紙会所を設置し、京都商人を判元にして統制を加えるとともに六歩の率の運上を課し、藩の財源の一つとして位置づけた(イ)。福井藩ではこれよりさき、貞享三(一六八六)年三月に領知が半減されたことから、財政改革の必要に迫られていたのであった。

紙会所制度の特徴は、一つには、運上を課す一方で生産者である漉屋の保護が配慮されている点である。これは、かつて「似せ紙」を行なうことで、紙座の秩序を突きくずした主体である漉屋たちを、取締るどころか、今や藩の財源確保の基礎部分として位置づけていることによる。二つには、京都商人の判元の損失が無いようにとの配慮が五箇村に命じられている点で、漉屋たちは判元からの仕入金返済に滞りが生じた場合には、在地の富裕者から借金をして判元に返済することになった。たとえば、岩本村の漉屋左次兵衛は、元禄十三(一七〇〇)年九月十五日付で、内田吉左衛門に田畠本証文一通を質物に入れ、五両を借金して「判もと仕入之残金」に済ませている。すなわち、判元の京都商人に借金を残さないようにとの藩の定めは、実質的に漉屋たちをして、次第に京都判元の資金下から離れさせ、内田氏等への依存度を強めることに結果した。

元禄十五(一七〇二)年の四月中旬の仕切りを区切りとして、京都商人は判元を辞した。自他国売りの仲買商人の活動を容認したままであったし、仕入金貸付の返済にも滞りが出たこともあって、京都商人にとって、必ずしも有利なものではなかったのであろう。その際、判元より仕入金を貸付けられ、未返済分を残していた漉屋は内田氏などより借金をして京都商人に返済をした。内田氏などから借金をした岩本村漉屋は二五人にのぼり、元禄十五年当時、一人の雑家を除いた二四人が高持百姓であった。借金額は漉屋の生産資金そのものではなく、判元への返済不足分であるが、四人の金三両を筆頭に、金二分まで平均一両三分の借金である。これらの漉屋たちの元禄八(一六九五)年「岩本村水帳」で判明する持高の平均は二石八斗六升余である。判元から前貸し金を受けて紙生産を行なっていた零細な漉屋の農業経営の規模を知る材料となろう。

紙漉の作業場である紙小屋の規模にも大小があり、寛保二(一七四二)年九月の大滝村の場合では〇・九間×〇・九間の紙小屋を持つ漉屋が一〇軒。〇・九間×二間の紙小屋を持つ漉屋が一七軒。二間×二〜四間の紙小屋所持漉屋が一五軒となっている。大滝村には幕府御用紙を生産している三田村氏がいるが、三田村氏の作業場は、漉小屋が四間×九間半、紙干小屋が二間×一六間、紙蔵二間×二間半をもっており、同年の奉公人男二七人、女一七人を使用するにふさわしい作業場規模を持っていたと言えよう。単純に作業場の大きさの違いからだけで漉屋の生産規模を比定することはできないと思うが、寛保二年当時、大滝村漉屋は、三田村氏を別格にして、三グループに分けることができようか。〇・九間四方の紙小屋で生産を行なう一〇軒の漉屋は、やはり零細な経営であったと理解してよかろう。それは岩本村の場合でも同様で、零細な漉屋とそうでないものとがあったと考えられる。時代は下るが安永三(一七七四)年、岩本村漉屋は頭漉屋五人、小漉屋三人、下漉屋一一人との経営規模の相違が、史料上に見られる(イ)。

享保期の漉屋不振

五箇村漉屋たちは、大きな市場構造の変化の中で、かつての繁栄時のような活発な生産活動にかげりが見え始めていた元禄十二(一六九九)年以来、漉紙について運上金を六歩の率で、判賃を二歩の率で納入せねばならなくなった紙会所制度が始められたために、まず零細な漉屋から経営に行き詰り出したのであった。判元の京都商人の仕入金貸付けを受けていた漉屋のうち、元禄十五(一七〇二)年、返済金に滞りを出して内田氏などから借金をした二五人の岩本村漉屋のうち、高持二四人は享保九(一七二四)年の「岩本村水帳」では一〇人のみに石高所持が見出され、さらに、享保十八(一七三三)年の「潰者弁銀之内相立候割賦帳」によれば、残り一〇人のうち二人が潰れている。すなわち、元禄十五(一七〇二)年から享保十八(一七三三)年までの三〇年間に、二四人の高持漉屋のうち八人しか高持として止まることができなかったのである。岩本村全体では、元禄十五(一七〇二)年から享保十六(一七三一)年までに、高持軒数は五九軒から四〇軒へと一九軒も減少したが、その大部分の一六軒は漉屋であったことからも、漉屋の経営悪化が始まったことを想像することができよう。

では何が原因でこの三〇年間にこれほどに漉屋の没落が引き起こされたのであろうか。最も直接的には、宝永五(一七〇八)年からの年貢の高免率が影響を及ぼしたであろう。藩は、岩本村にそれまでの七八%から九一%の、大滝村には八三%から八八%の年貢率へと上昇させた。とくに岩本村の場合、余りに年貢率が上昇したため、宝永五(一七〇八)年の年貢上納時に、村高二六五石にほぼ匹敵する年貢米を上納する際「年貢米切レ申」してしまった。ために、庄屋・長百姓は村として、内田吉左衛門に金九両の借金をし「御納所ニ指上」げ、急場をしのいだほどであった。大滝村や岩本村のもともとの高免率(一六一六年から大滝村約八三%、岩本村七八%、新在家村七八%)は、活発な和紙生産や仲買商いを前提にしたものであったが、それにしても宝永五(一七〇八)年の上昇は激しいものであった。判元内田吉左衛門による仕入金貸付の漉屋返済未納分がこの年を限りに消えることから、紙業が一時的に好況になり、それに対して藩が高免率にしたものかも知れない。しかし、短期的な好況が終われば、紙会所制度によって運上金・判賃(合わせて八歩)を徴収され続けている漉屋(高持百姓)にとって、高免率は負担が大きく、零細な漉屋から没落することになった。ために岩本村では「奉書御運上銀御定以前八村中ニテ上紙漉屋共五拾軒ばかりこれあり候処、其後年々困窮仕り、漉屋過半潰れ」てしまったので、享保七(一七二二)年「御吟味之上、下行米六拾俵下置かれ、御百姓相続仕」ったと述べられているように、漉屋の潰れていく状況の中で下行米六〇俵が藩から与えられたのであった。それにしても、六〇俵の下行米では充分と言えず、ついに享保十一(一七二六)年六月、年貢減免を要求した。岩本村百姓からの願書は次のように語っている。すなわち、岩本村は高年貢であるが、これまでは紙職をもって年々の年貢を納めてきた。しかし近年は諸色高値になり、紙商売が割にあわなくなり、段々困窮していったために、漉屋共はこの二〇年間に二二軒潰れてしまった。そのため村高二六五石余のうち、一〇〇石余は高所持人がなく村惣高になっている。近年は下行米を下し置かれるようになったが、困窮はつのり、残った百姓の中で、またまた一四～一五軒が潰れている。このように潰れ者がでたのでは村として年貢米を納め切れず、ついには三～四軒を残すまでに潰れ者は増加するであろう。どうか年貢減免を願いたい、というものであった。

右に述べたところは願書であり、幾分の誇張を含んでいるとはいえ、宝永～享保期(一七〇四～一七三五年)における岩本村の困窮した様子を如実に物語っている。この嘆願によって減免が藩によって聞き届けられ、「九ッ三歩(この段階では九ッ一歩からさらに上昇していた)之御免合、七ッ弐歩ニ仰付けられ、外ニ下行米六拾俵ハ前々之通り下し置」かれることになった。

紙会所制度による負担や高年貢賦課は、岩本村一村に限られたものではない。構造的な紙業の不振をはじめて迎えた享保期(一七二〇～一七三五年)の五箇村漉屋たちにとって、かつての「紙商売繁昌の時期」とは大きく異なった状況を、今かみしめざるを得なかったのであった。

享保十八（一七三三）年十月、日野川（九頭竜川の支流）の流れる村国村（武生市の東）の渡船が破損した際、新船を造るにあたっての与内銀（渡船利用の村々に課した合力銀）要請に対して、五箇村では「先年は紙商売繁昌仕り、江戸・京・大坂表へ荷物出シ候に付、其節の者共、了簡を以、滞り無く与内銀相渡し申候、何方も困窮とは申し乍ら、紙商売必至と埒明申さず、年増に困窮相重り、家数も村々大分減シ申し候えば、過分之与内銀、小百姓へ割懸ヶ申儀仕り難く候」と答えている。かつての繁昌した時期には、過分な金額を負担できた五箇村ではあったが、今やそれもできないものとなっていたのである。

前貸制の展開

元文元（一七三六）年、大坂に廻送されてきた諸商品の中で、紙の移入額は米・諸材木に次いで第三位の銀六八八四貫八一八匁となっており、中国・四国・九州・畿内など西日本一帯から積み出されたものである（海野福寿「蔵紙と脇紙」『地方史研究』三九号）。いよいよもって、各地における紙の生産と流通は増大した。

近世初頭より元禄期（一七〇〇年頃）までは数少ない紙の特産地として、五箇村漉屋の生産した紙は、仲買商人の手を通して三都の荷受問屋に送られていた。荷受問屋は紙のみならず絹も布も、多品種をそれぞれ少量ずつ扱っていたが、それは商品の絶対量が少なく、稀少性と地域間の価格差があったからこそ可能な商業のあり方であった。しかるに商品量が増大してくると、稀少性と地域間価格差はなくなり、単一商品を大量に売りさばくことで商業利潤を上げることが企図されるようになる。都市の問屋は、少量の多品種を扱う荷受問屋から、単品を大量に扱う専業問屋に交代していった。各地の紙生産と流通量の増加は五箇村和紙の稀少性を失わせ、ために、岩本村の商人内田吉左衛門は、大量の紙を恒常的に三都紙問屋に送荷するようになったのであった。この市場構造の変化から起因する商業利潤抽出法の変化は、五箇村漉屋たちが毎年同量の生産を続ける限り、その利潤の漸減を招致することは必然となっていった。

享保十八（一七三三）年一二月二三日付で、五箇村各村漉屋代表たちと、五箇村仲買商人たちとが、その年の冬紙値段をめぐって折合いがつかず、来春まで決定を延期することを取り決めた一札を入れている(イ)。すなわち、仲買たちは一三匁で購入を望み、漉屋たちは一七匁で販売を望んでいるのである。単位あたりの利潤が減少していく状況の中で、生産者漉屋と仲買商人とが、どちらが余分に利潤を獲得できるかの、せめぎ合いの場となっていたのに相違あるまい。

全国の市場構造の変化から、紙業不振に陥り始めていた五箇村漉屋(高持百姓)は高年貢率・紙会所制度によって困窮度を深めていったのだが、彼らは、たとえば岩本村のように下行米や年貢減免を村単位で藩に要求することもあった。しかし、一人一人の漉屋にとっては、ある年の年貢上納に差支えるか、ないしは紙原料仕入銀にこと欠くという状態に陥った時、とにもかくにも身近な村内の富裕者より不足分を借り受けるほか再生産の途はなかったのである。五ヶ村最大の商人資本内田吉左衛門に宛てて、たとえば、享保四(一七一九)年十二月十三日、岩本村三左衛門は奉書前金として新金二両二分を借り請け、来年三月切に正奉書壱箇を渡して算用することを約している。また、岩本村九右衛門は享保六(一七二一)年十二月二十七日に正帋付板二〇枚(但し上々の板)や釜(二尺八寸平釜)などの道具を質物に、年貢皆済のために金二両を借り受け、来三月切に返済することを約している。さらに大滝村万助は、享保十九(一七三四)年十二月に蒸釜一つと帋付板一五枚(但し小奉書付上板)を質物に入れて、紙原料仕入銀を借用し、来年三月切に紙漉立て次第返済するとした。同様に大滝村覚蔵は寛延二(一七四九)年十一月、二間×二間の紙屋壱軒と蒸釜(さしわたし二尺九寸)とを質物に入れて年貢皆済のために銀一五〇匁を借用し、来年五月中までに漉立てた紙を持参して元利返済することを約した。

五箇村漉屋は右のように紙漉の主要な道具、すなわち釜や干板や作業場である紙屋までも質物に入れて、年貢上納時でありかつ紙草仕入時でもある十一月頃に内田氏などから借金をして、来春三月から五月までに漉立てた製品で返済をするという関係を持ち始めた。そこに至る過程で諸原因によって再生産に不足を生じてこの関係を結び始めた漉屋は、借銀時から返済時までの紙の漉立期間に月一歩～一歩半の利足を、その上に付加される以上、その多くの漉屋にとっては次の年貢上納時、かつ原料仕入時に再び借銀をせざるを得なくなり、結局、また借銀をして製品で返済するサイクルから抜け出ることが困難になってしまう。宝暦四(一七五四)年十一月、不老村庄兵衛は内田吉左衛門から紙草仕込のために銀六〇〇匁を借用して、翌春の漉立て紙による返済を約束しているが、その証文の奥書に、「右銀子之儀、紙草仕込銀之事ニ候へハ、少々之多少ハ格別、毎歳借用仕候儀ニ御座候間、借用申間ハ幾年も此証文御用ひ置き下さるべく候、後日念の為、此の如くに候、以上」と書き加えている。この奥書の毎歳借用仕るという内容は、一度、商人の前貸しを受け、製品で返済する関係を結んでしまった漉屋が、もはや毎歳、商人の前貸しを受け続けざるを得なくなる事情を端的に物語っていると言えよう。

ところで、大滝村の三田村氏は幕府御用紙所として、独自の広大な作業場に多数の奉公人(一七四八年には男三一名、女二一名)を抱えて紙漉を行わせていたが、その他に、独立した漉屋から購入して奉書を取り集める方法もとっていた。これらの漉屋もまた、享保期(一七三五年迄)以降、質物を入れて三田村氏から前貸し金を受け、翌春の漉立て紙で返済する関係がとられ始めていた。三田村氏には享保十二(一七二七)年より安永五(一七七六)年に至る約五〇通の証文が残されており、大滝村の二四人を含む五箇村漉屋三十数人が三田村氏の前貸しを受けていた(『岡本村史』本篇)。

岩本村内田吉左衛門の場合には、五箇村民からの諸証文四八〇通を整理すると、以下の特徴を見出し得る。すなわち、①享保元(一七一六)年から天保十一(一八四〇)年までの間に、五箇村全村にわたってのべ六六名の漉屋に前貸し銀を貸し付け、下請として関係を結んだ。②その早い時期は岩本村・大滝村の漉屋が圧倒的に多かった。両村の免率の高さがそれだけ漉屋経営を困難にさせ没落を早めさせたのであろう。③漉屋が前貸しを受け始めた時期は、延享二〜宝暦五(一七四五〜一七五五)年の一〇年間が最多で一五軒を数え、二番目に多いのは享保元〜享保十(一七一六〜一七二五)年で一一軒であり、三番目には宝暦六(一七五六)年から明和三(一七六六)年が一〇軒ある。延享二年から明和三年の二〇年間がピークであった。

内田氏と三田村氏との両氏に重なって下請化した場合も考えられなくはないが、のべにして約一〇〇軒の五箇村の漉屋が、享保元(一七一六)年以降、徐々に経営を悪化させ、両氏の前貸しを受けるに至った。この約一〇〇軒は、五箇村の漉屋総数一六二軒(一七八九年当時)の六割強を占めることになり、この点からも漉屋経営の脆弱性を指摘することができる。

深まる漉屋の下請化

現在の福井県武生から東に進み、平地の縁辺で山地の始まり出す地形に位置する五箇村は、夏の暑さとは対称的に冬は雪が深く積り裏作には適さない。その厳寒の中で、漉屋たちとその家族は紙漉を行なっていた。

原料の中心は楮であり、漉立ての際に必要な蓬灰・楡皮・米糊などを含めた原料費の中でも約八割を占めている。その楮の仕入は国内産では不足し、府中問屋を介して石見国などの諸産地から仕入れたが、その楮産地における製紙業の発展や藩専売制の影響によって楮の他国売りが高値になることがあった。また、米値段高値の折には、連動して楮値段が高くなることもあった。このような原料費の高値や、ないしは製品の下値が生じて紙漉による利益が減少した場合、あるいはまた天候異変などで凶作になった場合、すでに前貸銀を受けて商人資本の下請になっていた漉屋たちは、それまでの借金分以上に借金をせざるを得なくなった。未返済の借金が累積すると、漉屋はこれまでと同様な生産のサイクル(原料費を借り受け、製品で返済する)を営み続ける中で、少しでも余剰を生み出して、累積した借金を年賦で返済しようと意図するのである。安永二(一七七三)年十一月、岩本村忠右衛門は内田善四郎に対して「借用申年賦銀之事」との証文を差出している。忠右衛門は、去冬、銀一貫匁を紙仕入銀として借用したところが、「紙相場近年相続下直」にて仕込が釣合わず返済不能になった。その未返済分を今後、毎歳の〝仕入銀貸付―製品返済〟の過程で、年に銀一〇〇匁ずつ利益をあげて一〇年賦で返済していくことを望み、それが内田氏に承引されている。ここで注意を要するのは、借銀を今、直ちに返済しようと思えば、引当の諸道具・家財などを売却することで可能ではあるが、もしそうすれば「今年切ニ商売相止メ候」ことになるという点である。この段階において、さらに新年度の紙仕入銀を借受けるということは、およそ新たな借銀分だけ、漉屋の所持する家財等の引当を上回ることになる。つまり商人内田氏の側からすれば、今後もしも新しい貸付仕入銀の返済に不足が生じた場合、それはもはや商人資本への喰い込みになるのであった。そのことは、潰れ同然の漉屋も、下請けとして、前貸し制のサイクルの下で労働に従事し続ける限りは、商人資本に吸着して、かつかつの再生産だけは保証されるという側面をも物語っている。

右に述べたのと同様な性質の年賦証文は、五箇村漉屋から内田氏に宛てて、元文三(一七三八)年から嘉永三(一八五〇)年まで三五通差出されている。これらを整理した結果、①数の上からは、天明～寛政期(一七八一～一八〇〇年)に全体の半数が集中して取交わされたこと、②寛政八(一七九六)年からの一件の年賦銀額は高額になり、幕末に下るほどさらに高くなるという特徴点を見出すことができる。

借金のなかった漉屋が、はじめて商人の前貸しを受けて下請になり始めたのは、延享～明和期(一七四五～一七六六年)に多数が集中していたが、それら下請化した漉屋の大部分が、次節で述べる恐らく引き続く天明期の不況を引き金に、さらに年賦関係の段階へと下請化を深めていったものと考えられる。構造的な不況の中で、一度、下請化した漉屋たちが再自立することの可能性の乏しさを考えないではいられない。

右に述べたような漉屋の窮迫に関わる全体の傾向は、個々の漉屋が年賦関係に入ったその跡を追うことでさらに明瞭になる。岩本村助右衛門は「古来より紙漉職仕」ってきたが、「年々手元切込み」すでに寛政六(一七九四)年に、それまでの仕入銀の累積未返済銀一貫八〇〇匁を、年々の仕入銀貸付—製品返済を続ける過程で一八年賦無利子で返済する証文を取交わしていたが、その後二三年間に年賦返済をするどころか、さらに借金を増やして、文化十三(一八一六)年には銀高九貫一八五匁余にも累積してしまった。かくして助右衛門は「迚も職業相続仕り難」いと、「家財其外御高など一式相渡し」て休職することを内田氏に申出た。しかし、この時点では助右衛門の弟と親類が、返済のために年々銀一五〇匁ずつ入銀することで、紙漉職を今一度取り続けることを願い出て、これを内田氏は聞き入れた。

ところが、翌文化十四(一八一七)年から文政四(一八二一)年までの五年間、毎年一五〇匁ずつ返済することになっていたにもかかわらず、またまた七貫八二二匁余の指引不足になり「弥紙職相勤り申さざる儀に付、一家諸共相談の上」、文政四年の暮で商売相やめさせ、かねてより引当の品々を売り立て五四五匁を返済した。さらに文政六年の段階で、漉

表 28

年　号	新紙束数	三都残り紙代	三都利得銀
延享 2	55 束	銀 79 貫 780 匁	銀 22 貫 559 匁
3	185	67. 369.5	36. 540
4	143	80. 700	18. 153
5	99	95. 000	5. 625
寛延 2	140	91. 865	13. 779
3	53	79. 437.2	36. 825
4	47	73. 762	27. 975
宝暦 2	120	72. 452	32. 580
3	53	74. 746	31. 410
4	71	69. 093.5	25. 050
5	93	68. 655.2	30. 600
6	62	76. 580.5	19. 380
7	108	76. 649	21. 120
8	74	86. 952.7	13. 785
9	77	92. 796.7	9. 375
10	0	66. 138.9	13. 380
11	65	60. 209.2	15. 585
14	34	72. 520.2	22. 572
明和 2			
5	48	60. 292.1	21. 810
6	14	57. 052.6	15. 915
7	10	59. 493.1	15. 690
8	12	45. 346.5	8. 925
9	7	59. 721.9	22. 272
安永 2	14	67. 068.9	16. 380
3	0	60. 028.1	20. 775
4	21	69. 589.8	12. 210
5	64	72. 074	16. 185
6	21	58. 475.4	12. 300
8	0	65. 263.5	12. 525
9	0	71. 238.2	20. 640
10	0	91. 800.8	14. 655
天明 2	0	80. 911.8	29. 670
3	0	83. 226.9	21. 240
4	9	124. 695.2	6. 930
5	0	77. 364.3	6. 600
6	0	109. 565.4	12. 225
7	0	102. 371	7. 425
8	0	105. 100.9	6. 465

屋助右衛門は累積した借銀一五貫匁余に対して、田畠・藪地・居屋敷の各々一ヶ所、合計一石八斗九升四合余の土地を、その年から一五年季本物返しに定めて、内田氏に渡した。さて、一五年季が過ぎた天保十(一八三九)年、内田氏は銀一五貫匁の他に新たに質方指引不足の四貫匁余とを加えた都合銀二〇貫匁余の返済を助右衛門に要求したところ、翌年に銀二五〇匁を入銀したのみで、その後いかに催促しても応ぜず、弘化三(一八四六)年にまで至ったところ、助右衛門は内田氏に出向き、手代から自分の証文類を奪い取り、引裂いてしまったという。窮乏した漉屋が追いこまれた状況の中でとった最後の手段とでも言えようか。

ところで、漉屋助右衛門の窮乏過程の例示から生じた最大の疑問は、漉屋には明らかに返済不能な金銀をこえてまでも、なぜ内田氏が毎歳の仕入銀を貸し与え、紙漉を行なわせ続けたのか、という疑問である。それは、毎歳々々三都へ恒常的な紙送りを続ける商業活動を経営の中心に据えていた内田氏にとって、毎年の送荷のための紙生産を維持し続ける必要があり、ために返済能力を越えてまでも原料仕入銀を与えて漉屋に生産を続けさせていたものと考えられる。

年賦関係は、商人資本への喰い込みを意味したが、同時に漉屋側から見ればより深い商人資本への従属(下請化)を意味していた。下請化を深めた漉屋は、もちろん自分独自の判断で新紙量を決めて生産するのでなく、内田氏によって紙生産量そのものを規定されるほどになっていた。表28は、内田氏の三都における紙の売れ残り銀額や利得銀額と、岩本村内田氏の現蔵する紙の中での新紙束数との相関関係を見るために作成したものである。宝暦九(一七五九)年までは、各年により多少はあるが、一束五〇〇枚の奉書新紙を多い年で一八五束、少ない年でも四七束を集荷して補充が行なわれたが、内田氏の三都の紙売れ残り銀額が高い宝暦九(一七五九)年の翌年には、新紙束数はゼロになり、以後、低減状態が続いたあと、安永八(一七七九)年から天明八(一七八八)年までは、三都における紙販売利益も少なく、残り紙も増大すると、新紙束数はゼロになった。すなわち、仕切残り紙の多少や利得金額の増減に応じて、その年や翌年の新紙束数が規定されていることが判断できよう。そのことは、商人内田氏が前年度の三都における紙の販売量に応じて荷送りを制限するのみならず、生産量そのものを制限し得るまでに漉屋の下請化を強めるに至っていたことを意味している。

三　商人資本の没落と物産総会所

飢饉と紙業不振

宝暦九(一七五九)年以来、天明八(一七八八)年に至る内田氏下請漉屋の新紙束数ゼロにみられるような紙業不況が五箇村に与えた影響は大きいものであった。かつての享保期(一七一六～一七三五)が、それまで続いてきた繁栄期の大きな曲り角であったと表現するならば、宝暦～天明期は、その後二度と上向きにならない急な下り坂に落ち込み始めたと、たとえられるような打撃を五箇村漉屋の多くに与えた。紙業の不振とともに、小農民でもある漉屋を襲った天明期の凶作は、漉屋たちの経営悪化に追いうちをかけるものであった。しかも、天明の大飢饉は小農民としての漉屋に打撃を与えたのみならず、これが全国的なものであったことからやがて連年の紙需要の停滞から由来する構造的な紙業不振を継続的に招来することにもなった。

「天明三癸卯年五穀不登諸事日記」によれば、天明三(一七八三)年の梅雨はからつゆで雨がなく、その逆に土用前から雨になり、秋までは大方天気悪く、いわゆる冷夏であった。明くる天明四年正月は、前年の凶作のため五箇村一統餅つきはせず、三月・五月の節句にも餅まきは行なわなかった。米相場は一俵二〇匁前後だった一昨年とくらべ、春には四〇匁、土用の頃は五〇匁にまで上った。打ち続く凶作に、この頃、人々は「世の中ハ是限リニ而、世界滅し果」てると語るほどになった。しかし、幸いに土用からは天候が好転して、米相場も翌天明五年には一九～一八匁くらいまで低下した。この間、五箇村に困窮者は続出し、内田氏などの有力商人たちは、お救米銀を幾度か差出したが、とくに、天明四(一七八四)年春には、五箇村難義人へ手当のためお救米都合一一〇俵を出した。内訳は、岩本村困窮者二九軒一一二人、大滝村七五軒二五五人、不老村二八軒一〇六人、新在家村三五軒一〇二人、定友村二八軒一一二人、合計一九五軒六八七人の困窮者を対象にした。五箇村惣人数一五二〇人(天保九年)との比較では、天明飢饉の困窮者六八七人は約四五%を占めたことになる。一九五軒のうち大滝村の一人は「近来困窮乞食ニ歩行」と、乞食に出ていたことがわかるが、そのうちの何軒が漉屋であったかは不明である。その他の史料から漉屋であることがわかる名前も見出せるが、その数は多くない。恐らく天明の飢饉では、漉屋を営む百姓たち(寛政元年で一六二軒)よりは、さらに困窮度の激しい一石前後や無高の百姓を中心にして飢饉の打撃を大きく受けたものと想像される。

しかし天明の飢饉が全国的な規模であったことが紙市場に与えた影響は大きく、その後、江戸を中心にした三都の五箇村紙売行き不振は連年続くことになった。五箇村奉書を扱う江戸紙問屋は、奉書荷送りの停止を天明二(一七八二)年や寛政三(一七九一)年にも申し越したが、江戸問屋からすれば、奉書売行き悪く「置き所にも込(こま)り候趣ニ付、送り荷見合候様」にと、売れ残りの奉書の置き場所に困惑しているほどである。世上一統が不景気に陥る状況では、当然、高級紙からまず売れ行きが悪化したことから、江戸問屋は「大広・中広・大高檀紙等、代銀高直(値)之紙類」は積留メするように申し越している。

売れ残りが多く出た場合には、前節で述べたように、下請漉屋の生産調整を行なって、新規漉立てを停止することで対処した商人内田氏ではあったが、しかし紙問屋が潰れたり、火事で紙荷が焼かれたり、あるいは廻船途中の積荷が水損にあった場合には、もろに損害を蒙り、対処のすべもなく否応なしに経営を悪化させることになった。宝暦十(一七六〇)年二月の江戸紙問屋中里清左衛門が潰れた当時、内田氏の紙荷は四一八両余あった。また、明和三(一七六六)年四月、京都紙問屋越後屋源助の土蔵から出火して、内田氏・野辺氏ら一〇人の五箇村商人の紙荷は消失。内田氏の分は、金二二九両であったが、このうち三〇両余を渡して残りの一九八両を九年賦で返済すると約しているが、結局は反故になってしまった。天明二(一七八二)年暮には江戸紙問屋片川彦左衛門が潰れたが、被害はさほど大きくなかった様子である。文化八(一八一一)年正月には、大坂紙問屋五箇屋与兵衛は、内田氏と野辺氏と合わせて銀九貫一九〇匁の代銀を押領し(カ)た。江戸紙問屋小津次郎左衛門の場合、天保八(一八三七)年三月、内田氏に対して「貴殿より積送られ候紙代金(二五〇両余)ニ御座候所、我ら店、度々之火災等ニ而身上向不如意ニ相成、年々借財相嵩」り、ついには代金未払いのまま家業休みになったことを伝えてきている。

廻送途上の事故による紙荷の損失例としては、天明二(一七八二)年の白子船頭大黒屋光太夫の「行方不知」(ロシアに漂着)によって内田氏から江戸問屋に送るための紙(代銀二貫五〇〇匁余)と布(銀二貫六五八匁)が失われた。その他に、たとえば文化十四(一八一七)年、「濃州大垣表ニ而川船江積入申候荷物過分濡荷物に罷成莫太之損料」となったり、文政元(一八一八)年には、「勢州白子表より江戸積仕候荷物数多積合之船破船仕」ったということもあった。

右に述べた三都紙問屋の潰れによる「過分の損料」や「荷物積送申候海上ニ而破船難船等之儀も数多御座候」ために難渋至極となったが、それらとあわせてとくに内田氏にとっての経営不振の原因になったのは、「奉書之儀、年増之不引合ニ罷成、五箇村一統困窮仕候故、夫々漉屋共へ仕入仕候銀子等、年々不算用莫太之儀ニ御座候」と、漉屋への前貸し金返済未納分の累積が莫大になったことを、再三にわたって藩への嘆願書の中で掲げている。前貸しを受け始めた漉屋が、返済未納となったまま、なお一層の借銀を重ね、ついには漉屋の持つ田畑・家財・諸道具の引当をはるかに越えた借銀を重ねつつも、商人より原料仕入銀前貸しを受けて紙漉を行い続けてきたことは前節で述べた。商人側の帳簿上には、漉屋への莫大な貸金として記載されてはいても、その金額は実態の無い、空しい数字に過ぎなかったわけである。

商人の経営悪化と藩の貸付

帳簿上の見かけの資金はあっても、原料仕入金を漉屋たちに貸付けられなくなる状態がやがて現出した。内田氏の漉屋に対する貸付け生産資金の枯渇は、同時に多数の漉屋による奉書生産の停止を意味することになる。福井藩は、すでに享和元(一八〇一)年、岩本村の内田・野辺・小林清右衛門の三商人を元締にして責任を負わせ、五箇村に銀三〇貫匁を融資して五箇村全体の困窮者の生業資金に貸付ける方法を取ったことがあるが、とくに、漉屋生産を対象に、文化元(一八〇四)年、内田氏に対して個別に、銀三〇貫匁を貸付けた。この三〇貫匁の拝借銀を藩に願うに際して、内田氏は「私義前々より紙職仕来候処、五箇村同職之者近来職不景気ニ付、年来仕入元銀引替之処、年々不算用ニ相成」り、貸付けを続けてきた自分が難渋してしまった。そのためにこれまで行ってきた「村方仕入」をすることもいよいよできなくなってしまった。この状況を凌ぐために、どうか内々の拝借をさせて欲しいと願っている。また、他の嘆願書では「漉屋職之仕入之儀も細々介抱も仕度」と、内田氏は自己の経営を藩からの拝借金で相続できることが、五箇村漉屋の介抱になることを意識しており、その論理が藩をして貸付けを容認させることにもなったと見られる。したがって、五箇村漉屋で内田氏の下請になっていた家の場合、文化元(一八〇四)年以降は福井藩の貸付金によって紙の生産が回転され始めていたとも言えよう。

その後、拝借銀三〇貫匁を運用して、文化元(一八〇四)年から文化十三(一八一六)年までは藩より決められた元利上納を行ないえてきたところからすると、この一二年間の五箇村の紙業は、不景気の中でも、まだ小康状態を保ってきたようである。しかし文化十四(一八一七)年の大垣での積荷物の水濡れやその翌年の伊勢白子からの破船により、しかも農業生産は「古来稀成旱損」のため凶作が重なったことで、文政二(一八一九)年に残りの拝借金一五貫匁を無利息一〇〇年賦返済を願い出て、これが福井藩御勝手方によって承認されている。

同じ文政二(一八一九)年には、幕府より諸品値下げが厳命された。江戸紙問屋越州奉書仲間五名は越州奉書荷主(仲買商人)に対して、元方値段の一割下げを依頼してきた。また、福井藩も郡役所や紙会所を通してこれを命じてきた。内田・野辺・小林ら七名の荷主たちは相談を重ね、また惣漉屋も検討を重ねてきた。その結果作成した返答書には、これ以上値下げをすることは困難であるとの、荷主と漉屋の共通の主張を示しながらも、惣漉屋は奉書生産の原価計算において、手間賃を高価に見積っており、商人たちとの見解の相違を顕著に示している。手間賃こそが、この当時の下請化した漉屋たちや奉公人の生活を支える主柱であったればこそのことである。かつて享保十八(一七三三)年当時は、仲買商人と漉屋との間の争点は、出来上った紙の値段をいくらにするか、つまり、売手である漉屋と買手である仲買商人との、相場決定時のせめぎ合いであった。これに対して文政二(一八一九)年の漉屋にとっては、製品としての紙値段そのものではなく、手間賃こそが主要な争点となったことは、漉屋の下請化の強さと広がりとを示したものと言えよう。

その後、依然として紙業不景気は続き、さらに凶作が襲うという状況が続く中で、天保三(一八三二)辰年閏十一月、五箇村は藩に拝借金の貸下げを願った。「当年奉書不景気、捌方悪敷御座候折柄、去卯年楮子不作、当辰年他国江も入津無之」と売行不振の上に原料が入手できなくなった事情を述べ、ついには「夏以来一統過半休職仕居、末々拵方之男女誠ニ今日之渡世指支申候」と、漉屋の過半が休業に追い込まれ、男女奉公人は今日の渡世に差し支える状態になっている。ついては、なんとか他国産楮を買入れたく、その資金を拝借したいが、漉屋中にはこれまでも不埒の筋もあって信用なく、そこで仲買商人の内田・野辺ら九名に請合ってもらって、大庄屋を通して拝借金を願っている。紙生産そのものの減退を示していると同時に、もはやこの時点では、商人資本の資金前貸しは困難なため、村役人が漉屋や奉公人をたばねる形で、村単位で生産資金の貸付けを藩に願っていることは注目される。

蓑虫騒動

五箇村の紙業不振をくり返し述べる必要はもうあるまい。その上に「近来打続諸作不熟と申内」、天保四(一八三三)年九月九日、打ちこわしを示唆した「張札」が岩本村四辻番小屋などに貼られ、その文言では九月二十日夜「粟田部米問屋中こほち」に行くとあった。米相場が、九月には五〇匁くらいに上っており、どうも去春以来なにかと不穏な空気が漲っていたところである。かつての明和五(一七六八)年三月の福井領内の蓑虫騒動の時には、五箇村周辺も騒がしくなったが、五箇村に一揆勢が「若し参候ハヽ五箇村より人出シふせき申すべき由、然共、悪者も参り申さず無難ニ鎮り申候」と、五箇村は防禦にまわり無難であったことから、内田氏は岩本・大滝村に酒二斗を、他の三ヶ村には酒一斗ずつを配り礼をしている。

しかし今回の天保四年の場合には、五箇村内部から不穏な動きが出て、騒動を促す張紙まで貼られているのである。ついに予告の九月二十日早朝、五箇村の一揆勢は越前国の乞食の姿でもある蓑笠をつけ、拍子木を合図に、五箇村に近接する在町である粟田部の米問屋を目差して進んだ。目標の粟田部米問屋九軒を打毀した〝蓑虫〟勢は、やがて岩本村に向かい内田氏を目標に動き出したとの知らせが届いた。内田氏では「酒飯之用意」を致し「家内も太切之品ハ土蔵へ片付守護致居候所」へ「拍子木打立騒来候ニ付、門迄罷出かため旁酒飯振舞候所、端振之者共ハ悉く酒飯ニ被呼□□候得共、跡より弐三十人計来候者共、勢ひ強く手式ニ及び難く、終ニ手前へも入込乱妨狼藉相働、凡明七ツ(午前五時頃)時立退」いた。かくのごとく内田氏は門前で酒飯を振舞ったにもかかわらず屋敷内の多くを打毀された。施しを要求して応じなかった者を打毀すというのではなく、〝蓑虫〟連中の一部は打毀し自体を目的にしていたかと思える。しかし、その〝蓑虫〟連中も、内田氏の借金経営の内実は知らなかったのであろう。

騒動の後、藩は取締りと調査のために役人や藩兵多数を五箇村に派遣、駐在させて一五〇余名の入牢者、一名の打首その他の処分を決めた。この間の藩兵などの滞在経費に多大な出費を強いられ困窮に拍車をかけられた五箇村に、さらに天保七~八(一八三六~七)年の凶作が打ち続いて、米相場も一俵一二〇匁にまで上り、ついには五箇村に多くの餓死者と乞食を生じさせることになった。恐らく、近世期に入って紙漉によって活路を見出し発展をとげてきた五箇村にとって、最悪の光景であったに違いあるまい。

物産惣会所

かつて富裕であった商人内田氏はいまや経営を悪化させ、天保十五（一八四四）年十月には、藩から銀五貫匁を借銀する際、もはや信用なく、同族の内田小右衛門名義で借銀をしたほどであったが（イ）、ついに嘉永六（一八五三）年五月に倒産に至った。内田氏とつねに歩調を合わせてきた野辺氏も同様に没落に向い、大滝村三田村氏についても例外ではなかった。

かつて、漉屋たちに貸付けを行ない、製品返済させていた有力商人たちが、このように幕末に至って没落する一方で、漉屋たちは生産活動を継続しようと、集団として腐心した様子である。漉屋たちは、福井藩より村請で、原料仕入銀の貸付けを受け、村役人から漉屋たちに貸付け、これを漉屋が村役人に元利返済して、さらに村役人から藩に上納するという方法で紙生産を続けていった。

先述の通り、藩では個別に内田氏に借金をさせて下請漉屋の生業資金にあてたが、これと並行して村請の形で漉屋たちに仕入金を貸付する方法を取っていた。その場合、享和元（一八〇一）年の銀三〇貫匁や天保三（一八三二）年の石州楮購入資金の貸付けの際には、藩は資本力のない漉屋たちに信用を置かず、内田・野辺・小林ら有力商人の保証を取り付けさせた上で、村に貸付けをしていた。しかるに、商人の没落も決定的となった嘉永三（一八五〇）年には、お救い拝借銀として藩は村方には直接の貸付けを行なったものの、返済が滞ったことから、ついには安政四（一八五七）年に、藩は村役人を通して漉屋に直接原料を貸付けるようになった。「去ル安政四年巳来、御上様（松平春嶽）より五箇村漉屋成立之御趣法」が施行され、「元草楮子皮之分五ヶ村御役衆中江一切御貸渡相成、夫より漉屋一統江漉日割を以御配当ニ而御貸附成し下されたのである。漉屋は漉立てて、「五月七日其節之御庄屋方江急度御上納」する定めであった（イ）。仕入銀の貸渡しではなく、藩が原料である楮子皮を貸渡したこの方式では、漉屋はただ限られた生産に従事するだけとなってしまった。

この方式は、安政六(一八五九)年十月からの福井藩物産惣会所開設後も引き継がれた。物産会所は越前国の生糸・布・木綿・蚊帳などの諸物産とともに紙も独占的に集荷して他国販売をし、正金銀を獲得して富国強兵を実現しようと計ったものである。

五箇村漉屋たちはこれまで自分たちの成長・発展を阻害してきた仲買商人の没落によって、仲買を介することなく直接に江戸の橋本助右衛門に奉書を委ねることを切望していた。(イ)しかし安政六(一八五九)年からの物産会所によって、さらに文久二(一八六二)年のよりきめ細い定めによって、江戸販売は一切禁止され、京・大坂への藩の一手販売以外の抜荷は厳禁された。

漉屋たちは、五箇村の仲買商人どころではない、強大な福井藩という名の〝巨大商人〟によって、原料を貸し与えられ、生産に従事するだけの下請生産者として、福井藩「富国策」の一道具として機能させられる中で、明治維新を迎えることになった。

その後の漉屋たち

明治元(一八六八)年から明治三年まで、五箇村漉屋たちは太政官札(金札)の抄造を命じられて、一時的好景気が出現した。しかし太政官札の受注がなくなると、原料騰貴や市場狭小化によって不況期を迎えた。その後、近代的機械制洋紙工業が勃興してから一般的に全国の和紙産地の多くが崩壊にむかう中で、しかし五箇村では明治四十三(一九一〇)年以降の機械漉和紙の導入に見られるような工夫と努力とによって、伝統的な和紙需要にこたえる生産を、今日に至るまで継続している。

〔『講座・日本技術の社会史』第一巻、一九八三年、日本評論社刊〕

付　史料を読む眼

簾越しに視線を感じた。通りを歩いている自分を、確かに誰かが注目している。通りに面した一軒の家の玄関の戸が、風を通すために開けられたまま、簾を半分下ろしたその内側に、白い木綿の簡素な服を羽織っただけの年老いた婦人が団扇を片手に座っていた。こちらから軽く会釈をすると、老婦人は和らかい眼差しを向けて、話しかけてくれた。

「どちらさんかね。」

「私は、酒屋の山口喜兵衛さんの、川の横の倉庫に寝泊りしている東京から来た学生です。」

「ああ、あんたがそうかね。それはご苦労さん。」

会話はそれだけで、私はまた歩を進めた。

昭和四八(一九七三)年、炎暑の八月、大学院学生だった私は、福井県今立郡今立町、かつての越前国今立郡五箇村の一つ岩本村の近世史料(『岩本区有文書』)の整理(目録作成)のために、酒屋(内田屋)を営む山口喜兵衛さんのご厄介になった。酒屋の倉庫だから、ビールの空瓶などが木枠に納められて、うず高く積まれていたが、その板敷の一部に畳を何枚か敷いて、文書の整理を行ない、また布団を敷いて生活した。夕方になると、喜兵衛さんがやって来て、母屋の方に風呂に入るように誘ってくれた。

ある夕景、風呂を貰いにその支度をする私を待ってくれた喜兵衛さんが、私が倉庫の入口の戸の鍵を掛けているのを見て「なぜ鍵を掛けるのか」と言った。私は、倉庫内に預っている古文書などがあるのだから、用心のためにというようなことを答えたのだが、内心は喜兵衛さんの言う真意を摑み兼ねていた。家を空けるのに鍵を掛けるのは、東京に育った私には、当然すぎるほど当然のことであった。喜兵衛さんは、岩本には泥棒など居ないのだから、家を空けるのにいちいち鍵を掛けたりしないのだ、と言葉を続けた。そう言われたのに、強いて鍵を掛ける訳にもいかず、その日はそのまま風呂を貰いに家を空けたが、不安でならなかった。

住人が泥棒はいないと言い切る岩本村は、何と安全な地域なんだろう。本当に盗みは無いのだろうか。それにしても簾越しの老婦人は「あんたがそうかね」と、すでに私のことを知っていたのはどうしたことか。これらの、自分には理解の及ばぬ思いを、『岩本区有文書』の中の江戸時代の数点の「詫び状」が解決に導いてくれた。「詫び状」は、およそ次のような内容であった。自分誰々は、いつ、どこで農作物を盗み取る野荒しを行なったと指摘を受けたが、自分は一切そのようなことをしていない。就いては、今後そのような疑われるようなことを決っして行なわないので、五人組ともども連名でお詫びをする、というものであった。恐らく、野荒しはあったのだろう。しかしそれを犯罪としないために、このような詫状を書かせたのであろう。こうして村の「平和と安全」は保たれた。

どこかで誰かが他人の行動を見ている。だから盗みなどは起こらない。従ってまた、地域の住人ではない私のような他所者が訪れれば、その情報は地域内を駈けめぐり「あんたがそうかね」と確認されることになる。今から二十数年前には、恐らく江戸時代以来盗みのない「平和と安全」が、地域に代々住み続ける人々の相互の眼差しによって保たれていた。その後、二十有余年の時を経た現在は、果してどうであろうか。

※

地域内の情報は住民に速やかに伝わり共有されたものと思われるが、この地域の江戸時代の豪商内田吉左衛門家には、全国からの情報が想像以上に寄せられていた。城下町でもない、交通の便も良いわけではない内陸部の今立郡五箇村に、よくこれほどの情報が集まったものと感心する。

さて、内田吉左衛門家については、かつてこの『福井県史しおり』(一九八七年三月一五日発行)で内田家現当主の内田穰吉先生が「十六世紀から二十世紀へ——ある小土豪の盛衰——」で内田家の盛衰を叙述されているし、また『福井県史資料編6』にも内田家史料の一部が掲載されているほか、筆者もかつて「幕藩制中期における生産者支配の一形態」(『日本歴史』三五四号、本書Ⅲの第一所収)・「近世中期における商業経営の変質」(『学習院大学文学部研究年報』第二九輯、本書Ⅲの第一所収）の拙論で内田家の経営の一端を素描したことがある。内田家の経営は、五箇村の特産品である奉書や檀紙などの紙を三都に売捌いた他に、粟田部や府中（武生）など周辺地域で生産・集荷され、これを一次加工（晒）した布を三都に出荷した。この紙・布が近世中期以降の商業経営の中心であったが、その他に蠟・木綿・繰綿などの他国産品や貿易輸入品の薬種を各地で購入し販売していた。酒造も行なっており、その銘柄は「芳の川」と言った。

このような性格の商業経営であったから、最大の販売市場である江戸における紙・布の販売動向を常に気に掛け、その情報を派遣した手代や江戸問屋商人の書簡から収集した。また、京・大坂・近江八幡・三河・会津など他国産品の購入にあたって、各地の相場の動向を知ることも必要なことであった。

以上の、いずれも商品の価格情報の他に、荷送りのコスト、とくに運賃、口銭の情報も集めている。そんな中で注目されるのは、明和四（一七六七）年七月の改めとして「松前行酒懸物覚」が記され、福井から三国までの運賃、三国での口銭や三国から松前までの船賃、それに松前での役金や口銭の、一樽についての経費が記されている。内田家の酒が実際に松前に渡ったのかどうかは確かめられないが、その可能性を窺わせる史料と言える。

商品の輸送については、酒のほか紙も布も、船中で水をかぶるなどの損害を被ることに警戒をし、責任の所在を確認するよう心掛けていた様子が窺える。しかし、細心の注意を払おうとも自然の威力の前に、人力はなすすべもなかった。天明二（一七八二）年暮、内田家から江戸の紙問屋西村清兵衛・村田彦兵衛に送られた合わせて十二箇の奉書などの紙は、伊勢国白子から千石積の船で運ばれる予定であった。しかるにその船神昌丸は、出航後行方知らずになってしまい、よって十二箇の紙代銀二貫五〇〇匁三分（金にして約四二両）は損失として見做された。内田家には、行方知らずのこの船や乗組員がその後どうなっていたのか、知るよしもなかった。実は五箇村の奉書などを乗せて白子を出た神昌丸は遠州灘で時化にあい、船頭をはじめ乗組員は漂流してアリューシャン列島に漂着。船頭はのちにペテルブルグで女帝エカテリーナ二世とも面謁し、日本に帰国した、あの大黒屋光太夫であった。

また、内田家が荷送りし、販売を委託していた紙問屋や布問屋が火災にあうこともあり、江戸の火災情報はこと細かに内田家に伝えられた。例えば安永七(一七七八)年二月十二日、未刻(午後二時)江戸本石町三丁目新道より出火、折からの西北の大風にて火は広まり、翌十三日巳刻(午前十時)にようやく鎮火したことが報告された。この大火で、まず福井藩の常盤橋の上屋敷と霊岸島の中屋敷には別条無かったことが知らされ、次に、紙問屋の西村清兵衛・村田彦兵衛・小津次郎左衛門と布問屋の升川・升屋七左衛門・久保寺喜三郎は別条無かったので、見廻(舞)状だけを差出した。しかるに、紙問屋の村田七右衛門は土蔵・店は別条無かったが居宅を類焼したため、見廻料として金二百疋を添えたという報告がなされている。

これらの情報は内田家の手代や得意先などから、多くは書簡によって情報がもたらされたことは前述したが、それらは備忘のためや先例として残すために『萬覚書』に書き残された。歴代当主が記した『萬覚書』には、これら送られてきた情報の他に、内田家の家にとっての備忘録も記されている。それらの記事のうちで、商業経営や商品流通とは関係がないために、かつての拙稿などでは取り上げられなかったが、その後の近世史研究の多様な進展にともなって、紹介すべき興味深い史料を次に掲げよう。

※

元文五庚申正月廿八日　吉左衛門祝言之時

一婚礼之時座頭へ祝儀銀札四拾五匁遣候

但、府中座頭之座江西東両所分と断申遣候

　府中紙屋六右衛門殿、灰谷徳右衛門殿へ頼遣候

又、ごぜニハ銀札拾壱匁弐分五リン遣候

但是ハ座頭之祝儀四ケ一遣候筈之由座頭申ニ付如此遣候

但、ごぜハ座頭之半分ノ様ニ前々承来リ候へとも四ケ一が究リ之由府中座頭申由紙屋六右衛門殿御申聞候故、右之

通拾壱匁弐分五厘遣候、但ごぜハ座当之半分之由ごぜ共参申ニ付承合候処、座当ノ四ケ一ニ急度相究リ申事共不聞候付、又十一匁弐分五厘遣候、都合廿弐匁五分遣候様覚申候

内田家四代目当主吉左衛門正邕の婚儀に際して、元文五(一七四〇)年府中の座頭と瞽女に祝金を送ったことを記したものである。男性の盲人で琵琶や三味線を弾く芸能や鍼や灸の医療に従事する座頭の座が府中に東西二座あったことが窺える。また盲目の女性で三味線を弾き歌を唄う瞽女の座も府中に存在したらしく、祝儀金として座頭の半分相当の銀額が与えられた。いずれも、府中の商人であり内田家とも懇意の紙屋と灰屋の両者から渡されたもので、座頭と瞽女が五箇村の内田家を訪れて芸能を行なったものではなかったようだ。

この後、寛政七(一七九五)年にも七代目吉左衛門由正の婚儀に際して、府中の米屋伝兵衛の世話で府中の東西の座頭に銀四五匁と瞽女に銀二二匁五分の元文五年時と同額が祝金として渡されている。この寛政七年の際にはとくに「右座頭瞽女共に祝等ニ不参様伝兵衛方ゟ厳敷申渡候」と実際の婚儀の場所に座頭・瞽女が訪れることを止めている。五箇村は福井藩領だが、古代に国府のおかれた府中の座頭・瞽女に内田家が祝金を出したということは、越前国では府中にだけ座が存在したということであろうか。今後の研究が待たれる。

歴史史料は読み手によってその持つ意味が変わる。十人十色と言ってもよいほど、史料から何を読み取るかは多様である。それどころか、歳月が過ぎると、同一の読み手であっても史料に着目する観点や視座は変わる。小稿に関わる情報論や盲人社会史は近年の歴史研究の進展によって、二十数年前には考えもつかなかった視座であると言える。

その意味で、歴史史料は数多の読み手や時間を越えて、学術的・文化的価値を限りなく生み出し続けるものと言える。多数の方々のご努力によって刊行された『福井県史』がこの先五〇年・一〇〇年の長きにわたって読みつがれ、輝きを保ち続ける事を念じつつ擱筆する。

〔『福井県史しおり通史編4近世二』、一九九六年、福井県総務部県史編さん課刊〕

第二　近世の宗教

一　江戸時代の地域と宗教

現代の日本には、大きく分けて信仰を持つ人と持たない人とが二通り存在する。信仰を持たない人は、まったくの無宗教に徹底する人も存在しようが、その多くは、年中行事として初詣でに明治神宮・伏見稲荷などの神社や成田山新勝寺・川崎大師などの寺院(新義真言宗)を訪れることに、さしたる抵抗感を持たない。また冠婚葬祭に際して、神前やキリスト教会での結婚式や仏教式の葬式に参列することを拒んだりもしない。遠く離れた高野山や伊勢神宮などを参詣する場合にも、空海(弘法大師)や天照大神を信仰することからくるのではなく、旅行・観光の一環として訪れるのである。いずれも信仰を持たないからといって、宗教行事や聖地を拒否するものではない、というほどに宗教的環境を受け入れているという特徴を持つ。

これに対して、信仰を持つ人びとは、現代に生まれた新しい宗教である創価学会・立正佼成会・霊友会・世界救世教・真如苑・阿含宗など、それぞれの教区の教会や本部(聖地)を拠点にして信者・使徒が寄り集まり、それぞれの宗教儀式(年中行事)や日常的な信仰活動を行っている。

それ以前の近代に生まれた宗教である天理教・金光教・黒住教・大本教などや外来のキリスト教についても、ほぼ同様に教会での日常的な信仰活動と、時に本部(聖地)を訪れる活動を実践している。いずれも、他の宗教や信仰を受け入れないほどに、自らの信仰に忠実なことが多い。

信仰を持つ人びとの区分には、現代・近代に生まれた新しい宗教にかぎらず、それ以前の江戸時代以来の信仰を持ち続ける人びとも存在する。江戸時代から続く寺檀関係を保ち、代々続く家と檀那寺とのあいだに信仰を持続する人びとの存在も忘れることはできない。また、近くの神社で年中行事を執行しつづけている地域住民も存在している。いずれも近世以来の地域や家々が存続し、宗教行事や慣行が持続したものが多い。

おおよそ以上のような特徴を指摘できる日本の現在の宗教・信仰に対して、江戸時代の宗教はいくつかの点で異なる性格を持つ。そのことの指摘の前に、まず江戸時代の宗教について、「地域のひろがりと宗教」を念頭に置いて大づかみに捉えておこう。

江戸時代の村は、全国で約六万三〇〇〇(一九世紀)を数えた。村には必ず、中心的な神社が氏神社・鎮守社・産土神・産神などと呼ばれて一つは存在し、村落単位で春にはその年の五穀豊穣を祈念する祭事を行い、秋には収穫に感謝する祭礼を行った。この二つの中心的神事に加えて、その他の行事も合わせ、祭祀は専業の神主が置かれている場合には、その神職が担い、置かれていない村落の神社では、その神社を兼帯する他村の神職が主だった神事を執行した。専業神主の不在の神社では、社守や鍵取などと呼ばれた百姓が神社を日常的に管理した。兼帯する専業神主は、中世以来の系譜を引く者もあり、自らの氏子圏として兼帯する他村の神社を数ケ村から一〇〇ケ村を越えて持つ場合もあった。神社の殿舎の維持や神職と神事執行の経費などは、村落が村入用として共同で負担することが多かった。

ところで神社に祀られている神々は、春日・熊野・神明・住吉など多様であり、村ごとに異なったり、村のなかにいくつもの異なった神々が祀られることが普通であった。神職はそのいずれの神々であろうと祭祀を執行した。地域の専業の神職が春日社の神主であったとしても、大和国(奈良県)春日大社の配下に付属する者ではなかった。江戸時代の神社の神職たちは、いずれの神々を祀ろうとも、京都の公家吉田家の配下として、多くは組織化されていた。江戸時代後期には、吉田家に加えて公家の白川家もまた各地域の神職たちを配下に組み入れた。江戸時代の身分制度では、神職としての身分は、本所である吉田家や白川家から許状を受けることで保たれていた。

これに対し、地域の仏教寺院僧侶は、京都や鎌倉などにある本山や本寺の末寺として支配を受けた。戦国期には数多くの寺院が退転して無住となった。それらの旧寺院を、江戸時代に入って再興させたのは、それ以前の宗旨とは関わりなく、その地域に教線を拡大させようとした主だった寺院に属する弟子の僧侶であった。

平和の訪れとともに村々に居住する人びとは、退転した寺院再興に力を尽し、また新たに庵や堂を結んで僧侶を招き仏教寺院とした。江戸時代の百姓たちは自分たちのお寺を持つことを望んだのであった。それらの新たに建てられた寺院に、主だった寺院から弟子が遣わされたことから、仏教では本寺・末寺の上下関係である本末関係が一貫して機能した。幕府もまた、本山・本寺に末寺を編成する権限を法制的に与えたことからも本末関係は維持された。

寺院と僧侶を支える檀家たちは、信仰を持つとともに経済的にも寺院を支えた。檀家は僧侶に対してまず第一に死者の引導を依頼し、菩提をとむらってもらうことを願う。また、彼岸会や盂蘭盆会の仏事も浸透し、年中行事として現代に至る。

このような寺院と檀家との寺檀関係を前提にして、江戸幕府はキリスト教や日蓮宗不受不施派を禁止するために、寺院に檀家が禁教者ではないことを証明（寺請証文）させることを制度化した。この寺請制度が全国的に展開したことで、江戸時代の人びとは、上から下まで誰でも必ずや自分の檀那寺を持つこととなった。

幕藩権力による制度化は、信仰の力より形式を求めることとともなった。檀家は原則として一つの寺院を檀那寺とした。結婚により嫁入りをする女性は、実家の檀那寺を離れ寺替証文を受けて婚家の檀那寺に改めることになる。そのさいに檀那寺の宗旨が替わることは、よく起こることであった。教義に基づく個人の信仰よりは、国の寺請制度が優先された。また、旅に出る時には、檀家は檀那寺から寺送り証文を受けて旅に出た。証文には、旅の途中で死んだ場合、それが何宗であろうとも現地の寺院に葬ってほしいことが記されている。ここでも仏教であれば真言宗であろうと禅宗であろうと、宗旨は問われない制度であった。国の制度が、個人の教義や宗旨を希薄なものにしてしまった事例である。

村や地域では、檀那寺を介しての仏教、神社を拠点にした神道の他に、病気などの災厄を祓う祈禱では、山伏（修験者）に依頼した。山伏は山に入り薬草を採取したり丸薬を製造して医療にあたることもあり、地域の人びととの精神の支えにもなった。仏教寺院の本寺―末寺の関係と同様に、山伏も天台宗系では聖護院門跡と院家若王子・住心院などを本山・本寺として全国の末端の山伏は組織化されていた。真言宗系では醍醐寺三宝院門跡を本山として本末の関係が作られた。

地域において、僧侶・神職・山伏についで多く存在した宗教者が陰陽師であった。家を建てる時に鬼門などの方位を考えて家相図を作成するほか、陰陽師は日取りを占い、また祈禱も行う。陰陽師は、神職が京都の公家吉田家や白川家の許状を受けたように、公家の土御門家(安倍晴明の末裔)に入門して許状を受けることで陰陽師としての身分が保て、占いなどの活動をすることが保証された。江戸時代の身分制度では、宗教者を本山・本寺や公家の本所の下に組織化し、集団化していたのであった。

地域に居住する宗教者の他に、通過したり訪れたりする宗教者とも、村びとは交流をもった。旅の僧侶・山伏、遠隔地の寺社の御札を配る御師たち、季節は限られるが春を言寿ぐ万歳や馬と厩の祓いをする猿引き、六十六部という廻国の行人や巡礼者、芸能者というべき盲人の座頭や瞽女などである。村びとたちは、地域に居住する日常的な宗教者のほかに、時として訪れる宗教者たちとの接点をもって、地域に居住する宗教者には不足する祈禱を願い、遠隔地の情報を入手した。

各地の寺社の御師たちは、札守を配るほかに、遠隔の寺社への参詣を誘った。江戸時代も中期を過ぎ、十八世紀半ば以降、生産力の上昇にともなって村々の暮らしにも余裕が生じるようになると、村人は遠隔地の寺社の参詣や名所をめぐる旅に出ることが可能になった。伊勢神宮や熱田・出雲・讃岐金比羅社などの神社や、富士山・熊野・出羽三山・立山など霊山への旅が盛んになりだしたのであった。

旅を第一の目的に、名目として著名な古代・中世から続く名所としての寺社を参詣することが多かったが、しかし第一義的に信仰を重視した事例も存在した。真宗門徒たちが本山である京都の両本願寺や伊勢国一身田の高田専修寺を訪れるのは聖地としての本山詣でであった。

それらとも異なり、既成の信仰とは別に、江戸後期に富士山と木曽御嶽山への登拝にあたり富士講や御嶽講と呼ばれる講集団が形成された。開祖の教えを教義とする講集団が活動を始めたもので、近代に続く新しい動向として注目される。

以上のように、「地域のひろがりと宗教」を念頭に入れて近世の宗教について大づかみに捉えた時、現代日本の宗教の原型をなす特徴が存在し、それらが現在に継承されていることに気づかされる。それとは対象的に現代とは大きく異なる特徴点もまた浮かびあがる。すなわち、江戸時代には村落共同体と地域がしっかり存在していたこと（したがって現在も江戸時代以来の地域や村共同体の慣行を十分に残す所では近世の宗教と同様の特徴を持つことになる）や国家の制度として寺請制度が機能していたこともあって、人びとは家を単位にして誰もが仏教寺院の檀家になっていたこと、しかし仏教と僧侶による信仰のみならず、神道や修験道や陰陽道、その他の宗教者も含めて多様に帰依していたこと、後期には遠隔地の寺社参詣が盛んに行われだしたことなどを指摘することができる。

明治維新後、近代・現代に続く日本社会では、村落共同体の解体が進み（約六万三〇〇〇の村は統合を重ねられ、現在一千何百かの自治体になってしまった）農業・漁業人口の減少と都市人口の増加が進行していった。この過程で、家と共同体は喪失され、地域を離れた者たちは、当然江戸時代以来続いた宗教基盤からも離れざるをえず、したがって拡大した都市部において現代の新しい信仰や宗教を求めていくことになった。

〔『近世の宗教と社会1　地域のひろがりと宗教』、二〇〇八年、吉川弘文館刊〕

二　江戸時代の国家権力と宗教

京都府亀岡市には、織田信長のいる京都本能寺に向けて出陣した、明智光秀の居城亀山城の跡が、今もまだ厳然と石垣を構えている。現在、大本教の本部の置かれている城跡の、天守のあった本丸を形作る石垣の下に、鉄筋を含んだコンクリート片などの残骸がうずたかく積み上げられている。それらの建造物の残骸は、昭和十(一九三五)年十二月から内務省の指揮の下、京都府警による弾圧にともなってダイナマイトで爆破された、大本教本部の、みろく殿の残骸であった。

明治・大正・昭和二十年までの近代天皇制国家は、その支配秩序をゆるがすと見た大本教(当時は「皇道大本」と称す)に対し、不敬罪や治安維持法を盾にして弾圧したのであった。二代目教主出口すみ、夫で教祖出口王仁三郎、その他約一〇〇名にのぼる検挙者を出したうえに、亀山城趾の本部など建造物がダイナマイトによって爆破されたのであった。近代国家権力による最大の宗教弾圧であったといえよう。

その後も昭和十二年にひとのみち教団(PL教団)二代目教祖の御木徳近が不敬罪で投獄され、教団は解散させられた。さらに創価教育学会(創価学会)初代会長の牧口常三郎と戸田城聖は昭和十八年に不敬罪・治安維持法によって投獄され、牧口が獄死したように、国家権力による宗教弾圧は続いた。

昭和二十年八月の敗戦により、近代から続いた天皇制国家が終わり、GHQは十二月、国家神道を廃止した。いわゆる神道指令(国教分離指令)である。諸宗教の信仰の自由が認められ、昭和二十一年公布された日本国憲法第二十条によって信教の自由は保障され現在に至る。

国家権力による宗教弾圧は、近世にもその例は多い。織田信長による一向宗との戦いは、宗教弾圧というよりは、戦国大名との闘いに似た権力闘争でもあった。同様に、信長の比叡山焼打ちや高野聖数百人を斬る大弾圧、徳川家康、秀忠、家光によるキリシタン弾圧と、これらは天下統一から幕藩体制成立に続く時期に、統一権力に対抗する権力とみなされた宗教勢力が激しく弾圧された事例であった。

俗権力(王権)の法より仏法(仏の教法)を上位に置く一向宗、同様に神(デウス)を絶対とするキリスト教を、徹底的に弾圧した統一権力によって形成された近世国家権力の下では、もはや権力の下に従属する宗教・信仰のほか存在は許されなかった。一向宗(浄土真宗)本願寺はこの意向に従ったが、日蓮宗不受不施派は、豊臣政権・徳川政権の命に従わなかったことから、弾圧の対象になった。

江戸幕府は、慶長～元和期に「諸宗寺院本山法度」を発布し、京都や鎌倉などに存在していた本山・本寺の地位を認めて、その宗派ごとに配下の寺院統制を行わせた。宗派単位の末寺の組織化によって、幕府の進めるキリスト教禁止や日蓮宗不受不施派の取締りの基礎は形成されていった。

かくして、四代将軍徳川家綱政権の寛文期(一六六一～七二年)には、キリシタンの摘発を臼杵藩・岡山藩・尾張藩などで大々的に行ない、尾張藩だけで一〇〇〇名を越える処分者を出すに至った。また、日蓮宗不受不施派では「寛文の惣滅」と呼ばれる厳しい弾圧が岡山藩・水戸藩・尾張藩で行なわれ、これ以後、日蓮宗不受不施派は内信組織という非公然組織によって信仰を保つよりほかなくなった。隠れ(潜伏)キリシタンとともに、非公然で信仰を保つ者のみとなったのであった。

以上は、近世国家権力による宗教弾圧と統制についての概略であるが、国家権力はその一方で、国家祭祀を通して、国土安全や五穀豊穣などを祈念したり、災害の犠牲者を供養するなどの役割を果した。また逆に、こうした役割を果す者こそが権力者であることの象徴ともなった。

近世の国家権力とはどのような性格を持つものかをまず述べておこう。

徳川家康による天下統一とは、すなわち全国の土地所有権を掌握することに他ならなかった。諸大名に知行を宛行って主従関係を結び、軍役・普請役などの奉公を義務づけた。歴代将軍は、三代家光までは大名と個々に主従関係を結んだが、四代家綱の「寛文印知」からは同時に一斉に知行宛行い状が発給された。これは、将軍と大名とのあいだの主従関係が不動の安定したものになったことを意味する。

大名は知行地において政治をとり行ない、領民を統治した。藩(大名)の自立と分権化の方向は時代とともに進むが、幕府の側もこれに対し、軍役・普請役の役儀を課して主従関係を引き締めたり、全国統治権や儀礼などを通して中央集権化を進める。その際大名が、城下に東照宮を祭るか、藩祖を祭るかは、大名と徳川将軍家との親疎が反映されるともに、藩の自立化・分権化にも照応した。

全国土の所有権を持つ将軍やその統治権力である幕府と、土地所有権を将軍から分与された大名とその統治機構の藩とが、百姓・商人・職人などを支配し、年貢・夫役を納めさせ、それを主たる財源にして統治する社会、これを幕藩体制と呼ぶ。本質的には、武士による軍事政権である幕府は、国家安全祈願などの国家祭祀機能について、多くは天皇・朝廷の伝統的な祭祀機能に依存したと言ってよい。幕府は元和元(一六一五)年の「禁中並公家諸法度」を基本法にして、天皇・朝廷を幕末まで統治下に置いた。摂家が任じられる摂政・関白や三公(左・右・内大臣)が朝廷運営の中心となり、公家二人が任じられる武家伝奏が京都所司代の指示を受けながら朝廷統制にあたった。一七世紀の末には繁忙の武家伝奏を補佐する議奏が四〜五人選ばれ機能したが、以上の統制機構は幕末まで機能した。

幕府は、禁裏御料を与えて、天皇の存在と朝廷儀式の執行に関わる財源を維持した。朝廷の機能を支えた堂上公家や地下官人にも、幕府は家領や扶持米を与えた。大名・旗本の将軍への奉公(役儀)が直接的であったのに比べ、公家は天皇・朝廷に仕えることで、将軍に対して間接的な役儀を果たすことになった。

天皇・朝廷による国家安全・五穀豊穣などを目的にした祭祀は、三重の構造をもって執り行なわれた。一重目のもっとも内側の神事は、「毎朝の御拝」と呼ばれる天皇が清涼殿石灰壇で天下泰平・五穀豊穣を祈るもので、天皇の出御ない時は、神祇伯白川家が代官を勤める。また、三種の神器の一つの神鏡が祭られる内侍所においても、天皇は御拝を行った。江戸幕府にとって、天皇の毎朝御拝は不可欠な祭祀であり、その実質的勤仕者である白川家に対し、幕府は家領とは別に役料を与えていた。この御拝は、明治維新後から現在に至るまで賢所で継続されている。

朝廷祭祀の三重構造の二重目は、四方拝・新嘗祭や大嘗祭など、朝廷の表の部分において挙行された。四方拝は元旦に、天皇が清涼殿より東庭に降り、屛風のなかの御座に出御して、天地を拝し、さらに四方(東西南北)と山陵を拝して、その歳の災厄なきことを天神地祇などに祈って還御し、四方拝の神事を了える。応仁の乱で中断したが文明七(一四七五)年に再興されて以降、一貫して幕末まで挙行された。

　これに対して新嘗祭は、天皇が十一月に新穀を神祇に供えて食し、収穫を感謝する神事であるが、寛正四(一四六三)年を最後に中断したまま、正式には八代将軍徳川吉宗が元文五(一七四〇)年に朝廷行事として再興させるまで中絶した。大嘗祭は、天皇即位後最初の新嘗祭とも言え、両者は共通の神事であった。貞享四(一六八七)年、東山天皇即位時に、文正元(一四六六)年以来二二一年ぶりに再興された。これも表の神事の重要な一つであった。

　表の神事では、しかしながら新嘗祭と一対の、その歳の豊穣を春に祈願する祈念祭は、江戸時代には行なわれなかった。かつて古代以来の神祇官が機能していた当時に行えた重要神事である祈年祭も、江戸時代には神祇官が再興されなかったために、挙行できなかったものである。

　三重構造のもっとも外側の神事とは、平安時代後期に成立した二十二社制度が原型となる。古代の神祇官と官幣社の制度が衰退したあと、国家安全などを祈念するために天皇は、伊勢・石清水・賀茂・松尾・平野・稲荷・春日など二十二社に祈年穀奉幣使を遣した。朝廷の定例の神事となった奉幣使ではあったが、これも応仁・文明の乱で廃絶していた。

　幕府は二十二社の主だった神社に社領を寄進したが、「天下安全の精祈」を命ずるためであった。また、伊勢の内外宮で九月に行なわれる神嘗祭(収穫感謝の祭)に天皇が奉幣使を遣すことも、正保四(一六四七)年から毎年の朝廷行事として再興された。この伊勢例幣使の再興は、日光東照宮への例幣使発遣と軌を一にするものであった。

　徳川家康の死後、幕府は「日本大権現・東光大権現・威霊大権現」などの候補から「東照大権現」の神号を選び、朝廷から与えられた(元和三〈一六一七〉年)。幕府は東照社を造営したが、正保二(一六四五)年、朝廷から宮号宣下の太政官符を出させ、東照社を東照宮に改めた。さらに翌年、朝廷から奉幣使が家康命日の四月の例大祭に発遣され、以後毎年日光東照宮への奉幣使(例奉幣)は幕末まで続けられた。天皇の勅使である奉幣使には参議の公卿が選任され、幣を奉って伊勢神宮の皇祖神(天照大神)と同等の格を日光東照宮に与えることとなった。

　こうして東照大権現は国家統治の精神的な支柱になったが、これは諸大名から庶民など国内を対象に向けられたのみならず、朝鮮通信使の参詣や琉球国王・オランダ商館長から奉納品があったように、東アジアにおける国際秩序の中心に日光東照宮を位置づけさせるものであった。

三重構造のさらに外側に、宇佐八幡宮や出雲（杵築）・諏訪などの大社や、村々にあった中小の神社などが存在した。これら全国多数の神社は、伊勢神宮のように天皇・朝廷と直接のつながりを持つことはなかったが、伝奏の公家（神社伝奏）を介してつながりを持つ大神社や、伝奏を持たない多数の中小神社・神職が存在した。後者は、公家の吉田家や白川家との結びつきをもって朝廷から位記や口宣を受けた。幕府は、この吉田家の役割を寛文五（一六六五）年の「諸社禰宜神主法度」で全国的に保証した。

ところで、朝廷の持つ国家祭祀の役割は、神事を通してのみに限られない。仏教・修験道・陰陽道による国家安全の祈願にも注目する必要がある。仏教では、朝廷内に真言院が存在した十五世紀までとは異なり、清涼殿において毎年一月八～十四日に後七日御修法が行なわれた。その当時の真言宗で最上位の東寺長者が大阿闍梨を勤めて国家安全などを修した。この他、東大寺・薬師寺・法隆寺などの国家鎮護のために建立された官寺の多くに対し、幕府は寺領を安堵したり、寺院修復を担うなどして、国家の安全祈願を行なう務め（役儀）を果たさせ存続させた。

この他、朝廷の一部を構成すると言える門跡が機能した。

近世の門跡には、天皇の皇子や宮家（四世襲親王家）の子弟が入寺した親王門跡（宮門跡とも呼ばれる）、近衛家など五摂家の子弟が入寺した摂家門跡、東西本願寺など浄土真宗の准門跡が存在した。親王門跡は、中世～近世初頭には、仁和寺・大覚寺などの真言宗の門跡と青蓮院・妙法院・聖護院などの天台宗門跡、それに一乗院・大乗院の法相宗門跡しか存在しなかった。江戸幕府は、自らの設立した日光東照宮や寛永寺を統括する輪王寺門跡（天台宗）を設立したほかに、徳川家の菩提宗である浄土宗の知恩院にも天皇の皇子を迎えて親王門跡とした。

伝統的な枠組みである奉幣使制度を用いて日光東照宮を位置づけたように、伝統的な門跡のなかに幕府の創立した輪王寺門跡を位置づけ、輪王寺門跡を天台座主・一品に叙任して、親王門跡のなかでも最上位の格式を与えさせた。

門跡たちは、仏教諸宗派の本山として機能したほか、朝廷や幕府の祈禱や法会に参加したほか、修験道本山派本山の聖護院門跡や当山派本山の醍醐寺三宝院門跡は、大峯・吉野・熊野・葛城山などで、配下の修験者(山伏)を引き連れて国家安穏・国土安全の祈禱を行なった。

陰陽道では、陰陽頭に任じられた土御門家(家司・雑掌を含め)が「公武長日御祈禱」その他の祈禱を行なったが、とくに天皇・将軍就任時の天曹地府の祭りが重要で、泰山府君・十二冥官を勧請して天下泰平・万民安全を祈願する。これは土御門家邸内の祭場で七日間にわたって行なわれた。この他、上巳の祓いや名越の祓いは、土御門家から使者が江戸城にも遣わされて行なわれた。

以上のような特徴をもった近世国家権力と宗教は、明治維新後、政府によって改変され、神仏分離や廃仏毀釈をともなう神道国教化と近代天皇制国家が形成された。

〔『近世の宗教と社会2　国家権力と宗教』、二〇〇八年、吉川弘文館刊〕

三　日本人の死生観と宗教

現在(二〇〇八年)の日本社会では、一年間に三万人を越える自殺者が存在し、このことはすでに一〇年間続いた。単純に計算すれば、この一〇年間で三〇万人以上の自殺者があったことになる。たとえて言うなら、盛岡や前橋や大津などの県庁所在都市に居住する人間が、すべて姿を消したということになる。いまだかつてこれほどの自殺者の数が続いたことなどなかった。

そこから現代社会の諸矛盾や閉塞感の強さに言及し、課題の解決に向かうことは重要なことである。それとあわせて、この一〇年間の三〇万人の人びとの心性を問うことも切実な課題となる。これらの人びとは、ただひたすら苦しい現実からの逃避のみを望んだのであろうか。その際、死後の世界を想像したりはしなかったのであろうか。死そのものや死後の世界に、恐怖心は抱かなかったのであろうか。

死後の世界を、では自分の場合には、知識としてどのように身に付けていったのであろうか。一九五〇年代、まだ幼少年期に、家で行う節分の豆まきで「鬼は外」と掛声を発する時、鬼とは金棒を持った赤鬼や青鬼を連想しながらであったことを記憶する。絵本を通し、親兄弟からの言説から、地獄は身近な恐怖として教えられていた。現世に悪業をなして地獄に堕ち、釜ゆでや針の山などから逃れられない光景を描く絵を見る一方で、対極の極楽(西方浄土)のイメージは、子供の心には描けなかったことを思い出す。

ただし、絵本を通しての地獄絵にはどこかユーモアが伴っていた。現実的な死の恐怖は、少年期には土葬の墓地に勝るものはなかった。死後の世界の入口にあたり、火の玉(魂)が青白く浮遊していると語られるだけでも恐怖心はつのり、夜間にはけっして土葬墓地には入るまいと考えていた。

その後一九六〇年代に、キリスト教(カトリック)系の中学・高校で学ぶことになると、フランス人神父や修道士との接触が始まり、聖堂に立入る機会が増えた。そこにはイエス・キリストの受難と復活を示す具体的な画像が掲げられていたが、天上(天国)と創造主については具体的には描かれず、観念的な言葉にとどまっていた。また、地獄の姿を描き出す場面を見る機会は、いくつもの教会(聖堂)を訪れても得られなかった。聖書の言葉を学び、善行を積むことで天(国)に宝を貯えることが語られ、教えられた。

十八歳のころ、死後の世界を「黄泉国」として描く「古事記」の内容を知った。もっとも「古事記」そのものからではなく、井上光貞『日本の歴史1　神話から世界へ』(中央公論社、一九六五年刊)の叙述からであった。同書において「黄泉国」は次のように記される。

女神の伊邪那美命(いざなみ)は火の神を生んで命を失ったので、男神の伊邪那岐命(いざなぎ)はなげき悲しみ、黄泉国(死の国)を訪れて現(うつし)

世に帰れとせがみ、黄泉国に足をふみ入れた。見ると女神の肢体は胸にも腹にも陰にも、雷がとりつき、あさましくも醜い姿であった。男神はこれを見て驚いて逃げだし、黄泉の穢国のけがれを去ろうと、清い流れに身をひたして禊祓をした。こうして命が清浄の身となって左の目を洗ったとき生まれたのが皇祖神の天照大御神であった。(抄出)

「古事記」を解釈した歴史家の著書(学知)を通して、私は「黄泉国」のイメージを形成した。死後の世界である黄泉は、腐乱した死体のある穢れの世界で、足をふみ入れた者が清浄の身となるために、清い流れに身をひたして禊祓いが必要となること、などを学んだ。

大学に入学してのち、唯物論、進化論、虚無主義に出会い、生かじり程度ではあったが、それらの考え方に接することで、人間の肉体は死ねば消滅し、火葬で灰になり、土葬で土に帰るだけのことと認識する。霊魂(精神)は消滅するのか、それとも死後の世界に存続するのかとの問いにも、そもそも霊魂の存在を無視し、所詮人間は、生殖により発生した個体がやがて生命を終えて消滅するだけのこととの考え方になり、地獄に堕ちることも、天国で永遠の生命を得ることも考える必要はなくなった。つまりは無宗教ということになろう。

それから四十年が経過し、昨年還暦を迎えた身には、肉体の劣化が急速に進むのを体感し、とりも直さず死を身近に感じるようになると、従来とは異なった死についての考え方に関心も抱き始めている。個人の加齢にともなう死の観念への接近を実感する時、個人の一生において死生観は変容するものであるとの認識に至る。

以上は、現代における「民衆の知」の獲得の一例である。恥ずかしながら一個の人間が「死後の世界」の知識を、誰からどのようにして教えられたり、どのような情報媒体を通して自ら取得したのかを開示したのだが、それは「近世の民衆の〈知〉と宗教」を考察する一助になればと願うがためである。

ところで、戦時下に空襲の経験を持ち、道端に数多くの焼けこげた死体を見た記憶を遺す七十歳前後以上の世代と、自分のように戦後生まれで、葬式のお別れで近親者の死顔しか見たことのない者とのあいだには、人の死の捉え方に違いが存在することを実感した経験を持つ。このことは、時代状況の変化が個人の死生観に影響を与えるであろうことを示唆する。そこから、近世と一口にいっても、時代状況の変化に応じて人びとの死生観や宗教に求める考え方は変化するのではないかと推測される。こうした着想をもって、以下に近世の死生観と宗教について略述したい。

戦国時代から江戸時代初頭にかけて、国内各地の戦闘に動員されたり、参戦しなくとも地域が戦場になることで、百姓やその家族は死と直面することは多く、戦いが止んだ江戸時代初頭から地域の寺院を再興したり、新たに庵を結んだ僧侶を支えるなど、仏教とのつながりを持った。百姓とその家族（民衆）の多くは、自らが野ざらしになるのではなく、菩提寺によって葬儀が執行され、家の墓に納められることを望んだのであった。江戸時代の全国の浄土宗寺院の開創年代が天正元～寛永二十（一五七三～一六四三）年に集中しているというのは、この時期の民衆の志向をよく物語る事例となろう。

幕府もまた仏教寺院と檀家との関係を、キリスト教禁止のために用いて制度化した。この間、山伏（修験者）も行っていた葬儀（祭道）を、幕府は統制し、山伏の葬儀法要の場への介入を禁じた。かくして葬儀＝死者の管理は仏教僧侶に一元化された。

国内外の戦争もおさまり、また大小の新田開発による耕地面積の拡大から、人口の増加傾向にあった寛文五（一六六五）年、幕府は仏教僧侶を対象にした「諸宗寺院法度」とともに神社神職を対象にした「諸社禰宜神主法度」五カ条を発布した。その第一条で「諸社の禰宜・神主などはもっぱら神祇道を学び、神体を崇敬し、神事祭礼を勤めること」を命じた。神社の神職がもっぱら神祇道を学び神体を崇敬し、神事祭礼を勤めることは、至極当然のことのように思えるが、この当時にあっては意味ある第一条であった。それ以前の神仏習合した神社（両部神道や山王一実神道）を改め、京都の吉田家を本所とする唯一神道を幕府が公認するものであった。

神仏分離のほかに、山伏（修験者）、陰陽師、盲僧などの宗教者とのあいだでも、この時期から職分の分化が明確にされていった。各宗教者が本山や本所を中心に組織化されたことで、それまで地域において一宗教者が祈禱も占いも何役もこなしていたのを改め、一つの職分に限る活動になっていった。もっとも東北などの地域によっては後期まで未分化の状態を残した。

その結果、神職は五穀豊穣を祈念し、収穫を感謝する神事祭礼を主に担い、山伏(修験者)は霊山(山岳)で厳しい修行を重ねて霊験を修め、人びとの病気を祓うなどの祈禱を行なった。陰陽師は日取りや運勢を占い、方位を読んで家相図を作成した。盲僧は地神経を読んで地神を祭り、竈祓い(かまど)を行なった。こうしたいくつもの祈禱系宗教者の役割分担は、いずれも現世の利益をもたらすものと期待された。その点、死後の世界の菩提を弔う仏教僧侶とのあいだには、大きな役割の違いが存在した。

さらに平和と安定がもたらされた五代将軍徳川綱吉政権では、生類憐みの令が貞享四(一六八七)年から二二年間にわたって施行され、それ以前の、野犬が捨て子を襲うような殺伐とした光景は姿を消した。こうしてあらゆる殺生が禁じられ、死が遠ざけられたが、その上に服忌令(一六八四年から幕末まで)が施行され、死や血を穢れたものとして排除する公家や神職の考え方が、武士の世界のみならず職人など民衆にも普及していった。近親者に死者があった場合、喪に服する服喪期間と、自分自身の穢れがなくなるまで自宅謹慎している忌引の期間とを細かく規定したのが服忌令であった。「忌中」の札は、この中に死者が居ることを示すのだが、それとは知らずに中に入った場合には、踏合(ふみあい)の穢れといって、行水することで禊斎ができると服忌令では規定された。前述した「黄泉国」に足を踏み入れ、穢れた身体を清い流れに身をひたして禊祓をし、清浄の身となった伊邪那岐命の神話と共通する。

この死を穢れたものとして避ける考え方は、現在も「忌中」札や会葬者用の清めの塩や喪中葉書などに習俗として脈々と受け継がれているように、一七〇〇年前後から社会に広く浸透していったものである、

平和と安定、それに死を排除する考え方がおよそ一世紀続いた後、天明三(一七八三)年の浅間山噴火から引き続く天明の飢饉の大量の餓死者・病死者(東北地方だけで三〇万人にのぼる)の発生に始まる江戸時代後期の社会は、天災や社会的

諸矛盾に加え、ロシア・イギリスなど外国からの圧力も始まった。レザノフ来航後のロシア軍艦による北方での襲撃（文化三＝一八〇六）を受け、富士講の指導者小谷三志は「蝦夷静謐」をくり返し日記に記しているように、幕閣など為政者のみならず民衆も国内外の危機意識を持った。

時代状況は重苦しさを増し、たとえば鶴屋南北「東海道四谷怪談」（一八二五年初演）が歌舞伎上演され、成仏できない幽霊を登場させたように、改めて死そのものや死後の世界を考えさせ、以前とは異なる形での宗教のあり方が民衆に求められるようになる。

現世利益をもっぱらとした修験道の系譜から、富士山参詣はやがて食行身禄の断食行による入定以降、富士講としての展開を見せた。一九世紀以降の盛行の理由の一つには、江戸居住者を中心に白装束で「六根清浄」を唱えて集団で登拝し、山頂でのご来光と胎内くぐりを経る行を通して、自らの身を祓い再生が可能になるとの信仰があった。

富士講と並んで盛行した御嶽講の場合も、木曽御嶽山の登拝を行なうもので、修験道本山派山伏普寛の開いた王滝口から頂上蔵王権現を目指した江戸方面の行者たちは、行をくり返すことで死後には霊魂が御嶽山に帰り、霊神（霊神碑）としてまつられるという信仰が持たれた。死後の世界を一元的に管理した仏教僧侶に代る新たな信仰が姿を現したのである。

また神祇道では、幕府の支持を受け、摂家近衛家の家礼であった吉田家の唯一神道より、なお一層の神仏分離を求める垂加神道が、朝廷内で正親町家を中心に一条家や白川家、その他の朝廷復古派公家や系列の神社によって徐々に勢力を増し、宝暦事件を引き起こしてのちも影響力を増していった。このような対立は見られながらも、いずれもが神祇道の側から排仏思想を次第に高めていき、これまで神社神職も檀那寺によって葬儀が営まれてきたところ、自身葬祭すなわち神葬祭を求めていくようになった。

この神祇道側の神仏分離の動向と対応するように、仏教側、とくに浄土真宗では神祇不拝の動きを示していった。仏教の側も純化を志向し、教化活動を強めて、社会状況に応え果たすべき役割を追求していこうとする姿に見える。

国学の中から、死後の世界を「古事記」以来の「黄泉国」や死穢の世界と解釈するのではなく、平田篤胤は死後には幽冥の世界に行くだけで現世と違いのない世界であることを描いた（「霊能真柱」一八一三年）。この考え方は平田神道として、これ以降各地の神職や豪農のあいだに普及していき、大きな影響を与えていった。

もはや死後の世界は、かつて現世利益の祈禱に限られた神祇道からは、黄泉国ではない幽冥への新しい道筋が付けられ、また修験道系からは、民衆が自ら霊山での行（ぎょう）を通して、再生をはかったり霊神となる道筋が示され、信仰を集めていったのである。

すなわち、江戸時代前半期に形成された仏教僧侶との寺檀関係に一元化された死後の世界の管理は、社会矛盾の激化を一つの原因として改められ、新たに多様な信仰の形が江戸時代後期の民衆には求められ出したのであった。

〔『近世の宗教と社会3　民衆の〈知〉と宗教』、二〇〇八年、吉川弘文館刊〕

四　江戸幕府は神道をどう管理したか？

今、時として、私たちは神社の宮司や神主を総称して「神官」と呼んでしまうことがある。本当は、神職と言うべきだが、ついうっかり「神官」と口をすべらせてしまう。朝日新聞や『週刊新潮』の記事などにも、「神官」とたまにだが誤って用いられることがあるのだから、一般の人がうっかり使うのもいたしかたないことかもしれない。

しかし一九九二年に行なわれた長野県知事選で、立候補者のひとりの職業欄が「神官」と発表されていたのは、それが公職選挙法にもとづくものであった以上、ついうっかり見逃したということでは済まされないだろう。

「神官」の官は、国や公機関の職にある人について用いる。裁判官・警察官・自衛官のたぐいである。国立大学の先生は教官（文部教官）と呼ぶが、私立大学の先生は教官と言わずに教員と呼ぶのは、その例である。賢明な読者はもうお気づきであろう。信教の自由や政教の分離が憲法によって定められている現在の日本においては――もう少し厳密にいうと一九四五年(昭和二十)十二月に連合国軍総司令部によって国家と神道の分離、すなわち国家神道の解体が指令されてからは――国家の役人ではなくなった神主たちに「神官」の呼称を用いるのは誤りとなったのである。

私立大学の先生を、うっかり教官と呼んでしまうこともあるように、一般の人が今なお「神官」と誤って呼ぶことは大目に見られても、公職選挙法にもとづく長野県知事選での「神官」容認は、公的機関(選挙管理委員会)が憲法条文と矛盾したことを行なったことになり、これをうっかり看過したで済ますことは難しいと思う。

逆にいえば、気をつけるべき公的な立場の人も意識しないほど「神官」という呼び方が社会の中に浸透しているということである。だからこそ「神官」という言葉を意識し、こだわりを持たなければならぬというものだ。

一九四五年の連合国軍総司令部の分離指令まで存在した、政教一致の国家神道は、ではいつ頃から存在したのか。簡略にいえば、明治維新後、神仏分離令や神祇官・神祇省の設置やさらに教部省の設置(一八七三)を経て、大日本帝国憲法(一八八九)で完成していったものである。当然のことながら、江戸時代には国家神道は存在しなかった。したがって、江戸時代の二百六十余年間を通して、神社の神主などを神職・社家と総称するが、「神官」と呼ぶことは、ごく一部の例外を除いてはなかった。にもかかわらず、江戸時代の神職を、現行の日本史教科書の多数(管見だけでも五冊)は「神官」と書いてはばからない。教科書執筆者が「神官」の官の持つ意味をなんら意識していないがためである。教科書執筆者とは、つまり日本史研究者にほかならない。その人たちでさえ、「神官」と誤用させるほどに、明治維新(一八六八)から一九四五年の敗戦までの、国家神道は濃厚なスモッグとなって、それ以前の江戸時代の神社制度までをも、遮蔽して見えにくいものにしている。

同じように建築史の研究者が、平然として「江戸時代の社寺建築」と記すのも、同様の国家神道のスモッグのためである。江戸幕府の役職は寺社奉行といい、決して社寺奉行などとは呼ばれなかった。明治維新後、寺社が逆転して神社が上に立ち、「社寺取調掛」などと呼ばれ出した、それ以来の語法であって、これを江戸時代にも適用して「社寺」と呼ぶのは、建築史の皆さん、もう改めていただきたいものである。

数珠を持ち、お経を読む神主　江戸時代の人びとにとっても権力にとっても、主たる宗教は仏教であった。だから、くどいようだが寺社奉行なのである。死者を葬るにあたって、江戸時代の人びとの大多数は寺院（檀那寺）の僧侶に引導を渡してもらった。将軍・大名や天皇・公家たちも、農民・町人たちも同様であった。歴代天皇の葬儀は京都・泉涌寺においてとり行なわれた。神道式になったのは明治・大正・昭和三代の天皇にすぎない。そして遺族は、檀那寺に依って死者や先祖の菩提を弔った。

江戸時代の幕藩権力は、キリスト教や日蓮宗不受不施派などの信仰を禁止するために、誰もが必ず仏教寺院の檀家になることを制度化し、寺院に人びとの宗旨を証明する役割を果たさせた。

以上のように江戸時代の主たる宗教は仏教であったが、しかしそれ以外の神道（神祇道）・修験道・陰陽道などを人びとが信仰するのも、幕府は容認していた。

こうした信仰は、例えば家の普請に際しては、大黒柱を中心に艮（うしとら）（丑寅＝北東）の方角が鬼門であることを指し示し、また、水屋、雪隠（せっちん）（便所）はこの方角と指示する家相図を人びとは陰陽師に鑑定してもらう。陰陽師はまた、生まれた子どもの姓名判断や冠婚葬祭の日取りを占うなどした。医者のいない地域であればなおさら、病気や身体の悩み事があれば、修験者の祈禱や薬草・丸薬に依存した。そして、農業の種々の営みに際しては、人びとは地域の神社の神職に依存して、五穀豊穣の祈念や収穫祭（秋祭り）を執行してもらった。

ひとつの地域に、このように僧侶・神職・修験者・陰陽師などが存在していたり、あるいは巡回してくる盲僧に竈祓（かまど）いを、猿回しに厩（うまや）の祓いをしてもらうこともあり、人びとは時と場合に応じて宗教者を使い分けることができた。しかし、それは江戸時代の中期を過ぎての姿であった。

一七世紀の前半期には、全国の人口は今より一億人も少ない約二千万人くらいであった。宗教者の数も乏しかった。それゆえ、人びとはひとりの宗教者に、あれもこれも、例えば神社の神主に、僧侶や修験者の行なう種々の祈禱を願うことがあり、神主はこれに応える必要があった。駿河国駿東群御厨地域の神主四人は、同地域の山伏（醍醐寺三宝院を本山とする当山方修験者）から元禄十四（一七〇一）年次のように訴えられた。神主たちが、烏帽子・狩衣を着した上に、僧侶のごとく輪袈裟をかけ、数珠を持ち、錫杖を携えて経・陀羅尼を読むなど、僧侶の様相にて京都吉田家の免しを受けて地祭・遷宮などを行なっているが、これは神職の者に不相応なる行為で、修験者の家業の妨げになると訴えられたのだ。元禄十四年の段階では、神主たちの行為は許されないものと寺社奉行によって罰せられた。しかし、かつてはこのような神職の行為（経を読んでもらうなど）に、地域の人びとはさしたる抵抗もなかったのであろう。

中世後期の曹洞宗僧侶が五穀豊穣の祈禱を行なったり、方位を占ったり、修験者が種々の祓いや祈禱を行なうことは、地域の人びとの期待と需要に応えるためには当然のことであり、そうでなければ低い生産力の時代にあって、宗教者が定着し再生産することはできなかったであろう。このような関係は、近世初頭においても、決して少ない事例ではなかったであろう。

明治期に先立つ「プレ神仏分離」　寛文五（一六六五）年、江戸幕府が「諸社禰宜神主法度」を全国に触れたのは、右に述べたように僧侶・修験者・神職などの職分がまだ明確に分化していたとはいえない状況下のことであった。「諸社禰宜神主法度」は五カ条にわたるが、その第一条で、諸社の禰宜・神主などはもっぱら神祇道を学び、神体を崇敬し、神事祭礼を勤めることを命じた。神社の神主たちに、もっぱら神祇道を学べとする第一条の内容は、当たり前すぎるほど当然のことで、このように命じる必要があるのか疑問に感じるところである。しかし、この当時はそのことは必ずしも当然自明のことではなかった。神主が数珠を持ち、経を読むこともあったように、宗教者間の分化が不充分な状況を前提にしてこの第一条を読めば、幕府の命じた意味が明確になってこよう。

すなわち幕府は、神社の神職たる者は、もっぱら神祇道を学び、神体を崇敬し、神事祭礼を勤めることを命じ、仏教・修験者などその他の職分にわたる宗教行為を禁じたのである。これを明治維新後の神仏分離に先立つ「プレ神仏分離」と評価すると、第一条の意味は理解しやすくなろう。

しかし、寛文五年にこの法度が発布されたからといって、ただちに神職の職分が確立したわけではなく、先に見た元禄十四年の山伏のような訴えが各地でなされ、徐々に神職の職分は確立していったのである。すなわち、僧侶・修験者・陰陽師・盲僧などのそれぞれの職分が確立されていくのにともなって、神職の職分も明確化するという宗教者相互の相対的な関係のなかで職分分化も徐々に進んでいったのである。そしてまた、各宗教者の職分は、各宗教組織の確立と照応して確立されていったことも指摘しておこう。

窮乏公家の収入源？　「諸社禰宜神主法度」の第二条以下は、次のとおりである。第二条＝社家が位階を受ける場合、朝廷に執奏する公家（これを神社伝奏(てんそう)と呼ぶ）が前々よりある場合は、これまでどおりその伝奏が行なう。第三条＝位階のない無位の社人は白張(はくちょう)（白布の狩衣）を着すように、白張以外の装束を着けるときは吉田家の許状を受けること。第四条＝神領（神社領）はいっさい売買しても質に入れてもいけない。第五条＝神社は小破のときに修理を加えて維持に努め、掃除を怠らないように。以上が全条で、幕府はこの法度をさらに天明(てんめい)二（一七八二）年に再び触れることになるが、そのほかに神社や神職に関する法度はなく、改訂もされないまま明治維新まで続いた。つまりこの法度は、江戸時代の神社制度を規定した根本法であったといえる。

第四条・第五条の解釈の必要はなかろうが、第二条・第三条の内容は、次に述べる実態を前提にしている。例えば石清水八幡宮は公家の広橋家が伝奏を、松尾・稲荷・大原野の各社は白川家が伝奏を行なうというように、それまで神社に伝奏のある場合はそのまま踏襲するが、それまで伝奏のなかった神社は、京都吉田家の伝奏を受けるという内容であった。この解釈では出雲大社・鹿島・香取・諏訪・熱田・日前宮(ひのくまぐう)（紀州）・熊野・宇佐・阿蘇宮の神主・大宮司らの位階は、吉田家の執奏を受けねばならぬことになる。列記した神社は、地方の大社で現在に至るまでよく知られた存在である。このうち紀伊国の日前宮は現在でこそさほど知られてはいないが、この神社の宮司が、紀伊国の国造(こくぞう)紀氏であるところに、その由緒と格式の古さを見出せよう。

出雲大社の千家・北島両国造家は、霊元天皇に働きかけ、他家（吉田家）の支配を受けないことの保証（永宣旨）を受けた。

その他の大社も吉田家支配に反発した。そこで吉田家は、伊勢神宮・石清水八幡宮・賀茂下上社など二十二社と右に列記した大社の神主の位階執奏は行なわない代わりに、その他の天下の諸社家の執奏は吉田家に願いたいと幕府に申出た。幕府は延宝二(一六七四)年八月、吉田家の要望に応えず、それまで伝奏をもたない社人の場合でも、その執奏は必ずしも吉田家に限定されないことを命じた。換言すれば、全国の神社の神職は、吉田家にであろうと他の公家にであろうと、執奏を願うことができるとの判断を示したのであった。そのため、吉田家以外の白川家ほかの公家に執奏を願う神社はその後増える傾向にあった。元禄十五(一七〇二)年には吉田家以外の神社伝奏の公家は九家あり、その神社数は二〇社であったが、九二年後の寛政六(一七九四)年には伝奏公家は二三家に、その神社数は四五社に増加した。伝奏公家にとって、神社神職の官位執奏をする際、礼録金を得ることは、無視できぬ収入源であった。また、神社神職の側も特別に伝奏公家とのつながりを持つことは、自らの格式を高めるのに有効であると考えたのであろう。

公家の主たる収入源は家領からの年貢米収入であった。摂家の場合、近衛家は一七九七石余、九条家は二〇四三石余、二条家は一七〇八石余、一条家は一〇一九石余、鷹司家は一〇〇〇石が四代将軍徳川家綱からあてがわれた。公家の最高の家格は摂家であり、その下に清華家・大臣家・羽林家・名家と続いた。羽林・名家が多数を占めるが、これらのなかには近世になってから起こされた新家の公家が約半数(一七五〇年で六五家)あった。新家の公家は家領が少なく、とくに二七家に及ぶ家々はわずか三〇石三人扶持しか与えられなかった。

五摂家のなかで最高の石高を持つ九条家の場合、宝暦六(一七五六)年に幕府に次の願書を呈出している。九条家の財政は、一七世紀中頃から、一一人の町人が勝手向きを世話してきたが、現在窮乏に陥っており、これら町人の家屋敷を九条家のために家質に入れて世話している。しかしこれも手づまりになり、ついに九条家伝来の什器なども質物に入り、やがて巷間に流れることになりそうである。ついては、知行地を差出す代わりに金二万両の拝借を願いたいと、幕府に願い出たのだ。九条家は、当主が相ついで早逝しており、家勢がとくに衰微したケースだが、その前提には宝暦期(一七五一～六四)における封建領主共通の、米価低落・諸物価高騰に悩まされていたのであった。まして、三〇石三人扶持の公家などはなおさら窮乏を深める状態にあった。

吉田家も白川家も例外ではなかった。そこで知行地からの年貢米以外の収入の道を確保することに目が向けられた。宝暦七(一七五七)年、白川家が弟子や家来を畿内の国々の神社に派遣し、吟味を行なわせて白川家に随属するようにとり図っているとの訴えが、吉田家から武家伝奏になされた。訴えの内容は事実であり、以後、白川家は弟子たちに神社回りをさせないことを確約した。

しかし、その後、白川家は、前述した「諸社禰宜神主法度」第二条の幕府判断が、全国の神社神職は吉田家であろうと他の公家であろうと執奏を願うことができるというものだったことに根拠を求め、以後、積極的に白川家所管の神社を増やしていった。白川家の『諸国神社附属帳』によれば、宝暦期に六四社だった同家所管神社は文化(ぶんか)期(一八〇四～一八)には二九三社に増加していった。

吉田家と白川家の確執　この間、吉田家と白川家とは、全国中小神社の神職を、競って配下におさめようと図り、ときに確執・争論となった。吉田家は、この状況を有利に展開させようと、幕府にしばしば要請を行ない、寛文五(一六六五)年の「諸社禰宜神主法度」を再び触れてもらうよう願った。幕府は、再触れが吉田家一家に有利に働くことを恐れながらも、天明二(一七八二)年に再触れを全国に出した。幕府は、この機会に、全国神社の神職(専業神主)のほかに、社守り・鍵取りなどと呼ばれた百姓身分でありながら、神主の常住しない神社の管理にあたる者たちの統制を行なう意図を持っていたからである。

全国中小神社では、村落の一定の生産力の上昇を前提に、自己の村落にも専業神主を置こうとする動きが見られるようになったり、百姓身分でありながら、村内格式を高める意図から、鍵取りという半ば神職身分として振舞うような動きが出はじめており、これらの身分の混乱を整える必要を幕府は感じたのであろう。

以上、公家である吉田家・白川家が収入を求めるために本所として、積極的に全国中小神社の編成・組織化に乗り出したこと、そして、社会の側も、社守り・鍵取りなどが吉田家や白川家の許状を受け、地域内での格式上昇を図ろうとしたこと、このふたつのモチーフから、江戸時代後期、幕末までの約百年間に京都の公家たちによる神職の組織化が進んだ。そしてまたこの組織化の進行は、職分の分化につながることになる。

慶応四(一八六八)年三月、明治維新政府は太政官布告を発し、諸家執奏配下の儀を廃止した。すなわち全国の諸神社の神主・禰宜などは、今後すべて神祇官に附属するものとし、官位をはじめ諸事万端、神祇官に願い出るように命じた。江戸時代の「諸社禰宜神主法度」の第二・三条の否定である。前述したように、吉田・白川のみならず広橋・烏丸(からすまる)・柳原家など多くの公家たちが神社神職の執奏をし配下におさめるという、公家たちによる多元的な神職支配を改め、神祇官に一元支配させるというのが明治政府の方針であった。この後さらに、国家による神社・神職管理は進められ、やがて、全国の神社・神職は国家機関となる。神職改め神官呼称の開始である。

また一八六八(慶応四・明治元)年三月に神社の別当や社僧であった僧侶の還俗を命じ、神体を仏像としている場合、仏像を取り払うこと、五月には石清水八幡宮の大菩薩号を廃止することなどを命じて、神仏分離を進めていき、廃仏毀釈の誤ったエネルギー噴出の一因となった。

明治維新政府の進めた、このふたつの政策は、逆に、それ以前の江戸時代の神社制度をよく照らし出している。最後にひと言ふれるならば、明治維新政府の神仏分離・神道国教化政策は、突然唐突に出されたというより、それ以前の江戸時代の神社制度の下で素地が形成されつつあったということを見逃すべきではなかろう。

〔『神道の謎を解く本』、一九九九年、洋泉社刊〕

五　近世の富士山

――御師と参詣者――

はじめに

富士山は、これまで時代を超えて数多の人びとの心の中に、景観美はもちろん畏敬の念など様々な感情を抱かせ続けてきた。近世期には、遠くから霊峰富士を眺めるだけでなく、頂上を目指して登拝する参詣者が多数存在した。中世以来の修験道の影響から、自ら霊山に入り厳しい修行を積んで霊力を修めようとする者もいたであろう。やがて近世前半期の生産力の上昇が、人口増加を生み、さらなる社会発展をもたらす中で、人びとは余裕を持ち物見遊山の旅に出る者が増し、富士山に参詣する者が増加していった。一七〇七年の宝永噴火の大災害がありながら、参詣者の数は減少することはなかった。

参詣者は導者(道者・堂者と呼ぶ地域もあるが、富士山では導者と記されることが多い)と呼ばれ、甲斐国(山梨県)では川口村(富士河口湖町)・吉田村(富士吉田市)の浅間神社に付属する御師と呼ばれる広い意味で神職の家に宿泊し、木花開耶姫(このはなさくやひめ)を祀る祭壇で潔斎を受け、道先の案内をしてもらい山頂を目指した。駿河国(静岡県)では須走村(小山町)や須山村(裾野市)に浅間神社と御師たちが存在し、導者と檀那関係を結んでいた。駿河国の一宮である富士浅間神社(富士宮市)はほかの浅間神社の本宮としての権威を持ち、本宮を参詣した者たちは、水垢離を行い、主に村山の修験者を通して頂上を目指した。

本稿では、近世期の駿河国・甲斐国にある富士山参詣道の入り口となった集落(川口・吉田・須走)に居住した御師たちや村山修験三坊と参詣者について具体像を提示し、近世の富士山の歴史的な姿を描くことにする。

一　戦国から江戸時代へ

元亀二(一五七一)年冬、武田氏と北条氏とが和睦を結んだことで、富士の導者たちは、ひさびさに戦乱による身の危険を感ずることなく山頂を目指せるようになった。甲斐国郡内領主小山田信茂は翌年三月、参詣の導者が「定めて数多有るべく候」であるから「自今以後、郡中諸役所半関申し付くべく候」と命じた(「小山田信茂書状」北口本宮富士浅間神社所蔵)[1]。郡内の関所での関銭を半分免除し、導者の招来を奨励する意図が見られる。戦乱以前の永禄二(一五五九)年には小山田信有によって、参詣の導者が賽銭として悪銭や新銭を用いるのを停止するよう、御師から大小の檀那に伝えるよう命じている。これは武田晴信が悪銭・新銭の通用を禁止したのに呼応したものだが、富士の導者の賽銭をも対象としたことが判る。以上は甲州郡内地方の小山田氏が支配した時期に、吉田村の御師に宛てたものであった。

駿河国須走地域では、「須走道者関之事」の朱印状が永禄七(一五六四)年領主葛山氏元から関を管理する芹沢伊賀守に宛てて出された。導者から関銭を徴収して、葛山氏に納入するよう芹沢氏に命じたものである(御殿場市　芹沢豊氏所蔵)[2]。また天正五(一五七七)年、須走浅間神社神主に対して、武田家家臣跡部大炊助から奉書が出され、天正三・四年の如く「富士山内院の参銭」を六月中に一日分を所務して「須走浅間の宮を修造致すべきよし」が下知された(「武田家朱印状」小山町須走富士浅間神社所蔵)[3]。

めまぐるしく領主の入れ代わった戦国期の富士山周辺の甲斐・駿河国は、やがて天正十八(一五九〇)年豊臣秀吉による小田原攻めで、北条氏が滅ぼされたことによって近世社会の安定を迎えた。同年九月七日、豊臣秀吉は富士山村山の池西坊に対し「富士山浅間領事　百四拾壱石弐斗」を所務し興法寺(村山浅間神社)に納め、参銭(賽銭)は山頂に参り始まる六月分以降を池西坊に納め、その他の諸役は御免とすることを朱印状で認めた(『静岡県史料』第二輯)。さらに徳川家康は、将軍職を秀忠に譲ったあと江戸から駿府に入り、富士浅間神社本宮(富士宮市)の造営を命じ、慶長十一(一六〇六)年に遷宮式が挙行された。社殿に向う参道には浜の真砂が敷き詰められ、神楽が進上される中、駿河国各地の七五社から神社神職や社僧八六人が参列した。富士浅間神社本宮が駿河地域の権門としての地位を象徴する盛大な遷宮式となった。

豊臣政権・徳川政権による直接の支配の時期を経て、戦国大名による関銭徴収は廃止された。のちの五街道につながる交通整備も手掛けられ、富士参詣者の通行は容易になった。このことと併せて、参詣者と御師たちにとって活動が容易になった要因として、修験者(山伏)の性格が変質していったことが挙げられる。

甲斐国郡内領主鳥居土佐守成次が慶長十二(一六〇七)年に郡中熊野参詣宿に宛てた判物は、「当郡より熊野参詣の者共、前代の如く先達へ相届け参詣致すべく候、京都より御理り候間、常楽坊ニ申付け候もの也。[4]」とある。熊野(紀州)参詣はこれまで通り先達(参詣の先導をする修験者)を介して行うべきこと、京都聖護院門跡からの断りにより、郡内の先達は岩殿山常楽坊とすることが参詣宿(衆)に命じられた。一般に中世段階の修験者は、檀那である在地領主を一族・一家単位で、信仰の対象となる愛宕山や富士山や熊野三山などに先導する先達によって利益を得ていた。近世に入ると、檀那であった在地領主とのつながりが兵農分離によって切れ、修験者は地域の村々を霞(檀那場)として村人に対する祈禱活動で生計を立てるように変化していった。つまり、先達として熊野に行くこともなく、各地から富士山に先達することも少なくなっていったのである。前述の鳥居成次の判物は、中世から戦国期までの名残の権限を聖護院が求めたもので、これ以後修験者が参詣者を熊野に先達することはほとんど見られなくなる。これと照応して、かつて「蟻の熊野詣」とまでいわれ盛況した熊野参詣者は、江戸時代には乏しくなり、熊野三山は衰退する。

富士山に修験者が参詣者を先達して導く姿は、村山修験の活動に限られるようになり、その他の川口・吉田・須走・須山では、御師たちが直接参詣者である導者を檀那とする関係が展開していく。

二　江戸時代前半期の富士参詣

甲斐国郡内地域の川口村には「河口十二坊」と呼ばれた一二家の御師が戦国期には存在した。その中心にいたのが猿屋(申谷)と呼ばれた三浦家であった。天正二(一五七四)年郡内領主小山田信茂から猿屋石見守に宛てられた判物が子孫の三浦家に現存する。そこには「信茂に対し別して懇意たるにより、その方諸役等免許せしめ候」とある。この当時には御師として認知されていた三浦家は、江戸時代に入り格別の由緒を誇ることになる。徳川将軍家の御祈願所であり、もともとは武田家の旧臣で、井伊家家臣三浦氏と親類であるというもので、のちに見られる百姓身分との兼帯という御師とは異なる格式が由緒として強調された⑤。

川口御師の檀那は、三浦家の場合戦国期に東美濃地域で小領主・土豪たちの檀那を持ち、江戸時代の寛文八(一六六八)年の檀那帳を分析した小宮山敏和氏⑥によれば、御師三浦家の檀那は、甲州道中から中山道沿いの各村々を信濃・美濃・尾張国から名古屋に至る一二七カ所にのぼる。御師は主に百姓たちに札を配るほかに、櫛や扇子、帯なども進物とした。江戸や甲府などで購入して携えていったと考えられている。木曽路や中山道から富士参詣を目指すには、甲州国中地方から御坂峠を越えて川口に到達するのが、もっとも便利であったことから、川口御師たちの檀那にはその方面が特徴となった。

同じく甲斐国郡内吉田村では、吉田浅間神社(北口本宮)の御師たちの活動は前述のように戦国期には見られたが、その檀那は、甲州街道の大月から谷村(都留市)を通り吉田に到達するルートを用いたので、江戸や武蔵国の村々や下総・上総・安房・常陸・下野・上野国にも及んだ。後期になると富士講の隆盛でもっとも参詣の導者が増加していった。

駿河国に目を移すと須走村では、須走浅間神社神主小野大和守(元禄五年に任官)が神社の入り口に屋敷を構え、戦国期以来民部と名乗り、慶長十一(一六〇六)年の富士浅間神社本宮遷宮式には「須走村　民部」の名前が見出される。慶安元(一六四八)年の小田原藩の検地では、屋敷地(一六間×一八間)の年貢免除の特権が与えられ、門屋と呼ばれる従属者を三軒抱えていた。富士山頂に至る参詣道において特権を持ち、導者一人につき一六文の役銭徴収の権利や茶屋も経営していた。単に神社神主というよりは、戦国期から続く村内の特権的な有力者であった。貞享三(一六八六)年の「御国替被遊候諸事書上下帳⑦」という史料に、

一、浅間御師檀方の儀、相州・武州・下総・上総・房州にてござ候、毎年旦那まわり仕り申し候

一、常州・奥州・下野・上野この筋より富士参詣つかまつり候えば、はたごにて宿借り申し候

と記されているように、須走浅間神社の御師と継続的に固定した関係を持つ導者となる檀那は相模・武蔵・下総・上総・安房の国々に及んでおり、その他に常陸・奥州・下野・上野の国々からも参詣の導者があると記されており、これらは御師ではない旅籠に宿泊するとされ、御師と旅籠（百姓宿）の区別がなされている。いずれも東国から、甲州街道を用いずに大山街道から矢倉沢・御殿場を経由して須走に至る道を選んだものである。

富士山の西側の地方から東海道を経由して参詣する導者の多くは富士浅間神社本宮で水垢離をしてから村山修験三坊（池西坊・辻之坊・大鏡坊）に向かう。菊池邦彦氏[8]によれば、大鏡坊に残された「冨士山檀記」という天文元（一五三二）年～寛文十（一六七〇）年に書かれた檀那帳の分析から、駿河国九六カ所、遠江国五〇カ所、三河国二五八カ所の在所から導者が訪れている。このうち駿河国の駿東郡は参詣者が少ないが、これは須山や須走から回ったものと想定される。また、数は少ないが甲斐国の河内領南部の村からは、川口や吉田に回るより富士川を下っての参詣ルートが採られた。いずれも最短の道を選ぶことが判る。

ところで富士浅間神社本宮と村山修験三坊にとって、元禄年間に起こった駿東郡の修験者（当山派）と神社神職（両部神道）四人との遷宮式をめぐる権利競合の争論に対する、幕府寺社奉行裁許の影響は大きかった[9]。修験者側の訴えは、神職たちが前々より輪袈裟を掛けて数珠・錫杖を持ち経・陀羅尼を読むほか、祈禱の札守に梵字を据えてきており、これらの行為は仏教僧侶の行い方ではないか、というものであった。これに対して神職側は、これらの行為は両部神道によるもので、富士浅間神社本宮の別当宝幢院（真言宗）が法元として免状を与えたものであると正当性を訴えた。寺社奉行は宝幢院住職を呼び寄せて尋問をし吟味した結果、四神職を敗訴とし、一〇〇日間の閉門蟄居を命じた。敗訴した四神職は、富士浅間神社本宮の別当宝幢院が両部神道ともども、もはや後ろ盾になる強い権威ではなくなったことを認識した。敗訴から六年後、神職たちは京都吉田家より神道裁許状や受領名を受け、以後も歴代の神職が吉田家の配下となる。

富士浅間神社本宮が富士山周辺地域の浅間神社神職に対して発揮してきた権威は、前述した慶長十一（一六〇六）年の

遷宮式に八六人の神職・社僧が参列したようなものは衰退した。幕府の「諸社禰宜神主法度」(寛文五・一六六五年)を後ろ盾にした、唯一神道の吉田家が全国的な権威として富士山の周辺に及びだしたのである。同様に修験道の世界では、聖護院門跡を本山とする修験道本山派の影響が及びだし、院家勝仙院(のちに住心院)は駿河国を霞とすることから、末端山伏の編入に乗り出した。(10) 宝永三(一七〇六)年勝仙院は使いとして、甲斐国郡内の支配頭岩殿山大坊(前述の常楽坊の末裔)を遣わし、まず富士山村山社領は勝仙院の霞から除かれ、池西坊・大鏡坊・辻之坊の三坊が先達職を持つこと、村山社領の外に居住する修験者が居り、これは勝仙院の霞下であるから勝仙院にひきわたすこと、修験者の引き取りには大坊があたることが命じられた。その結果、富士郡大渕村清宝院・滝本院・正宝院、今宮村吉祥院、今泉村滝宝院・観寿院、森島村常宝院・中里村多門坊の八人の修験者が勝仙院の配下に入った。このことは、中世以来の村山三坊の権限が限定されたことの他に、今泉村にあった富士六所浅間宮の別当東泉院(真言宗)が中世から勢力を持っていたところに、その地域に修験道本山派(天台宗)の聖護院門跡と院家勝仙院の影響が浸透したことを意味する。

三　富士山の宝永噴火

宝永四(一七〇七)年十一月二十三日、富士山は六〜八合目にあたる中腹から大噴火を起した。朝八時頃黒煙が立ち上ったのちに爆発音が起こった。午前一〇時頃から蹴鞠ほどの大きさの噴石が飛び、山麓に落ちると火災が発生した。須走村では、午後四時頃、須走浅間神社神主小野大和の家に燃えた噴石が落下し炎焼したほか三七戸が焼失した。重い噴石は近距離に、重さに比例して軽石や砂は駿河・相模国に、灰は遠く江戸や上総・下総・安房国にも及んだ。駿河国で降り積もった砂は深く、須走村では二メートルを超えたため、家屋三六戸は押しつぶされた。火災と併せ、須走村は壊滅状態になった。降砂や降灰は一〜一・五メートル積もると植物を枯らすというが、広範囲に及んだ降砂こそが宝永噴火による最大の被害であった。(11)

駿河国の被害の大きかった小田原藩領の村々は、翌年閏正月から幕領となり伊奈半左衛門の支配下に置かれ復旧が目指された。幕府はまた、閏正月九日から、酒匂川などの河川が砂に埋もれたことから、川浚普請を五大名に手伝い普請で行わせた。酒匂川の手伝い普請は、岡山藩池田家三五万石、小倉藩小笠原家一五万石、越前大野藩土井家五万石、肥後高瀬藩細川采女正家三万石、松平造酒正家二万石の以上五藩に命じられた。伊奈半左衛門が自ら見分し、町人に仕事を請け負わせ、必要経費を見積もらせて、五大名に負担をさせて、実際の川浚い工事を進めた。

幕府はまた、富士山噴火という国家的な大災害の復旧のために、諸国高役金を全国に命じた。宝永五年閏正月付で

武州・相州・駿州三カ国の内砂積り候村々、御救方之儀ニ付、今度諸国高役金、御領私領共ニ高百石ニ付金弐両宛之積り、在々より取立上納有るべく候。且又領地遠近これ有る故、在々より取立候迄ハ之を延ばさすべく候間、壱万石以上之分は領主より取替り候て、当三月を限り、江戸御金蔵へ上納有るべく候。壱万石以下ハ六月を限り相納むべく候。（中略）五拾石より内之端高ハ役人用捨有るべく候、寺社領はこれを相除き候、以上。

という全国触れ（「御触書寛保集成」）を出したのである。被災地の復興のために、全国から石高一〇〇石につき二両ずつの割合で集めるように命じたもので、寺社領は除かれた。この当時、次の落首が詠まれた。「不二近き　私領・御領へ砂降りて　二両（二領）へ出ス　国々の金」噴火の被災地である小田原藩領と幕府領の復旧のために国々から二両の金を出す、というものであった。

領主が誰であろうとも、一国単位で徴収する「諸国高役金」＝国役金は、金四八万八七七〇両余、銀一貫八七〇匁余が上納された。銀六〇匁＝一両で換算すると金にして四八万八八〇〇両余となる。逆算するとおよそ二四五〇万石から上納されたことになり、被災地や寺社領の他五〇石未満の領地が除外されていたのだから、この時期の全国、遠く薩摩に至る津々浦々に及んだことになる。富士山の宝永噴火が大災害であったことから、復興のための協力が全国から寄せられたと見られるが、この当時の幕府権力（徳川綱吉政権）が強力であったことも見逃せない。

復旧作業に、全国から集められた国役金が用いられた。全戸壊滅した駿河国須走村にお救い金として一八一一両が渡された。焼失家屋に一坪一両、潰れ家に一坪金二分の割合で支給した。避難していた村人は村に戻り、お救い金で家作

を行い、富士参詣者の導者宿を続けることが可能となった。

幕府の集めた国役金四九万両のうち一八一一両(幕府側は一八五〇両余と記す)が須走村に渡ったほか、金六二二五両余が伊奈半左衛門に渡され、武蔵・相模・駿河国の砂積もり村々へお救いとして用いられた。また、川浚いや砂除けの費用として金五万四四八〇両余が渡された。これらを合わせると六万三〇〇〇両が被災地復旧のために支出されたが、残り四〇数万両は勘定奉行荻原重秀のもとでどのように扱われたのか不明である。

ところで、富士山参詣者は噴火から半年後の宝永五(一七〇八)年六月・七月に多数集まり、頂上噴火口(内院)に導者によって投げ入れられ、頂上の権限を有した富士浅間神社本宮と須走村に拾い上げられた散銭の合計は一二六貫五〇〇文で、これは前年の噴火前の一二〇貫五〇〇文を上回っていた。さらにその翌年は、銭二七六貫七六八文と二倍以上の散銭が回収され、本宮と須走村に分配された。この時期の人びとの物見高さと怖いもの見たさの心情をうかがわせる。宝永噴火の恐怖に勝る導者の参詣は、御師のいる村々の経営を安定させるものであった。

四　江戸時代後半期の富士参詣

駿河国須走村では、須走浅間神社神主民部(後に小野大和守)に付随する形で戦国期から御師が存在したであろうが、明確には元禄十六(一七〇三)年に甚太夫・好太夫・理兵衛・権右衛門の四人が御師の肩書で訴訟文書に現れる。その後、参詣者の増加に伴い、御師・百姓宿を生業とする者が増え、宝永二(一七〇五)年に御師一五名と百姓二名が連名で小田原藩に誓約書を書き上げ、参詣者を獲得する競争をしないとしている。御師は檀那を持ち、主に檀那関係のない参詣者の宿泊を百姓が行っていたものの、客引きの混乱が生じたものである。そこで御師たちは、寛延二(一七四九)年一七名が連印して御師仲間を作り、小田原藩に御師としての活動規範を誓約した。御師の人数は一七家のまま慶応四(一八六八)年まで御師株として固定され、小田原藩の保証と仲間規約が継続された。

須走村の御師たちは、小田原藩の保証だけでなく京都の公家である本所吉田家の許状を受けることで、百姓とは異なる神職としての地位を確固たるものとした。神事奉仕にあたって袖をかかげるのに木綿（ゆう）（楮皮を原料にした糸状）の襷を着用したが、その免許を吉田家に求めた。享保三（一七一八）年外川国重（平太夫）に宛てて「四組木綿手繦（たすき）」を掛け用いることの許状が吉田家から与えられたのが早い例で、以後ほかの御師たちにも与えられた。

この許状より格式のある、神社神主に与えられる「神道裁許状」を、御師久太夫は寛政六（一七九四）年に吉田家から初めて受けた。吉田家は対象を御師に止まらず鍵取と呼ばれた、専業神主のいない村社の管理をする百姓に、許状を発給するようになる。この後も須走村では白川家との関わりは一切見られない。[12]

このように、吉田家は役人を駿河国に派遣して御師や鍵取に許状を発給していったが、前述の富士郡東泉院（真言宗）領に居住して富士六所浅間宮の神事などを担った社人である鍵取たちは文化十四（一八一七）年以降次々と吉田家から許状を受け始めたことが、菊池邦彦氏の報告[13]から判明する。

駿河国とは異なり甲斐国では吉田家の浸透に加えて白川家の影響も見られ出す。白川家は京都の公家で代々神祇伯を勤め、朝廷祭祀に重要な役割を果たしてきた家である。それまで執奏の公家を持たなかった神社に対して、吉田家が全面的に配下に納めて執奏を独占しようと試みた（寛文五・一六六五年）際に、幾つかの伝統的な大社から反発を受け、幕府も朝廷も神社が望むのであれば吉田家に限らないと取り決めた（延宝二・一六七四年）。この後、宝暦年間（一七五一〜）から白川家が積極的に各地の神社神職を配下に収めようと動き出す。[14]

甲斐国川口村の御師たちに白川家の影響が及び始めるのも宝暦期のことであった。西田かほる氏[15]によれば、川口村では三浦家が徳川将軍家とつながりを持つ別格の御師として存在したが、三浦氏は吉川惟足とも関わりを持ち、吉田家を通して延宝六（一六七八）年に「従五位下淡路守」の官位を叙任された。その他の御師たちは宝永元（一七〇四）年以降次々に吉田家から許状を受け始めていた。こうした中、三浦氏と川口浅間神社神主宮下氏の両名とそのほかの御師たち一〇八名との間に、宝暦一〇（一七六〇）年争論が起こる。吉田家の許状を持つ二人に対し、一〇八名の御師側が白川家の許状を受けて、二人の特権に抵抗するものであった。幕府裁許は、御師側の敗訴と呼べるもので、白川家に許状を返納させるものとなった。ただし御師たちは白川家から神拝次第・護身神法などを伝授されていた。白川家学頭の森昌胤は安永期頃から川口村において伝授し、当地において没している（森昌胤の石碑が川口に残されている）。白川家の強い意欲の一端を示していよう。

同じ甲斐国の吉田村では、平野榮治氏(16)によると、元文五（一七四〇）年に吉田御師八十余名による寺社奉行への願書が残り、宝暦十四（一七六四）年に九十余名の御師が、その後『甲斐国志』（文化二〜十一・一八〇五〜一四年）には八六名と記載される。これらの御師たちは、宝永・正徳頃までは「浅間大菩薩」を祭神とし浄衣の上に袈裟を着用するような神仏習合の形をとり、京都吉田家とその唯一神道の影響を受けていなかったとする。この頃を境にして（前述のように富士浅間神社本宮の権門としての権威の失墜と京都吉田家の進出によるものであろう）吉田家の許状を受け始める。さらに宝暦九（一七五九）年から御師の中に『白川家門人帳』に名前が見出され出し、文化八（一八一一）年には二五名の吉田御師の記載が見出せるという。吉田村の御師についても、京都吉田家とその後の白川家の進出について、やや曖昧ながらその傾向は捉えられよう。

五　富士講の隆盛

吉田村の御師にとってもっとも関わりがあったのは、富士講の発展による導者の増大であった。寛保二（一七四二）年九月、江戸の町中にむけて幕府より触れが発せられた。

この間町中にて、富士之加持水と名付、病人薬をも相止めさせ、右之水ばかり数杯相用い、万一病気快候得ば、富士門弟と申し成し、勧め込み候由、不埒之事ニ候間、早々相止申すべく候、若し相背くにおいてハ、吟味之上急度申し付くべく候、この旨町中触れ知らすべきもの也、

九月　　（「御触書寛保集成」二八四九）

「富士の加持水」と名付けた霊力ある水を飲ませれば病気が治るとして、富士の門弟になるよう勧誘することを禁止す

る町触れである。富士講という言葉は、この段階の幕府の触れでは用いられていないが、江戸の町に富士の信仰集団が活動する様子がうかがえる。

享保十八(一七三三)年、食行身禄(じきぎょうみろく)(伊勢国百姓出身、江戸で油商人になる)が富士山吉田口登山道七合五勺にある烏帽子岩で断食行を行ない入定したことから、庶民の苦しみを救うという食行身禄の入定に弟子たちが応えて、富士講(信仰集団)を発展させていった。身禄の流れをくむ弟子の小谷三志は勤勉・和合などの実践道徳を唱え、武蔵国足立郡鳩ケ谷を中心にして次第に信仰者を増やしていった。吉田村の御師の世話になりながら、富士講導者たちは、浄衣に身を包み「六根清浄」を唱えながら、頂上内院(噴火口)を目指した。六根すなわち眼・耳・鼻・舌・身・意の六つの感官で生じた罪障を清浄にするために「六根清浄」と唱えるのである。

富士講の隆盛の背景には、一九世紀初頭の文化文政期頃から深まった国内外の危機意識が存在する。ロシア使節レザノフ来航後のロシア軍艦による北方での襲撃(文化三・一八〇六年)を受け、富士講の先達小谷三志は「蝦夷静謐」をくりかえし日記に記しているように[17]、為政者のみならず富士講信者たちも国内外の危機感を持った。時代状況は重苦しさを増し、たとえば鶴屋南北「東海道四谷怪談」(文政八・一八二五年初演)が歌舞伎上演され、成仏できない幽霊を登場させたように、改めて死そのものや死後の世界を考えさせるようになった。それは江戸時代前半期に形成された、仏教僧侶との寺檀関係によって一元化された死後の世界の管理では、満たされるものではなくなった。時代閉塞の続く江戸時代後期の民衆に、新たな信仰の形が求められたのである。新たな信仰の一つである富士講では、江戸居住者を中心に白装束で「六根清浄」を唱えながら集団で登拝し、山頂でのご来光と胎内くぐりを経る行を通して、自らの身を祓うことで生まれ変わり＝再生が可能になるとの信仰が求められた。現実の社会でやむなく身についた多様な罪障を祓い再生したいとの民衆の願望に、富士講という信仰集団は応えたのであろう[18]。そこに江戸時代後期からの富士講の隆盛を見出すことが可能であろう。

おわりに

富士山について、御師と参詣者を通して近世期の姿を描いてきたが、もう一度幾つかの特徴を指摘しておきたい。①、江戸幕府による全国的な交通政策の結果、戦国大名による関銭徴収が一掃され、参詣者の交通は容易になった。②、修験者（山伏）の行動様式が、かつての熊野や富士山などに檀那を先達することを改め、村々で定着して村人に祈禱活動するようになった。その結果、富士の御師と檀那が直接結びつくことになった。③、京都の吉田家や聖護院門跡という、全国的な権威とその組織が甲斐・駿河国に進出したことと反比例して、富士山地方の権門であった富士浅間神社本宮（別当宝幢院〈真言宗〉）の権威や村山修験三坊の権限が衰退していった。④、元禄期頃から進出が見られた吉田家の後を追うように、宝暦期から京都の白川家も意欲的に進出したことから、御師たちや神社神職との間に対立を生じさせる一つの要因となった。

最後に、信仰集団である富士講は隆盛となり、富士参詣者がすべて富士講であるとの誤解を生むほどとなったが、本稿で述べたように幅広い富士参詣の導者たちの一部に信仰集団の富士講が存在したということを、蛇足ながら付言しておく。

注

（1）『小山町史　第一巻　原始古代中世資料編』（小山町、一九九〇年三月）
（2）注（1）
（3）注（1）
（4）『大月市史　史料編』（大月市役所、一九七六年三月）
（5）酒入陽子「富士山御師三浦家とその由緒――彦根井伊家との関係を中心に」（高埜利彦監修　甲州史料調査会編『富士山御

師の歴史的研究』山川出版社、二〇〇九年三月）
（6）小宮山敏和「川口御師と檀那・檀那場――寛文期の檀那帳を中心に」（注（5）前掲書）
（7）『小山町史　第三巻　近世資料編Ⅱ』（小山町、一九九四年三月）
（8）菊池邦彦「中世後期から近世前期における富士山村山口の登山者――『富士山檀記』を中心に」（註（5）前掲書）
（9）高埜利彦『近世の朝廷と宗教』（吉川弘文館、二〇一四年二月）
（10）高埜利彦『近世日本の国家権力と宗教』（東京大学出版会、一九八九年五月）
（11）高埜利彦『元禄・享保の時代』（集英社、一九九二年六月）
（12）注（9）
（13）菊池邦彦「富士山東泉院と下方五社」（近世の宗教と社会研究会、二〇一六年一〇月二九日）
（14）注（9）
（15）西田かほる「川口村における富士山御師の成立とその活動」（註（5）前掲書）
（16）平野榮次「吉田御師の成立と近世におけるその活動」（平野榮次編『富士浅間信仰』民衆宗教史叢書第十六巻、雄山閣出版、一九八七年六月）
（17）『鳩ヶ谷市の古文書　第十集　小谷三志日記Ⅲ』（鳩ヶ谷市教育委員会、一九八五年三月）
（18）高埜利彦「はじめに」（澤博勝・高埜利彦編『近世の宗教と社会　三　民衆の〈知〉と宗教』吉川弘文館、二〇〇八年九月）

〔『歴史と地理』第七〇〇号、二〇一六年、山川出版社刊〕

第三　近世の身分とその周辺

一　移動する身分——神職と百姓の間

近世を考える前に

現代の身分　豪華なガラス張りのホテルの玄関前の車寄せに、出迎えの人びとが整列し、警備陣と報道陣が固めるなか、黒塗りの大型車が到着する。フラッシュがたかれ、テレビライトに照らし出されるなか、自動車から降り立つのは、シルクのスーツに帽子を被り、白い手袋を片手に握った、ややはにかみ気味の秋篠宮妃（あきしののみやひ）で、その姿を一目見ようと、一般の人びとが遠巻きに手を振る様子が、テレビの画面に写し出されている。それは、何かの催しに皇族を招き、主催者が出迎える場面で、この光景は日常的なといえるほど、テレビの画面でよく見かけるものである。

秋篠宮妃（紀子さん）は皇族である。現行の皇室典範（こうしつてんぱん）第五条で、親王妃は、皇后・太皇太后（たいこうたいごう）・親王・内親王・王・王妃・女王とともに皇族と規定されている。生まれながらの皇族が皇族の身分を離脱する場合の規定のほかに、皇室典範には「皇族以外の者及びその子孫は、女子が皇后となる場合及び皇族男子と婚姻する場合を除いては、皇族となることがない」（第一五条）との規定がある。すなわち、皇族以外の人で、皇族の身分に移動することができるのは、女性が天皇ないし皇族男子と婚姻する場合に限られている。しかも「天皇及び皇族は、養子をすることができない」（第九条）ので、婚姻だけが皇族身分に移動できる場合となる。

婚約が発表される以前の秋篠宮妃は、ごく普通の大学生であった。成績が良いとか、美人であるとか、そういう意味の普通ではなく、皇族以外のという意味である。一人の普通の大学生が、皇族である親王との婚姻により、国家の定めた法律に基づいて、皇族の身分に移動した。

大学の構内をジョギングしていた姿は、普通の大学生の姿であった。今、結婚そして出産もとげた秋篠宮妃が、冒頭に記したように皇族として催しに公式に出席する姿がテレビに写し出されるのを見るとき、自動車から降り立つ宮妃が、遠巻きにする一般の人びとに手を振る様子は、かつての普通の大学生の姿とは異なり、まったくの別人格であるかと思えるほどに、皇族身分にふさわしい雰囲気が画面から伝えられる。

いま、紀子さんが皇族であることに、誰一人疑いを抱く者はなかろう。それは、皇室典範という国が定めた法に規定されているためでもあろうが、しかし、法律に基づくという一事によるものでもなさそうである。三笠宮彬子（あきこ）女王と瑶子（ようこ）女王はともに皇室典範の定める皇族である。しかし小学生である二人の女王を、かりに街や小学校で見かけても、私たちは、二人が皇族であることにおそらく気づかないであろう。二人の女王は法律上は皇族であっても、一般の人びとは秋篠宮妃に対するような、皇族身分に対する反応は示さないだろう。これは法律で定められた身分であるかないか、という次元のほかに、一般の人びとや社会が、その人を皇族と思うかどうか、という次元が存在するためである。しかも、現在においては、日本国中津々浦々まで、テレビや週刊誌が皇族としての秋篠宮妃の存在を知らせており、全国どこに行っても、紀子さんは皇族としての対応を人びとから受けることになろう。

その逆に、帽子をかぶり、手袋を握り、シルクのスーツを着た人が、報道陣に囲まれ、付添いに守られながら歩いているのを見ても、ただちにその人を皇族だと思ってはいけない。映画女優やテレビタレントであるかもしれないのだ。

身分について考えるにあたって、ここまで述べた現代の事例は、重要なポイントを示唆している。すなわち、身分は社会の認知と国家権力の承認の両方によって成り立つという点である。

明治維新、第二次大戦の敗戦を経ても、依然、現代に身分は存在するのだが、かつて、強固な身分制を封建支配のために用いた近世社会について考えるときも、このポイントは共通している。ただし、マスメディアの未発達な、人口の少ない（現在より約九〇〇〇万人少ない）、しかも交通の未整備な近世段階では、社会とはただちに全国単位を意味するものではなく、きわめて地域的な限られた範囲にとどまっていたことを知る必要があろう。

近世の御師　近世の身分は二つを兼ねることはできなかった。たとえていうなら現在、相撲取り（力士）が同時に親方になる二枚看板を日本相撲協会が認めていないのと同様に、近世の百姓身分にある者が同時に神職身分になることを幕府は禁じていた。同じように職人であると同時に僧侶であるということもなかった。

本章で主に対象とするのは、御師（おし）についてである。個人のレヴェルで、百姓から御師になり、御師から神主に近づくという観点のほかに、複数の御師たちの集団が、百姓と神職の両身分の間を移動する、という点にも着目して検討を行なう。

御師ということばから、伊勢御師（いせおし）や熊野御師（くまのおし）をすぐに思い浮かべることができるが、その他に、全国各地の寺社に御師は存在した。熊野三山や伊勢神宮のほかに、石清水（いわしみず）八幡宮・賀茂社や英彦山（ひこさん）・高野山・摂津住吉社・加賀白山（はくさん）・越中立山（たてやま）・相模大山（おおやま）・上州榛名山（はるなさん）・出羽三山その他にも見出される。それらの御師は、熊野を除き各地を巡って参詣者を集め、さらに参詣者を導き、祈禱や宿泊の世話をした。

本章で素材にする御師は、富士山の参詣者を導き宿泊の世話をする御師である。現在、富士山の登山口といえば、山梨県富士吉田口や静岡県須走口（すばしり）・御殿場口（ごてんば）・富士宮口からのコースが知られているが、近世においても、すでにこれらの登山口は多くの参詣者を招き寄せていた。本章では、そのなかの一つ近世の須走口の御師に素材を求めて近世の身分についての考察をすすめることにする。

近世の須走村

須走村の概況　駿河国駿東郡須走村（すんとうぐんすばしり）（静岡県駿東郡小山町（おやまちょう）須走）には、実に広範な地域から、多数の富士参詣者が訪れていた。たとえば、享保六（一七二一）年四月に書かれた「駿州駿東郡須走村村鑑帳（むらかがみちょう）」という史料によれば、須走村に居住した御師と関係のあった「旦那」は、相模・武蔵・伊豆・上総・下総・安房の国々に及んでおり、そのほかの国々から

図6　須走付近図

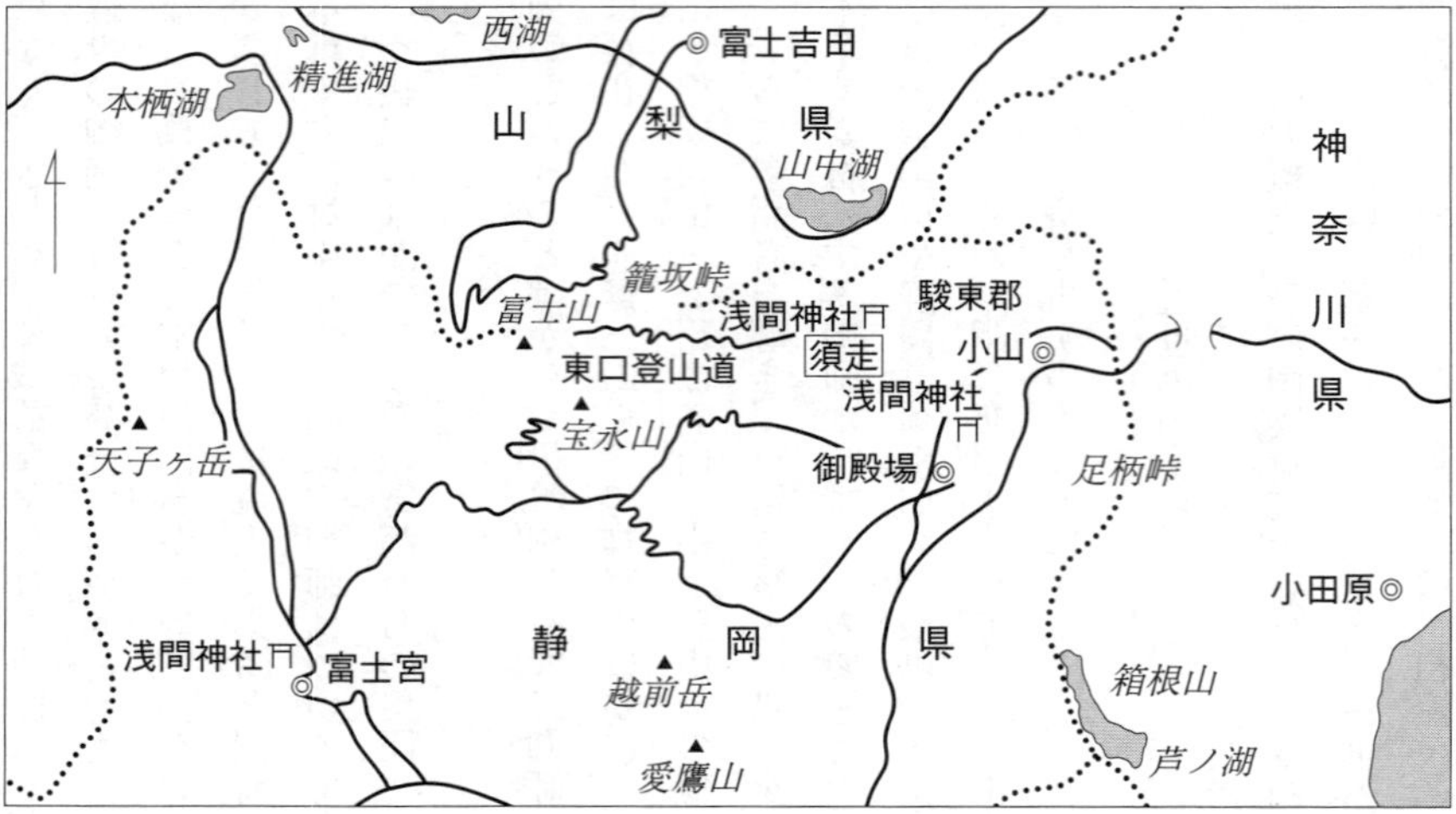

も参詣者があると記されている。御師の檀那というのは、各地の富士参詣者（導者）で、宿泊の世話などをする御師と継続的に固定した関係をもつ者をいう。導者という呼び方は、他の地域では道者とも堂者とも記されるが、近世の須走村では一貫して導者と記されている。御師が居住し、富士の導者が訪れる須走村も、しかし近世の一般の村々と同様の性格を備えていた。

須走村を支配した領主は、寛永十（一六三三）年に、それまでの駿府藩徳川氏の支配から、小田原藩稲葉氏の支配に代わった。小田原藩が慶安元（一六四八）年に行なった検地によれば、須走村に田はなく、畑地が一一町七反九畝九歩あるとされている。そのうち、上畑は二町六反四畝と少なく、中畑三町二畝一五歩、下畑四町一反六畝二歩のほかに、屋敷六二軒分の屋敷地が合わせて一町九反六畝二二歩丈量されている。屋敷一軒は単純平均して九五坪＝三一四平方メートルの広さをもつ。およそ標高八〇〇メートルに近い高地の性質をもった畑地からの農業生産物と、五〇～六〇頭の馬を用いた交通労働とが、富士参詣者のもたらす収入に合わさって、須走村の経済を支え、かつ小田原藩への年貢上納を済ます基礎になった。

とくに、屋敷数に匹敵する数の馬を用いた交通労働は、須走村の位置が、信州や甲州からの駿州沼津や豆州三島さらに相州小田原・大山への主要な道筋になっており、公用の宿継ぎの仕事や民間の商品輸送に従事した。馬舟とよばれた馬の牽く荷車は商品輸送に活躍したが、元禄四（一六九一）年当時、須走村には三二台の馬舟があったと記されている。交通労働による収入への依存度は低くはあるまい。

宝永の富士山噴火　天災は突然襲ってくる。宝永四（一七〇七）年十一月二十二日、一日で三〇回にも及ぶ地震がくり返された。不安に満ちた夜を過ごした翌朝、朝八時ごろ、黒煙が天空に立ち昇ったのち、雷鳴にも似た爆発音が富士山から起こった。午前十時ごろからは蹴鞠ほどの大きさの赤く焼けた石が降り、富士山麓に落ちて、草木を焼いた。ついに炎となった噴石は、午後四時ごろには須走村にも降り到り、富士浅間神社神主の小野大和守の家に火の玉が落ち、たちまち炎上した。須走村の家並みは、つぎつぎに、火の玉と類焼によって三七戸が焼失した。焼けなかった家々も、石降りや三メートルの深さに及ぶ砂降りのために、三六戸が潰された。須走村には三箇所の寺院があったが、いずれも倒潰、浅間神社も大破した。つまり須走村は、宝永の富士噴火によって壊滅状態になったのである。

須走村の人びとにとって、宝永の噴火の被害は、住む家々を失ったことにとどまらず、三メートルに及ぶ砂降りによって、畑地が埋没し、秣場が荒廃したことである。広範にわたる畑地と野原を埋め尽くした砂の除去は、容易なことではなかった。それにくらべ家々は、須走村にとって幸運なことに、幕府がもっとも被害の重かった須走村に対し、宝永五（一七〇八）年八月に、御救金として金一八一一両を渡したことで、再建することができた。幕府は焼失家屋三七軒に一坪一両ずつ、金一三三三両と、潰家三八軒に一坪二分ずつ、金四七八両の割合で下付した。前年の十一月二十三日から住居できずに方々へ散り散りに立ちのいていた村人たちは、幕府からの御救金で須走村に戻って家作を行ない、ふたたび富士山参詣者の宿泊を担うことができるようになった。

しかし、砂で埋もれた畑地や秣場である野原の再開発の目途はたたず、とくに馬の飼料となる草が採れなくなったために、馬の飼育は不可能となった。農業生産のみならず、交通労働収入も困難な状態に陥った。かくして宝永の富士噴火は、須走村に、富士参詣者を対象にした種々の経営収入への依存度を、それまで以上に高めさせることになった。

須走口から頂上へ　導者と呼ばれる全国から訪れた参詣者からの収入とは、どういうものを考えればよいのであろうか。導者は御師や百姓が経営する導者宿に宿泊してのち、富士山の頂上を目指す。まず須走村の冨士浅間神社を参拝して、登山口に入るのだが、須走村の人びとは、頂上に至るまでの間に、導者から種々の収入をあげた。貞享二(一六八五)年までは、須走村入口で富士参詣の導者は、一人一六文ずつの役銭を払わされたが、同年六月からは免除になった。浅間神社では初穂を銭一二文、心入れ次第に納めて登山道に入る。

馬返しの少し上に龍ガ馬場という場所があり、須走村の者が営む三軒の茶屋があった。さらに登ると浅間神社中宮があり、金剛杖が売られていた。また須走村にある禅宗西寿院が初穂を参詣者の心次第に集めていた。

頂上を目指して進むと、登山道の要所に導者のために湯粥の商売をする茶屋が、須走村の人びとによって営まれていた。さらに、現在の八合目付近の、甲州都留郡吉田村(富士吉田口)からの登山者と行き合う場所の意味である、行合という場所にも小屋があった。その先の頂上付近に至るまで、石室と呼ばれる、板屋作りの小屋の上を石で囲み戸口だけを開いた小屋が、須走村民によって経営され、餅・酒・湯・水の商売を行なっていた。貞享三年のころ、竜ガ馬場から山頂付近まで、須走村の人びとが経営する小屋は、三七軒を数える。

旧暦の六・七月の期間内に、いかに参詣者を多く集められるかに関心がむかうのは当然というべきであろう。

参詣者は頂上に至る手前の薬師堂で、一人について銭二〇文を初穂として納めることが、義務づけられていた。さらに頂上の噴火口(これを内院と呼んだ)に至ると、参詣者は内院めがけて散銭を投げ入れた。頂上をきわめた征服感や解放感も信仰心に入り混って、導者が火口に投げた散銭の金額は、六・七月の二ケ月間で、かなり蓄積されることになる。明暦二(一六五六)年は申の年で、例年になく参詣者が集まる年だが、その年三三三七人の導者が集まったことが確認されている。この内院の散銭を誰が拾い集め、取得するのか。貞享三年の段階の須走村の認識では、一番拾いと呼ばれるその年で最初に噴火口に人が降りて散銭を拾い集めた機会に、包銭というまとまった銭が包まれた状態で投げ込まれてあるものは、富士浅間本宮(駿州富士郡)が取得する。また、一番拾いの包銭以外と二番拾いの散銭は須走村が取得すると認識されていた。

富士本宮との出入り　それから一七年、元禄十六(一七〇三)年に、須走村の浅間神社神主の小野大和守と御師で名主の甚太夫・好太夫、同じく御師で組頭の理兵衛・権右衛門の合わせて五名が、幕府の寺社奉行所に訴訟を起こした。訴訟の相手は駿州富士郡大宮の富士浅間本宮大宮司富士帯刀と公文(くもん)の富士宮内(くない)、同じく案主(あんず)の富士大学と別当の宝幢院(ほうとういん)の四人である。江戸の寺社奉行所に訴えを起こすというのは、現在でいえば最高裁判所に訴えるという感覚に似た重いものであったであろう。それ相応の決意を必要としたと思われるが、それは須走村にとって、経済的な権利にかかわる重要事ゆえの決断に他ならない。

寺社奉行はこの訴えを取上げて、相手方の富士浅間本宮側に、訴訟の場(月番寺社奉行所)に出頭するよう命じた。須走村側の訴えは、大きく三点にわたっていた。一つ目は、富士本宮の者が、甲州都留郡吉田村の者に、頂上薬師嶽に新たに二軒の小屋を掛けさせることを申付けた点。二つ目は、富士山頂薬師嶽の手前にある薬師堂の開帳とその散銭取得の権利は、須走村神主の小野大和守にあったが、去年、薬師堂の建替えが富士本宮によってなされ、これにともなって小野大和守の権利が奪われそうになっている点。三つ目の訴えは、頂上噴火口(内院)の散銭取得に関するものである。従来の二番拾いはすべて須走村の権利であったものを、富士本宮側がこれを否定する行動に出ている点である。

以上の須走村側の訴えに対して、富士本宮側は、全面的に対立した返答書を提出した。とくに争点となった三点については、第一の点の薬師嶽への吉田村からの新小屋設立の件は、風雨のとき、吉田口からの導者の助けになるもので、薬師嶽を須走村の地内というのは、もってのほかの誤りであると主張する。第二の点の薬師堂については、富士本宮が造立した堂であるから、他のいいがかりは無用であるとした。第三の点の内院散銭は、須走村の主張する二番拾いは根拠のないもので、富士本宮側に全面的に権利があると主張した。

この両者の対立は、寺社奉行が吟味の上で裁許する以前に、江戸の新材木町杉森稲荷神主の小針和泉と霊岸島の真木問屋五郎八の二人が扱人(あつかいにん)(仲介者)となって内済(示談)が成立し、済口(すみくち)証文(合意された証文)が寺社奉行所に提出され、効力をもって内済は成立した。

その内済条件は、第一の薬師嶽の新小屋は吉田村の者に掛けさせないこと、第二の薬師堂の件は、須走村の従来通りの慣行を守ること、第三の内院散銭のことは、富士本宮より派遣の手代が拾い上げた惣高のうち六割は本宮浅間社の修理料に収納し、四割は須走村中が取得する。手代下山後の二番拾いは須走村の取得とすること、というものであった。すなわち、ほぼ須走村の主張を認める内済条件で、須走村の全面勝訴と呼べるものであった。

幕府寺社奉行にオーソライズされた内済条件は、その後順守された。享保六(一七二一)年の須走村の「村鑑」に、薬師堂の件も薬師嶽茶屋の件も、内済通りに須走村の権利は保たれていることが記されている。また、内院散銭についても、争論の翌年、宝永元(一七〇四)年から内済条件は守られた。具体的に宝永元年の例を紹介すると、六月十一日に一番拾いがなされ、銭二七二貫五〇〇文の六割にあたる一六三貫五〇〇文が富士本宮に、四割の一〇九貫文が須走村に配分された。二番拾いは六月二十三日に行なわれ、銭一二七貫六二四文が同様に配分された。さらに、富士本宮の手代が下山したのち、須走村は七月八日と二十二日の両日に内院散銭を、銭一一三貫二〇〇文と三四貫三〇〇文拾い取得した。須走村は、この年、四回の取得で合計銭三〇七貫五七〇文を得て、これを須走村中で分配している。この方式は、その後も毎年つづけられた。

御師身分の確立

宿引きからくり　須走村から富士山頂に至るまでの、経済活動については、富士浅間本宮との訴訟に見られたように、神主も寺院も御師・百姓もこぞって権利確保のために、村内一丸となって対応した。

ところで、山道の茶屋の収入や内院散銭の金額に至るまで、結局のところ、どれだけ数多くの富士参詣者を須走村に集められるかにかかわることとなる。

ところが参詣者を一人でも多く集め、宿泊させて収益をあげようとするとき、もはや須走村一丸となってという発想は消え、足並みは乱れる。御師や百姓たちが経営する導者宿に、参詣客を集めるさい、宿単位に、自分の客を確保しようとするからである。たとえば、客引きをするために、他村の者までも頼んで、五里・一〇里（四〇キロメートル）、さらには二〇里も先に人を出して参詣者を見付け出し、そのさい宿泊費の値引きをしてまでも契約をするということが行なわれた。

二〇里も先まで客引きのための人を雇う賃金や宿泊の値引き競争など、これではおのずから須走村の導者宿全体の衰退につながることになろう。そこで宿引きからくりと呼ばれる客引き競争をしないように同業者でいったん取決めをした。しかし、いかに取決めをしても、宿引きのからくりをする者が跡を絶たなかった。そこで元禄七（一六九四）年から三年間、一切の自主規制をはずして、宿引きを勝手次第に放任することにした。案の定、各家から人が宿引きに出、御殿場・竹の下・矢倉沢はもちろん、大山・江之島、ついには江戸まで参詣客を求めることになった。そのための日雇（ひよう）の賃金や旅籠（はたご）賃を引下げたため、三年間で須走村は困窮の度を深めたという。

逆手に出たことで、須走村は反省をし、元禄十（一六九七）年小田原藩に願い上げて、宿引きの不法行為を統制する法（はっ）度（と）を出してもらった。小田原藩の命に従う旨の証文を須走村は提出したが、八年後の宝永二（一七〇五）年、またぞろ宿引きがみだりになりだした。そこで、同年閏四月、須走村の導者宿経営に携わる者たちは、連印によって宿引きの違法を行なわないことを誓約し、小田原藩寺社奉行に証文を差出した。この証文に名を連らねた者は、神主小野大和守と永昌寺を除くと一四人にのぼる御師と一五人の百姓であった。都合三一軒の導者宿が須走村で営まれており、約半数は御師であると村内で認識されていた。

この二年後の宝永四年六月、小田原藩は須走村にあてて三ヵ条の申渡しを行なって、導者宿経営の統制を図っている。一条は、富士導者の宿引きからくりを停止すること。二条は、導者に非分を申掛けないように、またもし病人が出た場合には随分いたわるように、三条は、火の用心と、導者同士の喧嘩口論が生じた場合には慎ませること、という内容であった。

その後、前述の宝永四年の富士噴火後、砂に埋もれた畑地や秣場のため、農業や交通労働が困難になり、須走村にとって、いっそう富士導者をめぐる経済活動は重要性を増した。個々の導者宿にとって一人でも多くの客を獲得したいが、しかし宿引きからくりをしては全体が衰退してしまうという意識は働いており、噴火後、小田原藩領から幕領に替って、伊奈半左衛門支配になってのちも、宿引きからくりの禁止は順守された様子である。

村外・村内に監視の目が相互に向けられ、宿引きの不正を防いで須走村の導者宿運営は秩序を保ちつづけたものであろう。

御師と百姓の対立　延享四(一七四七)年、災害のために幕領となっていた須走村は、ふたたび小田原藩領に復帰した。この年、須走村全体の利益をはかるためにふたたび代わった領主から命じてもらおうと、宿引きからくりの禁止を願上げた。それと同時に、須走村内部において、それまで見られなかった御師とその他の導者宿を営む百姓たちの間に対立が顕在化した。

須走村の御師は、いつごろから御師として存在し始めたのであろうか。浅間神社神主に付随する形で何人かの御師は、中世期から存在していたものであろうが、しかしその起源は詳らかになしえない。元禄十六(一七〇三)年の富士本宮との訴訟では、甚太夫・好太夫・理兵衛・権右衛門は明確に御師と記されている。とくに、御師にふさわしい太夫を名のる二人は、早くから御師としてその存在が認知されてきたものであろう。また宝永二(一七〇五)年には前述のように一四名の御師が認知されている。では、その一四名の御師と一五名の導者宿を営む百姓との間の違いはどこに見出せばよいのであろうか。

両者の間の境界線は、必ずしも明確であるとはいえない。たとえば、ある参詣者が須走村導者宿に宿泊したことをきっかけに、それ以降も関係を継続して、その導者と導者宿とが固定的な関係となって、参詣に際して宿泊を世話し、また六・七月の登山期以外には、関東などに分布した導者の家々を廻って、浅間神社の守札や護符などを配って関係をつなぎ、ときには、主だった導者を中心に、その居住地域でさらに導者を集め、集団として講に組織するという御師同様の活動にも発展していったであろう。

宝永四年の富士山噴火後、交通労働や農業に依存できなくなるなかで、導者宿経営への傾斜を深めた人びとが、導者獲得のために、右に述べた御師同様の活動を求めていくのは、自然な流れと見てよかろう。

導者宿を営む御師と百姓の間の境界線が不分明な状態が、御師側からみて、自分たちの身分のアイデンティティが侵犯されたとの意識につながれば、おそらく、両者は水面下で対立を孕むことになったであろう。その顕在化が、延享四(一七四七)年の御師の仲間化と権利の主張となって現われた。

御師身分の確立　延享四年の暮も押しつまった十二月二十五日、浅間神主小野一学を筆頭に須走村御師一四人が連名(五名は印無し)で誓約を交わした。内容には未詳の部分を残すが、次に示す翌年の御師仲間の権利主張の決議を小田原藩に願上げ、場合によっては江戸幕府寺社奉行所に訴え出ることも覚悟の上の連判証文であった。しかも、相談の内容は神以外へは他言無用と禁じており、百姓側に動きが漏れることを警戒している。

その動きに応えてのものであろう。寛延二(一七四九)年、小田原藩寺社奉行は、須走村御師に対し、人別改めを命じた。須走村御師一七名は連印して八ヵ条の取決めを、御師仲間として固く守ることを定め、百姓方に対する仲間証文を作成した。小田原藩の意図は、この機会にまず御師の人数を固定して、以後の増減を禁ずるところにあった。その上で、御師の身分、つまり御師職の職分を明確にさせたのである。もっとも、これは御師側の動きに応えたものといえよう。

御師たちの定めた仲間規定は、①御師の人数一七名を固定すること、②浅間神社での神拝伝授の他には、御師は袴・脇指を用いないこと、③御師の外には御札を出せないこと、④浅間神社で神拝伝授される注連(しめ)のほか用いてはならないこと、⑤導者宿の大看板を掛けられるのは、御師のほか以前より旧記にある百姓に限られること、⑥牛玉宝印(ごおう)(護符)は御師と対談の上に売買されること、であった。

ところで、須走村の御師たちの仲間化＝集団化の動きは、小田原藩にとって、次の二点からも好都合であった。装束や脇指という外見にあらわれた形は、その人物の身分や職を明瞭にさせるものである。二本指しが武士に限られていたことはよく知られているし、袈裟を身にまとうのは僧侶に他ならなかった。幕府は、武士の装束も、僧侶の袈裟も、神職の装束も、これらがみだりに他の身分に用いられたり、秩序が乱れることを禁じていた。このような幕府の政策を受けて、小田原藩としても、寛延二年に須走村が幕領から小田原領に代わった機会に、御師身分と百姓身分との境界を明確にして、数も固定して秩序づけることは好都合であった。

さらにまた、この須走村御師仲間一七人については、以前は一二人のみが御師であったものを、今回この寛延二年に五人の者が、新たに御師の仲間に加わったものである。この五人の御師は、宝永四年の富士山噴火の以前から富士参詣者の導者宿を経営していて、その参詣者＝導者のうち常連の固定した関係を結んだ客を檀那として、富士参詣の行なわれる六・七月以外に、遠く離れたその檀那の家に、守札などを配る活動(廻檀)を行なってきた、行動上御師とはなんら異ならない百姓たち五人であった。小田原藩は、他の幕藩領主と同様に、百姓身分の者が訳もなく土地を離れて勝手に移動するのを禁じていたが、この場合、御師が遠く離れた地域の檀那廻りをするのは容認できても、百姓身分の者が廻檀するのは名目が成り立たないので、藩としては、これら長年にわたって檀那を持ってきた百姓(導者宿)の五人が御師仲間に参入して、行動上の身分の境界がはっきりすることは好都合であった。

以上二点からも、小田原藩は須走村御師の要求に応えたのだが、須走村で導者宿を経営する百姓たちは納得しなかった。寛延二年、御師である組頭源太夫の宅へ惣百姓が招かれ、前述の御師仲間の定めた取決めが申し付けられた。この、御師と百姓の間の違いを明確にした取決めを、百姓側はいったん得心して帰ったという。

しかるにその後、御師たちが檀那廻りのために須走村を留守にすると、百姓五六人は相談して、小田原藩に願い出、御師の取決めには不承知であると、両者は真向から対立した。御師側は、そうなっては、神職(御師)と百姓の差別が無くなり、みだりになって迷惑至極であると、再度、小田原藩に願い出た。その後、御師の人数一七人は、小田原藩に認められ、慶応四(一八六八)年まで、その人数は固定され、御師仲間の取決めと小田原藩の保証は効力を持ちつづけた。

寛延二年の御師と百姓の争論は、それまでの須走村の歴史には見出せなかった新たな対抗関係であったことは確かである。換言すれば、それはその前後を画する争論であったと位置づけ得る。すなわち、導者宿を経営する御師と百姓たちは、導者宿引きからくりが、須走村全体の導者宿経営の自壊を招く、という共通認識から、元禄十(一六九七)年以降、この宿引きからくりの禁止と相互監視を行なってきた。この点に関しては、両者共通しており、なんら対立点は生じていなかった。しかるに、寛延二年の対立は、御師側が、神職身分であることを強調して、百姓身分との格別の違いを明確にし、御師の職分にともなう権利を行使して経営を有利に展開させようと企図したものであった。

参詣者数の減少　御師たちの仲間化＝集団化による身分確立の志向は、どのような状況の下で準備されてきたのであろうか。二点にわたってその状況を考えてみたい。

正徳五(一七一五)年十月、須走村名主好太夫・久太夫と組頭茂兵衛・助八は、村の困窮を救済するための夫食米(ぶじきまい)の拝領願いを差出している。その願書には、須走村家数七二軒、人数四三〇人の者たちは、宝永噴火後、農業生産も馬による駄賃稼ぎもできなくなり、富士山参詣者からの収入に依存している。噴火後も、参詣の員数は、あらましで毎年三万人(三〇〇〇人か)ほどずつあったが、四年前(正徳二＝一七一二年)から参詣者が減少し、ついに今年(正徳五年)は、諸物価高騰もあって、参詣者は八〇〇人ほどにまで減少した。そのため須走村の困窮はつのり、飢えに及ぶ者もあるので、二〇七人の男に一日一合五勺、一六五人の女に一日一合ずつ、五八人の子供に一日五勺ずつ、今月(十月)から来年申年五月まで八ヵ月間、夫食米として米一二一石八升を拝借したいと願い出た。来年は申年で富士参詣が盛んな年であり、期待できるので立ち直れるであろうと記している。

富士山頂上の内院の散銭は、毎年、須走村と富士本宮で分配されつづけているが、宝永四年十一月の噴火の翌年の内院散銭の須走村取得分は、銭六三貫九〇〇文と前年なみであったが、宝永六年には二倍強の銭一四八貫六八文となり、正徳元(一七一一)年は銭一三三貫六〇〇文と高額取分であったことから、銭高に照応した参詣客があったのであろう。しかるに、須走村役人の右の願書に記すように、正徳二年の銭高から低調になり、とくに夫食米拝借願いをした正徳五年は、須走村取分の散銭高は銭一二貫九一〇文にまで落ち込んでいる。内院散銭高と参詣者数との照応があるとすれば、願書の指摘に誇張は無いように思われる。

表29　富士山内院散銭高覚

年	須走取得分
宝永元(1704)甲申	307貫　550文
2(1705)乙酉	222　400
3(1706)丙戌	87　900
4(1707)丁亥	67　850
5(1708)戊子	63　900
6(1709)己丑	148　068
7(1710)庚寅	69　800
正徳元(1711)辛卯	233　600
2(1712)壬辰	60　927
3(1713)癸巳	66　450
4(1714)甲午	73　400
5(1715)乙未	12　910
享保元(1716)丙申	275　000
2(1717)丁酉	98　800
3(1718)戊戌	62　300
4(1719)己亥	101　364
5(1720)庚子	49　300
6(1721)辛丑	65　300
7(1722)壬寅	51　120
8(1723)癸卯	107　300
9(1724)甲辰	69　000
10(1725)乙巳	46　900
11(1726)丙午	38　600
12(1727)丁未	91　200
13(1728)戊申	99　000
14(1729)己酉	27　400
15(1730)庚戌	記載なし
16(1731)辛亥	53　000
17(1732)壬子	89　700
18(1733)癸丑	74　200
19(1734)甲寅	75　300
20(1735)乙卯	50　800
元文元(1736)丙辰	36　350
2(1737)丁巳	24　960
3(1738)戊午	71　485
4(1739)己未	38　900
5(1740)庚申	219　000
寛保元(1741)辛酉	107　472
2(1742)壬戌	46　000
3(1743)癸亥	81　550
延享元(1744)甲子	67　600
2(1745)乙丑	47　342
3(1746)丙寅	78　680
4(1747)丁卯	94　450
寛延元(1748)戊辰	54　100
2(1749)己巳	106　100
3(1750)庚午	27　268

また、願書の期待する享保元(一七一六)申年は参詣者数の増加の反映で、内院散銭取分は銭二七五貫文と高額になっている。その後は、ふたたび低調になり、とくに享保五(一七二〇)年以降は、元文五(一七四〇)年の庚申年に単発の増加があったほかは、寛延二(一七四九)年に向けて低調な傾向は押し止められなかった。

内院散銭高と参詣者数は必ず比例するとはいえないまでも、一定程度の照応関係は認められよう。そのように考えるならば、寛延二年に至る三〇～四〇年間の参詣者数の減少が須走村導者宿に少なからぬ影響を与えたことは否定できまい。

参詣者数の減少傾向にあって、新規の参詣者獲得の期待は薄れ、それまでの導者と宿との関係を継続化・固定化することで、導者を確保する傾向が強まったのであろう。そこに檀那廻りなど、師檀関係を保ちながら導者を確保する御師側と、それまで固定した檀那よりは一時的な参詣客確保に依存してきたと思われる百姓側との対立の大きな要因を見出すことが可能であろう。

登山から信仰へ　寛保二(一七四二)年九月、江戸の町に次の触れが出された。町中にて富士の加持水と名付け、病人の用いていた薬を止めさせ、その加持水を数杯病人に与え、もしも病気が快復したならば、富士の門弟に勧誘するということがみられるが、不埒なことなのでやめさせるように、との触れである。

富士山中で、食べ物なしで行をつんで、そのまま食行身禄（じきぎょうみろく）が死んだのが、享保十八（一七三三）年であった。食行身禄の弟子たちが布教して、やがて影響が出てくる状況のなかで、右に述べた寛保二年の町触れが出されたのであろう。

富士講ということばは、まだ寛延二（一七四九）年ごろの幕府触れには見出されないが、しかし、かつて近世の前半期までに見られたような、ただ単に（霊峰）富士そのものに、おおらかな信仰心を抱いて、参詣登山する段階から変化して、後に富士講につながる信仰心が富士参詣者のなかに芽生えていったと見てよかろう。

富士の導者のなかには、新たな信仰心の深まりのなかで、導者宿において、禊（みそぎ）や清め、あるいは祓いをしてくれることを求めた者も現われ出したことであろう。導者宿の側は、参詣者の宿泊の世話をするだけでなく、信仰心からの求めに応えるためにも、神職としての御師身分の確立を果たしていく必要を感じ取ったのに違いあるまい。

京都吉田家の進出と御師

富士本宮と両部神道　慶長十一（一六〇六）年、徳川家康の支援を受けて建立された富士浅間本宮（富士郡）の遷宮（せんぐう）が行なわれた。宮への参道は、浜の真砂を敷きつめ、式の七日前と七日後、都合一五日間は神楽が進上された。この遷宮式に、駿河国各地の神職や社僧が七五社から残らず参列した。その数は八六人にのぼり、その供の者は九六人を数えた。八六人のなかに、古沢村の下総守、菅沼村の右近、須走村の民部、二ノ岡村の市左衛門らの名前が見出される。富士浅間本宮と古沢村下総守らとの間に、ただちに支配関係があったと判断するには、十分な材料が備わっていないが、ただ、富士本宮の強い影響を受けていたということは判断してよかろう。

古沢村下総守とは古沢村浅間神社神主高村下総守昌邦のことである。同家の由緒書きによれば、慶長十二年に下総守は跡職（あとしき）を高村伊勢守に譲り、慶長十七年に死去している。伊勢守は寛永二（一六二五）年に高村刑部景光に跡を譲った。

高村景光のあと、刑部真則・刑部友景が跡を継ぎ、元禄九(一六九六)年に友景は死ぬ。刑部友景の死後は刑部昌治が古沢村浅間神社神主を継いだのであろう。この間、高村伊勢守の死後は、四代にわたって受領名を名のっておらず、刑部とのみ歴代記されていたことに注意を払う必要がある。

ところで元禄十四(一七〇一)年、駿河国駿東郡新橋村(現、御殿場市域)の修験道当山派の山伏(修験者)明王院が寺社奉行所に訴えを起こした。訴えられたのは、古沢村富士浅間神主高村刑部・二ノ岡七所大権現神主内海兵部・東田中村神明禰宜内海采女・萓沼村山王権現禰宜高村右近の四神職であった。いずれも、先祖がかつて慶長十一(一六〇六)年の富士浅間本宮の遷宮に参列した駿東郡御厨(みくりや)地方(現、御殿場市・小山町域)の専業神主であった。

元禄三(一六九〇)年に古沢村高村刑部が小田原藩に書上げた「宮帳」によれば、高村家は古沢村のほかに、神主の存在しない三四ヵ村にわたる氏神社や小社を支配していた。小社も含めて、合計一六一社について、神社の遷宮や神事・祭礼を勤める権利を高村刑部が主張したものである。萓沼村高村右近も、東田中村内海采女も二ノ岡村内海兵部もともに自村のほかに何社もの神社支配を、御厨地方で行なっていた。

同じ地域に属する新橋村の山伏明王院と四神職の活動は抵触することになり、訴訟となったものであろうが、山伏の訴えには着目すべき点がある。四人の神職は、烏帽子・狩衣を着した上に、僧侶のごとく輪袈裟を掛け、数珠を持ち、錫杖もたずさえて経・陀羅尼を読み、祈禱の札守に梵字を記して、遷宮や地祭などの諸祈禱を執行しているというのだ。山伏の訴えに対して、四人の神職は、自分たちは先祖より両部神道を勤めてきており、その法元は富士郡浅間本宮の別当宝幢院で、数珠も袈裟も錫杖も免しを受けて両部神道を行なっていると答えた。

ついで宝幢院が呼び出され、高村刑部らに袈裟・錫杖その他の免状を出したことを答えた上で、しかし、烏帽子・狩衣という神職の形体に、輪袈裟を掛け、数珠・錫杖を持って経・陀羅尼を読むという、「異相の体」で徘徊するのを許したものではないと答えた。

四人の神職は、遷宮・地祭などの神事に梵字や真言の秘法を用いることなども許されていないのに、これを行ない、神職の者に不相応なる形相で徘徊し、修験者の家業を妨げたことは、自分たちの落度であることを認めた。神職たちは、百日間の閉門蟄居となり、以後は神職として自分抱えの神社の神事での活動に限定し、修験者の妨げにならぬことを誓約して、この一件は落着した。

吉田家の進出　今日の私たちは、神職が袈裟を掛けたり、数珠を持つはずがないとの固定観念を持っている。しかし、近世の前半期までは、僧侶・修験者(山伏)・陰陽師・神職・梓神子・盲僧などの活動には、相互に抵触しあうことが少なくなく、占いを行なうのは陰陽師に限られず、修験者も神職も盲僧も占いを行なうことがあった。一地方を限って単独で自立して活動し、本寺や本所とつながりを持たなかった場合などはなおさら、地域住民の要望に応えて、占いも祈禱も葬祭も、職分を超えていろいろと行なうことがあった。

駿河国駿東郡の四神職が、地域住民の要請に応じて地堅めを、真言密教の法を用いて行なったことは、かつては必ずしも奇異なことではなかったであろう。しかし、元禄十四(一七〇一)年には、それら神職の行為は、同地域の山伏から訴えられ、敗れた。

これよりさき、幕府は、寛文三(一六六三)年、奥州磐城の社家と山伏の出入りを裁許して、本所吉田家(神職)と本山聖護院門跡(修験本山派)双方が、相互に活動を侵犯し合わないことを取決めさせた。また、陰陽道の本所土御門の関東触頭菊川権頭と修験道当山派江戸触頭鳳閣寺の間で、元禄年間、両派の職分が混雑せぬようにとの取決めが、幕府によって命じられた。そのほかも含めて、幕府は身分にともなう職分の確立を命じてきた。

駿東郡の当山派山伏明王院が、元禄十四(一七〇一)年、四神職を訴えた際、当時の幕府の政策を知っていたのかどうかは判らないが、職分を侵した四神職が敗訴した結末は、当時にあっては当然の流れということになろう。

敗れた四神職は、自分たちを守る後ろ楯になる強い権威の必要を感じたのではなかろうか。同時にまた富士郡浅間本宮宝幢院は両部神道とともに力になり得なかったことを、四神職は感じたことであろう。敗訴から六年、古沢村神主高村刑部は、宝永四(一七〇七)年、吉田家より神道裁許状(風折烏帽子・狩衣着用)を受けるが、このとき、刑部ではなく、山

図7　古沢村高村家の受領名

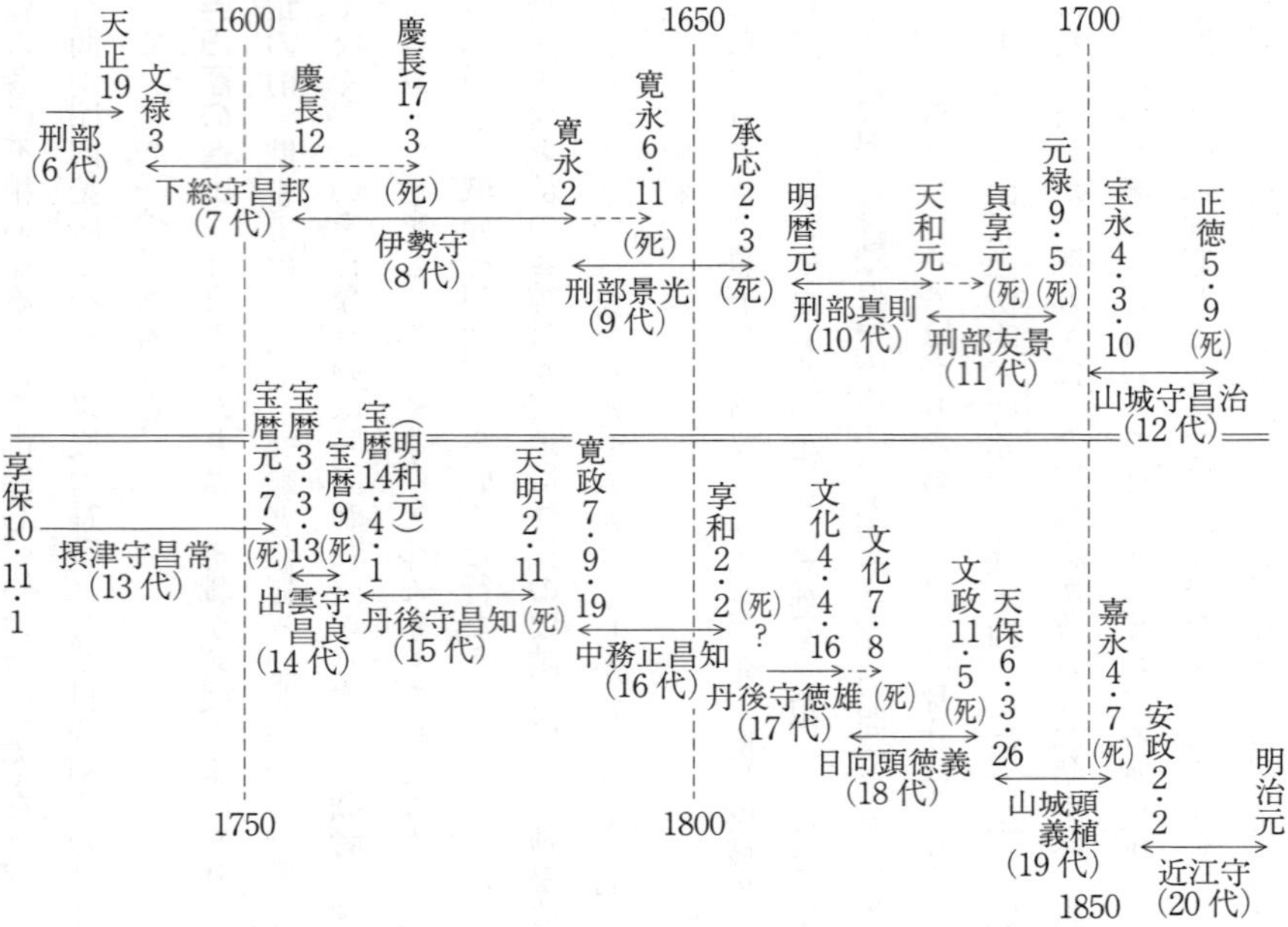

城守の受領名を名のるようになる。以後、このときを先例にして、高村家は吉田家から神道裁許状を受け代々、摂津守—出雲守—丹後守—中務正—日向頭—山城頭—近江守の受領名も吉田家を執奏にして朝廷から受けつづけ、明治維新を迎える。

菅沼村山王権現社神主高村右近は高村下総守に、須走村浅間神社神主民部は小野大和守となって、それぞれ吉田家から元禄年中にはじめて神道裁許状を受けている。

京都の吉田家は、寛文五（一六六五）年に幕府から「諸社禰宜神主法度」を触れてもらい、全国の神職に対する装束の許認可権を保証された。この全国触れを強力な梃子にして、吉田家は唯一神道（両部神道のように神仏習合せず、唯一なる神道）を浸透させていった。しかし、寛文五年の「諸社禰宜神主法度」が出されたからといって、ただちに全国に吉田神道が及ぶようになったというものではなかった。駿河国駿東郡の場合は、これまで述べてきたように、富士浅間本宮を中心にした両部神道系の社家組織が近世前半期までは存在していたとみてよさそうで、元禄・宝永期（およそ一七〇〇年前後）、吉田家との結びつきが始まったと考えられる。元禄十四年の当山派山伏との争論はそのきっかけになったものであろう。

駿河山伏の支配替え　この時期、富士浅間本宮を中心にした組織の改編は、神職に対する吉田家の浸透のほかに、修験者（山伏）についても見出すことができる。富士浅間本宮を通って富士山に参詣する人びとは、富士村山別当辻之坊・大鏡坊・池西坊の三修験者を先達にした。須走口から登る人びとが、御師の世話になったように、村山口の三坊が宿泊や潔斎（けっさい）などの世話をした。池西坊（浄蓮院とも呼び修験道本山派大先達）ら三坊は、有力な修験者として富士郡内各地の山伏を支配していたとみられるが、池西坊ら三坊の支配権限は富士山村山社領に限定されたことで、その他の地域に居住していた山伏の支配権は、京都の勝仙院に、宝永三（一七〇六）年、移ることになった。勝仙院は修験道本山派の院家で、本山である聖護院門跡から駿河国一国の本山派修験者の支配権を保証されていた。従って、駿河国富士山村山社領外の末端山伏は、勝仙院支配下に組み込まれることになり、勝仙院の使いとして、甲州郡内の修験者岩殿山大坊が、駿州富士郡に居住していた八人の修験者を改め、各人から勝仙院の支配を受ける旨の証文を提出させた。表の八人は揃って院号・坊号をつけていたが、これを一度、改名させ（朱印地を持っていた多門坊は除く）その後、あらためて勝仙院から院号・坊号を受ける手続きをとった。

表30　駿河国富士郡山伏

村　名	名	旧　名
駿州富士郡大渕村	刑　部	清宝院
同　村	学　膳	瀧本院
同　村	宝　山	正宝院
今宮村	吉　祥	吉祥院
今泉村	普　賢	瀧宝院
同　村	観　祥	観寿院
森嶋村	愛　染	常宝院
中里村	多門坊	多門坊

いずれにしても、宝永三年段階で、富士浅間本宮を中心にした従来の組織が、この場合は修験道本山派との間で改編され、その結果、末端の宗教者（山伏）の所属が明確になった、ということである。

御師の神道裁許状　京都吉田家からみたとき、元禄・宝永期の駿河国駿東郡の神職たちへの神道裁許状交付は、この地方への最初の進出となった。神社持ちの専業神主たちは、吉田家の許状を受けて、全国共通の装束を身に着け、唯一神道に基づく神事や儀式を遂行するようになっていった。須走村の御師たちにとっても、吉田家の進出は影響を与えた。享保三（一七一八）年、須走村御師外川国重（平太夫）に宛て、また寛保二(一七四二)年に同じく米山利重(久太夫)に宛てて、四組木綿手繦(ゆうだすき)を掛ける許状が吉田家より与えられた。木綿手繦とは、神事奉仕の際に、袖をかかげるのに用いた楮(こうぞ)の繊維から作ったたすきのことで、吉田家から与えられる装束の許状の中で、もっとも簡易に許されるものであった。早くも須走村御師たちのなかには、吉田家の権威を求め、神職に共通の装束を許されたものがあったのである。

しかし、木綿手繦の許状はそれ自体で、とくに神職の身分をきわだたせるというものではなかった。吉田家の認識(関東役所からの達し)では、唯一神道四組木綿手繦は、官職ではなく、神社へ参る節に、ゆうを掛けて身を清め、拝礼いたす作法に用いるもので、希望者には百姓身分にも許すという性格のものであった。木綿手繦とは一段の違いを示す吉田家の裁許状が、風折烏帽子・狩衣という神職の装束を着け神道に携わることの許可を認めた神道裁許状であった。

寛政六(一七九四)年、「須走村富士山東口浅間社御師米山久大夫」に風折烏帽子・狩衣を着し神式を守るべき神道裁許状が吉田家から与えられた。また、寛政十二(一八〇〇)年には須走村御師外川平太夫にも同様の神道裁許状が発行された。二人の御師のほかにもおそらくは一七人の須走村御師のなかに、神道裁許状を受けた者はあったであろう。史料での確認はできなくともそう考えるほうが自然であろう。

寛政六年が、須走村御師のなかで神道裁許状を受けた最初かどうかの断定は難しい。しかし、その後代々の継目許状(親から跡継ぎに継がれた許状)には、「先例に任せて」と裁許状の文言に記されたことからすれば、寛政六年の米山久太夫の場合に、はるか以前から御師であり、木綿手繦許状も受けていたにもかかわらず、先例に任せと記されていないことから、寛政六年のは御師米山久太夫家には初の神道裁許状であったろう。

なぜ、この時期(寛政段階)から神道裁許状が須走村御師に吉田家から与えられるようになったのであろうか。その理由の一つは、小田原藩によって御師たち一七人の仲間化が公認された寛延二(一七四九)年以降も、富士参詣導者数の減少傾向はつづき、また、富士講の隆盛から導者の信仰心はさらに厚くなり、導者宿に宗教行為を求める傾向が強まるなか、須走村御師たちは、より神職身分としての性格を強めていくことで、村内の百姓身分の導者宿との性格の違いを明確にさせる意図を持ったため、御師たちは、吉田家の権威をたより、神主同様の装束（風折烏帽子・狩衣）着用の神道裁許状を求めたのであろう。

理由の二つ目は、吉田家の側が積極的に働きかけたことが推測される。古代律令制以来の神祇伯家の白川家が、神社統轄の気運を宝暦期（一七五一～六三年）以降高め出したことで、吉田家は危機感を抱き、宝暦～天明期（一七五一～八八年）に再三、幕府に「諸社禰宜神主法度」（寛文五＝一六六五年）の再触れを要望した。幕府は天明二（一七八二）年に再触れを出したが、その際、全国の神社神職を吉田家支配に一元化する意図はなく、白川家の統轄も容認したから、その後も、吉田・白川両家の各地神職の争奪戦は展開することになった。そのような事情から、吉田家は従来の神社持ちの専業神主より一段、神職としての身分の確立していなかった御師を対象に神道裁許状の発行を実践していったのであろう。

吉田家の二次進出　吉田家のこの地域への進出はさらに進められた。吉田家は、元禄・宝永期に駿東郡御厨地方の専業神主を対象に進出（第一次）したが、その後、白川家との競合のなかで、およそ九〇年経た寛政期以降、積極的に進出（第二次）して、須走村御師に神道裁許状を与えた。さらに、文化年間には、吉田家は各村々の神社鎰取（かぎとり）（鍵取）を対象に許状を出しはじめた。鎰取とは、神主や社人のいない神社で、その鍵を預る百姓身分の者をいう。神事祭礼などの際は、神主を頼むが、その他は鎰取が神社を管理している。吉田家は、この地域に限らず各地方で近世後期に鎰取に許状（四組木綿手繦）を与えようと試みた。神主・御師・鎰取ともに、吉田家の許状は、官金・礼録金と呼ばれる金銭を納入した上で与えられるもので、吉田家のねらいがそこにあったことはいうまでもない。

文化十四（一八一七）年には、吉田家の家老鈴鹿内蔵介ほか六名の役人たちが、須走村・古沢村に巡回して、神社や神職の調査にあたり、吉田家の許状なくして装束を着していないかを改め、鎰取に許状を発行している。巡回調査という、吉田家の積極的な組織化の例である。

身分意識の昂揚　須走村の御師たちは、幕府が公認する吉田家から、全国横断的な神職身分を保証する神道裁許状を受けたほかに、神職としての実務を果すことで一層の身分確立を果そうとした。天保十四（一八四三）年三月、須走村冨士浅間御師たちは、小田原藩主の入部に際して、「御武運長久」の祈禱のため、中臣大祓（おおはらい）一千度を御師職一七人で修行をし、御祓を献上することを小田原藩寺社奉行に願い許された。早速浅間神社神主小野大和守以下すべての御師が、七日間にわたって中臣大祓一千度を修行、成就して、御祓を藩に献上した。藩は金四〇〇疋を御師たちに与えこれに応えた。御師たちが、吉田家を通して修行した中臣大祓を藩主入部に際して実践することで、神職身分としての振舞い、意識を高めた事例であるが、彼らは、さらに幕末に至って、神職身分意識を昂揚させる。

慶応四(一八六八)年三月、勅使の関東下向に際して、富士川から駿東郡須走村(甲州に抜けるまで)の道筋の警衛を仰せつかった駿州の神職たちは、赤心隊と号して、その任にあたった。この際、須走村御師たちは、古沢村神主高村近江守らに従って赤心隊員として、勅使一行の警衛にあたった。

近世の身分を考える　ここであらためて、百姓と神職の二つの身分の間を移動した御師について、その性格の検討を整理しておこう。

まず、御師身分を生み出す地域の状況があった。富士山への参詣者を招く、須走口の登山道と富士浅間神社がそれである。参詣者を宿泊させる導者宿は、百姓も神主も寺院も、そして御師も行なった。導者宿を営む百姓と御師の境界は不分明で、百姓でありながら御師と同様の状態にある者も存在した。

この不分明な御師と百姓との境界に、明確な一線を引いて、御師は一七人の仲間＝集団を形成した。この境界線を引いたのは、地域＝須走村の人びとであった。誰が御師であるかがわかるのは、そこに住む人びとであった。この際、百姓で導者宿を営み、御師同様の状態にあった五人が、御師となった。仲間一七人の要望に応えて、地域の権力者である小田原藩が御師一七人を認めた。

地域社会がその身分を認める御師たちは、やがて全国の神社、神職の本所である京都の吉田家の権威を求めはじめる。吉田家の権威は、近世の国家権力である幕府が保証していた。吉田家は、全国共通の装束の許認可権をもって、全国各地の神職を統轄下に入れていった。吉田家の影響が須走村に及ぶのに呼応して、御師たちは、吉田家から神道裁許状を受けて、地域をこえて全国に共通する神職としての身分を獲得していった。

近世の身分も、地域社会の認知と国家権力の承認の両方によって成り立つ、と考えてみた。

〔『日本の近世　第七巻　身分と格式』、一九九二年、中央公論社刊〕

二　相撲年寄

——興行と身分——

はじめに

花籠・境川・追手風・伊勢海・井筒・藤島（富士島）・友綱・阿武松・間垣・松ケ根・二所ケ関・宮城野・玉垣・雷・錣山・浦風・楯山・中立・粂川・若藤、以上二〇の相撲年寄が、江戸時代後期を舞台にした本稿の本文に順不同で登場する。これらはすべて、現在も相撲年寄名跡として存在している。

さて本稿のタイトルの「相撲年寄」は右に列挙した年寄名の者たちの総称で、江戸時代に師匠（親方）として弟子である相撲取を抱え、四季勧進相撲興行や地方巡業の主体になる者たちのことである。同じく相撲集団を形成した京や大坂では、これらの者たちは相撲頭取と呼ばれ、また長崎・熊本・近江・岐阜など地方の相撲の場合も頭取と呼ばれたので、相撲年寄とは江戸のそれにかぎられる。

本稿では、相撲年寄が主体になる四季勧進相撲や地方巡業などの実態をまず明らかにし、相撲渡世集団の発展と幕府政策とのかかわりとを検討したうえで、江戸の相撲渡世集団の身分的特徴を検討する。相撲年寄は、文政六（一八二三）年で三一人（現在の年寄株は一〇五）、いずれも相撲取が引退してなった。相撲取は大部分、百姓（町人）身分からの出身で、相撲取になり大名に抱えられると武士身分になる。大名に抱えられない相撲取や引退した相撲年寄の身分は浪人とされた。

江戸の相撲渡世集団は、相撲年寄・相撲取・行司だけでは興行を進めることはできなかった。その周辺を取巻くように髪結や水汲などのほか、桟敷を運用する者、あるいは地方の興行の担い手たちが存在した。本稿では、これら周辺に存在した人々にも視点をあて検討を試みる。

一　江戸相撲の興行実態

幕末の相撲　慶応二（一八六六）年は江戸幕府の終焉を象徴する事件の多い、文字どおり激動の年であった。七月に将軍家茂が大坂城で没したり（八月二十七日より普請鳴物停止）、六月からは武州世直し一揆が起こり、全国的に農民一揆や打ちこわしが多発した。十一月には江戸市中の窮民が増加し、お救い小屋も設けられた。

このようなきびしい状況下にあっても、江戸の相撲人気はさかんであった。十二月十四日、江戸相撲年寄追手風喜太郎と玉垣額之助は寺社奉行所に宛てて、来春晴天十日興行開催の願書を提出した。これを受けた寺社奉行所は十二月十九日、月番奉行土屋采女正寅直の手限りで許可する旨を申し渡した。歳末で急いだために手限りとしたが、通常は内寄合で決めるものであることから、内寄合帳の十八日分の帳末にこれを記し置いて処理をした。

許可を受けた勧進元追手風と差添玉垣は、ただちに場所を本所回向院境内とすることを願った。境内の興行場は間口一八間（約三三メートル）と奥行二〇間（三六メートル）で三六〇坪の広さを持ち、四方を板で囲い、竹矢来葦簾張りにして一ヶ所に入口にあたる木戸を設けることを願った。その内部は、中央に四本柱と土俵が設けられ、四方には二重（二層）の桟敷を設け、その天井にも葦簾を張った。この主会場の木戸に向かって左側に札売場（二間四方）を作り、木戸の右側には太鼓矢倉を建てることも願い、許可された。

興行場所の申請には、貸し主である回向院も添書をしている。回向院の本寺にあたる増上寺へも届け出、なおかつ近隣住民へも差し障りがないことを確認のうえ、承知したことを届けている。

以上の許可を受けたうえで、相撲年寄の追手風と玉垣は、興行の期間中の喧嘩口論を慎み、火の元を念入りにすることや晴天十日間の興行済み次第、仮小屋を取払い、さっそく届け出ることを誓約し、これに回向院住職も奥印をしている。

明けて慶応三(一八六七)年三月十五日付で、追手風と玉垣はつぎのように寺社奉行所に願い出た。

孝明天皇死去(慶応二年十二月二十五日)にともなう鳴物停止でとどまっていた普請や作事が許可されたものの、興行場所の作事に手間どり、しかもおもだった相撲取のなかに病人が出たため、三月中の興行が難しくなった、そこで春季興行を夏季興行に改めてほしい、

という願いであった。

幕府の公認した四季勧進相撲は、春(一～三月)・夏(四～六月)秋(七～九月)冬(十～十二月)の一季に一度の勧進大相撲を許可されるものである。一月よりの開催予定が鳴物停止によって延期され、三月中の開催が困難になったところで、夏季への順延を願い出たものであり、それほど無理な要求にはみえなかった。その際、相撲年寄は、同様の順延の近例を二つ掲げた。一例は、文久三(一八六三)年春季勧進大相撲が、将軍家茂の上洛の沙汰により差し控えていたところ春・夏がすぎ、将軍還御になった七月上旬より秋季興行として行なわれた事例。二例目は、文久四(元治元)年春相撲が、将軍家茂上洛により、市中の厳重が命じられ、慎み差し控えていたところ、夏季に順延された事例であった。

このような近例もあり、寺社奉行土屋寅直は夏季への順延を認めた。勧進元追手風らは、三月二十八日に所々辻々に札を建てて、相撲興行開催を知らせた。この慶応三年夏場所の東大関は不知火(しらぬい)光右衛門、西大関は陣幕久五郎で、不知火は文久三年に吉田善左衛門(追風)によって横綱の免許を受けていた。かたや陣幕は、慶応三年一月に京都五条家から横綱免許を受けたところであった。

四月十六日が初日のこの場所は、人気を博した様子で、贔屓(ひいき)筋から蒸籠五十荷・木綿幟(のぼり)五本(このうち少なくとも二本

は陣幕久五郎の染抜き)が送られ、木戸外へ積み上げ、立てることが勧進元より届けられている。さらに十七日に二日目の興行を行なったところ、見物客が込み合ったため、左右の上桟敷場を継ぎ足したいと願い出ている。二十二日には、勧進元に木綿幟二本が贔屓より送られ木戸外に立てられた。

無敗同士の両大関が九日目に戦い、陣幕が勝って今でいう優勝をしたこの場所は、四月晦日に千秋楽となり、五月一日、追手風・玉垣の両年寄と回向院連名で、興行の終了が届けられた。相撲小屋については、五月四日中に取払いが終わったことが届けられた(「寺社奉行一件書類」『旧幕引継書』国立国会図書館蔵　日本マイクロ写真版マイクロフィルム　以下同じ)。

稽古相撲　右に述べたように慶応三(一八六七)年夏季勧進大相撲は、四月十五日が初日で、晦日に千秋楽と、この晴天十日興行は好天に恵まれ順調に終えたことになる。ところで、前年十二月十四日に申請して許可され、一月中には初日を迎える予定であった春相撲が、四月十五日まで順延された期間、年寄・相撲取・行司など相撲の者たちは、どのように過ごしていたのであろうか。

江戸新材木町(現在の中央区日本橋堀留町)に『江戸名所図会』にも載せられた杉森稲荷神社(椙森神社)がある。同社の神主を歴代勤める小針氏の記録(『中央区文化財調査報告集　四』「神公日記」東京都中央区　一九九六年)によれば、慶応二(一八六六)年は市中の困窮はつのった様子で、九月十八日近隣の松島町の難渋者が「喰方にも困り候ニ付」近辺を貰い歩き、居所にも差し支えたため、杉森稲荷境内に男女四〇〇～五〇〇人ほど寄集り居ったことを記している。この一群は翌日、残らず引き上げたことが町方役所に届けられた。この四〇〇～五〇〇人の集まれる境内を利用して、相撲年寄若藤恒右衛門・二所ヶ関軍右衛門は許可を受けて慶応三年三月、稽古相撲を行なった。稽古相撲とは、単に相撲の稽古をすることではない。稽古相撲という名目の興行を催すことであった。同神社所蔵の「社内稽古相撲諸書附」(『中央区文化財調査報告集　四』)によれば、同社での稽古相撲の初出は享保十一(一七二六)年十月のことであった。当時の相撲年寄中立仲右衛門と間垣伴七は、日数一〇日間の稽古相撲を杉森稲荷境内地にて開催することを神主小針河内に願い、小針氏は寺社奉行所に届け、聞き済まされ、これを屋敷改役所(旗本白板野左京)に届けて実施された。この稽古相撲にあたっては一〇日間、少々の筵(むしろ)を張り囲い、拝殿と神楽所の二ヶ所を桟敷に使いたいと両年寄は頼み入り、承諾を受けている。「勧進相撲ニ紛らわしき儀ニては決てござなく候」と届けながら、実態は興行そのものであったのだろう。その後、幕末に至るまでときどき稽古相撲は行なわれ、とくに安政六(一八五九)年からは毎年一回ずつ慶応四(一八六八)年正月まで行なわれた。これら稽古相撲に際し、年寄は神主小針氏に地代金として五両を納めているので、それ以上の興行収入を見込んだものであろう。

さて、慶応二年十二月に話は戻るが、その二十三日、年寄若藤・二所ヶ関は神主小針氏に稽古相撲を申し込み、翌二十四日神主は町内にその旨を承知してもらったうえで、二十五日新材木町を持場とする寺社奉行永井肥前守尚服に相撲願いを差し出し、聞き済ましを得た。そのうえで月番寺社奉行の土屋采女正寅直へ届け出を行なった。例年であれば申請後十日ぐらいで稽古相撲は開始される。ところが慶応三年は、将軍家茂と孝明天皇が前年に死去したことによる普請・鳴物停止により、二月二十九日になってやっと「渡世に致し候分は鳴物御免」になったもので、今回の稽古相撲は三月六日の初日開催が許可された。三月十三日に中日、二十四日には相撲囲いを取払って稽古相撲の終了を小針氏は永井・土屋の両寺社奉行に届けた。

この稽古相撲の中日をすぎた三月十五日に、前述のように年寄追手風と玉垣が、三月中の春季勧進大相撲興行の開催は難しくなったので、夏季興行に順延したいことを寺社奉行土屋寅直に願い出、これが認められたことを思い出していただきたい。つまりは、江戸相撲年寄は稽古相撲の名目で杉森稲荷神社で小規模な晴天十日興行を打ち、しかるのち、本所回向院で勧進大相撲を開催したのであった。しかも相撲年寄の顔ぶれの異なる別個に出された申請を、寺社奉行土屋寅直は、いずれも承知のうえで認めていたことになる。

このことは江戸市中での稽古相撲を勧進大相撲と日程的に組み合せ、各地から集められた相撲取による合同興行の収益を効果的にあげようとはかったものと推測される。なぜなら、慶応二年十二月十九日に春季勧進大相撲が許可された四日後の二十三日には稽古相撲の申し込みを行なっており、おそらく、まず稽古相撲開催で前宣伝をし、つぎに勧進大相撲を開催するつもりを相撲年寄たちは、はなから持っていたのであろう。しかるに鳴物停止が起こったため、予定が大きく乱れることになったということではなかろうか。

近郊の稽古相撲　さて江戸市中での稽古相撲のほかに、江戸を少し離れた近郊においても、稽古相撲という名目の小興行が行なわれ、勧進大相撲開催の前後を埋めて稼ぎをあげていたという事例を紹介しておこう。

武州足立郡下戸田村は両国から隅田川（荒川）を経て舟で上り下りしやすい近郊であった。その荒川渡船場に住居する嵐山源吉は、百姓の身分ではあるが、名前から推測できるように江戸相撲年寄松ヶ根幸太夫の弟子（門弟）であった。嵐山は文政九（一八二六）年正月、代官平岩右膳役所に宛ててつぎの内容の願書を提出した。

　この春に本所回向院境内において大相撲興行が行なわれるが、その前後に相撲仲間は申合い稽古を行なう。しかし江戸表は風烈の時節であるから稽古を見合わせ、下戸田村の嵐山の住宅続きの明き地（一反二畝歩ほど）を場所にして、二月中晴天三日のあいだ、稽古を行ないたい旨を年寄松ヶ根幸太夫が願っている。ついてはこの旨を代官として聞き済まし、そのうえで志村の御鳥見朝倉左門に宛てた添簡を下されるよう願う、

（『戸田市史　資料編二』戸田市　一九八三年）

というものであった。幕府の鷹場村であった下戸田村では、鳥を驚かすことにつながる花火や普請などのほか相撲興行開催にも、鷹場役人である鳥見役に願い出が必要であった。

いずれにしても、勧進大相撲興行が江戸で開催される前後に、交通の便のよい近郊において、晴天三日の稽古相撲という名目の興行が催されていたことが確認できる。

地方巡業　四季に一度ずつ、そのうち平均二回行なわれた江戸の勧進大相撲の前後に江戸市中や近郊で稽古相撲を差しはさむ実態を述べてきたが、そのほかの季節には相撲の者たちは地方巡業に出る。まず一例として雷電為右衛門一行の動きをみよう。

雷電の「諸国相撲控帳」の寛政十二（一八〇〇）年七月十二日には、富山を出立し、越後国糸魚川に参り、十五日に初

日の五日興行を行ない、金三四両ばかりが手元に残ったと記されている。その興行に参加していた南部相撲の錣石為八が十四日に死去したため、糸魚川の町内の者が残らず集まり、現地の寺まで葬礼の供をしてくれた。雷電は、町内の人々に少々酒を呑ませたという。死んだ錣石のために石塔を立てることにし、三尺四方の石を寺の少し脇に立置き、相撲人や町内中が寄合って供養した。

かくして雷電一行はつぎの興行地に向かい、越後国梶村で五日、番町で三日、さらに高田と新井のあいだで三日間興行し、そこから北国街道で信州善光寺に行き、五日間の興行を行なったと記される。番町からは雨にたたられ、諸々の入用を払うと金一二両ばかりが残り、つぎも一〇両ばかりしか残らなかったが、善光寺は繁昌したという(『新潟県史 資料編一一』新潟県 一九八三年)。

また、文化九(一八一二)年九月八日付の雷電為右衛門から信州小諸の柳田藤助・清之助宛書状(長野県小諸市・柳田家所蔵)によれば、事前に雷電から柳田氏に地元(小諸)の興行の世話を願っており、およその時期を設定したうえで、細かい日程を雷電側からあらためて伝える内容になっている。すなわち、善光寺での興行を済まし次第、小諸に向かうよう申し越されたが、上田よりまたまた興行の依頼があったので、順路の上田で晴天四日興行を行ない、済み次第さっそく小諸に参上する心がけでおり、小諸では晴天三日興行を行なうので、委細打合わせは伊之吉という人物を先乗りで遣わすと記されている。

これらは雷電為右衛門が四季勧進大相撲以外に行なった地方巡業のごく一部を示したものである。町や村で、三日～五日間の興行を行ない、それぞれ十両～三十両の興行収益をあげて巡回している様子がうかがえる。

地方巡業の範囲 では、江戸の相撲の者たちは、どの地方までこのような地方興行を行なっていたのであろうか。会津若松における芝居や相撲興行の様子を伝える「旧若松大角力芝居其他興行見聞留書」(『日本庶民文化史料集成 六』三一書房 一九七三年)によれば、安永四(一七七五)年九月に催された相撲興行は、若松の地元の相撲取のみによる木戸銭を徴収した興行であった。これは後述する幕府の全国触(安永二年)の影響を受けたものと思われ、金山役所の管轄の下、同心の管理によって実施されたもので、木戸銭収入のなかから運上(五十貫文以上の場合、その八分、四十九貫文までは十分一)を上納させるものであった。その後、会津若松に江戸相撲の者たちがはじめて参入したのは、天明七(一七八七)年からのことと考えられる。十月四日から八日まで五日間連続興行で連日大入となり、五日目は四〇〇貫文の木戸銭収入があった。大人札一三〇文とあるから、三〇〇〇人余の有料入場者があったことになる。六尺九寸(約二〇九センチ)の背たけで「仁王の如き」九紋龍や「比類なき角力の達者」と記された小野川や鷲ヶ浜などの江戸相撲は人気を博した様子である。翌九日には、会津中将松平容頌の上覧相撲が催され、延寿寺前に土俵を築き四本柱を立て、紋付の幕を張って、会津中将は三ノ丸物見の所より観戦した。

天明九年七月には、相撲年寄伊勢海の下で谷風梶之助・関ノ戸八郎治ら一行が会津を訪れ興行を打った。今回は谷風の人気に負った興行で、谷風以外は去々年に比べて相撲が劣ると評され、木戸銭の落銭も少なかったと記されている。いずれにしても、天明年間には北は会津若松まで地方興行の対象になっていたことが知られるが、では西の地方はいかがなものであったろうか。

飛驒国高山町は、江戸から西へ遠く離れた山に囲まれた町である。安政四(一八五七)年六月、高山町桜馬場で晴天五日の相撲興行が行なわれたが、これは江戸相撲による地方興行であった。勧進元は白真弓肥太右衛門、差添は江名川源右衛門でこれは高山の相撲頭取の一人。江戸年寄は追手風喜太郎・玉垣額之助・浦風林右衛門の三名が名を連ね、世話人として高山の相撲頭取(花車小右衛門ら九名)も名を連ねる。相撲取は東方大関雲龍久吉・西方大関境川浪右衛門以下、関脇・小結・前頭と続く。この西方前頭筆頭にはのちに横綱を受ける不知火光右衛門の名もあり、さらに東方前頭二枚目に白真弓肥太右衛門の名が番附に載せられている。つまり勧進元の白真弓は現役の江戸相撲取であった。飛驒国大野郡白川村の出身で、高山郡代小野朝右衛門に見いだされて、江戸相撲の年寄浦風林右衛門に弟子入りしたのであった。高山での興行は御当所相撲であり、勧進元になったのであろう。江戸相撲取の名前が終わると、番附三段目以下に飛驒高山の相撲取大碇文吉以下三十五名が記される。大碇は高山の花相撲では田舎大関であった(高山市郷土館所蔵史料)。

このように飛騨高山で、安政四（一八五七）年江戸相撲年寄・行司・相撲取は地方興行を行なっていたのだが、これより早い天保十四（一八四三）年、さらに西の地方で巡業が行なわれていた模様である。翌年の将軍上覧相撲の準備の段階で、天保十四年九月に上覧相撲取組などの書上の提出を幕府から命じられた相撲年寄境川浪右衛門と追手風喜太郎は、

この節、播州辺・伊勢路に相分れ、旅稼にまかり出ているので即刻呼寄せる、（「将軍上覧一件」『旧幕引継書』）

と回答している。天保十四年には伊勢路や播磨国でおもだった江戸相撲取たちが地方巡業を行なっているという点は注目されるが、そうなると、京・大坂の相撲集団とのかねあいはどのようになっていたのか興味ある点だが、今後の課題となろう。

江戸相撲取の出身地　地方巡業の範囲とも密接に関係する江戸の相撲取の生国はどのような分布であっただろうか。後述する文政六（一八二三）年の将軍上覧相撲時の「相撲取明細書」によれば、西方の史料は残されてはいないが、そこに記された東方七八人の相撲取の出身地は、全国二四ヶ国にのぼる。その二四国のうち、国別に人数の多い順にあげると、

①　江戸を含む武蔵一六人、
②　出羽九人、
③　陸奥八人、
④　下野七人、
⑤　下総五人、

が上位五ヶ国となる。これを地方別にみると、関東が三六人、東北一七人、九州一二人の順となる。関東・東北の二地方で合計五三人となり、七八人中の六八％になる。九州は、「本朝相撲司」を自称し、江戸相撲との関係が深い吉田善左衛門（追風）が熊本にいることの影響があろうが、そのほかの西国出身は近江・淡路・摂津・備中・安芸・阿波の六ヶ国一〇人（一三％）にかぎられる。繰り返しになるが、あくまで東方の上位番附七八人にかぎられた数字ではあるが、文

政六年時では、関東・東北・北陸出身の相撲取が江戸相撲の中心であったことが、当然のことのようだが確認される。

相撲興行の収入　ここまで雷電為右衛門一行の地方巡業や会津若松での興行収入について触れたように、相撲年寄たちにとっての興行収入は、在方(農村)や地方都市あるいは江戸の稽古相撲などにも求められたが、何といってもその中心は四季勧進大相撲興行からの収入であった。江戸では一年間に平均して二季の晴天一〇日興行(安永六年までは晴天八日興行)が行なわれた。その入場者数や木戸銭についての詳細を知ることはできないが、木戸銭収入が主要なものであったことは容易に想像されよう。ここでは木戸札の販売と組み合わされた桟敷をめぐる収入について検討することにしよう。

嘉永(かえい)二(一八四九)年七月になされた一つの訴訟史料(『徳川時代民事慣例集　五』橘書院　一九八六年)から、桟敷の制度について以下に述べる。

回向院境内に設営された相撲小屋(三六〇坪)の四方に二層の桟敷が設けられたことは前述した。一軒の桟敷は八人が入る広さを持ち、全体で桟敷の数は一五〇軒ほど設けられた。つまり桟敷に座る観客は合計一二〇〇人ということになる。

桟敷の権利金はつぎのように定められる。一軒の桟敷は八人を定員とするので、一〇日分の木戸札八〇枚を添えて、一桟敷の一〇日間の権利を金六両二分とする。したがって、一場所を通じて桟敷は九七五両(六両二分×一五〇軒)の収入を生む。つぎに、桟敷の権利を誰に譲るのかというと、一五〇軒のうち六〇軒を、特定の一四人に優先的に譲渡する。残り九〇軒の桟敷は、そのときの大相撲興行の勧進元が差配する。もっとも、勧進元は特定の一四人にこの九〇軒についても世話をさせる。特定の一四人とはおそらく相撲年寄の誰かであろう。特定の一四人は九〇軒のうちから「子分」と称する者たち六五人に桟敷の権利を一軒につき金二分の口銭付きで譲る。特定の一四人は合わせて四五両(二分×九〇軒)の口銭収入を獲得したことになる。

かくして特定の一四人(六〇軒分)と「子分」六五人(九〇軒分)、合わせて七九人は桟敷に自分の名札を下げ、独自の染抜き幕をかけて懇意の客を入れる。一桟敷の定員は八人で貸切りのことが多いが、空いているときはほかの客を差し入れることもあり、逆に大入のときは八人を超過して人を入れることもある。客は、桟敷代のほかに酒食代を支払うが、一〇日分の桟敷代（木戸札も含む）としてどれくらいの金額を払うのか未詳である。当然、七両（「子分」が受けた原価）を越えた金額になるはずで、越えた金額が「子分」や特定の一四人の儲けになる。

以上、一五〇軒の桟敷を設営することで、相撲年寄たちは共同で一場所に九七五両の収入を得たものと考えられる。この九七五両のなかには、十日間で一万二〇〇〇人分の木戸銭が折り込まれているので、このほかに桟敷以外の土俵周囲の土間の人数分の木戸銭収入がもたらされることになる。

二　幕府の政策とねらい

これまで述べた幕末を中心にした相撲興行の実態は、江戸時代の初頭から備わっていたものではもちろんない。社会の発展にともなう人々の娯楽要求のエネルギーを背景に、相撲年寄をリーダーとする相撲集団が幕府に伺いを立て、既成事実を積み上げながら徐々に獲得し、実現した興行実態であった。以下には江戸幕府とのかかわりのなかで、相撲年寄たちがいかに相撲興行を確立させていったのかを概観する。

駿州御厨地方の相撲　駿河国駿東郡御厨（みくりや）地方（現、静岡県御殿場市・小山町）は、宝永四（一七〇七）年の富士山噴火の被害を受け、火山砂に埋もれた地域としても知られる。同地域の村の一つに古沢村があり、そこには一幣司浅間神社が鎮座する。慶長十一（一六〇六）年徳川家康の援助で富士浅間本宮（富士郡）の造営と遷宮式が行なわれた際、古沢村浅間神社神主高村下総守昌邦は駿河国各地の神職や社僧あわせて八六人の先頭で幣司を勤めたという由緒を持ち、よって一幣司浅間神社と称する同社は、広い境内と格式ある拝殿・本殿を備えていた。同社の経済的基盤は広い氏子圏のほかに、富士山頂をめざす参詣の導者のなかで、古沢村を通行する人々に祓いを行なった礼銭や、賽銭を受けることにあった。しかしこれだけでは神殿の維持修復や造営費用には不十分であり、九月九日の祭礼の際に、神幸のあと相撲を行ない、人出を求めて収入を得てきた。

ところが安永八(一七七九)年九月の祭礼の場合には、御厨地方の中畑村の只右衛門がみずからを「相撲之頭」と称して、近村の印野(いんの)村与四左衛門・北久原(ほっくばら)村常右衛門・山之尻(やまのしり)村幸左衛門の三名を使いとして、古沢村浅間神社に派遣し、祭礼相撲はまかりならぬと妨害をしたため、同年の祭礼は神幸ばかりになってしまった。このように相撲を妨害されては、神社が衰微すると、神主の高村丹後守は小田原藩寺社奉行所に訴え上げている(静岡県御殿場市古沢村・高村紘一家所蔵史料)。

「相撲之頭」と称した中畑村只右衛門の遣わした三人のうち、山之尻村幸左衛門は、『山之尻村名主日記』によれば「角力取」として安永四年八月に勧進角力の申請をしている人物で、安永七年五月二十六・二十七の両日には小田原藩の殿様御前での相撲に呼び出され、土俵にのぼったことが知られている(『小山町史　七』静岡県小山町　一九九八年)。三人の相撲取を派遣した只右衛門は、この地域での「相撲之頭」と自称するような立場にあったのであろう。実際、只右衛門の居住する中畑村の氏神社において祭礼の際に相撲を興行しており、おびただしい群集となったとの記述もみられる。ここで問題なのは、只右衛門がなぜ安永八年に古沢村浅間神社の祭礼相撲を中止させることができたのか、ということである。考えられることは、「相撲之頭」と自称するような興行の実績を前提にして、幕府による素人相撲禁止の全国触を根拠に、浅間神社の祭礼相撲を禁止させたものであろう。

幕府の全国触　幕府による触は安永二(一七七三)年に発された。これは前年の明和九(一七七二)年七月に起こった「越後国相撲出入一件」と呼ばれる争論がきっかけになった。越後国蒲原郡のある村方で、寺院修復のため木戸銭を集めての素人相撲が、若者を中心になされていたところに、折りしも近隣で相撲興行を行なっていた江戸相撲年寄井筒万五郎の弟子角文字林平と四海波勘五郎の二人が飛入り、札銭をめぐってついに乱闘になり、死傷者を出した事件であった。相撲年寄から江戸幕府に訴えがなされ、吟味のうえ双方ともに幕府から重科が課された。その翌年、幕府は全国につぎの触をだしたのであった(高埜―一九八七年)。

触（『御触書天明集成』三一八六　岩波書店　一九三六年）の内容は、

①　角力興行の節、木戸を建て札銭を取るのは角力渡世を致している者である。しかるところ国々において、御料（幕領）は御代官、私領は領主、地頭（旗本）へ願いのうえで、素人どもが寄合って角力を催したり、神事などの際も角力興行を致すことがあるが、ことに神事などの節は、先年よりの嘉例であり見物も群衆致すため、取締のために囲いなどを致すことはあっても、木戸を建て、札銭などを請け取ることは今後行なってはならない、と、神事祭礼の相撲であっても素人による札銭（木戸銭）を取る興行をいっさい禁止した。そのうえで、

②　もっとも、素人が角力渡世の者どもへ対談のうえ、興行を催すのは格別のこととし、相撲渡世の者ども＝相撲年寄に対談のうえ（後述するようにつまりは金銭を支払って許可を受ければ）、木戸を建て札銭を取る勧進興行を行なうことができる、

という内容を持っていた。

この全国触がその後どのように浸透し、効力を持ったのか、そのことを示す実例の一つが、前述の駿州古沢村浅間神社における祭礼相撲興行に対する「相撲之頭」を称する中畑村只右衛門らの妨害であったと、理解することができる。

将軍上覧相撲　相撲年寄・相撲取・行司らの相撲で渡世する集団（相撲渡世集団）にとって、素人相撲の禁止の全国触は、興行権の幕府による擁護となり、集団としての基盤を支える拠所となった。このうえに寛政三（一七九一）年六月、将軍徳川家斉によって初の上覧相撲が挙行されたことは、相撲渡世集団に権威と格式を与えることにつながった。横綱を免許された谷風梶之助と小野川喜三郎のほか雷電為右衛門など江戸相撲の全盛期に、江戸城吹上庭において、将軍や諸大名を前にして行なわれた初の上覧相撲は、結びの一番で両横綱が取組、行司吉田善左衛門（追風）が取り裁いた。

その後、寛政六（一七九四）年、享和二（一八〇二）年、文政六（一八二三）年、天保元（一八三〇）年にも、将軍家斉は上覧相撲を行なわせた。つぎの将軍家慶も弘化元（一八四四）年、嘉永二（一八四九）年に行なわせた。このうち文政六年の上覧相撲について、以下に具体的にその様子を述べることにする（「相撲上覧一件」『旧幕引継書』）。

文政五年二月、相撲年寄惣代である粂川新右衛門ほか二人の年寄が町奉行所においてつぎのように願い上げた。

寛政三年と同六年の二度の将軍上覧によって、以後相撲が繁昌し、有難いことであった。また享和二年十二月の上覧相撲の際には、米百俵、白銀百枚を頂戴できたことは冥加至極であった。このたびも将軍上覧相撲を願いたい。

という内容であった。

これを受けて北町奉行榊原主計頭忠之は御小納戸頭取中野播磨守清茂（将軍家斉の寵愛を受け、溶姫らを産んだお美代の方の養父で時の実力者）にかけあい、上覧の場所などは前回（享和二年）同様に取り扱うことや相撲取は江戸表での興行が済むと、京・大坂そのほかの国々において興行するため離散するので、上覧の時期を九月上旬ごろに設定し、七月下旬までには江戸表に集まるよう申し渡すことなどをかけあって、中野清茂の了承を得た。

しかし上覧当日に向けた道程は容易ではなかった。八月に入ると、近づいた上覧相撲の取組書・名前書・明細書を各々折本にして、将軍のほかに観覧する一橋斉礼・田安斉匡・清水斉明のほか、側衆・小納戸頭取衆・中野清茂や西丸小納戸頭取衆などのために準備をする。これら将軍近親の者たちのほか、老中・若年寄・西丸老中・西丸若年寄・小普請奉行・御徒頭など用にも準備をする。

相撲取組書には上覧当日の対戦が記され、裁く行司ごとに、たとえば行司木村庄之助は結びの大関柏戸利助と大関玉垣額之助の対戦のほか二番が記されている。取組数は一〇五番あり、寛政六年の一一三番より少ない予定であった。もし時間が早く終了するようならば、享和のときに倣い、地取または五人掛りなどを行なう予定となった。

名前書には、東西の相撲取二二八人、相撲年寄三一人、行司一三人、全員の名前が記され、このほか書役四人、水汲二人、中相撲・褌持・上下持など二一〇人、髪結八人、人足二〇人が数え上げられている。合計人数四二六人となる。

相撲明細書には、東西の相撲取の生国・大名抱・誰の弟子かが年齢とともに一人一人記載されてあった。東の方の最初の二人だけを例示すれば、

津軽越中守抱
一、生国奥州津軽郡弘前　　先柏戸宗五郎養子　柏戸　利助　未三拾六歳

同人抱
一、生国羽州冣上郡寺津町　　秀ノ山伝次郎弟子　源氏山吉太夫　未三拾四歳

というものであった。

さて、上覧相撲の準備は土俵など場所の設営も行なった。まず吹上御庭の上覧場所の見分が町奉行榊原とその組与力・同心・普請奉行、小納戸頭取、目付に相撲年寄を加えて行なわれた。土俵廻りは相撲の者たちが行ない、花道や東西の入口は普請方で取り建てることになった。ここでいう土俵廻りとは、土俵のほか、四本柱（柱には上方に色絹、下方に毛氈（もうせん）を巻く）、屋根などで、その費用として金一一両一分・銀二匁五分、銭二貫文が相撲側に支給された。土俵周囲の水引幕は納戸方から緞子（どんす）を借用することとなった。

図8の向かって左側に将軍・諸大名などの席があり、向かって右側の幕の内に相撲取たちが待機した。幕の内には湯釜・やかんなどが用意され、休息できた。呼出されて幕の内から東西花道に出たところで、立礼ではなく平伏する。その位置に徒目付・小人目付を配して警備にあたり、町奉行配下の与力・同心は矢来門の内外を固めさせる。

以上の準備・計画も整った九月六日、小納戸頭取中野清茂より、予定していた九月中は暇がないため来月中旬ごろに延期する旨、目付↓北町奉行↓相撲年寄に伝えられた。十月十日になって相撲年寄は、上覧相撲が終わるまで勧進大相撲を興行してはならないと命じられているが、このまま上覧相撲の日程も定まらないのは困る趣旨を、町奉行に訴えた。

この旨を町奉行榊原から伝えられた中野清茂は、先に冬季勧進相撲興行を行なわせることを、十月十五日に回答。その結果、当年（文政五年）中の上覧相撲は行なわないことに決定した。

明けて文政六年二月二十六日、上覧相撲を三月中旬に行なうことが命じられ、三月五日から上覧場所の取り建てにかかるよう、相撲側や普請奉行に達せられた。上覧の日取も三月二十五日に正式決定。準備も整った三月二十四日、相撲

図8

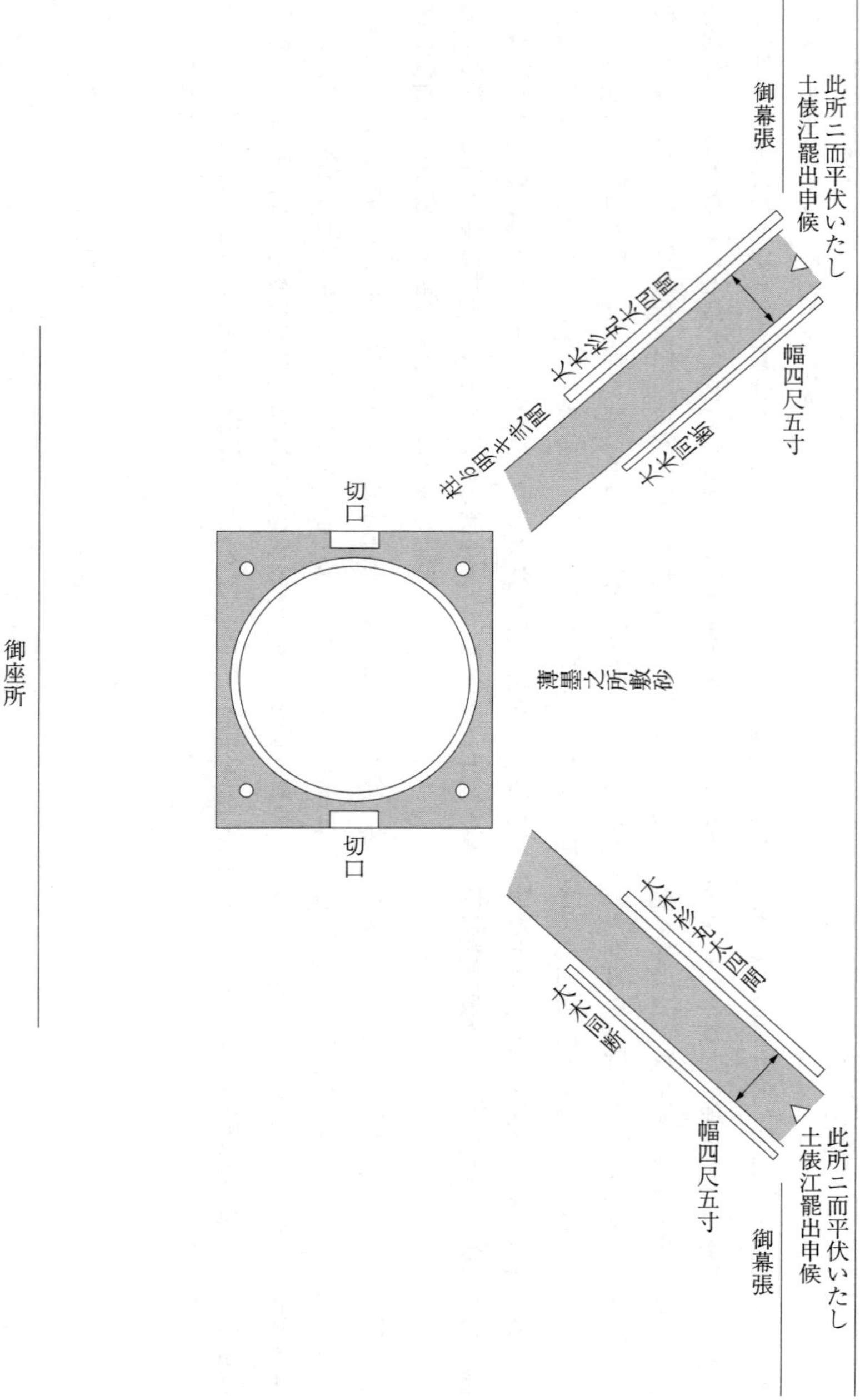
此所ニ而平伏いたし
土俵江罷出申候
御幕張
幅四尺五寸
大木杉丸太四間
大木同断
柱ゟ明キ弐間
切口
切口
薄墨之所敷砂
御幕張
御座所
大木杉丸太四間
大木同断
幅四尺五寸
此所ニ而平伏いたし
土俵江罷出申候
御幕張

年寄粂川新右衛門・浦風林右衛門の両名は確認のための請書を提出した。請書の内容は、

一、当日暁七ツ時(午前四時)に平河門外に集合すること、
一、力水や飲み水は竹橋門番所板塀内で汲むこと、
一、まわしはありあわせのものを用いること、
一、土俵上には盛砂がしてあるので、始めるときは年寄のうちで心得のある者が砂を散し平均に敷くこと、
一、内外の溜りには年寄が二人ずつ詰居ること、

などである。

しかし、天気に恵まれず、さらに日延べとなり、実際には四月三日に上覧相撲が挙行された。結び前の一番で荒馬大五郎が勝ち、矢を授けられた。結びの両大関の取組では、柏戸に勝った玉垣額之助が弓を受けた。すべての取組後、柏戸・玉垣の両大関はそれぞれ五人と対戦する五人掛をみせ、その日の上覧相撲を終えた。相撲は四ツ時に始まり七ツ時に終わったとあるから、午前十時から昼をはさんで午後四時まで行なわれたことになる。もっとも午前十時に始めるために、相撲年寄以下四二六人は午前四時ごろには平河門外に集合させられており、長い一日を過ごしたことになる。

幕府のねらい　相撲年寄たちにとって、文政六(一八二三)年の上覧相撲は、いくつかの困難を乗り越えての、二二年ぶりの実現であった。しかし、上覧相撲の持つ効果の大きさに比べれば、日延べなどの困難は、物の数ではなかったのだろう。将軍上覧は相撲渡世集団に権威と格式を与え、繁昌をもたらすことを、年寄たちは十分自認していたのであった。また、前述の安永二(一七七三)年の全国触によって相撲渡世集団の興行独占権が公認された、その効果も格段のものであったが、これらの江戸幕府による相撲渡世集団に対する特権の付与の背景には、どんなねらいが込められていたのであろうか。

結論からいえば、相撲年寄たちに興行独占権を与え、地方の恒例であった祭礼相撲であっても、相撲年寄の許可を得た者たちでなければ興行を行なえないことにすることで、地方の村々に至るまでの相撲興行を統制するねらいがあった。

それは、関東を中心にした在方の風俗取締政策の一環であったと位置づけることができよう。

幕府が寛政十(一七九八)年三月に発した触(『御触書天保集成』五五三三　岩波書店　一九四一年)は、右のことを端的に物語っている。

関東在方におゐて同類をあつめ、通りものと唱(となえ)、身持不埒(ふらち)の者共を子分なとと号し抱置き、或長脇差を帯し目立候衣服を着し、不届の所業に及び候者これある由相聞候、右は畢竟角力渡世のものなど、在方におゐて右体の風俗いたし候ものこれあり候故、おのつから押移り候哉ニも候(後略)、

と当時の在方における通り者の存在と、相撲渡世の者との関係を指摘したうえで、百姓風俗の取締を代官や私領主に命じた。

その翌月、幕府はつぎの触(同前五五三四)を相撲年寄に出し、前の触を補強した。

角力　年寄共

関東在方に於て同類を集め、通りものと唱、身持不埒の者共を子分なとと号し抱置き、或は長脇差を帯し、目立候衣服を着し、不届の所業に及び候ものこれ有り、右の内ニは角力渡世の者共もこれ有り、右体の風俗致し候ものこれ有るニよって、おのつから押移り候哉ニ候、もっともおもたち角力渡世致し候者などは、右体不埒の所業ニ及び候ものもこれ有るまじき儀候え共、畢竟弟子共などの内、或いは在方ニて角力ニ携り候もの等、右様の風俗いたすものこれ有る哉ニ相聞候間、以来在方ニおゐて右体の風俗決て致すまじき旨、師匠分のもの共より急度申し渡すべきもの也、

（以上全文、『御触書天保集成』五五三四）

この触の前半は、先の触(五五三三)と同文に近いが微妙にニュアンスが異なっている。この触では明確に、不届の所業に及ぶ通り者のうちには相撲渡世の者どもがいることを指摘し、それがほかに影響を及ぼしているという文脈になっている。そのうえで、後半においては、ただし、このような不届な相撲渡世の者は、おもだった相撲渡世の者ではなく、

弟子であったり在方で相撲に携わったりする者たちのなかに居るのだから、師匠分である相撲年寄どもからきつく申し渡すように、というのが幕府の触の趣旨であった。弟子のほかに、在方で相撲に携わる者がいることを幕府は認識していたことになる。

さらに文化二(一八〇五)年九月には、関東の取締にあたる手附・手代の廻村に際しての方針の一つとして、山口鉄五郎名で、在方の相撲興行に関する認識が示されている(「地方落穂集追加　五」『日本経済叢書　九』同刊行会　一九一五年)。すなわち、

①「相撲の儀、その職のものばかりにて日限を定め、支配領主・地頭の役人差出し興行致させ候分格別」と、領主の許可を受けた相撲の者たちだけによる興行を認める、

②「在方に罷在り候相撲取」が「素人交りにて支配領主地頭へも申立てず興行」することがあるようだが、これが「相撲ばかりに候へば差て風俗を乱し、良民の害に相成候と申にもこれなく候へども」、実際には相撲につけて「博奕打(ばくちうち)・悪党ども立集り、難儀にも相成候間」、だからそういう相撲興行は止めさせるべき、

という内容であった。

相撲興行開催によって人々が多く集まるところに博奕打や悪党が賭場を開帳するなど悪事を働くので、在方の相撲興行について厳重に相撲年寄の管轄下に置く必要を、幕府は意図していたのであろう。

三　相撲渡世集団と身分

相撲取の身分　文政十(一八二七)年十月、時の老中松平周防守康任(やすとう)は、領国である石見国浜田における治政上、相撲取の身分について、江戸幕府の考え方を問い合わせた。したがって老中としてというよりは一大名として問い合わせを行なったとみるべきであろう。問い合わせは六条にわたっているが、四・五条目は交通に関することで、行論上省略する。

①　相撲取一派の職業を持ち、町方住居している者で脇差を帯し、たとえば何風・何川・何ノ山などと唱名を持ち、かつ実名もあるが、これらは常の町人と同様に町奉行所支配を受けているのかどうか。町奉行所の取り扱いは常の町人同様であるかどうか。心次第に苗字を名乗り、帯刀してもかまわないのかどうか、惣髪などにするのも当人の心次第でかまわないものなのか。

②　相撲取の内にて、町方住居いたし諸侯方または陪臣より扶持や宛行いなどを受けていれば苗字・帯刀するもので、町人抱の者は帯刀してはならない、というものなのか。

③　諸侯方に相撲取が召抱えられ、屋敷内に住居いたし、宛行いなどを家来並に給わる場合は、苗字・帯刀いたし、格式については主人（諸侯）の考え次第に申し付けるのがかまわないのか。

ただしこのような相撲取も興行の節に番附に名前を載せるということでは常の諸家家来とは異なることであるが、相撲方にての差もつれは出入りの始末により町方住居の相撲取と取り扱いの違いはないのであろうか。

⑥　相撲座の行司に木村某、式守某と申すものがある、これらは帯刀しているようにみえるが、いずれに属した者であろうか。町奉行所支配であるならば、いかようの取り扱いの者であろうか。いずれに見比べればよいのであろうか。

以上の四ヶ条のうち、①〜③条は町人抱の相撲取と大名抱の相撲取の身分上の相違点に関心が注がれ、⑥は行司の身分に関する内容で、いずれも身分上、問い合わせたい疑問点の数々といえよう。

以上の問い合わせに対する町奉行側の回答は、つぎのとおりである。

①　相撲取で諸侯方の抱になっている者はすべて帯刀している。抱えられていない者は浪人者にて、平日は脇差だけを帯刀している。もっとも旅行するときや祝儀・不祝儀などの節は帯刀する。苗字のことは諸侯の家風にその屋敷かぎりにつけることもある。そのほかは名乗りばかりで苗字はなく、住居ならびに惣髪のことについては取極はない。

ただし陪臣にて町人の抱になることはない。

②　諸侯方抱の相撲取が春秋興行に出る際は、勧進元になる相撲年寄共がその屋敷に罷り出て、興行中の拝借を願う。相撲取が旅行をするときは、大名抱の場合はその屋敷により人馬駄賃帳を受け取って旅行する。浪人相撲の場合は京都の公家桑原家、飛鳥井家、五条家が相撲について由緒のある家柄につき、右三家に願って人馬駄賃帳を貰い受け旅行する。

③　浪人相撲取の町方住居している者を町奉行所に呼出す場合、砂利へ差出す。屋敷抱で格禄などを貰い受け屋敷に住居するか、または町方住居しても町方人別に加わらない相撲取は、抱の屋敷へ呼出し、格式に応じて取りはからう。

④　相撲行司のうち、木村庄之助・式守猪之助の両人は先祖より細川越中守家来吉田追風の弟子にて免許致し、庄之助は相撲年寄の仲間へ加入致しており、前々より浪人ものにて苗字相名乗り、帯刀致している。外の行司共はいっさい帯刀することはない。もっとも行司共が願い事をする際は、町奉行の月番へ願い出る。

（「相撲取身分之儀ニ付松平周防守殿より問合」『徳川禁令考』前集五―二七三七　創文社　一九五九年）

最後に、以上の町奉行の回答は「相撲仲間およその規矩取調べ」たものであることを記している。

松平康任の問い合わせと町奉行の回答をとおして、当時の相撲取の身分に関する幕府側の認識がいかなるものであったか、いくつかの点を指摘することができる。

相撲取の身分上の位置づけは、大名抱は武士、そのほかは浪人として扱うというのが大筋であった。大名抱の場合、扶持・宛行いを受け、家内で相応の格式を持つ者など、いずれも帯刀をする武士身分で、屋敷内で苗字を持つ場合もある。その相撲取がもし訴訟沙汰になっても、町方（町奉行）の扱いとはならず、大名屋敷において取りはからう。

では、武士身分として扱われる諸侯（大名）抱の相撲取は、どれくらいの人数がいたのであろうか。前述の文政六（一八二三）年の将軍上覧相撲に提出した「相撲明細書」には、東西二二八人の相撲取のうち東方の上位七八人分の記録のみが残されている。この七八人分のうち、大名抱になっている相撲取は合計一四名であった。表31のように、大名は津軽越中守（弘前藩主　十万石）と松平阿波守（徳島藩主二十五万七千石）の二名だけで、いずれも七名ずつを抱えている。東方の相

表 31　大名抱え相撲取一覧

	番付順位	名　前	年齢	生　国	師　匠
津軽越中守	1(1)	柏戸利助	36 歳	奥州津軽郡弘前	柏戸宗五郎養子
	2(2)	源氏山吉太夫	34 歳	羽州最上郡寺津村	秀ノ山伝次郎
	3(11)	千年山才助	28 歳	奥州津軽郡大浜村	粂川新右衛門
	4(13)	璞安平	27 歳	奥州津軽郡目和田村	柏戸利助
	5(17)	鳥井崎与助	33 歳	奥州津軽郡弘前	柏戸利助
	6(30)	大瀧嘉助	3□ 歳	奥州津軽郡新前村	柏戸利助
	7(37)	綾波与之助	25 歳	奥州津軽郡弘前	柏戸利助
松平(蜂須賀)阿波守	1(4)	雲早山森之助	38 歳	肥後天草郡二夕江村	勝ノ浦与一右衛門
	2(5)	大鳴門浦右衛門	29 歳	武州高麗郡栗坪村	桐山権平
	3(6)	諭鶴羽留之助	32 歳	淡州津名郡千草村	桐山権平
	4(10)	越ノ海勇蔵	27 歳	芸州佐伯郡草津村	玉垣額之助
	5(15)	日出山善助	32 歳	筑後上妻郡東条村	玉垣額之助
	6(19)	陬清吉	22 歳	肥後玉名郡長次村	勝ノ浦与一右衛門
	7(42)	朝日灘惣吉	29 歳	阿州名西郡高河原村	勝ノ浦与一右衛門

撲取一一四人のうち一四人のみが大名抱であり、その比率は一二％となる。

大名抱の特徴は、地域性がある点であろう。四国阿波徳島藩主の抱相撲取は、大鳴門浦右衛門(唱名に阿波との縁がある)を除いて、すべて西国出身である。東方の第四二番目に位置した朝日灘が大名抱になったのは阿波出身であったからにほかなるまい。津軽藩主の抱は、さらに地域性が明瞭で、七人中六人が津軽郡の出身である。師匠の柏戸利助は、このとき年寄・大関の二枚看板を持っていた。文政八(一八二五)年に引退後は年寄伊勢ノ海となる。なお、西方大関玉垣額之助も年寄との二枚看板で、出身地の島原藩主の抱であった。

さて、大名抱は人数は少ないが、武士身分を与えられていたのに対し、大名抱ではないそのほかの九割近い相撲取は、表32の相撲年寄三一名の弟子として町方居住していた。これらの身分は浪人として扱い、日ごろは帯刀せず、脇差のみだが、旅行や祝儀・不祝儀には帯刀するとしている。大名抱であった相撲取が引退して相撲年寄になり、身分上は浪人身分として扱われるのは合点がゆくが、大名抱にもならない相撲取(大部分は百姓身分の出身)をいきなり浪人身分として扱うのは擬制(フィクション)というべきであろう。しかし幕府の身分政策からみるとき、相撲取は浪人身分だから脇差を許すとした論理は、折しも風俗取締にあたって百姓・町人や通り者を統制するうえから、有効な論理となったであろう。

相撲取の周辺　武士・浪人とは、江戸時代の社会の中核的身分である。逆に、相撲取や年寄は、中核に対するいわば周縁の存在であった。相撲取・年寄を武士(浪人)身分に比定して、その最も外延部(武士のはしくれ)に含み込ませる認識が、文政十(一八二七)年には定着していたと考えてよかろう。

相撲渡世集団全体を考えるとき、年寄・相撲取は集団のいわば中核的存在であった。その周辺には彼らとともに集団を形成する幾種もの人々の存在があった。つぎには、これを江戸と地方とに分けて検討を試みることにしよう。

まず江戸の相撲渡世集団のなかで、年寄・相撲取に準じて中心を占めるのが、行司である。文政六(一八二三)年の将軍上覧時には、表33の木村庄之助・式守伊之助以下、一三名が名を連ねていた。文政十年の松平康任の問い合わせに対する回答で、町奉行は、木村庄之助・式守伊之助の両人は先祖より細川越中守家来吉田善左衛門(追風)の弟子になり免許を受けたと述べ、庄之助は相撲年寄の仲間へ加入しており、前々より浪人ものにて苗字を名乗り帯刀しているが、ほかの行司はいっさい帯刀しないと答えている。善左衛門に弟子入りしたのは寛延二(一七四九)年のことであり、中立庄之助と式守五太夫の二人であった。中立庄之助の先祖は真田伊豆守の家来で中立羽左衛門と唱え、浪人して江戸にあったと、九代目木村庄之助の由緒書上(文政十一年)には記されている。

式守伊之助は式守五太夫の弟子であるが、五太夫は年寄伊勢海五太夫と同一人物であり、やがて相撲年寄に専念した

表32　相撲年寄一覧

相撲年寄(文政6年)
鎹山喜平次
粂川新右衛門
友綱良助
荒磯与八
清見潟又蔵
勝ノ浦与一右衛門
浦風林右衛門
秀ノ山伝次郎
佐渡ヶ嶽沢右衛門
白玉由右衛門
山分万吉
振り分忠蔵
武隈分蔵
常盤山小平次
錦嶋三太夫
立田川清五郎
松ヶ根幸太夫
甲山半五郎
山響勇五郎
玉ノ井村右衛門
千賀ノ浦太三郎
追手風喜太郎
武蔵川初右衛門
廿山重五郎
桐山権平
若藤恒右衛門
間垣伴七
酒井川豊五郎
花籠与市
浜風今右衛門
入間川太右衛門
(以上　31名)

注　全員、現在に年寄名跡を残す。

表33　行司一覧

行司(文政6年)
木村庄之助
式守伊之助
木村庄太郎
木村庄蔵
木村正助
式守与太夫
木村幾世次
式守源太郎
木村清三郎
式守重五郎
木村亀蔵
木村常次郎
木村織部
(以上　13名)

表34　文政6年上覧相撲参加者

東西相撲取	228人
相撲年寄	31人
行司	13人
書役	4人
水汲	2人
中相撲・褌持・上下持共	120人
髪結	8人
人足	20人
合　　計	426人

ことから、弟子でありながら伊之助が式守姓行司の頂点に立った。しかし、木村庄之助に比べれば一段格式が劣ることになる。

百姓・町人身分の子弟が、木村庄之助か式守伊之助から「相撲行司故実門弟」に入ることを免許され、元の名前を改めて以後、木村氏・式守氏を名乗り、行司となる(高埜—一九八七年)。

表34の文政六年の上覧相撲参加者四二六人のうち、東西相撲取・相撲年寄・行司のほかに中相撲取・褌持・上下持共とあるのは相撲取の卵つまり取的(とりてき)である。このほかの、書役・水汲・髪結・人足が相撲渡世集団のなかにあって、中核的存在を下支えする存在であった。

桟敷世話渡世人　以上の相撲渡世集団の外部に存在するが、密接な関係を持つ存在に「相撲桟敷世話渡世人」がある。これは、桟敷の制度について述べた際の「子分」のことである。全部で一五〇軒ある桟敷のうち九〇軒分を「子分」六五人に金二分の口銭で譲渡したことを述べた。「子分」の性格について検討しよう。

この「子分」の一人である南本所横網町伊之助店居住の重吉は、桟敷の客の一人である堀江六軒町新道次郎兵衛店居住の徳兵衛ほか一人を桟敷代ならびに酒食代の支払いが滞ったことで、嘉永二(一八四九)年、番所に訴えを起こした。その際、訴人である重吉はみずからを「相撲桟敷世話渡世」と肩書きをしたためている。相撲年寄が担う勧進元から特定の一四人をとおし、その取締の下で桟敷の権利を求め、客を集めて酒食を提供し、収入を得るこの「相撲桟敷世話渡世」の六五人は、現在の相撲茶屋の源流と推測できよう。しかも、江戸の場合でも年二回しかない勧進大相撲の期間

(合わせて晴天二〇日間)だけでは渡世は立ち行かなかったものか、彼らは花相撲または近在の場所へも参加して世話をし、収入を得ていたという。

地方の門弟　江戸の相撲渡世集団と関係を持つ地方の存在に目を移そう。まず、「2　幕府の政策とねらい」で述べた安永二(一七七三)年の幕府全国触を再び思い返して頂きたい。素人が木戸を建て木戸銭を取る相撲興行は全面的に禁止され、そのうえで素人が相撲渡世の者どもと対談のうえ興行を催すのは格別のこと、とされた。対談の内実とはいかなるものかを、つぎの事例はよく示している。

天保十三(一八四二)年十月十三日付で、江戸相撲年寄楯山藤蔵は常州下館の松三郎・忠吉両名に宛てて「相撲対談一札之事」の証文を渡している。この証文は下館において松三郎らが勧進元になって二日間の相撲興行を行ない、金三〇両は買い切りとするものであった。年寄楯山はまず手金として一〇両を請け取り、残り二〇両は興行二日目の中入り前に皆済する条件であった。その際、年寄楯山は、残り二〇両が支払われるまで、木戸銭・桟敷代・土間代を預り、二〇両皆済後これらを返すという条件をつけている。「相撲対談一札之事」とは、つまり興行契約書にほかならなかった。

ところで江戸相撲年寄にとって、地方における相撲興行を担う勧進元との関係を緊密にすることは、地方興行をより安定的に進めることにつながった。一方、地方の町や村で相撲興行を行ないたいと考える者も、安永二年以降は、相撲興行独占権を相撲渡世集団が幕府から保証された以上、相撲年寄と緊密な関係を結ばざるをえなくなった。しかも、単に「相撲に携わる者」ではなく、師弟関係を結び「弟子」となることは、幕府による風俗取締のきびしくなるなかで、在地における安定的な興行を行なえる条件になった。

この両者の利害一致するところから、相撲年寄たちは、地方における相撲興行の担い手たちを、「故実門弟」「相撲世話人」「相撲目代」などに任命し擬制的な「師弟関係」を結ぶことで、緊密な関係を結んでいった。このなかには、かつて江戸の相撲取で年寄の下に弟子入りしていた者もいたが、廃業して在地に戻り百姓身分に戻った以上は、この場合も興行の担い手としてあらためて結んだ「師弟関係」は、擬制的というべきであろう。

「師弟関係」の結び方には、いくつかの型があった。

①

免状之事

一、其許儀相撲執心ニ付此度我等門弟ニ致し置き候処実正也、然ル上は何国迄も紛れこれなく候、左候えば御公儀様御法度の儀は申すに及ばず相撲場所は勿論、平日とも猥らなる義決して致さざる様相慎み申すべく候、依て免状くだんのごとし、

天保十三寅年九月日（一八四二）

江戸湯島天神前
相撲年寄
花籠平五郎　印

武州秩父郡白久村

白瀧　熊吉殿

（同郡荒川村・山中映嘉氏所蔵）

これは第一段階の「師弟関係」を示すもので、相撲年寄花籠の門弟に、秩父地方の興行の担い手白瀧を任じた免状である。

②

免許之事

其許相撲門弟ニこれ有り候処、老年に及び候間、今般其の近郷相撲世話人相定め置き候議相違これなく候、向後門弟共取締り、能く作法を相守らせ猥らなる事これなきよう心付けらるべく候、江戸表より不埒ニ付き差構え候者ハ廻文を以て申し遣し候間、一宿同伴致させまじく候、世話人証状依てくだんのごとし、

江戸相撲年寄

天保六未年六月

惣代　雷　権太夫　印
友綱　良助　印
阿武松緑之助印

能州鹿島郡七尾

春日山四郎右衛門殿

（『七尾市史　資料編一』七尾市　一九六八年）

これは、すでに門弟となっていた者に対し、老年に及んだり、ほかの例では親子代々世襲して門弟であったことから、門弟より一段上位の世話人に任じた際の免許状である。近郷のほかの門弟たちの取締にあたらせるほか、江戸とネットワークをとり、江戸表から破門など差構えの者を一宿も同伴させないことを命じた。

③
免許

其許儀相撲執心身持実底なる者ニ付、我等門弟ニ差加え置き候処、此度相改め目代に取立て候処実正相違これなく候、然る上は御公儀様御法度の儀は申すに及ばず相撲作法きっと相守り申すべく候、興行の場所は勿論神事祭礼相撲にこれ有り候節、不埒の儀これなく候様、平日とも万端心揃え申すべく候、其の門弟中えも申し渡し、もし相背く者これあり候はば早速江戸表え申通し破門申すべき事、かつ其の師匠より沙汰これなく独立業道致し候者と同宿同伴致すまじく、万一左様の者これあり候はば通達ニ及ばるべく候、後日のため相渡す証状、くだんのごとし、

弘化四未年十一月

相撲印鑑 印

雷 権太夫 印

信房 花押

奥州会津郡若松住

雷ノ音 廣右衛門殿

（会津若松市・安部家蔵）

目代とは、②の世話人と同様に門弟であった者を上昇させて任命するもので、目代の下には門弟が存在し、その取締を行なう。もし門弟中で違背する者があれば江戸の年寄に申し通して破門を申し付ける権限が付与されていた。また相撲年寄（江戸相撲渡世集団）から独立して相撲を行なう者の統制も担わされていた。会津若松には、前述のように天明期に江戸相撲が参入したが、それ以前に地方相撲組織が存在しており、雷ノ音はその中心に存在していたのであろうか。目代をとおして、在来の会津若松の相撲組織は江戸相撲の傘下に入ったと理解できよう。

ところで世話人と目代に違いはあるのだろうか。慶応二（一八六六）年二月、年寄藤島甚助広行が、甲州都留郡大明見（おおあすみ）

村小桜又蔵(富士吉田市・早川家文書)と同郡下吉田村勇川九郎右衛門(『富士吉田市史　資料編四』富士吉田市　一九九四年)の両名を門弟から改め世話人に任じる免許状を発給しているが、同月、同じく甲州都留郡下吉田村竹垣五郎右衛門に対して年寄玉垣額之助直行と富士嶋甚助広行の連名で「年来厚き世話致し候に付、此度相改め、目代相頼候」との免許状(同前)を発給している。同月に同地域で三通の免許状が発給された内容からすると、世話人より上位に目代が位置づけられていたものであろう。

かくして、江戸相撲年寄―目代―世話人―門弟の序列をもって、地方の相撲興行の担い手が組織化されたものと推測できる。その時期は現在わかる範囲で、残された免許状によれば、おそらく天保期以降幕末にかけて免許状の発給、すなわち地方の組織化が積極的に進行したものと考えられる。それ以前の、寛政・享和・文化・文政期には「相撲力士之門弟」「相撲行司故実門弟」「田舎角力目代」「名乗」などの免許状発行は確認されているが、これらは個別的、原初的なものと見なされる。これらを整理して、天保期以降、江戸相撲年寄たちは、統一的な門弟・世話人・目代の免許状発給に切り換えたのではなかろうか。

おわりに

延享元(一七四四)年に四季勧進相撲の恒常的開催が幕府に認められ、相撲集団の渡世は安定に向かった。それから三〇年後の安永二(一七七三)年の素人相撲禁止の全国触は、相撲渡世集団の興行独占権を幕府が保証するものであった。さらに寛政三(一七九一)年以降の将軍上覧相撲の実施は、相撲の格式を高めるのみならず、相撲人気を刺激することになった。また、幕府による風俗取締政策が進められた寛政十(一七九八)年以降は、地方の相撲興行の担い手の統制が江戸相撲年寄に託され、文政期以降、風俗取締が強化されると、地方の興行の担い手の側から江戸相撲年寄の配下に入る気運が増した模様で、天保期(一八三〇年から)以降、相撲年寄を師匠とし、その弟子となる擬制的な「師弟関係」が結ばれていった。

「師弟関係」が結ばれた地方は拡大していった。北は会津若松や北陸能登の七尾のほか、西の飛騨高山には嘉永六(一八五三)年五月、江戸相撲年寄四代目浦風林右衛門直政から高山の相撲頭取の一人花車小右衛門に宛てて「世話人免状」(高山市郷土館蔵)が発給され、「師弟関係」が結ばれた。

花車や雷ノ音のいた高山や若松は、いずれも多数の人口を持つ、国で一番の町場で、地元で相撲集団を抱えられる経済力を持つ地域であった。すでに地域に相撲集団が存在した場合、その頭取と江戸相撲年寄が、「師弟関係」を結んだ事例であった。

これに対し、相撲集団の存在しなかった地域で、興行の担い手である土地の実力者と「師弟関係」を結んだ事例がある。そういう人物として下総国海上郡飯岡の博徒飯岡助五郎の事例を紹介する。

証状

一、其許儀相撲職業執心ニ付、故人友綱良助門弟ニこれあり候処、右友綱義は我等先祖之門弟之筋合を以って、当時門弟之者共我等方え引取り、職業相勤めさせ罷りあり候、貴殿儀先年より其地浜方渡世勤めながら相替らず門弟のもの共厚き世話致候様、追々承り及び候ニ付、此度仲ヶ間一同相談の上相改め、其近国近在相撲世話人ニ相定め置き候間、御公儀様御法度の儀は申すに及ばず相撲作法を相守り、たとえ外年寄仲ヶ間之者門弟引連れ其地え罷り越し候節は宜しく取計い世話いたし申すべく候、もしまた年寄附添い申さず壱人立にて罷り越し候ものハ決て世話致し申さず、一宿同伴仕るまじく候、依て世話人証状くだんのごとし、

天保十一子年正月

浦風　林右衛門印
雷　　権太夫　印
錣山　喜平次　印
境川　浪右衛門印
仲ヶ間印鑑　印　追手風喜太郎　印

伊勢海宗五郎　印
宮城野馬五郎　印
木村　松翁　印
師匠玉垣　額之助

下総国海上郡飯岡村住
総ヶ崎　助五郎どの

（千葉県海上郡飯岡町歴史民俗資料館蔵）

これは「天保水滸伝」で知られる飯岡住の博徒飯岡助五郎に対する「相撲世話人」の証状である。この年（一八四〇）助五郎は四八歳であった。相模国三浦郡出身の助五郎は一八歳のころに江戸相撲年寄友綱良助の弟子になったが廃業し、のちに飯岡の浜方漁師となり、文政五（一八二二）年ごろには博徒（ばくと）として飯岡浜の縄張りを持つに至った。浜方の漁師として、あるいは博徒として、また関東取締出役の手先として十手を預り、地元で江戸相撲の巡業の世話をする、という存在であったのだろう。

右の「世話人証状」はほかの定型化した免許状の文言と異なる点がある。個別助五郎にのみ向けられた箇所は、友綱良助死後、玉垣額之助が友綱の弟子を引き取り、飯岡助五郎が玉垣と弟子の巡業の世話をしてきた点の指摘である。その際、助五郎は玉垣以外の年寄と弟子の巡業の世話を拒んできたのではなかろうか。

助五郎の縄張りのうちで相撲興行をするために、玉垣以外の江戸の相撲年寄たちは、仲間として、助五郎を相撲世話人に任じることで巡業の世話を依頼することを可能にしたのであろう。玉垣以外に当時主だちの八名の相撲年寄の連名の免状は珍しく、「仲ケ間（なかま）印鑑」とともにこの証状が年寄仲間あげての発給である点から推測される。

地方で相撲興行の担い手になった者には、小諸柳田氏や下館松三郎など素人であった者たちもいよう。また、飛騨高山花車、会津若松雷ノ音のような地方相撲頭取もいた。そして飯岡助五郎のような博徒も、江戸相撲渡世集団の外縁に取り込まれた地方興行の担い手として存在していたことは注目すべきであろう。

〔参考文献〕
高埜利彦「幕藩体制における家職と権威」（『日本の社会史三　権威と支配』岩波書店　一九八九年。のち『近世日本の国家権力と宗教』東京大学出版会　一九八九年所収）。
新田一郎『相撲の歴史』（山川出版社　一九九四年）。
〔付記〕
相撲博物館には所蔵史料・写真を閲覧させていただき、有難うございました。記して感謝の気持ちを申し述べます。
〔『シリーズ近世の身分的周縁3　職人・親方・仲間』、二〇〇〇年、吉川弘文館刊〕

三　抱え相撲

はじめに

寛政三（一七九一）年六月、一一代将軍徳川家斉は江戸城吹上庭において、初めての将軍上覧相撲を催した。横綱を免許された谷風梶之助と小野川喜三郎のほか、雷電為右衛門などの相撲取が、将軍や大名たちが居並ぶ座敷の前の土俵に立った。結びの一番で両横綱が取組んだが、この取組のみを裁いた行司吉田追風は、待ったをした小野川の気敗けとして、取組む前に「勝負あり」としたため、将軍家斉以下の観戦者の失望を買った。そのためおそらく雷電為右衛門らの強豪ぶりは光を放ったことであろう。

雷電為右衛門は信濃国小県郡大石村（現、長野県東部町）の百姓の家に明和四（一七六七）年に生まれ、一八歳で江戸の相撲年寄浦風林右衛門の一門に入り、兄弟子である谷風梶之助の内弟子となって相撲修行に励んだ。天明八(一七八八)年二二歳のころ、出雲国松江藩主松平治郷(不昧)に水主として抱えられた。雷電は、寛政二年十一月ごろから江戸相撲の花形となり寛政七年の谷風死去後、大関に昇進し、以後文化八(一八一一)年に引退(四五歳)するまで大関の地位にあった。

雷電は、三都での四季勧進大相撲に出場しつつも、松江藩抱え相撲(水主)として松江城三の丸での殿様御前相撲に登場するほか、城下町白潟天神での勧進興行や稽古相撲に出場した。松江滞在中は城下にある水主屋敷に関為右衛門として米一〇石三人扶持で召抱えられ、藩のなかでは武士身分のうち最下層の位置に置かれていたのであった。

本章では、松江藩に抱えられた雷電為右衛門のような大名の抱え相撲取を対象にして、江戸時代の周縁身分、とくに本巻の「武士の周縁に生きる」の課題を検討する。そのために、いったん雷電と松江藩との関係の検討から離れ、多くの大名たちと相撲取との関係の検討から始めることにする。

一　抱え相撲の変質

前期の抱え相撲　戦時態勢の続いた江戸時代前半の抱え相撲は、在方(村々)にあった力強き者を足軽などの奉公人として大名が主従関係を結び、戦争に用いた者たちで、時として大名たちの観るなかで、屋敷内にて相撲を取らせることのある者たちであった。加賀藩では寛永十一(一六三四)年に相撲組に編成された五〇人が、金沢城内の築山の普請に出役している(『稿本　金沢市史』風俗編二)。力強き者たちが非戦時に土木作業に動員された事例である。

国元に置くだけではなく、大名の参勤交代にしたがって江戸に赴き、藩邸(大名屋敷)内で相撲を取ることもあった。寛永七(一六三〇)年三月四日、若狭小浜城主京極忠高は江戸屋敷において、摂津麻田藩主青木民部重兼とその息子を招き、広庭に相撲取を数十人ならべて相撲見物を行なった(『大日本近世史料　細川家史料三』七九九)。この相撲取は前の加賀藩の相撲組同様の、大名と主従関係を結び戦時に必要とされた者たちが中心であったろう。

やがて慶安元(一六四八)年になると、大名に抱えられ主従関係を結んでいるのではない相撲取が、時として大名屋敷に呼ばれて相撲を取るという存在が確認できる。同年二月の幕府の触(『御触書寛保集成』二八八三)によれば、相撲取の下帯(まわし)は絹布であってはならない、屋敷方へ呼ばれても布(麻)や木綿の下帯を用いることが命じられている。京極家の事例のような武家屋敷内で行なわれる相撲に、呼ばれる相撲取の存在があったことがうかがえるが、この相撲取たちは屋敷に呼ばれない時はどうしていたのだろうか。同じ触の次の条文に「一、勧進相撲とらせ申すまじき事」と命じられている。その三ヶ月後には「一、辻相撲取り申すまじき事」の触(『御触書寛保集成』二八八五)が出されている。寺社の造営・修復や橋の掛替えなどを名目にした勧進相撲興行に出場したり、町の四辻などで行う辻相撲に加わった相撲取が存在していたのであろう。もっとも同年、これらは禁止されている。

その後、勧進相撲は寛文元(一六六一)年に「勧進相撲毎々より町中にて御法度に候間、いよいよ其の旨相心得、町中にて致させ申すまじく候」(『御触書寛保集成』二六九〇)と、町中にては禁止という限定的な制限になった。これは町奉行支配下では禁止という意味にもとれる。他方、辻相撲については一貫して寛文五年・貞享四(一六八七)年・元禄三(一六九〇)年と引き継がれて禁止が命じられた。幕府が命じても辻相撲を行なう庶民の娯楽要求の強さをうかがうことができる。

都市の治安に不安材料となる辻相撲は断固厳禁する代わりに、やがて勧進相撲は許可制として幕府は認めるようになっていった(高埜利彦—一九八九年)。『勧進相撲願控』によれば、貞享元(一六四八)年から寺社奉行の許可によって勧進相撲は開催され始めた。このころの勧進相撲興行の勧進元には「松平半左衛門様牢人雷権太夫、松平丹波守様浪人黒川左五太夫、土屋民部様牢人黒雲惣太夫、井伊伯耆守様浪人平山庄太夫、酒井右京亮様牢人段浦友右衛門、松平丹波守様牢人大獅子十五太夫、宗対馬守様牢人尾上六郎左衛門、松平但馬守様牢人中川浅之助、最上刑部様牢人大木戸数右衛門」などの名前が挙げられており、彼ら牢人身分の者たちが、諸大名から抱え相撲取の出場を依頼して取組ませたり、国元の抱えを離れて牢人として勧進相撲に出場する者たちが見られた。*

＊　本章での相撲取の略歴や番付記載情報は飯田昭一『史料集成江戸時代相撲名鑑』上・下(日外アソシエーツ、二〇〇一年)に依

拠する。

土佐藩の相撲取　寛文四(一六六四)年十月十一日に土佐藩の城下町高知において、すでに明暦二(一六五六)年に隠居していた二代藩主山内忠義の御前相撲が催された。山田(地名)の相撲取二人が、江戸勧進相撲で、勧進元の関取を投げ打ち、大関一人をも投げ、四国土佐国山田の千筋と名乗りを上げたとの知らせが、江戸より土佐に注進されていた。今回山田の二人の相撲取を参加させての御前相撲開催であった(「桂井素庵筆記」『日本都市生活史料集成三　城下町編Ⅰ』による。以下の叙述も同様)。前日に相撲場をこしらえ四本柱(しほんばしら)や片屋(かたや)などを作ったが、その作業にあたったのは長沢十蔵という者で、かつて侍衆の鑓持をしていたところ、二四、二五年前(一六四〇年ごろ)相撲にすぐれていることが山内忠義の耳に入り、忠義の直々の奉公となり、御前相撲の催される時は準備にあたってきた者で、名乗りは「かるかや」と言った。

御前相撲は、高知を境にして東の地域の相撲取を東方に、西は村々の相撲取を西方にして取組ませた。寛文四～五年当時、桂井素庵が認識していた重だった相撲取は二五村三七名、高知城下四町の五名と合わせて四二名となっていた。以下にこれら土佐藩の相撲取のなかで具体像の判明する者について紹介する。

高知城下の農人町の清右衛門は樽屋を営み名乗りは「なや竹」。紺屋町の甚兵衛は「小あきない人」で名乗りは「さらり」であった。弘岡町の羽右衛門は大工(だいく)で名乗りは「白石」。この大工とは「軍(いくさ)あれば軍場をこしらえる」という軍用の性格を持つ。山内忠義の御意によって、「此相撲取の大工羽右衛門をも江戸へ遣す筈なれとも……予が命有ん限りは国に於て相撲を取らせ見んため也」と江戸へ遣わすことを止められた。同じく弘岡町の五左衛門は名乗りを「一本すすき」とあるが、身分は「御鉄炮者」であった。これも「江戸へは今度の番あたりてそれへ鉄炮の者行たれとも行かざる也」と記されるように江戸への参勤交代に伴って「鉄炮の者百五十人、足軽之者百五十人合計三百人」が江戸へ行くべきところ五左衛門は、「殿公御感有て、又此者能(よき)相撲取なとゝ有て……江戸へも不往」とよき相撲取なので江戸に行くことを差止められた。

田野(地名)に住む伝兵衛という水主は、船を操り大坂から三代藩主山内対馬守忠豊の荷物を運ぶような役を負う者であるが、「伝兵衛は土州にて並なき大角力取（おおすもうとり）也。名乗を浮舟と言。又他国にても角力取て手柄度々たり」と記されるように、土佐国以外でも相撲を取って手柄をたびたび立てているという。

土佐の相撲取で他国で相撲を取る者の事例としては、高知の十郎兵衛（名乗りは「玉すたれ」）がある。「わらべより相撲取て、今は江戸牢人として行、天下の相撲取を致し、将軍のすまふ取をして居申由也」。今は四七、八歳になっているとあり、「今は江戸にても角力取申さぬ由也」と現役は引退しているが、かつては江戸で天下の相撲取をしていたと記されている。なお続けて「今の天下の相撲取は丸山と云者也と人みな風聞也」と、おそらく丸山権太左衛門のことであろうか、今江戸一番の相撲取との風聞が土佐の高知でも立っている。江戸の情報がよく伝わっていることにも注目される。

このほかに、大名御抱の水主のなかに「追風・貫木（かんぬき）・飛車・金いかり」との名乗りを持つ相撲取四名と、安芸（地名）の郷侍で関山という相撲取の名前が挙げられている。さらには藤田五郎左衛門という家中の侍（知行一〇〇〇石）は年二六、七歳で大力かつ大男で、「御前相撲に御前へ召出され相撲二番取る」。相手は安芸の大山という相撲取で一勝一敗であったという。

以上、土佐藩で山内忠義の御前相撲に出場した相撲取のなかで身分の判明する者たちを列挙した。樽屋（職人）や商人も存在したが、大名との主従関係を持つ水主や郷侍、御鉄炮者が少なからず存在していたことが確認でき、なかには家中侍も取組むことがあった。力強き者たちが身分のいかんを問わず参加する御前相撲でも、とくに武家奉公人である相撲取が中心に存在していた。

御前相撲の四本柱や片屋を作った長沢十蔵は家中侍の道具持をしていたが、山内忠義の御前相撲を取った時に見出され、忠義の御道具持に引き上げられ、直々奉公するようになった者であることは前述した。寛文四年（一六六四）十一月二十四日、山内忠義が死去すると、長沢十蔵は「我は忠義公の御主恩の者也。……追腹（おいばら）は法度に御座候へ共、私所は追腹切り可申程に、御身我介しゃくたのみ申す」と高田勘七（郷士（ごうし））に介錯を頼んだ。高田勘七は驚いて藩役人（御仕置衆）に伝えると藩役人は長沢十蔵に番を付けて追腹を切らせなかった。

前年の寛文三年五月に、幕府(四代家綱政権)は代始めの「武家諸法度」の発布を行なった。その際、将軍家綱は「武家諸法度」に追加する形で、「殉死の禁止」を初めて命じた。「殉死ハ古より不義無益の事なり」と否定して禁止したうえで、もしも追腹を切るような者があれば、それは主人の戒めが足りなかったもので、その主人＝亡主の越度であると命じ、しかもその跡目の息子もこれを止めなかったことは不届きであると合わせて命じた。

しかし三代将軍家光の時代までは追腹を切る殉死は、将軍家光と大名たちの主従間でも、大名(伊達政宗や細川忠利など)と家臣の主従間でもみられ、武士の世界の一つの価値として、美風とみなされる空気が続いていた(高埜利彦―一九九二年)。現に土佐藩でも、長沢十蔵に対して「時の人云、十蔵はひきゃうものかな、かいしゃく頼むともいはずとも腹切るまじきか、腹切るをとめてくれよといはぬ計也、とて人皆ひきゃうものと言人也」と、十蔵は黙って切腹をすべきであった、介錯を頼んだのは止めてもらうためで卑怯者だとの風評が立った。

しかし武士の価値観は幕府によって改められた。主人個人に忠誠を尽くし奉公する属人的な主従関係ではなく、主人の家に継続して奉公することが求められたのである。主人の家は代々主人であり続け、家臣は代々主家に奉公し続けることを当然のこととした。

土佐藩は幕府の命令に従い殉死を禁止した。殉死が行なわれた細川忠利らと同世代に生きた山内忠義には、ぎりぎりのところで殉死が禁止された。世間に追腹を切るべきだったと語られた長沢十蔵は、法体となって主君山内忠義の葬礼に臨み、忠義の長刀を持った。これを新しい時代の当主である築州公(四代藩主山内豊昌)は、十蔵を「御ほめ被成」れたという。そこには時代の変わり目に立たされた旧大名と抱え相撲取の属人的な主従関係が存在していたように見える。

盛岡藩の相撲取　相撲の盛んであった盛岡藩では、元禄七(一六九四)年十二月、「江戸御勝手御手詰り」となったために国元の「御子様方其外御台所むき」までなお勘略(倹約)を命じて藩財政再建をはかった。その一環として国元で抱えている相撲の者たちを在所に返す命令を出している。泰平の世の続くなかで、戦争に用いる機会のなくなった相撲の者たちの存在意義は、大名の娯楽のための屋敷内での相撲しかなくなっており、勘略の対象にされたものであろう。

今度御勘略ニ付て御相撲相止めらる、これにより、久しく相勤め本所え相返し候ても、田畠働成兼ね候者ハ御持筒・御持弓え入れ、頃日御相撲え御入成され候者共ハ、本所え相返し申すべき由、栃内宇右衛門・小笠原嘉左衛門え相応之御役申付くべき由、且亦御相撲之者とも本所え参候共、他国え遣わし申すまじき由御意之旨……

（「御家被仰出　巻八」『藩法集九』）

右の盛岡藩の命令は、相撲取を元々の出身地に返しても、田畑働き（百姓としての農業）ができないほど久しく長い期間相撲を勤めた者たちは、相撲を止めたあと持筒組や持弓組に編入してこのまま藩に抱えて奉公させる。ただしこのころ相撲（組）に入った者たちは元の出身地に返すように命じた。しかし、財政再建なったあとでは再び相撲を復活させる含みがあったものであろうか、相撲の者たちを出身地に戻したあと他国には遣わすことのないよう命じている。

こうして同年十二月二十八日付で「御相撲之者拾七人、行事壱人御暇下され本所え御返し成さ」れた。持筒組・持弓組への編入者も合わせれば二〇人を超える抱え相撲取が存在していたのであろう。

相撲取を他国に遣わさないよう含みを持たせた通り、その後盛岡藩の抱え相撲は復活した。享保十七（一七三二）年閏五月上旬より、京都二条川東にて、東寺四ツ塚石橋掛替えのために開催された勧進相撲は、京都相撲頭取千賀浦沖右衛門・山野井門兵衛・浮船羽右衛門・椛川（もみじがわ）九兵衛・桂川善兵衛連名で、勧進元は頭取の一人錦藤吉によるものであった。これに東方相撲取として、大関土蜘（つちぐも）塚右衛門・関脇二所ヶ関軍之丞・小結文字摺（もじずり）右平ほか盛岡藩の相撲奉行にひきいられた一八人の南部相撲取が中心となって、西方の筑前・肥前や京・大坂などの相撲取と対戦する番付が残されている。行司として盛岡藩の長瀬善太郎や紀州藩尺子茂太夫の名前が、岩井団右衛門・木村喜八・木村円平・式子進八の名前とともに記されている。長瀬善太郎はこの機会に摂家一条家より「越後」の国名を拝領し、以後の名乗りとする。

盛岡藩の相撲奉行にひきいられた大名抱えの相撲取たちが、京都の頭取たちに依頼されて勧進相撲に参加した、いわば前半期から続く興行の姿といえる。しかるに天明四年（一七八四）十二月十四日付けで出された盛岡藩の仰せ出しの内容は、抱え相撲取の性格の変化を伝えている。

一　御相撲頭
御相撲暫御止成され候間、永之御暇下し置かれる旨仰出さる、江戸・京・大坂共ニ角力執行致したく候ハヽ、勝手次第罷り登り執行仕るべく候
　　但右執行之内、江戸表に於いて御覧も遊ばされ候節は、御屋敷え罷り申すべき旨仰せ出さる
七ツ瀧　岩平
鈗貫門右衛門
雪ノ浦松之丞
大助
右之通永御暇之を下さる、御目付へも之を申し知らす、
（「御家被仰出」巻一二）

天明三年から東北地方中心に冷害によって起こった天明の飢饉の影響であろう。盛岡藩は相撲をしばらく止めるので、相撲頭に「永之御暇」を下した。相撲頭の下には相撲取たちがいて、集団として藩に抱えられていたものであろう。国元の城内で藩主の御覧に応じるほか、集団は城下町（盛岡）での興行に出たり、時には三都で開催された四季勧進大相撲に、京都の事例（享保十七年）のように参加したのであろう。しかし今回は暇を出されたあと、持筒組などへ編入して奉公を続けたり、在所に返すという元禄七（一六九四）年の勘略時とは異なり、江戸・京・大坂三都で勧進相撲開催の節に相撲執行（しゅぎょう）するならば「勝手次第」に参加してよいと述べられている。

七ツ瀧岩平・雪ノ浦松之丞・鈗貫門右衛門の三名は、おそらく南部の出身（雪ノ浦は南部和賀（わが）郡出ニ柳村百姓出身）で盛岡藩に抱えられていたのであろうが、天明四年に永の暇を出されて以降は、江戸番付や京都番付に名を連ねており、相撲を渡世にする集団のなかで生き続けた。雪ノ浦の師匠は伊勢ノ海村右衛門であり初土俵は安永八年（一七七九）一八歳の時であることから、これはすでに江戸の相撲渡世集団の一員であった相撲取が盛岡藩の抱え相撲取として擬制的な「主従関係」を結んだ可能性は高い。

博多相撲取の福井藩抱え　雪ノ浦松之丞のように江戸の相撲渡世集団に属していた相撲取を、個別に抱え相撲として擬制的な「主従関係」を結ぶような事例は、いつごろから生じていたのであろうか。前半期の事例のように、領内の在方・浦方などから力強き者たちを足軽（相撲組）として取立て奉公させて、時に屋敷内で相撲を取らせるのとは異なり、勧進大相撲興行を前提にして相撲渡世で生きる相撲取を抱える後半期の姿への過渡期（転換期）を探るために、次の事例は参考になる。

御国相撲取越前福井少将様へ御抱ニ相成候事

宝永八辛卯歳八月

去寅春、京都・大坂へ勧進相撲これ有る由ニ而諸国ゟ大勢之角力取罷登り、御国ゟも段々罷登り申し候、然ル処同所之芝居興行追々相済み候故、直に亦々江戸表へ相撲これ有る由ニ而、御国相撲之内荒立候者ばかり申談じ約束仕り、江戸表へ罷越し候内、彼地において越前国福井少将松平兵部大輔様ゟ左之者共四人御望成され、江戸表此方様御屋敷へ段々御掛合これ有り候而御抱ニ相済み申候、尤給銀は御金子取之御約束ニ而御抱ニ仰付けられ候、人柄之儀ハ左之四人之者共ニ而御座候、然ハ今度少将様越前へ御帰国遊され候ニ付御供ニ召連れられ候、然ル処ニ、追而御願申上げ候ハ、国本へ皆親兄弟居申す儀ニ御座候、対面仕度存じ奉り御願申上げ、当秋四人共百日之御暇下さり罷下り申し候、尤越前ゟも御添人と御座候而、上下弐人御役人御添へ成され御当地へ御下り成され候、御当地両三日御滞留ニ而、即刻御会所御引取ニ而御座候、定而右一件之御礼共ニ而御座あるべき哉と存じ奉り候、右之趣中川惣八、年番所迠申出候事、

越前国江御抱相成候相撲取左之人数

福岡鍛冶町　片男波長之助

同　たばこ町　揚ヶ石源八

博多店屋町下　中川惣八

志摩郡野北浦　居り船三七
以上
年行司白水八郎左衛門
右同　高木亦五郎

卯八月

御奉行
深見五兵衛殿
毛利太次兵衛殿

附り、追年右四人之者共、正徳四年午秋、越前ゟ如何成儀ニ而候哉御暇出申し、四人共ニ無事ニ而帰国仕り申し候事、(「博多津要録」第一巻)

やや長文にわたったが、右の史料から多くのことを知ることができる。去年(宝永七〈一七一〇〉年)春、京都・大坂において勧進相撲が開催され全国から相撲取が集まる合同興行が行なわれた。九州筑前からも相撲取が参加したが、引き続いて江戸で開催された勧進相撲(この年江戸では五回もの勧進相撲が寺社奉行によって許可されている)に筑前からの「荒立」った相撲取が契約して参加した。

江戸において越前国福井少将松平兵部大輔吉品の目にとまり、四名の相撲取を抱えたいと望まれ、福岡藩江戸屋敷と掛合(交渉)になり、福井藩抱え相撲取となることが取り決められた。抱え相撲取には知行や禄米ではなく給銀が支払われる契約であった。より擬制的な「主従関係」と言えよう。このたび藩主松平吉品が越前の国元に戻るにあたって、抱え相撲取たちを召連れて福井に行くが、四名の相撲取には筑前国に親兄弟が居るので、対面のため当秋に一〇〇日間の御暇を下されることになった。福井から上下二人の役人に付き添われ、召抱えの御礼も含めて手続きをした。四名の相撲取とは片男波長之助・揚ヶ石源八・中川惣八・居り船三七であった。附けたりとして、四人の福井藩抱え相撲取は四年後の正徳四(一七一四)年秋に、理由はわからないが御暇を出されて、筑前国に戻ってきたとある。

右のことからわかることは、三都で開催された勧進大相撲に参加した筑前の相撲取を、縁もゆかりもない越前の大名が贔屓として召抱えるということが起こっているということである。領内の力強い者を足軽などと同様に相撲組に入れて奉公させ、屋敷内で相撲を取らせて楽しむというのではなく、勧進相撲興行に参加している相撲取を気に入って給金で召抱えるということである。

このような大名抱えの相撲取の変化の前提には、三都の勧進大相撲興行が開催され、遠く九州筑前国も含めて全国から相撲取が集められていたことや、福岡・博多では地元の相撲取たちが、ある程度集団を形成して渡世を送っていたことが推察される。片男波長之助は、元禄十四(一七〇一)年に筑前箱崎浜の勧進相撲や元禄十五年の京都の相撲番付に記載されるなど、江戸を含めた各地の勧進相撲に出場しているが、揚ヶ石源八・中川惣八とともに『相撲大全』に「越前衆」と記されるのは、四年間の越前松平氏抱え相撲によるものであろう。もっとも、四年間の抱えで暇を出されたのは、福井藩の事情であろうか、それともほかに理由があったのかは不詳である。

宝永四(一七〇七)年、江戸の勧進相撲興行の申請にあたって、勧進元出来山峯右衛門と差添大竹市左衛門は、勧進の然るべき名目となる寺社修復などを掲げず、「為渡世」と明記して寺社奉行に願い出て許可を受けた。この年は五回、翌宝永五年も四回、六年に二回、七年に五回と勧進相撲興行が四年間に都合一六回も許可され(「祠部職掌類聚」内閣文庫)、相撲の者たちは勧進相撲興行によって渡世を送ることが可能と考えたであろう。

このような宝永八年に、越前藩主が勧進相撲で渡世を行なえる相撲取を出身地とはかかわりなく召抱えたのであった。これは早い事例であるが、これ以後、はじめに述べた信州出身の雷電為右衛門を松江藩主松平不昧が召抱えたような事例は、多く見られ出す。

大名抱えの事例　では、出身地がどこであろうとも人気や強豪の相撲取ばかりを召し抱えるようになったのか、といえばそうではなく、領内出身者も他領の者も両者を召抱えたものであろう。文政六(一八二三)年の将軍上覧相撲に提出された「相撲明細書」に、東方の上位七八人分の記載が残されている。そのなかで大名抱えの相撲取は合計一四名で、津軽越中守の抱え七名、蜂須賀阿波守の抱えも七名であった。津軽弘前藩の場合、津軽郡弘前出身の柏戸利助をはじめ、六名が津軽郡出身者で、残り一名（源氏山吉太夫）だけが出羽国最上郡寺津村の出身であった。弘前藩の場合は地元出身者を召抱える比率が高かったが、阿波国徳島藩の場合は、七名中最下位の番付の朝日灘惣吉（師匠勝ノ浦与一右衛門）が阿洲名西（みょうざい）郡高河原村の出身者であっただけで、他の六名は異なった。雲早山森之助が肥後天草郡二江（ふたえ）村、大鳴門浦右衛門が武州高麗（こま）郡栗坪村、諭鶴羽留之助が淡州津名郡千草村、日出山善助が筑後上妻郡東条村、陌清吉が肥後玉名郡長次村の出身であったから、領内出身者の乏しかった大名抱え相撲取の事例であった（高埜利彦―二〇〇〇年）。

文政六年の時点での抱え相撲取の出身地であって、時期が変わればまたその特徴も異なるものかもしれない。そこで、時期を限定せずに各藩の抱え相撲取の事例を相撲博物館展示「大名と相撲」（平成十七〈二〇〇五〉年四月十九日～六月十七日開催）から概観すると、三〇を超す大名が相撲取を抱えており、そのうち複数の相撲取を抱えている大名（藩）とその相撲取の人数、出身地を見ると、庄内鶴岡藩は三人で地元出身は三人、八戸藩は四人のうち地元出身は二人、盛岡藩は四人のうち地元出身は〇人、仙台藩は四人のうち三人が地元出身、姫路藩は五人のうち二人が地元出身、松江藩は七人のうち一人が地元出身、徳島藩は四人のうち地元出身は〇人、薩摩鹿児島藩は二人のうち一人が地元出身であった。

津軽弘前藩の事例も合わせると、東北諸藩では比較的地元出身の相撲取を抱える傾向があるが、そのほかは、地元出身者の抱えは必ずしも顕著ではないといえる。後者の事例は、三都勧進相撲で渡世する相撲取を大名が贔屓にして抱え、擬制的な「主従関係」を結んだ事例として把握することが可能である。

もっとも、抱え相撲取が地元出身であるとはいえ、かつてのように大名が在方の力強き者を足軽のような奉公人として主従関係を結び、これを勧進相撲に貸出すというものではなく、師匠（江戸の年寄、京・大坂の頭取）の下に弟子入りし勧進相撲で活躍している地元出身者を召抱えるという形になっていた。紀州和歌山藩付家老安藤家（田辺）の抱え相撲千田川吉蔵は紀伊国「田辺の産」であった。身長六尺三寸（一九〇センチ）、体重三〇貫（一一二キロ）の骨太で、一六歳にて浪花に至り頭取の朝日山森右衛門の下で相撲之術を学び、その後江戸に出て年寄玉垣額之助にしたがい年々歳々力勝りて、ついに二五歳（文化十二〈一八一五〉年）に「海内相撲之最手」（大関）になった。そこで安藤家は千田川に爵禄を賜い召抱えとした。文政四(一八二一)年夏に和歌山城下宇治の川辺において晴天七日興行を終えた千田川のほか玉垣額之助や荒馬大五郎ら総勢三〇名の相撲取と、行司の木村庄太郎・吉岡一学・朝日長兵衛、頭取の朝日山森右衛門・富士川儀右衛門・楠瀧鉄之助一行は、安藤家に招かれ屋敷中庭において御前相撲を挙行している。

二　松江藩の抱え相撲

松江藩の水主　出雲国松江藩は、堀尾忠晴、京極忠高・高和のあと、松平直政が信州松本から寛永十五(一六三八)年に入封して以来、明治四(一八七一)年廃藩まで松平氏が代々統治する。初代の松平直政は結城秀康の第三子つまり徳川家康の孫であり、越前大野城から信州松本城に封じられた後、出雲松江藩一八万六〇〇〇石を領することになった。中国・西国の押さえの役割を担う徳川一門の流れをくむ名門大名であった。松平治郷は、直政から数えて七代目の藩主で明和四(一七六七)年に襲封した。治郷は藩政改革によって破綻していた藩の財政を建て直したが、文化人としても著名で、藩校文明館を明教館と改称して勉学を奨励した。また禅の修行に入り不昧(ふまい)の号を持ち、かつ茶道での卓越した力を発揮したことはよく知られている(『新修島根県史　通史篇一』)。

松平不昧が雷電為右衛門を抱えたのは天明八(一七八八)年のことであった。江戸の相撲年寄浦風林右衛門の一門にあった雷電為右衛門を水主として主従関係を結んだのだが、この時はまだ雷電は江戸の花形相撲取とまではなっておらず、松平不昧ないしは松江藩の側に先見の明があったものであろう。

松江藩が水主として相撲取を抱えるのは、松平不昧が初めてのことであろうか。そうではなく、少なくとも不昧の父で六代藩主松平宗衍(むねのぶ)の代には相撲取であるところの水主は存在していた。「寛保二年戌八月　御水主勤功書」(史料A)と「安永六丁酉八月　御水主勤功書」(史料B)の藩の御舟手が書き上げた二つの水主の勤功書によって、松江藩の水主の勤務の実態と相撲のこと、由緒などを知ることができる。*

＊　本節の出雲国松江藩の相撲に関する史料や情報は、故花谷幸三氏(相撲研究家、松江市東出雲町)のご提供とご教示を頂いた。

記して感謝の念を申し上げる。また同氏とともに参加の機会を与えられた第二回神在月シンポジウム「相撲の歴史に迫る」(平成十四〈二〇〇二〉年十一月十六日)を主催した島根県教育庁古代文化センターに対しても謝意を申し上げる。

史料A(寛保二〈一七四二〉年)は、

一高真院様御代先祖相勤め、私儀四十年已前親代に召出され候
西田仁左衛門

とのように、水主である西田の、先祖は高真院(初代松平直政)の治政(寛永十五〈一六三八〉年～寛文六〈一六六六〉年)下で勤め出し、自分は今から四〇年前(一七〇二年ごろ)親に引き継いで召出された、と記される。この西田仁左衛門を含めて四三人の水主がいつ召出されたのかを中心に書き上げられている。史料Aから表35の歴代藩主水主召出人数(寛保二年時)を作成した。この表から短命であった四代松平吉透(よしとお)を除いて、歴代当主は水主を召出していたこと、現当主の六代松平宗衍には召出しがまだ見られないことを指摘することができる。なお、

表35　歴代藩主水主召出人数(寛保2年時)

藩主(院号)	期間	召出水主人数
1代　松平直政(高真院)	寛永15～寛文6年	24人
2代　松平綱隆(宝山院)	寛文6～延宝3年	4人
3代　松平綱近(隆元院)	延宝3～宝永元年	7人
4代　松平吉透(源林院)	宝永元～宝永2年	0人
5代　松平宣雄(善隆院)	宝永2～享保16年	8人
6代　松平宗衍(天隆院)	享保16～寛保2年	0人
		計43人

一善隆院様御代廿三年已前、私義生国讃州丸亀之者にて御座候、江戸に於いて召出され候
黒瀬鷹太夫

と、この一名だけは他国の出生でしかも江戸にて召出された事例が存在するが、この人物が相撲と関係するかは不詳である。

以上、史料Aに記載の水主が相撲を取っていたかどうか直接示す内容はないが、史料Bの七代藩主松平治郷(不昧)に安永六(一七七七)年の勤功書では水主たちの履歴が具体的に記され、中には相撲にかかわる記述がなされる者がある。

一例をあげれば、

後藤団次

一明和七寅年親台右衛門跡式六石に弐人扶持下し置かれ御相撲稽古仰せ付けられ候
一同八卯年大坂御登米上乗り仰せ付けられ四度相勤め申し上げ候御国へ御金才料両度仰せ付けられ相勤め申し上げ候
一同四未年(安永)御次艀(はしけぶね)舟預り仰せ付けられ候
今年迄年数八年

右の後藤団次は、明和七（一七七〇）年親（後藤台右衛門）の跡式を継いで、六石二人扶持を宛行われ、相撲稽古を命じられる水主である。もっとも本来の水主として松江藩の蔵米（領主米）を大坂に廻送するにあたって船の上乗り（乗船しての管理責任者）をこの間四度勤め、そのうち二度は大坂から国元に持ち帰る御金の才料（宰領）を担った。また安永四（一七七五）年には、「御次艀舟」の管理を命じられてもいる。水主として親子にわたって奉公するかたわら相撲の稽古を命じられる存在であった。なお父親は史料Aに記載があり、初代藩主に召出された水主で、代々世襲で跡式を継いだことがわかる。史料Bに記載される水主五三人のうち、このような親の跡式を継いで奉公を続けていると判断される者の人数は四一人を数えることができる。そのうち右の後藤団次のように、相撲の稽古を命じられ、時には江戸や京・大坂に遣わされる相撲の者たちは二三人を数える。そのなかには原台七と坂田梶兵衛のように相撲行司を命じられた者二名も含まれる。

したがって代々の水主のなかで、専ら水主としての勤めや弓稽古、曲相撲（饗応の席などで見せる技芸）などを担当する者は一八人となる。

六代藩主の抱え相撲　次に六代藩主松平宗衍（治政、享保十六〈一七三一〉年～明和四〈一七六七〉年）によって初めて召出されたと考えられる水主の事例を示す。

岡為五郎

一宝暦元未年年弐人扶持に召し出され相撲稽古仰せ付けられる
一同二申年御加増弐俵下し置かれ候
一同三酉年六俵に弐人扶持成し下され候
一同年江戸表へ罷越相撲執行仰せ付けられる
一同四戌年御相撲にて江戸御供仰せ付けられる
一同七丑年六俵に弐人扶持召し上げられ御給米拾石に三人扶持に直に下し置かれ候
一同八寅年より安永四未年迄拾七年諸国相撲執行仕り候
一明和七寅年江戸御供仰せ付けられ江戸表において御大小御羽織両品頂戴仕り並びに相撲廻し地壱筋下し置かれ候
　　今年迄年数弐拾七年

ここには、親の跡式を下し置かれたという類の引き継ぎを示す文言はない。宝暦元(一七五一)年に初めて松平宗衍に召出されたことがわかる。この岡為五郎は雷電為五郎の名乗りで、宝暦六年以降京・大坂の番付に多く載り、時に江戸でも番付に名を連ねる、大坂相撲頭取朝日山森右衛門の弟子の相撲取である。岡為五郎を召出した際の様子を知ることのできる記述が、史料Bに次のようにある

足立丈右衛門

一延享二丑二月御相撲に召抱えられ御給扶持六石弐人扶持下置かれ御相撲ならびに漕手(こぎて)兼勤仕り候……
一同十月因州に罷在候雷電為五郎召抱えられ候節因州へ罷越同道仕り候様仰せ付けられ同道仕り罷帰り申し候……(宝暦元年)

足立丈右衛門もまた六代松平宗衍によって初めて召抱えられた水主の九人のなかで、二番目に早く抱えられた相撲の者であった。なお一番目には角田惣助が寛保三(一七四三)年に水主として抱えられており、角田は行司を仰せ付かる者であった。足立丈右衛門は原田平右衛門とともに延享二(一七四五)年に抱えられた相撲の者で、宝暦元(一七五一)年十月に、因州(鳥取)に罷在る雷電為五郎を松江藩に召抱える際に同道し付き添ったことがわかる。

右の足立丈右衛門や岡為五郎のほかに、表36の合わせて九名は六代藩主松平宗衍が相撲の者として水主に召抱えた者と判断される。このうち角田惣助は行司として召出されたことは前述したが、そのほかに、延享二(一七四五)年に召抱えられた原田平右衛門は二葉山平右衛門の名乗りで大坂番付に記される。延享三年に召抱えられた岡金五は不破ヶ関金吾のことで、享保十九(一七三四)年には大坂番付に記載されている肥後国出身の相撲取で、「江戸において御相撲に召抱え」られた者で、その後他国へ「相撲執行」ののち宝暦十二(一七六二)年に「御相撲頭取並び指南」を命じられた。同じく延享三年に召抱えられた水谷村之助は、稲妻村之助の名乗りで、大坂・京の番付に記載されている。

次の七代藩主松平治郷の代には、この史料Bの安永六(一七七七)年段階までに三名の水主を新規に召抱えており、そのうち大野多市と天野咲右衛門の二名が相撲の者として召抱えられた。大野多市は明和八(一七七一)年に六石二人扶持で「御相撲召抱え」られ、安永元(一七七二)年に「江戸表より諸国へ相撲執行」、安永三年に「江戸表より北国へ相撲執行」が命じられたように、全国各地に相撲取として興行に参加した者であった。名乗りは御崎川太市で生国は出雲国大原大東町だが、初土俵は江戸不破ヶ関(岡)金吾の弟子として明和六年(二〇歳)に踏んでおり、召抱えられた明和八年は、すでに江戸の相撲取となっていた者であった。寛政元(一七八九)年を最後に番付から姿を消し、以後は雲州の相撲頭取の地位にあったと見られる。文化四(一八〇七)年秋、松江城下白潟天神で晴天一〇日の勧進大相撲が催された際、東大関鷲浜権太夫、西大関雷電為右衛門以下の相撲取名が左右に並ぶ番付の中央に頭取として大坂相撲

表36　6代藩主松平宗衍に初めて召抱えられた相撲の者

水主名	名乗	召抱え時期	生国
1　足立丈右衛門		延享2年	
2　原田平右衛門	二葉山平右衛門	延享2年	
3　岡金五	不破ヶ関金吾	延享3年	肥後
4　水谷村之助	稲妻村之助	延享3年	
5　三原祐太		延享4年	
6　角田惣助	(行司)	寛保3年	
7　角田六八		宝暦2年	
8　岡為五郎	雷電為五郎	宝暦元年	因幡
9　江指盛蔵		明和3年	

表37　7代藩主松平治郷に初めて召抱えられた相撲の者

水主名	名乗	召抱え時期	生国
1　大野多市	御崎川太市	明和8年	出雲
2　天野咲右衛門	稲妻咲右衛門	安永3年	出雲

の頭取朝日山森右衛門・藤嶋岩右衛門と出雲の頭取御崎川太市・稲妻咲右衛門の四名が記されている。

また頭取稲妻咲右衛門とあるのは、大野(御崎川)多市と並んで松平治郷に新規に召出された水主天野咲右衛門である。天野は「安永三午年御給扶持八石に三人扶持に召し抱えられ同三月江戸勤番仰せ付けられ翌年罷帰り候」とある。出雲国出身で雷電為五郎の弟子となった稲妻咲右衛門は安永三(一七七四)年十月に江戸で西大関付出しで初土俵(一九歳)を踏んだとされており、その際、抱え相撲として初めて扶持を受けたものであろう。

以上の水主の検討から、松江藩では六代藩主松平宗衍の享保十七(一七三二)年～延享三(一七四六)年の約一五年間に、代々の水主のなかから八名を相撲の者とし、それに加えて新規に六名を相撲の者として水主に、延享二～三年に集中して召出した。とくにそのうち四名は「江戸において召し抱え」た岡(不破ヶ関)金五のように、三都の相撲渡世集団に参加している者を抱え相撲とした事例で、この時期に松江藩の相撲の者たちの充実がはかられたものと考える。

しかし、延享六年に松江藩江戸屋敷において「御相撲残らず御免へ御返し遊ばされ候に付罷帰り申し上げ候」と、延享二年に相撲に召抱えられ「江戸御供」を仰せ付けられていた、原田(二葉山)平右衛門の記述に見られることから、いったん相撲は控え気味になった様子である。松平宗衍と小田切備中尚足による延享の藩政改革との関連であろう。

その後、宝暦元(一七五一)年～明和四(一七六七)年に再び積極的な相撲の者たちの新規採用(三人)と代々の水主から一一人の相撲の者を命じた。六代松平宗衍の藩政はここまでだが、出雲松江藩の抱え相撲は、六代藩主期に態勢が整ったと考えてよかろう。

七代藩主の抱え相撲　七代藩主松平治郷(不昧)は、前代を引き継ぎ、自らも新規の召出しを行なって抱え相撲を充実させた。とくに明和五(一七六八)年には前年十一月に藩主となった披露目のような、御前相撲を開催した。一〇石三人扶持で延享三(一七四六)年に「伏見において召抱え」られた水主水谷村之助こと稲妻村之助(京・大坂相撲)は、明和五(一七六八)年「御前において相撲御覧遊ばされ頭取仰せ付け」られている。松平治郷の藩主として最初の入国は明和六年十一月であるところから、「御前相撲」は江戸屋敷での開催であったと考えられよう。

松平治郷による抱え相撲に関しては、「寛政八丙辰正月　御水主御給扶持帳」(史料C)を分析対象とする。水主六二人が書き上げられ、三人扶持取七人、二人扶持取五三人、五俵取二人の記載が見られる。このなかで、抱え相撲取と見られる者の一覧が表38である。このうち3大野(御崎川)太市、4天野(稲妻)咲右衛門については前述した。5岡(不破関)浦之助は讃岐国志渡浦寺町の出身で大坂相撲の枝川藤兵衛の弟子となっていた者で、三都の番付に名を連ねる。6清水(八雲山)才次郎は讃岐国引田郡阿土村の出身で大坂相撲の小野川嘉平の弟子となっていた者で、三都の番付に名を連ねた。7石田(鳴滝)文太夫は、出雲国大原郡西日登村出身で、雲州頭取の2川上(滝登)雲次の弟子になり、やがて江戸・京・大坂三都の番付に顔を出している。8関(雷電)為右衛門は、生国信濃国小県郡大石村で江戸年寄浦風林右衛門、次いで谷風梶之助の弟子となり、三都の相撲で活躍する。9田中(千田川)吉五郎は、五代玉垣額之助の名乗りに改めた相撲取で、生国は肥前国島原高来郡愛津村中島で大坂の千田川吉兵衛の弟子となり、次いで江戸の八ツヶ峰住右衛門の弟子になる。三都で活躍する。10長谷川(振分太蔵)は生国丹波国今田村で大坂相撲小野川嘉平の門に入り、松江藩抱えとなって雲州頭取御崎川太市の弟子となった。以後も三都の番付に記載される。11阿藤(桟)初五郎は、後に改名して二代佐渡ヶ嶽澤右衛門となる。生まれは上野国多胡郡馬庭村で江戸の初代佐渡ヶ嶽澤右衛門の弟子となり、江戸のほか大坂・京都でも活躍する。

以上、表38の3～11の水主として召抱えられた相撲取の生国は、雲州頭取の二人が出雲国である他に7鳴滝だけが出雲出身で、他の六名は他の国々の出身の相撲取を召抱えたことがわかる。松江藩主松平治郷が、水主として給米と扶持を与え、他国出身者を多く含む相撲取と擬制的な主従関係を結んだものである。

松江藩職制と水主　松江藩の家臣団は士と卒に大別される。「雲藩職制」によれば、士は、家老(九人)―家老並(六人)―中老(一六人)―番頭(一五人)・番頭格(一三人)―奥列(二四人)―者頭(四三人)―使番(一八人)―組外(六〇人)―役組外(七一人)―組士(一五三人)ここまでで、その下の新番組士(三四人)は士と卒の中間で、功あれば組士に進み、功なければその子は再び卒となるものであった。

表38　寛政８年「御水主御給扶持帳」記載の相撲の者

	水主名	名乗	生国
1	原田紋太夫	出雲山紋太夫	
2	川上雲次	滝登雲次	
3	大野太市	御崎川太市	出雲
4	天野咲右衛門	稲妻咲右衛門	出雲
5	岡浦之助	不破関浦之助	讃岐
6	清水才次郎	八雲山才次郎	讃岐
7	石田文太夫	鳴滝文太夫	出雲
8	関為右衛門	雷電為右衛門	信濃
9	田中吉五郎	千田川吉五郎	肥前
10	長谷川太蔵	振分太蔵	丹波
11	阿藤初五郎	桟初五郎 (2代佐渡ヶ嶽沢右衛門)	上野

卒は、御徒・御徒並—御目見・小算用・万役人—御譜代組・浮組・新組—城代組—御旗組—同心組—先手組—水主—百人者—御手廻—小人などの格式順であった。このうち御譜代組以下は足軽で、水主は足軽と同格で卒とされた。百人者以下は軽輩と呼ばれた。以上は『新修島根県史』による整理であるが、水主の置かれた位置は卒の末端にあったことが理解される。

水主は、士分の役組外の格式の者が就く舟奉行の配下に入り御舟屋に勤務した。御舟屋には大小二四、五艘の船があり、大名(殿様)が寺院参詣に船を用いるとあらば船を出した。また、藩の年貢米を大坂へ廻送する際には、廻船問屋の船に乗り込み上乗りという監督役も務めた(後藤蔵四郎一九三〇年)。

これら松江藩の水主たちのなかには、代々世襲によって水主の務めを果たす者があったなかで、前述のように六代藩主松平宗衍のころから(享保十七年以降)、水主の務めのほかに相撲稽古を命じられた者が見られだした。のみならず、出雲国出身の相撲取(三都の相撲渡世集団の年寄や頭取に弟子入りしている)を水主として召出し、擬制的な主従関係を結ぶ者が現われた。この者たちは、御崎川太市や稲妻咲右衛門のように、のちに出雲相撲頭取になっていった。

さらには、三都で活躍の相撲取を、他国出生であっても雷電為右衛門のように水主として抱えた事例が、多く見られ出す。雷電は、擬制的な主従関係を結び一〇石三人扶持を受け、御舟屋近くの水主長屋に住まうが、水主としての務めはせず、殿様の御前相撲や松江城下での勧進相撲に出場するほかは、稽古相撲を取るだけであった。雷電の日記によれば、たとえば寛政十一(一七九九)年、雷電は江戸で春の勧進大相撲に出場し、五月二日に江戸を出立、大坂相撲を相勤め、引き続いて京都相撲を勤めた。そこから伊勢松坂さらに尾張名古屋で相撲を勤め、江戸にもどって大相撲を勤めた。十二月上旬、御国元（出雲）へ仰付けられたが病気と申立て江戸表へ残る。翌寛政十二年正月二十日に江戸を出立して、二月十三日に御国表に罷り帰った。三月二十六日に江戸勤番を命じられたので、四月三日出雲国松江を出立。松江の滞在は二月十三日から四月三日まで二ヶ月足らずであった。その後地方巡業をくり返しながら十二月二十日に江戸に到着。江戸の勧進大相撲に出場して、また、地方巡業を続け、大坂・京相撲に出場して再び松江に戻るのは九月十五日のことであった（渡辺一郎監修『雷電日記』）。雷電にとって松江藩の水主であるということは、生活のごく一部に見える。

おわりに

抱え相撲は、大名（藩主）と主従関係を結ぶことによって、足軽や水主などの身分を持ち、給米一〇石以内と二、三人扶持程度を受ける。これは、御用達商人や御用達職人のように、本来商人や職人の身分でありつつも、藩御用を受けて勤めを果たすものとは身分上の性質を異にする。御用達商人・職人は御用を果たすことによって、苗字・帯刀の特権を受けるとしても、商人・職人の身分を離れるものではなかった。

また、相撲と同様に民衆の娯楽要求によって渡世を送った歌舞伎芝居の役者たちが、大名の抱えになることはなく、歌舞伎役者が武士身分を獲得することはなかった点でも、相撲の者たちとの相違点を見出すことができる。相撲渡世集団が通り者取締りや風俗統制に役立つものと見なされていたのに対し、歌舞伎芝居役者たちは身分集団的まとまりを欠き、歌舞伎が風俗をみだすものとの認識を持たれたためであろうが、この点の議論は今後の課題としたい。

抱え相撲には、足軽や水主の身分にともなう職務である、たとえば土木普請や領主米輸送廻船の上乗りなどを主に行なうかたわら、相撲稽古に励み、御前相撲が催される時に土俵に上るような者が存在した。江戸時代前半期には、もっぱらこのような相撲の者であった。しかし時代の経過とともに平和と安定の時代になり、三都の四季勧進大相撲興行が公認され、これを中心にそれ以外の時期に地方巡業で渡世する相撲集団が形成されると、大名は勧進興行に出場する相撲取を抱え、擬制的な主従関係を結ぶようになる。代々世襲的に親から子へと足軽や水主の奉公を続けるかたわら相撲をさせる者も存在し続けるが、まったく生国（出身地）を異にする者たちも抱え相撲として、足軽や水主身分としたのであった。

後者の典型的な事例である雷電為右衛門は信濃国小県郡の百姓身分の出身で、江戸相撲年寄の下に弟子入り（寄親・寄子関係）し、強豪ぶりが買われて松江藩主松平治郷（不昧）に抱えられ、一〇石三人扶持の水主身分に召出された。これを身分的周縁論の観点から見れば、水主は大名家臣団のなかで、士分の下の卒の末端の、いわば武士のもっとも周縁の身分に位置づけられたといえる。雷電たち抱え相撲は平均すれば一年のうち短期間のみを松江にある水主の狭い長屋に居住し、御前相撲や稽古相撲を行なって過ごし、残りの期間は三都の勧進大相撲で花形としての出場と松江・江戸・京・大坂をつなぐ行路で小さな地方興行を続けて生活した。抱え相撲取は、このように武士身分の末端に短期間のみ属するものの、実質的には相撲取であり続けたもので、江戸時代後期に見られたこの擬制的な主従関係は、大名の側からも相撲の側からも、両者にとって意味のある有効な関係として捉えられていたものである。

〔参考文献〕

後藤蔵四郎「御舟屋の行政組織（続き）」（『おふな屋』七号、一九三〇年）

高埜利彦『近世日本の国家権力と宗教』（東京大学出版会、一九八九年）

『元禄・享保の時代』（集英社、一九九二年）

「相撲年寄―興行と身分―」（塚田孝編『シリーズ近世の身分的周縁3　職人・親方・仲間』吉川弘文館、二〇〇〇年、本書前節収載）

〔『身分的周縁と近世社会7　武士の周縁に生きる』、二〇〇七年、吉川弘文館〕

付　飛騨高山の相撲

飛騨は水の国である。清冷な空から緑深い森林に降った雨や雪が濾過されて、伏流水となり湧き上って清流となる。高山の町にはこの清水と周辺の村々で作られた米が入ってくる。口に障らぬ良い水と米があれば旨い酒となる。今に続く酒処は、すでに江戸時代にはしっかり条件が整えられていた。

大名金森氏が出羽上山（かみのやま）に転封され、飛騨一国が幕領になって五年が過ぎた元禄十（一六九七）年、高山の町には五六軒の造り酒屋が居り、約六〇〇石余を生産していたという。これが七五年後の安永元（一七七二）年、代官大原彦四郎支配の頃、高山の造り酒屋は二四軒と半減したが、酒造米高は四〇〇〇石と増加していた。単純に言えば造り酒屋の淘汰があって、一軒の経営規模を大きくしたということになる。よく知られた大原騒動という飛騨の大規模な百姓一揆の原因の一つとなった代官大原彦四郎による検地以前は、飛騨一国で総国高は四万三六〇〇石余であったから、年貢率を四割とすれば一万七四四〇石余が年貢米となる。これと比較しても四〇〇〇石の酒造米高は突出していると言わざるをえない。もっとも酒造米の多くは小作米に依存したものであろう。江戸時代の地方の造り酒屋は、地主から始まった場合か、後に地主経営を進めた場合が圧倒的に多い。高山の二四軒のすべてかどうかは判らないが、おそらくその多くは周辺村落の百姓（農民）と小作関係を結び、小作米を酒造に当てたことであろう。

高山の町は、乱暴な言い方が許されるなら、飛騨一国の富を集めた。富とは、地主として小作米を取ったような、再生産部分を除いた余剰部分の謂いである。大名金森氏の去ったあと、城下町ではなくなったが、一国の商品流通の中心地として、商人資本は富を蓄積した。多数の造り酒屋はその一例である。高山の旦那衆と呼ばれた有力町人たちは、貯えた資産に見合った大がかりな祭礼を行なった。各丁ごとの屋台（山車（だし））は工匠の見事な細工で装飾され、競い合うように高山祭に曳き出された。

このような高山の町で、相撲興行は幕末になって「正式」に行われるようになった。それ以前にも、「正式」ではない百姓や町人による素人相撲は存在した模様で、弘化二(一八四五)年七月、「百姓・町人共相撲の儀は従前より御停止の処、別而先御郡代様厳敷御差止め」を命じられたのにもかかわらず、近頃升形そのほか所々で相撲が行なわれていたので、取締りが町年寄を通して命じられている。先の郡代とは豊田友直(天保十～弘化二年在職)で、現郡代は小野朝右衛門高福(弘化二～嘉永五年在職)である。先の郡代は幕府の天保改革の影響を受けて諸事倹約を命じ、風俗の取締りをはかったもので、その一環として素人相撲を厳しく禁じた。もっとも幕府は素人相撲の禁止をすでに安永二年十月に触れていた。そこでは、素人が木戸を建て札銭を取ることを禁止するが、もし相撲渡世集団に対談の上で勧進相撲を催すのは特別に許される、という内容がもりこまれていた。

　高山の町で禁止の対象にならない、「正式」の相撲が始まるのは、嘉永六(一八五三)年以降のことと考えられよう。同年五月、飛騨高山町花車小右衛門に宛てて、江戸相撲年寄四代目浦風林右衛門直政から「世話人免状」が発給された。花車は、「相撲執心」であるのでこのたび「我等世話人」として立て置く。しかる上は、公儀(幕府)法度はもちろん、相撲作法を守り、師匠のいない相撲取り(破門された者も含む)の世話をしてはならないことを命じた上で、以下に「定」として三箇条が命じられた。一条は、花車小右衛門を目代世話人として決めた以上、その門弟はその差配を受けること。二条は、四本柱土俵の許し(江戸年寄ないし委任された世話人が許可権を持つ)を持たない村方による相撲を取締ること。三条は免許なく化粧まわしや鈍子(どんす)などの締め込みで相撲を取ることを禁止すること、という内容であった。

　花車小右衛門は高山の住で、自ら相撲を取り、高山の相撲頭取となって、今や吉田追風(善右衛門)門下の江戸相撲年寄から免状を受け、弟子を抱える師匠となった。花車の他に高山で頭取を名乗った者は、安政四(一八五七)年六月に高山桜馬場で開かれた晴天五日の相撲興行の番付によれば、江名川源右衛門・老の里小兵衛・三嶌潟久蔵・高山安兵衛・早小松徳兵衛・荒川勘兵衛・弄花山文助・嶌ヶ崎延右衛門・木村潟善吉がいた。また、高山の相撲取りは、安政二年九月二十九日の山王境内で晴天一日興行が行なわれた際の番付に、東方大関大碇分吉以下三〇名、西方大関湊嶌三平以下三〇名の都合六二名が記され、行司は木村分平以下四名が載せられている。すべて合わせると高山の相撲の者たちは七六名の集団ということになる。これらの相撲に関わる集団が、高山はじめ飛騨の村々の神社祭礼相撲に巡業して、相撲興行だけで渡世できたものやら、それとも日頃は町火消などを勤め、折にふれて相撲に参加したものか、判断するには至らない。高山町では天明三（一七八三）年正月に大工九二名・木挽（こびき）五九人に火消札を渡して火消役を担わせ始めており、以後、天保期に民間の火消組織十組に改変され、引き続く明治九年にはその火消組員は六七八人を数える。

さて、高山の相撲は江戸の相撲年寄の免状を受けることで、素人ではなくなったのだが、では江戸の相撲とのつながりはどのような契機で持たれたのであろうか。この疑問には前述の安政四年六月の高山での晴天五日興行の番付が一つの回答を与えてくれる。この時の相撲興行は江戸相撲が高山に巡業して行なわれたものであった。勧進元は白真弓肥太右衛門、差添は江名川源右衛門で高山の頭取の一人。江戸年寄は追手風喜太郎・玉垣額之助・浦風林右衛門の三名が名を連ね、世話人として高山の相撲頭取たちの名を連ねた。相撲取りは東方大関雲龍久吉、西方大関境川浪右衛門以下関脇・小結・前頭と続く。この東方前頭二枚目に白真弓肥太右衛門の名が載せられている。つまり勧進元の白真弓は現役の江戸相撲取りであった。飛騨国大野郡白川村の出身で、高山郡代小野朝右衛門に見出され、江戸相撲の年寄浦風林右衛門に弟子入りした。高山での興行は御当所相撲であり勧進元になったものであろう。この白真弓の縁で、師匠の浦風林右衛門から高山の頭取花車小右衛門への免許発給につながったと考えて大きな誤りではなかろう。

ところで江戸時代の相撲取り・行司や年寄・頭取で構成される相撲渡世集団は、三都のほかにどの地方都市でも存在できたのかと言えば、そうではない。高山のような都市としての富裕度を持つ、つまり一定の人口や資産や賑わいのある都市でなければ興行をして渡世する集団としての永続性は保ち得まい。それに加えて、吉田追風の門下である江戸相撲年寄の門人になり「正式」になることが条件となる。

なぜ吉田追風に連なる組織に入らねばならなかったのか、そこには江戸時代の他の身分集団にも共通する特徴があった。相撲渡世集団のような周縁の身分を分析することで、江戸時代の身分制度の共通する特徴が浮き上ってくる（史料はいずれも高山市郷土館所蔵）。

〔『本郷』第一八号、一九九八年、吉川弘文館刊〕

第四　近世の朝廷と幕府

一　近世における即位儀礼

はじめに

近世の即位儀礼のうち、大嘗祭（だいじょうさい）を中心にして、儀礼そのものの検討よりも、幕府権力との関係や社会への影響などを検討したいと思います。

近世の大嘗祭から、一九九〇年十一月の大嘗祭まで、あたかも歴代天皇によって連続して行なわれてきたかのように伝えられていますが、はたしてそういう理解でも正しいのでしょうか。なるほど、これから申し上げるように、一七三八（元文三）年の桜町天皇の大嘗祭以来、その後の天皇は歴代必ず大嘗祭を行なっていますが、それを連続したものとして見るのは、ふさわしくないと私は考えます。近世の大嘗祭と、維新後の一八七一（明治四）年の明治天皇以降、大正天皇・昭和天皇の行なった大嘗祭とを、しっかり区別することが重要であると思うのです。

つまり、おこなわれた神事はほとんど同様の行為であったとしても、近世の大嘗祭と近代のそれとでは、国家に占める位置、社会に与えた影響が大きく異なったからです。このことを理解するためにも、これから申し上げる近世の大嘗祭の特徴をよく検討していただく必要があるのだと思います。

一　近世の大嘗祭

ここでは、まず近世における大嘗祭の基本的な歴史過程を押さえておきたいと思います。

表 39　近世の大嘗祭

1466(文正元)年	後土御門天皇
中断 9 代　221 年	
1687(貞享 4)年	東　山　天皇
挙行せず	中御門　天皇
1738(元文 3)年	桜　町　天皇
1748(寛延元)年	桃　園　天皇
1764(明和元)年	後桜町　天皇(女帝)
後桃園・光格・仁孝・孝明天皇　挙行	
1871(明治 4)年	明　治　天皇

再興と中断

中世の一四六六(文正元)年後土御門天皇が行なった大嘗祭を最後に、中断していたものを、二二一年ぶりに、一六八七(貞享四)年、東山天皇が大嘗祭を行ないました。これは東山天皇の父である霊元上皇が、強く幕府に働きかけて実現したものです。幕府は、五代将軍徳川綱吉の時代にあたります。

東山天皇の次の、中御門天皇は即位したものの、大嘗祭は行なえませんでした。なぜ、一度再興したものを継続できなかったのか、この疑問はまだ十分には解決されていません。それは、東山天皇の大嘗祭再興に執念を燃やした霊元上皇が、次の中御門天皇の即位の際には、逆に賛成せず、したがって朝廷の要望がなければ、幕府もこれを積極的に推進することもなかったという次第のようです。

では、どうして霊元上皇は、今回は積極的にならなかったのか。中御門天皇の即位した一七〇九(宝永六)年の頃は、霊元上皇が「私曲邪佞(じゃねい)之悪臣」とか「邪臣」と呼んで嫌っていた近衛基熙(もとひろ)・家熙(いえひろ)の父子が朝廷を掌握していました。かつて隆盛だった霊元上皇の「朝廷復古」の企図は、すでに幕府と近衛家を中心にしたグループによって抑え込まれていたのです。しかも近衛基熙は、東山天皇の大嘗祭再興に際して、禊(みそぎ)行幸が行なわれないことを理由に、大嘗祭に反対していたのですから、この近衛家が勢力をもっていた中御門天皇即位時に、大嘗祭が行なえなかった状況は、およそ想像がつきます。

将軍吉宗の働きかけ

ところが、次の桜町天皇の即位時には、朝廷側が大嘗祭挙行の意欲を示さなかったのに対して、なんと、八代将軍徳川吉宗が、積極的に朝廷側に働きかけて、実現させたものです。『徳川実紀』(「有徳院殿御実紀附録巻二」)に次の史料(1)のように記されています。

史料(1)

(将軍吉宗は)禁廷の公事をも、御心を加へ給ひし事数多有しが、貞享以来絶し大嘗祭をふたたび興し給ひ、大内の大礼をいにしへに復せられけるこそ、たぐひなき御事なれ。これより先当時有識の公卿をはじめ、古礼に練せしのどもにも、あまねくとひはからせ給ひ、御みづからも御勘考を加へられ、所司代始め、京職の人々にも懇に御さたありて後、元文三年十一月十九日大礼遂に行はれしかば、これにつぎ五年十一月新嘗会をも行はる。

徳川吉宗が桜町天皇の大嘗祭再興に積極的であったことは、時の関白一条兼香（かねか）の日記(『兼香公記』)や武家伝奏（てんそう）の葉室頼胤（はむろよりたね）の記した留書によっても確かめられることを、武部敏夫さんは明らかにしています(「元文度大嘗祭の再興について」『天皇代替り儀式の歴史的展開』柏書房、一九八九年刊所収)。

前掲表に戻りますと、桜町天皇の次の桃園天皇からは、ほぼ問題なく孝明天皇までの歴代天皇は、桜町天皇のケースを先例に中絶もなく大嘗祭を行なっていきます。

女帝の場合

ただしその中で、唯一、後桜町天皇は女帝であったことから、大嘗祭の日取りに、他にない例が見出されます。女帝の例は、江戸時代に徳川秀忠の孫娘である明正女帝が存在しており、これは、後水尾天皇の突然の譲位で誕生したものですが、奈良時代の称徳天皇以来、八五九年ぶりの女帝でした。明正女帝の即位時には、大嘗祭は行なえませんでしたから、したがって女帝である後桜町天皇の大嘗祭はきわめて珍しいケースです。この後桜町天皇も、弟の桃園天皇が突然に亡くなり、急遽即位した近世で二人目、そして最後の女帝でした。

大嘗祭は、即位後の十一月の卯の日に行なわれる慣例ですが、後桜町天皇の一七六四(明和元)年の場合には少々事情が異なりました。時の武家伝奏広橋兼胤は日記に次のように記しています。

史料(2)（「兼胤記」）

（明和元年）七月五日、摂政殿（近衛内前）仰せらる。当年十一月大嘗会行なはれたく思召され候。関東（幕府）へ御内慮申し達すべし。尤も女帝の御事故、月の御障計り難きの間、先ず初の卯八日に行なはるべし。もし御障出来候はゞ、後の卯廿日に行なはるべく候、

右の内容を摂政の近衛内前（うちさき）は他の摂家と相談のうえで武家伝奏広橋兼胤に命じ、内々に幕府に伺いを立てさせたのです。実際には、十一月八日の卯の日に挙行されました。神事である大嘗祭が血の穢れを排したものです。

二　近世の大嘗祭の特徴

次に、近世の大嘗祭の特徴を三点にわたって検討します。

できなかった禊行幸

まず一つ目の特徴は、近世の大嘗祭が古代以来の神事の踏襲に見えますが、一六八七（貞享四）年の東山天皇の際も、桜町天皇以降もすべて禊行幸は行なえませんでした。八三三（天長十）年以降、禊行幸は賀茂河原で行なわれるのが慣例となっていました。この禊行幸は、潔斎のために十月下旬、天皇が鴨河畔に臨幸する、大嘗祭当日以前の最も荘重盛大な儀式であり、その行幸の華やかな行列を見ようと、京都の人びとは集まり、その目を楽しませるというものでした。

しかし、このような盛大かつ重要な儀式も、幕府の不許可によって、近世以降、一度たりとも実現しませんでした。それというのも、幕府は天皇の行幸そのものを一切禁止していたからです。禁裏御所に隣接する仙洞御所への朝覲の行幸の数例を除いて、一六二六（寛永三）年徳川秀忠・家光の待つ二条城に後水尾天皇が行幸して以来、幕末の一八六三（文久三）年の孝明天皇の賀茂社行幸まで、二百数十年間、幕府は天皇の行幸を禁止して、社会への浸透・影響を阻止した

のです。当然、禊行幸も禁止、というわけです。

幕府への内慮伺い

特徴の二番目として内慮伺い（ないりょうかがい）ということに触れます。今述べた行幸の禁止は、幕府による天皇・朝廷統制の基本的な枠組みの一つでありましたが、その他に、朝廷は幕府に内慮を伺わねば重要なこと・新規のことは何事もできないという仕組みになっていました。それは、軍事力も財力も行政力の圧倒的な幕府権力に依存しなければ、朝廷は一歩も立ちゆかない状況が前提にあったのです。たとえばさきほどの女帝の後桜町天皇の一七六四（明和元）年の大嘗祭の場合ですと、費用はもちろん全面的に依存していますが、その他に、朝廷から幕府側に、神事執行にあたっての触れを出してくれるように依頼し、これを受けて幕府はただちに京都に町触れを出しています。その内容は次の史料(3)のとおりです。

史料(3)（『京都町触集成』第四巻）

覚

大嘗会行なはれ候に付、来る廿九日御禊の日より十二月朔日朝に至り御神事候間、右御神事の間、寺々鐘鉦の音停止たるべく候事

其限り

東方　東山辺迄

南方　四条通迄

西方　千本通迄

北方　町はつれ迄

右の通に候、尤も諸法事執行候とも穏便に相慎しむべき事

一御築地の内、僧尼ならびに法体の輩、往反停止たるべく候事

図9　当時の京都の町

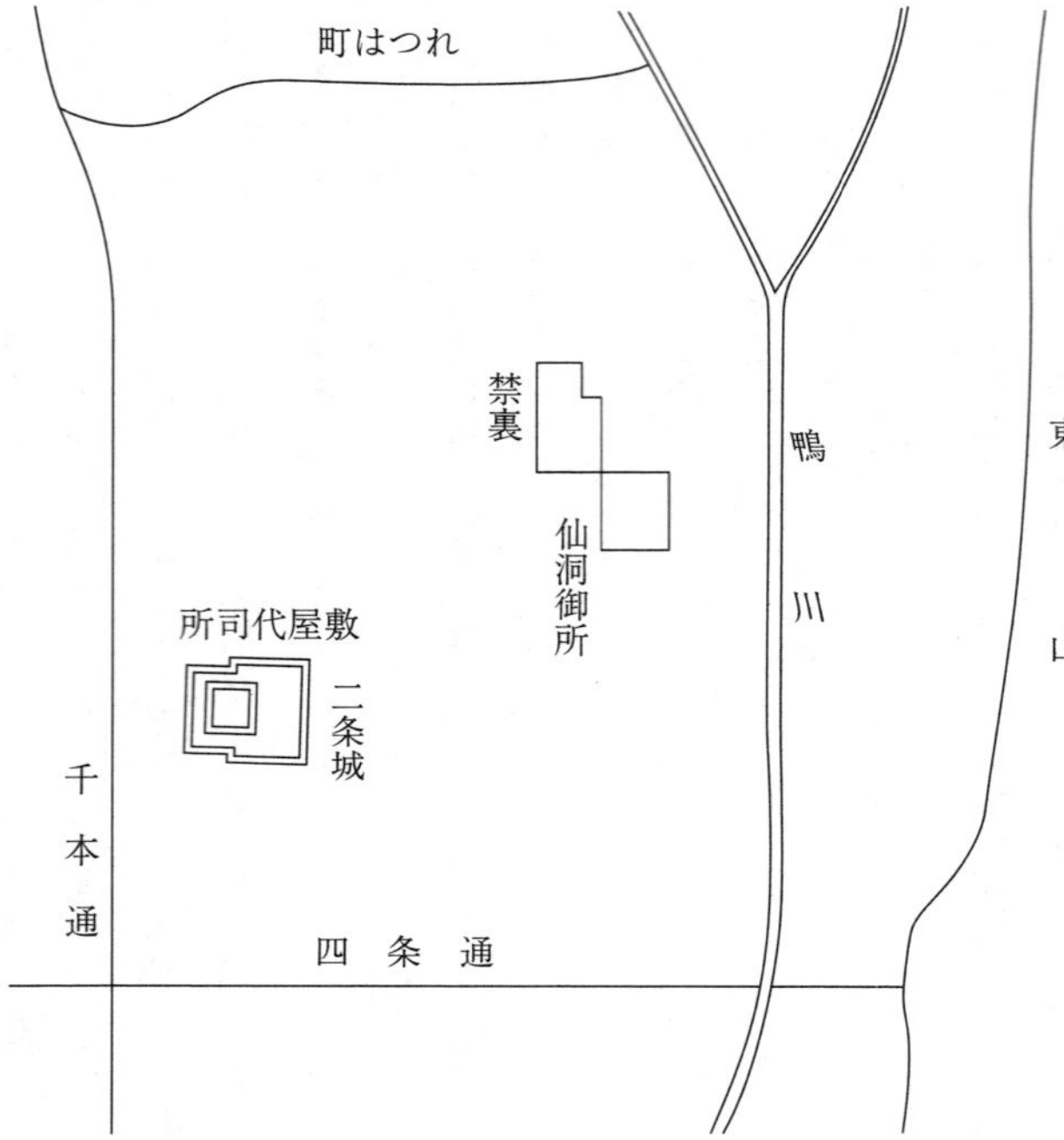

但し、その形、俗体にこしらへ候て穏便
　に往反の分は苦しかるべからず事
一同じく不浄の輩、往反停止たるべき事
右の通り当月廿九日より来る十二月朔日迄堅く停止の旨、洛中洛外へ相触るべき者也

　申十月廿六日

来る八日、大嘗会行なはれ候、勿論諸人拝見相成らず候、此旨向々へ申し聞かすべく候事

　申十一月三日

右の史料のように、神事である大嘗祭を行なうにあたって、僧尼や不浄の者の往来を停止させたり、寺の鐘を鳴らさぬようにさせることを洛中洛外に触れることさえ、朝廷は独自の力ではどうすることもできずに、幕府の行政力に依存せざるを得なかったのです。

社会的影響力の小ささ

最後に三つ目の特徴として、近世の大嘗祭の影響力について述べます。前述のように近世の大嘗祭は、禊行幸も幕府に停止され、すべて朝廷内に止まった儀式でした。大嘗祭の存在を知ることのできた一般庶民というのは、せいぜい、京都の町触れを通して知った人びとだけであって、決して全国の一般の庶民がこれを知るなどということは、近世ではありえませんでした。また、諸大名にしても、大嘗祭の際に朝廷に使者を送って祝賀することはなく、将軍家だけが大嘗祭慶賀の使者を送っただけです。

これに対し、一八七一（明治四）年の明治天皇の大嘗祭では、神祇省が、大嘗祭の由来・趣意を全国に布告し、当日は家業を休み、各々、産土神（うぶすながみ）に参拝して天祖の徳沢を仰ぎ、祝賀するように示諭しました。明治以降の全国規模、国家行事と近世の大嘗祭とでは大いに異なるのです。

近世の大嘗祭は、権力のなかった天皇・朝廷にふさわしい、その力に応じた神事であったといえましょう。一七三八（元文三）年の桜町天皇の大嘗祭から、一九九〇（平成二）年の大嘗祭まで、神事という点ではあたかも連続しているように見えますが、明治維新後の明治・大正・昭和各天皇の大嘗祭と近世のものとでは、天皇・朝廷の置かれている立場、つまり、国家に占める位置が全く異なることをご理解いただけたのではないでしょうか。

三　幕府権力にとっての即位儀礼

朝廷内儀式に止まるものとは言え、二二〇年あまり中絶していた大嘗祭を、五代将軍綱吉の時に、なぜ復興させる必要があったのでしょうか。さらには、八代将軍吉宗はなぜ将軍権力主導で大嘗祭を再興させることにしたのでしょうか。幕府権力にとっての即位儀礼（大嘗祭）の持つ意味を考えることにしましょう。

綱吉による朝儀復興

将軍綱吉による大嘗祭復興の意義についてまず検討してみます。霊元上皇の強い要望があったとしても、幕府はこれを拒絶することは、もちろん可能でした。将軍綱吉は、内外ともに平和が訪れた時期にあたり、それまでの将軍の軍事指揮権を発動することで権力編成をする方式を大きく転換させました。軍事すなわち「弓馬の道」よりも「忠・孝・礼義」を第一に前面に打ち出したのです。その政策転換の中で、個人の能力よりも家の序列を重視する考え方から、平和時の将軍の権威を高めるために、天皇・朝廷の権威を将軍に協調させるようにしたのです。

天皇・朝廷の権威を封じ込めるそれまでの方式を変え、朝廷儀礼などを復興させ、儀礼重視に幕府が政策転換した、その多くの朝儀復興の一環に、この大嘗祭の復興を位置づけることができるのです。この間の詳しい内容は、拙稿「江戸幕府の朝廷支配」(『日本史研究』三一九号、一九八九年)を参看いただければ幸いです。

吉宗による権力編成

八代将軍吉宗による権力編成に検討の対象を移します。吉宗と聞けば、窮乏した幕府の財政を再建したことをすぐに想い浮かべますが、一つ財政再建のみならず、総合的に近世の国家権力をつくりなおす、という意図をもった政治家であったと思われます。

四代将軍家綱が一六六三(寛文三)年に行なって以来中断していた将軍の日光社参を、吉宗は一七二八(享保十三)年に、六五年ぶりに実行しました。諸大名を動員した一種の軍事演習である日光社参を通して、吉宗は将軍の軍事指揮権を発動させ、軍役による権力編成の論理も揺り起こしました。そのことや鷹狩奨励もあって、将軍吉宗には、これまで武断的なイメージが付きまとってきました。

しかし吉宗は、将軍綱吉や新井白石に引きつづく、天皇権威を将軍に協調させる政策も継続して取りつづけました。とくに吉宗政治の後半期、能力に劣る長男の家重に九代目の将軍職を譲ることになってからは、その意図が鮮明になりました。今、問題にしている一七三八(元文三)年の桜町天皇の大嘗祭再興を推進したこともそうですし、また、一七四四(延享元)年の甲子の年に、七社と宇佐・香椎宮に奉幣使(ほうへいし)を発遣する朝廷儀式を約三〇〇年ぶりに再興させたのも、徳川吉宗の政策意図の表われでしょう。しかも吉宗は、単に朝廷儀礼の再興のみならず、京都所司代に公家の行動を厳しく統制させたり、公家を家業に専念させたりしています。これは将軍家重への代替りの頃、一七四五、六(延享二、三)年に顕著に見られます。たとえば関東に下向した摂家や門跡、あるいはその従者に至るまでの行動統制を厳しく行なっています。また一七三九(元文四)年、武家伝奏に命じて、僧侶の官位つまり僧位僧官や医師・絵師の官位について諸門跡に問い合わせさせ、また神職位階についても調査させ、官位叙任制度の調査・確認を行なわせています。朝廷・公家にとって、官位叙任は収入源となることから、吉宗が官位制度の実態把握と制度の整理を行なわせたものであります。このように天皇・朝廷に対する統制の枠組みや制度を強化しながら、一方で朝廷儀礼を再興させて、その権威を協調させ、将軍権力を補強しようとしたのが、吉宗の政策意図です。

将軍吉宗は以上のほかにも、これまでよく知られた、官僚制度の充実や法典整備を行なっています。また、勧化(かんげ)制度を再確立させて寺社修復費を集めさせたり、国役を見なおして、朝鮮通信使饗応に国役金を課したり、河川普請を国役で担わせる制度を確立するなど、いずれも、私領主の単位を越えた国郡単位に、幕府が国家の統一権力・公権力としての側面を強く打ち出して制度改革したものでした。

そのうえ、将軍綱吉や新井白石時代に制度化が試みられてきた、死や血の穢を避け、忌み嫌う服忌(ぶっき)の制度や、衣紋の色や形で上下の序列が一目瞭然になる衣服の制度(服制)を、ともに将軍吉宗の時代に制度追加して集大成させ、そのまま後世に受け継がれました。これらは儀礼を重視して、家の序列・秩序維持をはかる、平和な時代に適応的な権力編成の論理でした。

以上、近世国家の曲り角とも呼べる一八世紀前半、享保～延享期に試みられた将軍吉宗の諸政策を概観しましたが、このような多岐にわたる吉宗による国家制度の再編強化の一環として、一七三八(元文三)年の桜町天皇の大嘗祭の再興を理解することができるのです。

天皇・朝廷の吉宗観

桜町天皇は吉宗に対して、感謝に近い念を抱いていました。桜町天皇が、桃園天皇に譲位しようとした一七四六(延享三)年、朝廷は桜町天皇の譲位理由として、史料(4)のように記して、幕府に内慮をうかがっています。

史料(4)『兼香公記』延享三年三月三日

（前略）当御代の間、関東より毎事御丁寧に御沙汰これ有り、公事御再興も御近代に越候て、叡感斜ならざる御事候、御近代御在位廿ケ年余に及び候へども、右御連続、殊に御再興など御近代に越え候上、多年御在位遊ばれ候御事、神慮も却て恐れ思食めされ候、これに依り御譲位の儀有らせられたく思し召され候、（後略）

桜町天皇の在位中は、関東（幕府）からことあるごとに丁寧な沙汰があったので、公事（朝廷の政務や儀式）の再興は最近の天皇を越えており、天皇は喜んでいる。これ以上在位しては神慮も恐れるゆえ譲位したい、という趣旨のもので、朝儀復興は将軍吉宗の沙汰によって近来にない成果があったと桜町天皇は認識しています。前述のように、多面的・総合的な政策をとった将軍吉宗を、仮に千手観音にたとえるならば、その腕一本に握られた桜町天皇は、吉宗をこのように描き、また、戦前の尊皇論発達史の立場からは、吉宗を尊皇・勤王の将軍と描きます。しかしこれまで述べたように、将軍吉宗は尊皇だからではなく、曲り角にきた近世の幕藩制国家を立てなおすべく、多面的かつ総合的な観点から、国家権力構成を行ない、その一部として大嘗祭の再興が存在したものなのです。

おわりに

私は、大嘗祭について儀式そのものの中味の検討よりは、国家権力との関係や社会への影響について検討してきました。すなわち近世の大嘗祭は、幕府の統制下にあった朝廷の内部に限られた儀式で、社会への影響力のほとんどないものであったこと。しかも貞享・元文の二回の大嘗祭の再興も、幕府権力の政策意図にもとづいて、その主導の下に行なわれたものであったことなどを述べてきました。

「朝廷復古」の一歩

しかし、五代将軍綱吉以来、将軍権力のために天皇権威を協調させられはしたものの、その面、天皇や公家たちにとっては、この大嘗祭再興は「朝廷復古」のワンステップにほかならす、彼らのスローガンである「朝廷復古」は一歩現実に近づいたのもまた事実です。桜町天皇の譲位理由に見られたように、「公事再興」は歴代天皇の目指す課題であり、天皇・朝廷の復古に向けた、勢力形成につながったとも見られます。

即位礼の大名の官位

また、即位儀礼のうち、大嘗祭の前に挙行された即位礼に使者を送った大名たちは、朝廷儀礼に参加して、自らの位階・官職を意識させられることになりました。「禁中並公家諸法度」第七条の規定によって、武家の官位を公家世界と切り離し、幕府の執次ぎに限定したのですが、実際には、諸大名は即位礼で自分の官位を認識させられたのであります。

一七六三(宝暦十三)年十一月の後桜町天皇即位礼の際、即位祝儀の使者を送った約百家の大名の格の順序は次のとおりです。まず将軍家・三家・三卿があり、次に松平加賀守・松平越前守のあと溜間(たまりのま)詰め大名、そして老中・側用人・大坂城代の使者と続きます。ここまで将軍家との親疎や石高・江戸城内殿席・役職などの序列で格が定まります。そのあとは位階四位以上の大名の使者が、官職順に少将(七大名)・侍従(一四大名)・無官(一四大名)の順序となり、しかるのちに五位の諸大名(四七名)の使者が続きます。つまり、将軍家との血縁や幕府の要職にある約二〇大名のほかの八〇大名の使者は、官位による序列を強いられたのです。

即位礼という天皇・朝廷による儀式は、そこに参加した諸大名に、天皇・朝廷による官位の序列を認識させたことは確かなことです。こういう儀式が、幾度も繰り返されるうちに、諸大名は官位昇進のための運動や、婚姻関係を通した公家との結びつきを深めることに結果していったことも見逃せません。その先に、その他の要因・状況も合わさって、天皇・朝廷の権威の浮上、ついには朝幕の逆転を招いたということも付け加えておきます。

〔参考文献〕
岩井忠熊ほか編『天皇代替り儀式の歴史的展開』柏書房、一九八九年
高埜利彦『近世日本の国家権力と宗教』東京大学出版会、一九八九年

〔『「即位の礼」と大嘗祭』、一九九〇年、青木書店刊〕

二　近世天皇論の現在

霊元上皇の呼ぶ邪臣とは

霊元天皇（在位一六六三〈寛文三〉年〜八七〈貞享四〉年、一七三二〈享保一七〉年死去）は、江戸時代の歴代天皇のなかでも個性ある天皇の一人であった。父である後水尾天皇①、後期の光格天皇②と並ぶ、強い意向がうかがえる天皇であった。この霊元天皇が譲位した後、上皇（じょうこう）として京都の下御霊神社に願文を納め、神に祈願をした。その願文③（読み下し）は次のとおりである。

霊元上皇の願文

祈願事

一当年別而無病息災ニ、怪我・急病・不慮之災難等これ無く、年中安隠ニ而所願成就之御加護、偏に憑（たの）み奉る事
一朝廷之儀、年々次第ニ日を逐い暗然、歎かわ敷こと限り無し、是併わせて私曲邪佞之悪臣、執政既に三代を重ぬ、己の志を恣（ほしいままにする）之故也、早く神慮正直之威力を以って、早く彼の邪臣等を退けられ、朝廷復古之儀を守り給う可き事
一大樹、朝家を重んずる之心、猶増し深切を加う。早く彼の邪臣之謀計を退け、叨（かたじけなく）沙汰有る可き事

一箇条目は無病息災を祈る内容である。二箇条目は、霊元上皇の目からみて、朝廷が暗然たる歎かわしい状態になっている。それは「私曲邪佞之悪臣」が執政（摂政・関白）となってすでに三代を重ね恣意的なためである。早く神の力によって、かの邪臣などを退け、「朝廷復古」を守ることを願うという内容。三箇条目は、将軍の朝廷を重んずる心が深まっており、早くかの邪臣の謀計を退ける沙汰があるように願う、という内容である。

霊元上皇がこの願文をいつ奉納したのかという問題と、上皇が排除を求めた「私曲邪佞之悪臣」がだれなのかという問題は、戦前から検討が重ねられてきた。時期の問題については、一七一〇（宝永七）年春と一七二八（享保一三）年二月の二つの説がある。願文一箇条目の無病息災を祈願する状況からの推測であるが、いずれであるか、この問題はひとまずおいておこう。では、霊元上皇の呼ぶ邪臣とはだれか。これを単純に朝廷の敵、すなわち幕府であるとして、幕臣あるいは将軍と解釈することは、三箇条目の内容（将軍への賛辞）からして誤りといわざるをえない。[4] すでに戦前から、邪臣とは摂家の近衛基熙（もとひろ）を指し、三代（霊元・東山・中御門天皇）の執政を行なったと理解する見方がある。これに対して近年、所功は、三代とは近衛基熙─家熙（いえひろ）─家久の三代の執政を指すとの理解を示した。[5]「彼の邪臣等」の「等」に着目するならば、近衛家三代の理解が妥当であろうか。

いずれにしても、朝廷を歎かわしい状態に置く原因の「私曲邪佞之悪臣」とは近衛基熙ないし近衛家三代を指すという点で、戦前からの理解に大きな違いはない。

では、霊元上皇はなぜこれほどに近衛氏を「邪臣」と決めつけ、その排除を神願するに至ったのであろうか。天皇・上皇と摂家とがかほどに対立する関係にあったことを、どう理解すればよいのであろうか。幕府対朝廷の二項対立の図式からこの問題を単純に解こうとしてもそれは難しい。霊元上皇と摂家近衛氏との対立点が何であったかを見極める必要があろう。

霊元上皇のめざしたものは、右の願文にあるように「朝廷復古」であった。神の威力によって邪臣などを退け、「朝廷復古」を守ってほしいと書いているとおりである。となると、これに対立した摂家近衛氏の立場はいかなるものであったのだろう。

摂家の位置

摂家は江戸幕府の朝廷統制の秩序を維持する要の役割を担わされていた。幕府は天皇や朝廷の権威を認めたうえで、これらが自立して独り歩きをし、自ら権力を振るったり、大名などにかつがれることのないよう、天皇・公家の行動を規制し、狭い京都洛中に封じ込める体制をとった。そのうえで、天皇・朝廷にそなわった律令遺制の内、幕府支配に有効な部分(官位叙任・改元や綸旨・太政官符など)を限定して許容し、幕府の国家支配にとりこんで一定の役割をもたせた。

幕府権力による国家支配の一翼を担わせるためにも、幕府による天皇・朝廷統制の秩序は維持される必要があった。その際、幕府は摂家中心にその秩序を作らせたのである。一六一五年(元和元)の「禁中並公家諸法度」[6]第二条で「一、三公之下親王」と規定して、皇位継承権のある親王より以上に三公(三大臣)にある公家(摂家が中心)を上位に位置づけたり、第一一条で関白・武家伝奏(てんそう)などの申し渡しに背いた堂上(とうしょう)・地下(じげ)は流罪に処せられることが規定された。

さらに、一六二九(寛永六)年の後水尾天皇の突然の譲位後、明正女帝即位の一六三〇(寛永七)年九月、幕府は酒井忠世・土井利勝・板倉重宗・金地院崇伝を京都に遣わして、前将軍徳川秀忠と将軍家光の上意を五摂家に伝えた。上意の内容は、前半で平安京始まって以来初の女帝誕生に際しての幕府の立場を表明した。さらに後半部分で、遠国にある江戸幕府から、禁中向きの統制は無案内になるので、摂家方が天皇・上皇に異見を仰せ上げられ、これまでの政事(まつりごと)が退転しないように、また、公家衆の家の学問や権現(徳川家康)以来定めてきた法度の趣旨を相違なく守らせるように、もし万一それができぬ場合は、摂家の落度となる、という内容であった。摂政一条邸に当日不参であった近衛・二条には、日を改めて四人が出向き、あくまでも幕府の口上書を読み聞かせた。幕府の並々ならぬ決意を感じさせる。[7]

しかも、関白(摂政)は五摂家のまったくの独占であったが、その他に三公(三大臣)についても五摂家以外の公家(清華(せいが)・大臣・羽林(うりん)・名家(めいか))はあまり任官されることがなく、とくに左大臣は清華家に一〇例のみ、しかも短期間の任官がみられるだけで、摂家重用は任官のうえからも明瞭であった[8]。

このような、摂家を中心に秩序が維持された朝廷において、摂家を補完したのが慶長期以来存在する武家伝奏であった。常時二名の公家が任命される武家伝奏は、たえず京都所司代と連絡をとって、種々の機能を果たした[9]。機能の一つは堂上・地下に幕府の触れを流したり、逆に公家たちから幕府への願書・伺書などを所司代に取り次いだ。願書のなかには、公家の洛外への他行も含まれ、公家たちの行動は武家伝奏によって規制されていた。また、朝廷の財務管理を禁裏付武家など幕府役人とともに行なった。

このほかにも多くの役割を抱えた武家伝奏の任務が繁多になったことと、朝廷の表向きにその任務が限定されていたことから、一六六三（寛文三）年霊元天皇即位（一〇歳）に際して、後水尾法皇（六八歳）は四人の側近の公家を新天皇の養育係として任じた。この後、霊元天皇による自分の近習への異例な官位叙任や、天皇と近習とが禁中で花見の酒宴を催し、ついに沈酔に及ぶという放埒事件も起こった。武家伝奏は関東下向の際に、そのような天皇と近習の統制強化策として、先の四人の側近を年寄衆として任じ、奥向き統制と武家伝奏の補佐が命じられ、幕府からは役料も支給されるようになった。この年寄衆が一六八六（貞享三）年から議奏と呼ばれるようになる[10]。

霊元天皇の挫折

以上のような摂家（関白・三公）―武家伝奏―議奏をとおした幕府による朝廷統制の枠組み・秩序に、霊元天皇とその近習たちは「朝廷復古」のスローガンの下に風穴を空けようとはかった。この状況を近衛基熙の言葉で表現すると、

一関白・三公それ以下列座相談の儀、多クハ関白之御下知にて決定候事、稀に候[11]、

と関白の下知で朝議決定がなされなくなっている状況が作られているという。さらに近衛基熙の指摘では、関白・三公などがいっこうに承諾しないことが、霊元天皇の叡慮にことよせて治定されたり、あるいは、武威を軽んずることだからという理由で決められたことがたびたびとなっている。つまり、関白の官が意味をなさなくなり、ついには朝議を

軽々しく考える状態を作っている。換言すれば、霊元天皇と側近による天皇親政が摂家中心の朝議を無視し朝廷を独占する状況を、近衛基熙は憂えているのである。

一六七九(延宝七)年の石清水放生会の再興、あるいは一六八三(天和三)年に、土御門家に諸国陰陽道支配の霊元天皇綸旨を認める将軍綱吉朱印状が出されたこと、(12)さらに一六八七(貞享四)年の大嘗会(だいじょうえ)再興(13)に示された霊元天皇の意欲など、いずれも「朝廷復古」「朝廷再興」を念頭にめざされたもので、これらの儀式再興と軌を一にした前述の朝議無視が、霊元天皇とその側近によって行なわれたのであった。

その路線のうえに、霊元天皇は一六八六(貞享三)年に譲位して院政を指向した。しかし、幕府は逆にこの機会を逃さず、院政の芽をつみ取るとともに、諸事、関白・武家伝奏・議奏の合議と京都所司代への相談を朝廷に対し強く命じたのであった。(14)

その後、霊元上皇の存在が朝廷内にまったく影響を及ぼさなくなったわけではないが、一六九〇(元禄三)年正月の霊元上皇に近かった一条兼輝の関白辞官と代わっての近衛基熙の関白任官は、上皇にとってだめ押しの一手と映った。それが幕府主導のこともあり、霊元上皇はきわめて不快感を示したものの、幕府の意を受けた近衛基熙の執政はその後続くことになった。

かくして霊元上皇のめざした「朝廷復古」は、右のように近衛基熙らによって挫折させられた。逆に近衛基熙の求めたものは「朝廷の御為の事は勿論大樹様御為」となる、幕府の朝廷統制の秩序の下の朝幕協調という状態であった。霊元上皇が下御霊神社に「私曲邪佞の悪臣」を除き「朝廷復古」を祈願したこの願文の解釈は以上のとおりである。この時期の「朝廷復古」はひとまず霊元上皇とともに押さえ込まれた。では、この押さえ込まれた状態はいつまで続いたのであろうか。

桃園天皇の秘喪と正親町公明

九日間の秘喪

桃園天皇[15]は一七六二(宝暦一二)年七月一二日、二二歳の若さで病死した。思いもかけないあまりに若い死に、天皇の周辺は困惑した。後継天皇に予定されていた皇子(儲君)は、まだ幼児であり践祚するには無理があったのである。そこで、関白近衛内前らごく一部の者たちは、七月一二日から桃園天皇の喪を秘し、江戸幕府に後継天皇に関する同意を求めた。近衛内前らの案は、故桃園天皇の姉である智子内親王の践祚をはかり、幼い儲君の成長を待つという方策であった。すでに明正女帝の例があるので、女帝を立てることが、幕府に同意を求めた主たる理由ではなかった。幕府に同意を求めなければ儲君以外の践祚は考えられないとの認識を、関白近衛内前らはもっていたのである。かつて後光明天皇が一六五四(承応三)年に突然病死したときも、朝廷は幼い儲君(後の霊元天皇)の外に後継天皇を求め、すでに高松宮を継いでいた皇弟を後西天皇として践祚させた例がある。このときも幕府の同意を求めていた。関白近衛内前はその先例にならったのである。幕府からの同意の返答は桃園天皇の死後九日目に届けられた。この間、秘喪は周辺に漏れはじめていたであろうが、朝廷は正式に七月二一日、桃園天皇の死を発表した。その日初めて天皇の死を知らされた中納言山科頼言は、悲歎のようすを日記に記している。[16]

しかし、当時一九歳の少壮の公家正親町公明は九日間の秘喪の実情を漏れ知っていた。「東夷之飛脚」を待つための九日間であったことを日記に記している。江戸幕府を「東夷」と呼ぶ正親町公明は、我朝の天皇に空位はこれまで存在したことがなかった、にもかかわらずこのように東夷の飛脚を待つために、実質的な空位が数日に及んだことを「恐るべし恐るべし」と嘆じている。[17] 霊元天皇に「邪臣」呼ばわりされた近衛基熙(近衛三代)と同様の立場から、幕府の朝廷統制の枠組みの下で秩序を重んじた関白近衛内前の行動が存在する一方で、少壮の公家正親町公明はこの関白の行為を天皇空位をもたらした恐るべき行為と非難するのであった。この両様の考え方、態度が併存する時期に、一七六二(宝暦一二)年の桃園天皇の死はあたっていたのだといえよう。

尊号一件

それから三〇年後、正親町公明四九歳となった一七九一（寛政三）年一二月、彼は武家奏伝に任じられた。貞享期頃を境にして、それまで幕府が人選して任命させてきた武家伝奏は、これ以降朝廷の人選となり、その人選でよいかと幕府に内慮をうかがい、同意を求める方式に変わっていた[18]。武家伝奏に任じられた正親町公明は、折しももち上がっていた朝幕間の重要問題に果敢に取り組んだ。重要問題とはいわゆる「尊号一件」である。尊号一件とは、閑院宮家から皇位を継承した光格天皇の実父閑院宮典仁親王に太上天皇号（尊号）宣下することを天皇・朝廷が望み、一七八九（寛政元）年幕府に内慮をうかがい、同意を求めたところ、幕府側（老中首座松平定信）がこれに反対したことから紛糾した一件である。「禁中並公家諸法度」第二条の「三公之下親王」の規定どおり、閑院宮典仁親王は天皇の実父でありながら臣下である摂家など三公（三大臣）の下の座位につけられることから、典仁親王に太上天皇号宣下をすることで、この序列問題の解決をはかろうとしたのである。しかるに幕府は、太上天皇号は天皇経験者に限って宣下されるべきとの判断から、朝廷の希望を拒むこととした。幕府の意図は京都所司代・武家伝奏をへ、関白鷹司輔平をとおして伝えられ、天皇とその周辺の要求は押さえ込まれ、沈静したかにみえた。しかるに、鷹司輔平から一条輝良に関白が代わった一七九一年、それはまた武家奏伝に正親町公明が任じられた年でもあったが、朝廷側は再度幕府に尊号宣下を求めた。

摂家・武家伝奏・議奏以外の、それまで朝議に加わることのなかった公家たちも群議を行なった。これら多数の尊号宣下を求める声は幕府に対する圧力となった。しかも、武家伝奏正親町公明は議奏中山愛親らとともに江戸に赴き、幕府に再度尊号宣下を求める急先鋒になった。武家伝奏という、本来幕府と朝廷との間をとりもつべき役職にあった正親町公明が、正親町公明個人の思想に忠実に、朝廷側の望む姿を要求したのであった。それは、江戸幕府による朝廷統制の枠組み・秩序を否定する行為にほかならなかった。

幕府は一六三〇（寛永七）年の後水尾天皇譲位の際の武家伝奏中院通村の罷免要求[19]よりも格段に厳然と、朝廷統制の体制堅持のために武家伝奏正親町公明や議奏中山愛親らの役職を免じ、閉門や逼塞の処罰をいい渡した[20]。

朝廷側からみたとき、尊号一件は要求をとおすことには失敗に終わった。しかし、事件全体を眺めたとき、正親町公明が武家伝奏の役職にありながら、その立場を否定して個人の思想に忠実であったことに象徴的なように、そして、多くの公家が尊号宣下の意見を提出したように、明らかに幕府の朝廷統制の秩序を打破する気運の盛りあがりが存在した。と同時に、こういうときにも鷹司輔平父子のように、依然幕府による朝廷統制の秩序維持の立場に立つ者も存在していたことは見落とせない。

「朝廷再興」の気運はこの後、光格天皇を先頭に多くの公家たちによって積み重ねられ、やがて幕末の朝幕の逆転（朝廷による幕府への大政委任）へと向かう。その意味から、この尊号一件は、一つの大きなターニングポイントとなっている。

天皇研究の課題

近世の天皇研究を進めるためにはいくつもの視点が必要である[21]。すぐに思い浮かぶものだけでも、たとえば、朝廷統制の機構の解明、律令遺制（官位制度など）が近世においてどのような機能実態をもったのか、あるいは、禁裏・公家の所領や財政の問題、天皇・朝廷の宗教性や朝廷儀式の性格の解明、公家の家職とその影響力などがあげられるであろう。それら諸視点からの研究を総合化させることで、近世の天皇研究の前進はみられるものと思われるが、その際、いくつもの研究視点のなかで、幕府と朝廷との政治史的な関係の検討は総合化の中心をなす一本の支柱の役割を果たすであろう。

しかも、幕府と朝廷との政治的な関係を解くためには、幕府対朝廷の二項対立の図式で、ある時期は確執期、またある時期は和融期ととらえるような方法は有効とはいえない。小稿で紹介したように、朝廷のなかでも、「朝廷復古」「朝廷再興」をスローガンに、その理念を押し進める考え方と、現実の幕府政策に協調する役割を果たす考え方とが対立して存在した。その朝廷内の対立は江戸時代をとおして存在し、幕末期の朝廷内に渦巻く複雑な政治状況の源流となったのである。

朝廷内部に路線をめぐる対立が存在したように、他方、幕府内部にも対朝廷策をめぐる路線の対立が存在していたと想像するにかたくない。幕府が一枚岩であったと考えるのは安易にすぎるであろう。小稿では、その幕府内部の朝廷統制策の検討を行ないえていないが、その検討は今後に課せられた欠かすことのできない課題となろう。

【参考文献】

宮地正人『天皇制の政治史的研究』（校倉書房、一九八一年）。
注（12）の文献。

注

（1）在位一六一一年（慶長一六）～二九年（寛永六）。
（2）在位一七七九年（安永八）～一八一七年（文化一四）。
（3）写真・釈文は東京大学史料編纂掛編『古文書時代鑑』正輯（一九二五年）、帝国学士院編『宸翰英華』本篇第二冊（一九四四年）などに掲載されている。両書ともに復刻されてはいるが、利用しやすい書では、日本歴史学会編『演習古文書選　続近世編』（吉川弘文館、一九八〇年）に図版が掲載されている。
（4）山本純美「東山天皇大嘗祭の再興過程」（『歴史読本』530、一九九〇年）は幕臣ないし徳川将軍家を指すとするが、妥当性を欠くように思う。
（5）所功「霊元上皇の御祈願文」（皇学館大学史料編纂所報『史料』94、一九八八年）。
（6）高埜利彦「『禁中並公家諸法度』についての一考察」（『学習院大学史料館紀要』5、一九八九年）。京楽真帆子「近世公家社会の中の親王―禁中並公家諸法度第二条の理解に向けて」（『新しい歴史学のために』199、一九九〇年）。
（7）『本光国師日記』寛永七年九月一六日条。
（8）高埜前掲論文（注6）。

(9)　大屋敷佳子「幕藩制国家における武家伝奏の機能(一)・(二)」(『論集きんせい』7・8、一九八二・八三年)。

(10)　田中暁龍「江戸時代議奏制の成立について」(東京学芸大学史学会『史海』34、一九八七年)。平井誠二「確立期の議奏について」(『中央大学文学部紀要』史学科第33号・通巻第128号、一九八八年)。

(11)　「近衛基熙口上覚書写」(『大日本古文書　伊達家文書』5、東京大学出版会、一九八二年)。

(12)　高埜利彦『近世日本の国家権力と宗教』(東京大学出版会、一九八九年)。

(13)　武部敏夫「貞享度大嘗会の再興について」(『書陵部紀要』4、一九五四年)。高埜利彦「近世における即位儀礼」(『即位の礼と大嘗祭』青木書店、一九九〇年)。山口和夫「近世即位儀礼考」(『別冊文藝・天皇制』一九九〇年)。

(14)　久保貴子「天和・貞享期の朝廷と幕府─霊元天皇をめぐって」(早稲田大学大学院文学研究科『文学研究科紀要』別冊14、一九八七年)。

(15)　在位一七四七(延享四)年～六二(宝暦一二)年。

(16)　山科頼言『頼言卿記』宝暦一二年七月一一日条。

(17)　正親町公明『公明卿記』宝暦一二年七月一一日条。

(18)　平井誠二「武家伝奏の補任について」(『日本歴史』四二二、一九八三年)。

(19)　『本光国師日記』寛永七年九月一四日条。

(20)　『徳川禁令考』前集一─三二八「閑院宮尊号御協議」(創文社、一九五九年)。

(21)　久保貴子「近世朝幕関係史研究の課題」(『歴史評論』四七五、一九八九年)。深谷克己「近世天皇論」(『日本近世史研究事典』東京堂出版、一九八九年)。なお、小稿に関しては高埜利彦「江戸幕府の朝廷支配」(『日本史研究』三一九、一九八九年)を参看いただければ幸いである。

〔『争点　日本の歴史第五巻　近世編』、一九九一年、新人物往来社刊〕

三　近世の天皇をめぐって

はじめに

多数の歴史教科書が発行されている中で、私が近世の天皇をめぐって子細に検討を加えたのは以下の教科書だけである。『新日本史四訂版』(著作者家永三郎、発行者三省堂、昭和五六年三月三一日文部省検定済、平成二年三月三一日改訂検定済。以下これを『家永本』と略記する)・『高校日本史　三訂版』(著作者宮原武夫・黒羽清隆ほか六名、発行者実教出版、昭和五八年三月三一日文部省検定済、平成元年三月三一日改訂検定済。以下これを『実教本』と略記する)・『新詳説日本史』(著作者井上光貞・笠原一男・児玉幸多ほか一〇名、発行者山川出版社、昭和六二年三月三一日文部省検定済、一九八九年三月五日発行。以下これを『山川本』と略記する)・『三省堂　新日本史』(著作者家永三郎、発行者三省堂、昭和四九年三月三〇日初版発行。以下これを『旧家永本』と略記する)・『改訂版詳説日本史』(著作者宝月圭吾・藤木邦彦ほか四名、発行者山川出版社。以下これを『旧山川本』と略記する)。つまりすべての日本史教科書を対象にしたものではなく、限られた対象に関しての検討にとどまっていることを、まず断っておきたい。次に、検討の結果、何かまとまった結論を導くことはできず、およその傾向を指摘するにとどまっていることも、はじめに述べておきたい。

一　現行教科書にみる近世の天皇・朝廷の叙述

現行教科書とは言いながら、『家永本』・『実教本』・『山川本』の三冊に対象は限られる。まず、叙述の対象時期は、『家永本』が豊臣政権期で関白・太政大臣任官、豊臣賜姓、天皇の聚楽第行幸を、次に「禁中並公家諸法度」を中心に江戸幕府の朝廷統制を、そのあと後期の思想の中で尊王論をとり上げている。『実教本』は、同じく豊臣政権期と江戸幕府の朝廷統制、それに後期の尊王論が叙述されている。『山川本』も同様に、豊臣政権期と江戸幕府初期の朝廷統制を叙述するが、そのあと、後期の尊王論の前に新井白石の政治として、公家風の儀式をとりいれ、閑院宮家創設など朝幕関係の融和をはかったことが叙述されている。

『山川本』に新井白石期の叙述が幾分見られるだけで、現行本の日本史教科書の天皇関係の叙述は、豊臣政権期・江戸幕府初期の統制と後期の尊王論に範囲がしぼられている。このことは、現行本における特徴の一つである。

次に、個々の叙述内容に関して指摘する。豊臣政権期について、聚楽第で後陽成天皇を招いて、諸大名に忠誠をちかわせた際の叙述を、『家永本』が「皇室への崇敬と秀吉への忠誠を誓わせた」、『実教本』が「天皇と秀吉への忠誠を誓わせた」とあるのに対し、『山川本』は「秀吉への忠誠をちかわせた」とある。諸大名に皇室への崇敬や天皇への忠誠を誓わせた、とする叙述は、後陽成天皇の聚楽第行幸をどのように解釈するかにかかわるが、さらに検討を要する箇所であろう。

「禁中並公家諸法度」について、『実教本』・『山川本』にその史料の抄出が掲載されている。ともに『徳川禁令考』からの引用である。その第一条は、「一天子御芸能の事、第一御学問也。」と、その箇条のごく一部のみ引用している。原本は焼失し、どの写本を底本にするかで異るが、『大日本史料』が採った「諸法度」の「一天子諸芸能之事第一御学問也(下略)」と比べるとき、「御芸能」か「諸芸能」か、いずれが適当か、「禁中並公家諸法度」の諸写本の校合・検討が俟たれる。今の時点で、意味の解釈から判断するとなると、「諸芸能」とするほうが通り易いように思われる。さて、『家永本』では、この第一条の解釈に基き、「天皇には政治に関係のない学芸をすすめ、」と本文に記されている。そもそも学芸とは政治に関係のないもの、との意味合いからの文意であろうが、これを、多くの学芸の中で政治に関係のないものをすすめ、と解釈される虞れはないであろうか。幕府は第一条で、天皇に学問をよく学び、和歌と有職故実を修めるように命じているが、その学問とは、治世の学、統治の学であり、政治に関係のない学問とは決して言えないものである。『家永本』の「天皇には政治に関係のない学芸をすすめ」は、読み手に混乱を与える可能性を残してはいまいか。

さて、江戸幕府の初期の統制の箇所で、『山川本』だけは、「将軍も形式上は天皇によって任命されるものであったから、幕府や諸大名も朝廷を表面的にはうやまっていた。」と記している。また、後期の尊王論の箇所では「復古主義の立場から尊王論を唱えた国学者も、将軍は天皇の委任によって政権をあずかっているものとし、幕府政治を否定するものではなかった。」と述べている。現実の政治において、将軍が天皇から政権を委任されたのは、一四代将軍家茂が上洛して参内した一八六三(文久三)年がはじめてのことである。しかしのち、一五代将軍慶喜は大政を奉還した。それ以前の歴代の将軍宣下はあくまでも形式的な儀式であった。尊王論も観念的な思想であった。現実の政治において「大政委任論」が意味を持ったのは幕末の政治局面になってからである。ところが、前述の『山川本』の叙述は、「形式上」とか「国学者」と断っているが、読者の中には混同して、初期と後期の叙述を結び付けて、初期から「将軍は天皇の委任によって政権をあずかっている」と誤った解釈をしてしまう虞れは生じないであろうか。

二　旧版の教科書との比較

ここでは『旧家永本』を検討する。その叙述の対象範囲をみると、豊臣政権期がまずあり、次いで江戸幕府初期の統制、とここまでは現行本と同様である。ところがこのあと、『旧家永本』では、四代家綱・五代綱吉の時代について、「家光のころまでは、(中略)公家にたいしても庶民にたいしても力でおさえようとする傾きが多かったが、このころから国内が安定するにつれて、しだいに文治主義をとるようになった。」、「綱吉は(中略)皇室を尊重し、儒学を好んで学問を奨励した」と、武断から文治への転換の中で、綱吉の「皇室尊重」を説明している。

さらに、新井白石の閑院宮家創立の叙述のあと、『旧家永本』は松平定信の時期を採りあげ、「光格天皇の希望をおさえてその父典仁親王への尊号をとめるなどの紛争もあって、各方面からの不平をまねいた。」と、いわゆる尊号一件を叙述する。このあとは、現行本と同様な、後期の尊王論につながる。

このように『旧家永本』は、近世初期から幕末まで、天皇・朝廷に関する叙述が通して叙述されているのである。旧版でも一冊検討した『旧山川本』は、新井白石の時期が現行版同様にあるだけであり、『旧家永本』に五代綱吉期や松平定信の時期が叙述されているのは、注目されるところである。

三　近世史研究者の立場からの発言

『旧家永本』に叙述されていた五代綱吉期や新井白石期、それに松平定信期の天皇・朝廷に関する内容が、どうして、現行本には消え落ちてしまったのであろうか。現行本の特徴として指摘した、初期からいきなり後期に叙述が移るのはなぜなのであろうか。教科書著作者ではない私には、ただただ推測を重ねるより方法はないのだが、敢えて愚考を試みよう。結論から言えば、教科書叙述は歴史研究の成果、学会の成果に大いに反映されるということにあろう。では『旧家永本』が依って立った成果とは何であったか。恐らく、戦前の徳富猪一郎『近世日本国民史』・栗田元次『江戸時代史』・三上参次『尊皇論発達史』などに立ち帰る他はなかったのではないだろうか。戦後、『旧家永本』が著わされる以前に、尊号一件や将軍綱吉の「皇室尊重」を新たに扱った研究成果があったとは、私には思い至らないのである。

これに対して現行版は、戦後、確たる成果に恵まれなかった綱吉期の対朝廷政策や松平定信の尊号一件を、戦前の成果に立ち戻ることなく、とり敢えず叙述対象からはずしたと推測することは出来ないであろうか。戦前の成果は、皇国史観からの制約を受けていたことからすれば、対象からはずしたのは一つの見識であろう。

一九九〇年の大嘗祭が、政府やマスコミによって古代以来の伝統儀式として取扱われたように、現象徴天皇制も、万世一系の天皇の国家統治の論理を繰返そうとする。ところで戦前の皇国史観を、私たち近世史研究者は否定できるだけの研究成果を生み出してきたと言えるのだろうか。少なくとも、歴史教科書を検討する時、次世代に伝えるべき確たる叙述（近世の天皇をめぐる）が十分にはなされてないことをここまで述べることになった。

その責任を、歴史教科書執筆者に求めてはならない。責任を感じなければならないのは、戦前の皇国史観を真向うから実証的に否定する努力を怠ってきた戦後近世史研究であろう。一九七〇年の歴史学研究会近世史部会青木美智男氏によって、近世の天皇研究の必要が提起され、一九七五年頃から今日まで、徐々にではあるが天皇をめぐる研究成果は生まれ出した。

しかしその研究成果が歴史教科書に反映されるほどにはまだ至っていない。今後、近世の天皇研究の質量が高まり、少なくも確固たる教科書叙述がなされるまで、学会や研究者の努力は続けられねばなるまい。

〔『人民の歴史学』第一〇八号、一九九一年、東京歴史科学研究会刊〕

四　これからの近世天皇・朝廷研究

はじめに

大変暑い中(二〇〇七年九月二二日)、このようにたくさんお集まりいただきまして本当にありがとうございます。そしてまた遠方よりおいでいただきまして何よりありがたいことと感謝申し上げる次第でございます。お手元にA４版、一枚でこれからお話し申し上げます内容を道筋だけ示したプリントを配布させていただいておりますので、もしまだお手元にない方はおっしゃっていただければ係りの者が配らせていただきます。

後ほどもまたその点に触れるつもりですけれども、一人でも多くの皆様にご参加いただけるということが、私ども今回「近世の天皇・朝廷研究大会」を企画したものの意図で、このように多くの方においでいただけたということを、本会を代表しましてありがたく感謝申し上げる次第でございます。

趣旨説明と申し上げましたけれども、単刀直入な趣旨の説明につきましては、おそらく一〇分もあればできることで、この後、記念講演(「江戸時代の天皇の論じ方」)をいただきます宮地正人先生の前座を務めるということで、少し大ざっぱな現代社会の位置付けなども含めて話をさせていただきたいと考えております。
今、申し上げましたようにこの分野、現代社会の位置付けなどにつきましては私の方はまったくの素人でありますので、話自体大変大ざっぱな話をさせていただくことになりますので、前もってその点のお許しをいただきたいと存ずる次第でございます。

一　文化としての学問＝歴史学と現代社会
――若者にとって歴史学は人生を懸けるに値するのか？――

さて最初の第一章「文化としての学問」とは、ここでは歴史学に限定します。副題として「若者にとって歴史学は人生を懸けるに値するのか？」と、何とも挑発的な言い方をいたしております。若者が参加しなければ学問は早晩滅びることになります。若者に賛同していただいて、一生を懸けてもらう学問にするにはどうしたらよいのか。一生を懸けてもらうというのは、後で申し上げますけれども、大学のポストとかそういうところもありますけれども、広く、例えば高校の先生になられたり博物館にお勤めになったり、あるいは公務員になられたり、しかし歴史学の研究と関係を持ち続けていく、こういう意味合いでございます。

人文学は二つの性格　人文学は二つの性格と記してございますが、人文学というのは例えば日本文学の世界で申しますと今、源氏物語一〇〇〇年ということで、ところによってはキャンペーンを張っておりますように、歴史学でも例えば日本史でいえば『日本書紀』の編さんからでも一三〇〇年近くが経過するということですし、近代歴史学と称せられてからでも百年以上が経過しているわけであります。

私どもの研究活動は、人によって差はありますが、平均すれば三〇～四〇年間ぐらい、その研究活動あるいは創造を担っておられると思うのであります。今、申しました、千何百年あるいは百何十年でもいいんですが、私どもの研究活動はそのうちの間のごく一部を担って、過去から継承されたものをまた未来へ引き継いでいく、こういう役割を担うというのが、これは何も歴史学に限らず人文学に共通して言える性格なんだろうと思います。

過去の文化遺産、歴史遺産、こういうものをまた次世代に継承していくという、そういう息の長い役割。人文学はすべてそういう息の長い話だけでよいのかというと、それだけではどうも不足するようで、他方で現代社会のニーズ(需要)と無縁に過ごすわけにはいかないと思います。

このごろは言いませんけれども、かつては「象牙の塔」にこもるという言葉がありました。俗世間から隔絶されたようなイメージで研究を続けるという姿。そういうものが許されないような環境になってきている。ある分野を特定して事例を紹介すると差し障りがありますから言いませんけれども、例えば東京大学の本郷にある文学部、そのある学科では、駒場からの進学者が何年も絶えているという話も聞きます。若い方が跡を担わなければ、いずれは先細りになっていくというのは火を見るより明らかなわけであります。現代的課題に答えつつ、学問的な創造を行うことで存在意義を発揮して未来に学問を発展・継承させる。人文学は二つの性格を持っていると思うのであります。

現代社会と文化＝学問　続いて現代社会と文化＝学問についてですが、少し大ざっぱな話になって恐縮ですけれども、一九四五年の敗戦とその後の自由な学問や文化活動、こういったものが戦後の解放と、新憲法体制の下で行える環境が整ったということはよく知られていることであります。さらにその後の一九六〇年代の高度成長期も、大きく言えば広く文化活動も含めて、右肩上がりの発展をしていったというとらえ方をしてもあまり誤りではないでしょう。

問題は現代社会を考えるときに、その後に転機が訪れたという認識を持つべきで、二つの転機があったと考えます。一つはバブル経済と崩壊、さらに市場原理の導入です。二つ目は大学研究環境にとりましては大学設置基準の大綱化、競争原理の導入。こういうことが学問にとって、文化にとっても大きな転機になっているということを少し時間をちょうだいして私の考えを申し述べたいと存じます。

バブル経済が一九八六年ごろから約一〇年間続いたこの期間に、ばれなきゃごまかせという考え方がはびこりました。例えば山手線の御徒町駅の前の通りがありますけれども、松坂屋から御徒町駅につながる、その通りが突然陥没したことがありました。どうして突然道路が陥没したのかというと、その内側の工事を行っていたＫ組という土木屋さんが手抜きをしていて突然陥没した。これなどは本当に象徴的な出来事で、道路の下、目に見えないところは、ばれなきゃごまかせ儲けろと、金儲けのためには何でもする。ですからその当時は地上げのために、その地上げをさせた大元は金融機関ですけれども、一番先端で手先になっていたのは暴力団まがいの人たちが暴力を振るう、時には火付けもあった、そういうひどい時代がありました。

それから女子中高生の売春までありました。一応援助交際といわれましたが、それは男、特に中年の男性などが悪いのですが、女子中高生たちもそういうことまでしてお金儲けをするという、こういう倫理観の喪失、価値観の劣化がありました。ちょうどその対極に、それ以前まで確かに厳然として存在していた清貧の思想、あるいは高潔な教養、こういうものがどんどん劣化してついには低俗な文化、あるいは価値観の劣化というものが横溢する社会になっていった。こういったことを皆さんも実感として感じておられるところだろうと思います。

それで終わればよかったのですけれども、バブル崩壊の後しばらく停滞があってから、二〇〇一年ぐらいから小泉内閣、竹中経済財政担当大臣などの経済政策が登場しました。いわゆるグローバル化という中でハゲタカファンドという言葉も飛び交っておりましたけれども、それを今、代表する言葉では市場原理の法則という言い方になります。要するに儲かるか儲からないか。こういうものが前面に突出してきて、それこそこの時代を象徴する六本木ヒルズ族の錬金術が出現しました。これはごく最近の話ですから皆さんもよくおわかりいただけるところだろうと思います。

どの場合でも、儲からないものは価値がない、という市場原理が働き、それがどうなったかというと、芸術・学問を含む広く文化というものが後退させられてしまったと言っていいと思います。そういう中で、先ほどの価値観の喪失とも連動したしますが、農村共同体が崩壊したり、町の共同体がやはり崩壊する。商店街は皆シャッターが下りているような地方都市の状況。農村共同体も水利慣行などが維持できなくなっていく。おそらくは江戸時代以来の水利慣行があったでしょうが、それなども崩壊しつつある。そういう歴史的に受け継がれ共有されてきた価値観が崩壊しつつあるという中で、ごく最近の参議院選挙はその批判票が意味を持ったということも、共通の認識があろうかと思います。

文化事業に話を移しますと、倉敷にあります大原美術館は、かつて倉敷紡績の創業者であった大原孫三郎の創設です。もともとは倉敷の豪農だった家柄だろうと思いますけれども、孫三郎とせがれの総一郎たちが、大原美術館や大原社研を設立したように、良質な資本家がパトロンになって文化支援をしたという事例があったわけであります。

しかし、一部の資本家をパトロンにするのではなくて、その後の我々に共通した考え方は、地域住民が税金を自治体に納めそこで文化事業に投資する、こういう社会を我々は形成してきたはずなんです。住民税を納めている人たちはそういう文化事業や文化政策を期待しているにもかかわらず、文化は金にならないことから、そんなところに市場原理が導入され官から民へということで、指定管理者制度が導入されています。これがとても似合っている場所はあるんです。例えばプールの管理をする場合に、その自治体の専任職員が現地でずっと一日管理しなくとも、それは指定管理者に委ねることで任せるというものはたくさんあるわけであります。しかし継続した研究活動を必要とする文化事業にはそれは似合わない。

現在、市場原理を導入して行なわれている事例は、来館者数が多いか少ないかということのみが判断基準になってしまう。例えば図書館の事例で申しますと、これは神奈川県にある最も大きな市の図書館の事例ですけれども、地域の知的な共有物を備える図書館が、来館者数を増やすためにベストセラーをたくさん仕込んで、これを図書館利用者に提供する。ベストセラーというのは本来、個人が町で買える、そういう図書だと思うんですが、そうではない。

今やかつてのベストセラーは、図書館に山積みにされているわけです。ブームが去れば読む人はいないわけですから。本来図書館というのは個人では買わない学術書などを地域の共有する知的財産として公共図書館が購入して利用者に提供する、そのために我々は自治体に住民税を払っている。これが今申しました、市場原理の導入を誤った論理展開によって、今のは図書館の事例ですが、それは博物館でも同様です。こういう具合になってきてしまっている。

文化事業に対していったい誰が支援をするのか。学問も含めて広い文化について我々歴史学の学問もこの文化の中の一翼を担っているわけですから、共にその問題を考えていかなければなりません。本日(九月二十二日)、日本経済新聞の朝刊に企業メセナ協議会が、これまでは啓蒙活動を行ってきたけれども七月に政策提言をしていこうという、積極的な運動を展開し始めたという記事が掲載されておりました。かつての良質な資本家がパトロンになっていたのと、ある意味では軌を一にすると思いますけれども、ぜひとも企業メセナ協議会のような動きには期待したいところです。しかしそれは芸術分野に今のところ特定しているような話で、広く文化全体を見るには、自治体として我々税金を納めている人間がどう考えるかということを考えざるを得ない状況にあると痛感します。

転機の二つ目が大学設置基準の大綱化であります。学問を直接統括いたします、現在は文部科学省といいますが、かつての文部省によって一九九一(平成三)年に大学設置基準の大綱化が成されました。そこで一般教養の解体がスタートしました。私どもかつて一般教養を経験したものたちは人文科学、社会科学、自然科学三分野から満遍なく授業科目を学習して、ですから理科系の学生であってもしっかり人文科学も歴史学やそのほか文学などを学習しなければ三年生に進めないと、こういう制度があったわけです。

これは旧制高校以来の伝統的な考え方だったと思います。私はその旧制高校の人たちが帝大に上がる前の旧制高校時代、実に幅広くいろいろな勉強を謳歌することができて、その人たちが経済界や、それから政界のリーダーであったときはまだそういう幅広さがあったように思えます。ところがそれが解体されてしまったのですが、ではなぜ平成三年から大学設置基準は大綱化されたのか。理系の学生は人文系など学ばないでいいとしたのはなぜなのか。これは財界の要請があって、大学を卒業したら即戦力になるように一年のときから専門教育を始めろという考え方だったわけでありま す。ですから理系の人間は人文社会は学ばないでもよいという考え方で、幅広い教養を求めなくなりました。こういうことが、既に時間はたちましたけれどもオウム真理教の毒ガス、サリンを製造した東大の理系の学生は宗教についても人間についても広く考える視野を持たないまま、ただ専門教育に走った弊害が出たという反省の声が少し聞かれたのですが、決してあらたまることはなかった。

そんなことで現在、かつての一般教養が解体された結果、全国で歴史学(日本史、東洋史、西洋史)の科目は明らかに減少したと思いますし、そのポストもかなり削られたと見てよいと思います。教養解体のあとの再編のために各大学は、一度聞いてもわからない学部・学科の名称がずらりと並ぶような時代に現在なっております。

ただ、そういう政策に対する批判をするだけではなくて、私はやはり自省を込めて申し上げたいのは、一般教養学部における歴史学とはいったい何であったのか、なぜ教養で不要とされたのか。そういう教養解体の中で大学人も学会も大きな反対闘争を展開することができずに、そしてまた現在十分な総括もできずにいるのではないか。これは自省を込めて申し上げざるを得ないんだろうと思います。

それに加えて現在は大学設置基準の大綱化のみならず、国立大学の独立法人化が進められました。その狙いの一つは、文部科学省のお役人が各国立大学の独立法人の理事ポストに就いていく、つまり天下りポストをたくさん作ることにあり、実際にその通りになっております。そういう狙いもあったんでしょう。

もう一つの狙いは、ここでも競争原理が導入されて、運営交付金が削減され、一方で競争的資金を拡大させていったことです。そうするとこの競争的資金獲得のための、例えば科学研究費であれば、これはいわゆるコンペティションですから、その意味では客観的な評価があって当たり外れが出るわけですけれども、どうしてもその研究スタッフが少ないところは大型の科研を獲得するというふうにはならない。弱小大学はどんどん予算が乏しくなり、やがて解体・再編の道を歩まざるを得ないという方向性が何年か前から見えだしています。

学会の役割　以上お話をしてきたように、客観的状況としてはとても厳しい状況にあります。歴史研究者としてのポストの削減も、また学生の減少も認識せざるを得ないところです。戦後民主主義以降、高度成長期ぐらいまでは右肩上がりで、言ってみれば追い風で学問を行えるような環境にあったとしても、そういうものはもう現実にはなくなってしまっている。そういう現代社会の中で、学会というのは研究者コミュニティーとして役割を果たしているのかどうか。若手にとって学会は就職のための登龍門になっているだけなんじゃないのか。実際に学界全体で社会や政治や情報媒体に発信ができているのか。小泉内閣以来、社会変革といってもよいぐらい大きな変化が社会に訪れていて、こういう新しい展開に対して歴史学会が責任を果たし存在意義を発揮する、そういう点でどうも最近、不足があったのではないのか。

歴史関係学会はいくつもあろうかと思いますけれども、例えば別の医学系の学会では生命倫理の問題で積極的な発言を行い、その存在意義を発揮しているように見えます。これは新聞報道を通してですけれども、その意味ではコミュニティーが威厳を持って機能しているかに見える。その一方で考古学の世界ではあまり芳しくない。企業といってもデベロッパーなどが主導するかたちでその社員を学会員にする別の考古学学会が作られ、埋蔵文化財の調査を行い、その後、報告書を作って遺跡を解体し、破壊する。こういうことが整ってしまっているわけで、これに対して考古学協会は必ずしも十分な対応ができてきたわけではないという感想を聞きました。

あらためて学問を通して社会に向けて積極的に発信していくという姿勢が学会に、そしてそれを担う次世代の若者たちに求められているのだろうと思います。社会全体の価値観の変化はいや応なしに訪れています。市場原理の導入、官から民へという政治と行政の下で、歴史学や学会がこの先、生き残れるのか、あるいは滅びてしまうのか。そういう認識を私どもは持つ必要があるのではないかと思います。

二　近世の天皇・朝廷研究の意義

条件反射的な反天皇制の立場　そんな中で二の「近世の天皇・朝廷研究の意義」に入ります。今までの話ともある意味では連動したところがございます。戦前の皇国史観全盛期を経験した後、戦後、日本史学全体が大きな反省をして、ご存じの通り皇国史観を主導したのが東京帝国大学文学部国史学科主任教授平泉澄以下だったわけですから、その意味では一八〇度の転回ともいえる大きな反省をしたわけです。そんなことも合わさって、近世の天皇朝廷研究はアレルギー的に回避の対象となり、天皇の言葉も使いたくないというぐらいの思いを戦争経験者や苦しめられた人たちは持ちました。あるいは神社神道についても同様にアレルギーがありました。そういう感覚から、東京教育大学の津田秀夫先生は私に、「高埜君はよくそういう研究ができるね」と怒っているのか感心しているのか、もちろん怒っているんでしょうけれども、ざっくばらんにおっしゃっていただいたことがございました。

これは戦中苦しめられた方々の率直な感想・感覚だったと思われます。私はぎりぎりですが戦後生まれの人間でありますす。ですから、その後これらを研究対象にするという点ではそれほど大きなアレルギーはなかったわけです。しかし、そこで戦前の天皇制ファシズムと呼ばれた国家システムの解明をすることは、あくまでも天皇制に反対する立場からであり、それらの反省を前提に成り立つという研究意図だったと言ってよいと思います。ですから私ども還暦世代以上はほとんど誰もが、そのことをあえて説明しなくとも共通の認識なんだということですませてきたのだと思います。

共通認識の転換　ところが現在、研究者や、社会全体の世代交代が進みまして、ただ単に戦前の天皇制をイメージして反天皇制という立場に立ち、これだけで研究の意図を共通に立ち上げるというのは厳しい環境になったと思われます。それよりも、現在の天皇制＝象徴天皇制がこの先、将来に向けて、日本社会やアジア世界の中で、いったいどういう展開が考えられていくのであろうかという問題を検討する必要があろうと思われます。一言で言えば、天皇制をめぐって従来型とは違う大きな変質、こういったものが訪れてくるのではないか、社会や政治はこれとどういう関係を持っていくのか、こんな問題が当然出てくるでしょう。

もはや反対であろうと賛成であろうと現代象徴天皇制について考えなくてはならない。つまりは条件反射的に反天皇制であるという、このパラダイムから変化させる必要が出てきているのではないかというのが私の今、抱いている考え方です。昭和天皇が一九四五年まで体現していました明治国家の天皇制、これが一九四五年以降、人間宣言とか新憲法体制の下で象徴天皇制に移行しようとも、大本はやはり明治以来の神聖天皇であり、外皮だけ象徴天皇といっても本体は変わらず、祭祀の主体者としての性格は存続していました。

従って、昭和天皇が亡くなる前に下血が起こった時、手術をするかどうか、当時天皇の側にいた、確か徳川侍従の発言だったと思いますけれども、玉体にメスを入れることができるのかと、こういう議論が天皇の近くではなされていたということが報道されておりました。

一九八九年から今日に至るまで現天皇は、文字通り新憲法体制下での、もちろん大嘗祭を行っておりますけれども、象徴天皇制を体現しているように思います。皇室外交、あるいは国内の植樹祭などなど国家的役割を果たしているわけで、そういうかたちでの存在感を示しながらも、他方依然として神事とか祭祀の体現者として（昭和天皇のような、神聖ではないんだけれども）新憲法体制下の象徴天皇ではあるんだけれども、依然としてその神聖性を継続しているように見えるわけであります。

それでは次期天皇はいかがなものか。おそらくはますます皇室外交などの役割を果たすであろうが、その祭祀や儀式を通した天皇神聖性はどうなるんだろうかといえば、現在の天皇よりもなお希薄になっていくのではないか。ではその先の天皇はどうなるのか、私どもはこの世にはいないんだけれども、皆さんお若い方には関係してくるでしょう。天皇制にとって、あるいは天皇にとって祭祀とか神事の意味はこの先どのように変化していくのか。これは一例ですけれども、このように現代や未来の予測とのかかわりのもとで、近世天皇研究の狙いや目的をどのように立てて学問的な意義を追究し社会的責任を果たしていくのかが課題になります。

今一例を挙げましたのは、近世天皇の祭祀に関してですが、それがその後、明治維新と神道国教化に伴ってどう変化し、敗戦後、現在そして未来につながるテーマとして触れたわけでございます。これはおそらく今後も主要なテーマの一つとなるのでしょうが、そのほかにも現在、未来、日本社会がとても下手くそな国内外の民族問題があります。これはかつての民族問題とは違う面で、外国人労働者を受け入れなければこの先、日本社会がやっていけないという状況が起こります。日本語の話せない人たちとその子どもたちが生まれて、学校教育制度の中でどういうふうに日本語教育を作っていき、どのようなコミュニティーを形成していくのかという問題を、今の社会や政治は対応できていない、行政も対応できていないように思います。そういうときに天皇制はその問題とどうかかわっていくのかという課題はきっと生じるのであろうと思われます。

それからたまたま女性の天皇議論が出てきましたように、ジェンダーの議論と天皇制はどういうかかわりを持つのかなど、いろいろ重要な課題があるんだろうと思います。私は冒頭で申しましたように現代的課題、こういうものを無視してはやはり学問は成り立たないと考えます。ただし、近世史研究が安直に直接答えることはできないと思うんです。しかし、課題意識とか問題の視点としてはやはり意識していかなければならない。そういうテーマではないかと考えております。

三　近世の天皇・朝廷研究大会の意義

朝幕研究会の歩み　続いて三の「近世の天皇・朝廷研究大会の意義」という、この大会を持たせていただくことになりました意図を説明いたします。まず朝幕研究会の歩みと記しました。一九八三年、ですから四半世紀前に、江戸時代に関白右大臣になりました、一条兼輝という人の日記「兼輝公記」を、史料編さん所の写本をもとに輪読を開始いたしました。大体二〇年あまりかけて、延宝七(一六七九年)年の一年分を読み進めるという、精読する研究会を持ってまいりました。

これに加えて、随時最新の研究報告会を交えて、この朝幕研究会の活動を展開してまいりました。大変細々とした朝幕研究会でありましたが、それでもこの朝幕研究会に集える人々は幸いであると言えるのではないかと私は思いました。つまり地方で研究環境の整っていない中で、一人で朝幕研究に取り組むことは、より困難であっただろうと思うのであります。

研究基盤の形成　そんなことから朝幕研究会を母体にしまして、研究基盤の形成を図っていくことで、少しでもこの研究の担い手を増やしていくことができないだろうかと、二〇〇一年ぐらいから考え始めました。具体的には近世の天皇朝廷研究の参考書作りが必要ではないかと考えました。

例えば公家の日記の史料集が史料纂集などで出版されることは、とてもありがたいことであります。それから今、史料編さん所などがデジタル化してインターネットでその謄写本などを情報公開していくという時代になって、研究対象の史料や素材自体は増えていっても、この人名はいったい誰なのか、武家伝奏の雑掌なのか何なのか、それを確かめる手だてもない。こういう研究環境のもとで、では何とかそういう役に立つ道具を我々で作ってみようじゃないかということで、「雲上明覧」とか「雲上明鑑」と呼ばれます版本を、総称としては公家鑑と言えばいいと思いますが、この公家鑑を各地に所蔵されている機関から写真によって収集しまして、その中から寛文期から明治維新までの人名を抽出する、その人名要覧を作成することが企画されまして、四年の歳月をかけて何とか『近世朝廷人名要覧』、これが二〇〇五年三月に刊行されました。必要な方には頒布しております。

こういう道具類を作ったという活動の上に、なお必要なのは近世の朝幕関係の基本史料集です。いろいろなところに散在しております関係史料、これらを一書にまとめて、それをベーシックなものとして利用できるような、史料集の作成・編さんが必要であろうと考え、その作成・編さんのための取り組みを開始したところであります。

それに加えて、やはり研究大会が必要だと考えました。東京のあたりで細々と朝幕研究会を開催するのではなくて、せめて一年に一回でいいから全国の研究者が連帯して課題や成果を共有しながら、お互いに磨きあいながら、さらには次の世代の人材育成を図りながら、その成果を社会的に発信していく、学会としてのあるべき責任を果たしていく、こういうことが必要ではないかという意見が集約されて、本日の大会を開くことになったのであります。今後、第二回、第三回、四回と続けていくことを願っております。全国からこの会場においでいただきました皆様には、連帯の輪を広げるために、ご協力・ご支援を願いたいと思うものでございます。

おわりに

終わりに、何も付け加えることはないのですけれども、私が申し上げたいのは、日本近世史研究その中の天皇朝廷研究という限られた分野ではありますが、しかしそれは歴史学、人文学、そのほかの芸術も含めた文化、こういう広い中に位置付けられ、社会としっかり向き合っていかなければいけないということです。日本社会は先ほど申し上げたように、この先放っておいたらどこに向かっていくかわからないのです。戦後ずっと形成してきた、非常に生産的で建設的で健康な価値観が存在していたのに、バブルから壊されたと考えるべきで、この先、未来に向けて我々は学問を通して社会に何を情報発信していけるのか。そういうことを考えていかなければいけないんだろうと思います。

とりわけその中でも象徴天皇制の課題は重いのですが、戦前の天皇制ファシズムと呼ばれた国家システムを否定するための、研究意識だけではもはや十分ではありません。これから先、いろいろな課題の中で象徴天皇制がどう使われていくのかということにも十分な関心を払いながら、我々はそういうセンスを磨いていく必要があるのだろうと思います。今、申し上げたいくつもの将来社会に向けた役割を自覚する中で、一人でも多くの若者たちが人生を懸けるに値する研究に取り組むための研究基盤の形成を、私どもは作っていかなければいけないだろうと思います。その中心となって朝幕研究会は責任を果たしていきたい。まずはこの第一回大会の成功を願うものであります。

〔『近世の天皇・朝廷研究―第一回大会成果報告集』、二〇〇八年、学習院大学人文科学研究所刊〕

第五　日本のアーカイブズ制度

一　歴史研究者はまずアーキビストたれ

（1）　歴史学を研究するとは

図10にもとづいて説明をしたい。まず原史料を正確に解読する。そのために古文書・古記録のくずし字を読むためのトレーニングが必要になる。幸い解読作業を終え、校訂された活字史料集があればこれを利用し、原史料の写真フィルムや影印本も含めて客観的な解釈をし、先行研究を勘案しながら個別歴史像を描く。卒業論文の目指す一つの到達点であろう。歴史研究を専門に行なう人たちは、さらに全体像を描こうとする。ここまでが、いわば「生産過程」で歴史像を創造するプロセスである。

高校以下の教育過程やより広い歴史の読者は、歴史研究によって創造された全体像のエッセンスである教科書や参考書などを通して歴史像を販売され、消費者となる。歴史小説やドラマは歴史に素材を求めたフィクションではあるが、読者や視聴者に大きな影響を与える。

この生産・販売の両過程において重要なことは、いかなる問題意識を持つか、ということである。色川大吉・佐高信「対談　司馬遼太郎批判—歴史のうねりを描くとは」（『世界』六四四号、一九九八年一月）の中で佐高氏は、司馬氏の描く歴史小説はヒーローが歴史を作る個人肥大史観である、と批判し、これに対し佐藤誠朗氏（元新潟大学教授）を引用して、歴史というのは地べたをはう百姓のような「いろいろな人が参加した、うねりの中から生まれてくるものなのであって、個人の力だけでは動かないのだ……」と語っている。誰によって、誰のための、何のための歴史研究なのか、歴史像の生産・販売過程において、改めて問題意識を問い返す必要があろう。それは、戦前の日本史学が皇国史観一辺倒になり、日本の侵略を正当化するのに用いられたという経験を持つ以上、その反省からも歴史学は時の政治権力に振り回されることなく、自立を貫かなくてはならない。そのためには、実証的、客観的な歴史研究が行なわれる必要があるのだが、それは豊かな原史料の存在によって保証されると言えよう。いずれにしてもその出発点に原史料が無くては歴史研究は成り立たない。

図10に依って説明した以上の考え方は、歴史研究者の眼から見た図式である。単に「原史料」と書かれたこの部分こそが実は、問題になるのである。

（2）アーキビストとはどういう職業か

現在まで受けつがれてきた過去の史料の保存を行なうことがアーキビスト（歴史資料保存機関専門職）の仕事であることを我々はよく知っている。また、過去だけではなく未来に向けて、たえず発生する現用の文書・記録を取捨選択＝選別して廃棄するか保存するか判断することもアーキビストの大切な仕事である。

保存する以上、一年でも長く良い状態が保てるように保存方法を研究し、利用しやすいように整理して管理することも大きな仕事である。そして公開。歴史研究や個人的な閲覧希望に対して、閲覧を許可することで史料の原蔵者や関係者の人権が損なわれることがないか、慎重に判断しなければならない。例えば明治五年の壬申戸籍は、現在法務省の管理の下で閲覧は認められていない。これは個人の権利を擁護するためだが、しかし壬申戸籍は歴史研究に役立てようとすれば好素材となり多くの研究成果は生まれるであろう。このほかの史料についても、公開・閲覧に当ってアーキビストは研究とプライバシーの保護の兼ね合いについて責任をもって判断しなければならない。

以上、思いつくままに幾つかの役割が数え上げられたが、ではこれらの諸課題を、先進国であるヨーロッパ・アメリカなどのアーキビストたちはどのように解決しているのか、その方法に学びつつ、日本の伝統の中に先人の知恵として

図10

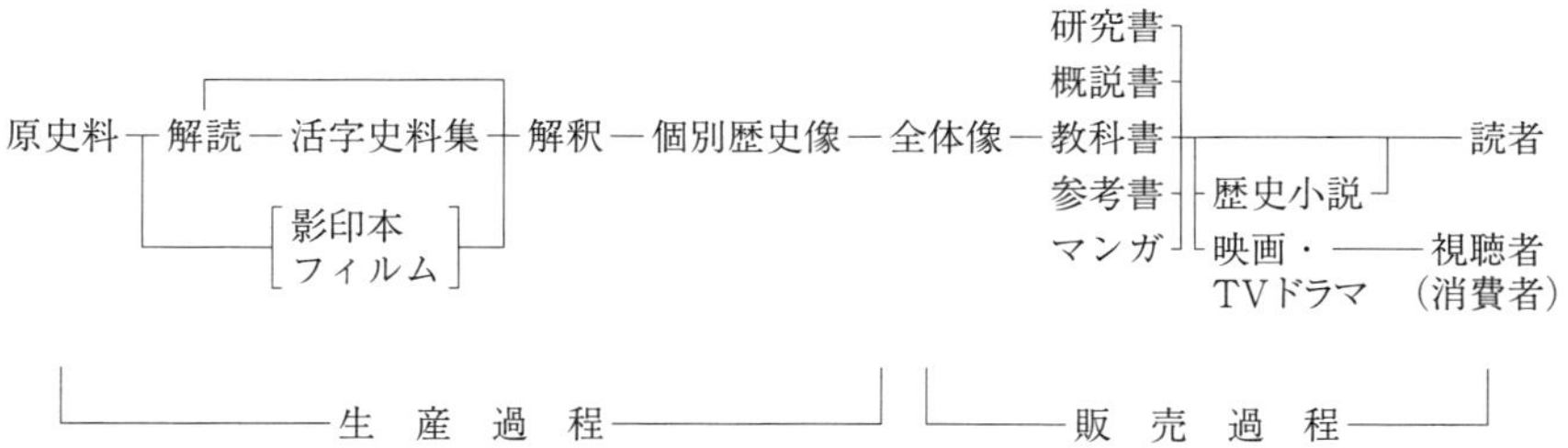

生かされてきた史料保存の考え方を参考にして、創造的にアーキビストの役割や課題に解答を見出そうとする学問的取組がなされている。記録史料学・史料管理学などと呼ばれる学問体系である。歴史研究者から見れば、図10で単に「原史料」と記された部分には一つの体系をもった学問と多くの研究努力が積み重ねられていたのであった。では、歴史研究にとっていわば「母胎」である、アーカイブズやアーキビストの日本の現状はいかなるものであろうか。

（3）日本のアーキビストの現状

「公文書館法」（一九八七年施行）は多くの人々の努力によって成立した。その第四条二項で「公文書館には、館長、歴史資料として重要な公文書等についての調査研究を行なう専門職員その他必要な職員を置くものとする。」と、国や地方公共団体（都道府県と政令指定都市）に設置される公文書館に専門職員を置くことを規定しながら、しかし附則の二に「当分の間、地方公共団体が設置する公文書館には、第四条二項の専門職員を置かないことができる。」とあることから、現状では専門職員の設置と存在は曖昧な状態に置かれている。

もっとも、それ以前の問題として公文書館（文書館・史料館）の設置そのものも数が限定されている。一九九六年段階で都道府県立文書館が二六館、政令指定都市が六館、市・町立が四〇館と徐々にではあるが増加した。その点で「公文書館法」の果たしている役割は大きいものと評価できる。しかしこれらと博物館と比較してみた時、その立ち遅れは歴然としている。博物館ないし博物館相当施設九九〇館、博物館に準ずる施設三五〇〇館（一九九六年統計）あるのに対して、アーカイブズは市町立を合わせて七〇館余りでしかない。しかも、博物館には学芸員が置かれているが、アーカイブズには必ずしも専門職(アーキビスト)を置かないでもよいとされる。

なぜこれほど日本のアーカイブズ・アーキビストの現状は厳しい立ち遅れた状態に止まっているのであろうか。直接的には国・地方の自治体の財政的・行政的な問題もあるが、間接的には地域住民、市民の一人一人にとっての歴史に対する考え方や史料保存の意識が充分に熟していないということも原因になっていよう。粗い言い方をすれば、歴史というのはお上が与えるもので国民は受け手で与えられるもの、という考え方が定着してきた。換言すれば、歴史について考える時、個人一人一人から出発して、自分は誰か、自分の生まれた家は、自分の地域はどういう地域か、自分の民族は、という問を発っし、それに答える史料を求めにアーカイブズを訪れ、アーキビストに史料閲覧の手助けをしてもらう、というヨーロッパの人々の考え方とは異なっているのである。従って、日本では自分たちの住民税(税金)で文書館が必要だという意識にはなかなか至らないのであろう。それどころか、史料というのは歴史研究者のためだけに保存しているのだ、という誤解を生むこともあるほどである。

(4)　歴史研究者に望まれることは

かつての歴史研究者の一部には、ある家の所蔵史料を借りたまま返却を長年怠ったために現地で大いに信頼を失ったという話が残っている。その反対に、早い時期から目録作成に励み、保存に協力し、今でも現地の人々に感謝されているという研究者の事例も存在する。この後者の研究者の考え方の総意と運動が、やがて「公文書館法」の制定に結実し、また、そうした史料保存の運動に地方史研究協議会は積極的に取組んできた。

このように史料保存のために歴史研究者が努力する伝統があることを認めた上で、しかしまだまだ不十分であると言わざるをえない。すなわち、単に史料保存に協力するという片手間の意識から一歩踏み込み、前述のようにアーキビストが史料管理学の研究を進め、体系化を目指すのに学び、自らアーキビストの意識と学識で取組むことが望まれよう。なぜなら史料保存利用機関(アーカイブズ)も専門職(アーキビスト)も極めて数が乏しい現状にあって、われわれ歴史研究者は大いに地域の史料保存に協力していかなくてはならないのだから。

結局は、歴史資料を守らなければわれわれ歴史研究者の将来は無くなるのだ、という論理に止まることなく、地域に史料を保存することが、個人や家や地域の自己確認（アイデンティティー）に不可欠な貴重な財産だから守るのだということを伝え、地域に理解してもらえることが重要なのだと思う。このような理解が広く社会的な合意（コンセンサス）となるには五年や一〇年では難しくとも、五〇年・一〇〇年の間には現実のものとなるであろう。だからこそ若い人にはなおさら、歴史研究者はまずアーキビストの意識を持って欲しいのである。


〔『地方史研究』第二七五号、一九九八年、地方史研究協議会刊〕

二　アーキビスト養成制度設立に向けて

一　はじめに

文部科学省は、国立の機関や大学の独立行政法人化を進める一方、第三者評価のもとで上位三〇大学（国公私立）を重点的に育成する案を含む大学の構造改革の方針を本年（二〇〇一年）六月に発表した。すでに四月から独立行政法人となった旧奈良文化財研究所は、予算運用面のことなど従来の国立であった時とどう異なるのか、やや手探りながら前向きに進めているようだ。恐らくいずれの機関においても新しい制度を始めるのだから、よりよい運用を求め、しばらくは試行錯誤も生じよう。また上位三〇大学重点育成はかなりの国立大学（九九大学）の統合再編を生むのではないかと取沙汰もされている。

以上のような文部科学省の改革方針案には疑問点も無くはない。具体案を十分に検討した訳ではないので軽々に判断することは控えるが、全体として世界に誇り得る研究業績や産業に役立つ研究が求められているかの印象を受ける。国公私立を問わず大学とは、学問・研究の場であると同時に教育の場でもある。次世代の人材をどのように育成し、どのような社会を目指そうとするのか、教育面での課題を重視し評価する視点の必要性を感じる。

二　どのような社会を目指すのか

肥後熊本藩主細川重賢（一七二〇―八五）は名君と称えられてきた。宝暦期に藩政改革を断行し成功させたとの評価を受けたゆえであろう。熊本大学図書館永青文庫には熊本藩政史料が保管されている。このうち宝暦期の藩政改革以降、各部署で作成された記録は、それ以前の質量とは比較にならないほど大量で実に体系的に整然と保存されている。藩政システムの、例えば奉行所など各部署の御用が記録され、上位の部局に内容が伝えられ、そこでの決裁など階層的な部局の記録が作成されている。すなわち細川重賢の行なった藩政改革は、記録作成のシステム作りをともない、その上で階層的な各部署役人の判断と責任が記録を通して明確化するものであったことが、現在に伝わる史料から判断される。細川重賢は記録を作成し残すことを命じることで、政策担当者の公正を確保しようと意図したのであろうか。

ひるがえって、現代日本の為政者たちはどうであったか。一九四五（昭和二〇）年八月の敗戦とともに陸軍省でも、中央の戦争にかかわる文書記録が一切焼却されたのである。①さらに現在、省庁再編にともなって、旧大蔵省など国の機関で文書記録を処分（シュレッターや焼却）していたことが指摘されている。②熊本藩に限らず全国に膨大に残された藩政史料から判断して、江戸時代の為政者（武士）が御用日記などの政策判断の過程を示す記録を残してきたことと比較する時、現代に至るどの時点から為政者の意識が変質したのかと考え込んでしまう。一九六〇年代の高度成長期と一九八〇年代後半からのバブル経済期に、多くの人は「バレなきゃごまかせ」とばかり、金儲け至上主義に陥った。この期間に日本人の精神は歪み、倫理のたががはずれたのであろうか。

どんな社会を目指すのかを考える時、公権力や行政組織あるいは民間企業や私立大学も含めて、社会的責任のある組織は常に公正であらねばならないと改めて確信する。組織や機関は、公明正大にいかなる質問にも答える説明責任を持たねばならない。いつでも質問に答え説明できるためには、私意や邪まな行為をしない倫理性が前提になるが、同時に説明のために客観的な証拠となる記録を保存しておくことが必要になる。アーカイブズ(記録・史料保存施設)は目指すべき日本社会に不可欠な存在と言える。

三　アーキビスト教育

日本社会に文書館や公文書館、史料館と呼ばれるアーカイブズが存在していることを知る人は、実は多くない。私の勤務する私立大学の総合基礎科目の一つに「記録保存と現代」の授業がある。大学設置基準の大綱化以前では考えにくい授業科目であったと思われるが、一九九六(平成八)年四月からスタートさせ八人の講師による総合講義(オムニバス方式)で世界のアーカイブズと日本のアーカイブズの現状と、民間企業や大学のアーカイブズの問題やそこでのアーキビストの役割りや史料保存の方法などが語られる。四月の開講時に大部分の受講者はアーカイブズの言葉や公文書館法の存在など何も知らない。一年間が終わる頃、受講者はアーキビストの役割りを語ることができるようになる。受講生は、アーキビストを目指している訳ではなく、将来は民間企業や自治体などに勤める人が大多数である。彼らは公務員になって行政側からアーカイブズのことを考える立場になっているのかも知れない。民間企業で企業アーカイブズの必要性を説いてくれているかも知れない。それよりも彼らはまず一市民として、自分の居住する自治体にアーカイブズがあるのかないのか、そこに何を求めるのかが判る、そういう一市民になることは間違いない。このような授業科目が、より多くの大学で広く設けられることで、アーカイブズの存在が二一世紀に生きる社会人の常識として根付くよう、迂遠に見えようが気長に取組む必要があろう。

四　アーキビスト養成に向けた取組み

広く浅い教育とは別に、細部にわたる深い教育が求められる専門職(アーキビスト)養成の教育システム作りは急いで取組まなくてはならない課題である。現在すでにアーカイブズが存在し、専門職を置くことが一九八七(昭和六二)年公布の公文書館法で制定されていながら、専門職の養成制度が未整備であることが主な理由となって、専門職を当分の間置かないことができるとされている現状を、早急に改善する必要がある。

アーキビスト養成制度については、全国歴史史料保存利用機関連絡協議会(以下、全史料協と略す)において、そのための専門委員会を設置し一九九二(平成四)年十月に「アーキビスト養成制度の実現に向けて」(第一次報告書)、さらに九五(平成七)年十二月に「アーキビスト制度への提言」(第二次報告書)がなされた。第一次報告書ではアーキビストの役割、倫理性など基本的な要件のほかに養成のためのカリキュラムなどが検討された。第二次報告では、アーキビスト資格について検討され、大学院における一定の単位取得と国文学研究資料館史料館(以下、国立史料館と略す)での史料管理学長期研修とを合わせて資格取得する形が示された。その際、大学院が専攻・課程を単独で設置することが容易ではないことから、単位互換制度を活用し幾つかの大学院で何科目づつかを受講し、必要な単位を充足させる形が現実的なモデルとして提示された。

第二次報告書から五年余りが経過した。この間、いたずらに時が流れたのではなかった。内閣府管轄下の旧国立公文書館の担う研修制度が発足され、その性格を見極めるために時間を要したと言うことはできる。今や独立行政法人である公文書館の催す研修制度は端的に言えば、地方自治体の行政職でアーカイブズの職に就いた現職者を対象にした研修制度であると言える。欧米やアジアの国々の大学で行なわれているアーキビスト養成制度とは性格が異なるものであることが明白になった。

五　これから目指すもの

本来であるならばアーキビスト養成は、例えば一九世紀以来の歴史を持つフランスのエコール・デ・シャルトが年間一五人の学生を受け入れ、専門教育を行ったのち修了者は公的（国・県・コミューン）アーカイブズの管理職員になるというような、[3]あるいはまた中国における一九五二年に設立された北京の中国人民大学档案学院のような、アーキビスト養成の学部・大学院を備えた専門大学・大学院（在籍数二三〇人）のような、[4]いずれも国立のアーキビスト養成のための専門教育大学院が設立され、修了者には法的な権限をともなう公的な資格が与えられ、国や自治体のアーカイブズの専門職として配置されるようなシステムが、我が国にも設立されるのが最も望まれることである。

しかしながら、日本の政治・社会の現状を見ると、理想的なアーキビスト養成の国立の中核的機関の設立をさまたげる壁が、このことを推進する人びとの力量に比して余りにも大きく立ち塞がっていると言わざるを得ない。このまま理想的な姿を追い求めるのではなく、より現実的に可能性の高い方法を求める段階に至っているように、私には思える。

例にあげたフランスでも中国でも、アーキビスト養成制度に変化が生じているという。フランスではエコール・デ・シャルトのほかに、一九九〇年代に入り、オート・アルザス大学、アンジェ大学、トゥールーズ大学、リヨン第三大学の四大学に専門職養成の学科や課程が開設され、企業アーカイブズなどに専門職を供給している。[5]中国でも一九八〇年代以降、蘇州大学・四川大学・杭州大学など二六大学に増加してアーキビスト教育を行ない、三六〇〇以上の公共文書館や企業などの文書館施設への供給を行っている。[6]このような外国での潮流を考える時、日本において、実現可能な方法を模索してアーキビスト養成制度をまずスタートさせ、専門職を社会に供給し、なお以後も継続して制度充実をはかっていく道が求められているのではなかろうか。

そのために、粗い段階での素描ではあるが今後の基本的な方向性と検討課題を示してみたい。

(a)「アーキビスト（文書館専門職）資格認定協会」（もちろん仮称）のような機関を設置し、資格認定の主体を設立する。認定協会は、資格取得の条件を明示し資格取得に必要な授業科目と単位数を提示する。その上で、条件を満たした単位取得者を審査し認定する。

(b) 授業科目は国立史料館と各大学院が開設する。

国立史料館は将来エコール・デ・シャルトや档案学院のような単独でアーキビストを養成する機関になる可能性はあるが、現在求められているのは、これまで多年実績を積み上げてきた史料管理学研修会をなお一層充実改善させることであろう。国立史料館は、現在修士以下の学生の教育機関ではない。改善の方向としてはカリキュラム改革により大学院教育で行なわれている単位制（設置基準により授業時間数に見合った単位数が設定される）と照応する形が採られ、一般の大学院で言うならば何単位相当の授業である、ということが見える形を採る必要があろう。

各大学におけるアーキビスト養成授業科目は、単独大学院で必要な授業科目を備えることが困難な場合が少なくないので、数大学院が連携して授業科目を開設し、必要単位を取得させる。

以上の基本的なプランに向けて踏み出そうとする時、ただちに多くの課題に直面する。資格取得に必要な単位数、そのカリキュラムの中でアーカイブズでの実習をどの程度必要とするのかを含めた具体案を作り、国立史料館と大学院が開設する授業科目のすみ分けの調整、資格認定協会設置の具体化に向けた課題、などなど山積みする。課題を解決し、具体化に向けて努力する主体は、これまで二次の提言を行ってきた全史料協専門職問題委員会が担うべきであろう。国立史料館はもちろん各大学院も国公私立それぞれの事情がある中で連携しながら協議を重ねていく必要があろう。

六　おわりに

文部科学省の独立行政法人化方針を含む構造改革案に対して、わたしたちは被害者意識に立つのか、それとも、これを好期、追い風と考えるかどうか、発想の分かれ目であろう。かつて文部省時代に、何か新しいことを始めようとすると大学の設置基準の壁が立ちはだかった窮屈な時代のことを思い出す。その設置基準が大綱化されたことで、新たな授業科目を増やし学生にとって魅力のある授業を用意できるようになった。また、国立史料館の長期研修を修了した大学院生が自分の大学院で単位認定を受けることも可能になった。今回の構造改革についても、これを絶好期・追い風と捉え、次世代に責任をもって答えられる制度作り、すなわちアーキビスト養成制度の実現に向けて取組んでいきたい。

注

(1) 高橋実「ある兵士の文書焼却日記を読んで考えたこと」(『全国歴史資料保存利用機関連絡協議会　会報』五七号、二〇〇一年八月)

(2) 『アエラ』二〇〇一年五月二一日

(3) 権上康男「歴史研究と歴史文書館制度」(『アーキビスト』五〇号、二〇〇一年一月)

(4) 安藤正人「アジアのアーキビスト教育—最近の状況」(『レコード・マネジメント』四〇号、二〇〇〇年三月)

(5) (3)と同

(6) (4)と同

〔『史料館報』第七五号、二〇〇一年、国文学研究資料館史料館刊〕

三　史料保存問題とアーカイブズ制度

はじめに

・本報告のねらい

この間一〇年間、毎年六月に史料保存問題でシンポジウムを開催してきた。一回目は「アーキビスト問題を考える」

と題したシンポジウムを学習院大学で開催した。

それ以来、史料保存問題とアーカイブズ制度について議論を重ねてきたが、まだまだ理解の及ばない点や諸課題が山積みする。その原因の一つは、歴史学研究者の側とアーカイブズを研究する側との相互理解の不十分な点に求められる。その解決を一挙にはかることはできないが、本報告がその一助になればと考える。

・アーカイブズとは

アーカイブズとは各種の文書・書簡や古文書など紙に書かれた記録のほか、コンピューターの電子記録や映像・音声などの記録史料をいう。つまり個人や団体が存在する過程で情報発信した膨大な記録のうち、保存する価値のある記録史料をアーカイブズという。また、これら記録史料を保存・管理・公開する施設（文書館・史料館など）も、アーカイブズという。この施設(アーカイブズ)において、すでに価値あるとして伝えられた記録史料の保存や、不断に発生する文書などの記録を保存するか廃棄するかの評価選別の作業を行ない、これらの公開の業務を担う専門職をアーキビストと呼ぶ。

1．歴史研究者にとってのアーカイブズの存在

・外国史研究者のためには

世界各地のアーカイブズを利用しなければ歴史研究は困難である。そのことは『歴史学研究』特集アーカイブズの比較史(Ⅰ)・(Ⅱ)(七八九・七九〇号、二〇〇四年六月・七月)に掲載された各論考によっても明瞭である。例えばビルマ、モンゴル、ヴェトナム、中国、アメリカ合衆国、ウクライナの事例である。

・日本史研究者のためには

古代・中世史はアーカイブズ(歴史系博物館なども含めて)に依存する度合いが高い。言い換えれば、民間や個人に、古代・中世史の史料の所在は少ない。それにくらべ、近世・近代史の研究者はアーカイブズを利用するが、その他にも

民間などに厖大な記録史料が存在しており、それらを利用する比重が古代・中世より高い。
・未整理のアーカイブズをいかに保存・管理・利用していくのか、という課題がある。
これは、本来はアーカイブズやアーキビストの課題である。しかし、後述するようにアーカイブズ制度が未成熟な段階では、近世・近代歴史研究者は単なる利用者ではなく、保存・管理の協力者でなくてはならない。かつて「歴史研究者はまずアーキビストであれ」と私が語ったのはそういう意味である。民間などに保存されてきた史料群を破壊してひたすら歴史研究に走ったり、ひどい場合には史料の一部を抜き取って持ち帰ってしまった我々の大先輩の話しが残っている。まず史料群の保存と目録化の作業を行った上ではじめて歴史研究に入るという姿勢は、最近の近世史研究者の間には定着しているように窺える。
・現存するアーカイブズ(記録史料)は、過去に残すべきものとの価値判断によって今日まで残されてきた。これにくわえて現在発生する大量の記録(レコード)を評価・選別してアーカイブズとして保存・管理しなければ、将来アーカイブズ(記録史料)を素材にした歴史研究は不可能になる。換言すれば、現在の記録を廃棄し、隠滅させれば、現在は記憶喪失状態になる。「現代」を歴史に刻む―アーカイブズの今」(日本経済新聞二〇〇五年六月二四日夕刊)で編集委員松岡資明は連載⑮「デジタル化の難問」の中で次のように記している。「デジタル記録の保存や管理は間違いなく大きな問題になる。それに対応できなければ、歴史に空白が生じる。百年後、二百年後、現代の日本を歴史に描こうとしても、手がかりとなる一次記録が何もないという事態さえ起こり得る。」将来の歴史研究者のためにもアーカイブズの役割は大きい。

2. アーカイブズにとっての歴史研究者の存在

・アーカイブズ(施設)は、個人・家・団体・地域・社会・民族・国家のアイデンティティのためにアーカイブズ(記録史料)を保存・管理・公開する。アーカイブズの利用者は、市民であり団体・県・国 etc である。各種団体や組織のアカウンタビリティー（説明責任）のために、あるいは企業の経営戦略のために、さらには個人のアイデンティティのためにアーカイブズは利用される。

・いずれもアーカイブズの持つ証拠能力に意味がある。以下に具体的な事例を紹介する。

（1）神社の蔵のアーカイブズ　　山梨県富士河口湖町川口　　浅間神社

樹齢四〇〇年をこえる七本杉をはじめとする数多くの大樹に囲まれた川口村の浅間神社の社殿の右手に、一つの土蔵がたたずむ。土蔵内部の階上に、寛文九（一六六九）年の「御水帳」とその後の「検地帳」や「村絵図」のほかに村内の利用権をめぐる裁判記録などの史料が保管されている。これらの史料は名主や近代の戸長たちに引き継がれ大切に保管された村の貴重な証拠資料であった。これらの史料は、歴史研究者に利用してもらうために保存してきたのではなく、村人が村人たちの権利の証拠として台帳を残し保存・管理してきたことに着目する必要がある。

（2）個人のアイデンティティ　　北海道立文書館所蔵「未開地貸付台帳」

七〇歳代の半ばを越えた老婦人が、自分は香川県三豊郡の農家で生まれ育ったのではなく、北海道で生まれたと言い出したところから、一人の人間の生い立ちの物語が始まる。老婦人の両親は知人とともに北海道開拓に入り、現地の丸太小屋で老婦人を産み、その後香川県に戻ったということであった。自分はどんな場所で生まれたのか、という疑問は七〇数年間、老婦人の中で繰り返されてきた。個人のアイデンティティを確かめたいという思いは、誰にも強いものであろうが、年寄にはさらに強いものであった。開拓した場所は、北海道立文書館所蔵「未開地貸付台帳」という史料によって確認することが出来、老婦人は七〇代半ばにして、初めて自分の生まれ育った土地に立つことが出来た。

（3）記録を残すことは証拠のため。だからこれを敢えて消滅させる。

インドネシアの一九四二～四五年は、日本統治時代の記録が不在。オーラルヒストリーによる記憶再生の試み。

ジョーコ・ウトモ　インドネシア国立文書館長講演　日本アーカイブズ学会二〇〇五年度大会「過去・現在・未来の架け橋—現代におけるアーカイブズの役割—」と題された講演で、ジョーコ・ウトモ館長はインドネシアには一七世紀から一九四二年までの、オランダ関係の記録史料と、一九四五年から現在までのインドネシアの記録史料が保存されている、しかし日本統治時代(一九四二—四五)のアーカイブズは存在しないという。日本に持ち帰ったのか、現地で焼却されたのかは不明だという。このいわば記憶喪失時代を、館長は人びとの記憶に頼り、オーラルヒストリーとして録音し、これを活字化する作業によって、記憶喪失から回復させることを試みているとのことであった。

(4)日本では、証拠の隠滅命令(一九四五年八月一八日付け文書)が出された。

宮内大臣官房主管から各部局長殿に宛てられ、「機密書類、焼却の件」が指示された。

「各部局保管ニ係ル文書類並ニ之ニ類スル書類及ビ陸海軍其他ヨリ送付ノ各種文書類中機密ニ属シ破棄相当ト認ムベキモノハ原簿ト共ニ之ノ際全部焼却スルコトト相成候、左記ニヨリ夫々御取計相成度

追テ宮城外部局課ニ於テハ右ニヨリ可然処理相成度

記

焼却日時　八月十八日ヨリ二十二日マデ毎日九時ヨリ三時マデ

焼却場所　宮城内三重櫓下(自動車課分蓮池寄石垣下)」

こうして、敗戦後直ちに機密書類が焼却されていったのであった。

・もちろんアーカイブズは歴史を研究しようとする人たちにも広く開かれている。歴史研究によって歴史像が豊かになり、地域に提供されることは、アーカイブズを税金によって支える地域住民にとって望ましいことである。

3. 日本のアーカイブズ制度の現状

(1)日本の各種アーカイブズ(文書館)

〈国立(現在、独立行政法人も含む)〉

・国立公文書館　　一九七一年設立

日本を代表し中心となるナショナルアーカイブズで、江戸幕府の史料を引継いだ内閣文庫と明治期の太政類典・公文録などの歴史資料と現在の省庁からの公文書を受入れる施設。定員四四名はアメリカの国立公文書館の職員三〇〇〇人余とくらべて余りにも少なすぎる。

この機関の下にアジア歴史資料センターが配置され、太政類典や外務省外交史料館・防衛研究所の資料をデジタル化してインターネット利用に供している。

・国文学研究資料館　アーカイブズ系　一九五一年設立

後述するように戦後の歴史研究者たちの請願運動などによって設立された文部省史料館(一九五一年)を前身に持つ。現在は国文学研究資料館アーカイブズ系として、従来の活動に加えてアーカイブズ・カレッジなどの養成課程を充実させている。

・宮内庁書陵部　　一八八四(明治一七)年設立の宮内省図書寮を前身とする、天皇家・公家の記録史料の保存機関。

・外務省外交史料館　一九七一年設立、幕末外国関係文書から始まり、外交史料を保存する。

・防衛庁防衛研究所　一九五五年設立、軍事・防衛関係史料を保存する。

〈都道府県立〉

・一九五九年設立の山口県文書館から岡山県立記録資料館(二〇〇五年九月設立)まで現在三二館。

〈市区町村立〉

・一九七四年設立の藤沢市文書館から現在二〇館

〈企業や大学アーカイブズ〉

民間企業では社史編纂の段階から企業アーカイブズに移行しつつある。このことは世界共通で、ドイツでは企業活動が国際的になるのにともない、国際間の訴訟になった時、証拠となるアーカイブズをどれだけ保存しているかが問われ、企業アーカイブズの充実がはかられている。またフランスでは、従来の公文書館に加えて企業アーキビストの養成が幾つかの大学で行なわれ始めている。銀行などが従来の経営戦略を見直し、新たな戦略を立てるために、アーカイブズが必須となったためである。日本でも「社史編纂室」の名称を改め、「(企業名)アーカイブズ」の部局名を用いる会社が見られ出した。大学でも同じく大学史編纂を目的にしたものから次第に大学アーカイブズの設立が見られ出した。京都大学では大学に関わる歴史的なアーカイブズを保管するほかに、大学の事務部局で現用を終えた記録・文書が、京都大学大学文書館に移管され、評価選別されて保存・公開されるシステムが稼働している。

(2)法律

公文書館法　一九八七年公布、翌年施行

第三条：国及び地方公共団体は歴史資料として重要な公文書等の保存及び利用に関し、適切な措置を講ずる責務を有する。

第四条二項：公文書館には館長、歴史資料として重要な公文書等についての調査研究を行なう専門職員その他必要な職員を置くものとする。

(附則)(専門職員についての特例)二、当分の間、地方公共団体が設置する公文書館には第四条第二項の専門職員を置かないことができる。

「ユネスコ加盟一二〇カ国のうち記録史料保存法（文書館法）がなかったのは日本だけ」（高野修『日本の文書館』岩田書院、一九九七）であった。

この法律が出来たことはどれほど日本のアーカイブズ制度を前進させたことかはかりしれない。しかし、（附則）にあるように専門職員（アーキビスト）の配置の義務が緩められたことから、附則の撤廃は現在に至る課題となっている。

国立公文書館法　二〇〇〇年、独立行政法人化にともなって法制化された。

（3）団体

全国歴史資料保存利用機関連絡協議会（全史料協）　一九七四年設立、都道府県・政令指定都市・市町村立のアーカイブズ（機関）やその他の史料保存機関など一七〇余と個人会員三〇〇名余の団体。

企業史料協議会　一九八一年設立、一〇四機関

全国大学史資料協議会　一九九〇年設立、東日本四五団体、西日本二九団体であったが一九九六年合併し現在八三大学と四〇名の個人会員が参加。

日本アーカイブズ学会　二〇〇四年設立し、現在三五〇余の会員が参加する。

（4）未成熟な現状

・フランス革命（一七八九年）の翌年に設立されたアルシーブナショナル。以来、世界のナショナルアーカイブズは一一六国で設立。日本の国立公文書館はやっと一九七一年になって設立された。世界的に見て、極めて遅れた状態にある。フランスは公文書館がおよそ八〇〇館存在するのに対し、日本は国・都道府県・市町村立の公共文書館の数は合わせても六〇館未満。中国の公共档案館三、九〇〇館と比較しても余りにも数が少ない状態にある。韓国も金大中政権から制度化が急ピッチに進んだ。

・ではなぜ日本のアーカイブズ制度は他の国々に遅れて、未成熟な状態に止まっているのであろうか。その理由を歴史

的に考えてみることにする。

4．日本のアーカイブズ制度——歴史的な考察——

(1)前近代の史料保存

古代・中世において権力は、例えば東寺百合文書のように権利や権限を確保するために証拠となる史料の保存につとめてきたが、ここでは、近世とくに江戸時代について史料保存について説明する。

・国家権力である幕府は江戸城内の紅葉山に文庫をつくり、書籍・写本類を多く集めた。紅葉山文庫は、徳川家康以来貴重な書籍を集めた図書館機能を持っていたが、とくに、八代将軍吉宗からは、記録文書を保存管理し編纂するとともに現用文書の保存・管理を意識的に行ない出し、アーカイブズ機能を加える。

・朝廷は、禁裏に東山御文庫を備えて記録(日記)・文書・有職故実書を集積した。このほか公家たちも、禁裏小番とともに義務であった家々の学問のために記録保存につとめた。例えば山科家の場合、装束を家職にしており数多くの問合わせを受けた。諒闇の時の神事は常とは違う装束となるが、その場合はどうするかというような問合わせを受けると、山科家では直ちに記録史料(アーカイブズ)をひもとき、先例を列挙して回答する。記録史料こそ公家たちの財産であった。

・大名は、例えば熊本藩細川氏の場合、熊本大学に所蔵される永青文庫を見ると、藩政を担う各部局が意図的に記録保存をしていることが判明する。とくに細川重賢(銀台)の藩政改革では、各部局で政策判断した責任者名がわかり、これを上申し、上位部局でも誰が政策決定したか判る文書管理がなされるようになった。

・村々は、村方の記録を、村役人が代々継承して守る事例は豊富に検証されている。前述した川口村の事例はほんの一例で、これまでにも多くの研究が蓄積されてきている。

(2)近代以降の史料保存(一八六八—一九四五)

・明治維新政府は記録編纂掛を、さらに太政官内務省は全国の記録文書の保存管理を命じる（明治八年）。一八八五（明治一八）年太政官制度は廃止され、内閣制度が創設された翌年、修史館を廃止して府県史料編纂の中止と、明治八年の全国記録保存事業の中止が命じられた。

一八八五（明治一八）年の内閣制度発足後、各省の公文書保存の意識は稀薄になっていったことに加え、地方の戸長役場史料も廃棄されることが多くなった。すなわち記録保存に対する姿勢が大きく転換したということができる。

〈その理由〉

国史（日本史）編纂を主にして、公文書保存に目を向けず、限られた歴史編纂のためにのみ史料を集めるという意識に転換したと考えられる。

・限られた歴史編纂とは二種類ある。一つは、明治一七年設立の宮内省図書寮で、戦後は宮内庁書陵部に引き継がれ、歴代天皇実録編纂を、現在は「昭和天皇実録」編纂を行なう。天皇一代ごとの歴史編纂の事業が行なわれた。もう一つは、江戸幕府和学講談所の六国史につながる史料編纂事業を引継いだもので、太政官修史局（明治八年）さらに太政官修史館（明治一〇年）を経て、明治一九年内閣制度実施にともなって修史館は廃止。明治二一年一〇月、修史事業は帝国大学に移管され、さらに同二八年から文科大学史料編纂掛となり、三四年からは「大日本史料」が刊行されはじめた。現在、東京大学史料編纂所に事業は継承されている。

以上、「天皇実録」と「大日本史料」の編纂を国家事業として行ない、これら正史を国民（皇民）に教化するという政策に転換したことから、以降国民自ら個人・家・地域の歴史を持つという発想は育たなくなっていった。その結果、地域は否定され、中央集権化を強めることになった。また、島国という地理的環境からくる単一民族国家幻想もあわさり、国民一人一人が自らの存在を確認（アイデンティファイ）する意識も稀薄なものになっていった。

（3）敗戦後のアーカイブズ制度（一九四五〜）

戦前と同様の考え方に大きな変化はなかった。それどころか、現在に至るまで無反省に引き継がれている面が多々ある。

最初の変化：近世文書散逸防止のため歴史研究者たちは地方史研究協議会・日本歴史学協会・日本学術会議を通して国に働きかけ、文部省史料館の設置（一九五一・昭和二六年）を見た。

史料館設立の請願書は野村兼太郎氏をはじめとする九五名の歴史研究者が名を連ね、「戦後の社会的経済的諸変革によって、近世並に明治時代の庶民生活に関する基礎的史料が（中略）散佚・堙滅しつつある現情にかんがみ、保存及公開機関として、国立史料館のごとき施設を急速に設置し、これが対策をたてるよう」請願したものであった。また趣意書の文面には、従来の支配者の歴史ではない近世の庶民生活などについての研究の実証的・科学的研究の根本史料となる古文書記録などの歴史資料の保存と利用の必要性、を訴えている。

戦後の近世・近代史研究者が、皇国史観のような官制ではない被支配者の側の視点から歴史研究を求め、そうした中での史料保存運動が展開したのであった。

一九五九（昭和三四年）：国の公文書保存のため、日本学術会議は国立文書館設置を勧告。

一九七一（昭和四六年）：国立公文書館（総理府管轄）設置。外務省・防衛庁は独自施設を持ち、他省も協力せず。

以上は、歴史研究者や学術団体による歴史研究のための史料保存の段階といえる。

二回目の変化：新しいアーカイブズ運動――（グローバルスタンダード）

一九七四年（昭和四九年）：全史料協前身の歴史資料保存利用機関関係者第一回懇談会

一九七六年（昭和五一年）：全国歴史資料保存利用機関連絡協議会＝全史料協設立

一九七七年（昭和五二年）：日本学術会議「官公庁文書資料の保存」を政府に要請
一九八六年（昭和六一年）：「世界の国々にある文書館において人類の記録遺産の保存が進められていることを支援する」目的を持つＩＣＡ（国際文書館評議会）＝ユネスコ諮問機関（一九四八年発足）に加盟。マイケル・ローパー視察、文書館法の制定やアーキビスト制度の樹立などを勧告
一九八七年（昭和六二年）：「公文書館法」が制定。国・地方公共団体のアーカイブズ保存・利用の責務が規定。

以上の全史料協の活動を中心にして、国際的な基準などを参考にしながら日本のアーカイブズ制度は確立に向かった。

以上、江戸時代までは自生的に記録保存を実践してきたが、この土壌は、明治維新後も受け継がれた。しかし太政官制度が終わり内閣制度つまり明治憲法体制になり、天皇を頂点にした絶対的な権力を形成すると、国史編纂重視と皇民化教育が求められ、記録保存はなされず、各省庁や自治体は記録文書保存の意識が稀薄になってしまった。その後、敗戦時の証拠隠滅の姿などは、その極まったものであった。

戦後、民間の近世大名文書や地方文書保存運動の中から文部省史料館が設立された。その土壌の上に、国際的な欧米アーカイブズ運動に学ぶ意識が芽生え、ここ三〇年間に公文書館法、国立公文書館、都道府県文書館の設立が徐々になされた。

やっと、ここまで来たという感じで、なるほど未成熟な段階にあると言わざるをえない。

5．日本のアーカイブズ制度——今後の課題——

電子記録の記録管理（レコードマネージメント）や資料公開をめぐる個人情報保護法運用の問題など、現在日本アーカイ

ブズ学会や記録管理学会などで取組んでいる課題は、ここでは対象とせず、アーカイブズ制度に関する課題に限定する。

（1）短期的課題

・市町村合併問題

二〇〇六年三月末をめどにして「平成の大合併」と呼ばれる市町村合併が進行している。幾つかの町・村が最寄りの市に合併・統合される場合など、もとの町・村役場の行政文書が廃棄される危機に瀕している。旧町村の名前は無くなっても、そこに住む人々の歴史と文化が存在していることの証しを保存しなくてはならない。現在、全史料協を中心に総務省や地方自治体などに、合併に際しての文書保存を呼びかける運動を行っている。最近では、二〇〇五年六月一六日付で独立行政法人国立公文書館長から総務大臣に対し「市町村合併時における公文書等の保存について」の要請を行った。

明治維新当時、町村数は全国で約七万と考えられ、明治二一～二三（一八八八―九〇）年に一万三〇〇〇に減らされた。さらに戦後の昭和二八（一九五三）年に九八九五となったあと、「昭和の大合併」と呼ばれる昭和三〇年頃、三九七五町村となった。これを平成の合併では一〇〇〇代に減らそうとの目標である。

二〇〇五年六月二〇日に私は滋賀県甲賀郡甲賀町に在る油日神社を訪れた。中世の建造物や郡中物に関する棟札などの史資料のほかに、資料館の一部に近・現代の行政文書が保存されているのに注目された。昭和三〇（一九五五）年四月一日大原・油日・佐山の三村が合併して、甲賀町が成立した際、三ヵ村の役場史料が大量に廃棄された。

つぎつぎに焼却されるのを見兼ねた油日神社宮司がその一部を救出し、神社に保管したものであった。土地台帳など住民にとって貴重な証拠書類が救出されたのは幸いであったが、それらはごく一部で厖大な行政文書は焼却されたのであった。

これは昭和の町村合併の行政文書廃棄の一例であるが、平成大合併でも廃棄の危機はあり、廃棄されないまでも今後どう保存・管理されるのか展望を持っていない町村のほうが圧倒的に多く、大きな課題となろう。

・国立公文書館問題

二〇〇四年六月二八日、「公文書等の適切な管理、保存及び利用のための体制整備について」の報告書が内閣官房長官に提出された。その内容は、多岐にわたるが、とくに公文書館が独立行政法人になった二〇〇一年四月以降、省庁から保存期間を満了した文書を、移管されずに廃棄されてしまうような現状に対して、「中間書庫」システムを設置して、他省庁からの非現用文書の移管システムの提言がなされた。

都道府県のアーカイブズの文書移管システムのほうがまだ整備されているのに比べ国の中央政府のアーカイブズシステムを整えるには、この提言内容を実現させるための幅広い運動が求められる。

・都道府県文書館の完成へ

現在、岡山県が開館され三二館の文書館が設立されており、残り一五館の設立が望まれる。文書館の設置されていない県では、例えば市町村合併にともなって旧町村役場資料を、県立博物館や図書館で保管することになろうが、恐らく、預かるのみで死蔵されることになるのであろう。博物館・図書館はそれぞれ現状の仕事を学芸員や司書がこなしているのが手いっぱいで、文書整理まで手が廻るはずがないからである。まず、都道府県文書館を完成させる運動を盛り上げていく必要があり、次に市区町村の文書館に広げていくことが求められる。

二〇〇五年三月三〇日に「公文書館制度強化推進議員連盟」が設立され、以上の課題解決を設立の趣意書に盛り込んでいる。議員連盟は衆議院議員福田康夫氏を代表に与党議員九人が呼びかけ人になっている。その趣意書七ヵ条のうち第一条で「諸外国に比し大きく立ち遅れている我が国の公文書館制度を飛躍的に高め、国力に相応しい公文書文化を築く。」と唱え、「専門的人材の増強」(二条)、「法制整備」(三条)と続いて第七条では「少なくとも、全都道府県・主要都市に公文書館を設置する。」と提唱している。

(2)中期的課題

以上のような今すぐ取組まなくてはいけない問題は他にもあろうが、次にもう少し時間を掛けて取組むべき制度的課題について触れたい。

・アーキビスト（文書館専門職）の養成

大学院や学部でのアーキビスト養成の専攻やコースの樹立とカリキュラム研究

中国では、一九五二年設立の人民大学をはじめ約三〇大学で専門職養成の学科が開設。毎年学士約八〇〇人、修士七〇人、博士一五人の募集が行なわれ、全国三九〇〇館の档案館の専門職となっていく。

韓国では、一九九九年の木浦大学からソウル大・明知大など一三大学の大学院課程で実施されている。

世界の四六カ国では大学・大学院など一六二の養成課程が設けられている。

これに比して日本のアーキビスト養成の教育システムは大幅に遅れている。現職者のための研修＝講習は、現在国立公文書館・国文学研究資料館で行われているが大学の教育として行なっているのは、駿河台大学大学院文化情報学研究科アーカイブズコースの専攻がもっとも整備されている。この他に、数大学院でコースが開設されているが、民俗学などと合わせた総合的な専攻の中の一部にすぎない状態にとどまっている。

後発の日本が制度化を進める上で

第一に、アーカイブズ研究と教育のリーダーを育成する拠点を形成することが求められる。総合研究大学院大学や人間文化研究機構などの高等教育研究機関がアーカイブズ学の博士課程（ドクターコース）を設立して世界の研究水準に伍し、これを超えるアーカイブズ学研究と各大学院・大学におけるアーカイブズ教育の担当者（教員）を育成する。

第二に、国立・私立を問わず、大学院において修士課程（マスターコース）の設置が必要になる。国や自治体の公共文書館や民間企業などのアーカイブズに勤務するアーキビストの養成が目的となる。国文学研究資料館のアーカイブズカレッジと連携して、各大学院が単位互換制度を活用して修了させることも考えられる。

第三に、大学の学部においてアーキビスト教育を行う。専門の学科の開設のみならず、図書館司書資格・博物館学芸員資格と同様にアーキビスト資格取得コースを開設する。

これに加えて、アーキビスト資格認定協会（仮称）の設立が必要になろう。本来であるならば国家資格が望まれるところだが、その前段階としてアーキビスト資格認定協会（仮称）がアーカイブズ学専攻大学院修士課程修了者や実務経験者などに対しアーキビストの資格を認定する制度の確立が望まれる。このアーキビスト資格取得者を、公文書館法に従い国や県などのアーカイブズが専門職として採用するシステムの実行が望まれる。そのための積極的な取組みが日本アーカイブズ学会や全史料協に期待される。

（3）長期的課題

・国民の常識形成

社会にはアーカイブズが必要であるという認識を国民の誰もが持てるように、教育機関を通して、継続的な意識形成が求められる。

例えば、大学の一般教育課程（総合基礎科目）で、法学部・経済学部・理学部などの学生たちも含めて、大学卒業後、民間企業や公務員になる人たちを対象に世界と日本のアーカイブズについて一年間を通して総合的に講義する。世界では、社会に図書館・博物館とともにアーカイブズが必要不可欠であり、そこには専門職であるアーキビストが存在し機能しているということの常識を一市民として身に付けてもらうことの教育が求められる。

以上の短期的・中期的・長期的課題を担い、アーカイブズ制度の進展に尽そうとするのが、日本学術会議や日本歴史学協会そして全史料協や日本アーカイブズ学会や国や地方の文書館なのである。

おわりに

日本歴史学協会がこれまでいかに史料保存やアーカイブズ制度確立のために協力してきたのか、その一端をご理解頂

図11　日本のアーカイブズ制度

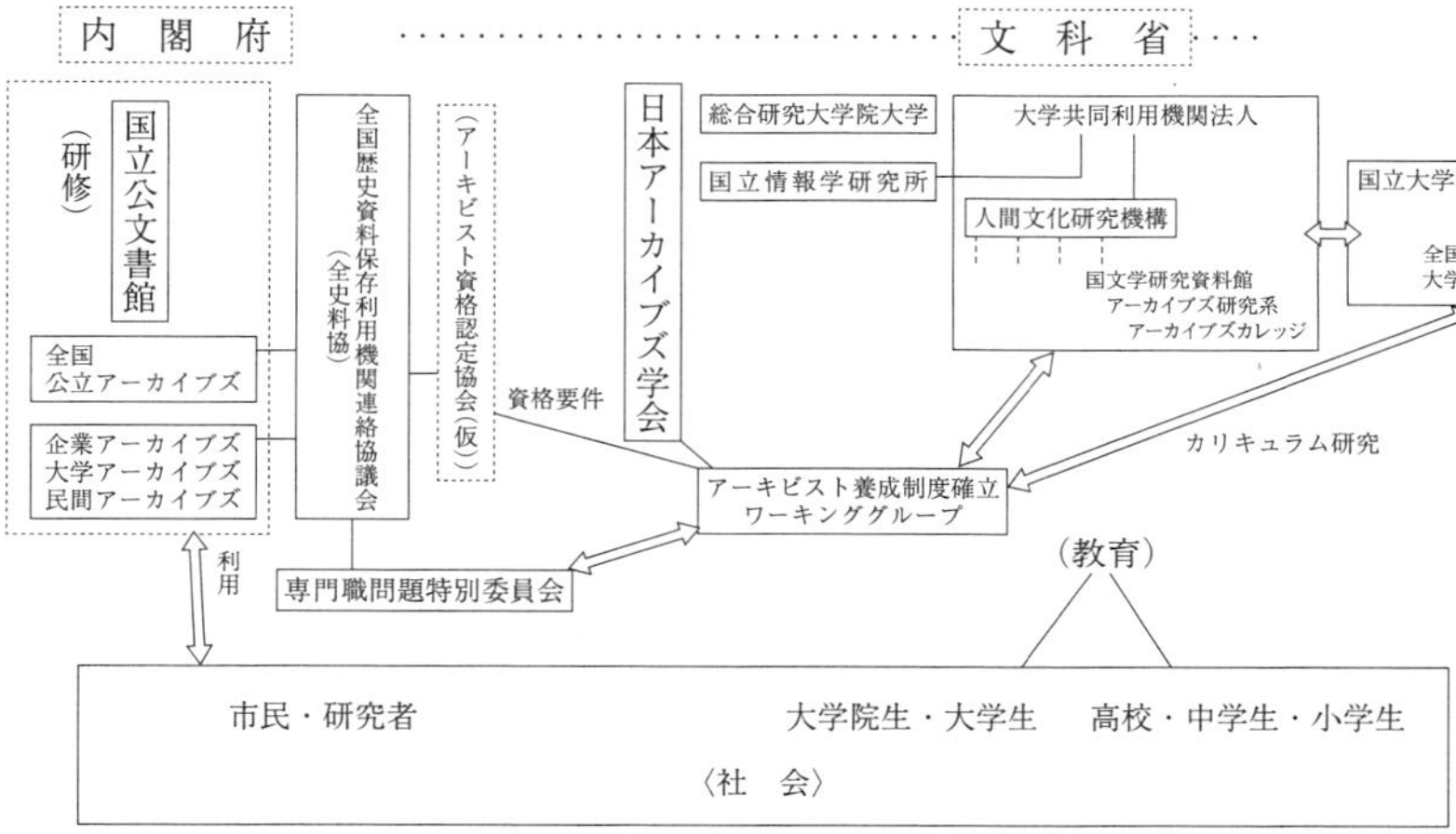

けたのではないか。この他にも、アジア歴史資料センター問題や民事判決原本廃棄問題などでも日本歴史学協会は積極的な取組みをしてきた。

現在、未来の歴史研究のためにアーカイブズ制度の確立が望まれるという考え方とともに、アーカイブズ制度の充実は日本の政治・社会における民主化を推進するものであるということにも心して、今後とも、日本歴史学協会が政策提言を行っていく必要があろう。

さいごにもう一言。韓国は民主化運動によってキム・デジュン政権を樹立し、ノムヒョン政権がこれを継承している。二〇〇五年四月二四日の日本アーカイブズ学会で韓国民主化運動記念事業会アーカイブズのイ・ヒョンジョンさんの報告「記憶から記録された歴史へ」からは、いかに血と汗と涙を流して民主化をかち得たかの一端を知ることができた。その民主的政権が、いわばトップ・ダウンでアーカイブズ制度を確立させていった。ひるがえって日本では、血と汗と涙を流して民主的な政権を樹立させる可能性が乏しい中で、逆にアーカイブズ制度を確立させることによって政治・行政・社会の民主化を目指すことが可能となることを申し上げたい。

〔『日本歴史学協会年報』第二一号、二〇〇六年〕

四　アーカイブズの存在意義

一　アーカイブズ制度の来し方行末～私的な視点から～

1　全史料協との出会い

私は全史料協(全国歴史史料保存利用機関連絡協議会)の運動を通して、公文書館法の意義を学ぶことができました。公文書館法は、歴史資料、歴史的価値のある公文書などを、保存しなければいけない責務を国及び地方公共団体が持つということを定めました。また、国、並びに都道府県、政令指定都市には公文書館のようなものを置かなければいけない、そこには専門職を配置しなければいけない、ということが記されているのでありますが、残念ながら附則が付けられていて、当分の間専門職を地方公共団体については置かないでよいとされています。国については義務付けられておりますから、現在の国立公文書館には専門官がいらっしゃるわけですけれども、地方公共団体の公文書館には専門職を配置しなければいけないという義務付けが附則によって緩められているというような状態です。なぜ附則があるのかと言えば、専門職の教育システムがないではないか、ということです。そういう理解のもとに、当分の間置かないでよいという附則が付けられたというふうに私は学んでまいりました。

2　専門職問題委員会

では、この附則撤廃のためにいかにすれば専門職、これ以降アーキビストと申し上げますが、アーキビスト養成制度がうまくできるのだろうか、ということで、全史料協は専門職問題特別委員会を設立させて、アーキビスト養成のために諸外国に学びながらのカリキュラムの研究であるとか、あるいは資格の問題であるとか、こういうことを全史料協の中に一つの特別委員会として設立して、そこで種々の研究をするようになったのです。

私は、学習院大学史料館の館長時代に「全史料協の役員会の理事の一人にあなたも参加しろ」ということで、併せて専門職問題特別委員会の委員長を務めるという機会を与えられまして、平成七年に『アーキビスト制度への提言　第二次専門職問題特別委員会報告書』というものを作成いたしました。その中身は簡単に申し上げれば、当時一番課題になっていたのが、資格をどういうふうに認定するのかという問題で、それ以前から一貫して全史料協の立場は、アーキビスト＝専門職には国家資格を付与すべきであるという考え方に立っていました。

例えば自治体の場合であればその首長さんが保存されている、あるいは作成された記録、文書をアーキビストたる専門職がしっかりと管理できるぐらいの権限がなければなかなか難しいだろうと。そういう点で、アーキビストの権能、権限を保障するための国家資格、こういったものを求める考え方を強く出しました。今申しましたように、もう一二年前にこの提言、報告書を出しておりますが、残念ながらこの報告書がうまく結実して、速やかに専門職制度ができるというわけにはいかなかったわけで、現在に至っているわけです。

3　日本アーカイブズ学会

この一二年間どういうことがあったかと申しますと、養成をするのに国立公文書館が研修制度をちょうどそのあとぐらいから立ち上げました。既存のものとしてはご存知のとおり、現在は国文学研究資料館のアーカイブズ研究系というふうになっておりますけれども、かつての国立史料館、出発点は文部省史料館ですが、そこでは、近世史料の取扱講習会というものを聞いておりまして、現在のアーカイブズ・カレッジに発展しています。それと今申しました国立公文書館が研修制度を始める。言ってみれば、二つがやや綱引きをするような感じがこの二〇年ぐらい前から見られ出したという状況です。

もう一つは、国家資格を作るという考え方は政府にはもうほとんどなくなっていた。ですから、私どもが一二年前に出した提言のように、国に対してアーキビストの国家資格を願う、あるいは官僚に協力を求めて一緒に運動を作っていくなどという考え方を持った時期もありますが、そういうことはほとんど不可能であると認識されました。現在に至るまで文部科学省にしましても、あるいは総理府、今の内閣府にしましても、何か国家資格を作るということは、もう考えられないという認識に立たされております。

では、どうしたらよいのかということでいろいろ考えました。臨床心理士の皆さんは、いろいろなところでカウンセリングをなさる、あるいは学校だったらスクールカウンセラーとしていろいろなカウンセリングをなさる。あのカウンセラーの人たち、臨床心理士の皆さんは国家資格だと思ったらそうではないのですね。国家資格ではないけれども、カウンセラー、臨床心理士の資格認定を行なう協会が資格を与えてカウンセリングを行なっている。つまり、実態を先に作っていったということに気が付いたのです。

私は、たまたま九年ぐらい前に文学部長を三年間務めているときに、文学部に心理学科があり、いろいろな勉強をいたしました。つまり、大学院心理学専攻で臨床心理士を学ぶ人たちの資格の問題はどうなっているかということをです。実は、財団法人の臨床心理士資格認定協会というものがあります。大学院の心理学専攻で臨床心理士として必要なカリキュラムを用意して、臨床心理士の資格を持っている先生方が相談室あるいはカウンセリングの実習を行うと一種の資格を与える。学内にカウンセリングの相談室を持っているところとか、今言った教員数が満ち足りているところは一種ですが、少しそれに条件が足りないところは二種の資格しか与えない。こういうかたちで今から五年ぐらい前に臨床心理士の大学院専攻が軒並み整備されて、非常にうまく展開がなされたのです。それを私は見ていまして、臨床心理士資格認定協会を作った広島大学の教授だった方にお願いをして、お話を伺わせていただく機会を得ました。具体的にどういうふうに財団法人の臨床心理士資格認定協会を作ったのか、その手順というようなマニュアルを伺わせていただきました。財団法人化するためには、認可をしてくれる省庁に対して要請をしていく。「では、要請の主体はだれがやったのですか」と、聞いたら「学会だ」と言うのです。つまり、臨床心理学会や心理学会もありますけれども、二、三の学会が合わせて設立の要請をしたのだという話を伺いました。もう一つ、財団化のためにはお金も必要だということも伺いました。大きく二点だったのです。

これに対して、私ども、アーカイブズの世界にはお金がないのはもうわかっていますけれども、学会もないということです。そこで、何とかアーカイブズ学会を、ついてはとても大きな立派な名前で日本という冠をかぶせて、日本アーカイブズ学会をつくろうと。アーカイブス系の学会は初めてできるのだから、日本という冠もかぶせていいだろうということになりまして、日本アーカイブズ学会を平成一六年四月に、その半年ぐらい前に準備大会を開いて、正式に設立・発足することができました。幸いなことに今、企業などの賛助会員的な方なども含めて三〇〇後半の会員数になっております。まだ相変わらず貧乏所帯ではありますけれども、しかし将来の資格認定協会設立のためには、第一歩として学会ができたというのはとても意味があるだろうと思うのです。

4　アーカイブ関係機関連絡協議会

もちろん学会は認定協会を作るために作ったわけではなくて、学問そのものを、アーカイブズ学というものをしっかりやるためのものです。学問的には欧米がとても進んでおりますし、実態としてもアジア、中国であるとか韓国であるとか、進んでおります。例えば、中国にはアーカイブスが三九〇〇館ぐらいあるのです。そのためのアーキビスト養成の大学も数多くあり、そしてまた韓国の場合で言えば、金大中政権のときに、トップダウンで記録物管理法を作って、韓国社会全体に上から下までアーカイブス制度を樹立させ、そして今一〇前後の大学でアーキビスト養成のカリキュラムが作られて、続々とアーキビストが育って、韓国の国家の中のそういうポストに就いているわけです。

韓国のアーキビストはとても倫理意識の高い方々でして、そのうちのお一人で、今年の三月まで二年間、国文学研究資料館に研究員としておいでいただいていました方といろいろ話をする機会がありましたが、日本においでいただく前に、研究集会でご報告をいただいたことがありました。そのときに彼は、「自分は日韓条約締結の言ってみれば裏側のアーカイブズを公表する必要があると思い、これから国に戻って公表するつもりだ」と、話されました。

ちょうど四〇年前、日韓条約が締結されたとき、日本側は大平正芳外務大臣の時代だったと思います。中国問題も同じですけれども、韓国、朝鮮との関係も、日本が長い間占領をしていて、戦争の加害者と被害者と言う関係にありましたから、その戦後補償の問題をどう処理するのかという課題があったわけです。それを朴政権のときに、言ってみれば、国民にはわからない水面下のお金を日本から韓国政権に渡すことによって戦後処理を終結する。それで戦後処理を終えた新たな日韓関係を結ぶ日韓条約を締結すると。ですから、韓国国民からすれば裏取引をしていたではないかという評価が成り立つのだろうと思います。従って、そういうことを公表すれば、当然現政権にも影響を与えるということです。それを韓国のアーキビストは、あえて四〇年後に公表しました。

当然のことながら、その結果、日本に対する韓国当局の新たな不満というものが生じたように私には思えます。韓国国民世論の動向を読み取った現大統領、盧武鉉大統領政権は、これに対して対日外交政策をかなり強硬な路線に切り替えたというふうに私には思えました。日本としてもそういう動向に対応して、強制連行のかたちで日本に韓国から多くの労働者がやってきて鉱山労働をされた、そういう方々が日本現地で亡くなった、その遺骨がどこにあるのかという調査協力を外務省がするように転換していきました。

話が随分飛んでしまいまして、戻すことにします。「来し方」についてはそういうことで日本アーカイブズ学会が設立されて、学問的にはオーストラリアも含めた欧米の先進的な学問を吸収し、学ぶ。それからアジアのいろいろな実例などにも学ぶ。先端的ではないところの、例えばパプアニューギニアだったらどういうアーカイブズの問題を抱えているのかも学ぶ必要がある。フィリピンだったらどういう問題を抱えているのか。実は、日本と共通したところが結構あるように思うのですけれども、そういう世界の人たちに学び、それをまた日本に紹介し、最先端のものだけを紹介するのではなくて、幅広い実態をお伝えする。それから日本国内のいろいろな研究、アーカイブズ学会には歴史系もありますけれども、情報系もありますし、ジャンルとしては本当に幅広い。例えば建築物、あるいはその図面、そういうアーカイブズをどう残していったらよいのかという理科系の方々も今活発に動いております。いろいろなところで記録は発生するわけで、その記録を保存しようという、そういう学問が幅広くあることが、わずか三年にして会員数が拡大している理由の一つなのだろうと思います。

さて、アーカイブズ学会はまだ若いわけですから、そのほかに記録管理学会というレコードマネジメントの学会などの協力が必要です。アーカイブズ関係機関協議会と言う協議会がちょうど一週間ぐらい前にできました。平成一九年五月二三日ですから、できたてほかほかです。この協議会の目的は、「アーカイブズに関する社会的な関心を高めるとともに、わが国のアーカイブズ活動の発展に資するため、関係機関・団体間の連携・協力の場としてアーカイブズ関係機関協議会を設立する」というものです。どんな団体が所属しているかというと、ARMAInternational 東京支部、企業史料協議会、記録管理学会、独立行政法人国立公文書館、日本アーカイブズ学会、社団法人の日本画像情報マネジメント協会、JIIMAです。それから日本歴史学協会国立公文書館特別委員会。残念ながら全史料協が入っていないのです。全史料協は今オブザーバーだというのですが、おいおい参加すると思います。大阪の公文書館長である全史料協会長さんはこの日オブザーバーとして参加してくださいました。そもそも全史料協はこういうことを進める団体だったわけですから、お待ちいたしております。協議会は「アーカイブズの普及啓発・広報活動」、「能力開発・スキルアップ活動」、「アーカイブズに関する調査・研究活動」、「その他協議会が必要と認める活動」、こういうことを目的にして連携・協力を図っていきましょうというわけです。それで、当面課題になっておりますのは、来年の六月九日がICA、国際アーカイブズ評議会の設立六〇周年にあたるそうです。それで、ICAでは、その六月九日を国際アーカイブズの日に設定する、それで、いろいろな大会などで記念事業をやるというお話です。私どもこの協議会では、それに合わせて日本でもアーカイブズの日(記録の日)を設けようということです。六月九日だから「きろく」で語呂合わせも含めて、日本にまだ十分浸透しておりませんアーカイブズ制度の普及のために、アーカイブズの日を設けようではないかなどということを、この協議会で各団体協力し合いながら考えていきましょうと、そんな動きがあります。

5　学習院大学大学院アーカイブズ学専攻

そこまでが来し方の話ですけれども、続いて五番目が「学習院大学大学院アーカイブズ学専攻」。「アーキビストを育てる森の学び舎誕生」というコピーを作り、来年四月からスタートしようというわけです。

今年の秋に第一回目の入試、そして来年春に第二回、そちらのほうが募集人員は多いのですが、合計で前期博士課程一五人の方々をお招きする。ただし、私どもとしては学生のみならず社会人の方々、現職者の方々、こういう方々にぜひともおいでいただけるように、二年間を通して夕方六時以降の授業を開設し、初年度と二年度とを入れ替えるかたちで単位取得できるような姿を今考えております。現職の方々もそこでキャリアアップを図る、あるいは、リカレント教育(再教育)を行なう。現在、現実社会のほうがどんどん進んで電子情報化時代になっておりますから、そういう中で、今アーカイブズ学がどういうレベルにあって、それを学んで、それをまた現場に反映させるということが可能になればよいというふうに考えております。

6　アーキビスト資格認定協会(仮称)の設立

そして、また将来的には、ここではもう未来のところに入っておりますが、「アーキビスト資格認定協会(仮称)」のようなものが設立できて、今現職の方々で実務経験のある方々に、この協会がアーキビスト資格、例えば二種なら二種、そしてまた今申しました大学院を終えられた方々には一種の資格を認定し、そういう資格を認定された方々が全史料協を通して全国の各機関に配置されるようにする。そのために、日本学術会議などのお力も借りたいと思いますけれども、冒頭で申し上げました公文書館法の附則の撤廃を行なう。各館には専門職を配置しなければいけないというかたちで、その場合の専門職とは、認定協会が資格を認定した方々、という姿を想像しています。

二　アーカイブズの存在意義〜ミクロの視点から〜

1　一人一人の存在証明

さて、これまでの話は言ってみれば皆様よくご存じのところだったかと思いますが、これから先は極めて個人的な「アーカイブズの存在意義」、それを「ミクロの視点から」と「マクロの視点から」申し上げますが、文字どおり随想的な話になります。聞き流していただきたいような話も中にはあるかもしれませんが、まず「アーカイブズの存在意義」を「ミクロの視点から」、「一人の人間の存在証明」という話です。

私の母親は一九二〇年生まれですから八七歳になります。今年、私の父親の十三回忌の法事をやるので集まる予定なのですが、その父親が死にましたころ、つまり、母親が七〇半ばぐらいのときに、「自分は北海道で生まれたんだ」と言い出したのです。私の父親は千葉県の九十九里浜の農家の次男坊で、農学校を出て早々に東京に奉公に出されました。母親は、四国の香川県の最も愛媛県寄りの豊浜という所です。専業農家に生まれ育って、女学校を出たところで東京に奉公に出され、奉公に出された者同士が結婚して、戦後すぐ私が生まれた。こういう認識を持っておりましたところ、私の母親が「実は北海道生まれだ」と言い出したものですから、「何事だ、どういうことだ」ということでよく話を聞いてみましたら、私の母親の父親、谷川数一というのですが、私から見れば祖父は香川県の農家のせがれでしたが、私からみたらひいじいさん、祖父の父親が何か投資に失敗して田畑を失ってしまったという状況だったようで、祖父は明治末年から大正にかけての時期に北海道開拓に行ったのです。祖父の連れ合いとそのお姉さんの連れ合い、これが三宅伊勢松という人物ですけれども、その三宅伊勢松夫婦と谷川数一夫婦とが北海道に行った。私の母親は、どうも倶知安の近くだったらしいということだけうっすら覚えておりました。それで私は北海道の道立文書館にまいりましていろいろと調べてみましたところ、「未開地貸付台帳」がありまして、開かれていない未開地を道庁は開拓農民に貸し付けた、そういう台帳が保管されていました。明治の末年に三宅伊勢松は倶知安の辺りの山林原野を借り受けているという原簿を見つけることができました。その番地を求めて現地を探してみましたら、今の喜茂別というところでした。喜茂別の役場に行きまして、「かつての戸籍、住民記録みたいなものはございませんか」と伺いましたら、残念ながらだめでした。それから、電話で倶知安の役場に問い合わせをいたしましたところが、「そういうものは一切ない」というお答えをいただきまして、残念ながらそこでもわかりませんでした。それでも何とか探そうということで、現地、喜茂別の辺りを歩いておりましたら、廃校になった小学校の校庭の片隅に石碑が残っていた。それが三宅伊勢松の顕彰碑だったのです。三宅伊勢松がその小学校の土地を寄進したということが書いてありました。札幌の開拓記念館の中に展示物で開拓農民の丸太小屋などがありますが、文字どおりそういうところで母親は生まれたのだろうと思います。また三宅伊勢松と谷川数一の妻同士は姉妹でしたけれども、大正三年ぐらいのスペイン風邪で二人とも現地で死んでいる。こういうドラマがありました。

その後、私の祖父は国元でまた嫁さんを探して、また北海道に戻った。それで私の母親は大正九年に生まれて、三歳ぐらいまでの間は北海道でジャガイモを食べていたようです。その後谷川数一は開拓して生まれた土地を処分して、そのお金を持って国に帰って、かつて父親が手放した田畑をいくぶんか買い戻し、それで何とか専業農家で生きていかれるという状態になったというわけです。

そんなことで、私は三宅伊勢松顕彰碑までたどり着いたもので、その翌年母親を現地に連れていくことができました。私の母親はその段階で七〇半ばでしたけれども、その年になって初めて自分が生まれて三年間ぐらい育った場所にたどり着くことができたのです。

要するに、それまで別に秘密にしていたわけではないのだろうけれども、自分の中で悶々と、自分はそういうところで生まれたと教えられてきたのだけれども、なかなか言い出すこともできなくて、文字どおり一人の人間にとってのアイデンティティ、存在証明と申しましょうか、自分はいったいどこで生まれたのかという出発点のところが確認できた。それは年老いた母親にとってはどうも意味があったというように思われます。今申し上げましたことは、実は道立文書館のアーカイブズの「未開地貸付台帳」が役に立って、現地に行くことができたという次第です。

2　地域の人々の存在証明

さて、続いて「地域の人々の存在証明」についてです。建造物には限りがあります。中にはうまく保存できるものもありますが特に今、公立小・中学校というのは廃校になることが多い。建物は残念ながら残せないでしょう。かつてここには学校があったのだ、自分はそこで学んだのだ、しかし、もう建物はなくなった。何かそこで学んだという証拠はないんだろうか。お若い方はおわかりにならないかもしれませんが、年を取れば取るほどそういうことが気になり出す。そして懐古をし、自分を振り返りたい。例えば六〇年たって、自分が六歳から一二歳まで通った小学校は「確かこの辺りにあったんだけど。自分が学んだという証拠はないんだろうか」と、気になりだしたりするわけです。そういう意味で、学校アーカイブズが大切で、だれが学んだという記録を地域のアーカイブズ(史料保存機関)が保存をして、そういう人たちが訪ねてきたときに答えられる体制を作るのは、とても大切なのではないかと私は感じています。

次に、「戸籍から除籍簿へ」という話ですが、これもまた地域そして自治体にとって大いに関連する事柄のように思えます。戸籍に私どもはだれもが登録されております。死にますと戸籍からはずされて除籍簿に移される。私などより皆さんのほうがよくご存じのところです。しかしその除籍簿は、八〇年経過すると廃棄されてしまう。「何で廃棄しなくちゃいけないの」というので、私は法務省に問い合わせをして、民事行政課長さんと話をする機会がございました。一つは、除籍簿を弁護士さんも含めて閲覧する、そこで悪用された事例が発生した。ですから、個人情報保護を理由に、除籍簿は八〇年たったら焼却処分をする。それからもう一つは、「除籍簿を自治体に置くスペースが手狭になる。だからどんどん処理する」という説明をなさいました。今現在実際に、例えば名古屋の法務局の民事行政部長が管内の市区町村長にあてて、廃棄決定後の除籍簿等の取り扱いについての指示を出している文書がございます。

戸籍法施行規則の定めによる保存期間経過後、廃棄決定された除籍簿などの取り扱いについて、下記のとおり取り扱われたく指示しますので、関係部課職員に指導、周知方願います。

1. 廃棄決定された除籍簿は遅滞なく物理的に廃棄処分することが望ましく、戸籍事務担当者の立ち会いのもとに焼却処分、あるいはそれに類した処分をする。

2．廃棄決定後、やむを得ず物理的廃棄処分までの間保管する除籍簿は、廃棄決定により法的に除籍簿としての効力が失効したので、もはや除籍簿・抄本として発給することはできない。またその写しを一般行政証明として発給することも相当でない。

なお、この保管管理については、現に効力のある除籍簿と区別して、梱包、封印などをし、戸籍法施行規則第八条と同様に保管をする

などの指示が出されておりまして、その管内にあります豊橋市では、去年の夏に全面的にこの八〇年経過をした除籍簿の焼却処分をすることになるという話を田崎哲郎先生(愛知大学名誉教授)から聞いたので、私ども日本歴史学協会としては、「お願いだから燃やさないでくれ」と訴えました。ちょうどそれは大正年間ぐらいに亡くなった方が相当するのですが、それより前の、例えば自由民権運動で実際に活動をした人が亡くなった場合、その自由民権運動家がいったい、いつ、どこで生まれたのかということが除籍簿には載っている。もともとは戸籍ですから載っているわけで、だれの親のもとでいつ生まれたのかという記録資料があるわけですが、今言ったように八〇年たったらまず見せてくれない。そのうえ焼却処分をするという情報ですから、「何とか焼却を待ってくれ」と豊橋市長にお願いの文書を出しました。そうしましたら、幸いなことに「焼却はしない」というお答えをいただきました。しかし、担当官から、「要望の文書内容を自分たちが理解して、それで廃棄処分をやめたわけではない」と、言われました。

除籍文書というのは、今言ったように、歴史学の研究にとって大切なものでありますが、それ以前に自分の系譜をたどるために重要なものです。自分がここにいるのは親がいて、じいさんがいて、ひいじいさんがいたからで、そのひいじいさんの存在を確認することがもうできなくなってしまう。そんな話はありますか。個人のアイデンティティのためにも、どうか除籍簿の焼却はしないでくれと、こういうことをお願いしたわけです。これは大きな問題ですから、今後も運動をしていかなければいけないのです。皆様は担当の側にいらっしゃる方、また配置の異動によってはそういうこ

とになる方もあるかもわかりません。とりあえずは梱包をして、見せないというところまではよいとしても、決して廃棄などはなさらないでいただきたい。ゆくゆくは、アーカイブズ（史料保存機関）が移管を受けて、アーキビストの判断で「この人には見せてよい」というような判断をするようになってほしい。純粋に歴史研究をする人、あるいは子孫であって自分の家系をたどるという目的、「それならよい」という人に対しては閲覧可能にするという、それが多分将来的な姿だと思うのです。こういう体制を作れるまで廃棄されないよう、燃やされないようストップを掛けなければいけない。このことはやはり地域の人々の存在証明につながることだろうと思います。それはアーカイブズの重い役割だろうと私は考えるわけです。

3　証拠性の意義

次に、証拠性の意義のことですが、たまたま今問題になっております社会保険庁の帳簿の廃棄の問題、つまり五〇〇〇万件のわからない電子情報がある。電子情報の基になった原簿があったわけですが、今それを照らし合わせれば何の問題もなく解決できたはずです。

ここで、一つ今の電子情報化の課題として申し上げたいのは、仮に社保庁の原簿と全く一致した電子情報化がなされたとしても、では、その電子情報はこの先一〇年、二〇年ちゃんと安全に保たれるかどうか。途中で改竄されることはないかどうか。二〇年後にそのデータの真正性、何が真正であるか、どういうふうにそれを確認することができるのか。こういう問題は実は世界全体で今アーキビストたちが取り組んでいる課題だそうです。そのために世界のトップランナーたちが、インターパレスと呼ばれるプロジェクトを百人の賢者によって構成して取り組んでいる最中ですが、残念ながらまだ時間がかかるということです。ですから、紙媒体のものをまだ最低五年とか一〇年は残しておかないと危ないのだそうです。つまり簡単に「電子情報化した。これでもうデータベースができたからＯＫだ」と思わないでほしいということです。社保庁はその点で二重の錯覚をしていたわけです。仮に五年後にうまいシステムができあがりました、それでスキルを身に着けて、だれもがそれでＯＫだと言っても、残念ながらわれわれ日本の社会にはアーカイブズの理念とか精神というものが残されていないし、浸透していない段階で、ただただ技術だけが進んだところで、これはこれで新たな不安が発生するように私には思えます。

そこの話はそれぐらいにいたしまして、次に明治神宮や橿原神宮の造営の話で、証拠性の意義についてです。

明治神宮というのは皆さんよくご存じの所で、原宿、代々木に参道があって、うっそうたる木立がある。ですからあの参道を歩きますと、もう樹木自体が樹齢何百年ですから、昔からあそこに神社があったという錯覚に陥ってしまいますが、所詮は大正年間にできた神社である。これは当たり前ですよね。明治天皇とその皇后を祭った神社ですから、大正年間になって初めてできた。

では、どうしてあんなにうっそうたる樹木が神宮の森にはあるのですかというと、簡単に言えば、大正九年のころ、全国の青年団が大きな樹木を運んできて、植えてあのようなかたちにしたのです。一〇万本余りの献木がなされたそうです。その労働は青年などの勤労奉仕。それ以前の各村々は江戸時代以来の若者組が残されていた。それをどういうふうに解体するかというのが、地方改良運動以来の政府の課題であった。青年団を作って勤労奉仕をさせるということをやったわけです。こうして、うっそうたる森になったというわけです。

これと同じことが実は橿原神宮でも行なわれたのです。奈良の畝傍山に神武天皇という実在していない天皇の御陵が、幕末の文久年間、「あった」ということにしましたから、「では神社を造りましょう」ということになりました。しかし、そこにはもともと集落がたくさんあったのです。ですから、「移転しなさい」と言って、移転させられた。そういう中で残った集落があった。洞部落という被差別部落が残って、四〇戸の家々があったのですが、最後はそれこそ強制的に移転させられました。私がそのことを知ったのは、「橋のない川」の住井すゑさんが九〇歳のときの人間宣言を武道館で行なったときに、住井さんが「皆さん、だまされちゃいけませんよ。橿原神宮も今の明治神宮と同じように、勤労奉仕で巨木がずっと参道を埋め尽くしているんですよ。もともとそこは人の住んでいた集落だった。それを神宮の森にしてかたちを変えて、それこそ二〇〇〇年も前からあそこに神社があったかのような雰囲気を作らせていった」。住井さんはそのすぐ近くで生まれ育っており、その話をなさっておられました。

国はいろいろな事業をいたしますが、その中で、個人とか地域は自分たちの証拠を残すことによって存在を確かめることができます。何が証拠で何が真実であるのかということ、これがとても大切になると思うから、この話をさせていただきました。

三　アーカイブズの存在意義～マクロの視点から～

1　現代社会をどう見るか

「アーカイブズの存在意義～マクロの視点から～」という話に移らせていただきます。「現代社会をどう見るか」という問題です。これは私の随想です。「昭和六一年バブル経済以降の社会」、「平成三年設置基準の大綱化以降の大学教育」についてお話をさせていただきたいと思います。

現代社会は、とても残念な事件がたくさん起こっています。そうなったことの原因をどこに求めるのか。私は直近の原因は、一九八六年のバブル経済以来ではないかと考えております。バブル経済のとき、「銀行から金を借りてでも土地を買え」とか、「株を買え」となりました。土地や株を購入すること自体は当たり前の経済行為であるけれども、バブル経済期は異常で、急激な値上がりを見越して、不労所得を狙うということを始めたわけです。歴史的にわれわれは、特に江戸時代などは八〇％が農民ですから、汗水流して労働することに価値を見いだして生きてきたわけです。そういうことがなくなった。かつての職人さんは見えないところで丹念な仕事をする。こういうようなものは全く愚直なものとされてしまう価値観。「ばれなきゃごまかせ」とばかり例えばいきなり御徒町駅前の道路が陥没した。見えない道路の下のところで手抜き工事をしたKという土木会社があり、事故が起こった。そういう時代だったわけです。つまり、金もうけのためには何をしてもよいという倫理観の喪失。今現在の女子中高生の援助交際に着実に引き継がれてしまったのではないか。金になるかならないか、もうかるかどうか、この価値観だけが突出して多くの人々の心を心配したバブル経済は、ではなぜ起こったのでしょうか。

これは私自身を語るようなことなのですが、団塊の世代でも最大人口の一九四七年、昭和二二年生まれでありまして、私が小学生のころは、図工も音楽も習字も体操も授業はたっぷりあったのです。これがだんだん中学・高校に進学するにつれて、そういうものは受験のためには役に立たないというような考え方がでてくる。無駄を省いて短時間に他人より早く知識を獲得するというのが受験の世界では求められるようになってしまったのです。四〇年以上前に始まりました、音楽も美術の授業もなおざりにして、受験体制のもとで一点二点を競って育った人たちの多くが社会に出て、金になるかならないか、もうかるかどうかの唯一の価値観に捕らわれたとしても、それこそ自然の流れの行き着く先ということになるのでしょう。

こういう考え方の延長に今現在の成果主義というものがあって、例えば図書館とか博物館など文化施設の入場者数が多いか少ないかで価値を決めるような発想、こんなものが出てきますから、例えば、何一〇万部も売れるベストセラーの図書を何冊もそろえて、それで入館者を増やそうとする図書館がありました。時間が経ちその本が失落してしまえば、かつてのベストセラーはどさっとその図書館に山積みされて残ってしまう。こういうひどい状態が起こりました。図書館というのは、一般家庭では購入しない図書を調べに行く、地域の文化施設なのだという考え方は、もう通用しなくなってしまう。

簡単に言えば、もうかるか、もうからないかという卑しい考え方に横溢されてしまうと、文化ということがなかなか考えられなくなる。二の次や三の次になってしまうと私は感じるわけです。

それからまた企業の経営の在り方についても、かつて日本の企業というのは、日本型経営という言い方がなされておりました。それが今から一〇年ぐらい前に、終身雇用の働く人のための日本型経営ではなくて、「もうけは株主のために」という経営を目指す。それでアメリカのファンドは喜ぶわけですが、そういう中で、例えば村上ファンドの問題などが出てきた。彼が逮捕される前に、「金もうけをしちゃいけないんですか」と、言いました。経済活動をするのをだれも止めることはできません。しかし、こういう考え方になっていけばいくほど、もう文化は要らないとなる。もうかるかもうからないか、これだけの単純な論理になってしまうのです。

それに加え文化が衰退してしまうという原因を作っているのが、教育の世界です。一九九一年に、文部省は設置基準の大綱化をいたしまして、「大学は一般教育、一般教養を廃止してよい」ということにしてしまいました。だから、皆さん方は世代によって異なるかもしれませんが、大学の二年生で一般教養、例えば人文・社会・自然、三分野にわたって、何単位取らないと三年に進級できないなどという経験は、今の学生はしないのです。もう一〇年ぐらい前からほとんどの大学はしなくなったのです。財界が、要するに「理系の学生に文化なんて必要ない。早く専門教育をやれ」ということを要請したのです。それで専門教育だけを早くからやるようになる。ですから、理系の学生は人文学や社会科学、こういうものを学ぶ機会が極めて少なくなってしまったのです。そういう中で、オウム真理教がサリンを作った。作った彼は東大の理学部か何かのエリートです。彼には幅広い常識がないのが原因だということから、その当時一般教養を解体してよかったんだろうかという反省の声が出されたものです。しかし、残念ながら文科省は全然反省しようとしておりません。かつて旧制高校では幅広い勉強をして、理系の人も医者になる人もしっかり文学、哲学をやって、そういうものが戦後の教養教育というものに継承されたのです。それが無駄だということになった。先ほど経営の問題を申しましたが、かつて、七〇代後半以上の旧制高校出身者が財界のトップにいた時代は、まだ文化ということが考えられた。ところが今はもうそうではなくなった。そうなってくると、今後ますます、もうかるか、もうからないかという論理になり、「文化って要るのか」という考え方になってしまうのではないか。

2　だから文化に期待する

今の日本はそういうもうかるか、もうからないかの論理、受験に役に立つか役に立たないかという単純な論理ばかりやっているように思うのですが、中国では文化大革命のときに毛沢東主義を一生懸命学びました。下放と言って、中学・高校生たちは地方の農村に入る。それはそれで意味があったかもわからないけれども、例えば「動物園なんて要らない」という一辺倒の考え方だったのです。毛沢東主義では、残念ながら動物園で動物を楽しむ、動物から癒しを得るなどということは求められなかった。それで、成長期が文化大革命に重なった人は「動物を見たことがない、象を見たことがない、キリンを見たことがない」ということになってしまったのです。「いや、別にそんなものを見ないでもいいだろう。金もうけとつながらないんだから」という人はそれでいいでしょう。だけど、やはり人間はそういう動物の実物を見ることによって、においも大きさも、そういう様を子どものときから見ることによって、人間というものを相対的に位置付けることができて、そうやって学習して成長してきている。文化大革命のときに弾圧された中国人が書いた文章の中で、「若者が動物園に行ったことがない、動物を見たことがない」という話を聞いたとき、私はやはり衝撃を受けたわけです。

これは政治が悪いのだけれども、人件費削減のためには指定管理者制度がいいのだという。確かに、それがふさわしい場面はたくさんあります。指定管理者がふさわしい、例えばプールの管理をする、あるいは会館の建物の管理をする。そういうことはいいでしょう。でも残念ながら、専門職あるいは研究職に近い、それに相当する方々の存在する場所はだめです。どうしてかというと、継続して絶えず文化創造をしていかなければいけない部署だからです。限られた期限で契約する下請けの業者や指定管理者にはそれはやれないのです。換言すれば、指定管理者に任せたところで、文化創造は終わってしまうということです。だからそういう文化施設には指定管理者は不向きであると私は考えております。

3　文化の創造とは

伊藤若冲の展覧会が今すごい人気だと聞きます。小林忠先生の「隔世の思い・若冲私観」という文章が、最近の五月二七日の「日本経済新聞」に載っています。小林さんの文章に「一種昂揚した気分に包まれ、いつのまにか元気なパワーを与えられているから不思議である」とあります。つまり伊藤若冲という江戸時代中期の、その作品展を見た美術館を訪れたお客さんは、若冲の絵を見て、一種昂揚した気分に包まれ、いつのまにか元気なパワーを与えられている。多くの人々はこういう力を与えてもらいたくて、美術館を訪れて伊藤若冲の絵を見るわけです。だから大ブームになって人が訪れている。

ここには、三つの創造があった。第一は若冲自身による創造。若冲が題材としたのは、鶏とか鶴とか梅とか菊の花とか、虫とか魚とか、多くは身近な動植物であった。そこには、見る人に難しい古典の教養などを要求することは決してないのです。次に美術史家の着眼として、一九七一年に展覧会を開いている。これが第二の創造。そして今回二〇〇七年、現代の美術史家、そして学芸員の方々がこの展覧会を開いて大ブレークした。つまりそれが三つ目の創造。若冲という江戸時代の絵師の絵画を通して現在に生きるわれわれがパワーをもらって、時には感動、エネルギーをもらう。こういうことを若い学芸員が行うことができた。その創造を私は評価しなければいけないと考えます。

そういたしましたら、昨日の夕刊(二〇〇七年五月三一日朝日新聞)に旭山動物園の話が出ているではないですか。皆さん、ご存じですか。昔の上野動物園のやり方を全国の動物園はリピートして同じようにまねたのだそうです。いってみれば上野動物園は権威なのです。だから金太郎あめのように、どこに行っても同じ動物園です。それを北海道の旭山動物園は方式を変えた。つまり動物園の職員の皆さん、学芸員と言ってもよいと思いますが、そういう方々が新しい展示の方法、動物園でどう楽しんでもらえるか、ということから考え出したいろいろな新しい方式が、今その刺激が全国に波及している。旭山動物園は、今来園者数が上野動物園に肉薄しているのだそうです。つまり、一つ一つの文化施設の館・園が、こういう創造的なことによって存在意義を発揮し、文化創造をして、それで多くの人々、社会に対して情報発信をし、そのことによって多くの方々は癒しをもらい、エネルギーをもらうわけです。

では、史料保存機関担当者の文化創造はどうなのか。皆さんはアーカイブズを通して、史料保存機関を通してどういう文化創造をなさるのか。これは上野動物園のまねをする金太郎あめではいけません。いいものは刺激を受けて学べばいい。しかし自分の地域に合った何をなすべきか。先ほどお話ししたような地域の人たちのためのアイデンティティを、生存証拠を確保する。それは、もしかしたら二〇年先五〇年先、若冲のように二〇〇年先になって評価されるものかもしれませんし、感謝されるかもしれません。そういう文化創造をそれぞれの置かれた館で発揮できるかどうかということが大事なのではないでしょうか。

終わりに「文化はカナリア」について話します。「歌を忘れたカナリアは」という意味ではありません。ここで私が「文化はカナリア」と言ったのは、カナリアは炭鉱の坑道の中に連れていかれて、カナリアが死んだら酸素のない危ない場所だ、だからそれ以上入らずに引き戻る、そういう使われ方をされた、そういう話です。つまり。文化がだめになったら社会は本当におかしくなる。このことは私が言ったのではなくて、住井すゑさんがおっしゃった。九〇歳の人間宣言で、「戦争は文化なんて認めない、文化を破壊するだけだ。逆に文化が尊重されれば、そこには平和が来る」という趣旨のことを住井さんはおっしゃったのです。そのとおりだと思います。今のように、もうかるかもうからないかの論理だけで文化つぶしをするようなことを続けていけば、いずれは文化などは何もかも存在できなくなる。それはつまり人間が生きていく社会、日本社会というものが相当具合の悪い社会になるということなのです。だからこそ、どうぞ皆さん、文化創造をしてください。

〔『埼玉県地域史料保存活用連絡協議会会報』第三四号、二〇〇八年〕

五　史料保存と歴史学

山口啓二先生の著作集を刊行するにあたり、第三巻では幕藩制構造論の成果から幕藩制国家論への問題提起に関する論稿を収め、「幕藩制社会の構造」をタイトルにしている。したがってここでは、そのような点についての現代歴史学における意義を述べることが適当と考えるのだが、それは著作集第三巻の解説を参照していただくことにしたい。

本稿では、同じ著作集第三巻に所収されるが、主たるテーマとは異なる山口先生の別の角度からの論稿（講演録）を中心に述べていくことにする。山口先生は東京大学史料編纂所で『大日本史料　第一二編』・『大日本古記録　梅津政景日記』・『保古飛呂比』などの史料編纂に多年従事され、それら活字史料集の刊行は日本史研究者に裨益するところ大であった。また、近世史料の整理、目録作成を自ら手がけることもあり、いわばアーキビストとして史料保存に関しての貢献もされてきた。本稿では、歴史学者であり同時に史料保存に尽された山口先生について紹介をしたいと考える。

山口先生は名古屋大学文学部教授として五年間教鞭を取られたことから、一九九九年に名古屋大学日本史研究室五〇周年記念の会が催された際に「歴史と現在、そして未来―南紀栖原の豪商菊池家の文書整理を通じて見えてきたもの」のタイトルで記念講演をされた。その講演録が名古屋大学日本史通信『ばさら』（一九九九年一二月）に掲載されており、今回の山口啓二著作集第三巻に収載される。

本講演において、山口先生は幾つもの刺激的で示唆に富んだ論点の提示をされている。これらはいずれも、山口先生ご夫妻が週に一回一〇年余りにわたって東京大学史料編纂所において「菊池家文書」の一点一点の目録カード作りを行ない、その中から生まれた成果である。周知のように目録カードを作成するためには、史料一点一点を解釈しなければタイトルを付けることはできない。こうした史料解釈とそこから歴史研究者として描く個々の歴史像を集積したものを、山口先生は全体の歴史像（近世史像）の中にどう位置づけたらよいかを、あるいは既存の学説に不足していたり、新たに付け加える必要のある論点のいくつかを講演の中で提示された。

「菊池家文書」とは、南紀州の栖原村（小農漁村）の垣内（菊池）家に伝えられた古文書で、末裔である元東京大学史料編纂所教授菊池武雄氏から寄贈され、史料編纂所が所蔵する文書群である。垣内家は「近世初頭、房総に出漁し、鰯網漁と干鰯生産を営み、やがて江戸に干鰯問屋栖原屋三九郎店を出した垣内太郎兵衛家を本家とし、ついで薬種・砂糖問屋河内屋孫左衛門店を営んだ垣内孫左衛門家を新家として、江戸の名だたる豪商として栄えた家」である。

「菊池家文書」の整理から、栖原三九郎店も河内屋孫左衛門店も江戸の大店でありながら店主の身分は「栖原村百姓」であり、奉公人も在所の百姓身分であることが判った。しかるに、江戸店の屋敷地を所持する点では「町人」として処遇される。従来の研究では、都市の町人と村方の百姓を別々に扱ってきたこともあり、栖原屋のような大店の特別な人的関係に注目する必要のあることが提示される。

町人か百姓かの身分の問題に限らず、学芸・文化史においても、在所に本拠を置いた「百姓」身分のまま、江戸など三都で中央レベルの学者・文人たちと交友関係を持つことにも着目される。栖原屋のように「学芸・文化の面でも中央レベルの学者・文人として知られると同時に、在所の学芸・文化のリーダーとして活動する社会層をどのように規定すればよいか」と山口先生は問題を投げかける。

この後、講演では菊池(垣内)家のような在方有力層こそが、近代国家の官僚、軍人、法律家、大学・高等専門学校教授、学者、文化人、医師、実業家などのエリート層の重要な基盤であったとの、いわば山口先生の経験的理解をも込めた、近世と近代とを結ぶ理解を示されている。この他にも、読み手を啓発する多様な論点が提示されているが、ここでの紹介は紙幅の制約もあり止どめることにし、著作集収録論文に当たられることをお勧めする。

以上は、山口先生が「菊池家文書」の整理とカード目録を一点一点作る中から、歴史像を描き従来の学説の中に位置づけ、提言をされたものである。これは、歴史研究者として史料を利用し歴史像を描くことを目的とした結果ではなく、目録作成のために内容を吟味した、いわばその副産物である。名古屋大学での講演当時は、史料一点ごとの目録カード作成に止まっていたが、その後、目録として整備されている。

菊池家から東京大学史料編纂所に寄贈された文書を、死蔵させることなく、目録作成を行ない、史料を公開して研究者などに広く利用してもらう、このことが山口先生ご夫妻の第一の目標であったことを確認する必要がある。

この事例のように、東京大学史料編纂所は寄贈された史料を保管し公開して閲覧に供するアーカイブズ(史料保存機関)としての機能をもつ。しかし史料編纂所に課された第一の使命は、正史である「大日本史料」編纂事業であり、史料の収集は広く公開するためではなく、「大日本史料」編纂のために必要な限りでの活動であった。

山口先生は同講演で、日本の近代史学史の中の東京大学史料編纂所の事業の位置づけを以下のようにされている。

私が永年勤めておりました史料編纂所の源流は和学講談所ですが、講談所の創設者の塙保己一は武州児玉郡保木野村の「百姓」の子で、盲人として修行して検校の地位に昇る一方で、和漢の学を修め、抜群の記憶力で古典の考証、史料の蒐集・編纂につとめ、『群書類従』の正続一七五六冊を没年前後にかけて刊行し、今日でも日本の歴史や文学の研究を支えてくれています。史料編纂所の前身は、明治二(一八六九)年に和学講談所跡に開設された史料編輯国史校正局ですが、講談所の蔵書と膨大な塙「史料」を引き継いで発足したのです。「六国史」のあと中絶していた国史の編纂をめざし、大学校国史編輯局、太政官歴史課、同修史局、同修史館、内閣臨時修史局とつぎつぎ組織替が行われたあと、明治二一(一八八八)年に帝国大学に移管されたのでした。

塙保己一の和学講談所における「史料」編纂のことは、『群書類従』の陰にかくれて、着目されることは乏しかった。例えば、史学史に関して近年高い評価を得た永原慶二『二〇世紀日本の歴史学』(吉川弘文館、二〇〇三年)では、近代史学史の中に東京大学史料編纂所を位置づけながらも、塙保己一の「史料」との連続性の指摘は見られない。山口先生は「講談所の蔵書と膨大な塙「史料」を引き継いで発足した」と連続性に着目される。

では塙保己一の「史料」編纂の意図や幕府の文化政策はどのような時代背景の中で生まれたのであろうか。一言で言えば、幕府は、日本とはなにか、日本国家の自己確認(アイデンティティ)をする必要に迫られたということである。ロシアやイギリスとの衝突を経験したことで、近代に続く日本の国家や国境の意識を強く持ち始めたために、地理的に国土を調べ、国家の歴史を考究する作業が取り組まれた。塙保己一の設立した和学講談所は大学頭林家のもとにおかれ、昌平坂学問所の事業と一体になって、和書の収集と校訂などの作業(「群書類従」編纂)と「史料」の編纂を行なった。古代の政府は六国史を正史として編纂したが、これが『日本三代実録』の光孝天皇の時代で途切れていたことから、塙保己一は八八七(仁和三)年の宇多天皇以降の史料編纂を始めた。日本の伝統的な正史編纂事業を継承するという発想であり、日本国家の歴史の中に、寛政期の江戸幕府を位置づけるという考え方である。ちなみに歴史編纂のうち現代史にあたるものが「徳川実紀」である。一七九九（寛政一一）年林述斎の建議により開始された。

幕府はまた歴史編纂事業のほかに、地誌調所を学問所のもとに設置して、地誌編纂事業も行なった。地理と歴史を調査して国土の確認をするものであるが、これらの文化事業は、近代につながる国家意識を前提にしており、幕府崩壊後の明治政府によって継承された。地誌編纂は、一八七二（明治五）年政府が『皇国地誌』編纂の布告をだし、八四年に全国から郡誌、村誌が提出された。和学講談所の「史料」編纂は、一八六九（明治二）年に史料編輯国史校正局が講談所の跡に設立され、継続され、前述の山口先生の講演からの引用の通り、現在の東京大学史料編纂所に継承される。

明治維新で前後が切断される捉え方こそが明治維新を成功させた側の歴史観の枠組である。江戸幕府からの国家事業の継承として「大日本史料」編纂の事業を位置づけることが意味を持つ。

山口先生の講演では、久米邦武の「神道は祭天の古俗」と題する『史学雑誌』の論文の筆禍事件もあって、一八九三（明治二六）年に編纂掛は廃止に追い込まれたが、「幸いなことに、ドイツ近代史学創設者レオポルド・フォン・ランケの弟子ルートヴィッヒ・リースが既に「お雇い外国人」として来日し、帝国大学文科大学で史学の講義を担当しており、ランケが提唱した厳密な史料批判による歴史研究法が、従来の考証学的実証主義の基礎の上に根を下ろしつつありましたから、リースの勧告もあって、国家的事業としては客観的な史料編纂に止めるべきだとして、二年後に史料編纂掛として復活しました。こうして今日に至る史料編纂所の事業と、東京大学史学科の実証主義的な学風のレールが敷かれることになったのです」と語られる。こうして一九〇一（明治三四）年には、六年の準備期間をおいて、『大日本史料』の刊行が開始されることになった。

ところで「お雇い外国人」のルートヴィッヒ・リースの勧告によって史料編纂掛の復活が実現したことの指摘が山口先生によってなされているが、実はリースは一八八八（明治二一）年に帝国大学総長渡辺洪基に宛てて意見書を提出し、国史科学生の将来の職務について次の一～四を示している。(1)

一　政府地方官庁貴族大家ノ記録局ニ於テ記録主任又ハ公文ノ整頓保存主任
二　図書館長又ハ掛員
三　目下日本ニ於テ必要ノ急務タル修史事業を補助セシメ即其資料ヲ蒐集批評及編輯セシムル為メ編修者又ハ其助手
四　中学校ノ適格ナル国史教員

二と四は図書館司書と教員になる途であるが、一はアーカイブズ（記録局）におけるアーキビストになることをまず第一に示している。そして三で、「目下日本ニ於テ必要ノ急務タル修史事業」すなわち史料編纂掛において編修者になることが示されていた。明治政府（内閣）は、第一のアーカイブズ（記録局）の考えは採らず、第三の修史事業とそのための資料収集を行なうことを選択したのであった。

修史事業は、史料編纂掛による『大日本史料』のほかに、維新史料編纂会を一九一一（明治四四）年に発足させ『大日本維新史料』編纂事業も開始した。これに加えて、宮内省図書寮は「歴代天皇実録」の編纂を開始、国家と天皇の歴史を編纂し、国民を教化する方針とした。その延長上に皇国史観が出現する。

『大日本史料』の編纂対象は仁和三（八八七）年から慶応三（一八六七）年までとされたが、実際には明治三九年に第一二編の寛永期までを対象とすることにした。それ以降の史料が膨大に残されていたことが第一二編にとどまった最大の理由であろう。

史料編纂掛（昭和四年史料編纂所と改称）は、全国を採訪し、『大日本史料』編纂に必要な史料を東京に送付して、影写本や謄写本を作成し、原本を返却する作業を精力的に行なった。一例を挙げれば、

史第二九五号
本学編纂ノ大日本史料慶長一四年正月廿日ノ条ニ貴山御祖尭慧上人御入寂尋デ尭真上人嗣立ノ条有之ツイテハソノ事跡ヲ成ルベク詳細ニ掲載致度候間右御二代ノ伝記其他ノ古文書記録類御所蔵ニ候ハヾ乍御手数暫時御貸付相成度尚コノ外ノ古文書・記録類御所蔵候ハヾ併セテ御貸付ノ事ニ御取計相成候様致度此段及御依頼候也

明治三六年一一月七日

東京帝国大学
文科大学長　文学博士　井上哲次郎　印

男爵常盤井堯熙殿

これは三重県一身田にある真宗高田派本山専修寺門跡(常盤井氏)に対して、明治三六年に「大日本史料」の綱文に該当する史料の貸付けを依頼し、併せてこの外の古文書・記録についても貸付を依頼する内容となっている。[2] しかしその対象はあくまで第一二編までで、良質な史料ではあっても原則的に寛永期止まりとされた。

また『大日本維新史料』編纂の対象時期は、孝明天皇践祚の弘化三(一八四六)年から廃藩置県の明治四(一八七一)年までであった。つまり一九四五(昭和二〇)年までの国家事業としての歴史編纂の対象は、近世史のうち正保元(一六四四)年から弘化二(一八四五)年までの江戸時代の中心にあたる二〇〇年間を除外したのであった。

この国家による編纂方針が、全国の史料所蔵者に与えた影響は大きかった。つまり一六四四年以降の大名家史料や寺院史料、あるいは村方の庶民史料の大部分は、国家の正史としての歴史編纂に必要のないものとの位置に置かれたのであった。

一九四五年の敗戦後、戦後の混乱の中で、村方史料や地主経営史料などの近世史料が多量に流出し、散逸の危機に瀕した。また藩政史料も、散逸は免れたものの、史料の保存に適さない劣悪な環境に放置されていた。こうした中、一九四五年に野村兼太郎はじめ九六名の歴史研究者が「史料館設置に関する請願」を行なった。その趣意書には「(前略)未曽有の湮滅過程にあります民間史料を蒐集いたし、これの保存と利用とを図りまして、世界文化に貢献しますことは、もはや個人の力や、弱体化しました研究機関の手に負える事業ではありません。右の目的を達成いたします上に残されました唯一の途は、国立の史料保管機関(史料館)を設けて文書の散佚防止策を講じますと共に、自家保存に堪えなくなりました民間の史料を国の力で蒐集する以外にはありません。(後略)[3]」と国による史料保存機関の設立を訴えた。こうして一九五一年に文部省史料館（現国文学研究資料館アーカイブズ系）が設置された。

このような文部省を動かした近世史研究者や地方史研究協議会などの学界の動きとは別に、農村の現地に入り、村落共同体の総合研究を行なう研究者たちの動きも存在した。古島敏雄先生をリーダーに歴史学のほかの法学・経済学・社会学などの若手研究者たちによる農村史料調査会は、その後の研究の在り方の一つの指針となった。山口先生は、農村史料調査会の立ち上げに参加しながらも、病気のために、例えば山梨県南都留郡忍草村の共同調査とその成果である『山村の構造』には参加できていない。しかし、この共同研究の姿勢と、村落に入って史料調査を行ない分析して近世史研究の成果を生み出す方法は、現在に至るまで近世史研究者の多くの模範となっている。

ところで文部省史料館は、散逸しかかった近世・近代史料の蒐集に自ら励んだが（現在五〇万点を収蔵）、これとともに「近世史料取扱講習会」を開催して、近世史料保存の担い手の養成に一九五二年から当った。山口先生は、一九七五（昭和五〇）・七七・七八年の第二一・二三・二四回近世史料取扱講習会の講師として「近世史料概論Ⅰ」を担当されている。「近世史料取扱講習会」はその後「史料管理学研修会」さらには「アーカイブズ・カレッジ」に発展している。

また、東京大学史料編纂所の山口先生を含む近世史料関係の所員を中心に、「藩政史料調査会」が編成され、各地の藩政史料調査に赴いた。このことがきっかけになり、例えば細川家史料（永青文庫）が熊本大学附属図書館に寄託され（一九六六年）、保存に適した環境に置かれるようになった。

以上のように、山口先生はアーカイブズ制度の未成熟な我が国にあって、史料保存のために多様な形で尽力されてきた。「菊池家文書」を自らご夫妻で目録カードを取り、整理する作業を一〇余年にわたって行なわれる姿を示され、かつては「近世史料取扱講習会」の講師として近世史料論の体系を概論された。また、農村史料調査会において古島敏雄先生のもとで立ち上げに参加したその影響は、今日の民間史料調査会である「房総史料調査会」や「甲州史料調査会」「越佐史料調査会」などの淵源として位置づく。

「歴史研究者はまずアーキビストたれ」とは、一〇年前に筆者が地方史研究協議会主催の卒業論文発表会で講演させていただいたタイトルである。(4) 山口先生は歴史研究者として史料を利用する立場に止まることなく、史料集編纂の業務を通しては歴史研究者の需要に応え、アーキビストとしては史料保存・公開のために尽力されたのである。

日本史研究者の中には、いまだに史料を利用するだけで、史料保存や公開のための努力が必要であることに思い至らない人が存在する。戦後一貫して、史料編纂者として信頼のおける活字史料集刊行に精励されるとともに、アーカイブズ制度のあまりにも遅れた我が国の史料保存のために、広い視野から尽力されてきた山口先生の姿をここに紹介させていただき、これまでもよく知られた歴史研究者としての山口先生像や弱者支援の運動家としての山口先生像に付け加えていただきたく思う。

注

(1) 青山英幸『アーカイブズとアーカイバル・サイエンス―歴史的背景と課題』(岩田書院、二〇〇四年)を参照した。
(2) 真宗高田派本山専修寺(三重県津市一身田)所蔵史料。
(3) 安沢秀一『史料館・文書館学への道』(吉川弘文館、一九八五年)に全文が収められている。
(4) 高埜利彦「歴史研究者はまずアーキビストたれ」(『地方史研究』二七五号、一九九八年一〇月、本書Ⅲの第五に収載)

〔『歴史評論』第七〇四号、二〇〇八年〕

六　日本のアーカイブズ制度の現状

——牛の歩みは遅くとも——

はじめに

本日ここに講演させていただく事は、大変光栄なことと感謝申し上げます。ご招待下さったロベール所長を始めとするコレッジ・ド・フランス日本学高等研究所の皆様と、堀内所長を始めとする東アジア文化研究所（パリ第七大学）の皆様、それにシャルロッテ・フォン・ヴェルシュールフランス高等研究院教授に、心より感謝申し上げます。本日の会場であるパリ第7大学は、マルグリット・デュラス通りにありますが、四五年前、私は学生時代にマルグリット・デュラス『モデラート　カンタビレ』をテキストにして読みました。しかし今、私のフランス語は錆びついてしまいましたので、本日は日本語で話をすることを、お許しください。

1　二〇一一年三月一一日の東日本大震災

二万人に近い死者・行方不明者を出した東日本大震災から一年が経過しました。大津波が押し寄せ、人びとや記憶の詰まった建物などを飲み込んだ映像は、今なお生々しく思い返されます。そのうえに東京電力福島第一原子力発電所の事故も重なり、復旧の見通しも立たない被害をこれから先も与え続ける状態にあります。これらの大被害に対して世界からの支援や応援メッセージを頂いたことに対し、感謝の気持ちをお伝えします。

私どもが二六年前、パリ15区に一年間居住していた時に、ソ連のチェルノブイリ原子力発電所の事故が起こりました（一九八六年四月二六日）。フランスもその他のヨーロッパ諸国も放射能汚染を恐れていました。日本人の私も放射能を恐れましたが、アパートの大家さんは、「日本人は放射能に対してアレルギーを持っているからね」と語って同情してくれました。一九四五年八月六日の広島（死亡者推定一五万人）、八月九日の長崎（死亡者推定八万人）に、アメリカ軍が原子爆弾を投下し、その後もずっと放射能に悩まされ続けたことから、強いアレルギーを日本人が持っていたのは当然ともいえます。

　ところが今回、一年前の三月一一日の原子力発電所の事故に対し、多くの政治家や役人たちは放射能の恐怖に対して鈍感だった印象があります。広島・長崎から六六年が経つ間に放射能に対するアレルギーを風化させ、「もうかるか、もうからないか」の行きすぎた資本主義の論理が、企業家だけでなく役人や政治家たちにも浸透してしまったようです。世界の金融資本と連動した経済構造は、日本社会の価値観を変容させてしまったのでしょう。

　津波は、人命だけでなく文化財にも大きな被害を与えました。所管する文化庁は、一七年前に起こった阪神・淡路大震災の経験から復旧に当たっていますが、その対象はおもに事前に登録されていた文化財に限られ、民間に埋もれていた貴重な歴史資料などは対象になりませんでした。そうした状況の中で活躍しているのが、民間のボランティア団体です。

1―1：岩手県釜石市市役所の文書

市役所は津波で地下・一階が水没。保管してあった会計課の書類や税務課の課税台帳などの公文書（段ボール五〇〇箱）が水浸しになりました。二ケ月後から、東京のボランティアが参加してキッチンペーパーで水分を吸収したり、カビには石灰をかけたりして、公文書の復元をはかっています。市の職員は他の災害復興に忙殺されているので、手が回らない状態でした。釜石市総務課の職員は「公文書の復元は大切な仕事だが、震災後は余裕がなくてできなかった。支援していただいて大変ありがたい」と話しています（『読売新聞』二〇一一年五月一二日付）。

1―2：宮城歴史資料保全ネットワークの活動

「宮城歴史資料保全ネットワーク」とは宮城県内の歴史資料の保全活動を行う組織で、二〇〇三年七月二六日に発生した宮城県北部地震によって被害を受けた文化財の救済活動を契機として設立されたものです。二〇〇四年から歴史資料の所在調査を行なってきましたが、今回の大地震の後は、古文書などのほか、建造物なども対象に精力的な文化財救出活動を行なっています。最近参加した一橋大学のグループは、「岩手県大船渡市から宮城県石巻市にかけての被災地域をまわりました。うかがったなかには、津波によって大量の文書を蔵もろとも流されてしまったお宅もありました。それでも調査グループがすべての文書をデジタル撮影していたおかげで、かけがえのない文書のデータだけは残りました。所蔵者の方や地元自治体の方が、そのことをたいへん喜んでおられるのを見て、日頃からの資料の所在調査・整理・写真撮影の重要さを再確認しました。こうした地道な作業の積み重ねが、資料を未来へと伝えることになるのだと実感しました。……翌日の作業は水損資料のクリーニングです。ダンボールの台の上で、竹べらや刷毛を使って資料に付いた泥を落とし、カビが発生している箇所にはエタノールを噴霧します。紙同士がくっついていて剝がれなくなっている場合は、霧吹きで水をかけてから、竹べらで慎重に剝がします。それでも剝がれない場合は、無理をせず、後日の処置に委ねます。これらは保全作業の第一段階に当たり、そのあとに水洗いや乾燥などのさらなる作業が控えているということでした。」とレポートを寄せています（『宮城資料ネット・ニュース』第一六〇号、二〇一一年三月五日）。

1—3：茨城史料ネットの活動

茨城県域および周辺の文化財や歴史資料の保全のために活動する、研究者や関心を持つ人たちのボランティア組織です。大震災後、五月から被害を受けた歴史資料などの救出に県内各地で活動しています。鹿嶋市で寺院の水損資料のレスキューを行ない（五月一二日から）、常陸太田市では被災家屋のふすまの下張文書の救出を行ない（六月二九日から）、大洗町では被災した旧家の史料整理を行うなどの活動を積極的に実施してきました（『茨城史料ネットニュースレター』No. 1、二〇一一年七月一六日）。

以上、三例を紹介しましたが、このほかにも多数のレスキューの事例があります。このうち岩手県にはまだ県立のアーカイブズ機関は存在せず、宮城県は県のアーカイブズ機関は存在するのですが、金や人を出すのに消極的です。茨城県は県のアーカイブズ機関はあるのですが、指定管理者制度が妨げになり契約内容以外の活動はできない状態です。こうした中での民間ボランティア団体の活動には力強さがあり、救われるものがあります。本来であるならば、地域のアーカイブズ機関が歴史資料の保全のために十全の機能を発揮するべきなのでしょうが、残念ながら日本のアーカイブズ制度は遅れた状態にあります。以下に、日本のアーカイブズ制度の現状について概観することにします。

2　遅れた日本のアーカイブズ制度：現状

2―1：日本の各種のアーカイブズ機関

国立、独立行政法人

国立公文書館

日本のNational Archives。一九七一年に近代行政文書の保存のための運動が大久保利謙氏をはじめ日本歴史学協会などによって進められ、設立されました。江戸幕府の史料(内閣文庫)を引き継ぐほか、明治期の太政類典・公文録などの歴史資料と、現在の政府一九省庁からの公文書を受け入れる機関です。省庁はこれまで非現用となった文書の移管に消極的で、省庁の地下に未整理状態に置き、時には勝手な廃棄がなされていたこともあり、問題が発生したこともありました。後述する、「公文書等の管理に関する法律」が昨年施行され、勝手な廃棄は禁止されるようになりました。国立公文書館の下にアジア歴史資料センターが配置され、太政類典や外交史料館・防衛研究所の資料をデジタル化してインターネット利用に供しています。

国文学研究資料館(前身は文部省史料館)

一九五一年設立。一九四九年に野村兼太郎氏ら九六名の歴史研究者が、従来の支配者の歴史ではない江戸・明治期の庶民生活などの実証的研究の根本史料を保存し公開する機関として、国立の史料館の設立を請願しました。日本学術会議・日本歴史学協会などの運動も加わり五一年に文部省史料館が設立されたものです。この後上記の近代行政文書保存の運動がおこり、国立公文書館が設立されましたが、いずれも学会や歴史研究者たちの設立運動が功を奏したものといえます。史料館は七一年に国文学研究資料館に合併され今日につながりますが、江戸時代の藩政資料・村方資料などを多数保存しています。

宮内庁書陵部（前身は宮内省図書寮）

一八八四（明治一七）年設立。天皇家・公家の記録資料を保存する。後でも触れますが、歴代の天皇実録を編纂してきました。現在は「昭和天皇実録」の編纂中です。

外務省外交史料館

一九七一年設立。幕末外国関係文書から始まる外交資料を保存しています。来年（二〇一三年）は日仏通商条約締結から一六〇年の節目の年を迎えますが、フランス公使であったロッシュやベルクールなどに関する歴史資料なども保存しています。

防衛庁防衛研究所

一九五五年設立。軍事・防衛関係資料を保存します。

以上が、国の機関の主だったものですが、このほかに日本銀行や幾つかの大学法人にアーカイブズが設けられています。次に地方自治体です。

都道府県立

山口県文書館が一九五九年に設立されてから、現在三三館。青森・岩手・山梨・静岡・高知・長崎・鹿児島県などが未設立です。

政令指定都市・市区町村立

藤沢市文書館（神奈川県）が一九七四年に設立されてから、およそ三〇館存在するのみです。

企業や大学アーカイブズ

民間企業では、かつての社史編纂室の時代から、ビジネス・アーカイブズの設立に移行しつつありますが、経営者の理解が乏しく妨げとなっている場合が見られます。ドイツも同じ道を歩んだそうですが、国際的な訴訟に備えるため、証拠書類の適正な管理のために、ビジネス・アーカイブズの役割が認識されているようです。

フランスでは、企業の経営戦略の検証のためにアーカイブズに役割が求められ、たとえばリヨン大学の大学院で経営学の分野にアーキビスト養成の講座が開設されたように、従来エコール・ド・シャルトで国や県のアーカイブズ機関に勤めるアーキビストを養成してきたのとは異なる発想が見られます。日本でもこの趨勢に後れを取らずに変容してほしいと思います。

大学でも、大学史編纂のための史料室という段階から、大学アーカイブズ設立に移行しつつあります。大学の歴史に関わる史料の保存に限らず、大学の事務部局で現用を終えた記録史料が、アーカイブズに移管され、評価・選別がなされ、保存・公開されるシステムが稼働しつつあります。京都大学大学文書館（二〇〇一年設立）から国立大学や私立の大学（学習院アーカイブズは二〇一一年開設）まで、徐々にその数を増やしつつあります。

2—2：関係法令

日本のアーカイブズ制度に関わる法令について、略記します。

「公文書館法」が一九八七年にはじめて公布され、翌年施行されました。一九八〇年代からＩＣＡ（国際アーカイブズ評議会）に学ぶ姿勢を強め、講師を派遣してもらい、とくに一九八六年ＩＣＡ国際標準化担当委員マイケル・ローパー氏が来日し、翌年参議院議員岩上二郎氏による議員立法で「公文書館法」は成立しました。

第三条、国及び地方公共団体は歴史資料として重要な公文書等の保存及び利用に関し、適切な措置を講ずる責務を有する。

第四条二項、公文書館には館長、歴史資料として重要な公文書等についての調査研究を行う専門職員その他必要な職員を置くものとする。

（附則）（専門職員についての特例）二、当分の間、地方公共団体が設置する公文書館には第四条第二項の専門職員を置かないことができる。

ユネスコ加盟一二〇カ国のうち記録史料保存法（文書館法）がなかったのは日本だけでした。この「公文書館法」が出来たことで、日本のアーカイブズ制度をどれほど前進させることが出来たか計り知れません。しかしながら、附則にあるように専門職員（アーキビスト）の配置が義務付けられなかったために、アーキビストの養成や配置が遅れることになりました。

「公文書等の管理に関する法律」（公文書管理法）が、学会や福田康夫氏などの政治家の支援によって二〇〇九年七月公布され、二〇一一年四月に施行されました。全三四条。

第一条（目的）
この法律は、国及び独立行政法人等の諸活動や歴史的事実の記録である公文書等が、健全な民主主義の根幹を支える国民共有の知的資源として、主権者である国民が主体的に利用し得るものであることにかんがみ、国民主権の理念にのっとり、公文書等の管理に関する基本的事項を定めること等により、行政文書等の適正な管理、歴史公文書等の適切な保存及び利用等を図り、もって行政が適正かつ効率的に運営されるようにするとともに、国及び独立行政法人等の有するその諸活動を現在及び将来の国民に説明する責務が全うされるようにすることを目的とする。

第一条で高らかにその趣旨が謳われていながら、東日本大震災以後に政府が発足させた原子力災害対策会議などの多くの会議で議事録が作成されていなかった事実が、二〇一二年一月に判明しました。法律を作りながらも、運用する政治家や官僚の意識や精神は立ち遅れた状態に止まっているのです。

2—3：アーカイブズ関係団体

日本のアーカイブズ制度の基礎を作る推進母体となった関係団体について述べます。

全国歴史資料保存利用機関連絡協議会（全史料協）
一九七四年に設立されました。都道府県・政令指定都市・市町村立のアーカイブズ機関やその他の資料保存機関など一七〇余と個人会員三〇〇名余の団体です。多くのアーカイブズ機関の設立や「公文書館法」の成立など、運動の担い手となり、研修を通して基礎的な知識の普及に努めてきました。現在、地方自治体の財政が窮乏する中、人件費削減などの問題から文化事業の多くは、厳しい環境に置かれています。

企業史料協議会

一九八一年に設立された一〇〇余の会員で構成されており、現在ビジネス・アーカイブズに取り組んでいますが、不景気の波が押し寄せ、容易な推進を阻む要因となっています。

全国大学史資料協議会

一九九〇年に東日本地区と西日本地区に分かれて設立されましたが、一九九六年に東西が合併し全国組織となりました。大学アーカイブズの設立に取り組んでいます。

日本アーカイブズ学会

二〇〇四年四月に設立されました。個人会員と賛助会員を合わせて約五〇〇名で構成されています。アーカイブズ学を世界水準に学び、国内の多様な課題に取り組んでいます。現在はアーキビスト資格認定制度の発足に向けた取り組みを、年二冊の学会誌『アーカイブズ学研究』の発行などとともに進めています。

以上に紹介した日本のアーカイブズ制度の現状は、フランスをはじめヨーロッパのみならず、アジアにおいても中国や韓国と比しても相当遅れた状態にあると言わざるを得ません。一七八九年のフランス革命の後にアルシーブ・ナショナルが設立され、現在八〇〇館を超える公文書館を持つフランスとでは、その歴史が違いますが、歴史の浅いアジアの中でも、中国の全国三八〇〇館にのぼる档案館の存在や、韓国での金大中大統領就任以来の民主化の進む中で国家記録院の設置や記録物管理法の施行など、急速に充実している現状と比較すると、日本のアーカイブズ制度の遅れは、歴然としています。

3　遅れた日本のアーカイブズ制度：歴史的な要因

なぜ日本のアーカイブズ制度は、現在、世界的に見ても遅れた状態に置かれているのでしょうか。その理由を歴史的に考えていきたいと思います。

3―1：前近代（古代から近世まで）

正倉院文書

奈良東大寺の正倉院に伝来した文書群。約一万点の奈良時代（八世紀）の古文書で写経に用いた反故紙に戸籍や計帳などが残されています。世界で最古の紙に書かれたアーカイブズです。

東寺百合文書

京都府立総合資料館所蔵（国宝）。平安期以降の東寺に関わる史料のうち、中世に学僧たちによって整理されたもので、江戸時代に加賀藩主前田綱紀が一〇〇箱（百合）の桐箱に収めた状態で伝存しています。東寺の荘園の権利を保証する、時の権力者からの証文などが含まれています。

江戸時代

幕府・藩や朝廷、寺院・神社、村・町の団体は、自前の文書記録を保存するシステムを持っていました。また農民・商人などが家単位で記録保存する事例は数多くあり、今日まで伝えられています。

いずれも、統治のための先例として、あるいは証拠のために記録を保存する文化を持っていました。質量ともに豊富な和紙生産・流通がなされたこともあって、墨で書かれた古文書は膨大に作成され現代に伝えられたのです。前近代の日本には、アーカイブズ制度という概念はありませんでしたが、それに変わらない本質を備えた社会が存在していたということです。

3―2：近代（明治期以降、敗戦まで）

一八六八年の明治維新後、太政官政府は一八七五年に内務省記録課から「全国の記録を保存すること」を命じました。他方で修史局さらに修史館を設け、歴史編纂事業も進めました。

しかしながら一八八五（明治一八）年に内閣制度が発足すると、官僚は天皇の政府のために「忠順勤勉」を尽くすことが義務付けられ（「官吏服務規律」）、記録保存は国民から記録を隔離し、非公開とするためのものとなりました。もっぱら修史事業のためにのみ史料を集めることになりました。東京帝国大学史料編纂掛が『大日本史料』を、宮内省図書寮が『歴代天皇実録』を編纂し、国家と天皇の歴史を国が作成して、これを国民に教化する方針を、明治政府は選択したのです。およそ一九〇〇年頃、日本がアジアの中で帝国主義を唱え出した頃でした。その後、第二次大戦に向かう一九三〇年代後半の昭和時代には、国民教化のために一君万民を唱える「皇国史観」が政府や学校によって喧伝され、自由な思想や学問ましてや国民の権利も奪われて、戦争に突入したのです。近代日本では、ヨーロッパのアーカイブズの存在を知っていたのですが、これに学ぶことはなく、天皇中心の中央集権国家を形成する中で、民主主義の基礎になる制度であるアーカイブズ制度は採用されませんでした。

3―3：敗戦と戦後

一九四五（昭和二〇）年八月一五日、広島と長崎の原爆投下を受けて、天皇の政府はポツダム宣言をやっと受諾しました。記録を残すのは証拠（エビデンス）のためでもあります。だからこそ日本の軍隊や政府は「機密書類」を焼却させたのです。市民が、それらの証拠書類を保存させることはできませんでした。

しかる後に、ＧＨＱ（アメリカ）による戦後民主化政策は進められました。戦前から日本社会に存在した図書館や博物館は社会に一層浸透しましたが、アーカイブズ制度が与えられることはありませんでした。
なによりGHQは、一部の公職追放されたものを除き、従来の官僚を戦後政府に用いました。その後公職に復帰した者たちも含め、官僚たちは戦前の天皇政府に忠誠を尽くした考え方をどれだけ改めることができたのでしょうか。天皇に代わるGHQをいただく戦後政府において、国民のために尽くせる官僚がどれほど存在したのでありましょうか。アメリカから与えられた戦後民主主義の限界がそこにあるように思われます。

4　牛の歩みは遅くとも

公文書管理法が施行されてもなお政府は重要会議の議事録を残すことをしませんでした。二〇一二年一月、東日本大震災以後に政府が発足させた多くの会議で、議事録が作成されていなかった事実が判明しました（『日本経済新聞』二〇一二年二月一六日付）。「国民のため」という発想を持てない政治家や官僚を頂く私たちは、しかしながら諦めてはいません。高学歴の政治家・官僚たちは、高校・大学の教育課程で、実は一度もアーカイブズについて学ぶことなく現在のポジションに就いているのです。社会には、図書館や博物館と同様にアーカイブズが必要であるという、世界の常識を、日本の教育システムの中で伝えなくてはなりません。そのための教育プログラムと人材を養成することが重要になります。

学習院大学大学院人文科学研究科アーカイブズ学専攻（二〇〇八年四月開設）では、博士前期課程（マスター）においてアーキビストとして活躍できる人材や中・高校教員を養成し、博士後期課程（ドクター）において大学でアーカイブズ学を教授できる人材の養成を目指しています。一年前には日本初の博士（アーカイブズ学）も誕生しました。前途迂遠にも思えますが、教育課程の段階から正しい認識を形成していくことに取り組んでいきます。

また全国にアーカイブズ機関が多く設立されるためにも、アーキビスト資格制度が確立される必要があります。国がアーキビスト（専門職）資格制度を設立しない状況が続く中、日本アーカイブズ学会は四月に、学会の認定するアーキビスト資格制度を設立します。アーキビスト資格認定者が続々と輩出することにより、社会におけるアーカイブズ制度に対する認識は深まっていきます。

また、大震災後に多くの民間ボランティアが、歴史資料の救出に取組んでいるように、私の参加する甲州史料調査会(一九九一年発足)も地道な活動を今後も続けていくつもりです。県立のアーカイブズ機関がまだ設立されていない山梨県下の歴史資料を整理・目録化する作業のうち、現在は二〇〇四年から八年間、一六次にわたり「三井家旧蔵史料」の整理・目録化とマイクロ写真撮影を遂行しています。徐々に作業は進み、完了した箱からパリ、コレッジ・ド・フランスに原史料と目録・写真を送付しています。これは史料所蔵者であった三井その子氏がコレッジ・ド・フランスに寄贈されたためで、日本にも副本を残し、パリでも活用していただくための作業となります。

私どもは、これからもフランス等の世界のアーカイブズ制度に学びながら、日本独自の歴史と文化の中で、牛のように一歩一歩あゆみは遅くとも、前に進んでいくことにします。

〔『学習院大学大学院人文科学研究科アーカイブズ学専攻研究年報』第二号、二〇一三年〕

七　わかりにくい言葉ですね
――アイデンティティとアカウンタビリティ――

少子化の影響で、小学校や中学校が統廃合されたという話は、全国各地で聞きます。私の生まれた一九四七(昭和二二)年は、二三〇万人を超える人口で、最近は一〇〇～一二〇万人の出生ですから、二分の一の減少と言えます。誰でも、自分の通っていた小学校が廃校になり、跡形もなく消えてしまったら、ずいぶん寂しい気持ちになるのではないかと想像します。それ以上に、大津波で教室も持ち物も一瞬のうちに流された被災地の生徒や卒業生の失望は、いかばかりであったか。

学生・卒業生の皆さんは、進学や就職の際に、自分の履歴を証明するのに必要書類として、大学に在籍してことを証明する「在学証明書」を発行してもらうことができます。大学（アドミッションセンター、教務課）では、申請に応じて各種の証明書を発行しますが、もしも自分の学んだ学校が廃校になった場合、在籍証明書などをどこに申請したらよいものか不安になりますね。大学でも廃校になるニュースを、この頃聞くことがありますが、是非とも母校は永遠に不滅であって欲しいものと願わずにはいられません。

学習院の各学校では、学籍簿は永久に保存し管理し、求めに応じて在籍を証明する制度になっています。毎年の学籍簿が作成され増え続けると、古くなった過去のものは教務課に置かずに学習院アーカイブズに移管され、保存・管理されるようになり、何十年後であっても、必要に応じて閲覧され、自分の学んだことが確認されるようになります。

学習院に勤務する教員・職員についても、学生の場合の学籍簿と同様に、勤務したことの人事記録は永年保存され、たとえば五〇年後に孫が自分の祖父母が学習院に勤務したことを確かめる問い合わせに、学習院アーカイブズはお答えします。現に学習院アーカイブズに保管されている明治二六年～明治四五年の「学生に関する書類」をはじめ、昭和戦前期の歴史的公文書（アーカイブズ）に関する数多くの問い合わせがあるように、将来一〇〇年後であっても、現在使用している記録類を伝えることで問い合わせに答えられるようにすることも、学習院アーカイブズの役割の一つです。

以上で述べた例示は、いずれも個人が生きてきたことの自己確認（アイデンティティ）に関わる内容で、学習院アーカイブズは一人一人の生徒・学生・教職員にとっての大切な生存を証明する記録を保存・管理し利用に供する役割を担います。

幼稚園から大学まで、教育機関は社会の需要に応える形で存在しています。とくに私立学校はなおさらです。日本の社会はこの一〇年間、急速に変化しています。この変化に対応して私立学校は変化を遂げなくては社会に不要なものになっていきます。今ここで取り上げたい日本社会の変化とは、以下のことです。国家の枠組みを超えたグローバル企業

（多国籍企業）などが、世界の市場を自由に駆け巡っており、日本も例外ではなくこのグローバル企業の投資対象になってきました。二〇〇一（平成一三）年からの小泉純一郎政権は、この変化に積極的に参入しましたから、いろいろな場面で良いことも悪いことも日本社会に変化がもたらされました。

一例をあげると、外国の資金管理団体（ファンド）は、投資した日本の株式会社に対して、法令順守（コンプライアンス）や統治（ガバナンス）とともに、説明責任（アカウンタビリティ）などの世界標準（グローバルスタンダード）を強く求めました。大株主の要求に日本の株式会社は対応せざるを得ません。マスメディアもこの動きに同調し、社会全体が世界標準を受け入れ、共通の価値観とするようになっていきました。それまで歴史的に日本では、為政者などの上に立つものが下の者に知らせず、時には隠蔽することもしばしばありました。本年六月に日本野球機構が、使用球を飛ばないボールから飛ぶボールに変えたことを、隠蔽していたことが問題とされたのは、古い従来の隠蔽体質が、社会にはもはや受け入れられなくなったことを示しています。法令順守・統治・説明責任は、いずれも望ましい価値観ですが、欧米に比べ日本はまだ十分に共有されていませんでしたので、この一〇年前からの世界標準の導入は好ましい社会変化と受け止められます。

文部科学省も、中央教育審議会や私立大学連盟を通して「学位授与の方針」、「教育課程編成実施の方針」、「入学者受け入れの方針」の三方針（ポリシー）を明文化するように各大学に求めたのち、二〇一一（平成二三）年四月にこれら教育情報の公表を法律（「学校教育法施行規則第一七二条の二に基づく情報公開」）で義務付けました。具体的には、教育研究上の目的やその基本組織、入学者受け入れ方針と入学者数、学習成果の評価と卒業・修了の認定の基準など九項目を、大学のホームページで公表することを義務付け、大学に対して説明責任を求めたのです。尤も、文部科学省の方針は大学のホームページでの公表に留まっています。それらの方針（ポリシー）が実際の教育の中で実施されたかどうかの検証について、どのように行うのかについての言及はありません。過去にさかのぼって検証されるためには、記録を管理・保存し、アーカイブズとして公開されなければなりません。大学アーカイブズの設置は、どの大学にも必要になります。

政府は二〇一一（平成二三）年四月施行の「公文書の管理に関する法律」で、国の公文書の保存を定めましたが、国立大学法人については、公文書を大学アーカイブズに保存・管理することを想定しています。しかし大学アーカイブズの設立されていない国立大学法人も多くあり、設立準備を急ぐ大学は少なくありません。大学をはじめ教育機関にアーカイブズが必要であることは、文部科学省も理解を深めつつあるようです。

アイデンティティとアカウンタビリティという二つの言葉は、もともと日本社会には存在しない概念でした。欧米やその影響を受けた国々の概念で、個人の尊厳を大切にし、透明度の高い公正な社会を目指す人々に共通の価値観を前提にしています。わかりにくい言葉であるのは仕方のないことですが、日本社会も世界標準(グローバルスタンダード)を取り入れ変化していかざるを得ないのですから、社会の需要にこたえる教育機関も変化していく必要があり、アイデンティティとアカウンタビリティなどのために有用な学習院アーカイブズには、ますます頑張ってもらいたいと応援しています。

〔『学習院アーカイブズニューズレター』二、二〇一三年〕

八　日本の修史事業とアーカイブズ制度

はじめに

私は、日本近世史研究に長年携わり、とくに江戸幕府による天皇・朝廷統制策や宗教政策、とりわけ修験道・陰陽道・神道などを研究対象にして取り組んできた。いずれも近世の国家論の一環として位置づけられるものである。その一方でこの二〇年ほど日本のアーカイブズ制度についても関心を抱き学んできた。日本のアーカイブズ制度は、現在、欧米やアジア諸国と比して余りにも遅れた状態にある。そのことは、「アーカイブズ制度は民主主義のインフラ」と例えられるように、日本の民主主義の遅れを物語っているとも言える。では、どうしてそれほどアーカイブズ制度が遅れることになったのか、その原因を探るべく、本日は、歴史的に広範な時代を対象に、大枠の話しをさせていただく。そのために、緻密さに欠ける話しとなることを最初にお断りする。

1　「六国史」から『本朝通鑑』まで…前史として

ここでは、高校の日本史教科書に記される程度の情報を整理して前提とする。

古代律令政府による正史編纂事業は、『日本書紀』(七二〇年完成)・『続日本紀』(七九七年)・『日本後紀』(八四〇年)・『続日本後紀』(八六九年)・『日本文徳天皇実録』(八七九年)・『日本三代実録』(九〇一年)と続けられた。国家形成過程において政府が、統治の正当性や国家の形成・発展の来歴を明示する目的で、国史の編纂を行なったものである。『日本書紀』は中国(唐)の歴史書の体裁にならって、漢文による編年体で天皇中心に書かれる。以後平安時代の前半の九〇一年まで、合わせて六つの正史が編纂された。総称して「六国史」と呼ぶが、その後『日本三代実録』の後に引き続く正史編纂が九三六(承平六)年から進められたが、完成しなかった。歴史書とともに、諸国の地誌である『風土記』も編纂され中央政府が国土を掌握する意図を示した。

中世に入ると、『吾妻鏡』が鎌倉幕府関係者によって編纂されたと推定される。これは、鎌倉時代前半期の幕府の事績を和風漢文・編年体で描く歴史書である。天台座主慈円の『愚管抄』に比し客観的な叙述ではあるが、国家全体の歴史とは言えず鎌倉幕府の歴史に止まる。

室町期には公家や南朝の立場からの『増鏡』や北畠親房『神皇正統記』が記されたほかに、武家の立場から『梅松論』があるものの、対象時期や視座は狭いものであった。

江戸時代には、明清交替(「華夷変態」)のあと日本型の華夷意識が芽生える中、日本を本朝とする意識から幕府は『本朝通鑑』の編纂を林家に命じ、林家邸内の国史館において漢文編年体の編纂が進められ、一六七〇(寛文一〇)年に全時代に渡る三一〇巻が完成した。前代の三代将軍家光による『本朝編年録』編纂事業を受け継ぎ、幕府が日本の統一権力であることの証として修史事業を行なうものであった。編纂のための文献資料を広く求めたが、朝廷や公家たちから協力は得られず、幕府の収集史料に依存するほかなかった。また水戸藩では天皇の伝記方式（紀伝体）による南朝を正統とする『大日本史』の編纂が始められた。一九〇六（明治三九）年に完成するが、この事業の収書は現存分で一万タイトルを超える意欲的なものであった。

「六国史」で中断した後、全国を対象にした正史と呼べる修史事業は行なわれないままであったことを確認することができる。

2　寛政改革の文化事業

政府による統治の正当性を明示するため、国家の歴史を編纂した「六国史」以来、途絶えていた正史編纂事業は、江戸時代後期の松平定信政権によって事業が再開される。再開の背景には、幕府による対外的な危機意識が存在した。

江戸幕府の外交体制は、いわゆる「鎖国」体制のもと、「四つの口」で朝鮮・琉球・オランダ・アイヌの異国・異民族と交流を持った。明清交替の後、日本を小中華としてアジアの異国・異民族との外交秩序を保ち、いわば「日本型華夷秩序」を形成して中国（清）中心の冊封体制と並存することで、国内の「平和」と安定を担保してきた。一世紀以上続くこの安定した外交秩序を脅かしたのが、十八世紀後半からのロシアの南下であった。

幕府はロシアの強大さを認識していた。従来の松前藩を通した蝦夷地政策を転換して、幕府が主体的に政策を試み、独自に地理的探査を行ない、やがて択捉島（「大日本恵登呂府」）とウルップ島の間に「国境」線を設ける考えとその実施のために、蝦夷地・千島（いわゆる「北方四島」）に居住するアイヌ（先住民族）を「和人」とし、直轄化する政策をとった。

すなわち安定した「四つの口」の外側に、ロシアやさらにイギリス・アメリカの脅威を感じる状況のもとで、幕府は改めて「国家」・「国民」とは何かを検討し始めた。日本とは何か、日本の自己認識（アイデンティティ）を確認する必要に迫られたのである。

一つには、地誌編纂事業が命じられた。地理的に国土を調査し、村の成り立ちや寺社の由緒などの歴史情報も一村単位で調べあげる事業が、昌平坂学問所で取り組まれ出した。かつて慶長・正保・元禄期に、幕府は国絵図の作成を明じて国家統治権の在りかを諸大名に示した。国絵図には地形や村高(年貢徴収の基礎)を記載するのが目的であったが、これとは異なり地誌編纂事業は、地域に居住する人が対象になった。人の住む国土を認識することが目的となった。

二つには、『寛政重修諸家譜』と『孝義録』の編纂を命じた。身分制度が周縁化することで弛緩する中、武士とは誰かを確認する根拠を『寛政重修諸家譜』作成に求め、支配身分の再確立を行なわせる。武士以外の被支配諸身分については、善行者・孝行者・貞女・節婦など、具体的事例とともに町村から書き上げさせ、国・郡単位で集計させ、木版印刷して『孝義録』として刊行した。「国民」のあるべき姿を提示した。

三つには、日本とは何か、歴史的に「国家」の姿を解明する歴史編纂事業が命じられた。『徳川実紀』編纂を命じ、徳川家康からの歴代将軍の事歴を中心にした現代史(江戸時代史)とともに、「六国史」に続く正史を編纂することが命じられたのである。

以上の文化事業の中心になったのは、昌平坂学問所であった。大学頭林家八代当主林述斎(美濃岩村藩主松平家からの養子)が学問所を活性化させた。地誌編纂のための「地誌調所」や『徳川実紀』編纂のための「御実紀調所」が学問所内に設置された。「六国史」に続く正史編纂は学問所の下におかれた和学講談所が担った。

3　塙保己一の「史料」編纂

一七九三(寛政五)年塙保己一は寺社奉行に充てて和学講談所設立の願書を提出した。願書の内容は、寛政改革後、儒学など諸道は盛んになっているが、和学だけは行なわれていない、尤も神学と歌学は将軍綱吉の時に神道方と歌学方が設立されその家々もある、しかるに歴史・律令の類は頼るところがないので和学講談所を設立したい、というものであった。七歳で盲目になった塙保己一は当道座の内で琵琶・三絃や鍼・按摩などの修業に加え、仏教や国学の学業に励んでいた。幕府から設立認可された和学講談所では、まず和書の収集と校訂などの作業を重ねて『群書類従』の編纂に取り組み、その後一八〇八(文化五)年から正式に『史料』の編纂が命じられた。「六国史」は『日本三代実録』の光孝天皇の時代で途切れていたので、塙保己一は八八七(仁和三)年の宇多天皇以降の史料編纂を始めた。幕府紅葉山文庫の蔵書を始め、京都の堂上公家の日記類や神社所蔵史料などの調査と収書を重ね、『史料』編纂に当たった。日本の古代の律令政府による正史編纂を継承するという発想で、『本朝通鑑』にはない発想と幅広い収書活動によるもので、寛政期以降の江戸幕府を日本国家の歴史の中に位置づけるものであった。

一八二一(文政四)年に塙保己一が死去して後も、和学講談所(すでに一七九五年から林大学頭の支配下となっていた)では『史料』(正史)編纂は、頭取以下およそ二五名の在職者で継続され、一八六七(慶応三)年に閉鎖される。『史料』は完成を見なかったが中途までの編纂物は次代に継承された。

4　明治政府の修史事業

寛政期に始まった幕府の文化事業は、幕府崩壊後の明治政府によって継承された。

地誌編纂事業は『新編武蔵風土記稿』や『御府内備考』などが昌平坂学問所に設けられた「地誌調所」を中心に推進された。幕領(『甲斐国志』)や諸藩(『新編会津風土記』・『水府志料』など)でも編纂されたが、全国に渡って完成されることは江戸時代にはなかった。事業は明治政府に継承され、一八七二(明治五)年『皇国地誌』編纂が政府によって命じられ、八四(明治一七)年に全国から郡誌、村誌が提出され完了した。

和学講談所の『史料』編纂は一八六九(明治二)年に史料編輯国史校正局が和学講談所の土地に建てられ、事業は継続された。やがて正院の歴史課に、さらに文部省国史編輯掛、太政官修史局、修史館を経て、一八九五(明治二八)年に東京帝国大学文科大学史料編纂掛に引き継がれ、一九〇一(明治三四)年に『大日本史料』が刊行され始める。戦後は、現在の東京大学史料編纂所において『大日本史料』編纂が引き継がれている。明治初年は『復古記』のような明治維新の功業を顕彰することに関心が集中していたが、紆余曲折あったものの、「六国史」を引き継ぐ正史として『大日本史料』編纂に集約される。

明治政府が、江戸幕府の全てを否定したような錯覚に陥ることがあるが、これらの文化事業は国家権力として前代から継承したものである。

さらに一八八四（明治一七）年設立の宮内省において、『歴代天皇実録』の編纂が行なわれる。これは天皇一代ごとに伝記方式（紀伝体）で、事蹟を漢文・編年体史料集の形で編纂したものである。現在も天皇実録編纂は継続している。このように明治政府は、『大日本史料』編纂を通して国家の歴史を、『歴代天皇実録』を通して天皇の歴史を、国の事業として進めたのである。

5　日本のアーカイブズ制度…戦前

日本の修史事業の歴史的な概観を一先ずここまでとして、次に日本のアーカイブズ制度の特徴を、その歩みとともに概観する。古代から記録保存（アーカイブズ）の歴史を持つわが国ではあるが、時間の制約のため江戸時代から述べることにする。

江戸時代には各組織・団体は自前の記録保存制度を機能させていた。幕府は紅葉山文庫や江戸城櫓に幕府役所の記録史料を保存管理していた。朝廷では東山御文庫などが存在し、大名家（藩）も寺院・神社も、さらには村共同体も町共同体も、いずれも団体の記録管理を行ない、アーカイブズとして保存し、証拠としたり先例として参照したりしていた。たとえば村であれば、領主に対する年貢皆済目録は村役人の下で管理され、年貢を納めた証拠として大切に保管された。また隣村との入会争論の裁許絵図や、村内の用水争論の裁許状なども権利や慣行のために保管され続けた。

明治時代に入ると、政府は統治のために、人々は権利確保のために記録を管理しアーカイブズを保存した。明治時代は記録編纂掛を、さらに太政官内務省は全国の記録文書の保存管理を命じる（明治八年）。国立公文書館所蔵の『太政類典』・『公文類聚』などとなって引き継がれる。

一八八五（明治一八）年太政官制度は廃止され内閣制度が創設される。翌年、修史館を廃止して府県史料編纂の中止と、一八七五（明治八）年以来の全国記録保存事業の中止が命じられる。地方でも戸長役場史料の廃棄が、とくに一八八八〜九〇（明治二一〜二三）年に行なわれた町村合併によって、行なわれた。ちなみに一九五五（昭和三〇）年頃の昭和の大合併で一万三〇〇〇町村が三九七五町村になった時にも、役場文書の廃棄は相当行なわれた。

一八八九（明治二二）年大日本帝国憲法が発布された。第一条で「大日本帝国ハ万世一系ノ天皇之ヲ統治ス」、第三条で「天皇ハ神聖ニシテ侵スヘカラス」とあり、天皇を国家の頂点に戴く体制であった。また、その二年前に「官吏服務規律」（一八八七年）が規定され、その第一条で「凡ソ官吏ハ天皇陛下及天皇陛下ノ政府ニ対シ忠順勤勉ヲ主トシ、法律命令ニ従ヒ、各其職務ヲ尽スベシ」と規定されたように、明治政府と官僚は、記録を残すとしても、それは天皇の政府の先例を確かめるためであって、決して国民に公開するためのものではなかった。すなわち、明治政府はアーカイブズ制度の設立を行なわず、政府と官僚制のために先例参照のために部内で記録を保持するに留まった。

じつは明治維新以来、政府は欧米からアーカイブズ制度を学ぶ機会はあった。一八七一（明治四）年岩倉使節団の久米邦武『米欧回覧実記』に図書館・博物館の見学に加え、ベニスのアルチーフを見学した記述がある。また、一八八七（明治二〇）年「お雇い外国人」ルートヴィッヒ・リース（ドイツの歴史学者）が帝国大学総長に提出した意見書に、国史学科学生の将来の職務の第一は記録局においてアーキビストになること、第二は図書館員、第三は史料編纂官、第四は中学校の国史の教員になることであると説明している。

しかし明治政府は、国史（日本史）編纂を主にして、公文書保存と公開のアーカイブズ制度に目を向けず、限られた歴史編纂のためにのみ史料を集めるという政策を選択した。限られた歴史編纂とは、前述した①一八八四（明治一七）年設立の宮内省において、『歴代天皇実録』（紀伝体）編纂をすること。②修史館廃止後、一八八八（明治二一）年帝国大学に移管され、一九〇一（明治三四）年から史料編纂掛が『大日本史料』を刊行すること、であった。

明治政府は『歴代天皇実録』と『大日本史料』という天皇と国家の正史編纂を国家事業とし、これら正史を天皇の臣民（皇民）に教化するという政策を推し進めた。その結果、国民自ら個人・家・地域の歴史を持つという考えに立たず、地域は否定され中央集権化を進めることになった。単一民族国家幻想（「一君万民」）も合わさり、個人が自らの存在を確認（アイデンティファイ）する意識は希薄になっていった。

一九三五（昭和一〇）年から、「皇国史観」が勢いを持ち、「一君万民」すなわち国民はすべて天皇の臣民（赤子）となり、国民個人の尊厳がもっとも希薄となる中、アーカイブズ制度は最悪の状態に置かれた。政府に都合の悪い文書は焼却して証拠隠滅を図る状態となった。

敗戦の決まった直後の一九四五（昭和二〇）年八月一八日付け文書で、政府は証拠となる文書の隠滅命令を出した。

　各部局保管ニ係ル文書類並ニ之ニ類スル書類及ビ陸海軍其他ヨリ送付ノ各種文書類中機密ニ属シ破棄相當ト認ムベキモノハ原簿ト共ニ之ノ際全部焼却スルコトト相成候、

その上で、八月一八日から二二日まで宮城内に焼却場所を設定して燃やし続けたのであった。

ちなみに国内のみならず国外においても、インドネシアでは日本統治時代（一九四二〜四五）の記録が現在不在である。焼却されたのかどうかは明らかになっていないが、敗戦にともない統治に関わる証拠の文書類は不明となり、「インドネシアの記憶喪失時代となっている。」（二〇〇五年四月ジョウコ・ウトモ国立文書館長の講演から）

6　日本のアーカイブズ制度…戦後

このような、中央省庁や地方官庁が文書を秘匿する、アーカイブズ制度（＝民主主義）の存在しない暗黒の時代は、一九四五（昭和二〇）年八月一五日の敗戦によって終わるはずであった。しかしながら、戦後民主化のなかでアーカイブズ制度は取り残されたまま、容易には実現しなかった。上からの指令によって一連の民主化が進められた対象にはならず、下からの地道な努力（運動）によって実現させるほかなかったのである。

連合国軍による占領政策が進められ、ＧＨＱ（連合国軍総司令部）がいわば「天皇の政府」にとって代り、官僚たちを用いて戦後の占領政策を指示した。日本国憲法を始め戦後民主化政策の中に、具体的なアーカイブズ制度は見られなかった。

（1）　史料保存運動…歴史研究者たちの請願運動

一九四九（昭和二四）年史料保存のための下からの請願運動が、野村兼太郎ら九六名の日本史・東洋史・西洋史・経済史などの歴史学者によって起こされた。「資料館設置に関する請願趣意」書によれば、「日本の歴史資料は今正に空前の危機に臨んでいます。」と書き出され、和紙に墨筆で記録された文書・記録が多量に保存されてきたが、整理され利用されたものが一部であったのは「これは従来の歴史がいわゆる「支配者の歴史」であって、皇室、国体、政治、軍事乃至文化、思想方面の研究に重点を置くことを余儀なくされた結果、我我の生活に最も関係の深い産業経済社会等の部門がおろそかになり、なかんづく近世の庶民生活などについての研究はなきに等しい実情でした。」その研究のための根本史料である歴史資料が現在佚亡に瀕している。「未曽有の湮滅過程にあります民間史料を蒐集いたし、これの保存と利用とを図りまして、世界文化に貢献しますことは、もはや個人の力や、弱体化しました研究機関の手に負える事業ではありません。…唯一の途は、国立の史料保管機関（史料館）を設けて文書の散佚防止策を講じますと共に、自家保存に堪えなくなりました民間の史料を国の力で蒐集する以外にはありません。…よろしく国家は、中央・地方に史料館を設置し、緊急に強力な資料蒐集事業を企画せられますように茲に請願します。」と締めくくられている。趣意書の文面の理念の高さと的確な提起に、思わず引用が長くなった。従来の支配者の歴史ではない、近世の庶民生活などについての研究に実証的・科学的研究の根本史料となる古文書記録などの歴史資料の保存と利用のために、国と地方に史料館（アーカイブズ）を設立することを訴えている。欧米のアーカイブズを利用した経験を持つ歴史研究者たちが、皇国史観のような官製ではない、被支配者の側の視点から歴史研究を求め、そうした中で史料保存運動が展開したのであった。日本歴史学協会・日本学術会議なども国に働きかけ、文部省側もこれに応えて、一九五一(昭和二六)年に文部省史料館(後に国立史料館、さらに国文学研究資料館となる)が設立された。

近世史料のみならず、近代史料特に公文書についても保存運動が起こる。一九五八(昭和三三)年、日本歴史学協会の「国立文書館」(仮称)設立準備特別委員会が、日本学術会議に「国立文書館建設の要望書」を提出する。一九五九(同三四)年、日本学術会議が国の「公文書散逸防止について」の勧告を政府に提出し、合わせて国立文書館設置を勧告。一九六一(昭和三六)年、国立国会図書館も協力して総理府に「公文書保存制度等調査連絡会議」を設置。そして一九七一(昭和四六)年、国立公文書館が設立された。

以上、文部省史料館(現在、人間文化研究機構国文学研究資料館)や国立公文書館設立のための働きかけの中心は、主に歴史研究者や日本歴史学協会・日本学術会議のような学術団体であった。その意識としては、歴史研究のために近世・近代の史料を保存・管理する機関を求めるものが多数であった。

その延長上に、都道府県に史料保存機関が設立され始める。一九五九(昭和三四)年、山口県文書館が設立されたのを手始めに、一九六三(昭和三八)年、京都府立総合資料館が、さらに都道府県立文書館が次々に設立された。市町村にも一九七四(昭和四九)年、藤沢市文書館が設立され、その他にも順次設立された。

これら都道府県・市町村の史料保存機関が連帯協力するための連絡協議会を、まず一九七四年に設立準備会を結成し一九七六(昭和五一)年史料協を結成した。一〇年後に全史料協と改称し、課題解決のための運動を推進していった。これ以降、全史料協、国立史料館、国立公文書館は、従来の歴史研究のための史料保存運動という水準を高め、アーカイブズ制度に関心を持つ運動に重点を移していく。

(2)世界のアーカイブズに学ぶ

世界の標準となるアーカイブズ制度に、最初に近づけたのは一九八八(昭和六三)年の「公文書館法」施行であった。岩上二郎参議院議員による議員立法で成立した「公文書館法」は、

第三条　国及び地方公共団体は歴史資料として重要な公文書等の保存および利用に関し、適切な措置を講ずる責務を有する。

と規定したが、いわゆる記録史料保存法に当たる「公文書館法」が施行されたのは、ユネスコ加盟の国の中で、一二〇番目に相当するもので、いかに日本のアーカイブズ制度が世界から大きく遅れていたかがわかる。

「公文書館法」の施行には、日本の先覚者たちが世界から学んだほかに、世界(世界アーカイブズ評議会＝ICA)から来日して講演など指導してくれた力もある。全史料協や国立公文書館からの講師招聘によるもので、一九八六(昭和六一)年、ICA国際標準化担当委員マイケル・ローパー(英国パブリック・レコーダー・オフィス副館長)が来日した。マイケル・ローパーの報告書「日本における文書館の発展のために」では①国・自治体の記録管理システムの整備、②公文書館法の制定、③アーキビストの育成などが勧告されている。前述のように「公文書館法」はすぐに実現し、その他の課題も今日まで取り組まれ続けている。

ICAを中心とする世界のアーカイブズに学びながら、やがてICAの一員として、ICA組織の会議を日本で開催し、責任を果たしながら学ぶようになっていった。すなわち、二〇〇六(平成一八)年に第二回アジア太平洋アーカイブズ学教育国際会議を日本で開催し、二〇〇七(平成一九)年に第八回EASTICA(ICA東アジア地域支部会)を開催したように、それ以降も国立公文書館を中心に、ICAの活動を主体的に担っていく。

世界に学びながら、徐々に国内の制度化も進めていった。二〇〇四年に日本アーカイブズ学会が設立され、多様な視点からのアーカイブズ学の成果が着実に生み出されている。また同学会は、アーキビストの育成とも深く関連するアーキビスト資格認定制度を開始し、登録アーキビストが毎年誕生している。特にここで触れておきたいのは二〇一一年

望まれる。

「公文書の管理に関する法律」が施行されたことで、本年(二〇一六)の五年見直しを経て充実した実行がなされることが

おわりに

さいごに本講演の意図を確認して終わりにしたい。一つは、寛政改革の文化事業が明治維新後も政府に継続されたように、このことは近世近代の継続性と評価できるが、また寛政期から近代が始まったという見方も可能にしよう。二つは、江戸時代の村や町や藩などのアーカイブズは、明治国家で見向きもされなかったのを、敗戦後の歴史研究者による史料保存運動によって残すことができた。現在も歴史資料の保存は意識を持って取り組むべき課題である。三つは、明治帝国憲法体制＝近代天皇制国家の官僚たちは、戦後も意識を変えることなく、記録を隠滅するなど、公開を阻む体質を持続していた。その体質を受け継ぐ現代の官僚に対して、「情報公開法」とともに「公文書管理法」が施行されたことは、民主主義にとって重要な意義を持つ。四つは、日本歴史学協会は戦後の史料保存運動の中で、史料館や公文書館設立のための推進運動を担ったことを再確認し、今後の活動を担っていきたい。

〔『日本歴史学協会年報』第三一号、二〇一六年〕

九　日本のアーカイブズ制度を回顧する

はじめに

このたび講演の依頼をいただいたのは、何かといえば、私が二か月後に古希を迎え、大学を今年度で退職して隠居生

活に入るのを期してということだと想像します。いわばオーラルヒストリーの対象になったということです。そこで、自分がどのようにアーカイブズ制度と関わりを持って来たのか、聞き取りを受けたつもりで、自ら回顧する機会を頂いたと考え、お話をさせていただきます。

歴史学（日本近世史）からアーカイブズ世界へ

私は、もともとは日本近世史を研究いたしておりました。東京大学史料編纂所に勤務していた頃は勿論、一九八一年に学習院大学に着任してからも、しばらくはアーカイブズ学を理解することもなく、文書と記録ではない古文書と古記録の世界に居りました。

学習院大学史料館の館長を一九九三年から勤めましたが、その頃からアーカイブズとの接近が始まり、全史料協（全国歴史資料保存利用機関連絡協議会）の理事となり役員会に出席したことから、否応なしにアーカイブズについて積極的に学ぶようになりました。このように四半世紀前に歴史学からアーカイブズ世界に身を投じて、日本の歴史学とアーカイブズ制度との関係に思いを馳せることが多くなりました。

アーカイブズ制度と歴史学

アーカイブズ制度とは、不断に発生する記録を未来に伝える、というこの考え方を重視する立場の人たちが、すでに歴史的文書となっていた過去の文化財（情報資源）の保存にのみ関心を持っていた歴史学研究者の考え方を、時として否定的に捉えることに、わたしは遭遇することがありました。それまでの日本社会では、アーカイブズ制度を理解する者は少数派でした。歴史学研究のための史料保存と区別が出来なかった人に、アーカイブズ制度を理解させ、浸透させようとする人たちには、歴史学の存在は、ある意味障壁になって立ちふさがるように思えたのかもしれません。

現在では、過去の歴史的資料も現在発生する記録も、いずれも未来に伝える対象であると共通認識していますが、二〇年前はまだまだ右で述べた空気があり、私のような歴史学からアーカイブズ学の世界に入った人間に、あの人は歴史学の人だから、という捉え方が時折なされたものです。

そこで、本日は大会テーマと関連するアーキビスト養成制度についてお話をさせていただきますが、その前にまず前半で日本の歴史学の特徴について語り、日本のアーカイブズ制度にどのような影響を与えたと思われるかをこの機会に語ることにします。

日本の歴史学の特徴

一八八七(明治二〇)年ドイツの歴史学者であるルードウイッヒ・リースがいわゆる「お雇い外国人」として帝国大学に着任し、史学科を創設しました。翌年帝国大学国史科や史学会という学会が設立されます。リースの歴史学は「史論に傾くことを批判し、史料の収集、史実の究明を重んずべきこと」を求め、以後史料編纂掛や国史学科でこの考え方が忠実に守られていき、「実証主義歴史学」として今日まで影響力を持ち続けます。ちなみにリースは帝国大学総長に意見書を提出し、国史学科学生の将来の職務は、第一に記録局においてアーキビストになること、第二は図書館員、第三は史料編纂官、第四は中学校の国史の教員になること、としています。

しかしながら明治政府は、第一のアーカイブズ制度によって公文書保存と公開をすることは行わず、国史(日本史)編纂を主にして、「歴代天皇実録」と「大日本史料」編纂のための史料収集に限定したのです。宮内省と史料編纂所で行われる、天皇と国家の正史編纂を国家事業としてすすめ、二つの正史をもとに天皇の臣民である国民に教化するという政策を取ったのです。これは、つまり個人や家や地域が自らの歴史を持ち、アイデンティティを持つ考えを否定するものであり、天皇を君主とする「一君万民」の単一民族国家幻想を形成するものです。

一九三五(昭和一〇)年頃から、「皇国史観」が国策に乗り、平泉澄帝国大学国史学科主任教授を先頭に、隆盛となります。科学的に説明できない神話が真実とされ、万世一系の天皇による国家統治の正当性が、初等教育段階から教え込まれることになりました。これは実証主義とは正反対の、リースが戒めた「史論」です。いわば国威発揚のための民族主義的歴史学です。

もう一つの「史論」ともいえる「唯物史観」は一九三二―三三(昭和七―八)年刊行の『日本資本主義発達史講座』七巻(岩波書店)に代表されます。マルクス主義の立場から、日本の資本主義がどの段階まで発達していたのかを解明する狙いを持ったものでした。そこにおさめられた論稿は東京帝国大学国史学科卒業の羽仁五郎など実に実証的な研究である点が「皇国史観」とは異なります。羽仁五郎が一九三三年に治安維持法違反で検挙されたように、多くのマルクス主義歴史学者は弾圧を受けました。

敗戦後

一九四五(昭和二〇)年八月一五日の敗戦後、「皇国史観」は否定され平泉澄は教授を辞任し姿を消します。逆にマルクス主義歴史学者は解放され、自由な研究環境の下で、研究成果を発表していきます。「皇国史観」は神武天皇を肯定し、神話を史実として日本歴史を教えるもので、戦後の民主化の中で否定されました。しかし、その後事あるたびに持ち出され、徐々に息を吹き返そうとさせる勢力があり、そのつど歴史家たちが建国記念の日に合わせて反対声明を出したり、神話を学校教育で教えることの危険性を訴えたりしてきました。昨今では、歴史修正主義の勢力が、戦後の「皇国史観」の否定を曖昧にさせています。さらに今また教育勅語の復活が話題になっています。

私の学んだ日本近世史では、戦後以来の地主制史研究の関心から、村落構造論や共同体論が取り組まれ、現地に保存された一次史料を分析することで進められました。つまり家や地域の史料を対象に調査し、目録を作って研究を進めたのです。この延長上に房総史料調査会や甲州史料調査会などの、民間史料調査会の活動を位置付けることができます。歴史学は史料を解釈し歴史像を描く学問であり、新しい史料の発見と、保存・管理は研究の進展に欠かせないものでした。「歴史研究者はまずアーキビストであれ」という言葉は、このような脈絡の中で発信されたものです。戦後の歴史学は実証主義歴史学が本流となり、史料収集や保存に関心が向けられたことは幸いでした。ひるがえって戦前は、天皇や国家の歴史編纂に関わる史料だけが、積極的に収集されたもので、近世の庶民の家や村の史料は全く対象にされませんでした。

一九四九（昭和二四）年「史料館設置に関する請願および趣意書」が野村兼太郎ら九六名の日本史・東洋史・西洋史・経済史の歴史学者によってなされました。趣意書の文面には、従来の支配者の歴史でない近世の庶民生活などについての研究の実証的・科学的研究の根本史料となる古文書記録などの歴史資料の保存と利用の必要性を、訴えています。これら歴史研究者と日本歴史学協会・日本学術会議なども国に働きかけ、文部省もこれに応えて一九五一（昭和二六）年、文部省史料館が設立されました。

一九五九（昭和三四）年には日本学術会議が、前年の日本歴史学協会からの「国立文書館建設の要望書」を受けて、内閣総理大臣に宛てて「公文書散逸防止について」の勧告を行いました。「わが国においては、諸外国の例にみられるような国立公文書館のないことが、保管期限の過ぎた官公庁の公文書の散逸消滅の最も重要な原因をなしている。これらの公文書の中には、学術資料として価値のあるものが多く含まれているので、その散逸消滅は、将来の学術発展の上に憂慮にたえない。そこで究極の目標として、政府による国立文書館の設置を切望するものであるが、その前提として、政府において公文書散逸防止ならびにその一般利用のため、有効適切な措置を講ぜられるよう要望する。」これらの動きを受けて、一九七一（昭和四六）年に国立公文書館が設立されたのです。

以上、文部省史料館（国立史料館を経て国文学研究資料館アーカイブズ系）や国立公文書館設立は、歴史研究者や学術団体が積極的に政府に働きかけ、実現できたものです。仮に、二つの館が存在せず、今から設立しなければならないとなったら、そのエネルギーを私たちは持っているだろうか、改めて先人の努力に対して敬意を抱きます。ただしその際、二つの要望書に見られた、近世庶民史料の保存や、公文書の散逸防止は将来の学術発展の上に憂慮にたえないとあるように、その発想は歴史学研究のために史料保存や機関設立要望であったように理解されます。アーカイブズとしての観点が未だ希薄なのは時代の持つ制約と言うべきなのでしょう。

世界のアーカイブズに学ぶ

かつて日本の歴史学とりわけ実証主義歴史学を根付かせた、ルードウィッヒ・リースが明治政府の官費によって来日してから一〇〇年後、一九八六(昭和六一)年にICA国際標準化担当委員のマイケル・ローパー氏が来日しました。日本での施設見学や全史料協などとの交流の後に「日本における文書館発展のために」と題した勧告書を発信しました。今から約三〇年前に出された勧告書は、当時の日本の現状を的確にとらえた上で、目指すべきアーカイブズ制度の姿かたちを明示したものでした。その三年前の一九八三年、ユネスコ本部情報総合企画部専門官フランク・エバンズが日本を視察し、日本の遅れを指摘したのに続き、全史料協が一九八六年にICAへの加盟を果たし、協力を求めたことで、マイケル・ローパーの来日につながったのです。時の政府がアーカイブズ制度設計のために外国人を招いたのではなく、それを熱望する民間の先覚者たちの運動によって招いたものです。その陰には安澤秀一さんの尽力がありました。野村兼太郎の教え子である安澤さんはいち早く世界のアーカイブズに学ぶことを自覚し、啓蒙を続けた先覚者です。全史料協の高野修さん、安藤正人さんなどや国立公文書館・国文学研究資料館の協力によるマイケル・ローパー招致でした。

マイケル・ローパーの勧告は、一二か条(a～l)に及びました。いずれも的確かつ重要な勧告でした。たとえば「b、総合的かつ全国的な文書館に関する法律を緊急に準備、成立させること。」・「i、文書館専門職(アーキビスト)archivistの地位を公けに認められたものとするために必要な、あらゆる適切かつ正式な手段を講ずること。」・「k、日本にアーキビスト養成課程を設置すること。」はとくに重要で注目されます。

このうちbの法律の準備勧告については翌年、公文書館法が成立しました。全史料協で検討を重ねてきた上に、ローパー氏の勧告も合わさり、岩上二郎参議院議員の積極的な活動により、議員立法により可決成立したものです。当時、ユネスコ加盟一二〇国で最も遅い法律成立でしたが、「歴史資料として重要な公文書等の保存及び利用に関し、適切な措置を講ずる責務を有する。」と国及び地方公共団体に義務付けたり、公文書館には館長の他「歴史資料として重要な公文書等についての調査研究を行う専門職員その他必要な職員を置くものとする。」と規定されたりしたことは、日本にそれ以前にない画期的な法律でした。しかしよく知られるように、付則が付けられ、「当分の間、地方公共団体が設置する公文書館には、（上記の）専門職員を置かないことができる。」とされたために、国立ではない地方自治体の公文書館への専門職員（アーキビスト）の配置は義務付けられなかったのです。このことは現在につながる課題として認識し続ける必要があります。

このような付則が付けられたのには理由があります。「現在、専門職員を養成する体制が整備されていないことなどにより、その確保が容易でないために設けられた特例規定である。」と内閣官房副長官の解釈（一九八八・六）がなされたように、約三〇年前の当時、マイケル・ローパー氏の勧告のように、アーキビスト養成の体制が整っていなかったのです。そこで、喫緊の課題として全史料協を中心に、アーキビスト養成のためのカリキュラムの検討に取り組みました。

全史料協公文書館法問題小委員会は、精力的かつ集中して議論を重ね、一九八九年一月に「文書館専門職（アーキビスト）の養成について」の提言を作成し発信しました。提言の要旨は

1、公文書館法第四条第二項にいう専門職員は、「アーキビスト（仮称）」の名称を独占する高度の専門職とすること。「アーキビスト」の資格は、大学院修士課程で必要な単位を修得したものに対し、国が与えるものとすること。

2、「アーキビスト」養成のための大学院修士課程を設置すること。

3、「アーキビスト」養成課程の設置を具体化するために、国は文書館界や学界の代表者を加えた設置基準検討機関を早急に設けること。

本提言は、諸外国の事例に学びながら、幅広い視野で構想を立て、公文書館のみならず民間企業や大学のアーキビストも視野に入れた提言でした。アーキビストの職務について具体的に明示するとともに、アーキビストの地位と資格については、諸外国における社会的地位の高い専門職として認知されている現状を示すものです。その上で、日本の学芸

員や司書、弁護士、医師などの資格と比較しながら、アーキビスト資格はA全日制修士課程の正規コース、B無資格の文書館員およびその他の社会人が現職のまま修士課程を履修できる特別コース、の二通りのコースを想定します。国の認めた大学院修士課程において、必要な単位を取得し、一年以上の実務に従事した者にアーキビスト資格を与える、という内容でした。また諸外国の事例を参考にし、とくにマイケル・クックの『記録管理学および現代文書館学のカリキュラム開発のためのガイドライン』を指針にして、日本におけるアーキビスト養成課程が満たすべき基本的要件をまとめ示したのです。

以上のアーキビスト養成についての提言は、世界標準に基づくカリキュラムを持ち、日本の現実を踏まえた、理想的かつ現実的な提言であり、その後のアーキビスト養成問題の原型をなすものとなりました。

アーキビスト資格制度に向けて

一九八六年一二月のマイケル・ローパーの勧告、八七年一二月の公文書館法の成立、八九年一月の文書館専門職（アーキビスト）の養成についての提言と、約三〇年前に日本のアーカイブズ制度にとって画期的な意義ある勧告・法律・提言がなされました。国会でも取り上げられ、気運は大いに盛り上がった時期でもあったのです。しかしアーキビスト養成制度の道のりは容易ではなかったのです。

一九九一年一一月の全史料協大会で専門職問題特別委員会を設置し、同委員会は九二年一〇月「アーキビスト養成制度の実現に向けて」の報告書を作成しました。公文書館法成立からすでに五年が経過していました。報告書の骨子は、専門職員を「アーキビスト」とし、これに公的な資格を付与するとともに、この養成課程を大学院修士レベルとすることを提案。加えて養成課程カリキュラムの素案が示され、現職の文書館等勤務者についても履修の道が開かれるべきこととし、国に対してアーキビストの養成および資格制度の確立を図るよう要望したのです。

全史料協ではさらに第二次専門職問題特別委員会を設置して、一九九五年一二月に「アーキビスト制度への提言」の報告書を作成し発出しました。マイケル・ローパーの勧告以来の大学院修士課程におけるアーキビスト養成を方針とし、これを第一種アーキビスト、学部卒業段階を第二種アーキビストとする資格制度を提案しています。資格認定は国家資格をあくまでも求めているのは、アーキビストの権限保証が必要との認識からです。

これとは別に国立公文書館が独自に専門職員の養成問題に関する研究会を立ち上げ、「公文書館における専門職員の養成及び資格制度に関する研究会報告書」を一九九三年六月に発表しました。そこでは「国立公文書館を主体として、高度な専門教育、研究機能をもつ新しいタイプの養成機関を設立することが望ましい。」と記し、なお「将来的に関連する分野の大学(院)等が設立されるようなことがあれば、教員の確保や研究協力などの面で連携を図っていくことは可能であり、そのような点からも文書館学の確立は急務の課題といえよう。」となお書きで述べています。これは養成を大学院に任せるというのではなく、あくまで公文書館の研修を主体に置いた見解です。ただ文書館学(アーカイブズ学)の確立を急務の課題としている点は注目されるところです。また、この報告で研修対象となる専門職員は、「地方公共団体が設置する公文書館等の職員で、各機関の推薦を受けた者」としており、これらの方針は現在に至る国立公文書館の研修制度に持続されています。また資格認定については、公文書館法を所管する総理府(当時)において一元的に、国立公文書館の養成機関の課程を修了した者を専門職員として認定するのが適当であるとしています。

本報告書をより具体的に整備するための「公文書館における専門職員の養成機関の整備等に関する研究会」が一九九六年七月に報告書を発出しました。基本的な内容は上記で述べたものと変わりがありませんが、養成科目の具体的なカリキュラムなどが提示されています。以上を受けて、政府は一九九八年六月「公文書館専門職員養成課程実施要綱」を決定しましたが、このことに基づいて、国立公文書館は一九九八(平成一〇)年度より公文書館専門職員養成課程を開設しました。つまり本年の研修会は二〇年目の節目に当たるということです。

この国立公文書館の動向に対し、全史料協専門職問題委員会は「アーキビスト養成制度の確立を望むアピール」を九八年一一月に発しました。その内容は、公文書館法で定められた専門職員の養成に、国として初めて正式に取り組むものである、と評価した上で、しかしながら受講者が国及び地方公共団体が設置する公文書館に勤務する者に限定されることに対し、それ以外のアーカイブズ機関や将来希望する者に開かれていない不備を指摘します。また、養成課程の科目や養成期間などについても不十分な点が見られる所から、アーキビスト養成システムは、大学院・大学・大学共同利用機関などの高等教育研究機関を主軸にすべきことを提案しました。

このアピールは、国立公文書館の専門職員養成課程の特徴を端的に捉えたもので、マイケル・ローパー勧告以来目指してきた方向性に従うべきことを明示したものでもありました。この時期一九九〇年代は、それ以前の方向性を継続した全史料協・国文学研究資料館などに対し、国立公文書館の目指したアーカイブズ制度充実に向けた方向性や方法論は異なり、時には対立に近いやや不毛な時期と捉えることも可能でありましょう。

二〇〇〇年代に入り状況に変化がみられました。二〇〇三年四月内閣府が「歴史資料として重要な公文書等の適切な保存・利用等のための研究会」の設置を認めたもので、七月には「歴史資料として重要な公文書等の適切な保存・利用等のための研究会中間とりまとめ」が報告されました。研究会の座長は高山正也慶応義塾大学教授でした。文書の移管や施設など公文書全般の諸課題について報告する中で、専門職員（アーキビスト）などの人材養成についても触れていますが、国立公文書館による従来の国及び地方公共団体の公文書館の専門職員を対象にした研修の方針については変化がありません。さらに同年一二月「公文書等の適切な管理、保存及び利用に関する懇談会」の開催が内閣官房長官の決定によりもたれ、「公文書等の適切な管理、保存及び利用のための体制整備について―未来に残す歴史的文書・アーカイブズの充実に向けて―」の報告書が作成されました。これは「公文書管理法」につながる報告書ですが、そのなかで「アーキビスト」の育成についても触れられており、「国立公文書館が実施する研修によって行うほか、大学院等における教育によって行うことも考えられる。」と述べられ、「実際に「アーキビスト」にかかる資格制度を整備するためには、①資格の要件、②認定主体、③必要なカリキュラムの内容、などについて検討する必要がある。」また、さらに資格制度が整備されて、「人材が確保されてくると、公文書館法附則第二項の専門職員の特例を削除するための条件が整ってくるものと考えられる。」と指摘されます。高山座長のリードする研究会の、アーキビスト養成や資格についての考え方が、柔軟に幅広くとらえられてきていることに注目されます。社会全体にアーカイブズの認識が浸透してきたことや、福田康夫など政治家も含めた認識の深まりを背景にしてのことでありましょう。

日本アーカイブズ学会の設立

学会設立を強く望む有志達の尽力により、二〇〇三年一〇月に日本アーカイブズ学会設立に向けた準備大会が学習院大学で開催され、翌年四月に第一回の総会・大会が開催されました。一九九〇年代にやや不毛な対立を招いた当事者周辺から、国立公文書館に挨拶なしで学会を設立するのか、という趣旨の意見があることを、当時日本学術会議会員であった早稲田大学教授から伝えられ、「挨拶に行ったほうが良い。」と諭されました。私は、学会とはいかなる権力や権威からも自立・独立した存在である、との考えを持つので、直ちに反論しました。しかし、この機会に学会設立の意図を説明するのは大切なことであると思い直して、国立公文書館に一人で向かったのです。菊池光興館長の他、理事・部長など幹部、合わせて五人に対し、学会設立は日本のアーカイブズ制度の進展のために不可欠であることを説明し、国立公文書館もともにアーカイブズ制度のために協力していただきたい旨を訴えました。これに対し菊池館長は、心からの賛意を示されたのです。ここからアーカイブズ制度充実のために、ふたたび手を携えて共に進み始めます。

学会設立には、実に多くの人たちの尽力があったことは、この場の皆様に想像いただけることでしょう。何もないところから一つの団体を立ち上げるには、いろいろな個性が力を合わせる必要がありました。理論研究、法規整備、財務会計などなど、それぞれ得意分野を各人が担ったことで学会設立に至ったのです。

これまで述べてきたように、アーキビスト養成のためのカリキュラム作りは、不断に進歩する世界の学問・理論に学び、目まぐるしく変容する日本の政治・社会に対応する実践的議論が常に求められるのです。個人では取り組めない事柄を、多くの英知が結集して、学会の共有財産とすることで、個人つまりアーキビストの成長が可能になるのです。本日からのポスター研究発表、明日の自由論題研究発表の充実ぶりは目を見張るばかりで、感慨深いものがあります。

ところで、アーキビスト養成制度に話を戻しましょう。マイケル・ローパー勧告で世界のアーカイブズの標準を示されて以来、アーキビスト養成制度で目指すものは、三〇年一貫して、アーキビスト資格の国家認定と大学院修士課程での養成の二つでした。

資格認定のために

国家による資格認定は理想でありますが、現実の壁は厚く、当時の政府小泉内閣は国家資格全般をなくす方向に向いていました。そこで考えられたのが、臨床心理士(カウンセラー)に倣うことです。臨床心理士は国家資格を認定されるものではなく、財団法人臨床心理士認定協会が大学院臨床心理学専攻のカリキュラムを審査し、修士号取得者は認定協会に一定要件を備えた上で申請し、協会からの認定を受けるという制度で、これに着目したのです。

折しも二〇〇七年五月には、国立公文書館長になられていた高山正也先生の音頭取りで、アーカイブズ関係機関協議会が設立され、多くの課題を検討する中で資格制度についても検討いたしました。参加団体の一致を見ることは、容易ではなくなお今後も検討を重ねる必要があります。

学習院大学大学院アーカイブズ学専攻設立

二〇〇八年四月、学習院大学大学院人文科学研究科アーカイブズ学専攻が開設されました。およそ三〇年前から、アーキビスト養成のためにどのようなカリキュラムが必要か、という検討が重ねられてきましたが、それらの成果と、改めて世界のアーキビスト養成のカリキュラムの検討や日本の実情などを検討して、カリキュラム編成を行い、アーカイブズ学専攻の設立に向かったのです。私学である学習院大学が新規開設して採算が取れるかどうか、学校法人の経営者(理事会)を説得しなければならない上に、文部科学省が専攻の設置認可をするかどうか、大きく二つの課題をクリアしなければなりません。結果は、二つともクリアして今年は専攻開設一〇年目になります。文部科学省との交渉のなかで、学位名称を、これまで存在しない修士（アーカイブズ学）・博士（アーカイブズ学）とすることを申請した際、日本アーカイブズ学会が存在していたことが後ろ盾になりました。この間、博士の学位取得三人、修士三〇人を輩出しました。

二〇一二年四月から日本アーカイブズ学会登録アーキビスト制度を開始いたしました。長らくアーキビスト認定協会設立を模索してきましたが、なかなか容易ではなく、少しだけ方向を変え、アーカイブズ学会が認定する制度にしたのです。これは医者の世界の専門医制度に倣ったものです。医師国家試験で医師免許を受けた者が、眼医者であれば日本眼科学会の登録認定を受ける制度で、学会は専門医にふさわしいかどうか、論文や実務経験などを検討したうえで、認定する制度です。現在、人びとは開業医などを選ぶ時に専門医であるかどうか、判断材料にします。社会が専門医を求めているのです。

日本アーカイブズ学会の登録アーキビスト制度の基準は、世界標準にならうもので相当厳しいものだと思います。厳しいゆえに、社会は信頼を寄せるのだと、私は確信します。

おわりに

本日の話しを整理いたします。

リース以来の実証主義歴史学が日本の主流になったことは、アーカイブズ制度にとって幸いでした。国威発揚を目的とした民族主義の歴史学は戦前の日本にも外国にも存在しましたが、それらは史実に根拠を置きませんから、歴史史料の収集や保存を重要とは考えません。しかも戦前の歴史史料収集の対象には、庶民史料などは含まれませんでした。この限界を改め幅広い史料収集を訴えたのは当初は歴史研究者たちで、文部省史料館や国立公文書館の設立に結実し、都道府県立の文書館による歴史史料収集につながりました。

リースから一〇〇年後、一九八六年のマイケル・ローパーの勧告は、日本のアーカイブズ制度設立の指針になり、公文書館法や公文書管理法などの法令整備がなされました。しかし法令は万全なものではなく、一層の整備が必要です。また勧告で指摘されたアーキビスト養成課程は学習院大学大学院で開設されましたが、アーキビスト資格を学会認定よりさらに一段と公に認められるものにする課題は残されています。世界のアーカイブズに学び、多くの先人の努力によって、今日に至りましたが、勧告で指摘された取り組むべき課題は、今なお残されていると認識すべきだと考えます。

また日本独自の問題として、初等・中等・高等教育課程において、社会にはアーカイブズ制度が必需であるとの教育を推し進め、民主主義にとって不可欠のアーカイブズ制度の意義と役割を理解する国民を増やすことが求められていると、私は考えます。

〔『アーカイブズ学研究』第二七号、二〇一七年、日本アーカイブズ学会刊〕

Ⅳ　小論・エッセイ編

第一　研究の歩み

一　十七歳の課題
――『パンセソヴァージュ』との格闘――

一九六〇（昭和三五）年、浅沼稲次郎が日比谷公会堂で演説中、少年Yに刺殺された。Yはその後、少年鑑別所で自殺した。時にYは十七歳。私には、事件の衝撃と、それ以上に十七歳という年齢が、その後も強烈な印象として残り続けた。十七歳には何かある。

それから四年、自分が十七歳になった時、彼我の違いを意識しつつ、自らの行く末を考えることに没頭していた。いかに生くべきか、という青年共通の課題は、眼前に立ち塞がっていた。これが十七歳というものか。稚拙ではあっても何とか答えを求めて、自分の価値観に適した職業として研究職を目指したいと考えるようになった。高校生の狭い学問体験から、消去法によって日本史の研究職を選ぶに至ったのであった。高邁な哲学に基づく歴史学の探究心などではなく、他の学問はできそうにないので、好きな日本史なら何とかなるのでは、という単純な消去法であった。

受験勉強を経験して大学の教養学部に進み、図書館に並ぶ逐次刊行物の棚の『歴史学研究』を手に取り頁をめくった時の印象は、半世紀近く経った今でも記憶に残っている。自分の考えていた日本史、つまりは受験勉強時代の限られた範囲の日本史と、学問としての歴史学とは、次元の異なるものであることが判った。しかも跳ね返された歴史学という学問に接近するための方法も、皆目見当がつかなかった。

教養学部の学生に、旧制高校以来継承されてきた必読書である倉田百三『出家とその弟子』やマルクス、エンゲルス、レーニンなどの著作をかじった。カフカ、カミュ、サルトルも読んだし、街に出てゴダールの映画「気狂いピエロ」や大島渚「白昼の通り魔」などを観た。そんな頃、高校の同級生でフランス語のよくできたW君が、クロード・レヴィ＝ストロース『パンセソヴァージュ』の読書会をやろうと声を掛けてくれた。一九六七年のことであった。

一九六二年にフランスで出版された、野に咲くスミレの花の写真が表紙に使われた『パンセソヴァージュ』に、無知で非力な日本の若者たちが挑んだ。テクニカルタームの概念がとにかく判らない。原住民やトーテムなどは、仏和辞典で日本語に置き換えて意味が通じたが、共時的・通時的などの言葉は辞典にあっても概念はなかなか伝わらなかった。何より肝心の構造や構造主義という言葉の概念の理解にはたどり着くのに時間がかかった。

やがて、原住民社会はトーテムを単位に明解な構造を持っており、現代文明社会の構造と何ら変わるものではないことなどを理解できるようになった。それまで自分の中で常識として形成されてきた、未開の原始社会から段階的に発展して、古代・中世・近代を経て現代文明に至るという考え方とは、明らかに異なる発想を突き付けられた。パプア・ニュウギニアなどの原住民は、未開で原始のまま取り残されたと理解するエンゲルスなどの考え方とは、レヴィ＝ストロースの評価は異なった。

文学部国史学科に進んで専門の勉強を始めるようになり、原史料に基づく実証主義の方法を学んだが、原住民社会でのフィールドワークに基づき分析し独自の解釈をするレヴィ＝ストロースの研究方法との共通性を感じた。一方で史的唯物論によって、権力の持つ階級性を鋭敏に分析する観点を学んだが、歴史の段階的発展論を単純に受け入れることはなかった。段階的発展論に対し、そういう一つの見方もあると距離を置いて相対的に理解できたのは、『パンセソヴァージュ』と格闘してきたことの効用ではなかったか。

日本近世史の研究に進み、天皇・朝廷や陰陽道・修験道などの未開拓の研究分野に取り組めたのは、先行研究を相対化したことによる。これも効用の一つであろうか。研究の成果は『近世日本の国家権力と宗教』（一九八九・東京大学出版会）にまとめることができた。

〔『日本古書通信』第九九五号、二〇一二年〕

二『周布政之助伝』解題

昭和五十二年の孟夏、偶然に本書にめぐり逢った。周布家所蔵の史料を拝見させて頂きに伺ったところ、本書上・下巻一部が周布家に宝蔵されていたのである。かねて、妻木忠太著『偉人周布政之助翁伝』(昭和六年十一月刊)の「緒言」に、『周布政之助伝』のことが触れられていながら、周布家来訪以前に本書を探し得ず気がかりに思っていたのだが……かくして、本書を手にしてその奥付を見ると、なんとそこには奥付が無いではないか。奥付の無い書物とは、いかにも不思議に思い現当主の公兼氏に伺うや「これは、いよいよ印刷開始という際に、戦災で印刷所ごと焼かれてしまい、見本刷りのこれだけが残ったのだ。」というお話である。なるほど、奥付が無いのも当然だし、図書館等で探そうにも見つかる訳もない。いわば、「幻の書」である。

幕末政治史は、戦前来今日に至るまで、薩長を中心に展開してきた。とりわけ長州の幕末政治史は、その史実を『防長回天史』(明治四十四年から刊)に大きく依拠していたことから、歴史の観方までもが、その框をなかなか超えられなかったことも否定できない。『防長回天史』以降、『松菊木戸公伝』(昭和二年刊)等が刊行されるや、藩閥史観はますます盛行した。後述する如く、本書は『松菊木戸公伝』と同時期に出版される筈であったものであったから、もし出版されていたならば恐らく、詳細かつ豊富な史料をもつ本書は、藩閥史観の代表的なものの一つとして当時受けとめられたことであろう。

今、右の如き成立の背景を持つ本書を、この期に上梓することの意義は奈辺にあろうか。それは、周布政之助に関する史料を出来る限り収録してある本書によって、周布の思想、あるいは周布の果した役割りを再検討し、評価し直す必要があり、また、まさしく現代的な問題関心からの尊王攘夷論や藩政改革論などに、本書の豊富な実証的史料が有効に応え得ると考えるからに他ならない。すなわち、王政復古史観・藩閥史観という、叙述の時代背景からの制約や、民衆の動向を一切反映し得ぬ研究史的な制約を考慮の上で、実証的な史料集として活用されねばならないと考えるからである。

一

監修者の周布公平は、嘉永三年、周布政之助の男として生まれた。文久三年五月、父政之助が麻田公輔と改名したのを機会に家督を襲ぎ、父の死後、山口農兵隊長などを経て戊辰の役で活躍した。明治維新後、防長出身の青年とともに陸軍兵学所(後の士官学校)に学び、のち、海外(ベルギー)留学をする。著書『白耳義国志』(明治十年刊)はその際の経験に基づき、ベルギーの政体・文化・地誌等を詳説したものである。帰国後、官吏の途を歩む。すなわち、明治九年司法権少丞に任ぜられて以来、十二年太政官少書記官、十八年法制局法制部長、二十年公使館参事官兼外務省参事官、二十二年内閣書記官長などを歴任した。二十三年貴族院議員(勅撰)、二十四年から三十年まで兵庫県知事を、三十三年から十余年間神奈川県知事を歴任し、のち枢密顧問官になる。大正二年退隠し、長子兼道に家督を譲る。同十年二月に七二歳で没した。

周布公平による本書編纂の本格的作業は、退隠後の晩年になると推定される。

なお、周布家代々の系図は本篇に掲載されて然るべきであろうが、不掲載ゆえ、参考のために左に周布氏略系図を掲げておく。

二

本書の成立はいつ頃と推定されようか。周布公平・兼道父子のもとで、実質的伝記編纂の任にあたったと考えられる妻木忠太の著書『偉人周布政之助翁伝』の「緒言」に、妻木は「一、翁の伝記は『周布政之助伝』と題し故周布公平君の監修に依り余が多年刻苦して編纂したるものがある。今茲の晩夏このかた周布家に於て上梓に付せられ近日将に完了せんとするのである。」と記している。昭和六年のことである。

- ○藤原房前十四世之孫
  - 国兼　永久四年補石見国司
    - ○ ― ○
      - 国兼三世之孫　兼恒　寿永四年補石見国押領使
        - ○
          - 〔周布〕兼定　定貞元年為石見国那賀郡周布郷地頭職同二年城周布郷
            - 兼定十一世之孫　元兼　天文二十三年属於毛利元就　天正六年六月九日戦死于播磨国
              - 〔杉岡〕長次　慶長元年正月六日以毛利輝元之命改氏為杉岡　慶安二年八月九日歿
                - 〔初代〕就房　寛永十七年秋立別家　宝永二年七月八日歿
                  - 〔周布〕（二代）兼利　元禄十二年八月十九日家督　元禄十五年七月二十九日改氏復周布　享保九年二月三日歿
                    - （三代）兼富　宝永八年二月十四日家督　延享四年七月十日歿
                      - （四代）兼明　延享四年十月十一日家督　天明四年十二月八日歿
                        - （五代）国包　天明五年二月二十七日家督　文化五年十二月二十五日隠居　文化十年四月十二日歿
                          - （六代）兼正　文化五年十月二十五日家督　文政六年六月二十五日歿　妻　竹　村田伝左衛門信嘉女
                            - 兼親　母村田氏　文政六年七月九日歿
                          - （七代）兼翼　政之助　麻田公輔　母村田氏　文政六年三月二十三日生　文政六年父兄歿是年九月二十九日継父名跡　文久三年五月九日退隠　文久三年五月十一日再出仕改麻田公輔　元治元年九月二十六日自刃　年四十二　妻　小梅　小泉利貞養女　実山崎九郎兵衛女　嘉永元年十一月二十四日歿　後妻　千代　粟屋半右衛門重雄女　明治二十六年四月十三日歿　年六十五
                            - 兼徳　実兼翼兄児玉伝兵衛説久二男　後復帰児玉氏
                            - 男　安政二年八月二十一日為繁沢右衛門明則養嗣
                            - （八代）公平　金槌　母粟屋氏　嘉永三年十二月六日生　文久三年五月九日家督　明治四十一年五月八日被授男爵　大正二年八月二日隠退　大正十年二月十五日歿　妻　貞子　岩崎衛生女
                              - （九代）兼道　母岩崎氏　明治十五年三月二十四日生　大正二年八月二日家督　大正二年八月十一日襲爵　昭和三十年六月二十九日歿
                                - 公兼　大正二年三月十二日生
                                - 明兼　大正三年九月廿七日生
                                - 光兼　大正五年二月六日生
                                - 吉兼　大正九年二月十五日生
                                - 佐栄子　大正十一年四月八日生

妻木忠太は明治三年山口県玖珂郡米川村（現在は周東町）に生まれ、郷里の小学校を卒業。その後、郷里の高森小学校の教鞭をとっていたところ喜田貞吉に認められて、明治三十六年文部省の嘱託となり、国定教科書の編纂に従事していた。明治三十八年に「毛利氏極盛時代の領土に就きて」（史学雑誌一六—九）、三十九年に「清水景治の事蹟について」（史学雑誌一七—五）、「碧蹄館附近に於ける戦役について」（史学雑誌一七—八）を発表しているところから、この当時は近世初頭の時期を研究対象としていたと考えられる。

明治四十四年二月、喜田が南北朝正閏問題で文部省を退いた後、翌大正元年冬、妻木は木戸公伝記編纂所開設とともに編纂主任として迎えられた。その後、大正十一年八月、『松菊木戸公伝』の稿を脱っし、同編纂所閉鎖までその任にあった。もっとも、編纂所閉鎖後も、木戸家との関係は保たれたと思われ、大正十五年の木戸孝允五十回忌のために、妻木は急ぎ『木戸松菊略伝』（大正十五年刊）をものしている。翌昭和二年九月、関東大震災の影響で遅れていた『松菊木戸公伝』の刊行を果し、妻木の実質的な任は解かれたと言えよう。この一つの区切りの時期に、妻木は「西郷隆盛辛未の建白と廃藩置県」（歴史地理四八—四）、「五ケ条御誓文の宣布と其由来」（歴史地理四八—五）、「木戸孝允」（中央史壇十二—九）、「久坂玄瑞の行動」（維新史研究会講演集）などの諸論稿を次々に発表している。

木戸孝允の伝記編纂に関わり始めた頃、妻木は『東行先生遺文』の編纂に従事していた。大正五年に刊行された同書の「緒言」に、「一、本書の編纂は編纂委員中原邦平、村田峰次郎、岡部精一、横山達三、渡辺世祐、伊木寿一、妻木忠太、時山弥八諸氏の努力に依り完成するを得たり……東行先生五十年祭記念会委員長侯爵木戸孝正　副委員長柴田家門」とある。一般に編纂事業には幾年もの時間が費やされることからすれば、或いは、木戸孝允伝記編纂に関わる以前に高杉東行の遺文集編纂に関わっていたとも考えられる。その時期の後先の穿鑿は措くとしても、木戸公伝記編纂の主宰者が、同じく木戸孝正、柴田家門であったことや、編纂助成者も中原邦平、村田峰次郎、岡部精一（後ち大塚武松に代る）、渡辺世祐が委嘱されていたことは、東行先生遺文編纂事業が木戸公伝記編纂事業と密接に関係していたことを推定させよう。

妻木は、木戸公伝記編纂所閉鎖後、大正十二年から毛利家忠正忠愛両公伝記編纂所員になっており、それ以降、昭和十九年三月に没するまで同所員であった。この時期、妻木は日本史籍協会叢書『木戸孝允文書』第一～八巻（昭和四～六年刊）や、同『木戸孝允日記』第一～三巻（昭和七～八年刊）の刊行にも従事した。また、併行して『前原一誠伝』の編纂にあたっていたと考えられ、昭和九年十月同伝は刊行された。『前原一誠伝』の編纂は、渡辺世祐の紹介によって、前原家等から委嘱されたものであった。

『前原一誠伝』の編纂を了えるや、昭和九年秋、木戸幸一の依頼により『来原良蔵伝』の編纂が委嘱された。以来、六年目の昭和十五年十一月『来原良蔵伝』が刊行されるまでその編纂にあたった。この間、その他大正三年に『維新後大年表』を、昭和七年に『史実考証木戸松菊公逸事』、同十七年に『木戸孝允遺文集』、同十九年に『久坂玄瑞遺文集』をそれぞれ刊行している。

ところで、大正元年から昭和十九年までの、妻木の幕末・明治維新期を研究対象とした活動の中で、『周布政之助伝』の編纂はいつ頃行われたのであろうか。前掲「久坂玄瑞の行動」の中で、「……私は周布の伝記を一昨々年から書きまして、漸く脱稿致しまして周布家の方へ渡して置きました……」と妻木は述べている。これに基づけば、恐らく、大正十三年頃から起稿して、昭和二年頃に脱稿したと判断できる。しかし、先に記した如く、これは「故周布公平君の監修に依」る訳であるから、大正十年二月の周布公平の没する以前から編纂は進められていなければならない。恐らく、大正二年の周布公平の退隠後、公平を中心として周布政之助関係史料の整理が進められ、妻木は大正十一年の『松菊木戸公伝』の脱稿後、しばらくして『周布政之助伝』の起稿にかかり、昭和二年頃これを脱稿したと推定される。従って、妻木は周布家史料の他、本篇に散見されるように高杉晋作・木戸孝允関係史料、毛利家史料を素材に執筆することが可能であったと言えよう。

本篇脱稿後、周布家において刊行の準備が進められ、昭和六年にはまさにその完了が近づいていた模様である。しかし、何らかの事情でしばらく時間が経過し、ついに罹災に逢って印刷されながら未刊の一部を残すのみとなったのであった。

三

本書は周布政之助の伝記ではあるが、単に周布政之助の事蹟を顕彰するたぐいのものではない。いわば、幕末における長州藩の歴史の叙述であり、それを通じて、その中での周布の果した役割りをうきぼりにしていくという手法を取っている。周布が藩政の中心にあったからこそ行い得た手法ではあるが、したがって、周布の謹慎中の長州藩政の記述は乏しくなっている。ここでは、周布のたどった軌跡のあらましを本書に基づいて整理することで、解題にかえる。

周布の藩政への登用は、弘化四年九月の蔵元検使暫役からと言えよう。政之助二十五歳のことである。それ以来、元治元年九月に四十二歳で自刃するまでの十七年間の周布の政治活動は、三回の謹慎を区切りとして、大きく四つの時期に分けてその軌跡をたどることができそうである。

第一の時期は、登用されて以来、安政二年八月に謹慎を命ぜられるまでの八年間。

第二の時期は、謹慎を解かれた安政四年二月に先大津代官に任用されてから、文久元年十二月藩主の朝廷への建白（公武合体、航海遠略策）を阻止せんと図り、逆に謹慎処分を受けるまでの約四ケ年。

第三の時期は、文久二年三月に逼塞の期満ちて再び藩政に任用されて以来、十一月に山内豊信に暴言をはき、翌文久三年五月長州で謹慎されるまでの一年間。

第四の時期は、文久三年六月に麻田公輔を公称して再勤してから、元治元年九月の自刃までの一年間である。

以下、その順に従って周布の政治活動を追っていくことにする。

周布の父・兄が、周布の生後まもなく没したことは、周布を村田清風に近づけさせる結果になったと言えよう。村田氏の出身であった周布の母は、生後六ケ月にして六八石余の家督を襲いだ政之助を養育するのに、村田氏の助力を得たことであろうし、政之助もまた、村田清風を尊敬し教示を受けようとした。このことは、周布の清風に対する書翰（上一六・二九・九二頁）や報告（上五七・六〇・八四頁）の随所にうかがえる。たとえば、「先年以来、御教諭之筋相守、今日迄は且々所勤仕候間、先は御休意可被下、尤御不快に而、不被為在候はゝ、一段御訓戒を可冀之処、……私頂上一針之御教、隻言半句にて宜候付、御認被成遣、豚児へ御托被下候はゝ万々可辱奉存候」(上二九頁)の文面は端的にそのことを示している。

しかるに嘉永六年、椋梨藤太罷免後、周布が右筆本役に就任した際、清風は周布に昇任を賀しつつも、周布を「左右観望之者」と目したことに、周布は「いかにも口惜き事に御座候」と記している(上九三頁)。蔵元検使暫役から同本役、明倫館引除検使役、明倫館都講役、地方右筆唐船方添役、江戸方右筆添役、江戸方政務座添役と昇進し続けた周布には痛烈な批判とも受けとれそうだが、そう考えるよりは、ついに重職についた周布に、独創的な指導性を要求しようとする清風の示唆と考えられよう。

かくして嘉永六年、藩政の中心に位置した周布の最初の課題は、ペリー来航にともなう相州警衛問題であった。幕府は、天保～弘化年間、譜代大名(川越・今治・彦根・会津・忍の諸藩)に江戸湾防備を命じていたが、嘉永六年のペリー来航によって、急拠、長州藩及び福井・徳島・高松・姫路・熊本・柳河の七藩に出陣を命じた。譜代藩だけの警衛では充分とは考えられなくなった幕府の判断は、次いで、米国大統領書翰(開国要求)を諸大名に示して意見を徴すことになった。これに対し周布は「此度之被仰出、公辺には疾御処置御評決相成居、諸家之強弱為御試、御気付筋被聞召儀共には無御座哉」と疑いながらも、米国に対し「一先願之通、通商被差許候はゝ、眼前事穏に相済可申候得共、併此度亜墨利加え、通商被差免候はゝ、其他之諸夷よりも同様相願、終に日本之国力、通商之為に相衰候様成行可申哉……願之趣は、堅御断被仰聞、防禦御手当、厳重に被仰付、後年外夷之覬覦相絶候様被仰付候方、却而万全之御策共には有之間敷哉」(上八五頁)と藩主に上申している。幕府のこれまでの外様藩に対する牽制策からすれば、試めされているのではないかと警戒するのは当然でもあろう。また、先ず「防禦御手当厳重に」との考えは、その後の周布の攘夷論に一貫したものである。

周布は幕府に対し、相州警衛の大砲鋳造のために、錫を自由に購入したり、武器等の輸送を自由に行いたいと要求している。鉱産物独占集中や武器移動の監視という、幕府の存立基盤に関わる事項を、相州警衛という名目で侵食しようとする周布の政治的駆引も興味深いものである（上一一四～一一五頁）。

一方、相州警衛を契機に、周布は長州藩内の軍備増強・兵制改革と、その前提になる財政整理のための倹約と人員合理化とを、強硬に推し進めた。兵制改革では、それまでの神器陣法式から一手別銃陣の操練へと改めた（上二一九～二三〇頁）。節約のためには藩庁を始め、江戸藩邸や奥向きまでの人員整理を要求した（上一四九～一九四頁）。

しかるに、これらの合理化案は客観的に見て厳しすぎるとの印象は免がれず、恐らく家中の反感を招くことになったであろう。あわせて馳走米半知の令（上一七五頁）や負債返還延期令（上二一四頁）は、決定的に周布の改革を失敗にみちびくことになった。安政二年八月、周布は謹慎を申し渡され、再び、椋梨藤太らが台頭した。周布にとっての初めての挫折とも言えよう。

それから安政四年二月までの謹慎中、周布の読書量は多かった模様である。この当時の周布の心境は、次の植木小太郎宛書翰にあらわである。「詩酒世界に閑日月を消申候……来春（安政四年）田舎え帰候はゝ、世間之交も絶候而、独善之境界、陶明抔之為人を学可申候、其内にも経世之念は捨り不申、実学は進み可申と自ら楽居申候」（上二六〇頁）と、詩酒の生活を送ると言いながらも、来る日に雄飛するまで雌伏せんとする意気が伝わってくる。

安政四年二月、周布が先大津代官に任ぜられてから第二の活動時期が始まる。周布、三五歳であった。長州の十六宰判の一つ先大津宰判の長官としての周布は、合理的な民政を展開した。「烈婦とわ」を非人から平民へ引き上げたり（上二六四頁）、石垣による堤防修築を申請したり（上二七二頁）、恵米方設置（上二七五頁）を計ったりしたのだが、これらは旧弊にとらわれることなく、民政にとってよりふさわしい故に進めるという合理的な観念が前提となっている。民政を充実させることは、則ち、藩政の改善につながるという考え方がそこにはあり、その後、周布は要路に復してもその考えを持ち続ける。安政五年の改革の一環をなす「民政之事」で、具体的に「民政者一入御手厚被仰付置度」・「民政を厚くして国力を壮にする事」・「百姓御撫育者、御国政之根元にて」などと改革案を呈示した事（上三二二頁）や、文久元年七月、中仙道を江戸へ向う途中、信州において水車が便利なのを見て長州への導入を考えたり、あるいはまた養蚕が盛んなのをみて、「(長州)奥阿武郡不毛之地多く候故、桑を植候而養蚕之方を教候はゝ、是亦一手段に而可有之」(上六八二頁)と書き送っているのも同様な発想からであろう。逆に、民政を怠たれば、領主的・階級的危機を招くとの発想も当然持ち併わせており、「若々凶年に候はゝ、必定内乱を引起し可申、此節其覚悟不仕候而は、手後れに相成可申哉と愚案仕事に御座候」(上五八〇頁)と記している。

ところで安政五年の条約勅許問題は、一気に、朝廷を幕末政治史の舞台に登場させることになった。幕府が朝廷に勅許を要請したことは、それ自体が、それまでの朝幕関係(幕府は朝廷から権限を委任されていたという)の変更であり、それはまた同時に、これまでの幕藩関係における圧倒的な幕府の主導力が弱体化(今や、沿岸防備は長藩等に依存せざるをえず、条約問題では各大名の意見を求めさえしている)した事を幕閣が認識し、朝廷を利用しようとしたものであった。幕府のこうした動向は、尊王攘夷運動を激しいものにした。志士を中心とした強い運動は、朝幕関係の安定をくずし、緊張関係をひきおこした。このような緊迫した状況に対して長藩は、「天朝え之御忠節、幕府え之御信義、且は洞春公以来之御忠志を被為継、御孝道にも相協可申儀」(上二九二頁)の三大綱を藩是とすることで、一はやく外に態度表明を行なった。と同時に、将来藩の施政の的準とすべく、三箇条(公武合体・尊王攘夷・政体不変)(上三四八頁)を藩是として、藩内の富国強兵化を推進した。要路に復していた周布は、安政五年七月他の要路の人々とともに綿密かつ体系的な改革を行なった。先に失敗した安政二年の改革を下地に、軍政改革(農兵編成や一手別銃陣による洋式操練などを内容とする)や民政充実をはかり、新たに学制改革を行なって、進んだ西欧の文化技術を摂取しようとの考えから洋学を重視し、長崎に若い藩士を派遣し学ばせたり、原書講読のために村田蔵六等を登用したりもした。そこには周布の、開明的な西欧観が前提にある。すなわち、「外夷共本邦人之不学を笑居候哉に承及、何共残念至極に付、私式最早不及力候得共、後進才をは何卒英学を出精、天地間事物之理了解仕候而、防長二州より他日五大洲をも圧倒する之手段を施置候はゝ」と考え、「英蘭之得失をも御評論候得かし、私は英に注目仕居候」(上五八六頁)と、欧州列強の事情にも通じていた。

幕府は外圧のため、先の嘉永六年の外様藩への江戸湾警衛命令よりもさらに後退し、安政五年六月、長藩に兵庫警衛を命ずることになる。幕府の直接の主導下ではなく、外様藩に摂海防備を依存せねばならなくなった幕府は、弱体化を糊塗するためにも、条約勅許問題や将軍継嗣問題を直接のきっかけに、いわゆる安政の大獄で尊王攘夷派に打撃を与え、いきおい長州藩に対しては、捕えた吉田松陰や梅田源次郎を口実に圧力をかけようかとの緊張した政局が展開された。周布は、一方で間部詮勝の動きを見合わせがなら兵庫警衛の準備をすすめ、他方では安政の大獄に長州藩そのものが巻き込まれないようにとの配慮をめぐらしていた。

「(安政五年七月二十八日)久坂生者速に帰府仕候様可被成御教諭候、何分此節之儀に付、京摂間に而疎暴之所行仕候而者、不容易御手数相成候間、書生之習態、屹与相慎候様、幾応も被仰教候様に与存候」(上四七六頁)と、久坂玄瑞ら松陰門弟の軽挙を押えた。のみならず、同様の配慮から松陰を謹慎、投獄させた。これに対し松陰は、その意図を解せずに周布を罵倒したが、後に、松陰は「我随分聞わけのよき男なれは、周布か初に実情を吐さへすれは、敢て奇異過高の論も発しはせぬなり、欺くも人を知らぬなり、欺かるゝも人を知らぬなり、……吾実に周布を怨みす」(上三七五頁)と、周布の配慮を見通せなかったことを恥じている。その後周布は捕えられた松陰の罷免を、幕府に斡旋しているが叶わなかった。

梅田源次郎については、かつて、周布の謹慎中に椋梨派が藩政を担当している頃、安政三年十二月から翌月にかけて来萩して物産交易の斡旋につとめたが、安政の大獄で捕えられるや、周布は、長州藩の産物交易に幕府によって非がとなえられることを恐れ、事前にその対策を考慮している。「産物一件、強而嫌疑に触候廉無之由……先は一安心之事に御座候」(上三八五頁)と、追求のなかったことに安堵している。

万延元年三月桜田門外の変起こり、大老井伊直弼が殺害された。この変を、周布らは尊攘激派による政治的なテロリズムゆえ長藩は安全であるなどとは解さず、同じ支配階級としての共通の危機感を抱いている。藩主・世子に対する警護を一層固めさせたのは、そうした考え方のあらわれである。また、長藩有志がこの変に付和して、累を藩に及ぼすことも警戒させている。この当時、周布と尊攘派との間に、一定の距離があったためでもあると言えよう。当時の周布は、外圧に対するために、民族的統一の必要な事を熱望し、その方策としては公武合体を考えていたからである。それはまた、藩論でもあった。

万延元年、久世広周・安藤信正の政権は、謹慎中の雄藩藩主等を赦し、十月、皇妹和宮の降嫁を奉請した。かくして長州藩は、文久元年三月、長井雅楽の建策した「航海遠略」の議案を是として、この主旨によって公武周旋建白を行なわんとした。周布はこの間、対馬への露艦ポサドニック号の来襲や、馬関での英艦停泊問題などによって、ますます対外危機感を増長させ民族意識を昂揚させた。「外国より之軽侮を招き、終に争端を開き可申、尤差向き大乱に及候程之事も有之間敷候得共、内外共不遠内、重而騒擾之趣も可有之哉と存居申候」(上六八七頁)という認識は、それを伝える。従って尊王論は、この時期の周布らには必ずしも強いものではなく、周布の発想はなによりも対外危機から発していたといえる。

周布の攘夷論は、前にも述べた如く、攘夷後進んで海外の英知を取り入れ、「他日五大州をも圧倒する」ことを目的とした攘夷後開国論であった。「攘排他、排開也、攘夷而後国可開」(下一三二頁・口絵参照)の書は端的にその思想を示している。従って、後に、攘夷決行の強く叫ばれた文久三年三月でさえ、周布は、志道聞多、伊藤俊輔らの洋行に際して、「尊王攘夷は勿論にして……是は一旦日本の武を彼に示すのみ、後必す各国交通の日至るへし、其時に当て、西洋の事情を熟知せすんは、我国一大之不利益なり」(下七二二頁)、依って極秘に洋行させるのだと述べたという。では、その具体的な攘夷の方法はと言えば、「日本国中兵籍に係る者か、六十万人あると立てゝ、其六十万人か真に攘夷の気になれは、とんな戦ひをしても、六万人打死すれは事は出来る、去れは十分の一た、是丈打死すれは外国と言へとも、はや攻めて来る気遣はない」(下一三二頁)という観念に基づき、そのためには挙国一致しなければならないという発想であったといえる。挙国一致こそが、当面する対外危機にそなえる最肝要かつ焦眉の策であった。

この時点で、挙国一致は、久世・安藤政権によって主導された公武合体策によって果される可能性が大きいと見通した周布は、従って、攘夷後開国でなくとも、窮極の目的たる開国をただちに目指しても、公武合体策は優先されるべきであった。それが、長井雅楽の航海遠略策を受容するのみならず、すすんで周旋のために奔走をもした理由であろう。

しかし、周布の目に、指導性のない久世・安藤政権の進める公武合体策が、姑息な奸計とうつり始めた時、既に周布にとってこの公武合体策は第一目標とはなりえなくなった。攘夷後開国論の自説を押え、航海遠略策・開国論を是認したのも、そうすることで挙国一致が果せると考えたからであり、今や、挙国一致が安藤らの公武合体策(その狡猾な方法が和宮降嫁)では果せない状況と見極めた周布にとって、その線での藩主建白や長井の周旋は意味のないものとなった。否、それは「上御建白之趣も烏有に帰し候半」(上七〇九頁)ものなら、それは阻止をするべきであろう。文久元年十二月、藩主建白に反対することは僭越ではあるが、処分を覚悟で、敢えて周布は藩主の朝廷建白を阻もうと図り、逆に、周布ほどの政治的見通しを持てなかった藩要路によって謹慎処分を受けることになった。

周布の二回目の謹慎は、翌文久二年二月十二日にとかれた。この間、周布を欠いた江戸藩邸は「いかにも周布之帰国仕候所、大に当惑実に前後を失ひ候勢御座候(下六頁)と桂小五郎の書翰は伝えている。また、周布も「公事大しつらかしに而、半途之廉のみ多く、第一開国交易学校兵制など、此往き如何収り可申哉と、何共掛念に付」(下一一頁)と、復帰の気持を強く持ち、来島又兵衛は「何に付而も周政不居而は甚事危相見へ申候」、「此上は周政を待計に御座候」(下一一頁)と、当時の政局にとって、周布が不可欠の要員であったことを示している。

かくして周布は、三月、二度と家に戻らぬ覚悟(「出棺々々」と連呼して家を出る)で長州をたち、四月、江戸にて任官する。ここから第三の活動期が始まる。

この時既に、長井雅楽の航海遠略策による斡旋は時機を失し、朝廷内の与論は攘夷論に傾いていた。この間、安藤信正は坂下門外で襲われ、幕府主導の公武合体策は尊攘激派のテロリズムの影響を受け、既に退潮のきざしがあり、また、島津久光による寺田屋事件は、尊攘派の期待を長州藩主に集めることにもなった。こうした状況において周布は、安政五年の条約勅許問題以来の朝幕関係の清算のために、将軍上洛を建白し、朝廷の意向を国是とすることで挙国一致をはかろうと企図した。それは最早や、幕府主導の公武合体策ではなく、朝廷を頂点とした尊王論に基づく政権委任論であった。この場合も、あくまで対外危機へ対処するための、尊王論による挙国一致が眼目であり、従って朝廷の意向が開国であろうと攘夷であろうと、なにより一致して朝廷に従うことで武備充実にあたることがねらいであった。「御国是開と成共、鎖と成共、公然御一定候はゞ、孰れにしても武備御張立肝要に付、於御国に御手後無之様」(下五七頁)と周布は記している。

その後、朝廷は鎖国攘夷を国是とすることとなり、文久二年七月、長藩は長井雅楽呈出の航海遠略の建白書を却下し、破約攘夷(これまでに取り交わした条約を一切破約して攘夷鎖港する)を藩是とした。かくして、長藩は幕府に、将軍上洛・破約攘夷を行なわせ、尊王に基づく公武合体(政権委任論)を果すために周旋を行なうことにつとめた。長藩世子はために尽力をし、松平慶永・一橋慶喜や閣老に会見し、朝廷の意向を実行させようとつとめたが、効は薄かった。

かくして閏八月十四日、長藩藩主は「独立攘夷」を、周布らをして朝廷に建白せしめた。外圧に対し、国内警戒が第一の急務であり、その前提となる挙国一致のための公武合体の眼目のために、関東で周旋につとめたが効を奏さなかった。今や、朝廷は「断然独立」にて攘夷の勅文を下せば、列藩は決して勅文をけがすことはないと説いた。ここに尊王論は嵩まり、政権委任論の公武合体から天皇親征へと一歩近づいた。桂から周布への書翰では、「五六年前は幕吏之罪を糺し候位之議論に有之候処、今日之勢専ら徳川氏之罪を相糺し不申而は、所詮御国威御挽回と申儀は、無覚束」(下二一二頁)とまで論じられる状況にもなっていた。

しかしなお、周布は最急務となった破約攘夷のために、江戸において雄藩(越前・会津・土佐・水戸)や一橋慶喜・板倉勝静・岡部長常などの幕閣に周旋を行なった。周布の説く破約攘夷は、「国体を不相立、他国之軽侮を受候而も、致甘心候位之俗情に而は、仮令条約いか程手堅候共、永久持続きは難相成、終に他国に併合せられ、国辱を万古え遺候様罷成候……国体を立抜候はゞ、仮令一旦敗北候共、正気は消磨不仕、後年振起之期も可有之、且勝敗は難期儀、仮令及大敗候共、国体屈辱を致甘心候よりは、相優り可申」(下二一八頁)というねらいをもっており、周布は八方これを説いてまわった。しかし、破約攘夷を天保以前の打払令と同じに考えていた当時の幕閣には、周布の周旋はなかなか容れられるものではなかった。

長藩の久坂玄瑞・高杉晋作らは、周旋の行き詰りを感じ、決起することで運動を進めようと企図した。公使刺撃計画がそれである。しかし、その決起は、土佐藩山内豊信によって未然に防がれた。周布は以前に、山内豊信の人物を「元来在京有志之士は、小南をはしめ、容堂様之御心事を疑居、……畢竟容堂様には、一途に幕府を被成御輔候思召」(下三〇八頁)と聞いていたこともあって、この日(十一月十四日)、酒に酔った上で周布は「容堂侯日に登城せるも、其才気に任せて一時を弥縫せんとするに過ぎず、攘夷勅諚の奉承を幕府に督促して未だ其誠意あるを見ず」と放言し、土佐藩士の怒りをかった。これは、長土両藩の親睦のためにも許されず、周布は処分されることとなった。

ところで、このような暴言を放って憚らなかった周布とは、いかなる性格の持ち主であったろうか。かつて、吉田松陰は周布を「此者剛正比なし、併ながら頗る持重論も有之候」(上三五六頁)と評している。また、奥平数馬は「麻田は依然たる麻田、豪論痛飲気魂益盛に而御座候」(下三三一頁)と記している。酒を愛し、詩をよくし、読書を好んだ周布はまた、柔軟な政治姿勢(江戸廻し国産物の捌方のため、浦賀船問屋株を取得し、江戸問屋の値段相場を見はからって随意に商品を運転させようとした例(上七〇〇頁)などはそのほんの一例に過ぎない)を持ち、長藩にとってこの当時最も不可欠な人物ではあったろうが、豪論ゆえに、例えば宍戸九郎兵衛は「麻田大酔に而、馬より飛下り右席に来、例の暴言を発し……政之助九郎両人之虚喝、常に不井(ママ)心事に御座候処、終に此儀に立至、困り入たる事に御座候」(下三四六頁)と、かねてから周布の暴言を気掛りにしていたことを記している。また、周布を信望していた桂小五郎の「勿飲々々」の書(口絵参照)は、素直な心情の吐露でもあったろう。

暴言事件後も江戸に止まっていた周布に、文久三年正月、「山口まで罷帰、当分講習堂中に蟄居仕」り、藩政充実の意見を述べる様にとの藩命が届けられた。周布はこれに感謝するとともに「酔郷(ママ)之一狂生、報国之事業は迚も相調不申」(下三六六頁)、「近来気力衰耗何も出来不申」と消耗している様子ではあるが、「一念為国に精神を尽候心事は不相変」(下三七七頁)と気概のあるところを示し、以下の攘夷論を展開している。すなわち、破約攘夷は防長二州一振しなければ行われ難い。そのためには心胆を練磨して、一人一人の一心、即ち根本を培養することが肝要であるとする。尤も、精神論のみならず、「器械乏しく候而は、不戦以前に外夷之軽侮を受け、残念至極に付……製造一途防長二州中にて、事足候様被成置度」と願い、農民等を含めた「人民は五六ケ月執業仕らせ候得は、一箇之士とは可相成候得共、器械を与へ不申候而は、執業之目途無之、終に竹槍位を持せ、死生之間へ立候而、働候様にと申候而は、上御慈悲も欠け候……御国中之人民凡七十万、此内三十五万は婦女、十七万五千は男にて老幼と見候而、引残り拾七万五千之丁壮男児え、御引当之大砲小銃御調置」(下三七七頁)くことを要請している。ここに、周布の攘夷論が「人民軍」を前提にしていたことがわかる。

周布は、しかし直には長州に戻らず、麻田公輔と改称して江戸・京都で、しばらく政務についていた。それは、前年の文久二年初めより、将軍上洛・破約攘夷の周旋につとめてきた周布にとって、今や、その目的が眼前において達成される日が到来したからである。三月四日、将軍家茂は上洛し、五日、家茂は参内して政務委任の勅を受け、改めて公武の関係が確認された。続いて天皇は、賀茂社、石清水に攘夷祈願の行幸を、臣たる将軍以下諸大名を供奉させることを目的に行ない、親征の可能性を示す一大デモンストレーションを示し、ついに、五月十日を期限として攘夷実行を幕府に確約させたのであった。これら一連の動向は、周布の、親兵設置の建言(下三八七頁)や「摂海戦守御備」(下四〇四頁)にみられるように、朝廷を頂点にした尊王論で挙国一致をし破約攘夷で外圧に処するという、これまで推し進めてきた尊王攘夷論のまさに実現であったと言うことができる。周布にとって、周旋の達成をみたことは、半途の気持を得心させることとなり、なお政務多端(兵庫警衛地の免除問題や対州の糧食補償問題など)なるも、帰国の気持に走らせた。文久三年五月、周布は、前年の暴言の故に、また藩政充実のために帰国した。

第四の時期は、文久三年六月、正式に麻田公輔と改名し、要路に帰任してから始まる。この時期には、翌元治元年九月に自刃するまで、周布は殆ど長州に於て過した。

数ケ月前に将軍上洛、攘夷祈願という、尊攘派にとってのクライマックスを迎えた後、これで尊攘派がそのまま安泰となった訳ではなかった。朝廷は、武力は勿論、権力の実態を持たず、それを支えるべき長藩等の各藩は、攘夷決行のためにも自国防備を強化せねばならぬという板ばさみの状態におかれていたからである。幕閣小笠原長行の軍勢を率いての上洛が、朝廷を必要以上に恐怖させたのも、そのことを物語っていよう。

周布はこの時期、長藩の充実を計った。下関通過の米・蘭・仏艦に砲撃を加え、六月五日には、仏艦に馬関砲撃を受け、陸戦隊の上陸を受けるまでに緊迫した状況にあって、各種民兵を編成し、人材登用を図り、武士の在地復帰による防備をめぐらし、他国人の藩内通交禁止を厳命した。また、隣接諸藩との連携を深めるよう交渉もした。

長藩の攘夷決行に対し、六月十二日、幕閣水野忠精は兵端を開きたるを不可となし、長藩を詰責した。これに対し長藩は、幕府こそが攘夷決行の朝廷の命に背すると反駁し、いよいよ朝幕の関係は、攘夷決行という現実の前で対立を深めることになった。かくして、急進尊攘派は征夷大将軍への委任を否定することにもなる親征を日程にのぼせ、一方、政権委任論の公武合体派は島津久光の上洛を要請して親征に反対した。かくして、親征派による大和行幸計画を契機に、薩会両藩士等による公武合体派の八月十八日の政変は成功となり、長藩の堺町門警衛はとかれ、三条実美以下七卿は長州に下ることになった。

ところで長州では、ここに再び中川宇右衛門・椋梨藤太ら反尊攘派が、京都の政変の責を問うかたちで当局を非難し、周布らを罷免に追い込み政権を握った。周布は、「幕府の疑念も相晴候様に致度」(下五九九頁)、脱藩して大坂に赴いた。その後間もなく反尊攘派は一掃され、藩主はただちに周布や桂を呼び戻し、周布らはそれに従った。「真回復は御国より起不申而は、貫徹には到り不申候」(下六〇七頁)と、長藩こそが再起の基盤となるとの考えを持っていたからである。周布は、その後しばらく病気のため「気力衰弱昼夜茫然として方向不相立」(下六一七頁)状態であったが、ようやく十月三日復職した。

長州藩主は、これまでの長藩の行いの全てが、朝廷の意志にかなうものであることの弁明をした歎願書を朝廷に差出そうとしたが拒否された(文久三年十二月)。逆に、元治元年正月、朝廷は上洛した将軍家茂に右大臣・従一位を宣下して、

「公武一和武備充実」の勅を下した。勅文では、三条実美と長藩とが非難され、その責任が問われている。また、一部では長州征伐も考えにのぼっていた。

こうした状況から、筑前藩主松平慶賛は、四月に、今や「公幕御和親相調」っているのだから、長藩は「調和に影響を生し候故」、一先づ公幕に「御悔悟の上、謝し奉られ候様」(下六六三頁)と周旋した。周布らは「今更再び謝するの謂はれなし」と、周旋を拒絶した。

長州藩内や尊攘派公卿の間では、既に以前より、藩主世子が上洛し、武力決起して、八月十八日の政変以前に回復しようとの進発論が起こっていたが、六月十四日の池田屋騒動の報をきっかけに俄然強まり、これまで進発論に抗していた周布に、六月十四日、五十日の逼塞(野山獄に捕われていた高杉を訪うた際の乱暴による)を命じておいて、京都行きを決行した。やがて、七月十九日の禁門(蛤門)の変となる。

一方、前年の攘夷決行に対する四国艦隊の長州報復の知らせは、六月から伝わっており、ついに八月五日、連合艦隊によって下関は撃破され、講和を取り結ぶこととなった。その渦中の七月、四国艦隊の進航に備えていた長藩に、禁門の変の敗北の報は伝えられ、さらに朝廷は、長藩討伐の朝命を幕府に与えた。周布は、長藩主の真意を朝幕に伝えるため、岩国藩主吉川監物に決死の覚悟をもって周旋を依頼した。周布は、長藩があくまでも恭順の意を表しつつ、しかも、長州討伐の軍勢に備えるように藩内の充実を計った。これが、周布の最後の活動となった。しかるに藩内は、統一して備えるどころか、反尊攘派の復活によって、争いが絶えない状態となった。

ことここに至り、周布はいよいよ憔悴した。想えば、文久二年に、それまでの公武合体・開国論から、藩是を尊王攘夷論に変えて以来、朝幕の間を周旋し、ついに文久三年の将軍上洛、攘夷決行という段階まで達成しながら、今や逆に、尊王論は公武合体派の前に破れ、のみならず、朝廷からは朝敵の汚名をきせらるるに至った。さらに、攘夷決行に対しては連合艦隊の力の前に屈辱的な和議を結ばざるを得ず、こうした敗北的情況に対し、藩内統一も出来ない、いわば出口なしの状態におかれた周布は、心身ともに力つき、「此御国難中に臨み、最後之御奉公精々心掛置居候得共、何分見込も難相立」(下七四二頁)きゆえ、「精神を天地之間に残し候而成共、可奉酬鴻恩候」(下七四七頁)との心事から、自ら命を絶った。時に元治元年九月二十五日、周布政之助四二歳であった。

〔『周布政之助伝』下巻、一九七七年、東京大学出版会刊〕

三　龍馬と船と海援隊

海国に生れ育ったからといって、坂本龍馬が最初から自由奔放な開国論の持ち主だった訳ではなかった。丁度それは、薩摩藩が文久三(一八六三)年の薩英戦争で英国の威力を思い知らされたことによって、或いは、長州藩が翌年、四国艦隊の下関砲撃で西欧の破壊力をまざまざと見せ付けられたことによって、両藩の藩論が攘夷論から開国論へと大きく傾いていったのと同じように、坂本龍馬もまた一つの契機によって転換をとげた。文久二年八月、龍馬にとっての転換の契機は、勝海舟との出会いによってもたらされた。勝は、既に万延元(一八六〇)年、咸臨丸での渡米によって、米国の文明にふれ開国論を身に付けていた。そんな勝の人物と、その航海学、海軍論とは攘夷派龍馬の考えを開国論に見開かせる充分なものであった。その日から、我々の知る龍馬の活躍が始まる。龍馬、二八歳のことであった。

勝との出会いは、また、近代的な船との出会いでもあった。龍馬は、勝のもとで、航海学や操練法を、後に、海援隊社中となる同志とともに学んだ。ここでの技術習得が、龍馬や海援隊を性格づける素地となっていった。

ところで、現在、長崎県立図書館に架蔵されている史料群の中に、幕末期、長崎港で西欧の商人(グラヴァーなど)と、雄藩の長崎留守居役や御用達商人との間の貿易、特に、蒸気船、武器の売買を掌握した長崎運上所の記録が残っている。雄藩とは、幕末期の政治に発言力を強くもっていた薩摩・長州・越前・土佐・肥後藩などである。政治上の発言力を持つ背景には、すぐれた政治家が居たこともあるが、長崎運上所の記録を見る限り、武器・蒸気船の軍事力を直接の前提条件にしていたことは否定できまい。

では、それ迄、武器購入の窓口である長崎との関わりもなく、また、新たに進出する政治力も輸送力もない諸藩は、いかにして近代的な軍事力増強を計ろうとしたのであろうか。そこに海援隊活躍の条件が存在した。

慶応三(一八六七)年九月、海援隊隊長坂本龍馬こと才谷梅太郎は、丹後国田辺藩、牧野豊前守に宛て、次の条約を取りかわした。

条約(抜萃)

一貴藩御産物長崎へ御出ニ相成候節ハ売捌等此方屋敷ニて一切引請御世話可申候若又品物ニ付時価不当之品有之候ハバ其品物代価ニ応じ世界定則之歩割金を指出置値段引合之上惣会計を相立可申候

一貴藩より御産物御運送ニ相成候ニ者此方ニ而商船等御用立可申候

一貴藩に於て西洋器械及び諸品物等御入用之節ハ此方兼て取引之洋人より買入可指出候　(『坂本龍馬関係文書第二』)

海援隊は、丹後国の産物を長崎に輸送し、それを売り捌き、西洋器械(武器が中心)を購入することを、田辺藩に約束している。活動の舞台を長崎とし、船隊を最大の武器とした海援隊でなければ考えられない商法であったと言わねばなるまい。武器購入の手立てのない諸藩は、幕末維新の動乱期に、しかしなんとか軍備をしなければならなかった。そうした諸藩の願望を巧みに商いの対象としたところに、龍馬のすぐれた商才があった。否、それは商才というよりは、まさに、すぐれた政治情勢の判断力というべきであろう。

〔『あぜくら』一三〇号、一九七七年、国立劇場事業部刊〕

四　二重の転機

俳優の田宮二郎が猟銃を使って自殺したというニュースが、年の瀬も近い昼下りの御茶の水の街に流れていた。鈍い曇り空の、肌寒さを感じつつ、どうして自殺をしたのだろうかということより、どうやって猟銃で自殺できたのだろうか、足の指で引金をひいたのだろうか、ということを考えながら、なんとか約束の喫茶店を捜しあてた。すでに歴史学研究会委員で近世史運営委員会のメンバーの二人が待ち受けていた。用件は来年(一九七九年)の歴研大会の近世史部会で報告して欲しいという内容であった。一緒に勉強して来た仲間からの依頼に、漠然とした不安を抱きつつも、しかし断わる理由は何も見出せなかった。

喫茶店を出ての帰り道は、俳優が猟銃でどうやって自殺したのかではなく、来年五月の大会までにどうやって報告を作るのか、大きな不安と緊張で心は高まっていた。当時の近世史部会は「幕藩制国家論」をテーマに掲げていた。一九七〇年の大会で、それまでの「幕藩制構造論」を発展させて「幕藩制国家論」をテーマに掲げて取組み出していた。その年に国家論が求められたきっかけは、当時の政府の推し進める諸政策が依然天皇制に乗ったキャンペーンが続けられる中で、近代史研究が天皇制研究の蓄積を深めつつあったのに対し、では近世史研究はどれほど天皇研究を深めてきたのかという謙虚な反省がなされ、その上に国家論研究の必要が提起された。しかし、国家論研究に目標を切り換えたところで、方法的にも素材的にも、手探り状態がしばらく続いていたのが実状であった。一九六九年に佐々木潤之介さんの『幕末社会論』が出版され、構造論を仕上げるかのようなその体系的な論調が十分に魅力的なことから、多くの社会史研究者は、とくに若手は口を開けば「豪農—半プロ」と常套句のように語っていた当時であったから、国家論の顕著な成果は現われず、それはいまだ萌芽段階に止まっていた。

一九七五年前後から、山口啓二・高木昭作・宮地正人さんなどによって、伝統的な国家の枠組みが近世期にどのように換骨奪胎されたのか、その過程で統一権力や大名権力が公権性をどのように獲得したのか、などの成果が生まれ出し、幕藩制国家論の軌道も定まり出していた。とはいえ、御茶の水で依頼された近世の宗教史の分野で、国家論にふさわしい研究報告を立てるとなると、依拠する研究は見当らず、一から創り上げなければならない状態にあると、自分には思えた。喫茶店を出た時から始まった不安は、その後も拡大しながら常に付きまとった。山梨県の「大月市史」の編纂に参加させて頂き、通史編までの刊行を終えていたところだから、ある程度の素材は確保できるだろうからと、大雑把な見通しで、大会報告を引き受けたものの、要望された国家論のテーマに応えられるかとなると、どのように論理を構成すればよいのか、暗中模索状態に近かった。

ベテランの読書諸兄姉には、釈迦に説法というものだが、ジュニアに向けてあえて語るなら、歴史論文を書くには、まず史料を正しく読むことが求められ、次にその史料を豊かに解釈することが問われる。それらの上で、個別の歴史像を結ぶという作業を行なう。たとえて言うなら、一つの史料解釈から一つの点がイメージでき、別の史料からまた一つの点が描かれ、点と点を結んで線を描き、さらにいくつかの線と線をつなぐことで面を描くことが可能になるのだと、私は考えている。こうして面、すなわち個別歴史像が描けるのであろうが、念のために申し添えれば、その描いた面は、点の集合によって真黒に塗りつぶされてはいない。ところどころ、たまたま残存した史料に基づいて描かれた点が確認されるだけの、スカスカの面の状態である。従って新史料の発見によって新たな点や線が描ければ、それにともなって面の再点検や時には再修正が必要ともなる。これを、真黒な面にならなければ語れないというのが、いわゆる「悪しき実証主義」だと、私は思っている。

「大月市史」編纂の過程で、地元の地域史研究者のK氏が精力的に史料収集にあたられたことで、豊富な史料を読むことができた。その上で、大月市域の近世の宗教についての具体像を描くことができた。仏教寺院の活動・役割りや檀家との関係の特徴をつかむことができたし、村落と神社、神職と京都吉田家との関係も明瞭になった。とくに、修験道本山派山伏の居住が多く、活動も盛んであることも具体的に描けた。自治体史であれば、その段階までの叙述で一応の目的は達成されたことになろう。

しかし学会の大会での研究報告ともなると、具体的な個別の歴史像を全体像の中にどう位置づけ、理論化するのか、という作業が求められることになる。幕藩制国家論として、大月市域の近世宗教に関する素材を、どのように理論化して問題提起するのか、これが取組むべき大きな課題となって、自分の前に立ちふさがっていた。

暗中模索が続いた。それ迄の近世宗教史は仏教史が中心で、辻善之助さんの『日本仏教史』の成果を継承し、さらに宗派ごとの教団史としての成果や竹田聴洲さんの村落と寺院・僧侶の関係などが解明される状態にあったと概括できようか。また修験道史は和歌森太郎・村山修一さん、ともに中世末までを主な対象にしており、宮家準さんの修験道史が近世をも視野に入れているという状態に止まっていた。これらの研究史の枠組みの中に、大月市域の豊かな素材をサンプルとして提示するに止まるのでは、余りにも残念である。素材は明らかに従来の枠組みを越えるもののように思えた。

このような暗中での試行錯誤を続けていくうち、網野善彦さんの『無縁・公界・楽』に到った。一九七八年の夏に出版され、中世史研究者の間でみるみる浸透し、遅ればせながら私も評判の書を購入してペラペラと眺めてはいた。しかし眺めた当初は自分の近世史研究とは余りつながりのないものと思っていた。網野さんの描く「無縁・公界・楽」の内容を今ここで忠実に説明することは避けるが、暗中模索状態の続いたあと、ふいに「無縁・公界・楽」が自分の中に浸み込み出した。

網野さんの描く「無縁・公界・楽」は古代社会のアジールから出発し、中世社会の一揆や惣や自治都市を経て、近世さらに現代へと消滅の道を辿るように、自分には捉えられた。かつて一九七〇年前後に、レヴィ＝ストロースの『パンセソヴァージュ(野生の思考)』を友人の力に頼りながら読み進めた時、未開社会の構造が現代の高度文明社会と何ら本質的に変わるところがないことや、その主張に触れた。歴史は未開から未来に向けて着実に進歩するもの、と考えてきた発想を、根底から覆す構造主義の考え方に学んだ経験のある自分にとって、網野さんの、かつて豊かに我々の周辺に存在していた「自由と平和」が、時の経過とともに喪失していったと見る発想は、私には抵抗感なく受けとめることができた。ふいに浸み込みだしたのはそのせいだったのかも知れない。

かくして、領主による私的支配からまぬがれ、遍歴する修験者・勧進聖・芸能民などやそのほか網野さんの描く「日本中世の自由と平和」は、近世においてどのように受けつがれたのか、それとも消えてしまったのか、消えたとしたらどのようにして消えたのか、換言すれば近世国家はそれまでの中世社会をどのように変えて新たな社会を編成したのか、という課題に近世史研究は応える必要があるのではないかと誇大な思いを抱き始めていた。

今、一九七九年五月、立教大学で行なわれた大会報告の書き出しを見ると、

中世末期に、大名領国制による領主支配では、掌握・編成しきれなかったとみられる「巡歴の民」が存在していたことは知られている。その中で、広い意味での勧進を行なう、これら巡歴の宗教者を、近世の統一国家権力たる公儀が、いかにして編成・統制するかは、公儀にとっての大きな課題であったろう。領主制の枠を越えて活動していた巡歴の宗教者を、公儀はだからこそ、領主単位を越えた国家レヴェルで、しかもおそらく中世期にある程度存在していた組織を利用しながら統制・編成しようとしたのである。本報告では、巡歴する宗教者のうち、とくに山伏＝修験者を取り上げ、山伏が公儀によってどのように編成されたのか、しかも宗教者の身分統制の方式でもある本末体制がどのように編成され、機能したのかという課題を中心に考察してゆきたい。（「幕藩制国家と本末体制」一九七九年度『歴史学研究別冊』。のちに『近世日本の国家権力と宗教』東京大学出版会、一九八九年、所収）

改めて、網野さんの「無縁・公界・楽」に刺激を受け、これに応えようと意識されて取組まれた報告であったことに気付かされる。

報告の骨子は、勧進行為を近世の権力がどのようにとらえたのか、という観点から検討し、単純化して言えば、近世の勧進は権力による許可制となったこと、これにともなって巡歴の民は定着傾向にあるが、かりに移動があるとしても組織化された上でのものであること、この組織の具体的な構造を修験道本山派を通して説明した。この報告のために、あわせて近世門跡論、僧位僧官論などが準備された。

報告終了後、近世史部会での討論がなされた。領主制論で説ける、という意見や、寺請制からの質問がなされたが、

報告の趣旨に合致したものは少なかったように思う。近世史部会の参加者の反応は、報告意図をうまく理解してもらえず、良いも悪いもないといったところであったろうか。

大会が終わって、しばらく経過したある日の史料編纂所でのことであったと思う。薄暗い廊下の角で網野さんにすれ違った。その時「中世史の者にもよくわかる報告でした」と話して下さった。

高校の教員に戻るべきだ、と史料編纂所に勤務してから三～四年の間、私はよく迷っていた。研究より教育に魅力を感じていたというよりは、これから先、研究を行なっていく自信と意義を見出せないでいたからであった。しかし七九年の大会報告を終えて、おぼろげながら研究をすることの意味が自分の中に芽生えたのを感じた。

大会報告は、自分にとっての大きな転機となった。そして、その報告もまた『無縁・公界・楽』が転機となって成った。

＊　網野善彦『無縁・公界・楽』（一九七八、平凡社）

〔『歴史家の読書案内』、一九九八年、吉川弘文館刊〕

五　私にとっての日本近世史研究

四十歳を目前にした今、三十代における私の研究のささやかな総括、つまり自分が今迄一〇年間やってきた研究の紹介をしてみようと思います。

一九六〇年に佐々木潤之介氏を中心として、近世の初頭を主な対象に、領主階級内部の権力編成を解明し、同時に大多数の農民を支配する論理を有機的に捉えるという幕藩制構造論が提起されました。次いで、いかに幕藩制が崩壊して行くのかという課題に向かい、佐々木氏の一九六八年の『幕末社会論』や、その後の世直し状況論の成果を生み、結局のところ六〇～七〇年にかけては、領主階級内部の権力編成と領主による農民と村落支配、あるいは生産物の流通をめぐる構造などが浮き彫りにされたのであります。七五年ぐらい迄は、このような研究が深められて行ったわけですが、他方、七〇年に一つの提起があって、国家論の必要性、例えば従来の構造論では天皇制の問題に対しての回答が全くなされてないという反省点が出されました。七六年ぐらいから国家論の成果が生まれ出し、従来の領主制論の観点だけでなく、律令制以来古代中世国家と続いてきた国家並びにその枠組みというものを、近世の権力がいかに継いで支配に有効に用いたかという観点で捉える研究が高木昭作氏などを中心にして発表されました。かくいう私も一〇年位前に国家論の研究を目指すようになりました。

次に私の研究について紹介します。七九年に「幕藩制国家と本末体制」と題して報告しましたが、そこでは封建領主と村落に定着した農民との支配関係ではなく、巡歴民など、つまり定着していない人々をいかに国家は統制したのかという課題を設定しました。具体的に言えば、山伏に主題を求めて、その山伏が祈禱など種々の活動を通じて金を得て、それを本山本寺に納入し、山伏であるという公認を受ける、その際本山本寺は幕府から組織編成する権限を与えられ、末端の山伏を掌握したのです。一方幕府から見れば、直接末端の山伏を統制するのではなく、本山を通して間接的に統制したのです。又本山である門跡に関しましても、幕府は徐々に統制を深め、包み込むように権力の一部に取り入れて支配しました。

続いて翌年には「近世の僧位僧官」と題して論文を書きました。それ迄の研究では、近世の天皇は臍の緒のごとき存在で、天皇なしの支配の完成というのが近世国家であるという理解でした。しかし、律令制以来形式的には現代迄生き続ける官位制度、それが形式ではなく実体として近世期においても機能していたのかという課題や、朝廷や幕府は国家レベルで各階層の人を支配するため官位補任制度をいかに利用したのかという課題を私なりに設定しました。そして「近世の僧位僧官」の研究から、なるほど武家官位では、武士と朝廷は切断したわけだが、それ以外つまり僧位僧官、絵師、医師などについては武家伝奏を通じ幕府は官位叙任を掌握していたことを結論づけました。また、修験道本山派の組織内で僧位僧官がいかに使われたかを分析した結果、組織秩序を形成するためのいくつかの格式が存在するその一つとして僧位僧官が使用されていたことを指摘しました。即ち律令制以来の官位制度が生き続けたと言うよりは、近世の国家支配に有効であるが故に、そして有効であるように編成し直されたものであるという結論になりました。

さらに翌年一九八一年「前近代日本の宗教と国家について」を書く機会が与えられました。これまでの宗教史研究と言えば辻善之助氏を始め、専ら仏教史研究、特に本末制度や寺檀制度を中心として寺院とその檀家との関係が主だったわけです。しかし、実際には、檀那寺以外にも神社の神職、山伏、陰陽師などがいます。あるいはまた、子供の疱瘡や馬の病気を治す力があると考えられた猿引きや、竈祓いをする盲僧など、村落農民はこれら多様な宗教者の祈禱活動に心の安息を求めていたのです。家々の無病息災を祈る万歳も含めた祈禱活動例や、こういった人々をいかに近世の権力が統制したのかという実態を述べたものです。

続きまして八二年に「近世奉幣使考」というあまり聞きなれない奉幣使の事を主題に発表しました。古代中世において天皇の即位報告や国家異変に対する安全祈願の為に伊勢神宮など二十二社や宇佐神宮などに天皇は幣を奉る勅使を派遣しました。これが奉幣使ですが、南北朝期から近世にかけて中断していました。延享元(一七四四)年の甲子の年に宇佐奉幣使は再興されて近世において三回、甲子年に派遣されたわけです。再興過程や奉幣史の行列の実態とその影響などを示したその論文を通じまして、私は、二つの課題を考えてみました。一つは近世の国家権力の特質、とくに幕府と朝廷との関係をどう考えるかという問題です。近世初頭には朝廷は幕府に押え込まれたが、幕末維新期になぜ玉として復活したのかという課題です。もう一つは明治維新期に現われた神仏分離・廃仏思想が突如昂揚したのではなく、それに先行する近世社会に既に芽生えていたのではないかという問題です。幕末期の浮上に向けて、朝廷は内側から積極的に幕府に働きかける動きを示していったというのが一つ目の課題の答えです。二つ目の点については、例えばこの奉幣使の行列(二〇〇人位)が沿道の人々に排仏思想につながる影響を強く与えたという指摘をすることができます。

さらに翌年八四年「近世陰陽道の編成と組織」という論文を書きました。これは近世における陰陽師の組織はどうなっていたのかという課題について様々に研究したものです。これに関して言えば、天和二(一六八二)年霊元天皇の綸旨が下され、諸国の陰陽師を支配する権限が公家の土御門家に命じられました。土御門家は本所として陰陽師を組織化しようと試みたが、その権威の及ぶ範囲は、畿内と近国に止まり、そこで、土御門家は、幕府に再三依頼して自分の地位を示す全国触れを寛政三(一七九一)年に出してもらいました。これによって土御門家の権威は全国に及ぼされ、陰陽師は貢納料を収めて本所から免許をもらわなければならなくなりました。組織化された陰陽師は、窮屈になったが、しかし公認された陰陽師になったという、その身分は保証されるようになりました。

そしてこれらを前提として八五年「江戸幕府と寺社」という論文を書きました。神仏分離を経て明治から戦前迄の神道国教化政策の影響で、現在は消滅乃至変質してしまった宗教である、修験道、陰陽道及び梓巫女などは、近世では盛んだったわけですが、これらを国家権力がいかに統制したのか、特に研究手薄の神社神職の統制をめぐる研究を行なったのであります。

一九七九年以来やってきた事をまとめて見ますと、一つは領主と村落農民関係以外の非農業民、特に宗教者の支配統治方式の研究をしてきました。二番目は従来の構造論では将軍・大名・家臣の関係だけだったのを、天皇・門跡のようなものを幕府はいかに取り込んで国家権力を編成したのか及びその際に官位補任制度をどう利用したのかという研究です。それから三つ目には、神仏分離で消滅したいくつかの宗教の掘り起こしを致しました。これらはともに一九六〇〜七〇年代にかけて一般に研究が手薄だった部分だと思えます。

最後にこれからの課題について若干述べて締めくくりたいと思います。昨年度フランスへ行かせていただき、日本との比較をせずにいられなかったわけです。具体的な体験というものはここでは割愛しますけれど、とにかくこの一年間の生活を通じてフランスでは、極めて個々の人が国家や社会や共同体から自立してのびのびと生きていることを感じました。また、学生達が国会の教育法案をデモで廃案に追い込んだり、或いはテレビなどマスコミも含めてストライキが多かったのですが、労働者の力強さを感じないではいられませんでした。他から強制を受けない、特に権力に対してそうです。このような国民性は一朝一夕に成ったものではなく、多大の犠牲を国民が払って、歴史が積み重なった上に出来たものだと思います。このように考えますと、現在の日本は、これまた歴史の蓄積の結果だと言えますが、まことに自主性の乏しい国民性だと言えましょう。国家・社会・共同体の目を気にしないではいられない、こういう特徴が現在の日本にはあります。この特徴は、歴史的にはどこから由来するのでしょうか。私の印象では、近世の国家権力の強さと、対するとらわれた国民とでも言いましょうか、その辺りから出発しているように思えます。先程紹介しました過去一〇年間の私のささやかな研究は、結局この国家権力の支配の厳しさであるとか、統治組織の綿密さを問題にしてきたと思うのです。

ところで、これからの課題ですが、近世において権力支配とは別に、個々の人の側に共同体や組織や国家に帰属しようという意志があることに着目しています。つまり権力の側が抑えて行く論理ではなく、一人一人にそれを志向する心性があるのではないか、現在においても国民の権力・権威志向は強いと思えますが、その点を解明していきたいと思います。あともう一つ、近世の天皇の現実的な機能面と言ったものも見て行こうと思います。これはヨーロッパを旅行して、改めて日本人の民族同一性の強さというものを感じたわけですが、その同一性の核に存在する天皇の位置を正しく実態的に捉えたいと思うのです。近代天皇制のイメージは、多くは幕末以来の国体イデオロギーに基づくものですが、近世においては初めからそのような歴史像があったのではなく、最初は一つの小さな権威でしかなかったものです。天皇がいかに成長して実体をもった権力になっていったのか、その過程や、天皇が近世を通じて果たした現実の機能、さらには公家達の行動要求、それらのことがらについて今後も見て行こうと思います。

〔『学習院史学』第二六号、一九八八年〕

六「研究と教育」――桃太郎に寄せて――

「研究と教育」は大学の使命である、と言われます。大学に務める教員の役割は、従って研究を進め同時に教育を担うことになりましょう。そも、「研究と教育」とは何か。この問いに答えるのは、容易ではありませんが、猪突猛進してみましょう。

研究とは、かつて先人が築き、いま現在も同時に多数の人々が創る学問のごくごく一部の創造を担うことです。個人の研究成果は学会の共有財産になり、やがて次世代の人々に受け継がれていきます。通時的・共時的に微塵ほどの、学問の創造に参加すること、個人の研究とはそういうものだと思います。

では、教育はといえば、これまた難問、窮します。社会全体で見れば、社会が必要とし伝えるべきことを次世代に継承させる行為が教育。史学の専門教育に限定すれば、先人の研究成果を次世代に伝えること(講義)と、研究の方法を伝えて次世代の研究成果を引き出すこと(演習)でしょう。しかも教育は、絶えず新しい個々人に向けられるもので、一年前に伝えたことや他の誰かに伝えたことは、新しい個々人には全く伝わっていないのです。

「桃太郎」が行なっていることも、なんだか「研究と教育」に尽きるような気がします。しかも私のように大学のヒモになって「研究と教育」を行なっているのではないのですから、「桃太郎」のメンバーは今の世にあって爽快です。

〔『桃太郎　甲州史料調査会』第三号、一九九二年〕

七　近世朝幕研究の立脚点

ガリ版で原紙を切ってレジュメや資料を作るのに代って、湿式の青焼きコピーが用いられるようになった頃だった。

おそらく一九七〇年の六月だったのではなかろうか。記憶が曖昧なのは、自分も参加した大学闘争のために教養課程から専門課程に進学した時期が、前年の十月と変則的だったため、翌学年の始まりがいつだったのか想い出せないためだ。その年ドイツへ在外研究に発たれた尾藤正英先生の代講の形で、日本近世史演習を担当された史料編纂所の山口啓二先生の一回目の授業のことであった。まず先生が当時の学問状況などについて一通り話しをなされた後で、ゼミナール参加者に自分の問題関心やテーマ、ゼミの進め方などについて自己紹介もあわせて発言をするよう求められたのではなかったか。その終わりころ、まだ発言がなく、しかしそれまで存在感を何となく周囲に伝えていたK君に対し、先生から発言が促された。

K君は、レーニンの『ロシアにおける資本主義の発展』をテキストにして、日本の近世における状況を検討するというような趣旨の発言をした。これに対して私は反論した。その場であったか、それともゼミの時間が終わりにさしかかっていたために、ゼミ終了後に反論を自分の中でくり返しただけだったのか。私の反論の趣旨は、ある理論を前提にしてそこに事例を当てはめるような方法ではなく、日本近世の歴史的実態をまず具体的に史料から検討し、具体像から理論化をはかる方法を採るべきだというものであった。このことをまだ学部生であった私が確信めいて語ったのには理由があった。

一九六七、八年頃、フランス語のよくできる人たちがレヴィ＝ストロースの『パンセソヴァージュ』の読書会を開いているのに混ぜてもらい、原住民のトーテミズムなど文化人類学のフィールドワークの成果や構造主義の一端に触れることができ、いわゆる「世界史の基本法則」を相対化して捉えるようになっていたことが一つの理由となろう。それに加えて朝尾直弘先生の「近世の政治と経済」（井上光貞・永原慶二編『日本史研究入門Ⅲ』東京大学出版会、一九六七年）を購入して自分なりの乏しい理解を行なったところであったことから、近世史研究の方法を朧気ながらにつかみつつあったことにもよる。K君に対する反論の際、私は朝尾直弘さんはこう言っていると引用した。もっとも専門課程に入りたての東京の学生は、実は朝尾先生をまだ拝見したこともなかった。

時は移って一九八二年、私は「近世奉幣史考」(『歴史学研究』五〇〇号)のはじめにこう記している。「幕藩制国家権力の特質を、とくに幕府と朝廷との関係についてどのように捉えるか、という課題」の検討を提示した上で、朝尾直弘氏は、幕末維新期に、「尊攘討幕の志士の間に天皇が『玉』として復活し、王権の役割を果たしていった」とする遠山茂樹氏の指摘に対して、「なぜそのようなことが可能になったかを近世の政治権力や社会体制に内在する問題として追求されることはなかった」として、幕末維新期に至る幕藩制と天皇・朝廷との関わりを明らかにする必要を説き、近世初頭について、この問題に取り組んでいる。

私はこう記して、注として朝尾直弘「幕藩制と天皇」(『大系日本国家史3近世』東京大学出版会、一九七五年)を付した。朝尾先生は、遠山先生に代表される明治維新期研究からの課題提示に近世の側から敢然と応え、織豊政権から徳川三代までの天皇・朝廷を論じた。この一九七五年の論文を読んで以来、私の中にも近世の天皇・朝廷研究への関心の種子が蒔かれたのであろう。甲州郡内地方の修験道を通して門跡論や僧位僧官に関する研究に進んでいき、「近世奉幣史考」などの論文を経て、一九八八年の日本史研究会大会で「江戸幕府の朝廷支配」を報告させていただくことになった。これは朝尾先生の徳川三代(寛永期)までの成果を引き継ぎ、近世中・後期も含めた近世朝幕関係史を報告したものであった。

近代天皇制に対して、近世史研究がどう応えるのか。これは、敗戦までの間、大多数の人びとを強烈に支配した近代天皇制や、戦後もなお精神上に大きな影響力を持つ象徴天皇制をいかに克服し得るのかという問題に、歴史研究者が学問を通してどのように答えられるのか、という重い課題である。

この課題の重さに比して、パソコンで簡単に大量のレジュメや資料を作るように、呻吟の跡のかけらも見られない軽い論文も無くはない。近世朝幕研究のみならず歴史学研究は学問のための学問であってはならない。誰のための、何のための学問か、自らの立脚点を私はもう一度、朝尾先生の著作集を通して確かめてみようと思う。

〔『朝尾直弘著作集　第三巻　月報二』、二〇〇四年、岩波書店刊〕

八　日本史学とシリーズ「日本人と宗教」

四〇代・五〇代を中心とした、日本史学や宗教学研究の精鋭たちが、シリーズ「日本人と宗教」に結集してその成果を力強く発信した。人文科学の学問を「金にならない」・「すぐ役に立たない」と批判し否定する風潮を文部科学省がつくろうとする中にあって、地道に学問に取り組み成果を蓄積してきた精鋭たちが、マグマを一気に吹き上げるかのように、異なる多様な観点で編まれた六巻の各巻の中で、これでも「人文科学は不要」だと言うのですか、と政府や財界に突きつけるばかりの意欲をもって、独自の成果を世に問うた。

本シリーズの対象とした日本人は、江戸時代から明治時代に生きた人びとであった。これまでの歴史研究の中で、この当時の宗教については、もっとも分かりにくい分野であった。日本史の教科書で江戸時代の宗教と言えば、キリスト教禁止のための寺請制度や、寺院を本山が統制する本末制度について記されたほか、神社神職の統制に「諸社禰宜神主法度」が幕府から命じられたことなどを叙述するに止まった。江戸時代の人びとはみな仏教徒で、どこかの宗派の寺を檀那寺にして現在につながっている、というぐらいのイメージであった。

神社の事はほとんど説明もないのが普通の日本史の授業である。

これに対して日本古代史や中世史では、教科書の叙述はより詳しく宗教について説明されてきた。聖徳太子と法隆寺、奈良時代では聖武天皇の鎮護国家と国分寺・東大寺、平安時代の最澄・空海と天台宗・真言宗（密教）、鎌倉時代になると法然の浄土宗・親鸞の浄土真宗・一遍の時宗、日蓮の法華宗（日蓮宗）や栄西の臨済宗・道元の曹洞宗（禅宗）など、いずれも今日まで影響を与え続ける仏教各宗派が開宗・設立されたことが説明される。室町時代では、鎌倉仏教が地方に伝播し、なかでも浄土真宗（一向宗）は蓮如が精力的に布教活動を行なったことを記す。またここで初めて吉田兼倶の唯一神道が叙述される。

このように古代・中世の宗教の特徴を概観すると、その後訪れたヨーロッパ勢力とキリスト教のインパクトがいかほど大きかったか想像に難くない。豊臣・徳川政権がキリスト教を禁止し、仏教を中心にしたそれ以前の宗教制度に集約させていったことは無理のない政策であったとも言えよう。しかるに上述した江戸時代の宗教の叙述が終わり明治維新以後は日本史教科書の叙述は大きく変わる。

一言でいえば、仏教に関する叙述は姿を消し、神道一色になったのである。まず幕末の伊勢神宮への御蔭参りや「ええじゃないか」の乱舞のほかに、天理教・金光教などの、後に教派神道と呼ばれる民衆宗教の生成が描かれる。明治政府は王政復古による祭政一致の立場から神仏習合を禁じて神道を国教とし、さらに皇室祭祀を中心に祝祭日を通して国民教化を目指したと記す。また新政府はキリスト教を、江戸幕府同様に禁止し弾圧したが、列国の強い抗議により黙認する。その後キリスト教は内村鑑三や新渡戸（にとべ）稲造（いなぞう）らの活躍とともに社会に浸透していく様子が叙述される。これに対し仏教は、島地（しまじ）黙雷（もくらい）によって立ち直ったとのみ記されるに止まる。

高校で教わる日本人の宗教の内容は、ほぼ以上のようなものであろう。換言すれば、この内容は社会でおよそ共通の認識となる内容である。なぜこのような叙述になったのであろうか。それは研究状況が反映したためであると言うほかない。最前線の研究がなされてから二〇年～三〇年の時間が経過して、定説化されるなか教科書は書き換えられていくのだ。古代～中世では戦前・戦後を通して研究が蓄積された。戦前の辻善之助『日本仏教史の研究』に加え、戦後の井上光貞の浄土教成立史や笠原一男の鎌倉新仏教論、あるいは黒田俊雄の顕密体制論など、多くの研究蓄積がなされ、教科書叙述にも反映された。

これに対して江戸時代では、戦前の辻善之助による仏教史を継承し、なぞる研究はあっても、前述した枠組みを改める研究は生まれて来なかった。そもそも宗教史に関心を持って取り組む研究者は少なかったのである。それには理由がある。戦後、近世史研究の主たる関心は、戦争の原因となる社会構造を形成し、眼前に広がり解決を求められていた地主制度の歴史的解明に注がれ、土地制度史や社会経済史に研究者の関心は集中した。太閤検地の歴史的意義について研究した安良城盛昭（あらきもりあき）や、佐々木潤之介の幕末の世直し状況論に至る研究は、後に続く研究者たちを引きつけた。これらは古島敏雄の農業史の蓄積のうえに、戦前に弾圧された「日本資本主義発達史講座」に連なる研究関心を持つもので、近世史研究を席巻した。

一九七〇年代に入ると、社会の土台を研究する構造論に加え、近代の天皇制につながる近世の天皇・朝廷などを含めた国家権力や制度研究の必要が提言されるようになった。再び天皇を用い、明治国家の制度に回帰する動きが出始めたことに対し、近世史研究の側から学問的に答えていこうとの思いが募り出したことによる。もっとも、戦前・戦中に「皇国史観」による天皇制や国家神道（神社への強制参拝）などに苦しめられた経験を持つ世代には、天皇・朝廷や神社の研究にアレルギーがあり、戦後生まれの「戦争を知らない」世代にこれらの研究は託された。

近世の天皇・朝廷研究の成果が出される中で、家職（かしょく）論は宗教研究に多大な影響を与えた。江戸幕府が天皇・朝廷を統制する中で、公家たちの家業（家職）が容認され、公家家業に励むことが奨励された。朝廷が機能して江戸幕府に役立つ役割を果たせるよう、公家たちは朝廷の行政的運営を担い、儀式を遂行して、その代りに将軍から家領（知行）を与えられて生計を立てた。古代律令制以来の官位制度や改元・改暦などの制度運営や現在の皇室祭祀に受け継がれる国家祭祀のための儀式は、これらを運営する地下官人（じげかんじん）を含む公家たちや采女（うねめ）たちの存在抜きには機能できなかった。

公家たちはこのほかに、家々に伝統的に継承されてきた学知・技能を担い朝廷からの諮問に答える家業（家職）をになった。神祇道の吉田家・白川家、陰陽道の土御門家、蹴鞠の飛鳥井家・難波家、装束の山科家・高倉家などである。天皇を始めとして公家たちに至るまで、穢れに触れることを極力避けたが、その穢れがどの範囲に、どれほどの期間にわたって及ぶものか、先例の記録を保存してきた吉田家や白川家に問い合わせがなされた。また、婚儀や法会など諸事に渡ってふさわしい日にちを選ぶ時に、土御門家に諮問がなされ、土御門家では天文・暦の知識を生かして日取りを行なう。

江戸幕府は、全国に存在する神社神職を統制するために、神祇道を家職とする公家の吉田家を本所として任じたのである。これが一六六五（寛文五）年に幕府によって発布された「諸社禰宜神主法度」の意図であった。もちろん吉田家側から幕府への働きかけがあったものではあるが、神社神職の全国横断的な統制を幕府は吉田家に命じたのであった。同じく、全国で占いを行なう陰陽師の統制を公家の土御門家に命じたのであった。陰陽頭・天文博士であった土御門家は、一六八三（天和三）年に霊元天皇の綸旨を受けて「陰陽道支配」の事が命じられ、五代将軍徳川綱吉の朱印状を受けて保障されたものの、全国に及ぶ陰陽道支配のことは、一七九一（寛政三）年の幕府による全国触れを待たねばならなかった。こうして陰陽師と万歳に対する免許状（職札）の発行権を保障された土御門家には貢納料の収入が入ることになり、本所として役人を派遣して、全国の末端の陰陽師や万歳の取締りを徹底させることになった。

天皇・朝廷研究の進展の中で、皇子や世襲親王家王子、五摂家の子弟が入室する門跡寺院研究についても進んだ。聖護院門跡が天台系の修験道本山派山伏を統括し、醍醐寺三宝院門跡が真言系の修験道当山派山伏を統括して、幕府が権限を与えて本山として組織化したことも明らかにされた。以上のように、本山や本所による組織化と対になる末端の宗教者の実態も、多くの研究者によって明らかにされてきた。従来から蓄積のあった仏教僧侶のほか、修験者（山伏）・神社神職・陰陽師のほか、巫女・神事舞太夫・盲僧・御師・神道者・鍵取・願人・座頭・夷職・猿引きなど、実に多様な宗教者たちが、江戸時代に生きた人々の信仰・精神生活・習俗に関わって存在していたことを明らかにした。

江戸時代に生きた人々は、寺檀関係を結ぶ仏教僧侶との葬儀や菩提を弔ってもらう関係の他に、神社神職には共同体を通して農業に関わる五穀豊穣の祈年や収穫の祭りを依頼した。山伏には、各種の祈禱を依頼し山伏の作製する丸薬など医療行為に期待することもあった。陰陽師には姓名判断や家相を見てもらい、遠出に際しては日取りを占ってもらうこともした。猿引きには、農耕で欠かせない馬の病気祓いを頼んだ。いずれも、人々は宗教者に一定の米・銭を払い、宗教者たちはその収入によって生活を維持するだけでなく、本山・本所などにお金を納めて免許状を受け取り、自分の身分を保ったのである。幕府は、こうした組織と仕組みを作り、本山・本所に免許状を発行させる権限を与え、末端の多様な宗教者の一人一人を統制することを可能にした。

近世宗教史研究の近年における成果の一端を紹介したが、このほかにも実に多様な観点から、日本人の宗教について、江戸時代の世界を描く研究が進められた。さらに江戸時代が終わり、明治時代にいかに引き継がれ、現代に及ぶ影響をもたらしたのか、その成果が本シリーズにはいかんなく発揮されている。これらの数々の成果は、いつの日か高校の日本史教科書に反映されて次代の歴史認識を形づくるものと期待する。

〔『春秋』第五七一号、二〇一五年、春秋社刊〕

九　受賞（第三十七回角川源義賞）のことば

天皇・朝廷や神社を、日本古代史や中世史研究ではごく当たり前に研究対象にしてきた。

しかし近世史研究では、戦後からの研究潮流として社会経済史と幕藩権力論が主に取り組まれてきた。目の前の地主制の原因を解明するという社会的要請があったのに応えるものであり、政治史においては、天皇・朝廷を除いた幕府と藩権力に限定した解明を目指した。戦前からの先輩達には、天皇や神社を研究するには大きな抵抗感が存在していた。その結果、近世の全体像の中に、天皇・朝廷や神社を位置づけることなく時間が経過した。

明治維新から近代において、天皇・朝廷や神社が国家上の重要な存在となったとき、ではなぜ幕末に天皇が突然浮上するのかの問いに、近世史研究者は答えられなかった。このような研究状況の中で、次世代の研究者とともに取り組んできた研究成果を本書にまとめることができた。

今回の受賞は、私どもの研究が日本史像に必要なものとの評価を戴いたと考え、次世代の仲間とともに率直に喜びたい。

〔『第三十七回角川源義賞・第十三回角川財団学芸賞・第二回城山三郎賞』贈呈式冊子、二〇一五年、角川文化振興財団刊〕

第二　折り折りの言葉

一　季節はずれの祭り

九月の祭りが終わってから、二ヶ月もたったある雨の日、私の住む町角に、いつもの祭りの時の様な、町内有志の寄付金一覧表が掲げられていた。その向いには、紅白の段だらで神酒所がしつらえられ、数人の老人たちが、湯呑みに酒をくんでいた。「祭りがあるのか」、そんな思いは、時雨に足を早めていた私の頭から、すぐに消えてしまった。

数日後の日曜日、神輿がかつがれ、山車がひかれ、その物音に、やはり祭りだったのかと窓をのぞくと、日の丸の小旗が数本、手拍子・掛声に合わせて上下していた。小旗は神輿に結び付けられていたのだ。

二日後の、十一月九日の夕方、天皇「在位五十年」問題講演会に参加した。史料編纂所の仲間一三人も一緒である。「祝うことができるか」の横断幕の下での講演は、最初に金沢嘉一氏が、教育実践に基づいて、「戦中・戦後の教育」と題して話された。「君が代」論争について、「君」が天皇であることを、戦前版教科書朗読で明示された。しかし、その種の指摘よりも、私にとって感慨深かったのは、金沢氏が、まさに南京大虐殺のその日、「宮城」前を疑いも無く提灯行列して歩いたという話しである。ラディカルな考え方をしていた一人の教師に、批判精神を持たせなかった、戦前の思想体制に脅威を覚える。

次に、青地晨氏が演壇に立った。「言論弾圧と天皇制」の演題は、横浜事件を中心に展開された。細川嘉六氏の『改造』論文を契機に、言論界に向けられた弾圧の嵐を、その渦中の一人として、事件が全くのデッチ上げであり、この間、特高警察がいかに残虐な取調べ（その結果、三人が死亡）を行なったかを怒りとともにうったえた。

次の藤原彰氏は、天皇訪米以後巻き起こされた、天皇の戦争責任回避論に対し、「天皇の戦争責任」について講演をされた。天皇は、大陸侵略の直接の先鞭をつけた田中義一首相を罷免したように、首相・各大臣の任免権を掌握していた。その絶対権力者が、第二次近衛内閣が首相と陸相東條との対立による総辞職後、敢えて、開戦主張の東條に首相を命じたことは、天皇が自らの判断で開戦を決定したことに他ならないと藤原氏は論じられた。氏はまた、保守体制・資本主義体制の戦前における最大の危険であった昭和三年に、天皇即位式が挙行されたのと同じく、「在位五十年」キャンペーンは、現体制の危機を回避しようと企てられたものであることを指摘した。

この天皇キャンペーンは、戦後の保守体制の危機に、幾度も行なわれたことを例証した講演が、最後の松浦総三氏の「在位五十年式典に反対する」であった。ヒトラー生誕x年を祝うに似た愚かさを持つこの式典は、六十年安保を控えた時期に、皇太子の婚約・結婚・出産で、大々的にキャンペーンを張ったのと同じ企てであることを語られた。

集会は成功した。講演者の人選に配慮が払われ、各分野の人々の眼を通しての「天皇制」が、何よりも具体的に話されたために、会場を埋め尽した五百人余の聴衆は、ある種の満足感を味わえた。

家路に向う私の心も、体制の企てた「在位五十年」の祭りを、観念的・理論的に否定し、充実感にみちていた。だが、いつもの町角にさしかかると、そこに、日の丸の小旗が靴に踏まれて落ちていた。突然、汚れた小旗は飛翔して、手拍子に合わせて宙に舞う神輿の日の丸に像を結んだ。充ちたりた気持と、宙に舞う日の丸と。二つは初め錯綜しながらも、しかし次第にしかるべき隔りを深めていった。

〔『史料職組ニュース』第一二三号、一九七六年〕

二　史職を離れて

失われた時を求める心境にもなく、もとよりそれを散文風に表わす能力も持ち併わせていない私には、到底、史職の思い出を文学的に語る事はできない。とは言いながらも、自分の在職期間が史職の歴史の中で、どういう位置に存するのか、という問いは私には気がかりであり、自分なりの位置づけだけはしておきたいと考える。

私は一九七四年四月に入所して、一九八一年三月まで七年間在職したのだが、この七四年頃というのは史職にとってどういう時期だったのだろうか。

敗戦後、松島・鈴木(源)・遠山さん(順不同敬称略以下同様)などの活動によって創立された史職は、その後、社会全体が平和と民主々義を求める時代を背景にして、六〇年頃までに出版・超勤・研修問題という、もっとも基本的な本所の体制作りを、菊池(武)・杉山・稲垣・山口さんなどを中心にして推し進めてきた。本所の基本体制が整った後、六〇年安保や高度成長期を経て、史職にとって、所にとって画期となったのは七〇年前後の東大闘争時の史職を中心にした所内諸改革期であったと思う。現行の所員集会・研究者集会と各種委員会や所長選挙制度は、この期以降、めざましく創られていったのである。

七四年に私が入所した頃は、討議期間が終わって、右の現行制度をまさに実際に制度化する時期であったが、丁度その頃、史職では小野・高木・桑山・加藤(栄)・小泉・宮本・佐藤(和)・岡田・松山さんなどの三役定連が、それ以後三役を降り、変わって、黒田・河内(祥)・宮地・石上・千々和・鈴木(邦)・藤田・保立さんや私などが三役を受け継ぎくり返してきた。史職執行部の世代はこの七四・五年頃、完全に交代したと言ってよい。

世代交代後の史職とそのメンバーは、所内では制度化のなったばかりの委員会体制などを維持発展させていくことに寄与してきたと考えるが、一方、所を取り巻く社会状況との関連で言えば、GNP主義のかげりとともに政治的右傾化や綱紀粛正攻撃によって徐々に組合運動全体が後退させられていった。この間に、さきにも述べた本所の基本的な体制である研修制度が大幅な後退を余儀なくされたのは実に象徴的なことであった。

ところで、私が入所した頃の七四年前後の世代交代は、所内の人的な意味での交代ではあっても、取り巻く社会状況からの、所や史職への規定性から言えば、連続していた面が強かった。これとは対照的に、本年から四年間に二〇名近くの交代があるが、これは人的交代のみならず、社会的な転換期にもあたり、かつての戦前～戦後の画期や、六九・七〇年の大学闘争時期の画期に匹敵する画期だと考えてよいと思う。

護雅夫さんは「歴史を学ぶということ」（『中央公論』八一年五月号）と題して、「すぐさま役に立つような「実学」（例えば皇国史観のような）は、本当の役に立たない。学問、とくに人文科学が持つ積極的な意味の一つは、安易な実用性の否定にあるからである。」と「虚学」のすすめを書いておられる。史料編纂の事業は、決して「実学」ではなく、まさに「虚学」であると思う。

私は「現代っ子」とかつて呼ばれた戦後ベビーブーム世代に属する。私は勿論のこと、この世代以降に共通した一般的な傾向として、実利の見えない努力を遠ざける性質のあることを、自分自身で認めざるを得ない。受験に役立たない事はすべて遠ざけるという、ゆとりのない受験態勢に閉じ込められた（自ら閉じ込もった）事を、その最大原因にあげることができよう。私の世代以降、受験体制は一層強化された。後続の世代も、恐らくは一般的には同様な性向を持っているのではなかろうか。一方、社会においては、企業は利潤追求第一主義・即決の実利を求め続けている。ひどい場合には、「バレなきゃごまかせ」という程になっている。（敦賀原発の放射能漏れも、バレなきゃごまかせの一例である。）行政改革という名の合理化とは、まさに実利優先主義が公共事業にも貫徹されるという事であろう。

このような今後の状況の中で、「虚学」である学問・研究を、そして史料編纂事業を、いかに守り発展させるのか、という共通課題の意義の深さを感じるとともに、当然予想される厳しい状況の下で、史職を惜別した私も共通の課題を担えることの喜びを、いま感じている。

〔『史料職組ニュース』第一三一号、一九八一年〕

三　舞台の上の猿引き

狂言の「靭猿」を初めて見たのは、今から二〇年くらい前、水道橋の能楽堂であった。人間国宝であった野村万蔵さんが大名を、猿引きを息子の野村万作さんが、さらに猿を万作さんの子息が、多分四歳であったろうか、初舞台を踏んだのである。この日の野村家三代の「靭猿」を、私はこれから先もとうてい忘れはしまい。

「隠れもない射手」とほこる大名が、「世に殺生ほど面白い事はない」などとうそぶきながら、太郎冠者を引きつれて、野辺に狩りに出むき、その折しも、旦那まわりをしていた猿引きに出会ったところから、舞台は展開を見せる。大名は、矢を入れる靭にするからと、猿引きに猿の皮を所望する。猿引きは、猿の皮を剝がせとの無理難題に抵抗を示すが、大名は頑としてきかず、無理を通そうとする。もはや猿引きは諦め、せめて杖で一討ちして安楽に一命を絶とうと杖を立てたところ、猿はいつもの芸をするものと、杖をとって舟の櫓をこぐ仕草をする。これを見た猿引きは、涙にくれて、とても殺すことなどできないとうったえるのであった。さしもの大名も、貰い泣き、猿の命は助けると、猿引きに伝えたところ、猿引きは猿に舞わせて礼をする。これを見た大名は、喜び、ついには持物を与え、装束をも脱ぎ与えて、猿とたわむれるのであった。

これだけならば、いつもの「靭猿」である。この日の猿も、縫いぐるみを着て、猿の仮面をかぶり、首にかけられた長い紐の先を猿引きに握られ、「きゃあ〱〱」と幼い声で鳴きながら、舞台を転がっていた。と、ちょうど大名が猿引きに無理難題を申しかけている場面であったろうか。子猿は、それだけが芸であるかのように右に左に転がって見せ、さらに前に転がった勢いで舞台から真逆さまに落下したのであった。最前列に座っていた私の前に四歳の子猿が落ちた時、私の身は凍った。一メートル五〇センチはあろうか、舞台下の玉砂利に打ちつけられた子猿を抱きかかえ、舞台上の猿引きである父親万作さんに手渡したのは、隣の席の初老の婦人二人であった。私の手足は、その時まだ凍ていたままであった。

父親である猿引きは、子猿を両手で引き寄せ、耳元で何ごとかつぶやいたのち、再び狂言の世界にたち戻った。しかし、仮面の下で「しくしく」泣き続けている子猿とそのしのび泣きに神経を集めてしまった私や初老の婦人たちは、しばらくの間、狂言の世界とは別に、再び右に左に転がる芸を見せる子猿の動きにつられて、腰を浮かし続けることになった。

孫の落下の時の、野村万歳さんの顔付きを、すばやく見抜ける力は、私には無い。人間国宝に心の揺れがあったのであろうか、それとも。しかし、それは今、思い付くことであって、その時はただ狂言の中の貰い泣きする大名と、やがて子猿の舞いに喜び、ともに舞う大名と子猿の姿を、現実の祖父と孫の姿に映しつつ、私もまた胸をつまらせながら眺めるのがやっとだったのである。

「靭猿」の猿引きは、猿引きそのものが舞台に昇ったものではなく、あくまで狂言として、その中に猿引きが登場したものである。本来、猿引きは大道を行くものであった。右の「靭猿」の猿引きも「今日はお厩祭でござるによって。旦那廻りを」しているところであった。狂言の時代よりさらに下った江戸時代の猿引きも、厩の祓いや馬の安全息災を祈禱して、旦那である農家などから初穂の銭や米を貰って歩いている。その道すがら、大道で芸を見せもした。明治以降は、その祈禱の活動の面がさらに薄れて、道行く人々の目を娯しませるものに変わっていったが、やがてそれも衰微した。

ところで江戸時代の猿引きたちは、弾左衛門支配下にあった。厳密には弾左衛門の下に長太夫という猿引きの頭がいて、その統制を受けていた。これは、綾取りやからくり・物真似その他種々の芸を大道で行なって生活していた乞胸（ごうむね）が、やはり弾左衛門の配下にあったのと共通している。いかなる理由で弾左衛門配下に入ったのかの議論はおくとして、彼らが組織化されていたことに着目しておく。

江戸の町々の広小路や川端などの辻で行なわれていた、辻相撲・辻けまり・辻棒引などは、本来、権力の介入すべきではない、都市民の形成した自由な娯楽の世界であったはず。にもかかわらず、これら辻での娯しみは、幕府によって一通り禁止された。しかるのち、組織が幕府に認められた猿引きや乞胸、あるいは鞍馬山を本寺とする願人坊主などの辻々での芸能活動だけが容認されたのである。

一方、村々の家々を門付け、広範な地域を巡歴する芸能者たち、例えば、三味線をかかえて唱う盲目の瞽女や座頭の場合でも、あるいは三河や駿河の万歳たちも、それぞれ組織をもって人別が明らかな者の活動が許された。どこの誰ともわからぬ者の活動は取り締まられたのである。

辻や道々での芸能を娯しみ、支持したのは民衆であって、武士たちではなかった。武士つまり幕藩領主が、道行く芸能には保護を与えなかったのに対し、一部の芸能のみには保護を加えた。能や歌舞伎・相撲などである。これらは、安定した恒常的な開催と、その舞台が確保されていた。もっとも相撲の舞台は土俵であるが。幕府は、三都相撲渡世集団や江戸歌舞伎四座などの独占的興行権を保証するかわりに、その他の素人興行を統制させる政策をとったのであった。

能・歌舞伎・相撲の興行特権は、アプリオリに与えられたものではなく、それぞれが幕府にしばしばの要望を出すことで、やっと幕府が決定したものであった。その前提には共通して勧進興行を幕府に要請し、幕府が勧進を許可するに値する名目か否かを検討し、その上で許可が与えられた。この勧進興行の繰返しとその実績が、ついには恒常的な名目なしの勧進興行許可へとつながっていったものである。それゆえに、官許の舞台は重みをもった。さらに、将軍上覧もあって、権威がましい舞台にもなった。これに比べて、猿引きなどの道行く芸能が、官許の舞台とは正反対に、依然、民衆の支持の中にのみ存在したことを繰り返し述べておこう。

それをあえて官許の大舞台、国立劇場で、猿引きの芸を演じさせたのが、小沢昭一氏らの企てであった。一九八一年三月、芸団協の主催で「道ゆく芸能」と題し、秋田万歳や伊勢大神楽などの公演の他に、周防の猿まわしの実演が、国立劇場で行なわれた。近代に入って衰退した猿引き芸を、現代に復活させ、銀座通りや新宿の大通りに人の輪をつくり、その中で芸を見せる周防の猿まわしと猿が、国立劇場の舞台に跳びはねているのである。もちろんそれは、仮面も縫いぐるみも必要としない猿が主役であった。

〔『日本近代思想大系18芸能付録［月報三］、一九八八年、岩波書店刊〕

四　忘じ得ぬ一日

毎年二月の末になるときまって想い出されることがある。

一九八三（昭和五十八）年二月末日、古代史の井上光貞先生が亡くなられたとの知らせを受け、神奈川県横須賀市秋谷のご自宅に、山口啓二先生と二人で急ぎ弔問に向かった。

近世史専門の私と井上先生とは、学科主任である教授と専門分野を異にする一学生という関係でしかなかった。その後、先生が心臓のバイパス手術をなさったさい、同じ血液型であった何人かが輸血を行なったが、私はその中の一人となった。その日、献血を終えて自宅に戻ると、再手術の必要が生じたのでもう一度お茶の水にある病院に向かうようにとの知らせを受けた。輸血は、事前に提供者の血液検査を行なっておく必要があり、その日、再度病院に着いたとき、多数の提供希望者が集まっていたが、事前検査を受けていた私どもの血液が必要であるということで二度目の輸血の態勢に入った。幸いに二度目の手術の必要は無くなり、その後先生は順調に回復された。

そのころ、東大史科編纂所に勤務していた私は、余暇を利用して横須賀市の秋谷海岸に、家族を伴って出向くことが何度かあった。正月休みの寒いころ、砂浜で幼い子供を遊ばせていると、グレーのコートに身を包んだ井上先生が、ステッキを片手に向こうの岬まで海岸を散歩されていく途中で、偶然お目に掛かり、話し込んだことがあった。それに加えて、先生のご令息と義弟が朋友であったことから一緒に秋谷のお宅に伺う機会を得た。先生の書斎は、デスクの前面にガラスが広く張られ、椅子に座ってデスクに向かい、頭を持ち上げると眼前に相模湾の輝く海が一面に広がるという構造になっていた。その位置に私を座らせて下さったのは、子供がポケットに入れた小さな自慢の品をそっと見せてくれるような、先生のご好意だったのだろう。

学習院大学に私が移って二年目(一九八三)の二月、かつて井上先生が心臓手術をされた同じ病院に向かった。輸血に備えて事前の血液検査を行なうためである。先生は集中治療室におられ、お目に掛かることができなかった。今回も大丈夫に違いないと思っていたのだが。

訃報を聞いて、山口先生と私の乗る自動車は混雑する月末の東京を離れ、東名高速と横浜横須賀道路を経由して秋谷に向かった。道すがら、戦中の平泉澄教授の授業や、敗戦後、彼らが行方知らずになったあとの国史学科の再建に井上先生が中心になり、それを手助けした話などを山口先生からうかがった。東京の渋滞で失った時間を取り戻そうとする気持ちが働いたのであろうか、横浜横須賀道路の出口間際で、スピード違反を犯してしまった。反則切符をもらうさい、パトカーに乗って警察官の説明を受けた。

夜になって井上邸を辞した帰路の車中で、今日が稲垣泰彦先生の一周忌にあたることを、どちらともなく話し始めた。山口先生のお宅は豊島区千早町、私も近くに住んでおり、帰路の途中に池袋が位置している。稲垣さんの行きつけだった飲み屋「あんべ」に行って、稲垣さんを偲(しの)ぼうということになった。久々に店に入ると、稲垣さんのウィスキーボトルが定位置にあった。「あんべ」の女将(ママ)の思いが、ボトルを廃棄させなかったのだろう。それほど稲垣さんは「あんべ」を愛用した。カウンターだけの椅子に横並びに座っている人たちの多くが、池袋駅の北西のトキワ通りにふさわしい「大衆」の集う飲み屋であった。店での稲垣さんは、東大教授でも史料編纂所長でもない、客の誰かれなく親しく話を交わすまったくの「大衆」であった。長く伸びた煙草の灰を無造作にズボンの上に落とす稲垣さんは「あんべ」に限らず常住坐臥「大衆」であったのだろう。

稲垣さんが所長で、組合委員長を私が務めていたころ、労使協調態勢によって、講座制から大部門制への移行を達成した。多年にわたって組合が取り組んできた懸案の高年齢助手問題の抜本的解決となる教員定数改編を所長・事務長が身を粉にして予算獲得に奔走したのであった。大学本部・文部省・大蔵省の担当官と折衝し納得させることは容易ではない。そんな話を、稲垣さんは「あんべ」でボソッと口にされたことがある。

酒の機会はもともと少なくなかった稲垣さんだが、所長時代はなお多く、大部門制獲得と引き換えに身体をいじめ抜かれたのであろう。ある年の師走、稲垣さんと二人で「あんべ」に始まって、その界隈（かいわい）を数軒はしごし、午前様になった翌日、史料編纂所でお目に掛かった稲垣さんに黄疸（おうだん）が出ており、ただちに大学病院で検査、そして入院、年末・年始にかけて手術をした。その後健康を回復されたかに見えたが、一九八二年二月、骨太の「大衆」は帰らぬ人となった。

「俺と稲垣で」と呟（つぶや）く同級生の山口先生と女将とグラスを傾けたあと「あんべ」を出、車に乗って発進させようとすると警察官が寄ってきた。一斉取り締まりであると言って、いわゆる「風船」を膨らますように命じた。酒気を帯びている可能性があるということで、しばしの休息が求められた。その日は一日で二度、パトカーに乗ることになった。そのおかげもあって、今はもう「あんべ」も海の見える書斎も無くなったが、毎年二月の末になると心の中の二人の恩師のことを、きまって想い出させてくれる。

〔『歴史読本』第六一三号、一九九四年、新人物往来社刊〕

五　社会に働きかける

春の桜、夏の緑、秋の紅、冬の白雪と四季の色々を眺めながら、私たちは時の流れを静かに見送ってきた。これは万葉の古代から、歌人や詩人あるいは画家たちにも共通した自然を愛でる姿である。

しかし自然は美しさと優しさだけを人々に恵むものではない。嵐や地震など、時として突然に脅威を振るって、人々の驕りを諫めるかのごとく、その威力を発揮する。その時、人々は自然の前に平伏するのみとなる。

　自然と人との向き合い方は、人が動くことなく四季の移ろいを眺めたり、あるいは自然の威力の前になすがままに耐えたりと、人々はおよそ受身の姿勢を取らざるを得ない。嵐や地震の前に、何がしかの備えをするのが、せめてものの人々の動きと言えるであろう。

　ひるがえって、社会と人との向き合い方は自然に向かう姿勢とは大きく異なる。人々は能動的に働きかけて社会を少しでも豊かに充実させようとすることができるからである。あるいは、自分の喜びや情念を他の人々に伝えることもできる。阿波踊りは、東京の高円寺という町でも神楽坂でも、本場に較べて実に小規模ながらも、東京人が道いっぱいに踊って、踊り手の情熱と喜びが見る人に伝わってくる。この阿波踊りは、徳島から発信されて、今や東京にも着実に伝わったと言える。

　徳島固有の文化である阿波踊りが東京にも伝播したように、文化は人々が生み出し、働きかけることによって、広い社会に伝わっていく。地域的な広がりだけではなく、未来にも向けて、博物館・図書館・文書館などを通して文化は伝えられる。これら文化施設のうち、文書館を知る人の数は次第に増えたが、そこで働く専門職員をアーキビストと呼ぶのを知る人は、まだ多くはない。文書館の保存する資料を整理して公開し、利用者の質問に答えたり、展示を行なうなど、その業務は繁多なもので、しかも責任が重い。このアーキビストと呼ばれる文書館専門職員を養成する大学院などの教育機関は、日本には残念ながらまだ存在しない。図書館には司書が、博物館には学芸員が活動しているように、文書館にはアーキビストが不可欠でありながら、その養成の教育機関が整わない状態にある。

　しかし、やっと一歩を踏み出した段階に止まるが、一九九六(平成八)年四月から、学習院大学では、「世界と日本のアーカイブズ(文書館)」という授業科目を開設することになった。合わせて九人の講師が代わる代わる世界各国のアーカイブズや日本各地の文書館の現状や課題などを講義する授業で、多くの学生諸君に、社会には文書館が必要なことやアーキビストの役割を理解してもらうことになる。これは、まことにささやかではあるが、未来の社会にむけた能動的な働きかけの試みである。

〔『文化の森通信ステム』一九九五年冬号(Stem20)、一九九五年、徳島県文化の森総合公園刊〕

六 「共同研究」の特集にあたって

今から二十数年前、考古学を研究している友人のK君と、天皇陵の発掘について語ったことがある。私は、次から次に古墳の発掘が進むことによって研究が進み、古代史像は大いに充実したものになるのだろう、という趣旨のことを語った。これに対してK君は、そうかもしれないが、しかし新発見の天皇陵を今すぐに開いて研究するのが、よいのかどうかわからないと述べた。K君の発言の意図がよく飲み込めなかった私が、その意図を問うと、彼はこう応えた。今現在の研究水準で研究すれば、それなりの成果が得られると思う。しかしこの先、仮に五〇年先であったならば分析方法なども格段に進んでいるであろうから、今では考えられないような成果が得られるのではないか。例えば密閉されたままの古墳の内部の空気や塵は、一〇〇〇年以上前のものである可能性がある。今の技術ではこれらを分析できないが、将来空気中の塵をも分析できる時代が来るのだとすれば、今、密閉を解いて新しい別の空気を混ぜるのは感心しないことかも知れない。二十数年前のK君の発言を、その時の私は心底からは納得できなかった。私は今よりもずっと性急であった。

K君の学問的態度は、過去から未来へとつながる研究の長い営みの中に、現在の自分の研究を位置づける考え方であった。これに対して私のその頃の研究姿勢は、未来に研究を託すという意識を持てず、たとえて言うならば、自分とともに現在で研究が完了してしまうというような態度であった。その頃の日本近世史の研究者の多くが史料調査に入ると、その人の研究に役立つものだけが価値ある史料で、それ以外の関心の無いものは役に立たない雑史料で、価値の低いものと見なすような傾向があったが、私の研究態度も共通していた。つまりそこには、将来に新しい、多様な研究視点や方法が生まれるであろうから、将来の研究のために史料を原型をくずさずに保存しつつ研究していこうという意識は極めて稀薄だったのである。

歴史資料保存利用機関である学習院大学史料館では、「日本史料学の基礎研究」のテーマで、私学振興財団の援助を受けて、一九九二(平成四)年より三年間にわたって共同研究に取組んできた。史料をどのように整理するのが、現在のみならず将来にわたる歴史研究に利用しやすいか、また、整理された史料をどのように科学的に保存するのが、よい状態を長く保つことになるのか、などという観点からの研究である。すなわち、自分たちが史料解釈をして歴史像を結ぶという作業に止まらず、史料それ自体を歴史現象の所産として捉える立場から、形態・様式・機能はもちろん、どのように管理され、利用されてきたのかについても明らかにし、歴史研究に寄与しようと目指したものである。

このような共同研究の成果の一部を、本誌(『学習院大学史料館紀要』)第八号に発表できるのは喜ばしい限りである。従来、等閑視されることの多かった書籍史料に光を当て、その整理・調査の方法を説いた藤実久美子論文は史料学にふさわしい成果となった。また、稀覯性の高い、新出の西園寺家所蔵『万一記』について、紙背文書も含めた翻刻と考証を行なった新田英治や大原幽学に関する新史料を紹介した斎藤洋一の労作は貴重史料の活用に途を開いた。上野秀治論文は、主に大名家(土佐山内)文書中の将軍からの御内書に関する実証的な基礎研究であり、西田かほる論文は甲州国中地方の神社所蔵史料からの分析成果で、いずれも厖大な未活字史料の整理作業のたまものといえる。桑尾光太郎論文も戦前期発行の雑誌をいかに客観的な歴史史料として活用するかの方法的工夫が見られる。しかし、本共同研究はまだ多くの課題を残している。今後とも一層の研究を重ねていく所存であり、大方のご教示を願うものである。

〔『学習院大学史料館紀要』第八号、一九九五年〕

七 『日本の時代史』の効用

日本が卑しくなったと言われるようになった。つまり日本に住む人々の品性が下劣になり、欲望の抑制のきかない状態を感じてのことであろう。なるほど、公私混同をする役人たちや援助交際という名の売春をする女子中高生、幼児を虐待する若い両親などのニュースを見続ければ、誰しも、日本人は卑しくなったなぁとの感慨を抱くことになろう。

そうなった原因をどこに求めるのか。直近の原因は、一九八六(昭和六十一)年頃から突然始まった地価の上昇や株価高騰に象徴的なバブル経済をやったことである。四〇〇〇万円のマンションがあっという間に一億円を超えるような事態で、銀行から金を借り、たとえ金利を払ってでも土地や株を購入すれば金利をはるかに超えた利益が得られるとばかり、儲けに目が眩んで、堅気の奥さんまでもが株に手を出す社会となった。

土地や株を購入すること自体は当り前の経済行為ではある。しかしバブル経済期は異常で、急激な値上りを見越して不労所得をねらうというもので、汗水流して労働することに価値を見出さなくなった。そのため、人の目の届かない所にも丹念な仕事をするという職人仕事の倫理は愚直なものと見なされ、バレなきゃごまかせとばかり、土木建築業などで見えない場所の手抜き工事が横行した。金儲けのためには何をしてもよいという倫理感の喪失は、今現在の女子中高生の援助交際に着実に引き継がれている。

金になるかならないか、儲かるかどうか、この価値観だけが突出して多数の人々の心を支配したバブル経済は、では何故起ったのか。誰によって仕掛けられたのかという類の詮索ではない。何故あれほど多数の人々が心を踊らせてしまったのか、という問題である。

私は団塊の世代の中でも最大人口の一九四七(昭和二十二)年生まれである。小学生の頃はまだ図工も音楽も習字も体操も、授業はたっぷり時間割に組まれていたように思う。しかしその後、中学・高校に進学するにつれ、音楽・美術などの授業時間は削減され、受験に役に立つかどうかの考え方が、学校も親も本人をも支配していった。偏差値の高いとされる大学を頂点にした受験体制にあっては、無駄を省いて短時間に他人より早く知識を獲得することが何より求められた。受験につながらない美術や音楽などの授業は、受験校を標榜していた私の通った高校では、役に立たない無駄なものとして、一年生からもう行なわれなくなった。当時の私は、そのことにさして疑問を感じていなかった。物事の本質を見極めていた大人びた友人の一人は、受験科目にない授業こそが、一生のうちでこれが最後の授業になるからと真剣に取り組んでいたが、私はその境地にはいたらなかった。

今から四〇年以上前に始まった、音楽も美術の授業も等閑視し、受験体制の下で一点を競って育った人たちの多くが、社会に出て金になるかならないか、儲かるかどうかの唯一つの価値観に囚われたとしても、これこそ自然の流れの行き着く先と言う他はない。

バブル経済の成れの果ての卑しい日本を、受験の勝ち組の官僚や政治家やビジネスマンたちが改善してくれるとは思えない。現に、「成果主義」と称して図書館や博物館など文化施設の入場者数の多寡で館の優劣が判断されるようになった。そのため百万部も売れるベストセラーの図書を何冊も揃えて入館者を増やそうとする図書館が、学術性は高いが利用者が少なそうな本だと見れば購入しないという傾向が現れてきている。図書館は、一般家庭では購入しない図書を調べに行く文化施設という考え方は否定されることになる。

ではどうしたら卑しくなった日本を改めることができるだろうか。日本の古典、例えば『古今和歌集』を繙き、和歌の世界にかつての優雅な心ばえを感じ取るのもよい。音楽会に行き、オーケストラの演奏を聴いて指揮者・楽団員一体となった音の創造に酔うのもよい。さらには名画の並ぶ美術館で色彩の素晴しさに魅入るのもよかろう。

日本の文化も捨てたものではない、という発見や確認もあるにはあるのだろうが、しかし今や構造的になった社会の卑しさを抜本的に見直すためには、日本のアイデンティティを確認する作業が求められる。そのためには、日本の歴史を読み直す必要があるのではなかろうか。

数多くの歴史研究者による成果と業績は、学界の中だけに埋もれてしまえば、それは象牙の塔になるが、出版物を通して社会との回路を持つことによって社会に向けて発信を始める。歴史学の研究成果が盛り込まれた『日本の時代史』の世界に入り込み、日本人の心が豊かであった時代を求めて、多様な発見や確認をしていただければ幸いである。

そのためには、読者諸兄姉には、まず近くの図書館に行って『日本の時代史』購入を希望するところから始めていただかねばならないのだろうか。

〔『本郷』第五六号、二〇〇五年、吉川弘文館刊〕

八　『小山町史』編纂に参加して

一九八七年五月、静岡県駿東郡小山町の役場に、私は『小山町史』編纂に参加するため初めて伺った。編纂事業はすでに一年前に本格的に始まっていたが、私は在外研究を一年間行なっていたため遅れての参加となった。その時の委員会で監修者である永原慶二先生にお目にかかったのはしばらくぶりであったように思う。私が大学生の頃、ご出講下さった折に初めて講義を聴かせて頂いたのが一九七〇年頃であったろうか。歯切れの良い明快な論理の展開を、今もって記憶している。

『小山町史』の近世史部会は松尾美恵子さんをはじめとして長野ひろ子さんや大藤修さんなどが一年前から編纂作業に従事していた。私たち近世史の者たちは、研究に入る前にまず地域の区有文書や各家に所蔵されている史料の目録作りとマイクロフィルム化が必要との認識を共通に持っていた。

古代・中世史では、史料の新発見というのは稀であったから、既存の活字史料からまず地域に関する情報を集めることに重点が置かれる。その逆に近世史では、地域に関する活字史料はほとんど刊行されていないことのほうが多く、いかに地域の史料を掘り起し、目録化と写真撮影による保存体制をはかるかにまず目標が置かれる。そんな事情もあって、自治体史編纂ではまず地域史料の保存管理の上で研究に入るという手順を取ることから「歴史研究者はまずアーキビストであれ」という考え方が導き出されるようになった。

『小山町史』編纂事業は一九九八年三月には、近世史料編・村絵図編に続いて通史編を刊行することができ、私どもの仕事は終了した。この間、史料保存について永原先生にはご理解を頂き、町役場のご理解も得られたが、その上で小山町にアーカイブズ(文書館)設立を実現するまでには至らなかった。これはひとえに私のアーカイブズに関する知識と熱意が不十分であったことに原因している。永原先生に熱意をもって訴え、町立アーカイブズを実現させることができなかったことは今もって残念である。

〔『永原慶二の歴史学』、二〇〇六年、吉川弘文館刊〕

九　大学史学科からの高大連携

はじめに

授業を開始して一五分程した頃、緊張感が張り始めた教室の入口のドアを開けて入室した女子学生は、自分の仲の良い友達に向かって、いきなり手を振った。そのまま空いた席に進んでいく姿に、私は暗澹たる思いとなった。言うまでもなく、遅刻した学生は、教師に挨拶して、授業を中断させた迷惑を詫び、遅刻の理由を語るものと考えていた。この事例は、二〇年も近く前のことであった。とうとうこうなったか、と思い当るものがあった。

それより少し前、高校の先生がたと、高校生活と大学進学について、大学主催で懇談会を持つことがあった。その際、ある高校の先生から「すべて大学にお任せします」との発言を聞かされた。高校生活では、仕付けも礼儀も、何もできないまま大学に送り出すので、後はよろしく、との意であった。受験勉強だけをして、成績を上げれば、礼儀も作法も、他者に対する思いやりも不要であるとの教育現場が、すでに高校に訪れており、現場の教師は半ば諦めの境地にあるとの発言の趣旨であった。

高校と大学の教育連携について語る時、教育のどんな中身を問題にするのかが、本来問われるべきであろう。仕付けや他者に対する思いやりなど人間として一個人、一市民として身に付けるべき価値観形成を、しっかり高校で身に付けてもらうことこそ、高大連携の主たるテーマであると考えることができる。

しかし今、文部科学省が進めている「学士課程教育の構築に向けて」における高等学校との接続の中で、初年次における教育上の配慮として、高大連携で考えられているのは、全体的な高校生の学力の低下を前提にして、初年次教育によっていかに水準を上げるためのプログラムを体系化し充実させるか、という課題である。推薦やＡＯ入学した、とても大学に進学できそうにない学力の持ち主たちを、いかに合理的にフォローアップするか、そのために高大連携をはかれ、というのが中教審や文科省の想定する対象である。

全国の大学の数は増加した。株式会社立など、規制緩和によって大学設置は緩くなり目を覆うような、大学とは到底呼ぶことのできないものまで存在している。そういう文科省の行政の付けを取り繕うために求められた高大連携に背を向けるという意味ではなく、本誌（『日本史の研究』）の読者の水準に見合った、本誌前号までの高校側からの取組みに呼応できるような内容で、大学側（といっても一私立大学）からの考え方をお示ししたい。

一　全学部生のための教育連携

法学部・経済学部など社会科学系学部や理学部・工学部など自然科学系学部を含め、人文科学系学部も合わせた全学部の、どこに進学するのか、高校生の迷うところである。進学指導に当る高校の先生は、その生徒の適性をはかって、進路の助言を与えることになる。

生徒がどの学部を選択するかは重要なことであるが、ここでは学部の違いを越えて、全学部生共通に、大学四年間で何を取得してもらいたいと、私たち大学教員が期待しているかを紹介し、そこから、高校教育において前提となる共通の導線を考えていくことにしたい。

どの学部で学ぶにしても、学生が四年間の間に身に付けてもらいたいことは、専門的な技術をともなう方法論（知的技術）のほかに、学部を越えて共通な幾つかの点である。一つは、専門的な学問の基礎になることだが、論理的思考を行ない、論理を科学的に説明することが求められる。科学的にとは、仮説を客観的に証明できることで、例えば物理や生物実験をくり返し、データを作成して証明の根拠にすることのように、その学問によって証明の方法は異なるが、証明の無い仮説は、仮説に止まるということを共通の認識とすることである。憶測を憶測の範囲に限定する判断力は、テレビやインターネットから流される情報の虚実を峻別する力になる。

この論理的思考は大学ではどの学部でも共通に求められるのだが、その前提として、高校において数学や物理・化学などの理数系授業での勉強は肝要になる。従って、文系進学者に大学受験科目にない理数科目を学ばせるのは無駄と考えるのは、近視眼的な考えで、それら生徒は大学のどの学部に進学しても行き詰まることにもなる。

大学の学部を越えて共通に求められる二点目は、世界の多文化を理解する視野の広さである。大学では、英語に限らずドイツ語・フランス語・中国語・韓国語・アラビア語・ロシア語・スペイン語・ポルトガル語などなど世界の言語を学ぶことができる。例えば英語など一言語に習熟して、コミュニケーションをはかることのできる能力を身に付けることは重要である。その他にも多言語を学習するのは、外国語が異文化を知る窓口になるからである。大学の四年間に、幾つもの言語に触れながらその文化・民族を知ることは、国際的な視野を持つ社会人に不可欠なことと大学では考えている。高校生が受験勉強としてしか英語（外国語）を見ないのは余りに窮屈であろう。異文化を理解し世界的な視野に立てる人口の外国語の勉強を幅広い興味あるものにして欲しいと願う。

異文化を理解するとともに、日本についても良く知ってもらいたいと大学は考えている。国語・古文・漢文を通して日本の文化や思想は高校教育でも充分に伝えられているとは思われる。ここでは日本史教育を通して、高校の生徒に伝えて欲しいことを申上げる。大学で共通に求める三つ目の能力であるが、それは日本の次世代を担う社会的責任力である。高校の日本史の授業を通して、時系列（通時的）に、時代とともに社会は大きく何度も変容してきたことやその変化が誰によってなされたのか、主体は誰かを考えることを通して、現在の民主的な社会と将来社会に対する主体的責任を自覚できるようになって欲しいと考える。例えば市民として、過去に血と汗で獲得した選挙権を行使することの意味は、高校の日本史の授業を通して理解できることの一つであろう。

大学受験のために一点を競ってその技術を学ぶような、高校教育の歪みはすでに四〇年以上も前から指摘されてきた。十代の若者が身に付けるべき基本的な学問は、大学入学の競争のためにあるのではなく、大学卒業後に社会人として一市民として、国際的な広い視野と論理的思考を持てる人材を育成することにつながるものであって欲しい。これが高大連携の本質であると、私は考えている。

二　大学史学科の考える高大連携

高校生たちは、大学に入学して、未知の新しい学問に挑む。高校までに学んだことのある勉強とはまったく異なる法学部や経済学部などの学問では、例えば刑事訴訟法を学ぶには、入学生は一から出発する心積りをする。あるいは、高校までの勉強とつながりがあるのかとも思う数学ならば、余りにレベルが違いすぎるから、やはり一から学ぶ心積りにならざるを得ない。

問題なのは歴史学である。大学に入学した時に、中国の三国志や日本の戦国時代に、やけに詳しい知識をもった学生がいる。恐らく受験の歴史科目は優秀な点数を取ったのであろう。「歴史おたく」のような人たちが、一年生の基礎演習（ホームルーム）の授業に、ちらほら見受けられるが、私はまず、彼らにこれまでの大学受験で身に付けた歴史知識を、いったん捨て去るように言う。刑事訴訟法を学ぶように、大学で一から初めて学ぶような未知の学問を学ぶ心積りを、歴史学でも求める。

高校生の時に熱心に日本史の授業に参加し、該博な知識を身に付けたのに、その知識をいったん捨てろとは、理解ができずにとまどう学生たちがいる。私は次のように説明する。高校までの歴史(日本史)の勉強は、歴史知識を消費者として購入する立場であったが、これからは歴史像を創造する生産者の立場に身を置くのだと説明する。大学四年生の卒業論文では平均して四百字詰め原稿用紙一〇〇枚程度の本文編と補注編数十枚とを提出してもらうが、卒業論文を書くという創造活動は容易なことではなく、一から学問的方法を学び身に付けてもらわなくては可能にならない。

歴史論文を書くとは、まず第一に史資料を解読する作業、すなわち古文書を正確に読んだり、地中から発掘した木簡の文字を解読するなどの作業がある。そのための技術は、時には職人的な徒弟関係のような習練が求められたり、科学的な先進技術を取り入れる難しさなどが伴う。従ってこれらは専門研究者に委ねられることが多く、活字史料集として公刊される成果を利用することができる。しかし、日本近世史に関して言えば、未発見の史料や機関・個人に所蔵、保管された未刊行史料は膨大に存在している。これらを学生自らが解読できれば、利用する史料の幅は拡大することになる。また、地域史料保存活動に加わり、アーカイブズ保存のために寄与することも可能になるので、古文書解読の知的技術・能力を向上させることには意味がある。

歴史論文を書くためには、第二に、解読された史料(活字史料)を正しく解釈する作業が求められる。史料解釈のためには、歴史用語や人名・地名などを正確に理解するための最善の道具(各種の辞典や家譜・補任類など)を知り、これらを用いて調べる技術を身に付けなくてはならない。この知的技術も教師や先輩たちから日々指導を受けて身に付けるものとなる。

大学一年生になると、自分の関心のあるテーマに関する先行研究を探り、整理する作業を始める。学会誌に掲載される論文を、大学入学生が読破するのは至難の技である。壁にぶつかりはね返されることが多い。これを粘り強く取り組んで、先行研究のまとめができるようになることが求められる。高校時代に教科書や参考書で身に付けられた歴史知識と、学会誌に掲載された論文を理解することの間には、格段の違いがあり、一から学ぶ積りを持たないとはね返され、挫折することになる。

前述した史料解釈ができるようになれば、先行研究を読む力も付いてくる。論文に引用された史料を自らも解釈できるようになると、格段に論文の理解度は増す。ひたすら論旨だけを追いかけていた水準から、論文執筆者の史料解釈との違いを自らが自覚できれば、しめたものである。これは大学三年も後半にならないと実現できない。

このような幾つもの段階を経て、四年生になると卒業論文を執筆する。何とか自分なりの史料解釈から、個別の歴史像を描くことを目指す。日本近世史であれば、新発見の史料から新たな歴史像を描く卒業論文が書かれ、学会誌に発表されるようなことも稀にはある。

四年間を通して、自ら論文を書き、時には学会の共有財産となるようなことにつながる生産活動に身を置くのである。だから一年生の早い時期に、高校生の時に身に付けた消費者としての知識を捨てて、大学で一から学ぶことを要求する。高校の時の歴史科目が得意で、自信をもってその知識に頼ろうとすると、謙虚に歴史学の方法論を学ぶことができなくなることがある。

三　史学科の一年生教育

一年生の基礎演習という授業科目で、私は以上のことを理解してもらうために、次の方法を用いる。『新潟県史　資料編6近世一上越編』に所収の、「寛永十七年四月　頸城郡大濁村人別改帳」(史料A)と「正保年間　大濁村宗門改帳」(史料B)の家族単位に人名・年齢を記載する二点の史料を一年生たちに読ませ、気が付いたことをどんな些細なことでも指摘するようテスト形式で命じる。大濁村の場所は、長野市から北国街道(国道一八号線)で新潟県に入り、高田城下町(上越市)方面に向かい、関川沿いに進んで新井宿(町)に至ってから、北国街道を折れて右手(東側)の山並みに向かい、山間の道を上り、幾つか峠を越えたところにある山村集落であると説明する。

その際、世界史を受験科目にした学生はよいのだが、日本史受験者には、これまでの知識を捨てて、史料Ａ・Ｂに向かうことを要求する。宗門人別帳と聞いただけで、江戸幕府のキリシタン禁制や寺檀制度という自分の知識に頼りその乏しい知識を探すばかりで、眼前の史料から何を読み解くか、という考察力を鈍らせることになるからである。

資料Ａの寛永十七（一六四〇）年当時、大濁村は男一九人、女一七人、合計三六人、四家族（複合大家族）の小集落であることが、末尾の記述から判明する。これが六年後の史料Ｂでは、男二三人、女一七人で合計四〇人とあり、この間に男が四人増えたかのように見え、そのことを指摘する学生が何人もいる。実際には、史料Ａに記載された人物で、六年後の史料Ｂには存在が確認できない、つまりは消えた人物が一六人おり、逆にこの六年の間に新たに大濁村の住人になった人物は二〇人を数える。嫁に行ったり、貰ったり、年寄が死んだり、子供が産まれたりなどで、村の合計人数四〇人のうち半分の五〇％が、この六年間に加わった人たちであった。単純に、六年間に四人増加した、というものではなく、村の人口の半分が入れ代ったのである。

これは異常な姿というべきであろう。この六年間に何が起こったのか。結論を急げば、いわゆる寛永の飢饉は、越後国頸城郡の山村をも例外とはせずに襲い、死者や走り百姓を多く出していたのである。

大学一年生たちは、史料と格闘しながら、小さな発見をし、そこから村の姿を想像するようになっていく。そのテスト形式で記述してもらった用紙をもとに、次週の授業で史料解説を行ない、山村の人の流れを確認する。さらに次の課題が学生たちに与えられる。『歴史遊学』（山川出版社、二〇〇一年刊）に所収の拙稿「宗門人別帳を解く――山村の人の流れ」を読んでもらい、次の週にそのレジュメを提出してもらう。先行研究を読んでレジュメを作成し、提出されたうち二～三人にプレゼンテーションをしてもらう。

この三週の授業を通して、論文（先行研究）を読む経験を積む。実際に自分が史料を読み、その後に解説を受け、その史料を用いた論文を見た一年生たちは、やすやすとその論文の要旨を取り、レジュメを作成することができ、大学の史学科での、生産者の立場を自覚することになる。

おわりに

本当の意味での高大連携とは、高校までの教育と大学における教育が共通の目標を持ち、各段階・各学部・各学科目による教育方法が個性を持ちつつも、目標の部分は通底する一貫性を持つことにあろう。共通の目標とは、人間として、社会人として、市民としての尊厳と責任とを持てるようにすることである。大学受験に役立つかどうか、就職に有利かどうか、という価値判断は目標にすべきではなく、本来の学問・学科教育に励んだその結果として、就職や大学受験の力が備なわっているというものであろう。そのような世界の国々や過去の日本の教育のあり方を、高校・大学ともに目指したいものである。

〔『歴史と地理』第六三〇号「日本史の研究」二二七、二〇〇九年、山川出版社刊〕

一〇 日本歴史学協会委員長ごあいさつ

二〇〇九年七月、東京大学教養学部で開催されました日本歴史学協会総会において、第二七期の委員長を仰せつかりました。前期の木畑洋一委員長を引き継ぎ、これから三年間、武内房司副委員長とともに学習院大学が事務局をお引き受けいたしますので、会員の皆様にはどうぞよろしくご協力のほどお願い申し上げます。

「文化はカナリヤである」と、時折わたしは考えております。炭鉱などの坑道にともなわれた鳥かごのカナリヤは、自らの命を落として、いち早く危険を人間に知らせます。この場合はもちろん、カナリヤに崇高な意思があるわけではなく、人間の勝手によってカナリヤの命を奪っているだけなのですが、ここは喩として看過してください。長い人間の歴史のなかで、戦争中に文化が栄えたためしはありません。その逆に、政治や社会の平和と安定のなかで文化は豊かに成熟してきました。

「儲かるか儲からないか」の資本の論理は、以前にも増して日本社会に横溢しています。学問を含む文化のうち、金に結びつかないものは切り捨てるという価値観の広がりは、やがて坑道のカナリヤのように文化の命を絶つことになるのでしょうか。その先には、健全で平和な社会も喪失されていくのでしょうか。

そうならないように学問をふくむ文化は、存在意義を発揮し、社会をより一層健全にしていく役割を果たす必要があるように思われます。とりわけ歴史学は、最も敏感なカナリヤであります。国内外の平和がいつどのように解体されていったのか、世界の五〇〇〇年間を対象にして研究してきました。いま歴史学の持つ力を、より以上に発揮する時が到来したように思われます。そのために歴史学の学会連合(学協会)である日本歴史学協会は、加盟学会や個人会員とともに課題を見出し、その改善策を図るための行動を、日本学術会議とも協力して、取っていきます。

会告に示したように、本年九月一八日(土)午後、日本歴史学協会創立六〇周年を記念して公開講演会・シンポジウムを開催します。日本歴史学協会のこれまで果たしてきた役割を確認するとともに、これからの課題にいかに取り組んでいくのかを検討します。会員はもちろん非会員の若い方々にもふるって参加いただき、活発な議論が展開されることを期待します。とくに、歴史学を次の世代に継承し発展させるためにはどうすればよいのか、もっとも重要な課題の一つとして考えていく所存です。

あらためて会員の皆様のご協力をお願い申し上げ、ご挨拶に代えさせていただきます。

〔『日本歴史学協会年報』第二五号、二〇一〇年〕

一一　静かな民主革命

本年(二〇一一年)四月から大学(短大・高専を含む)に教育情報の公表が義務付けられた(「学校教育法施行規則第一七二条の二に基づく情報公開」)。大学では教育研究上の目的やその基本組織、入学者受け入れ方針と入学者数、学習成果の評価と卒業・修了の認定の基準などの九項目を、大学のホームページで公表することが義務付けられ、読者の中にも大学当局から協力を求められ作文を強いられた向きもおられよう。法令施行以前から中教審や私大連から「学位授与の方針」、「教育課程編成・実施の方針」、「入学者受け入れの方針」の三方針を明文化するように各大学に求める動きがあった。これらの動きは社会に対する説明責任(アカウンタビリティ)を求める考え方を前提にしていることにも注意が向けられよう。(ところでホームページで大学の方針が公表されても、それらが実際に行なわれたかどうかの検証はどのように行なうのか。過去に遡っての検証のためには、記録を管理・保存し、アーカイブズとして公開されなければならない。大学アーカイブズの設置は、どの大学でも必要になる。)

二〇〇一(平成十三)年に就任した小泉純一郎首相のもと、行財政改革と規制緩和政策が推し進められ、文部科学省も例外ではなかった。大学設置審議会では設置基準の大幅緩和によって経済特区の下で株式会社立の大学が設置認可された。これでも大学と言えるのかというような、かつての基準では考えられない大学の設立は、当然の帰結として、大学の学生数の増加と質の低下を招くことになった。このような事態に文部科学省は、自己評価や外部評価による大学評価制度を導入させ、FD制度を導入して教育の質を保証させようともした。さらに本年、前述の教育情報の公表を義務付けたのである。

小泉内閣による規制緩和策は日本型経営と呼ばれた会社の在り方も改め、被雇用者(労働者)の安定よりは株主(資本家)の利益をより強める考え方を推進した。内外の資金管理団体(ファンド)を吸引する意図があったのである。「村上ファンド」や「堀江モン」などが跋扈する一方で、派遣社員の増加や派遣社員にもなれないワーキングプアの若者を大量に生み出す原因になったことを、多くの人は認識している。その一方で、世界のファンド（外資）が日本市場に参入したことは、思いもよらぬ効果をもたらした。株式会社や社会の既存の考え方（価値観）を改め、法令順守（コンプライアンス）・統治（ガバナンス）・説明責任（アカウンタビリティ）などの世界標準（グローバルスタンダード）が海外の株主たちから強く求められ出したのである。これらの価値観は社会の各層に着実に浸透しつつあると見られ、前述の文科省（中教審）が大学に求めたことも説明責任を基準に置いてのものであった。説明責任を果たし情報公開を義務付けることは、民主的な社会を形成するのに不可欠のことであるが、しかし黒船来航のように海外資本の参入によってもたらされるというのは情けない話ではないか。

本年七月に発生した中国の高速鉄道の大事故後の処理の際に、中国政府や中国共産党の隠蔽体質が批判の目に曝された。日本のマスコミも批判的であったが、それでは東京電力福島第一原子力発電所事故と放射能汚染について、日本政府や東京電力は何らの隠蔽もなく十分な情報公開をしてきたと言えるのであろうか。「五〇歩一〇〇歩」・「目くそ鼻くそ」の類であろう。一九四五年八月の敗戦時、陸海軍や政府が機密文書の焼却を実行し証拠隠滅を図った体質は、戦後の日本政府において、どれほど改善がなされたと言えるのであろうか。

現在に続く日本政府の情報公開とは程遠い体質は、いつ頃から始まったものであろうか。記録保存の観点から歴史的な略述を試みてみよう。記録保存の慣行は、江戸時代の幕府・藩・朝廷・寺社や村や町共同体あるいは家々でも広範に見られ、アーカイブズ（記録史料）は個人や団体の証拠や先例などのために参考にされた。だから膨大な近世史料が今日まで保存されてきた。明治維新後も太政官政府は、一八七五（明治八）年、内務省記録課から「全国ノ記録ヲ保存スルコト」を命じ、他方で修史局さらに修史館を設け、太政官の下で歴史編纂とも連動させた。しかし太政官から内閣制度に移行するや、一八七五年に命じた全国の記録保存は一八八五年に中止され、また修史館も廃止された。ここに重要な岐路が存在した。

政府は公文書保存・管理を行なうアーカイブズ制度を設立する考えは採らず、国史編纂を主にして、限られた歴史編纂のためにのみ史料を集めるという考え方に立ったのである。政府はもちろんアーカイブズの存在を知っていた。一八七一(明治四)年の岩倉使節団は、ヨーロッパ諸国に一八世紀以降設立された各地のアーカイブズのうちベニスのアルチーフの見学を行なっている(久米邦武「米欧回覧実記」)。また一八八七(明治二十)年外国人教師であるドイツの歴史学者ルードウイッヒ・リースは帝国大学への意見書で、国史学科学生の将来の職務の第一は「政府地方官庁貴族大家ノ記録局ニ於テ記録主任又ハ公文ノ整頓保存主任」になることであるとした。すなわちアーキビストを職務の第一に掲げた。ちなみに第二は「図書館長又ハ掛員」、第三は「目下日本ニ於テ必要ノ急務タル修史事業ヲ補助セシメ即其資料ヲ蒐集批評及編輯セシムル為メ編修者又ハ其助手」つまり史料編纂官を、第四に「中学校ノ適格ナル国史教員」をリースは提示した(1)。

政府は、リースの言う第一のアーカイブズ制度ではなく、第三の修史事業に目を向け、一八九五(明治二十八)年帝国大学に史料編纂掛を設け、「大日本史料」(正史)の編纂事業を担わせ、一九〇一(明治三十四)年から同書は刊行されて今日に続く。また一八八四(明治十七)年設立の宮内省図書寮で歴代の天皇実録の編纂事業に取組ませる。内閣制度創設後、明治政府は国家と天皇の歴史編纂を国家事業として進め、これら「正史」をもとに国民(皇民)を教化するという政策を採った。昭和に入って「皇国史観」はその極みとなった。従って、国民自らが個人・家・地域の歴史を持つことは必要でなく、日本人はだれもが国から与えられる天皇と国の歴史を学べばよいとされた。歴史教育等を通して一君万民の中央集権化が進むほどに、国民一人一人が自らの存在を確認(アイデンティファイ)する意識は育てられなくなっていった。しかも、このような政府の官吏は一八八五(明治十八)年制定の「官吏服務規律」の第一条において「凡ソ官吏ハ天皇陛下及天皇陛下ノ政府ニ対シ忠順勤勉ヲ尽スベシ」と、天皇と天皇の政府に忠順勤勉を強いられた。国民に対しての忠順でなかったことは言わずもがなである。

戦後、歴史研究者は立ち上がった。従来の支配者の歴史ではない近世の庶民生活などについての研究の実証的・科学的研究の根本史料となる「近世並に明治時代の庶民生活に関する基礎的史料が(中略)散佚・湮滅しつつある現情にかんがみ、保存及公開機関として、国立史料館のごとき施設を急速に設置し、これが対策をたてるよう」野村兼太郎をはじめ九六名の歴史研究者が一九四九年に請願した。日本学術会議・日本歴史学協会などの運動も加わり一九五一年に文部省史料館が設立された。(2) さらに近代行政文書の保存のための運動が大久保利謙をはじめ日本歴史学協会などによって進められ、七一年に国立公文書館も設立された。

一九七四年に都道府県立アーカイブズやその他の史料保存機関によって設立された全国歴史資料保存利用機関連絡協議会(全史料協)は、一九八六年ＩＣＡ(国際アーカイブズ評議会)＝ユネスコ諮問機関(四八年発足)に加盟して以降、二世紀に及ぶアーカイブズの蓄積を持つ世界標準を積極的に学び始める。一九八六年にはＩＣＡ国際標準化担当委員マイケル・ローパーが来日し、文書館法の制定やアーキビスト制度の樹立などを勧告した。かくして全史料協や参議院議員岩上二郎の尽力で、一九八七年「公文書館法」が制定され、国・地方公共団体のアーカイブズ保存・利用の責務が規定された。これらは、地道に世界標準を学びながら、一歩一歩アーカイブズ制度を日本に導入させようとする取組みであった。さらに本年四月には、内閣総理大臣の許可なく省庁が勝手に文書廃棄することが禁止されるなどの「公文書管理法」が施行されるに至った。

どの国にも図書館・博物館とともにアーカイブズが存在し、国や自治体をはじめ企業・大学など各団体の説明責任などのためにアーカイブズ制度を機能させている。これが世界標準である。たとえば韓国では、一九九九年金大中大統領の下で「記録管理法」が制定され、充実したアーカイブズ制度を備えるに至った。これは韓国国民が血と汗と涙を流した民主革命によって樹立した金大中政権が推進した、民主主義の根幹をなす制度設計であった。私たちは血と汗による民主革命ができないのであれば、アーカイブズ制度とその意識を、一歩ずつ地道にしかも広範に確立させることで、政府や企業が情報を改ざんし隠蔽することのない、説明責任を果たす公平で民主的な社会を実現させることが可能なのであろう。時間はかかるが、これは静かな民主革命となる。

注

（1）青山英幸『アーカイブズとアーカイバル・サイエンス』（岩田書院、二〇〇四年）

（2）安澤秀一『史料館・文書館学への道』（吉川弘文館、一九八五年）

〔『史学雑誌』第一二〇編第九号、二〇一一年、史学会刊〕

一二　やはり、はまった――教師の近況――

私が学習院大学史学科に着任したのが、一九八一（昭和五十六）年四月のことだから、現在三二年目ということになる。この間、数多くの優れた史学科生とお付き合いを頂き、私の教師ぶり、つまりは教育・研究活動や史料調査会・学会活動などは知られることもあったのではないかと思う。しかし史学科とは無関係ながら、大学教師としては大切な活動である、クラブ・サークル顧問について、これ迄余り知られることはなかったと思うので、ここで語ることにしたい。

一九八一年に着任した頃、私はまだ三三歳であったから、身体は十分に動いて、それ迄の職場であった東京大学史料編纂所で、野球・卓球・サッカーを楽しんでいた（あくまで業務の他の昼休みや就業後）ように、学習院事務職員の野球チームの仲間に入れてもらい、早朝野球や休日に私学共済組合の野球大会に出場もした。高校生まで野球部では遊撃手を守っていた（大学ではブルペンキャッチャーのみ）ので、遊撃手のポジションをもらって、揃いのユニフォーム（どういう訳か阪神タイガースを真似たタテ縞）を着て出場した。

仲間の一人のある職員が、ある日私に、陸上競技部の部長を引受けてくれないかと頼みに来た。彼は本学の陸上競技部の卒業生でもあった。折しも現部長の法学部の先生が在外研究に出られるということで、誰か適当な教員を探していたのであろうが、職員野球の縁で、声を掛けて頂くことになった。私は陸上競技の経験はなく、自信はなかったが、野球部の部長以外であれば良いかなと思い引受けることになった。

硬式野球部と関係を持ってはいけない。これが本郷から目白にトレードされる際に強く考えていたことであった。自分は余りにも研究蓄積が乏しい、本郷で研究を続けるべきで目白で教鞭を執る資格はないと、再三お断りをしたのだが、清永昭次先生の余りに誠実なお勧めをこれ以上お断りすることは出来ないと、目白への入団を決意したのであったから、硬式野球部に近付けば、研究は浅いままになり教育をする資格を持てないと思っていた。

陸上競技部の対抗戦では、開会の挨拶と閉会の挨拶とを担当することが多く、本部席で全競技を見ることになる。バックストレッチを走る四〇〇メートルの走者の、ストライドの伸びたフォームは実に美しく、またハイジャンプの背面跳びのジャンパーの姿は芸術的とさえ言え、感動してすっかり魅せられた。歴代の部員の中には史学科生もいて、その頃はなおさら力も入り、甲南大学との対抗戦の勝利をともに喜んだりした。二五年間部長を勤めた最後の学年には、埼玉県の公務員ランナー川内優輝君もいて、箱根駅伝の応援に行ったのは楽しい思い出となっている。

文学部長を務めた二〇〇七年から多忙になったことと、何よりも自分よりふさわしい陸上競技経験者のスポーツ健康科学センターの先生が着任されたことから、陸上競技部の部長を辞任した。

こうして手ぶらになった私に、二年前、今度は硬式野球部から、またもや現部長の法学部の先生が在外研究に出られるのでと、部長を依頼された。高校野球の監督の経験を持つ私も、六三歳になっており、もうノックバットを持って選手を訓練することもできないので、引受けることにした。二〇一〇年の秋季リーグ戦から今年の春季リーグ戦まで四シーズン、東都大学野球連盟三部の公式戦を数多く観戦し、ベンチに入っても応援した。ノックバットは握らないまでも、野球場での約六〇名の選手たちの練習する動きをネット裏から時々見守っている。やはり、はまってしまった。

〔『史学会会報』第一六三号、二〇一二年〕

一三　蔵出し仲間

十数年前、人を介して、フランス高等研究院歴史学部教授シャルロッテ・フォン・ヴェアシュア先生から、甲府市にある三井家という家の古文書整理の依頼があった。古代～中世の日本と中国・朝鮮との交流史を研究されていた先生を、近世史の自分はそれまで存じ上げずにいた。甲州史料調査会という史料保存のための民間ボランティア団体の顧問を私が務め、若い人たちと活動を続けているのを聞いてのことであった。

屋敷を解体する前に、土蔵から古文書や漢籍などを「蔵出し」することになり、先生が女性でドイツ人であることを知った。埃（ほこり）にまみれながら日本の古文書を「蔵出し」した外国人は稀有であろう。三井家の現当主はスイス在住で、ともに音楽が趣味でカルテットを組む友人の先生の助言を受け、古文書をパリのコレッジ・ド・フランスに寄贈することを決められた。調査会では一一年間かけて一点ごとの目録作り、写真撮影をし、東京大学史料編纂所の協力を得てパリに送った。

この間、先生は毎年来日して会の活動を励まして下さり、私は二度パリに招かれ古文書の保管状態を確認した。独・仏・英語に加え日本語も堪能で、広い視野を持つ先生の品格の高さに私はいつも感じ入っている。

〔『日本経済新聞』二〇一六年一月九日朝刊「交遊抄」〕

高埜利彦著述一覧

発表年順。単著『近世日本の国家権力と宗教』に収録された論文には(A)、『近世の朝廷と宗教』に収録された論文には(B)、本書『近世史研究とアーカイブズ学』に収録された論文には(C)を付した。編著書内に論文が収録されている場合、論文項目にその論文の書誌を配した。『史学会会報』は学習院大学史学会の会報、『来ぶらり』は学習院大学図書館の館報である。各種分担内容、および共同編集者名・対談者名などは発表年の後に適宜記した。表記の都合上、書名などのアラビア数字を漢数字になおしたところがある。

(二〇一八年五月現在)

Ⅰ　単　著

『近世日本の国家権力と宗教』　東京大学出版会　一九八九年

『元禄・享保の時代』(集英社版日本の歴史13)　集英社　一九九二年

『江戸幕府と朝廷』(日本史リブレット36)　山川出版社　二〇〇一年

『近世の朝廷と宗教』　吉川弘文館　二〇一四年

『シリーズ日本近世史③　天下泰平の時代』(岩波新書)　岩波書店　二〇一五年

Ⅱ　編著書

〔単編著〕

『シリーズ近世の身分的周縁1　民間に生きる宗教者』　吉川弘文館　二〇〇〇年

『日本の時代史15　元禄の社会と文化』　吉川弘文館　二〇〇三年

『身分的周縁と近世社会8　朝廷をとりまく人びと』　吉川弘文館　二〇〇七年

『日本近世史研究と歴史教育』　山川出版社　二〇一八年

［編集（企画）］

『講座　前近代の天皇』全五巻　青木書店　一九九二年～一九九五年
編集委員（石上英一・永原慶二・水林彪・村井章介・義江彰夫・吉村武彦氏と）

石山寺文化財綜合調査団編『石山寺資料叢書　近世文書集成』　法藏館　二〇〇一年
編纂（資料叢書編纂者）
「（翻刻）七　石山寺開帳中之札銭覚いはいの銭　寛永二十一年　一冊」
「（翻刻）八　御即位御開帳勘定帳　安永九年　一冊」
「（解説）七　石山寺開帳中之札銭覚いはいの銭　寛永二十一年　一冊」
「（解説）八　御即位御開帳勘定帳　安永九年　一冊」

『日本の時代史』全三〇巻　吉川弘文館　二〇〇二年～二〇〇四年
企画編集委員（石上英一・井上勲・五味文彦・渡辺治氏と）

『平成15年度新規事業重点施策（戦略枠事業）実施報告書Ⅰ【哲学科・史学科調査カード収録】・Ⅱ　学術資料・文書等の管理と有効利用の在り方調査プロジェクト』学習院大学文学部・人文科学研究科学術調査事務局　二〇〇四年　共編

『平成16年度新規事業重点施策（戦略枠事業）実施報告書Ⅰ【哲学科・史学科調査カード収録】・Ⅱ　学術資料・文書等の管理と有効利用の在り方調査プロジェクト』学習院大学文学部・人文科学研究科学術調査事務局　二〇〇五年　共編

歴史学研究会編『日本史史料［3］近世』　岩波書店　二〇〇六年
責任編集

〔共編著書〕

今谷明・高埜利彦編『中近世の宗教と国家』　岩田書院　一九九八年

久留島浩・高埜利彦・塚田孝・横田冬彦・吉田伸之編『シリーズ近世の身分的周縁6　身分を問い直す』　吉川弘文館　二〇〇〇年

宮地正人・佐藤信・五味文彦・高埜利彦編『新体系日本史1　国家史』　山川出版社　二〇〇六年

青柳周一・高埜利彦・西田かほる編『近世の宗教と社会　地域のひろがりと宗教』第1巻　吉川弘文館　二〇〇八年

井上智勝・高埜利彦編『近世の宗教と社会　国家権力と宗教』第2巻　吉川弘文館　二〇〇八年

澤博勝・高埜利彦編『近世の宗教と社会　民衆の〈知〉と宗教』第3巻　吉川弘文館　二〇〇八年

高埜利彦・安田次郎編『新体系日本史15　宗教社会史』　山川出版社　二〇一二年

高埜利彦ほか編『シリーズ日本人と宗教1　将軍と天皇』　春秋社　二〇一四年

高埜利彦ほか編『シリーズ日本人と宗教4　勧進・参詣・祝祭』　春秋社　二〇一五年

〔監修〕

『集英社版学習漫画　日本の歴史12江戸幕府ひらく　江戸時代Ⅰ』（漫画・阿部高明）

『集英社版学習漫画　日本の歴史13町人たちの世の中　江戸時代Ⅱ』（漫画・阿部高明）　集英社　一九九八年

『集英社版学習漫画　日本の歴史14ゆらぐ江戸幕府　江戸時代Ⅲ』（漫画・阿部高明）　集英社　一九九八年
『学習漫画日本の歴史　人物事典』　集英社　一九九八年
（江戸時代監修　他は岡村道雄・吉村武彦・入間田宣夫・池上裕子・海野福寿・松尾尊兊・木村尚三郎氏）　集英社　二〇〇一年
『日本史リブレット』全六八巻　山川出版社　二〇〇一年
監修（五味文彦・佐藤信・宮地正人・吉田伸之氏と）
『歴史年表大事典』（ムロタニ・ツネ象著）　くもん出版　二〇〇五年
『日本史リブレット　人』第Ⅰ期一〇〇巻企画　山川出版社　二〇〇八年
監修（加藤友康・五味文彦・鈴木淳氏と）
高埜利彦監修・甲州史料調査会編『富士山御師の歴史的研究』　山川出版社　二〇〇九年

Ⅲ　自治体史

大月市史編纂室編『大月市史　史料篇』（協力者）　大月市役所　一九七六年
大月市史編纂室編『大月市史　通史篇』（共著）　大月市役所　一九七八年
壬生町史編さん委員会編『壬生町史　資料編近世』（共著）　壬生町　一九八六年
壬生町史編さん委員会編『壬生町史　通史編Ⅰ』（共著）　壬生町　一九九〇年
小山町史編さん専門委員会編『小山町史　第2巻』近世資料編Ⅰ　小山町　一九九一年
編纂・解説「村の宗教と文化」「富士参詣」
小山町史編さん専門委員会編『小山町史　第3巻』近世資料編Ⅱ　小山町　一九九四年

編纂・解説「村絵図・村鑑」「小山村」「生土村」「所領村」「須走村」「古沢村」
小山町史編さん専門委員会編『小山町史　第7巻』近世通史編　小山町　一九九八年
本巻担当者（責任者）第七章・第九章執筆

Ⅳ 論　文

「近世問屋制家内工業の一形態―越前国五箇村奉書荷主内田氏を中心にして―」東京大学文学部国史学専修課程卒業論文　一九七二年一月一〇日提出
「幕藩制中期における生産者支配の一形態」『日本歴史』三五四　一九七七年（C）
「修験本山派の本末体制」　大月市史編纂室編『大月市史　通史篇』近世Ⅱ宗教　大月市史編纂委員会　一九七八年（A）
「村と宗教」　大月市史編纂室編『大月市史　通史篇』近世Ⅱ宗教　大月市史編纂委員会　一九七八年（A）
「幕藩制国家と本末体制」『歴史学研究』別冊特集（一九七九年度）：世界史における地域と民衆　一九七九年（A）
「近世の僧位僧官」『論集きんせい』四　一九八〇年（A）
「修験本山派院家勝仙院について」『東京大学史料編纂所報』一四　一九八〇年（A）
「前近代日本の宗教と国家―近世を中心にして―」『人民の歴史学』六六　一九八一年（A）
「近世奉幣使考」『歴史学研究』五〇〇　一九八二年（A）
「江戸触頭についての一考察―修験本山派を中心に―」『学習院史学』二〇　一九八二年（A）
「近世中期における商業経営の変質」『学習院大学文学部研究年報』二九　一九八三年（C）
「和紙」　永原慶二ほか編『講座日本技術の社会史1　農業・農産加工』日本評論社　一九八三年（C）
「近世陰陽道の編成と組織」　尾藤正英先生還暦記念会編『日本近世史論叢』下巻　吉川弘文館　一九八四年（A）
「江戸幕府と寺社」　歴史学研究会・日本史研究会編『講座日本歴史5　近世1』東京大学出版会　一九八五年（A）

「幕藩体制における家職と権威」　朝尾直弘ほか編『日本の社会史』第三巻：権威と支配　岩波書店　一九八七年(A)

「フランス国立ギメ東洋美術館所蔵の日本近世史史料」『学習院大学文学部研究年報』三四　一九八八年

「(第一編　幕藩体制の成立と構造　第四章　幕藩体制(Ⅱ)第四節)宗教政策」　井上光貞・永原慶二・児玉幸多・大久保利謙編『日本歴史大系3　近世』　山川出版社　一九八八年

「(第二編　幕藩体制の展開と動揺　第二章　都市と産業の発達　第三節　諸産業の発達)製紙業」　井上光貞・永原慶二・児玉幸多・大久保利謙編『日本歴史大系3　近世』　山川出版社　一九八八年

「(第二編　幕藩体制の展開と動揺　第三章　宝暦～天明期の政治と社会　第一節　宝暦・明和期の社会　補説2)近世中・後期の朝幕関係」　井上光貞・永原慶二・児玉幸多・大久保利謙編『日本歴史大系3　近世』　山川出版社　一九八八年

「江戸幕府の朝廷支配」『日本史研究』三一九　一九八九年(B)

「「禁中並公家諸法度」についての一考察―公家の家格をめぐって―」『学習院大学史料館紀要』五　一九八九年(B)

「近世における即位儀礼」　歴史学研究会・日本史研究会・歴史教育者協議会・歴史科学協議会編『「即位の礼」と大嘗祭』　青木書店　一九九〇年(C)

「近世天皇論の現在」　青木美智男・保坂智編『争点日本の歴史5　近世編』　新人物往来社　一九九一年(C)

「近世の天皇をめぐって」『人民の歴史学』一〇八　一九九一年(C)

「移動する身分―神職と百姓の間」　朝尾直弘ほか編『日本の近世7　身分と格式』　中央公論社　一九九二年(C)

「後期幕藩制と天皇」　永原慶二ほか編『講座・前近代の天皇』第2巻　天皇権力の構造と展開その2　青木書店　一九九三年(B)

「一八世紀前半の日本―泰平のなかの転換」　朝尾直弘ほか編『岩波講座　日本通史第13巻　近世3』　岩波書店　一九九四年(B)

「歴史を学ぶ　元禄時代の朝廷」　日本史講座機関誌(季刊)『れきし』六四　NHK学園　一九九八年

「第六章　村人のいとなみ　第一節　農業と諸稼ぎ」　小山町史編さん専門委員会編『小山町史　第7巻』近世通史編　小山町　一九九八年（長野ひろ子・須田肇氏と共著）

「第七章　富士山参詣」　小山町史編さん専門委員会編『小山町史　第7巻』近世通史編　小山町　一九九八年（B）

「第九章　人々の信仰と伝承」　小山町史編さん専門委員会編『小山町史　第7巻』近世通史編　小山町　一九九八年（B）

「民間に生きる宗教者」　高埜利彦編『シリーズ近世の身分的周縁1　民間に生きる宗教者』吉川弘文館　二〇〇〇年

「相撲年寄―興行と身分」　塚田孝編『シリーズ近世の身分的周縁3　職人・親方・仲間』吉川弘文館　二〇〇〇年（C）

「山伏たち―中世から近世へ―」　編集協力五味文彦『ものがたり日本列島に生きた人たち　6伝承と文学』上　岩波書店　二〇〇〇年

「幕藩制社会の解体と身分的周縁」　久留島浩・高埜利彦・塚田孝・横田冬彦・吉田伸之編『シリーズ近世の身分的周縁6　身分を問い直す』吉川弘文館　二〇〇〇年（B）

「シンポジウム　討論　身分を問い直す」　久留島浩・高埜利彦・塚田孝・横田冬彦・吉田伸之編『シリーズ近世の身分的周縁6　身分を問い直す』吉川弘文館　二〇〇〇年

「近世石山寺の開帳」　大野瑞男編『史料が語る日本の近世』吉川弘文館　二〇〇二年（B）

「江戸時代の神社制度」　高埜利彦編『日本の時代史15　元禄の社会と文化』吉川弘文館　二〇〇三年（B）

「元禄の社会と文化」　高埜利彦編『日本の時代史15　元禄の社会と文化』吉川弘文館　二〇〇三年（B）

「幕藩制国家成立期」　宮地正人・佐藤信・五味文彦・高埜利彦編『新体系日本史1　国家史』山川出版社　二〇〇六年

「幕藩制国家安定期」　宮地正人・佐藤信・五味文彦・高埜利彦編『新体系日本史1　国家史』山川出版社　二〇〇六

年

「幕藩制国家解体期」　宮地正人・佐藤信・五味文彦・高埜利彦編『新体系日本史1　国家史』　山川出版社　二〇〇六年

「抱え相撲」　森下徹編『身分的周縁と近世社会7　武士の周縁に生きる』　吉川弘文館　二〇〇七年(C)

「朝廷をとりまく人びと—江戸幕府の統制の下で—」　高埜利彦編『身分的周縁と近世社会8　朝廷をとりまく人びと』　吉川弘文館　二〇〇七年(B)

「公家鑑にみる朝廷の人びと」　高埜利彦編『身分的周縁と近世社会8　朝廷をとりまく人びと』　吉川弘文館　二〇〇七年

「戦国動乱から天下統一へ」　宮地正人編『新版世界各国史1　日本史』　山川出版社　二〇〇八年(村井章介氏と分担執筆)

「近世の国家と社会」　宮地正人編『新版世界各国史1　日本史』　山川出版社　二〇〇八年

「近世社会の動揺と近づく近代」　宮地正人編『新版世界各国史1　日本史』　山川出版社　二〇〇八年

「近世門跡の格式」　井上智勝・高埜利彦編『近世の宗教と社会』第2巻　吉川弘文館　二〇〇八年(B)

「富士山御師の歴史的研究」　高埜利彦監修・甲州史料調査会編『富士山御師の歴史的研究』　山川出版社　二〇〇九年

「近世の仏教—社会と国家の関わり—」　智山勧学会編『近世の仏教—新義真言を中心として—』　青史出版　二〇一一年

「近世社会と宗教」　高埜利彦・安田次郎編『新体系日本史15　宗教社会史』　山川出版社　二〇一二年

「天保の改革について」『歴史と地理』第670号(日本史の研究243)　二〇一三年

「江戸幕府と朝廷」　高埜利彦ほか編『シリーズ日本人と宗教1　将軍と天皇』　春秋社　二〇一四年

「本山・本所・頭支配の勧進の宗教者」　高埜利彦ほか編『シリーズ日本人と宗教4　勧進・参詣・祝祭』　春秋社　二〇一五年

「近世の富士山―御師と参詣者」『歴史と地理』第700号（日本史の研究255） 二〇一六年（C）
「江戸時代の皇位継承」『日本歴史』八四〇 二〇一八年

Ⅴ 講演録

「私にとっての日本近世史研究」『学習院史学』二六 一九八八年（C）
「近世天皇研究と教科書」『福井高社研紀要』二四（一九九〇年度） 一九九一年
「元禄時代を現代の出発点とみるはなし」『歴史科学』一三二 一九九三年
「歴史研究者はまずアーキビストたれ（第39回日本史関係卒業論文発表会特別講座）」『地方史研究』二七五（四八―五） 一九九八年（C）
「相撲の社会史」『学習院史学』三八 二〇〇〇年
「記念講演 史料館創立五十周年に寄せて―文化と創造と継承」『史料館報』七六 二〇〇二年
「【特集1 記念講演】近世国家と地誌」『市史編さんだより 都城地域史研究』八 二〇〇二年
「史料保存の担い手とその養成―専門職問題委員会の取組み」『全国歴史資料保存利用機関連絡協議会会報』六四 二〇〇三年
「史料保存問題とアーカイブズ制度」『日本歴史学協会年報』二一 二〇〇六年（C）
「近世の宗教―社会と国家の関わり」『智山勧学会会報』四二（智山勧学会事務局） 二〇〇六年
「アーカイブズについて」『アルケイア―記録・情報・歴史―』一（南山大学史料室運営委員会） 二〇〇七年
「講演録「アーカイブズの存在意義」」『埼玉県地域史料保存活用連絡協議会会報』三四 二〇〇八年（C）
「アーキビスト（文書館専門職）養成制度の取組と今後の課題」『日本歴史学協会年報』二四 二〇〇九年
「東アジア世界の中の江戸時代」福岡県高等学校歴史研究会『2010年度研究紀要』二〇一一年

「日本のアーカイブズ制度の現状―牛の歩みは遅くとも」『学習院大学大学院人文科学研究科アーカイブズ学専攻研究年報』一二　二〇一三年(C)
「江戸時代の宗教と朝廷の役割」『史学会会報』一六七　二〇一四年
「江戸時代の宗教と朝廷の役割」『学習院史学』五三　二〇一五年
「日本の修史事業とアーカイブズ制度」『日本歴史学協会年報』三一　二〇一六年(C)
「日本のアーカイブズ制度を回顧する」『アーカイブズ学研究』二七　二〇一七年(C)
「日本近世史研究と歴史教育」　高埜利彦編『日本近世史研究と歴史教育』　山川出版社　二〇一八年

Ⅵ　小論・エッセイ等

石ノ森章太郎『マンガ日本の歴史』二五〜三四巻(中央公論社、一九九一年〜一九九二年)の「時代概説」「原案執筆」は、中公文庫版(一九九八年)を採録した。

「新刊紹介：西村嘉助・渡辺則文・道重哲男編『竹原市史(第一巻概説編)』」『史学雑誌』八二―四　一九七三年
「近世中期の商業経営と村落―越前国今立郡五箇村と内田家の場合」(第七一回史学会大会日本史部会報告要旨)『史学雑誌』八二―一二　一九七三年
「採訪調査報告1　北海道地方幕末維新期史料調査」『東京大学史料編纂所報』一〇　一九七六年(山口啓二・小野正雄・稲垣敏子・宮地正人・小沼洋子氏と共著)
「採訪調査報告5　富山・福井両県幕末維新期史料調査」『東京大学史料編纂所報』一〇　一九七六年(小野正雄・針生邦男氏と共著)
「《読書ノート》速水保孝著『出雲の迷信―狐持ち迷信の民俗と謎―』」『歴史評論』三一六　一九七六年
「季節はずれの祭り」『史料職組ニュース』一二三　一九七六年(C)
「書評　名古屋大学文学部国史学研究室編『名古屋大学日本史論集』(上・下)」『史学雑誌』八六―四　一九七七年(石上

英一・千々和到・宮地正人氏と共著）
「新人のプロフィル　「足長船長アラノさん」」『史料職組ニュース』一二四　一九七七年
「龍馬と船と海援隊」『あぜくら』一三〇　一九七七年(C)
「助手問題の現状と課題」『史料職組ニュース』一二五　一九七七年
「書評と紹介　吉田三右衛門編『銀札座覚書』」『日本歴史』三五五　一九七七年
「解題」周布公平監修・妻木忠太著『周布政之助傳』下巻　東京大学出版会　一九七七年(C)
「書評と紹介　徳川実紀研究会編『徳川実紀索引』幕末篇」『日本歴史』三五八　一九七八年
「一九七七年の歴史学界―回顧と展望―日本　近世　四」『史学雑誌』八七―五　一九七八年
「幕藩制国家と本末体制」『歴史学研究』四六八　一九七九年　報告要旨(準備稿)
「即戦力の大型新人―梅沢ふみ子さん紹介―」『史料職組ニュース』一二八　一九七九年
「公務員攻撃と会議体制」『史料職組ニュース』一二九　一九八〇年
「江戸時代の岩殿観音」小峰啓太郎編集『東松山市歴史寸描』東松山市　一九八〇年
「史料・文献紹介　北九州市立博物館編『研究紀要1　特集・豊前修験道』」『歴史学研究』四九〇　一九八一年
「史職を離れて」『史料職組ニュース』一三一　一九八一年(C)
「近世史部会枏田善雄氏報告批判(一九八〇年度日本史研究大会報告批判)」『日本史研究』二二五　一九八一年
「座談会　教育」『呴沫集』三(呴沫集発行世話人)　一九八一年(出席者：柳田節子・堀越孝一・高埜利彦・松尾涼・西村志信・廻洋子氏、司会：本多海太郎氏、写真：毛塚康明氏、記録：板橋真一氏)
「江戸触頭についての素描―修験本山派を中心に―」『東京大学史料編纂所報』一六　一九八二年
「稲垣先生へ」『史料職組ニュース』一三四　一九八二年
「公開鼎談―幕末・維新期をめぐって―」『史学会会報』五五　一九八三年(坂本多加雄・井上勲氏と

「〈賢問愚問〉「武家伝奏について」」『歴史と地理』第388号（日本史の研究139）一九八七年
「舞台の上の猿引き」『日本近代思想大系18　芸能　付録［月報3］』岩波書店　一九八八年（C）
「江戸幕府の朝廷支配」『日本史研究』三一四　一九八八年　報告要旨（日本史研究会大会全体会シンポジウム「国家秩序と天皇」報告準備稿）
「連帯の強さ・連帯の喜びを―五郎兵衛用水路と村―」『信州農村開発史研究所報』二六　一九八八年
「葵の紋をめぐって」『時代小説人物日本史　小説新潮10月臨時増刊　時代小説大全集』一九八九年
「近世の女帝ふたり」『別冊文藝・天皇制：歴史・王権・大嘗祭』一九九〇年
「この一冊」『史学会会報』八七　一九九一年
「「この一冊」続」『史学会会報』八九　一九九一年
「江戸の再開発に見る都市の発展」『季刊まち&すまい』三九（住宅・都市整備公団）一九九二年（対談・玉井哲雄氏と）
「滅びた近世の寺社に思う」文化庁編集『文化庁月報』二八七　一九九二年
「研究と教育」―桃太郎に寄せて―」甲州史料調査会会報『桃太郎』三　一九九二年（C）
「はしがき」永原慶二ほか編『講座・前近代の天皇』第2巻　天皇権力の構造と展開その2　青木書店　一九九三年
「一九九二年の歴史学界―回顧と展望―日本　近世　一　総論」『史学雑誌』一〇二―五　一九九三年
「江戸幕府は神道をどう管理したか？」『別冊宝島EX　神道を知る本』宝島社　一九九三年（C）
「はじめに」・「（列品解説等）」『和紙』一九九三年度学習院大学史料館特別展パンフレット　一九九三年
「〈史料紹介〉「禁中並公家諸法度」（前）」『歴史と地理』第460号（日本史の研究163）一九九三年（B）
「忘じ得ぬ一日」『歴史読本』六一三　一九九四年（C）
「〈史料紹介〉「禁中並公家諸法度」（後）」『歴史と地理』第463号（日本史の研究164）一九九四年（B）
「書評と紹介　「山口啓二著『鎖国と開国』」」『日本歴史』五五二　一九九四年

「卒業生への手紙」『史学会会報』九九　一九九四年
「〈書評〉新田一郎著『相撲の歴史』」『歴史と地理』第472号（日本史の研究167）一九九四年
「特集にあたって」『学習院大学史料館紀要』八　一九九五年（C）
「近世史部会（一九九五年度歴史学研究会大会報告批判）」『歴史学研究』六七九　一九九五年
「社会に働きかける」文化の森通信『ステム stem』二〇（徳島県文化の森総合公園　一九九五年冬号）一九九五年（C）
「史料を読む眼」『福井県史しおり』通史編4　近世二　一九九六年（C）
「新しい波に期待する」『新しい近世史［全5巻］』広告パンフレット　新人物往来社　一九九六年
「（教員紹介）高埜利彦」学習院大学文学部広報作業委員会編集『学習院大学文学部がわかる小事典』一九九七年〜二〇一七年
「特設部会報告批判（一九九六年度日本史研究会大会報告批判）」『日本史研究』四一七　一九九七年
「〈賢問愚問〉「後水尾天皇の譲位と朝幕関係について」」『歴史と地理』第505号（日本史の研究178）一九九七年
「甲州史料調査会の活動について」『記録と史料』八　一九九七年（甲州史料調査会名義）
「時代概説25　近世の幕開け」石ノ森章太郎『マンガ日本の歴史25　織田信長の天下布武』（中公文庫）中央公論社　一九九八年　原案執筆
「時代概説26　秀吉の天下統一」石ノ森章太郎『マンガ日本の歴史26　関白秀吉の検地と刀狩』（中公文庫）中央公論社　一九九八年　原案執筆
「時代概説27　倭乱と花見」石ノ森章太郎『マンガ日本の歴史27　桃山文化と朝鮮侵略』（中公文庫）中央公論社　一九九八年　原案執筆
「時代概説28　征夷大将軍と国奉行」石ノ森章太郎『マンガ日本の歴史28　徳川家康の天下統一』（中公文庫）中央公論社　一九九八年　原案執筆

「時代概説29　江戸幕府の朝廷統制」　石ノ森章太郎『マンガ日本の歴史29　江戸幕府と朝廷』（中公文庫）　中央公論社　一九九八年　原案執筆
「時代概説30　「鎖国」下の対外使節」　石ノ森章太郎『マンガ日本の歴史30　「鎖国」―四つの口―』（中公文庫）　中央公論社　一九九八年　原案執筆
「時代概説31　開発と村」　石ノ森章太郎『マンガ日本の歴史31　大開発の時代』（中公文庫）　中央公論社　一九九八年　原案執筆
「時代概説32　元禄の時代」　石ノ森章太郎『マンガ日本の歴史32　忠臣蔵と生類憐み』（中公文庫）　中央公論社　一九九八年　原案執筆
「時代概説33　新井白石の課題」　石ノ森章太郎『マンガ日本の歴史33　満ちる社会と新井白石』（中公文庫）中央公論社　一九九八年　原案執筆
「時代概説34　吉宗政権の諸相」　石ノ森章太郎『マンガ日本の歴史34　米将軍吉宗と江戸の町人』（中公文庫）中央公論社　一九九八年　原案執筆
「監修のことば　支配体制の確立と国内の開発」　『集英社版学習漫画　日本の歴史12江戸幕府ひらく　江戸時代Ⅰ』（漫画・阿部高明）　集英社　一九九八年
「監修のことば　幕政の安定と町人の文化」　『集英社版学習漫画　日本の歴史13町人たちの世の中　江戸時代Ⅱ』（漫画・阿部高明）　集英社　一九九八年
「監修のことば　幕藩体制の動揺」　『集英社版学習漫画　日本の歴史14ゆらぐ江戸幕府　江戸時代Ⅲ』（漫画・阿部高明）　集英社　一九九八年
「新田先生のこと」　『学習院史学』三六　一九九八年
「はじめに」（文学部長序文）　学習院大学文学部広報作業委員会編集『学習院大学文学部がわかる小事典』　一九九八年～

二〇〇〇年
「成熟社会には文学部が魅力的です」『学習院大学　99 GUIDE BOOK』『学習院大学 2000 GUIDE BOOK』『学習院大学 UNDERGRADUATE PROSPECTUS FOR ENTRY IN 2001』一九九八～二〇〇〇年
「二重の転機」石井進編『歴史家の読書案内』吉川弘文館　一九九八年（C）
「コメント」甲州史料調査会編『河口湖町シンポジウムの記録　富士御師のいた集落』甲州史料調査会　一九九八年
「はじめに」今谷明・高埜利彦編『中近世の宗教と国家』岩田書院　一九九八年
「おわりに」今谷明・高埜利彦編『中近世の宗教と国家』岩田書院　一九九八年（今谷明氏と共著）
「歴史潮流『身分的周縁』をめぐって（2）―飛驒高山の相撲」『本郷』一八　一九九八年（C）
「元禄を考える12のアプローチ④　支配体制」「わたしの関心人物　一条兼輝」『元禄時代がわかる。』AERA MOOK №45　朝日新聞社　一九九八年
「山桜花のごとき」『史学会会報』一二〇　一九九九年
「総括：近世後期、日本海社会の歴史像」福井県河野村編『北前船からみた河野浦と敦賀湊：第四回「西廻り」航路フォーラムの記録』福井県河野村　一九九九年
「大学の4年間で自己の確立を：大学文学部長高埜利彦先生に聞く」『オブリージ（学習院桜友会「櫻友クラブ」会員誌）』二八　二〇〇〇年（取材記事：五十嵐匡一氏・文）
「谷本くんに贈る」『史学会会報』一二四　二〇〇〇年
「書評と紹介　熱田神宮宮庁編『熱田神宮文書　田島家文書・馬場家文書』」『日本歴史』六三五　二〇〇一年
「宗門人別帳を解く―山村の人の流れ」学習院大学文学部史学科編『歴史遊学　史料を読む』山川出版社　二〇〇一年
「アーキビスト養成制度設立に向けて」『史料館報』七五　二〇〇一年（C）

「『新体系日本史』企画委員座談会」『歴史と地理』第552号(日本史の研究196) 二〇〇二年(五味文彦・佐藤信・宮地正人・吉田伸之氏と)
「浅井さんに期待する」『史学会会報』一三二 二〇〇二年
「御師のいた集落川口村のこと―刊行によせて」 本庄静衛編・西田かほる解読・解説『川口村の口碑・史料』(本庄満私家版) 二〇〇二年
「(リレートーク3)江戸の相撲と出雲の相撲」『古代文化記録集 しまねの古代文化』一〇 二〇〇三年
「花谷(幸三)先生を偲ぶ」『古代文化記録集 しまねの古代文化』一〇 二〇〇三年
「趣旨説明」『学習院大学国際シンポジウム『記録を守り 記憶を伝える―21世紀アジアのアーカイブズとアーキビスト』報告および討論の記録』(学習院大学大学院人文科学研究科平成14年度新規重点施策・国際シンポジウム事務局) 二〇〇三年
「二〇〇二年の歴史学界―回顧と展望―日本 近世 一 総論」『史学雑誌』一一二―五 二〇〇三年
「プレビュー時代史(14)(『日本の時代史(15)元禄の社会と文化』)「平和と安定」そして元禄文化」『本郷』四六 二〇〇三年
「あとがき」 高埜利彦編『日本の時代史15 元禄の社会と文化』吉川弘文館 二〇〇三年
「高埜利彦(一九四七―)『近世日本の国家権力と宗教』東京大学出版会 一九八九」 黒田日出男ほか編集『日本史文献事典』 弘文堂 二〇〇三年
「近世朝幕研究の立脚点」『朝尾直弘著作集月報(第3巻)』2 岩波書店 二〇〇四年(C)
「5.アーカイブズ制度確立のために―アーキビスト養成と資格認定」『NIRA政策研究』一七―二 二〇〇四年
「堀越先生のこと」『学習院史学』四二 二〇〇四年
「山下さんを送り、山幡さんを迎える」『史学会会報』一四〇 二〇〇四年
「学習院大学史学会に期待する」『史学会会報』一四〇 二〇〇四年
「『日本の時代史15元禄の社会と文化』『日本の時代史』の編集を終えて」『史学会会報』一四二 二〇〇四年

「創刊の辞」『アーカイブズ学研究』一　二〇〇四年
「「お宝」調査の話し」『史学会会報』一四三　二〇〇四年
「序」　朝幕研究会編『人文叢書1　近世朝廷人名要覧』　学習院大学人文科学研究所　二〇〇五年
「序」『学習院大学所蔵京都学習院旧蔵書目録　華族会館旧蔵和漢図書目録　立花種恭・種忠旧蔵書目録　乃木文庫目録　福羽美静文庫目録』(学習院大学文学部戦略枠事業「学術資料・文書等の管理と有効利用の在り方プロジェクト」作業委員会)　二〇〇五年
「『日本の時代史』の効用(『日本の時代史』完結に寄せて)」『本郷』五六　二〇〇五年(C)
「《史学会長新年度挨拶》」『史学会会報』一四四　二〇〇五年
「浅井さん、お疲れさまでした」『史学会会報』一四四　二〇〇五年
「「お宝」調査の話し　つづき」『史学会会報』一四四　二〇〇五年
「大石慎三郎先生の思い出」『学習院大学経済論集』四二―二(通巻一二七)　二〇〇五年
「入試問題になった古島さん」　飯田市歴史研究所編『古島史学の現在』　飯田市教育委員会　二〇〇五年
「近世史部会(二〇〇五年度歴史学研究大会報告批判)」『歴史学研究』八〇九　二〇〇五年
「共同研究の現在　歴史情報活用システムと国際的アーカイブズネットワークの基盤構築に向けての研究」『日本歴史』六九三　二〇〇六年
「アーカイブズ制度と大学の役割」『大学時報』五五―三〇八(通巻三〇八)　二〇〇六年
「『小山町史』編纂に参加して」　永原慶二追悼文集刊行会編『永原慶二の歴史学』　吉川弘文館　二〇〇六年(C)
「近世史史料について」　歴史学研究会編『日本史史料[3]近世』　岩波書店　二〇〇六年
「学部長からのメッセージ」　学習院大学文学部広報委員会編集『学習院大学文学部がわかる小事典』　二〇〇七年～二〇〇九年

「総括―わが国のアーカイブズ学を考える」『記録と史料』一七　二〇〇七年
「山幡さんのこと」『史学会会報』一五二　二〇〇七年
「西村助手お疲れさま」『史学会会報』一五二　二〇〇七年
「私の身分的周縁論」『部落問題研究』一八一　二〇〇七年(B)
「児玉幸多先生のこと」『史学会会報』一五三　二〇〇七年
「大学院アーカイブズ学専攻課程の開設」『全国歴史資料保存利用機関連絡協議会会報』八〇　二〇〇七年
「学部長からのメッセージ「座談会　文学部の魅力を語る」」　学習院大学文学部広報委員会編集『学習院大学文学部がわかる小事典』　二〇〇八年(夏目房之介・中条省平氏と)
「これからの近世天皇・朝廷研究」　朝幕研究会編『近世の天皇・朝廷研究―第一回大会成果報告集―』　学習院大学人文科学研究所　二〇〇八年(C)
「積極的な取り組みを」　二〇〇八年四月四日付『学習院大学新聞』二一九(通算四一八)　二〇〇八年
「はじめに」　青柳周一・高埜利彦・西田かほる編『近世の宗教と社会』第1巻　吉川弘文館　二〇〇八年(C)
「高埜利彦先生インタビュー」『史学会会報』一五五　二〇〇八年
「はじめに」　井上智勝・高埜利彦編『近世の宗教と社会』第2巻　吉川弘文館　二〇〇八年(C)
「はじめに」　澤博勝・高埜利彦編『近世の宗教と社会』第3巻　吉川弘文館　二〇〇八年(C)
「史料保存と歴史学」『歴史評論』七〇四　二〇〇八年(C)
「座談会　変わりゆく文学部」　学習院大学文学部広報委員会編集『学習院大学文学部がわかる小事典』　二〇〇九年(脇田淳・高橋翠氏と)
「解説―幕藩制構造論から国家論へ」　山口啓二『山口啓二著作集　第三巻　幕藩制社会の構造』　校倉書房　二〇〇九年

「「金冠部分」か「掌中の玉」か」『深谷克己近世史論集　第3巻［栞3］』校倉書房　二〇〇九年
「待望の法律公布に思う」『アーカイブズ』三七　二〇〇九年
「徳川綱吉―没後300年の実像」『徳川記念財団会報』一四　二〇〇九年
「〈教室レポート〉「大学史学科からの高大連携」」『歴史と地理』第630号（日本史の研究227）二〇〇九年（C）
「文学部　未来社会への責任」『桜友会報』九五　二〇〇九年
「座談会　変わりゆく文学部」学習院大学文学部広報委員会編集『学習院大学文学部がわかる小事典』二〇一〇年（林東洋・大岩千絵・大部晃裕氏と）
「序」朝幕研究会編『近世朝幕関係法令史料集』学習院大学人文科学研究所　二〇一〇年
「日本のアーカイブズとアーキビスト教育の未来」『記録を守り　記憶を伝える―学習院大学大学院アーカイブズ学専攻開設記念誌』二〇一〇年（菊池光興氏との特別対談記録、司会安藤正人氏）
「ごあいさつ」『日本歴史学協会年報』二五　二〇一〇年（C）
「私公混同」『来ぶらり』八五　二〇一〇年
「アーカイブズ関係機関協議会の紹介　日本歴史学協会の活動」『アーカイブズ』四二　二〇一〇年
「ごあいさつ」『日本歴史学協会年報』二六　二〇一一年
「井上先生との三〇年」『学習院史学』四九　二〇一一年
「目白不動と青柳文蔵」『来ぶらり』八七　二〇一一年
「静かな民主革命」『史学雑誌』一二〇―九　二〇一一年（C）
「三つを愛した澤さんの思い出」『澤さんの思い出』刊行委員会編『澤さんの思い出―澤博勝氏追悼文集―』二〇一一年
「〈賢問愚問　解説コーナー〉「異国船打払令について」」『歴史と地理』第650号（日本史の研究235）二〇一一年

「激しい練習」『学習院広報』八七　二〇一一年
「ごあいさつ」『日本歴史学協会年報』二七　二〇一二年
「はじめに」　高埜利彦・安田次郎編『新体系日本史15　宗教社会史』　山川出版社　二〇一二年
「自分の図書館」『来ぶらり』八九　二〇一二年
「十七歳の課題―『パンセソヴァージュ』との格闘」『日本古書通信』七七―六(通巻九九五)　二〇一二年(C)
「やはり、はまった―教師の近況―」『史学会会報』一六三　二〇一二年(C)
「アーカイブズ学」『学習院大学 by Aera』朝日新聞出版　二〇一二年
「〈賢問愚問　解説コーナー〉「「宝暦事件」について」」『歴史と地理』第660号(日本史の研究239)　二〇一二年
「(人文科学研究科史学専攻・アーカイブズ学専攻指導教員および研究分野など　高埜利彦教授)」『学習院大学大学院2012大学院案内』二〇一二年
「二〇一二年の歴史学界―回顧と展望―日本　近世　一　総論」『史学雑誌』一二二―五　二〇一三年
「わかりにくい言葉ですね―アイデンティティとアカウンタビリティー」『学習院アーカイブズ・ニューズレター』二〇一三年(C)
「小松助教を迎えて―岐路の克服―」『史学会会報』一六五　二〇一三年
「江戸時代　天皇・朝廷の実像」『読売新聞』二〇一四年七月一六日付朝刊三五面　二〇一四年
「私のゼミ(学部)で学ぼうとする皆さんへ」　教員紹介(学習院大学文学部ウェブサイト)　二〇一五年～二〇一六年
「日本史学とシリーズ「日本人と宗教」」『春秋』五七一　二〇一五年(C)
「座談会　いま、近世史を語る」『図書』七九九　二〇一五年(藤井譲治・水本邦彦・吉田伸之・藤田覚氏と)
「小松助教の退任に寄せて」『史学会会報』一六九　二〇一五年
「アーカイブズ学専攻で学ぶ人たちへ」　教員紹介(学習院大学人文科学研究科アーカイブズ専攻ウェブサイト)　二〇一五年(継続

公開）

「はがき通信（甲州史料調査会）」『日本歴史』八一〇　二〇一五年

「受賞のことば」『第37回角川源義賞・第13回角川財団学芸賞・第2回城山三郎賞』（贈呈式冊子）　一般財団法人角川文化振興財団　二〇一五年（C）

「交友抄　蔵出し仲間」『日本経済新聞』二〇一六年一月九日付朝刊四〇面　二〇一六年（C）

「青空のソウル訪問」『GCAS Report 学習院大学大学院人文科学研究科アーカイブズ学専攻研究年報』五　二〇一六年

「普遍的な形　創るための退位（オピニオン＆フォーラム　象徴天皇のあり方　耕論）」『朝日新聞』二〇一六年八月九日付朝刊一五面　二〇一六年

「落合さんを副手にお迎えして」『史学会会報』一七一　二〇一六年

「十七世紀の文学研究への提言」　鈴木健一監修『近世文学史研究　第一巻　十七世紀の文学』　ぺりかん社　二〇一七年

「福井憲彦先生お疲れさまでした」『学習院史学』五五　二〇一七年

「追悼　井上勲先生」『学習院史学』五五　二〇一七年

「思い出ばなし―記憶を記録する」『学習院大学人文科学研究所報』二〇一六年度版　二〇一七年

「野村さんは三十人目」『史学会会報』一七三　二〇一七年

高埜利彦略年譜

一九四七(昭和二二)年六月	東京都に生まれる
一九六六(昭和四一)年三月	私立暁星高校卒業
一九七二(昭和四七)年三月	東京大学文学部国史学科卒業
一九七二(昭和四七)年四月	東京大学大学院人文科学研究科入学
一九七二(昭和四七)年四月	暁星高校専任講師(〜一九七四年)
一九七四(昭和四九)年三月	東京大学大学院人文科学研究科中途退学
一九七四(昭和四九)年四月	東京大学史料編纂所員　維新史料部勤務
一九八一(昭和五六)年四月	学習院大学文学部史学科助教授
一九九〇(平成二)年四月	同教授(〜二〇一八年三月)
一九九三(平成五)年四月	学習院大学史料館長(〜一九九六年三月)
一九九八(平成一〇)年四月	学習院大学文学部長・人文科学研究科委員長(〜二〇〇一年三月)
二〇〇四(平成一六)年四月	学習院大学文学部史学科主任(〜二〇〇六年三月)
二〇〇四(平成一六)年四月	日本アーカイブズ学会会長(初代、〜二〇一〇年四月)
二〇〇七(平成一九)年四月	学習院大学文学部長・人文科学研究科委員長(〜二〇一〇年三月)
二〇〇八(平成二〇)年四月	学習院大学大学院人文科学研究科アーカイブズ学専攻教授兼任(〜二〇一八年三月)
二〇〇九(平成二一)年七月	日本歴史学協会委員長(第二十七期、〜二〇一二年七月)
二〇一〇(平成二二)年四月	学習院大学図書館長(〜二〇一三年四月)

二〇一一（平成二三）年一〇月　日本学術会議会員（第二十二期・二十三期、～二〇一七年六月）
二〇一五（平成二七）年十二月　第三七回角川源義賞［歴史研究部門］受賞
二〇一八（平成三〇）年三月　学習院大学文学部史学科教授定年退職
二〇一八（平成三〇）年四月　学習院大学名誉教授

この間、愛知大学、大阪市立大学、大阪大学、大谷大学、お茶の水女子大学、九州大学、静岡大学、聖マリアンナ医科大学、千葉大学、東京大学教養学部、同史料編纂所、同文学部、東北大学、富山大学、名古屋大学、新潟大学、立教大学、早稲田大学で非常勤講師を務める。

おわりに

言葉が届いているのか、文章の奥にある思想は響いているのか、常にそんなことを考えながら論文を書いてきたわけではないのだが、発表されたものが読み手に、如何ほど伝わっているのか、不安を抱くことはあった。読み手に伝わる明快な文章を書けない者の、不遜な発言のようにも思えるが、「近世中期における商業経営の変質」(本書第Ⅲ部第二)を『学習院大学文学部研究年報』二九号(一九八三年)に掲載されて後、黙殺されたわけではないのだが、投げた石が川の淵に沈むかのように反応はなかった。五年後に、林玲子さんが『日本歴史大系3 近世』(山川出版社、一九八八年)の中で紹介して下さった時は、川底から石を拾っていただいたような気持ちを抱いた。この論文は時間をかけた、自分の中では一番の力作であると今でも思っているのに、反応は薄かったのだ。紀要の論文は人目につかないので致し方ないのかもしれない。

しかし「幕藩制国家と本末体制」が大会報告集として『歴史学研究』(別冊特集一九七九年度)に掲載され、翌年の『史学雑誌』回顧と展望で取り上げていただいた際、自分の言葉は届いていないと痛感した。まずタイトルを「幕藩制国家と本末制度」と誤ったうえ、批判は的外れで、恐らく読まずに書いたのではないかと思えるほどに、無理解であった。だから「シンポジウム」(本書第Ⅱ部)で私の研究の各分野にわたる報告やコメントをしていただいた八人の方々には心よりの感謝を申し上げる。誤解や曲解は微塵もなく、その上で適切な評価と批判や、自分には不足していた研究史上の位置づけを加え、中には自分の苦手な他者を批判することを、自分に代わって他者の研究に批判を加えていただいたものまである。さらには、自分の歴史学の方法論(実証主義)を確認したり、心の底のモチーフを解析したり、深い読み方をしていただいた。ひたすら感謝するのみである。

また、シンポジウムの準備や本書刊行に至るまで、多くの次世代の皆様のお力添えを戴いた。いちいちお名前を列挙することは避けるが、本当にありがたいことであった。さらに本書の刊行は、出版事情の厳しい中、青史出版社長の渡辺清さんのお力添え無くてはありえないことであった。渡辺さんとは長いお付き合いを戴き、念願の青史出版からの出版が実現できたことにお礼申し上げる。

人は誰でも齢を重ねれば、「自分とは何だったのか」と自問するものだろうが、半世紀に近い自分の歴史研究の軌跡をたどる良い機会をいただいた。ありがとうございます。

「さあ、皆で乾杯」。

二〇一八(平成三〇)年六月

高埜利彦

近世史研究とアーカイブズ学

平成三十年（二〇一八）七月二十五日　第一刷発行

編著者　高埜（たかの）利彦（としひこ）

発行者　渡辺　清

発行所
青史出版株式会社
郵便番号一六二—〇八二五
東京都新宿区神楽坂二丁目十六番地
MSビル二〇三
電　話　〇三−五二二七−八九一九
FAX　〇三−五二二七−八九二六

印刷所　株式会社三陽社
製本所　誠製本株式会社

ISBN978-4-921145-64-4 C3021